国家林业和草原局普通高等教育“十四五”规划教材

交通规划与仿真软件应用

何永明　王海晓　主编
胡永举　胡宝雨　孟庆丽　副主编

中国林業出版社
China Forestry Publishing House

内 容 简 介

本教材介绍了交通行业常用软件，重点介绍了交通规划软件 TransCAD、交通流仿真软件 VISSIM 以及交通信号配时仿真软件 Synchro 的基本理论、基本工具和基本操作，为交通工程和交通运输等本科专业，交通信息工程及控制、交通运输规划与管理和交通运输工程等硕士专业学生学习此类软件提供帮助。

本教材适用对象较为广泛，除交通工程外，也可为物流工程、城市规划等需用到交通规划与仿真软件的专业教学提供参考。

图书在版编目(CIP)数据

交通规划与仿真软件应用 / 何永明，王海晓主编. —北京：中国林业出版社，2023.6
国家林业和草原局普通高等教育“十四五”规划教材
ISBN 978-7-5219-2227-1

Ⅰ.①交…　Ⅱ.①何…②王…　Ⅲ.①交通规划-软件仿真-高等学校-教材　Ⅳ.①U491.1-39

中国国家版本馆 CIP 数据核字(2023)第 111941 号

策划编辑：田夏青
责任编辑：田夏青　王奕丹
责任校对：苏　梅
封面设计：周周设计局

出版发行：中国林业出版社
　　　　　(100009，北京市西城区刘海胡同 7 号，电话 83223120)
电子邮箱：jiaocaipublic@163.com
网址：https://www.cfph.net
印刷：北京中科印刷有限公司
版次：2023 年 6 月第 1 版
印次：2023 年 6 月第 1 次印刷
开本：787mm×1092mm　1/16
印张：21
字数：498 千字
定价：55.00 元

《交通规划与仿真软件应用》
编写人员

主　　编：何永明　王海晓

副 主 编：胡永举　胡宝雨　孟庆丽

编写人员：（按姓氏笔画排序）

王海晓（内蒙古农业大学）

何永明（东北林业大学）

庞　然（黑龙江工程学院）

孟庆丽（黑龙江省隆兴公路勘测设计有限公司）

胡永举（浙江师范大学）

胡宝雨（东北林业大学）

郭　敏（内蒙古农业大学）

前言 Preface

党的二十大报告提出要加快建设交通强国，加快推动交通运输结构调整优化，加快推动交通领域向清洁低碳转型，交通运输行业将面临前所未有的发展机遇。计算机软件是计算机系统的重要组成部分，是解决各种问题的重要工具。交通类软件是解决交通规划、交通设计、交通仿真、交通管理、交通控制等方面问题的重要工具，目前在交通行业得到了广泛运用。

本教材内容紧跟行业发展，引入前沿技术和方法，介绍了交通行业常用软件，包括交通规划软件 TransCAD、交通流仿真软件 VISSIM 和交通信号配时仿真软件 Synchro，结合大量实际案例，全面展示软件在各类交通项目中的具体应用，为交通工程和交通运输等本科专业，交通信息工程及控制、交通运输规划与管理和交通运输工程等硕士专业学习此类软件提供帮助。此外，还有物流工程、城市规划等相关专业也要用到交通规划与仿真软件，因此本教材适用对象较为广泛。

本教材第一章主要介绍了交通工程常用的专业软件，包括交通设计软件、交通规划与仿真软件、交通管理与控制软件等；第二章至第五章重点介绍了交通规划软件 TransCAD，主要包括 TransCAD 概述、TransCAD 地图、TransCAD 数据等内容；第六章至第十章重点介绍了交通流仿真软件 VISSIM，主要包括 VISSIM 基础、VISSIM 基本操作等内容；第十一章至第十三章重点介绍了交通信号配时仿真软件 Synchro，主要包括 Synchro 概述、Synchro 仿真模型建立、信号配时优化仿真案例等内容。

本教材由东北林业大学何永明和内蒙古农业大学王海晓担任主编，浙江师范大学胡永举、东北林业大学胡宝雨和黑龙江省隆兴公路勘测设计有限公司孟庆丽担任副主编。编写分工如下：胡永举负责第一章编写，胡宝雨负责第二章和第三章编写，庞然负责第四章编写，孟庆丽负责第五章编写，何永明负责第六章至第九章编写，郭敏负责第十章编写，王海晓负责第十一章至第十三章编写。研究生康嘉、宋玉婷、冯佳负责书稿的案例收集、图片处理等工作。在本书的编写、出版过程中，编者所在单位的相关各级领导和老师大力支持、热情帮助，并提出很多宝贵意见，在此表示衷心的感谢。本书在编写过程中参考了

《TransCAD 用户手册》和《VISSIM 用户手册》等大量参考资料，在此也向这些文献的作者表示衷心的感谢。

由于编者学识水平有限，书中难免存在疏漏或不当之处，恳请读者批评指正。

编　者

2022 年 12 月

目 录 Contents

前言

第一章　交通软件分类 ········ 001
　第一节　交通设计软件 ········ 001
　第二节　交通规划与仿真软件 ········ 010
　第三节　交通管理与控制软件 ········ 017

第二章　TransCAD 概述 ········ 023
　第一节　TransCAD 功能概述 ········ 023
　第二节　区域出行方式 ········ 028
　第三节　路径分析 ········ 036

第三章　TransCAD 地图 ········ 054
　第一节　创建 TransCAD 地图 ········ 054
　第二节　TransCAD 图层要素 ········ 065
　第三节　为特定地点制图 ········ 069

第四章　TransCAD 数据 ········ 077
　第一节　数据显示 ········ 077
　第二节　数据编辑 ········ 086
　第三节　数据表格管理 ········ 090

第五章　四阶段法的应用 ········ 096
　第一节　四阶段法 ········ 096
　第二节　地图导入 ········ 098
　第三节　四阶段法的应用 ········ 102

第六章　VISSIM 基础 ········ 123
　第一节　VISSIM 概述 ········ 123
　第二节　VISSIM 工作界面 ········ 125
　第三节　VISSIM 工具栏 ········ 129

第七章　VISSIM 基本操作 ········ 134

第一节 基本数据 …… 134
第二节 驾驶行为 …… 147
第三节 路网绘制 …… 157
第四节 交叉口路网 …… 167

第八章 VISSIM 仿真 …… 174
第一节 车辆仿真 …… 174
第二节 交通管理与控制仿真 …… 190
第三节 公共交通和停车场仿真 …… 204

第九章 VISSIM 仿真演示和结果评估 …… 218
第一节 仿真和测试运行 …… 218
第二节 仿真评价指标 …… 221
第三节 仿真动画录制 …… 232

第十章 立交与环岛仿真案例 …… 240
第一节 立体交叉口仿真 …… 240
第二节 环形交叉口 …… 260

第十一章 Synchro 概述 …… 272
第一节 Synchro 简介 …… 272
第二节 Synchro 基本功能介绍 …… 272

第十二章 Synchro 仿真模型建立 …… 285
第一节 底图导入 …… 285
第二节 路网绘制 …… 287
第三节 路段属性设置 …… 290
第四节 流量设置 …… 295
第五节 节点设置 …… 297
第六节 配时设置 …… 301
第七节 相位设置 …… 304

第十三章 信号配时优化仿真案例 …… 307
第一节 单个交叉口配时优化仿真案例 …… 307
第二节 干线信号配时优化 …… 318
第三节 Synchro 与 VISSIM 混合仿真 …… 325

参考文献 …… 328

第一章 交通软件分类

第一节 交通设计软件

一、道路辅助设计软件

1. 纬地道路设计系统

(1)软件简介

纬地道路设计系统(HintCAD)是路线与互通式立交设计的大型专业CAD软件，其功能包括公路路线设计、互通立交设计、三维数字地面模型应用、公路全三维建模(3DRoad)等。该系统适用于高速、一级、二级、三级、四级公路主线、互通立交、城市道路及平交口的几何设计。HintCAD同时提供标准版、专业版、数模版和网络版软件，可根据不同需求自由选择。

(2)组成及功能

①纬地系统。该系统利用实时拖动技术，使用户直接在计算机上动态交互式完成公路路线的平、纵、横设计，以及绘图、出表。系统在互通式立交设计方面，具有独特的立交曲线设计方法、起终点智能化接线和灵活批量的连接部处理等功能，其操作界面如图1-1所示。

最新的数模版纬地系统不仅支持国内常规的基于外业测量数据的路线与互通式立交设计，还可以利用三维电子地形图，建立三维数模并直接获得准确的纵、横断面数据，进而进行平、纵、横系统化设计。该系统在省去外业测量和缩短设计周期的同时，还使得大范围的路线方案深度比选方便快捷，打破了国内公路行业数模应用领域由国外软件形成的垄断。

②纬地挡土墙设计系统(HintDQV3.8)。该系统是纬地软件结合工程设计实践开发的一套专业挡土墙设计软件，其功能包括：各种形式挡土墙的稳定性验算，挡土墙平、立面动态布设和修改，平、立、横断面设计绘图、标注，以及全墙施工数量的统计和出表等。该系统不仅可以独立运行，还可以与纬地三维道路CAD软件完全配套应用。

③纬地土石方调配系统。该系统以可视化图形界面显示路线填挖方(土石分显)、构造物、取土坑、弃土堆等信息，用户在选择调配区段后只需简单地进行起讫点的拖放，便可轻松完成土石方调配全过程的计算、累计，直接输出土方计算表(图示纵向调配)、每千米土石方数量表、运量统计表。调配中可同时考虑多种土、石方换算系数(松方系数，最多六种)；自动记录用户每次操作即调配过程，并可任意回退到任意一步；调配中可自动遵

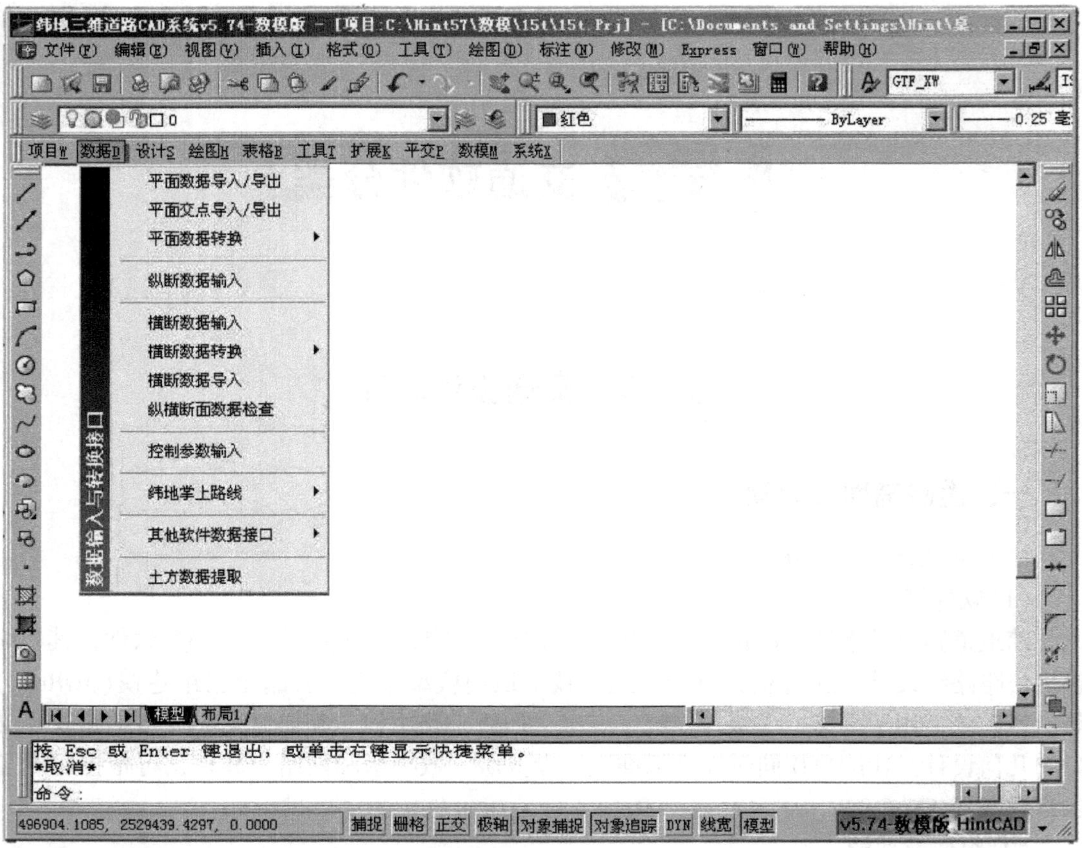

图 1-1　纬地系统操作界面

循用户所指定的某一特定调配原则，如就近先利用土方、就近土石方齐用、土石按比例利用、保证最小填土厚度或量等；所有表格均以 Excel 格式直接输出(包括调配示意图)。

④纬地涵洞设计系统(HintHD)。该系统与纬地三维道路 CAD 系统集成，直接共享利用路线设计数据进行公路板涵、拱涵、圆管涵、明涵等设计、绘图以及相关施工数量统计和出表等。

⑤纬地外业手簿。纬地独家研制并推出了掌上电脑(PPC)路线外业设计与放线软件——“纬地掌上路线设计手簿”和“纬地掌上放线手簿”，主要用于公路、城市道路、互通式立交等的外业路线设计计算、调线计算和现场放线计算。由于其核心参照本公司的纬地道路 CAD 原代码，所以不仅可以处理任意复杂的线形组合、施放中桩、边桩、边界以及桥位桩，而且可以达到与纬地道路 CAD 相同的极高精度。软件支持使用 WinCE、Pocket PC 平台的所有掌上电脑，并可以与电脑随时传输数据。

精确施放路线、立交的中桩、边桩、界桩等，特别适合设计、施工以及征地拆迁等的野外放线。软件支持联想等使用 Windows CE 平台的各种掌上电脑(具备手写输入、电话、名片管理、日程安排、记事、游戏、上网等功能)，可与电脑数据传输。

⑥纬地三维漫游系统。该系统基于数字地面模型(digital terrain model，DTM)和平、纵、横设计数据，即刻生成地面、道路、桥梁、隧道等的三维真实模型，采用 OpenGL 赛

车游戏开发技术，用户可自由添加汽车、树木、标志等，也可随意定制物体的表面色彩纹理，实时进行任意位置、视点、高度、速度的三维全景行车(或飞行)，完全摆脱 3DMAX 等的专业制作。

该系统是国内较早开发的一套专业且产品化的道路虚拟现实系统，不仅可以方便地应用于路线方案的汇报展示、比选与优化，而且可直观应用于线形视距检查、安全性分析和道路景观设计与评价等。

2. 集成交互式道路与立交设计软件

(1)软件简介

集成交互式道路与立交设计软件(EICAD)，主要用于公路、城市道路、互通立交工程的各阶段设计。EICAD 包括路线版和立交版两个版本，能够适应用户的不同设计需求。路线版包括道路平面、纵断面和横断面设计，以及土石方调配等设计、计算和图表输出等功能。立交版包含用于互通立交设计的各种命令，具体包括积木法、基本模式法、扩展模式法和其他辅助设计命令等。该系统输出成果可以直接供“道路、桥梁三维建模程序——3DRoad”使用，建立道路桥梁的三维模型。

(2)主要技术特色

EICAD 的优势在于先进的路线设计理论——“新的导线法”和立交匝道线形设计理论——“复合曲线模式法”。随着 EICAD 软件的推广，这些设计理论和思想已经被道路勘察设计行业广泛接受，并成为当今主流的路线与立交线形设计方法。另外，EICAD 具备丰富的动态拖动、功能集成的特点，使得设计者能极为方便、准确和高效地设计出任何复杂的、完美的道路与互通式立交平、纵面线形。利用 EICAD 软件进行单卵型、双卵型、复曲线、虚交及全曲线等平面线形设计，比国内外同类软件更加快捷、方便。面向边坡模板的 EICAD 横断面设计方法，能够解决任意复杂的边坡设计，例如，圆弧形边坡、分离式路基、多竖曲线的路基等。

EICAD 系统在结合相关技术规范的基础上，采用路线设计新思想、新方法，实现了全新的设计交互与文档数据管理的过程。EICAD 的项目数据环境为设计用户提供了丰富的数据编辑、图形显示的功能，能够实现数据编辑提示、纵横断面动态预览、边坡模板可视化定义、拖动式土石方调配、数据格式转换等。

EICAD 基于 AutoCAD 平台，充分发挥了图形平台完备的系统开放性和丰富的个性化能力，使用 ObjectARX 进行开发，能够真正快速地访问 AutoCAD 图形数据库，大大地提高设计效率。建立图形数据的双向关联机制，实现全程尺寸和参数驱动机制。

3. 海地公路优化设计系统

(1)软件简介

海地公路优化设计系统(Hard)是海地公司公路设计软件之一，该系统是国内第一个引入 DTM 技术的公路设计系统，真正实现了三维设计，并且在三维设计方面一直保持国内领先的地位。该系统在设计过程中竭尽所能考虑优化设计的问题，使得国产设计软件的水平达到前所未有的高度。Hard 的开发全面遵照我国工程设计人员的设计习惯、出图标准，并在升级的过程中借鉴了国外同类软件的设计思维和方法，大大缩小了国产公路设计软件与国外软件的差距，为我国公路建设事业提供高新技术解决方案。

(2)功能特点

①编辑修改。Hard 实现公路设计软件和 AutoCAD 系统、表格与 Excel 系统的无缝连接，用户可以方便地对设计成果进行编辑修改。

②DTM 技术。Hard 成功开发针对扫描图像如 jpg、bmp 格式的地形图矢量化功能，并提供对扫描图的纠偏、缩放等处理。该系统能够处理任意格式的地形图，在处理二维线转三维线时，能够一次性沿坡向转换任意多条等高线，数字化一张图纸仅需几分钟。该系统的 DTM 技术在处理地形图的精度和速度方面均达到国际先进水平。

③三维设计。由于 Hard 成功实现并应用了先进的 DTM 技术，使得 Hard 真正实现了三维设计，三维设计的优越性在于不仅完成设计出图，还为设计过程中的优化问题提供了强有力的技术支持。该系统能够在地形图上进行三维的定线设计、修改，还可以在 DTM 上采集到纵断面、横断面设计所需的外业资料，即自动在地形图上提取地面高和地面线文件(*.dmg、 *.dmx)。

④项目管理。Hard 的“项目管理”菜单在设计过程中可以方便、随意地游弋在各个不同的项目之间，而不发生混淆。

⑤断链处理。Hard 能够自动处理任意段数、任意位置的长链和短链，使桩号和里程的概念在系统中得到统一。

⑥纵断面设计。Hard 提供交互式拉坡和交互式竖曲线设计功能，随着鼠标的拖动可动态显示设计中的控制参数，并可通过“航空视图”纵观全局和放大局部，使纵断面设计方便、直观、准确、合理。

此外，Hard 在自动生成平纵缩图、横断面设计、土石方自动调配、道路排水设计、测设放样、图表输出、图纸批量自动编图号等方面都具有强大的功能。

4. 路线大师公路工程辅助设计系统

(1)软件简介

路线大师公路工程辅助设计系统(Roadmaster)是基于 AutoCAD 平台的公路工程辅助设计软件。通过使用 Roadmaster，设计人员可以摆脱繁重的绘图和数值计算。该系统分为三大部分：路线设计部分、数字地面模型部分和路线三维动画部分。这三部分功能可以独立使用也可以配合使用，能够适用于各等级道路的初步设计和施工图设计。

(2)主要功能

①路线设计部分的功能。主要包括：路线的平面线形设计及相关工程表的绘制；路线的纵断面设计及相关图表的绘制；路线的横断面设计及相关图表的绘制；路线中各设计点的特征值的查询；土石方的自动调配和工程量生成；平面总体图、平纵缩图和挡土墙布置图生成；全景透视图及线形透视图生成；路线中的各附属部分绘制；各种形式的标注；工程量统计、各种费用表及各种实用表格的绘制。

②数字地面模型部分的功能。主要包括：提供多种手段采集地形数据，如可从等高线地形图中快速获得地形数据；接受多种数据格式快速建立三维数字地面模型或等高线图；地面模型上任意获取纵横地形线数据(包括特征点和指定桩号)，可方便地进行方案比选；纵横地面线文件生成等高线带状图。

③路线三维动画部分的功能。主要包括：根据地面模型或纵横地面线文件及路线设计信

息自动生成三维模型；自动生成栏杆、行车道、中央分隔带等构造物；任意设定背景材质，直接将模型转换到3DMAX软件做效果处理；可生成真实的三维效果图及动态的AVI文件。

(3)主要特色

①管理特色。主要包括：通过工程、项目、文件夹和文件构成的工程项目树全面管理项目的设计文档、设计原始数据和设计结果；提供可视化的数据输入和编辑手段；通过路线特征模型全面管理路线的图形信息和工程特征，可方便地查询路线各种数据和图形；通过项目管理树及路线模型，可大大减少数据的重复输入，从而降低出错率，提高设计效率。

②平面特色。主要包括：可方便地在地形图上定点定线，提供多种手段、多种约束方法生成平面线形，多条路线可以同时设计以供方案的比选；可实时查询任意点的桩号、坐标和方向角，可方便地进行局部修改，动态地标注设计参数；可任意设置断链桩号，方便地进行断链处理；可按规范自动计算超高、加宽；方法灵活多样的道路立交设计，线形控制法的生成以及加减速车道的动态设计。

③纵断面特色。主要包括：交互式动态拉坡及竖曲线设计，提供多种参数精确控制生成；设计过程中可实时查看平面及横断面设计情况；可随时查看当前纵断面设计方案下的土石方工程量及填挖平衡情况，方便进行纵断面方案比选；直观的纵断面排水设计。

④横断面特色。主要包括：自由定义路基断面；自由定制边坡排水沟、护坡道、防护构造物(挡土墙、护墙和护坡)；实时计算土石方量。

⑤出图特色。主要包括：平面图自动分图；单独的设计线可与平面地形图有效的结合；纵断面自动成图；横断面自动布图；平纵缩图自动成图，图框内容成批填写和更改；同类图纸批量输出。

⑥出表特色。主要包括：表格文字等属性可任意定制；快速生成断链桩号表、特征点表、逐桩坐标表、直曲转角表、曲线要素表、路基设计表、纵坡竖曲线表、防护工程数量表、挡土墙工程量表、路基土石方表、占地表和用地及青苗补偿表等；多种Excel表格形式和AutoCAD表格形式任意选择生成。

二、桥梁辅助设计软件

1. 桥梁博士

(1)软件简介

桥梁博士是一个集可视化数据处理、数据库管理、结构分析、打印与帮助为一体的综合性桥梁结构设计与施工计算系统。系统的编制完全按照桥梁设计与施工过程进行，密切结合桥梁设计规范，充分利用现代计算机技术，完全符合设计人员的习惯。该软件对结构的计算充分考虑了各种结构的复杂组成与施工情况，使用更方便，计算更精确；同时在数据输入的容错性方面使用户不会因轻微失误造成不必要的工作损失。

软件在设计过程中充分发挥了程序实用性强、可操作性好、自动化程度较高等特点，对提高桥梁设计能力起到了很好的作用。在设计应用过程中，通过实践校核及与其他软件的比较，桥梁博士进行了完善和扩充，进一步得到了稳定。

(2)组成及功能

①调索工具。斜拉桥等索结构在设计阶段计算中存在确定成桥最优索力和施工张拉力

两大难题。索力的主要作用是解决主梁的荷载弯矩，主梁的荷载弯矩主要由三部分荷载引起，分别是悬臂施工时主梁的重量、成桥的二期铺装和活载。

如果索力能够在上述荷载施加后马上调整至竖向力平衡状态，则主梁的受力更为均匀。上述三种荷载中，主梁自重、成桥的二期铺装弯矩可通过施工过程中张拉索力来实现。但活载弯矩局部存在较大双向弯矩的特征，由索力调整比较困难，大部分局部活载弯矩应力由预应力来解决。调索工具如图 1-2 所示。

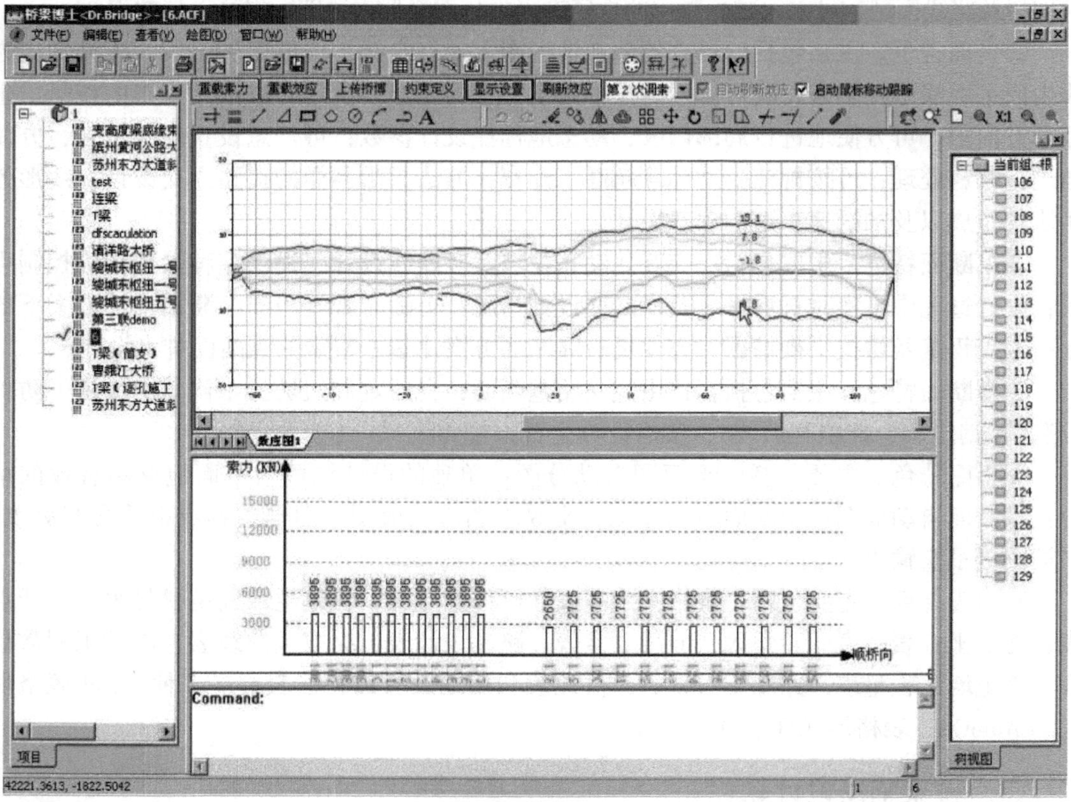

图 1-2　调索工具

②调束工具。在预应力混凝土结构的计算中，确定预应力钢束的数量与位置，使结构在施工与使用阶段处于合理的受力状态是一项重要的内容。调束过程中微量调整与反复计算的过程不可避免，桥梁博士 3.0 中提供了一个交互式的调束工具(图 1-3)。通过这个工具可以在调整钢束的同时，看到预应力混凝土结构产生的内力、应力与位移变化，将原来需要反复修改钢束坐标、重新计算并查看效应图的过程大大简化，从而缩短设计时间。

③自定义报告输出。可自定义输出报告格式模板，各种计算数据、效应图形按用户设定自动输出，其中计算数据还可进行二次加工，依此功能可自动输出桥梁设计计算书。

④自定义截面。参数化输入截面几何信息的截面类型定义，可根据自己常用断面形式，自设定应输入的参数，可在项目中随意使用自定义的参数化截面输入方式(图 1-4)。

2. 桥梁通

桥梁通又称公路桥梁计算机辅助设计系统，由计算模块、辅助计算模块和绘图模块 3 部分组成，主要用于公路桥梁初步设计和施工图设计。

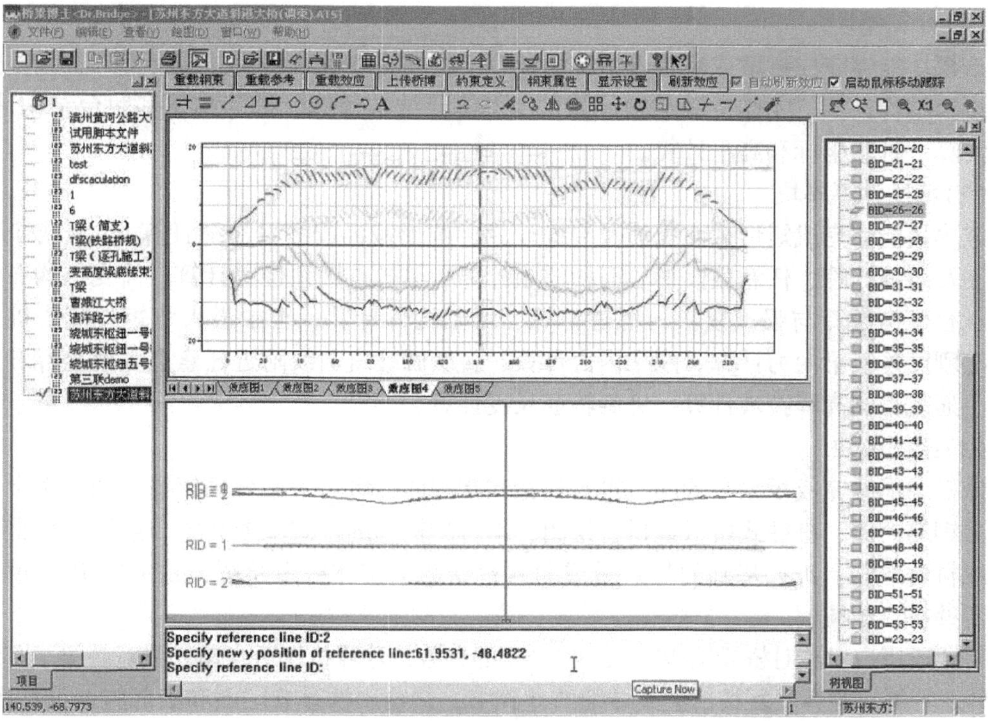

图 1-3 调束工具

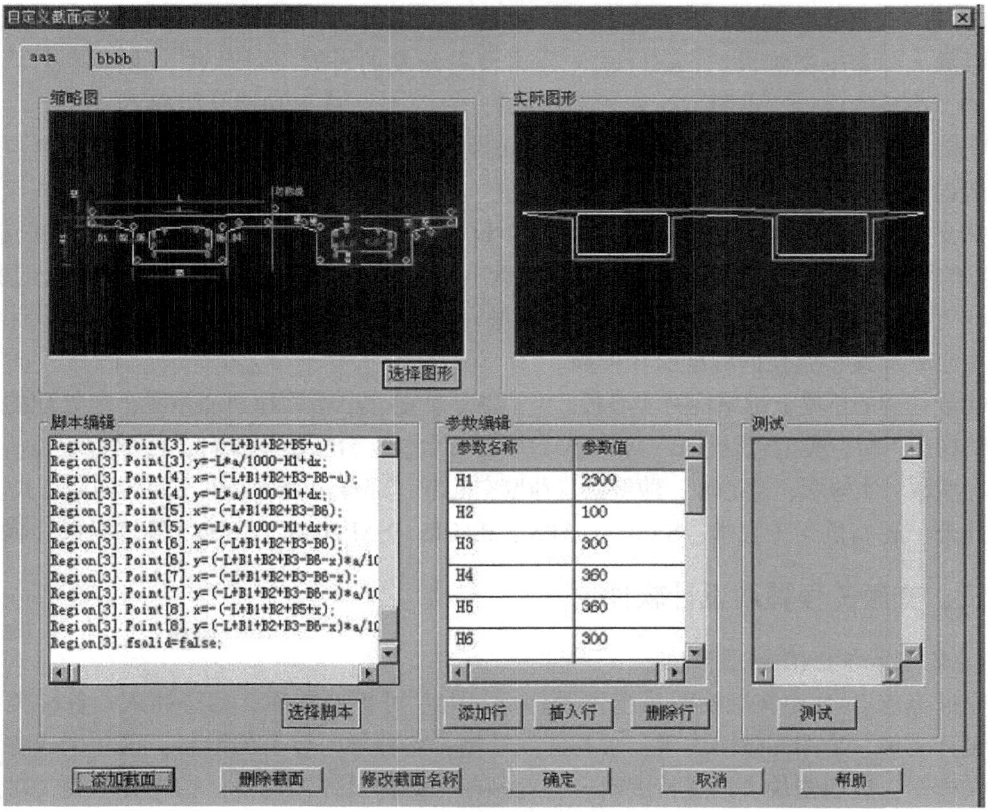

图 1-4 自定义截面

(1)计算模块

该模块能够完成桥墩或桥台盖梁结构计算、桩柱式桥墩或桥台结构计算、扩基柱式桥墩或桥台结构计算、实体桥墩结构计算、U 型桥台结构计算、桩基或扩基肋台结构计算、联孔计算、桩基坐标和高程计算。

(2)辅助计算模块

该模块能够完成矩形截面配筋及裂缝计算、圆形截面配筋及裂缝计算、I 型或 T 型截面配筋及裂缝计算、任意截面形心面积惯矩计算、单排桩墩顶位移计算、简支结构布载计算、承台配筋计算与强度复核、群桩计算、圬工构件计算、土中最大弯矩计算、桩长计算、等刚度连续梁内力计算、刚架内力计算、直缓圆缓直曲线附近任意点大地坐标和高程计算、通航控制高程拉坡计算、螺旋箍筋长度计算。

(3)绘图模块

该模块能够完成桥型布置图、桩基坐标和高程图、墩台盖梁普通钢筋绘图、墩台盖梁预应力钢筋绘图、桩柱式桥墩或桥台绘图、承台配桩基的柱式墩或肋式台绘图、桩接盖梁桥墩或桥台绘图、扩大基础的柱式墩或肋式台绘图、实体桥墩绘图、重力式 U 型桥台绘图、薄壁桥台绘图。

桥梁通用户仅需对桥梁结构输入一些必要的参数，计算机即可自动完成对桥梁下部结构的设计、计算、验算、复核，生成详细的计算书，并绘制桥梁方案图和细部施工设计图纸，计算钢筋明细和材料数量。系统还可以对桥梁进行多方案比选，优化设计，以降低工程造价。

3. 桥梁大师

桥梁大师是中交跨世纪(KSJ)软件公司自主开发的桥梁设计软件，重点解决了常规大、中、小桥的设计、出图、计算和工程量统计等工作，主要功能介绍如下：

①能完成任意曲线上的简支结构、桥面连续结构、先简支后连续结构、连续刚构的桥型方案设计。

②支持不同上部结构形式构成的多联复杂桥型，可处理整体式路基、分离式路基或低等级公路的单幅路桥梁；可处理左右半幅路基宽度不同、跨径不同及结构不同，错墩错台的桥梁。

③可以实现双幅桥双立面、双幅桥的半幅设计，建立桥型布置图，可以实现设计线处半幅中心处和最小弦长的标准跨径控制。

④能处理的桥梁上部结构有实心板、空心板、T 梁、小箱梁和现浇箱梁；能处理的桥梁下部结构中，桥台类型包括柱式台、轻型台、肋板台、U 台和整体式台，桥墩类型包括柱式墩、轻型墩、实体墩、空心墩、薄壁墩、薄壁空心墩，部分墩台还提供不同的构造形式。

此外，还有桥梁工程师、SAM-LEAP5、MADIS、SAP2000、ANSYS 等桥梁设计软件。

三、交通工程辅助设计软件

1. 交通标志 CAD 绘图系统

交通标志 CAD 中文版绘图系统主要特点：大量可扩展图库；动态插入；各种类型的版面设计模板，绘图高效、美观；多种标线绘制；各种导向箭头的绘制；自动生成各种版面的大样图；版面图块直接进行编辑，自动刷新；结构设计工具集；标志文字英文对照词典；标线工程量自动统计。交通标志 CAD 中文版绘图系统操作界面如图 1-5 所示。

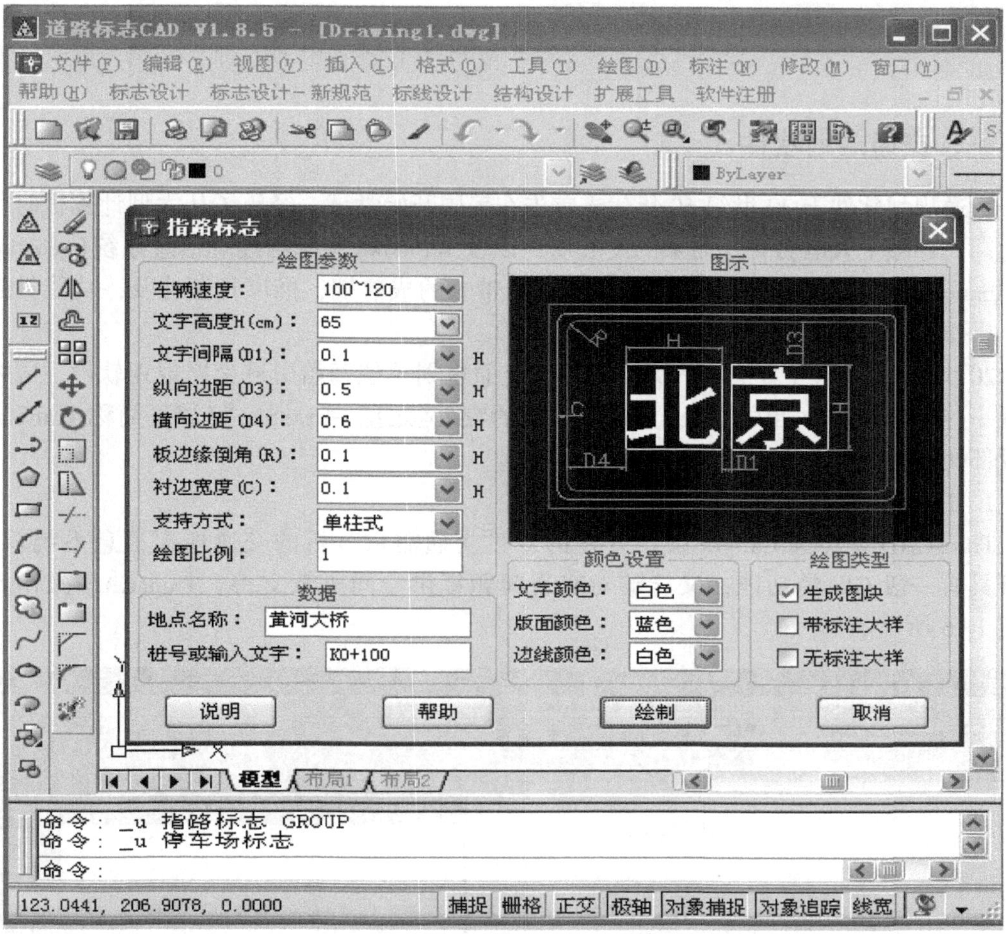

图 1-5　交通标志 CAD 中文版绘图系统操作界面

2. 停车场设计软件

停车场设计软件(ParkCAD)用于停车场的设计，其特色是具有一套强大的设计工具，能够自动创建停车位，并能满足特殊的设计标准(车位的长和宽、通道宽度、停车半径等)。

使用 ParkCAD，无须绘制单个停车位，只要设定好停车区域即可生成全区域停车位和通道布局图，且满足规范要求。ParkCAD 日臻完善，从 ParkCAD 2.1 开始，该软件增加了更强的功能，使用却更简单。如智慧植入功能可使入口车道位置及动态条件下的中心通道、中间岛、端岛、残疾人车位、客户定制车位自动就位，仅差一步即完成设计，减少了大量的工作量。

3. 飞时达市政道路设计软件

飞时达市政道路设计软件(RDCADS)是一套基于 AutoCAD 平台开发的道路设计软件，和其他基于 AutoCAD 平台开发的软件一样，其绘图界面适用于公路工程设计、城市道路工程设计。该软件主要功能模块包括：道路平面绘制、道路纵断面设计、道路横断面设计、道路交叉口(竖向)设计、雨水计算设计、污水计算设计等。

第二节　交通规划与仿真软件

一、交通规划软件

交通规划软件于20世纪60年代末首先在美国开始尝试，经历了从大型计算机时代的诞生期，伴随个人电脑普及而来的发展期，以及Windows系统与地理信息系统(geographic information system，GIS)和交通模型成功结合带来的成熟期，推广日渐普及，功能日趋完善，操作更为便捷。

20世纪80年代中期，国内大专院校和交通规划单位开始引进交通规划软件，国内也出现一些自己开发的相关软件，如东南大学的“交运之星—TranStar”(以下简称TranStar)、建设部交通中心的TranSolution等。

1. TransCAD

TransCAD是美国Caliper公司开发的专供交通需求分析的交通地理信息系统软件。它既具有一般GIS的功能，又能够对交通问题提供空间决策支持。TransCAD操作界面如图1-6所示。

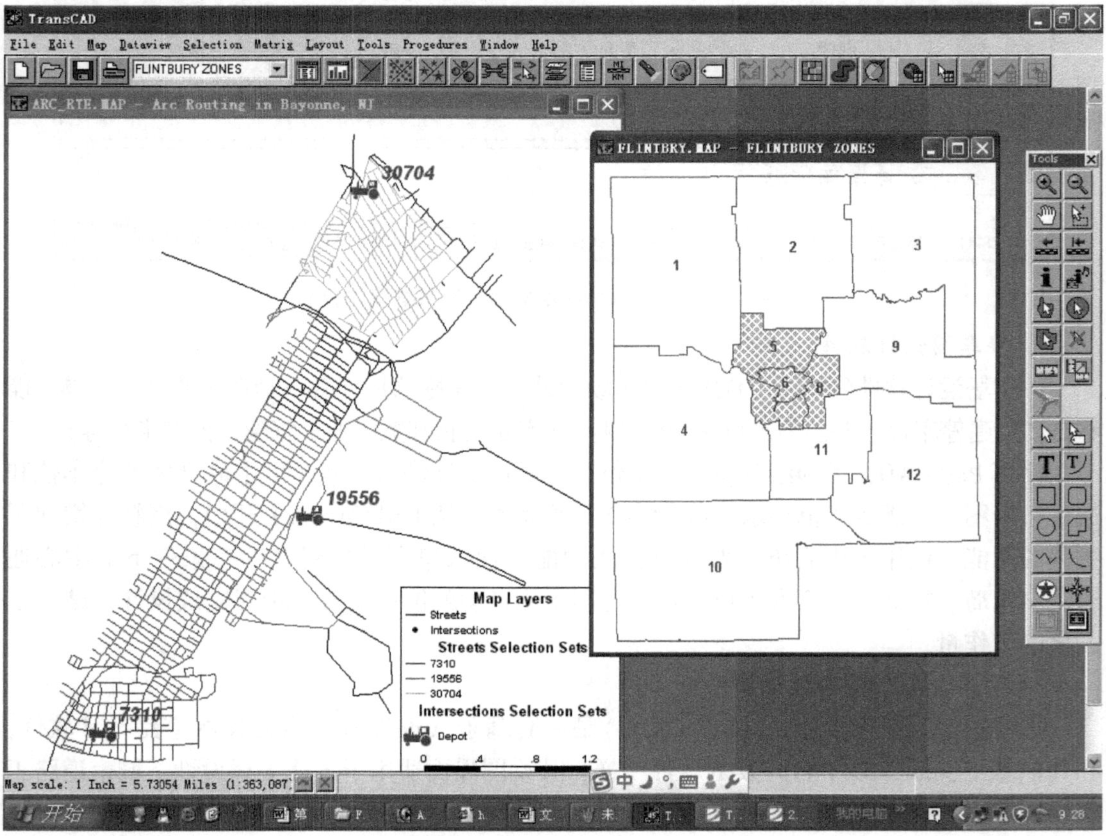

图1-6　TransCAD操作界面

TransCAD 把地理信息技术和交通规划技术较好地结合在一起，可以方便地对各类交通运输及相关数据进行存储、提取、分析和可视化。由于采用一系列最新的开发方法，使得软件具有较好的风格：先进的菜单界面、强大的图形功能、方便的工具栏、良好的开放性、多文档、多用户操作等。

TransCAD 系统结构包括数据库管理系统、模型库管理系统、图形与报告输出系统以及用户界面等。决策者与系统任一模块可以直接或间接地相互作用，这种相互作用在反复求解的过程中实现，系统输出是将模型解或数据库查询的结果以图形和表格的形式展现。

2. EMME/4

EMME/4 即城市与区域规划系统，该系统最初是由加拿大蒙特利尔大学交通研究中心开发成功的。该系统为用户提供了一套内容丰富、可进行多种选择的需求分析及网络分析与评价模型。目前，该系统已在欧、美、亚、非各大洲 48 个国家的 500 多个地区使用，其用户包括城市规划部门、建筑开发商、市政机构、公共交通机构、咨询公司和大学。

EMME/4 可以在 Windows、UNIX 或 VMS 环境下运行，其最高版本可以处理 2 800 个交通区域、22 400 个交通节点、56 000 个路段和 2 800 条公交线路的交通网络。

该系统功能特性强大，具体包括下列 13 项：强大的数据库建立功能、城市信息系统功能、多种交通方式、方便的数据处理功能、交通分配功能、公共交通分配、需求模型、函数与表达式功能、检验与计算功能、数据的输入输出功能、网络及模型计算功能、注释与说明功能、宏功能。EMME/4 操作界面如图 1-7 所示。

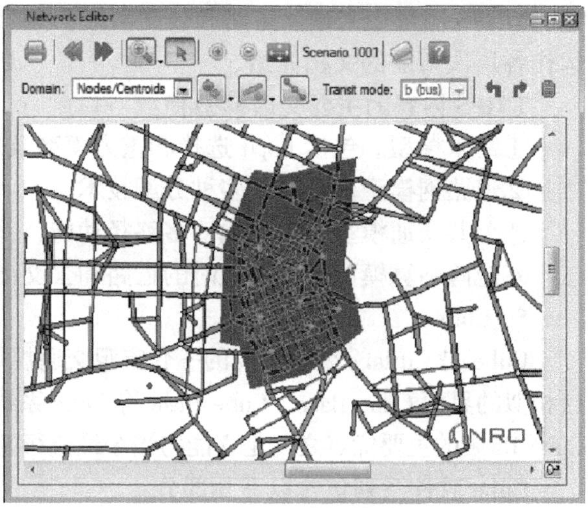

图 1-7　EMME/4 操作界面

3. TRANPLAN

TRANPLAN 是由美国研制开发的一个交通需求分析软件，目前在欧美国家市场占有率约 1/3，程序设计语言 FORTRAN，版权属于 URBAN ANALYSIS GROQP，其软件经过多年的升级与维护已趋成熟，在开发方法上采用自我开发与委托开发两种不同方式。极大部分模型模块及相关处理模块均由自我开发；网络图形显示与编辑软件(HNIS、TNIS)则由计算机软件开发公司开发。从软件的实际应用情况来看，该软件在开发之初就定位于专业交通分析专家及计算机模型专家，这种倾向依然保留在最新版的软件中。

TRANPLAN 和其他交通需求分析软件一样，不仅是对四阶段模型的固化，软件中有相当一部分模块属于网络分析及矩阵管理。

软件构成大致可分为：

①模型模块。交通产生、分布、划分模型的固化(包括标定)。

②网络分析模块。包括通用的分配模型模块(最短路、逐步、平衡、概率)；路段 OD 矩阵分析模块；根据路段分配抽取局部 OD 矩阵模块；网络编辑模块。

③OD 矩阵管理。包括 OD 矩阵的普通运算；OD 矩阵的合并；OD 矩阵的扩展与压缩；费用矩阵反推；多个 OD 矩阵的管理。

④输出报告。各种运算结果的屏幕式打印输出。

⑤绘图仪输出。道路网及路段特性参数的输出。

⑥HIGHWAY. NIS。城市道路网络及特性参数的图形显示及编辑。

⑦TRANSIT. NIS。城市公交网络及特性参数的图形显示及编辑。

⑧其他。包括格式转换等。

4. TRIPS

TRIPS(transport improvement planning system)是英国 MVA 交通咨询公司的交通规划软件包，基于传统的四步骤模型，用于模拟交通系统。

TRIPS 主要有三大模块：TRIPS 管理器、TRIPS 图形和 TRIPS 帮助。其中，TRIPS 管理器用流程图的形式来组织建模过程，其输入、输出数据及数据的流动在流程图中得到表述；TRIPS 图形用来建立道路和公交网络，探求模拟结果；TRIPS 帮助则向用户提供模型运作各层次所需的文档介绍。

TRIPS 内置的主要交通模型有：

①需求模型。包括 Logit 选择和重力模型及矩阵分析与运算。

②道路网模型。给出了多种分配技术。

③公共交通模型。多方式、多路径功能，并带有票价和拥挤模型。

④矩阵估算模型。更新过时的道路和公交出行的 OD 矩阵。

5. Cube

Cube 是 Citilabs 公司开发的一套宏观交通规划及微观仿真软件。Cube 的核心是与微软视窗相似的界面 Cube Base，Cube Base 将 Cube 系统中的其他软件整合成一套建模与分析工具。Cube Base 的主要优点之一是它能与当今最流行的地理信息系统软件 ArcGIS 直接兼容。

Cube 软件系列包含以下几部分：

①Cube Voyager。宏观交通规划模块，可用于小汽车、公交车、轨道交通、摩托车、自行车以及行人等的流量预测。

②Cube Cargo。专为货运预测而开发的模块，可用于海、空、铁路、公路货运以及市区运货卡车等的流量预测。

③Cube Dynasim。微观交通仿真模块，可直接与 Cube Voyager 等宏观模型衔接，并以真实、美观的二维及三维动画显示结果。

④Cube Land。土地使用模拟模块，可模拟土地使用、交通发展之间的互动及影响。

⑤Cube Polar。可直接与交通规划模型衔接的空气质量预测模块，可模拟各种车辆及燃料技术对空气质量的影响。

利用 Cube Base 也可以更有效率地使用 Citilabs 公司的其他传统产品，如 MINUTP、TRIPS、TRANPLAN 以及 TP^+。

6. TranStar

交通网络系统交通分析基础软件 TranStar(transportation network system's traffic analysis software)是进行交通运输网络系统规划、建设及管理的系统软件。该软件是东南大学交通学院以王炜教授为主的交通工作者在交通运输领域内十多年的科研成果的基础上开发而成的，TranStar 有三个版本：

①交通管理版。适用于城市交通网络系统的交通需求管理、交通系统管理、交通运行组织规划以及城市道路网络系统调整等领域的交通系统分析。

②城市交通版。适用于城市总体交通系统规划、城市道路网络系统规划、道路工程项目可行性研究、道路工程项目后评估、城市公共交通网络规划、城市大容量轨道交通规划等领域的交通系统分析。

③公路交通版。适用于公路网络系统规划、公路工程项目可行性研究、公路工程项目后评估、公路网络交通管理等领域的交通系统分析。

7. TranSolution

TranSolution 是由建设部城市交通工程技术中心主持开发的，兼容 GIS 的城市交通需求分析系统软件。

软件采用全组件技术，建立了兼容 GIS 的城市交通需求分析软件框架。主要框架包括桌面系统软件、GIS 组件、交通分析组件、交通 GIS 管理模块四部分。其中，GIS 组件包含了 GIS 空间分析技术的核心算法；交通分析组件集成了常用的交通分析算法；交通 GIS 管理模块建立了 GIS 和交通需求分析的紧密联系，支持强大、灵活的分析功能。

软件的主要功能：

①GIS 平台。主要功能包括：数据采集、网络编辑、矩阵维护、报告及图纸输出、网络分析等。

②交通分析模型。主要功能包括：交通产生、交通分布、方式划分、交通分配、公交模型、微观交通仿真等。

③数据接口。数据接口分两部分：一是与其他通用数据库的数据接口；二是与国外交通分析软件的数据接口。

二、交通仿真软件

到目前为止，国内外已经推出了几百种交通仿真软件，比较流行的也有几十种。最为典型的交通仿真软件主要有以下三种：

1. TransModeler

(1)软件简介

TransModeler 是美国 Caliper 公司继交通规划软件 TransCAD 之后推出的基于 GIS 的交通模拟与仿真软件。该软件对大比例、微观交通进行模拟与仿真，从而对交通管理提供科学、快速而且直观生动的决策分析。TransModeler 与 TransCAD 均为现代交通分析决策广泛使用的工具。

(2)功能特点

①行车仿真。在同一路网基础上可对不同道路类型的车流进行模拟，例如，高速公路与城市道路之间的转换，环岛的进入与驶出，专用车辆的行驶、礼让和优先权设置等。软件还可区分模拟车道、车道变换等的微观仿真，基于车辆密度的中观仿真，以及基于流量的宏观仿真。

②信号灯模拟控制。能够真实、动态地显示由于信号灯状态变化对交通流的影响。

③收费站仿真。模拟车辆类型[如多乘员车道(HOV)、电子不停车收费系统(ETC)等]、收费方式(如人工、电子)对车行时间延迟的影响。

④故障模拟。模拟包括路段封闭、施工、事故等对车流和时间的影响。

⑤行人模拟。模拟行人横穿马路对交通流的影响情况。

⑥公交路线仿真。根据车站的长度、发车频率、车辆类型和下车乘客比例等分析车辆行驶受到的影响。

⑦动态控制。模拟停车、让道信号控制的设定，道路占用、减速、限行标志的设置，路口探测器的埋设及信息的收集等对交通的影响。

⑧车辆仿真。模拟具体车辆(不同类型车辆)的行车行为和行驶路线。

⑨交通流仿真。模拟不同路段或者交叉口交通流运行状态，如模拟高速公路进入城区交通流状态。

⑩出行需求模型分析。软件可以与 TransCAD 结合使用以更好地进行出行需求模型分析。例如，通过 OD 矩阵获取流量、路径、转向等交通运行状况。

上述仿真功能的结果都建立在地理真实的基础之上，并以实时动态播放，且可存储为 AVI 等格式。

为了实现上述仿真功能，软件提供强大而灵活的数据输入和编辑功能，例如，车站、收费站、公交路线的设计、生成与编辑等。软件可以在遥感图像基础上生成交通仿真网络上的道路和设施等。软件还嵌入二次开发语言 GISDK，可以定制自己的工作界面和扩充软件的功能。

2. VISSIM

VISSIM 是德国 PTV 公司开发的微观交通流仿真软件系统，由交通仿真器和信号状态产生器两部分组成，它们之间通过接口交换检测器数据和信号状态信息。VISSIM 既可以在线生成可视化的交通运行状况，也可以离线输出各种统计数据，如行程时间、排队长度等。交通仿真器是一个微观交通仿真模型，包括跟车模型和车道变换模型。信号状态产生器是一个信号控制软件，基于一个微小时间间隔(0.1s)从交通仿真器中提取检测器数据，用以确定下一仿真秒的信号状态，同时将信号状态信息回传给交通仿真器。

交通仿真模型的精确性主要取决于车辆模型的质量，如路网车辆行驶理论准确性。与其他不太复杂的模型采用连续速度和确定的跟车模型不同，VISSIM 采用的跟车模型是 Wiedemann 于 1974 年建立的生理—心理驾驶行为模型。该模型的基本思路是：一旦后车驾驶员认为他与前车之间的距离小于其心理(安全)距离，后车驾驶员开始减速。由于后车驾驶员无法准确判断前车车速，后车车速会在一段时间内低于前车车速，直到前后车间的距离达到另一个心理(安全)距离时，后车驾驶员开始缓慢地加速，由此周而复始，形成一个加速、减速的迭代过程。

VISSIM 仿真所需要的基本资料有道路的车道数、车道功能划分等道路基础数据，路网中各入口的交通量和各入口到出口分配的交通量数据，交叉口的信号配时情况等。准备好基础数据后利用 VISSIM 进行仿真，主要经历四个步骤。

①按照软件的要求绘制路网，并设置车道数、车道宽度、车道功能划分、分隔带情

况、非机动车道宽以及人行道宽度数据等。

②根据车流量数据输入路网各入口的小时交通量和交通组成情况，并根据交通调查结果进行各入口到各出口的交通量分配。

③根据调查数据对信号交叉口的信号配时情况进行设置，对无信号交叉口的停止让行情况进行设置。

④利用软件进行仿真运行，输出仿真结果。

Wiedemann 的跟车模型是迄今用于计算机交通仿真的最为精确的模型之一，因此基于这一理论基础而开发的微观交通仿真软件 VISSIM 应能较真实地反映和重现实际交通状况(图 1-8)。

图 1-8 VISSIM 仿真动画

该软件在国外的应用已证实其具有广泛的实用价值。国内的交通组成不同于国外，国外是以小汽车为主，而国内公共交通占有较大比例，但这并不影响该软件在国内的推广，因为 VISSIM 软件不但对公交车辆的组成及运行特点作了特别详细的考虑，而且还在交通流组成中考虑了摩托车、自行车及行人等。

3. Paramics

(1)软件简介

Paramics 是由英国 Quad stone 公司开发的用于微观交通仿真的软件包，它为交通工程师和研究人员提供了一个崭新的计算工具，用于理解、模拟和分析实际的道路交通状况。Paramics 的实时动态三维可视化用户界面，对单一车辆进行微观处理的能力，支持多用户并行计算，以及功能强大的应用程序接口，使得它从发行伊始就引人瞩目，成为交通领域学术界和工程界都广泛采用的主流高级软件工具。

Paramics 包括完全并行的路阻计算模块，可以完成巨大规模路网的交互式路阻计算。该软件理论上能够支持 100 万个节点(nodes)、400 万个路段(links)和 32 000 个区域(zones)的路网。它在 ITS 基础设施和拥挤道路网的仿真上有突出的表现，当前能仿真交通信号、匝道控制、与可变速度标志相连的探测器、VMS 和 CMS、车内路网信息显示装置、车内信息咨询、路径诱导等。

Paramics 是一个完全集成化的软件，它集成了仿真、可视化、交互式路网绘制、自适应信号控制、在线仿真数据统计分析、跟车、交通控制策略评价、交互式仿真参数调整等功能。该软件还能够从 SATURN、NESA、CUBE(TRIPS)等相关交通软件读取有关节点和路段的信息。

自 1996 年 Paramics 发行以来，一直在微观交通仿真的软件市场上占据重要地位。Paramics 目前在世界许多国家得到了广泛应用，在交通规划、管理和决策中起着举足轻重的作用。英国是 Paramics 的发源地，也是应用 Paramics 最广泛的地区之一，英国的联邦政府利用 Paramics 测试交通路网和高速公路的设计，评价交通控制策略和尾气排放水平，以及研究中远期的交通规划、管理战略。在美国，加州大学埃文分校使用 Paramics 建立了埃文网络实验基地进行智能交通系统方面的研究，著名的橡树岭国家实验室(Oak national laboratory)、交通部、众多私人咨询公司及学术机构都采用了 Paramics 进行相应的项目研究。其他使用 Paramics 的国家和地区包括澳大利亚、阿根廷、德国、比利时、丹麦、新加坡、中国香港、中国台湾等。

(2)构成及特点

Paramics 是一个先进的交通仿真模型工具包，它由九个主要工具模块组成：建模器、处理器、分析器、监视器、设计器、查看器、矩阵估计器、转换器和编程器。其中估计器是 Version 4.0 之后新增的模块。

①建模器(modeller)。modeller 是 Quad stone Paramics 软件包的核心，用于网络构建、模型显示和交通仿真。modeller 使用 Paramics 的核心模型进行交通仿真，能够产生全面稳定的统计数据输出。modeller 能够仿真各种大小的网络，是唯一既能够模拟拥挤的高速公路和单一的交叉路口又能够模拟一个城市的交通系统的仿真软件。

modeller 可以用于研究各城市道路和公路交通，包括信号控制交叉口、环形交叉口、公共交通、停车、突发事件、事故、货运通道、高占用率车道等。通过建模能够更加清晰地看到路网存在的问题，得出更加有效的解决方案，同时高质量的可视化效果使其为非专业的人员讲解时更加的方便。

②处理器(processor)。processor 是一个利用 Paramics 的核心模型执行批量交通仿真的工具，通常用于灵敏度和方案测试。processor 使交通仿真和分析的过程自动化，能够加速模型运行的速度，减少用户时间。当 processor 和 analyser 配合工作时，还可以简化复杂交通模型的统计数据输出。

③分析器(analyser)。analyser 是一个仿真数据定制分析和模型统计报告的工具。analyser 可以用于查看一组数据或者比较来自多个信息源的多组数据(如基年模型、替换方案模型、实际调查得到的数据等)，从而可以加快模型的标定过程。analyser 提供的统计数据适合各种需要，包括自定义服务水平和性能指标。analyser 提供一系列自动化工具(如报告模板和工作空间)来帮助管理数据和以最快速度获得所需要的统计数据。

④监视器(monitor)。monitor 是一个可以直接从 Paramics 仿真中收集基于单个车辆的尾气排放数据的评价模块。它可以跟踪计算仿真路网中所有车辆尾气排放的数据，在仿真过程中进行可视化显示，并将尾气数据每隔一定时间写入指定的统计文件进行保存。

⑤设计器(designer)。designer 是一个三维模型构建和编辑工具，可用于建立复杂的三维

模型，使 modeller 和 viewer 能够生动地显示交通模型。designer 是免费提供给 Paramics 用户使用的，用户还可以获得 800 多个现成的、逼真的三维模型。

⑥查看器(viewer)。viewer 是一个免费的路网仿真和可视工具，能够快速安装并能够提供任何 Paramics 路网的可视和仿真，可以被用作一个示范工具，也可以预览成果同时分享路网模型。Viewer 还可以被用作一个演示工具来生成屏幕截图或者向工程师、大众演示实时视频。

⑦矩阵估计器(OD-Estimator)。OD-Estimator 是基于 Paramics 核心模型的 OD 矩阵估计工具，能够保证 OD 矩阵、模型和模拟车辆路径选择的最大兼容性。estimator 提供开放、透明、可视化的结构和界面，允许交通工程师把自己的知识、技巧和经验加入估计器的系统内核。在系统运行时，用户可以与 OD 估计过程互动，随时作出微调。

⑧转换器(converter)。converter 可以把从其他信息源的现存路网数据转换成基本的 Quad stone Paramics 路网。converter 可以接受的路网数据格式包括 EMME/4、Mapinfo、ESRI、Synchro、Corsim、Cube/TP⁺/Viper、ASCII 和 CSV。

⑨编程器(programmer)。programmer 为扩展程序开发提供了一个全面的应用程序接口(API)。API 函数功能强大，为对微观交通模拟感兴趣的用户提供了科研和定制工具。用户可以利用 API 扩充 Paramics 的功能，如为 Paramics 仿真增加驾驶员行为模型、新的功能和一些实用的特性。用户也可以选择用自己的行为模型来取代 Paramics 的核心模型。

第三节 交通管理与控制软件

一、交通管理软件

1. 车辆管理系统

车辆管理系统具有完备的车辆管理功能，包括车辆档案、驾驶员、费用、出车记录、维修记录、加油记录、事故记录、年检记录管理等内容。该系统能够以图形方式显示车辆状态，直观方便，并且可以按条件查询资料及汇总。车辆管理系统操作界面如图 1-9 所示。

2. 机动车及驾驶员管理系统

机动车及驾驶员管理系统即原机动车及驾驶员档案，加入打印功能，并设置过期年审车辆及驾驶员的报警功能。该系统可查找将要年审的驾驶员和车辆，驾驶员档案及机动车档案在同一个窗口管理，可按姓氏、车辆分类、车牌、发动机号及准驾车型查找车辆及驾驶员记录和预览窗口。按姓名查找车辆支持近音字和多音字，按车牌查找可忽略英文字母的大小写，既管理集中又方便查找。机动车及驾驶员管理系统操作界面如图 1-10 所示。

3. 兴华交通执法管理系统

兴华交通执法管理系统是一款根据交通法的要求，对数据进行分类、统计、汇总、分析，建立程序化、制度化、规范化的管理系统。该系统是一套完整、精致且集案件录入、案件查询于一体的管理系统，信息录入高度智能化，能够极大提高工作效率。该系统实现了多种方式辅助录入，减少了录入工作量，提高了工作效率，降低了工作难度，不但为交通管理者提供了一种现代化的管理手段，还保持了各种数据的完整性、及时性和正确性，完善了管理体系，提高了管理水平。兴华交通执法管理系统操作界面如图 1-11 所示。

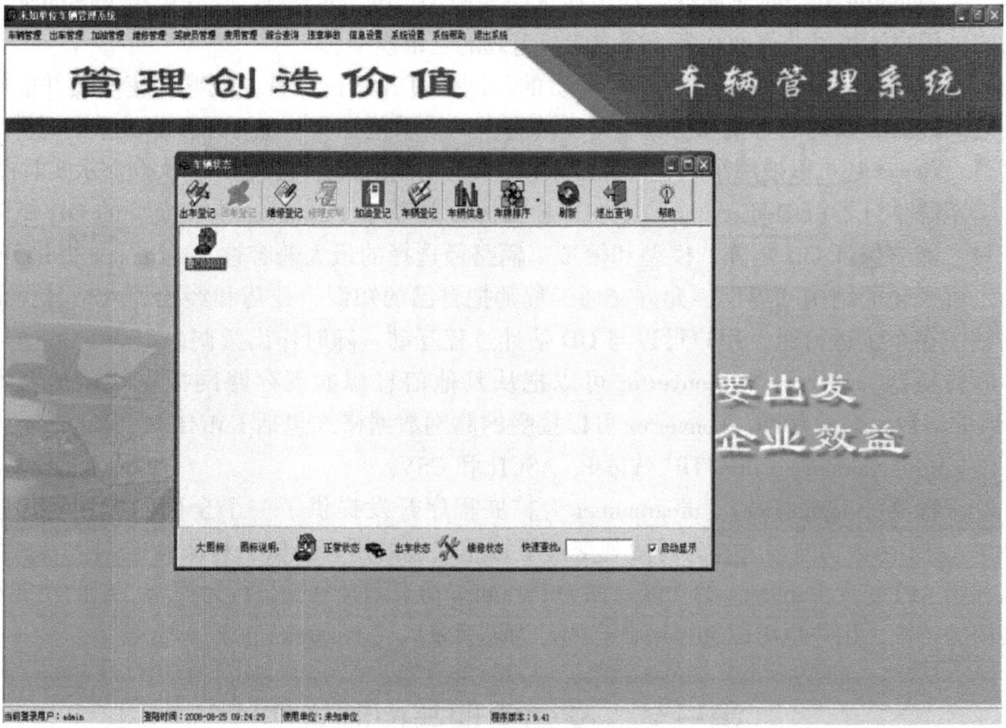

图 1-9　车辆管理系统操作界面

图 1-10　机动车及驾驶员管理系统操作界面

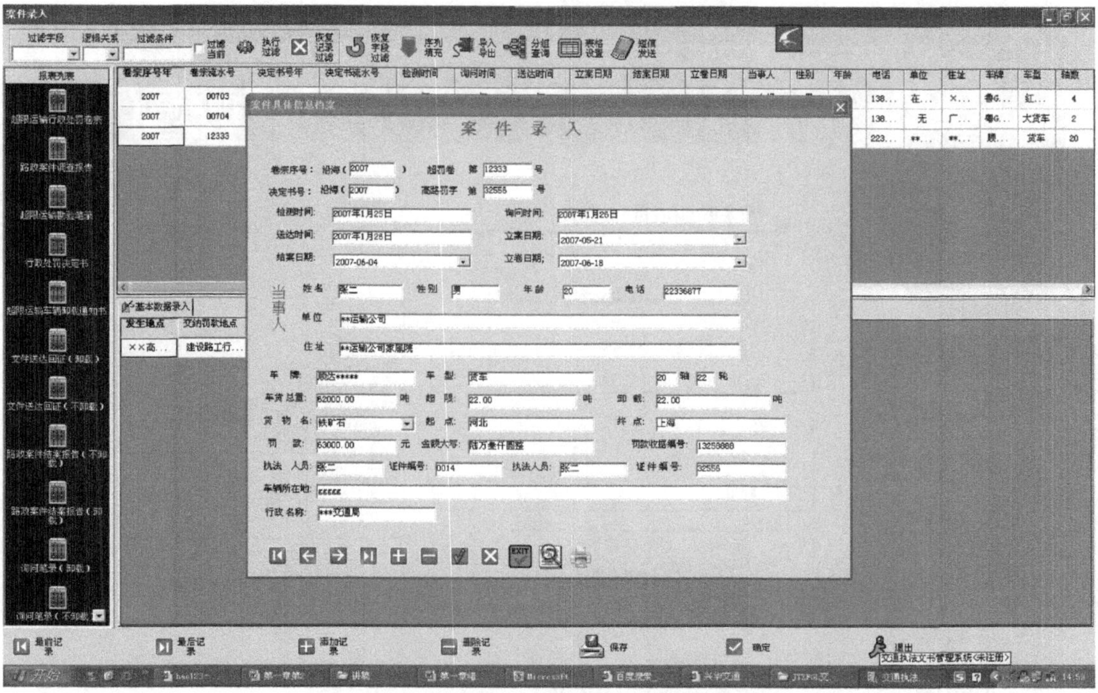

图 1-11　兴华交通执法管理系统操作界面

4. 中源物流货运管理系统

中源物流货运管理系统采用全新的设计理念，操作简单快捷、界面友好、功能全面，适合各类物流货运企业和第三方物流企业使用，软件功能主要包括：

①货运管理。包括货运作业单、入仓单、出仓单。

②作业查询。包括货运作业单查询、入仓单查询、出仓单查询。

③财务结算。包括货运作业结算单、费用统计表、报价单。

④系统维护。可设置公司资料、操作员权限、物流方式、委托单位、经营单位、到港名称、仓库名称、车辆资料、数量箱型、发货人、付款方式、费用名称等信息。

⑤托运管理(独立功能)。可设置托运作业单、查询托运单据、设置收发货单位、设置装卸货地址、设置船公司等信息。

⑥辅助功能。可实现备份数据、恢复数据、重新索引文件、系统格式化、更改密码、更改主页背景图案、更改背景颜色、更改电脑屏幕分辨率、切换用户重新登录等功能，能够使物流企业的日常管理更加规范、缜密，明显提高工作效率，降低成本，避免工作漏洞，有效提高物流公司的服务质量和竞争力。中源物流货运管理系统操作界面如图 1-12 所示。

二、交通控制软件

1. 城市交通控制系统

(1)系统简介

城市交通控制系统(urban traffic control system，UTCS)，是现代智能交通系统(intelligent transport system，ITS)的重要组成部分，主要用于城市道路的交通控制与管理。UTCS 操作界面如图 1-13 所示。

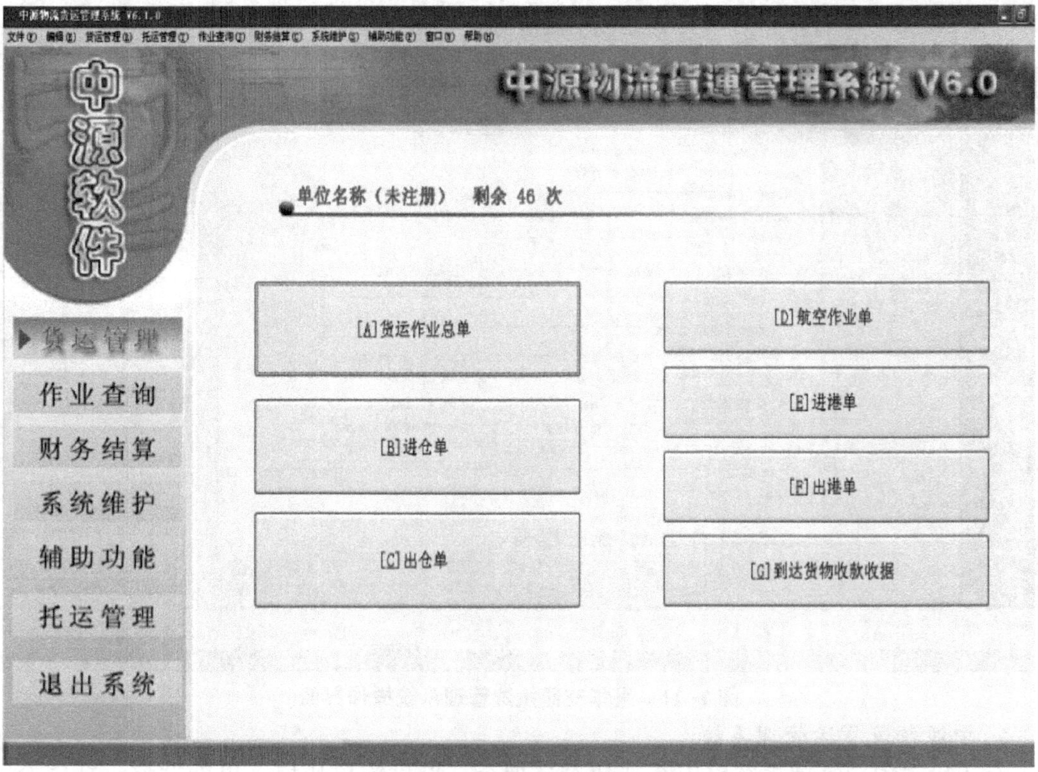

图 1-12　中源物流货运管理系统操作界面

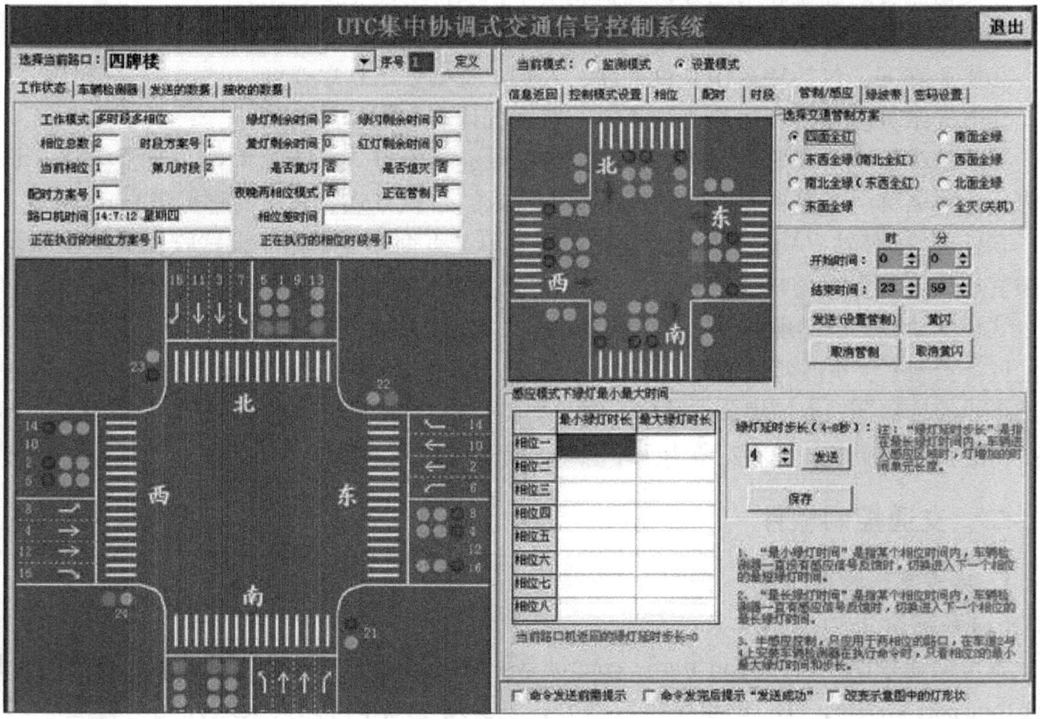

图 1-13　UTCS 操作界面

UTC2000系列交通信号控制系统，是在公安部交通安全产品检测中心和中国人民公安大学专家的指导下设计完成，其设计依据主要是信号控制设备国家标准，并吸收了日本京三信号控制系统和SCATS、SCOOTS、SAINCO系统的部分优点。

(2)功能与特点

控制中心系统软件以GIS为平台，包含设置、监测、方案生成等模块。系统通信方式多样，可采用光缆，PSTN公用电话网、无线电专网等联网方式，并支持符合TCP/IP协议的局域网、移动通信网方式。信号机的设置方式灵活，具备指挥中心设置、笔记本电脑现场设置，也可利用控制机的键盘与LCD液晶显示屏现场设置。

UTCS可设置多时段多方案，最多可设18个时段，每个时段可设16种控制方案(节假日、平时、周末)。UTCS具备多种控制模式：人工手动、感应(半感应、全感应、模糊感应)、指挥中心步进控制、指挥中心实时自适应控制等多种工作方式。

此外，系统可以根据实际交通情况，由指挥中心发出命令，进行特殊交通控制：

①绿波控制。在执行警卫、消防、救护、抢险等任务的时候，其行车路线上的交通信号灯按车辆到达路口的时间开启绿灯，保证车辆畅通无阻，控制方式可由中央控制器实现。

②单点控制。各交叉路口的信号灯由交通信号机独立控制。

③闪灯控制。信号灯黄灯按一定的频率闪烁，向车辆和行人发出警告或提示。

④交通管制。根据路口交通需求，由指挥中心发出命令模拟交通信号机的手动控制方式进行交通疏导。

2. 城市交通信号控制系统

(1)系统简介

城市交通信号控制系统NATS，是我国重点科技攻关项目自行研制开发的第一个实时自适应城市交通信号控制系统。NATS曾获国家重大科技攻关成果奖、公安部科技进步一等奖和国家科技进步三等奖，在南京、株洲、台州、南通、泰州、常熟、张家港、杭州富阳等多个地区广泛应用。NATS操作界面如图1-14所示。

(2)系统结构

NATS采用三级分布式递阶控制结构：中心控制级、区域控制级、路口控制级。该系统能够提高系统的扩展能力，强化系统的交通数据与信息的处理、统计、分析、服务能力，满足城市未来扩大控制范围的需求。

(3)系统功能

NATS主要功能如下：

①交通信号控制。主要包括系统控制功能、单点控制功能和特殊控制。

②交通信息采集。自动采集交通流量、车速、车型、占有率、排队长度、饱和度等交通信息，并进行计算、存储、显示和打印。

③系统监测。系统各级控制设置具有完备的自检和监测功能，可对系统设备、软件运行状况和故障进行全面监测与管理，发现故障立即上报系统综合平台，能够大大提高系统的可靠性。

④远程设置信号机参数。在中央计算机、区域计算机与信号机通信正常的情况下，可调看和修改道路交通信号控制机的各种配时控制参数。

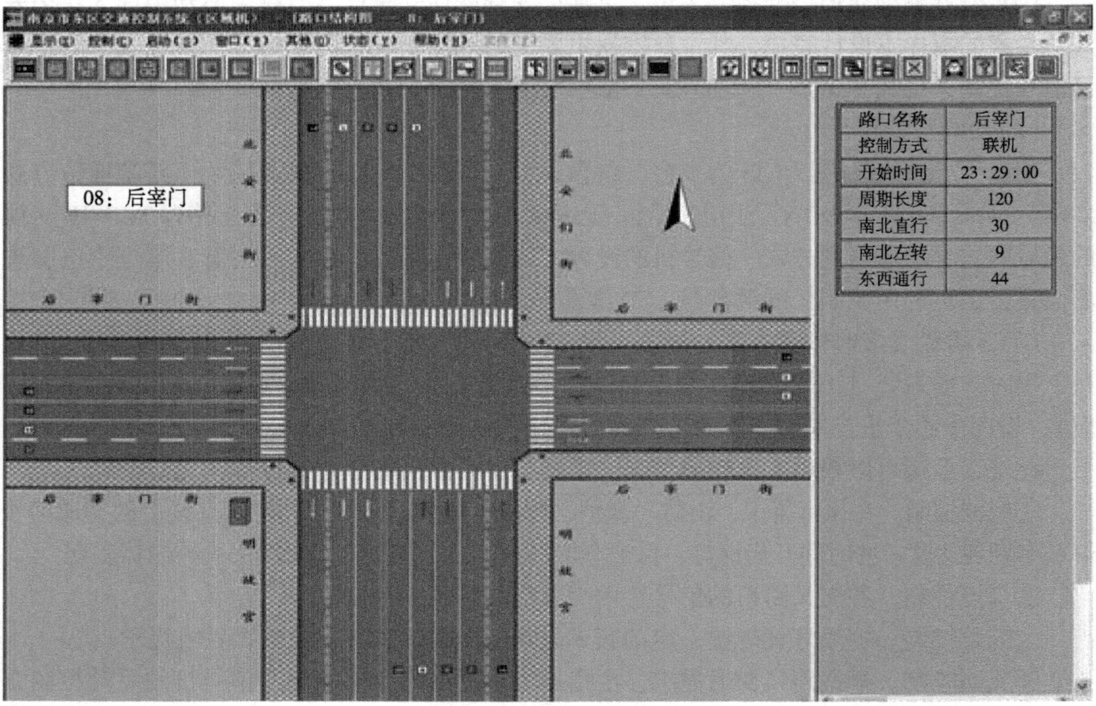

图 1-14　NATS 操作界面

⑤远程监控与维护。可通过 PSTN、DDN、ISDN 等远程联网方式注册进入用户系统，实现系统远程故障诊断、监控与维护。

⑥系统互联。支持基于 TGIS 的多种系统集成，实现多系统互联互控和协调动作。

⑦交通状态判别。系统能自动识别交通拥堵等级，判别准确度高于 80%。

⑧交通疏导。利用室外交通诱导屏，可以实现交通流的自动或人工干预疏导。

第二章 TransCAD概述

第一节 TransCAD 功能概述

TransCAD 是专供交通专业人员使用而设计的 GIS，用来储存、显示、管理和分析交通数据。TransCAD 把 GIS 和交通模型的功能组合成一个独立的平台，可用于所有交通模式、任何地理尺寸和不同详细程度的交通运输模型。TransCAD 代表最先进的交通 GIS 技术，可用来制作地图，建立和维护地理数据集或进行各种不同方式的空间分析。TransCAD 包含各种复杂的 GIS 功能，包括多边形迭加、影响区分析、地理编码等，并具有开放式的系统结构，支持局域网或广域网的数据共享。

一、TransCAD 对象

TransCAD 扩展传统的 GIS 数据模型以兼容交通数据对象，包括交通网络、矩阵、路线和路线系统、线性参照数据等。这些扩展使 TransCAD 成为处理交通数据最理想的管理和分析工具。可以用 TransCAD 来准备、可视化、分析和展示工作内容，也可以用 TransCAD 应用程序模块来解决路径寻找、物流配送以及其他交通问题。

1. 交通网络

交通网络是一种特殊的数据结构，用来管理网络流量。交通网络使用高效储存法，使 TransCAD 能快速解决寻找路径问题。

2. 矩阵

矩阵是储存诸如距离、旅行时间和始终点流量等对交通应用至关重要的数据。TransCAD 提供创建和处理矩阵的各种函数，提供空间分析和矩阵数据高级可视化的工具。

3. 路线和路线系统

路线和路线系统是指示公共汽车、小汽车、摩托车、自行车或行人从一处到另一处的路径。TransCAD 带有创建、显示、编辑和操作路线的工具，以及显示路线的独特方法，使路线在地图中得以清晰明了地展示。TransCAD 可以把一套有联系的路线组成单个的路线层，存储和显示包括路线、车站位置和车辆时刻表在内的有关属性。

4. 线性参照

线性参照表示一个交通要素在一条线路上的位置，它用该要素到线路上某一固定点的距离来表示。TransCAD 不经转换就能显示和分析这些数据，提供动态分段函数来合并和分析多个线性参照的数据集。

二、地图操作与可视化

1. 专题图

TransCAD 可用十几种专题图样式和选项、无穷的颜色、粗细可调的线型、逼真的地图符号来创建高质量的地图。只需要单击鼠标，“地图向导”的自动制图技术就会建立彩色的图形专题图、点密度专题图、比例符号专题图以及饼状图和条状图相结合的地图。

2. 显示工具

TransCAD 的很多工具能够直观地显示传统 GIS 无法显示的数据，包括：

①路口图显示流量和转弯量。

②条状图显现沿路线变化的设施特性。

③交互式工具显示地理要素和转弯禁止、延迟。

3. 数据表

可以在数据表中观察与地图要素关联的数据；可以在数据窗里显示整个地图层的数据，一个选择集或单个要素的数据；也可用数据窗来添加和删除记录、修改数值、记录排序、创建公式域和计算统计值等。

4. 成果输出

布局窗口提供了一系列把各种分析结果组合在一起显示的工具，可以制成专业的演示及宣传材料，也可以在打印机或绘图仪上打印地图和布局页，还可以把工作成果存成 jpeg 或 png 文件以供网页使用。

三、地理分析工具

使用 GIS 的一个重要原因是发掘和分析数据中的地理成分。可以在地图要素周围建立影响带(缓冲带)，划分区域，定义受影响区，找出最短路径。在 TransCAD 中，很容易实现覆叠和聚集数据操作以及统计值的计算。

①回答地理问题。TransCAD 可以回答各种地理问题，例如，人口密度最高的地方在哪里，多少人住在离公交车站 1km、2km 或 3km 的地方。TransCAD 还可以把人口普查以及其他社会经济统计数据与现有数据相结合，找出对业务运作有影响的地理特性。

②影响带。TransCAD 可以在任何地图要素周围自动建立影响带，然后分析这些区域的特征。例如，TransCAD 可以发现有多少顾客住在离商店一定距离以内的地方，计算出商店潜在位置周围的人口特性，分析受公路噪声污染最严重的街区，或者判定某一设施的便捷性。

③分区。TransCAD 允许把小区域组成大区域，然后汇总计算每个区域的属性。例如，TransCAD 可以把邮政编码区组合起来构成销售区，把地块组成规划区，或者把城市小区组成学校区。

④受影响区。TransCAD 可以建立受影响区以确定离每个设施最近的区域，然后评估每个区域的属性以确定服务不够或服务过量的区域。

⑤密度栅格。TransCAD 提供了把点数据变换成一个规则栅格来形象化表示数据的工具。这个功能在很多情况下都可用到，它把离散的局部数据归纳为整体的宏观信息，而不是“只见树木而不见森林”。例如，可以用密度栅格以面的形式很容易辨别公共交通的乘客主要集中在什么区域或一个城市范围内的犯罪热点。此外，每个栅格可根据选择的数值进

行加权，如可以在分析零售店的格局时用就业人数进行加权。

⑥地表分析。在 TransCAD 中，可以在二维地图上分析和显示地表，或显示成三维地图；也可以以海拔高度创建等高线地图，然后为任何地点确定在地平线或某一特定高度上的视域，如可以发现发射塔周围的服务欠佳区域；还可以创建地表来代表数据值，如在一个地理区域中的空气污染值或氡气水平等。

四、应用模块

1. 应用模块划分

TransCAD 是唯一的一个把 GIS、需求模型和物流功能完全整合的软件包。把 GIS 作为规划和物流软件包的一个组成部分，原因及价值主要体现在以下几个方面：

(1) GIS 使模型更为准确

网络距离和旅行时间以路网的实际形状和路口的正确表达为基础。此外，TransCAD 能用网络来定义复杂的道路属性，如卡车禁行处、路口迟延、单行道和施工区。

(2) 整个建模过程更有效

数据准备工作大为简化，数据、模型和显示功能融为一体，不需要在不同软件之间来回转换数据。数据库和数据可视化功能的有机结合使错误和纰漏在造成问题前就被发现。

(3) GIS 技术本身具有优势

TransCAD 的 GIS 技术针对不同的地理区域，可以很容易地导出并运用不同的模型和方程式。TransCAD 还提供一系列用来量度地理便捷性的功能，这些都是交通应用所急需的。

(4) GIS 解决方案简单易懂

GIS 方法以图表的形式提供的解决方案简单易懂，能用非常直接且易于理解的方式向非专业人士传达高技术信息。

2. 应用模块

TransCAD 可以解决很多规模的问题。与其他 GIS 产品不同，TransCAD 里的应用模块与 GIS 功能完全结合，以改善性能和方便使用。这些应用模块包括：网络分析、公交分析、交通规划和交通需求模型、车辆寻径和物流、属地管理和选址模型。

(1) 网络分析

网络分析模型用来解决各种交通网络问题：

①最短路径程序。网络分析可用来产生任何数量的始点和任何数量的终点之间最短、最快或成本最低的路径，其间还可以强制通过任何数量的中间点。

②网络分割。网络分析可用来建立基于便捷性的服务区，进行驾车时间分析或评估可能的设施位置。可以用网络分割程序来计算一组特定地点的网络距离和旅行时间。

③旅行推销员模型。网络分析可构建网络上任意各点之间的最有效的访问路线。

(2) 公交分析

TransCAD 有特殊的工具和程序来创建和处理公交网络。公交车费可定义为单一票价或区间票价。使用公交网络和车费结构，TransCAD 可以解决最短路径问题和计算公交路径属性（即指标综合）。公交网络与非机动车旅行方式网络可以是分开的，也可以是合在一起的，如可以在做公交网络分析时加入步行路段。

公交网络也可以用来做公交分配。TransCAD 可以将选择公交方式的出行作为公交服务水平的一个函数，来估算公交网络中各路段乘客的数量。这些模型可以生成分路段和按线路合计的载客量统计数。TransCAD 包括一系列功能完善的公交网络分配程序。

TransCAD 是唯一带公共交通扩展的 GIS。TransCAD 可管理复杂的公交系统数据，并已在乘客信息系统、调度系统和营销系统中得到应用。

(3)交通规划和需求模型

交通规划和需求模型用来预测随区域发展、人口和交通供给方面的变动而引起的在出行需求和交通系统使用方面的变化。TransCAD 是唯一的基于 GIS，并把 GIS 和出行发生、出行分布、方式划分和交通分配等规划工具完全合为一体的交通规划软件包。TransCAD 不仅包括所有传统的 UPTS 模型、数据需求相对较少的快速反应模型，也包括先进的离散需求模型。

①出行发生。估算在研究地区每个分区产生的每种目的的出行数量。

②出行吸引。预测被吸引到每个分区或一个特定的土地使用点的出行数量。

③出行平衡。使出行吸引总量等于出行产生总量。

④出行分布。预测各起讫点之间出行或车流的空间分布。

⑤方式划分。分析和预测个人或组群为特定种类的出行就交通方式所作的选择。

⑥PA 到 OD 和时段。把产生和吸引值转换成起讫点的交通需求值，把 24h 出行矩阵分割成小时段的出行表，把出行人数转变成出行车辆数，以及运用高峰因子计算高峰小时流量。

⑦交通分配。估算网络上的车流量，建立车流的分布和分析拥堵点。TransCAD 提供用来对全国、地区和城市交通建模的全套交通分配程序。这些交通分配程序还有许多变形，可"量体裁衣"地去模拟市内公交，以及城市之间包括铁路、公路、航空和水路在内的客货交通。

⑧高速公路分配。进行广义成本的交通分配、HOV 分配、多方式车流分配、多类用户交通分配、与交通分布组合的分配以及考虑基于流量的转弯迟延和信号优化的交通分配。

最新发布的 TransCAD 还包含一个捆绑的多方式均衡交通分配程序，能同时把小汽车、卡车和公交车分配到网络上。汽车可以有许多类(如 HOV 使用者)，卡车也一样可以进一步分类(如按大小分)。这个程序提供的选项考虑不同车种从特定入口至出口的准确收费，并在计算广义成本时使用不同的时间价值。网络禁用选项使每种车辆只使用被允许的网络路段。某些车辆，如固定线路的公共汽车，可以预先装载到多方式网络上。通过使用有关报告选项，可以把路段流量按车辆种类分别报出。

(4)车辆寻径和物流

TransCAD 带有一整套物流程序，可以用于所有交通方式解决各种物流问题。

①确定车辆路径。TransCAD 提供了一套丰富的工具，来解决各种取货送货车辆路径的选择问题。这些工具可用来准备输入数据，求解路径选择问题，并以表格和地图的形式提供计算出的最优路径和车辆调度时刻表。TransCAD 的这些程序可以解决由传统路径寻找问题变异而来的诸多更为复杂的问题，例如，它可以包括时间和停留点的限制，考虑多个中心站的车辆调度，以及使用多种类型的车辆。TransCAD 找寻最优车辆路径的程序也能够解决混合取货送货问题。解决方案找到后便用地图显示，用户可以以交互方式增减停留点来修改路径。添加或删除停留点后，用户马上可以再次优化路径，以便把时间限制的成本降至最低。

②寻找弦路径。寻找弦路径的问题是在交通网络中找出走过一组路段的最有效路径。

弦路径寻找在公共事业和私营服务行业都有大量的应用，包括清扫街道、收集固体废物、铲雪、递送邮件以及其他门到门服务。一个典型的弦路径寻找问题，是人或车辆从一个或几个中心站出发，走过一组需要服务的路段。弦路径寻找问题的结果是找出一条或几条路径，这些路径走过所有的服务路段，而空车行驶路程最少。

③网络流量和分布分析。TransCAD 含有一套解决网络流量问题的程序。这些问题和货物或服务的有效发送有关，在交通和其他情形均可发生。

a. 运输问题。该问题是要找到一个最有效的方法来完成从一组起点到一组终点之间的运输服务。例如，一家公司可能需要找出把商品从各仓库运到各销售点的最低成本方案。

b. 最低成本流量问题。该问题是考虑路段容量的更广义的运输问题。例如，当容量限制使得某一货物运输不可能都使用最短路径时，可用该程序来找出容量限制下的多条路径。

c. 匹配问题。该问题试图在两组对象之间，找到最好的一对一搭配，使某个数量值达到最小或最大。例如，可以用该程序将要做的一批工作最有效地分配到各个服务中心。

(5) 属地管理和选址模型

TransCAD 的区域分割、群集形成和设施选址程序在交通和营销业中得到广泛应用。区域分割程序把人口普查区、邮政编码区、县或其他区域组成紧密而相互平衡的特定区域（如销售区）。群集形成程序把顾客、设施或区域分别组合成紧密的易于服务的一些组群。设施选址程序评估任何设施地点和数量的成本和效益。

①销售区定义。TransCAD 提供了一组很方便的程序来自动定义销售区：

a. 区域分割。把一个地图层上的要素按其接近或相似程度进行分组。TransCAD 中的区域分割程序有许多应用，包括服务区联合、产品销售和市场推销、政区重划及其他领域。区域分割模型试图建立连续、紧密而相互间平衡的分区。

b. 群集形成。把要素组成紧密的群集，组合时可以限制群集的规模。可以指定群集的最大规模或容量，这将限制每个群集中要素的数量。TransCAD 中的群集形成程序非常灵活，可用来解决许多领域中的问题，如销售人员布置和车队管理。

②设施选址。选址问题是在一组可能的地点中选取一个或几个最佳地点。TransCAD 几乎能处理所有类型的选址问题。例如：

a. 想确定需要多少设施才能保证事先定好的服务水平。同时还需要考虑财政和运行上的限制，如能增加的设施数量上限或是给定的用于增加设施的预算。

b. 营业收入和利润取决于设施地点的选定。在这种情况下，需要在增加设施的成本和潜在收入、利润之间折中取舍。

c. 使设施和设施所服务的人口之间的距离尽可能大。例如，堆填区和发电厂通常需要尽可能远离主要人口中心。

d. 选址时要考虑现有的设施。现有设施的位置显然影响到新设施地点的选定。此外，可能在考虑增加新设施的同时，关闭一个或几个现有设施。

五、自定义数据作图

1. 数据读写

TransCAD 允许用自己的数据制作地图。可以从 dBASE 文件、文本文件制图或任何兼容 ODBC(开放数据库互联)的数据源取得数据，这包括 Access、Oracle、SQL 和其他数据源。也可在地图中直接使用栅格图像，如卫星或航空照片。这些图像可以用来做参考系或与地图编辑工具一起使用，以创建和编辑地理文件。

TransCAD 可以用 ESRI Shape 文件、Map Info TAB 文件和 Oracle 空间表直接制图。使用内置的翻译器也可以从其他桌面制图、GIS 和 CAD 软件中导入地理数据，还可使用其他常用文件格式。

2. 地理编码

TransCAD 可以把自定义的数据和地图元素相连，或者使用街道地址和邮政编码在地图上寻找数据点，或直接在地图上手工点出正确的地点。经过简单的几步，就能用自己的数据按销售量对各邮政编码区着色或显示顾客地点。

3. GPS

TransCAD 内置的全球定位系统设备界面可以跟踪和记录设备位置，并同时建立地理数据库。使用一个 GPS 设备和一台便携式电脑，野外的用户就能创建精确的公用设施、公司设备、地理要素等的地理文件。

第二节　区域出行方式

下面通过实例对 TransCAD 进行区域出行方式实际操作，并针对假设的美国 Flintbury 城市来完成三个项目实践练习。通过这些项目的实际练习，可使用并体会 TransCAD 的一些重要特性。

练习 Flintbury 区域的出行方式。练习使用 TransCAD 制作、保存、打印 Flintbury 城市数字地图，该地图可显示各种交通分担量和交通量数据。练习可分两步：创建城市总图；显示地图数据。

一、创建总图

1. 启动

如果 TransCAD 未启动，单击 Start 按钮，然后在 Program 菜单中选择 TransCAD 图标，启动 TransCAD。

2. 打开总图

①选择 File→Open 命令，或者单击工具栏图标 ，或者按快捷键 Ctrl+O，如图 2-1 所示。

②从 Files of type 的下拉列表中选择 Geographic 文件。

③从 Look in 的下拉列表中选择 Tutorial 文件夹。

④选中文件 FL-ZONE. CDF。

⑤单击 Open 按钮。

TransCAD 创建了一个显示 Flintbury 区域的新地图，可见只需打开一个地理信息文件即可创建一个新地图，如图 2-2 所示。

3. 标注区域

①单击工具栏图标 ，出现 Labels(Layer：Flintbury Zones)对话框。

②从 Field 下拉列表中选择 ZONE 域。
③选择标注尺寸为 12。
④选择标注颜色为深红。
⑤标注区域最终操作如图 2-3 所示，单击 OK 按钮。
TransCAD 重绘地图并显示每个区域的识别码，如图 2-4 所示。

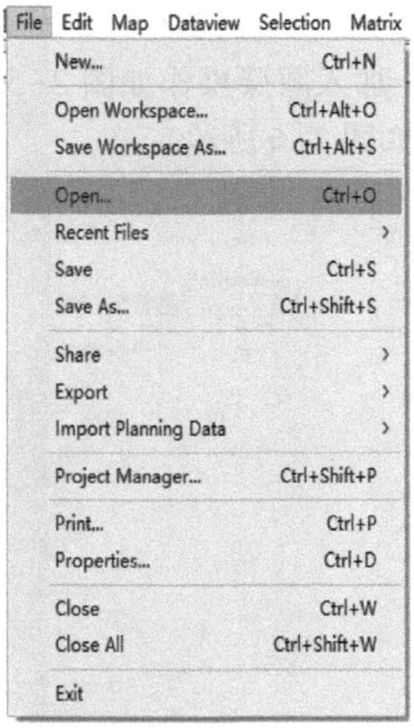

图 2-1　操作步骤

图 2-2　创建新地图

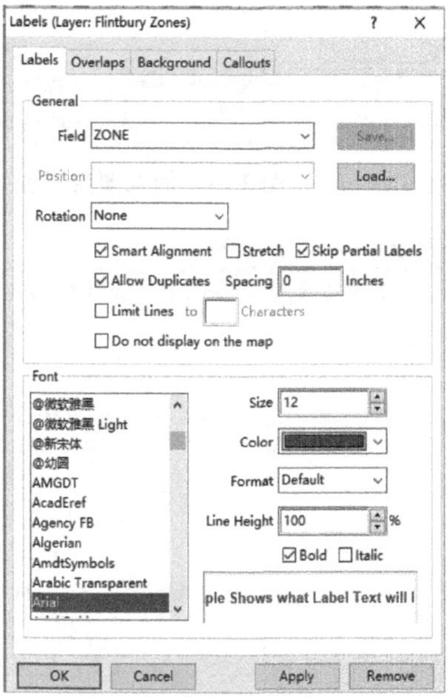

图 2-3　标注区域操作

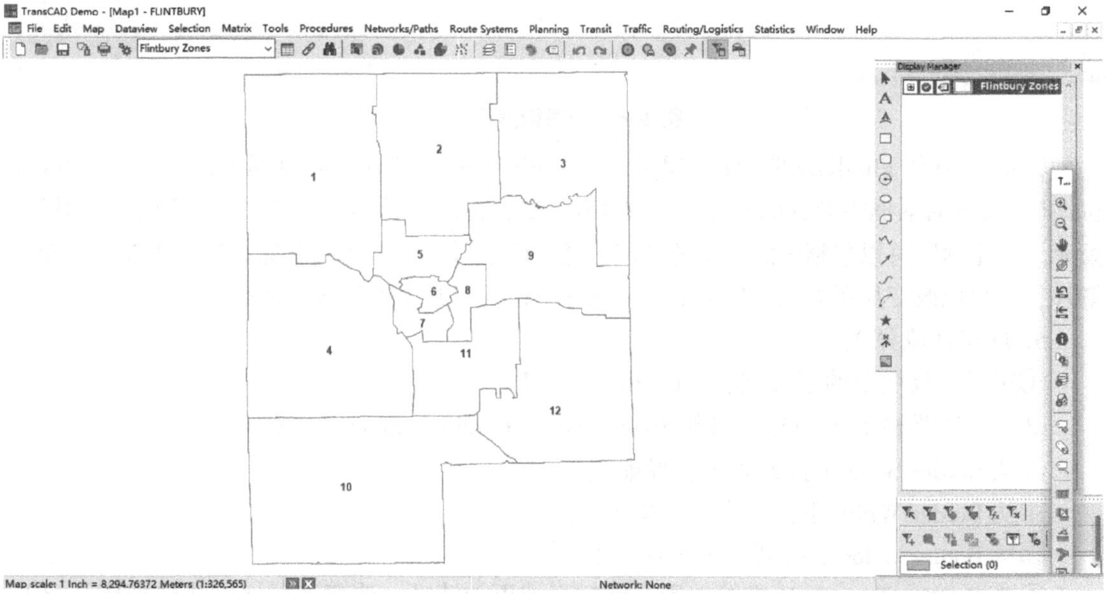

图 2-4　标注区域显示

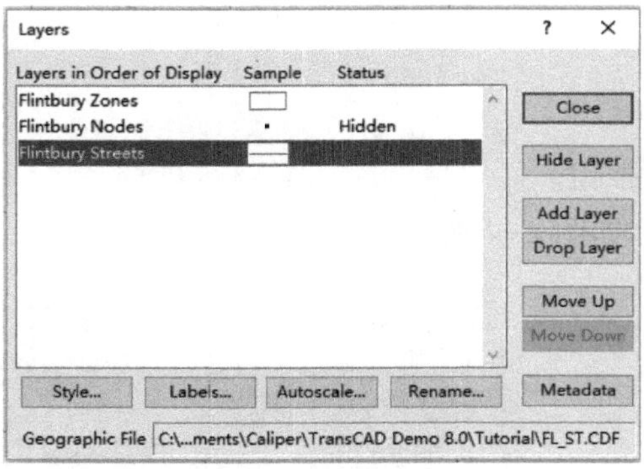

图 2-5　加入图层操作

4. 向地图中添加一个街道层

①选择 Map→Layers 命令或单击工具栏图标，出现 Layer 对话框。

②单击 Add Layer 按钮。

③从 Tutorial 文件夹中选择地理信息文件 FL_ST. CDF 并单击 Open 按钮。

④TransCAD 将 Flintbury 节点和 Flintbury 街道加入图层列表中。

⑤单击 Close 按钮。加入图层操作如图 2-5 所示，地图街道层显示如图 2-6 所示。

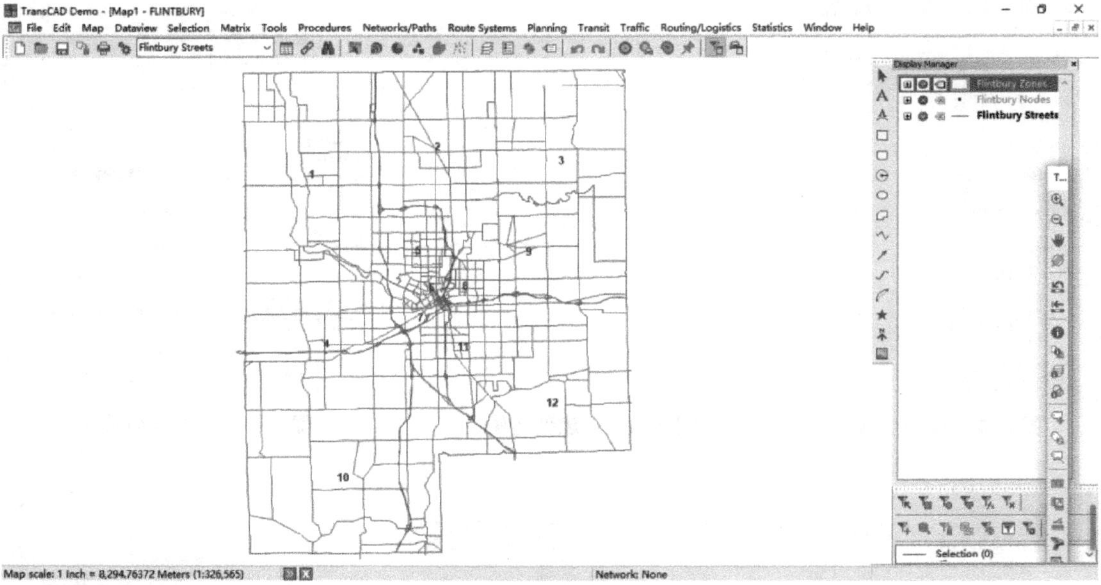

图 2-6　地图街道层显示

TransCAD 将 Flintbury 的街道加入地图中，Flintbury 节点层被隐藏起来，可单击右侧 Display Manager 对话框中 Flintbury Node 一栏前的，将该图层显示出来，操作后地图如图 2-7 所示。一个地图可以包括任意数量的图层，通过图层对话框添加或删除图层，控制图层显示顺序，并可以改变显示方式，Display Manager 对话框可便捷更改图层显示。

5. 改变区域样式

①选择工具栏上的下拉列表中的 Flintbury Zones。

②单击工具栏上图标，出现 Style(Layer：Flintbury Zones)对话框。

③从 Border Style 下拉列表中选择虚线。

④从 Border Width 下拉列表中选择 1. 5。

⑤从 Border Color 下拉列表中选择黑色。

⑥单击 OK，TransCAD 重绘地图，此时区域更加清晰。改变区域样式操作如图 2-8 所示，更改后的地图如图 2-9 所示。

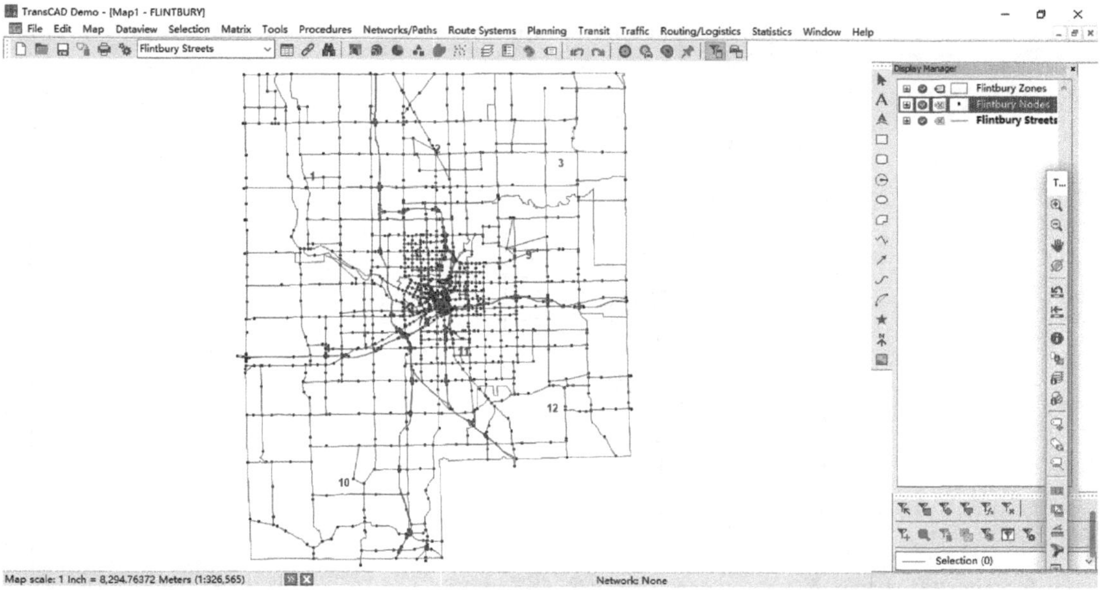

图 2-7　全部图层显示

6. 为地图添加标题

①单击工具箱上图标 A 激活手动编辑文本工具。

②在页面顶部拉出一个矮而宽的矩形。

③输入标题 Flintbury 并单击 Enter 键。

工具箱中其他还可以添加的图形包括：矩形、圆矩形、圆、椭圆、多边形、线段、箭头、曲线、大圆弧线、符号、位图。一旦创立了标题，就可以将其放大、缩小或移动。

7. 移动或缩放标题

①激活。单击工具栏上图标激活指示工具。

②单击标题。TransCAD 在角落处绘出把手。

③改变标题尺寸。可以通过拖动其中一个把手来改变标题尺寸；也可双击标题，出现 Freehand Text 对话框，在 Size 栏改变字体大小，如图 2-10 所示。

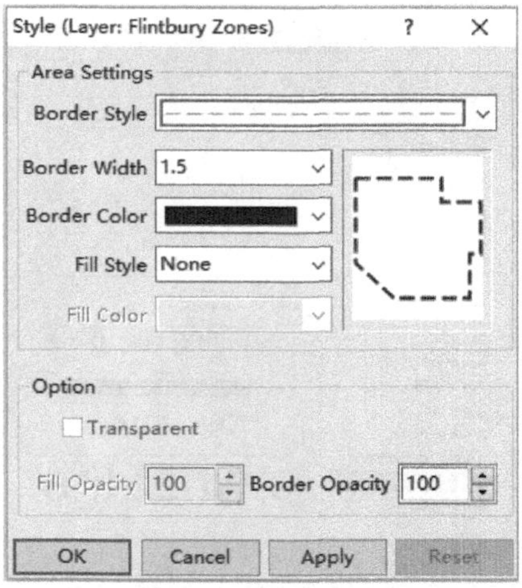

图 2-8　改变区域样式操作

④改变标题颜色、字体。双击标题，在 Freehand Text 对话框的 Color 栏改变字体颜色，在 Font 栏改变字体，如图 2-10 所示。

⑤移动标题。可以通过在标题的中心按住鼠标并拖动标题到新的位置。

⑥去除把手。可以通过单击地图上任意其他位置来去除把手。

像大多数计算机程序一样，随时保存所做的工作是很必要的。为便于将来使用，需要学习如何将地图保存为一个文件。

8. 保存所做的工作

①选择 File→save 或单击工具栏图标。

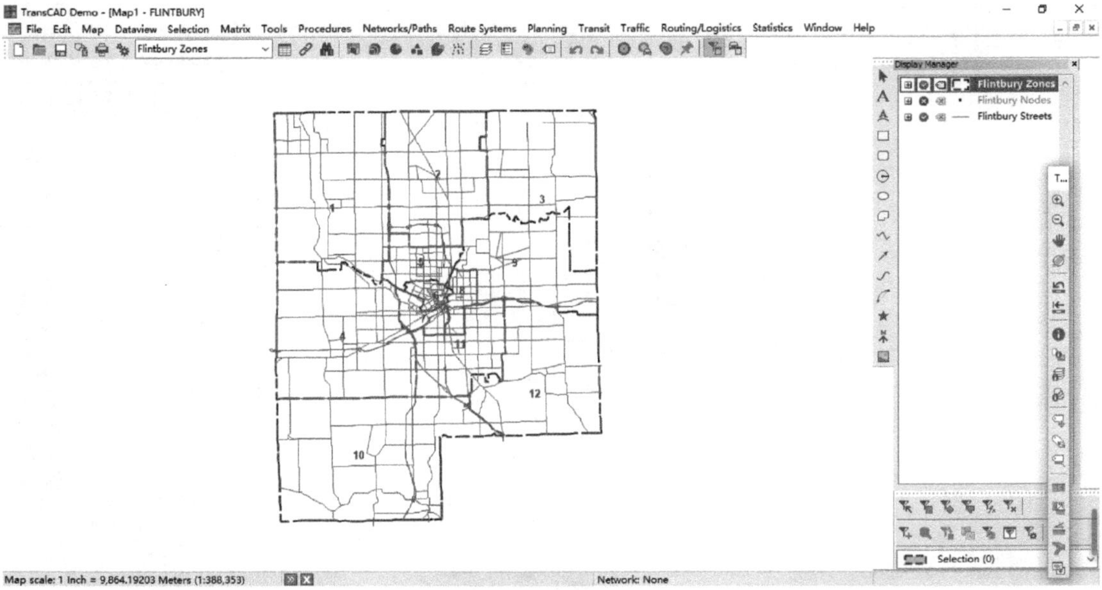

图 2-9　改变后的区域样式

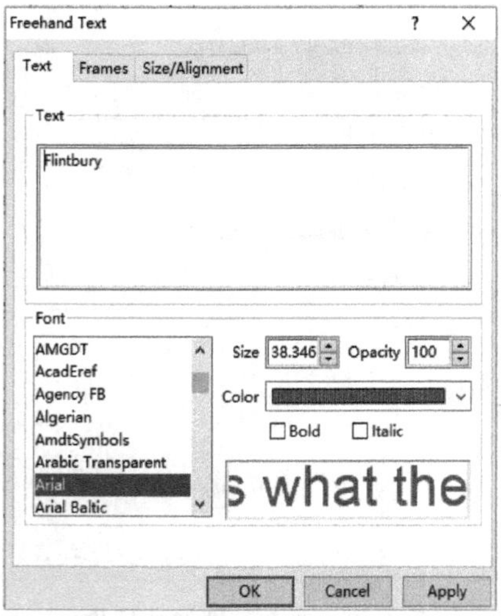

图 2-10　Freehand Text 对话框

②选择硬盘上的 Tutorial 目录。

③输入 MYBASE 作为地图文件名称。

④单击 Save。TransCAD 将地图保存为磁盘的文件。

二、显示地图数据

使用合适的 Flintbury 地图上的客运线路数据，可以使地图更富趣味性。Flintbury 的 Zone(区域)层包括 Flintbury 图上所有区域的数据。

1. 观察存储在 Flintbury 区域层的数据

①确认在工具栏下拉列表中显示的是 Flintbury Zones。

②单击工具栏上图标 ▦。地图数据显示如图 2-11 所示。

TransCAD 在数据窗口显示存储在 Flintbury 区域层的数据。数据窗的每行包含 Flintbury 一个区域的数据。

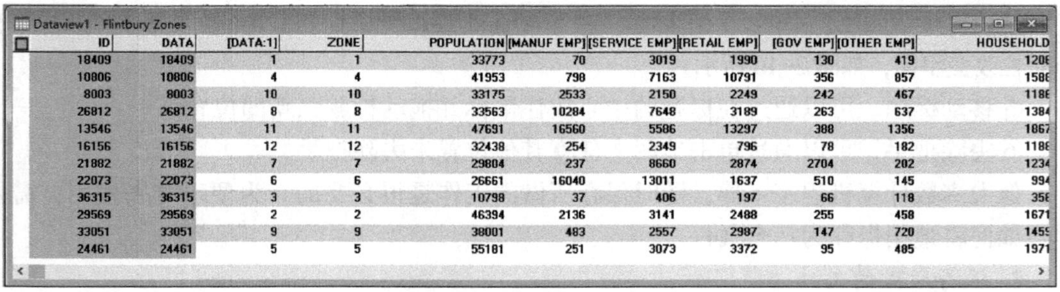

Dataview1 - Flintbury Zones

ID	DATA	[DATA:1]	ZONE	POPULATION	[MANUF EMP]	[SERVICE EMP]	[RETAIL EMP]	[GOV EMP]	[OTHER EMP]	HOUSEHOLD
18409	18409	1	1	33773	70	3019	1990	130	419	1206
10806	10806	4	4	41953	798	7163	10791	356	857	1588
8003	8003	10	10	33175	2533	2150	2249	242	467	1188
26812	26812	8	8	33563	10284	7648	3189	263	637	1384
13546	13546	11	11	47691	16560	5586	13297	388	1356	1867
16156	16156	12	12	32438	254	2349	796	78	182	1188
21882	21882	7	7	29804	237	8660	2874	2704	202	1234
22073	22073	6	6	26661	16040	13011	1637	510	145	994
36315	36315	3	3	10798	37	406	197	66	118	358
29569	29569	2	2	46394	2136	3141	2488	255	458	1671
33051	33051	9	9	38001	483	2557	2987	147	720	1459
24461	24461	5	5	55181	251	3073	3372	95	485	1971

图 2-11　地图数据显示

利用滚动条和键盘上的方向键浏览区域数据，确认看到 TRANSIT_ SHARE 列，因为后面将要用到该列数据。下一步利用这些数据给地图添加色码。

2. 显示整个 Flintbury 的公交模式分担量

①选择 File→Close 关闭 Flintbury 区域数据窗。

②确认 Flintbury Zones 在工具栏下拉列表中显示。

③选择 Map→Color Theme 或单击工具栏图标。

④从 Field 下拉列表中选择 TRANSIT_ SHARE。TransCAD 自动完成其他设置。

⑤单击 OK。用专题图显示公交模式分担量操作如图 2-12 所示，公交模式分担量图如图 2-13 所示。

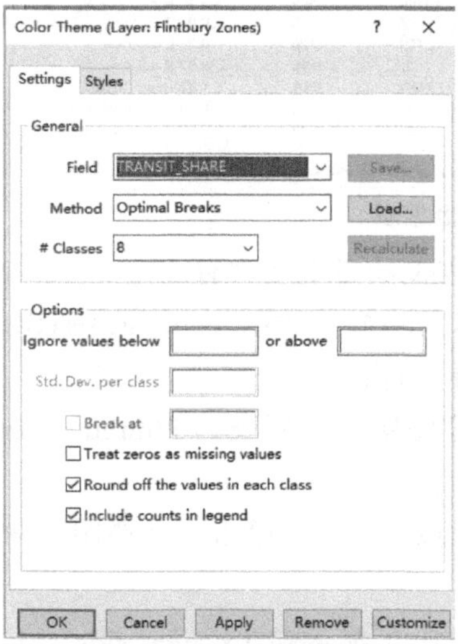

图 2-12 专题图操作

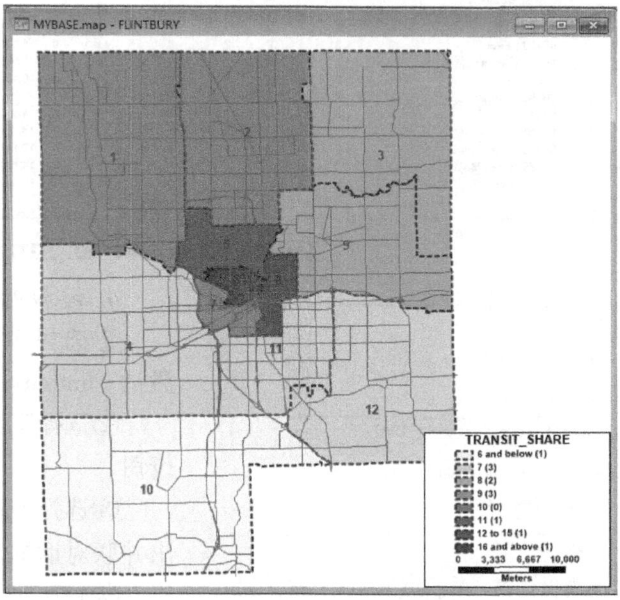

图 2-13 公交模式分担量图

TransCAD 检查公交模式分担量的信息并绘出地图，利用色彩专题阐明不同的公交模式分担量。TransCAD 还利用图例显示不同的颜色来说明公交模式分担量。

若还期望显示 Flintbury 上每一条街道的运输水平信息，可以利用存储在二进制文件 FL_STDAT. BIN 中的数据。

3. 打开街道信息文件

①选择 File→Open 命令或单击工具栏的图标。

②选择 Files of Type 下拉列表的二进制文件。

③选中 Tutorial 文件夹中的 FL_STDAT. BIN 文件。

④单击 Open，出现 Dataview1-FL_STDAT 数据表，如图 2-14 所示。

TransCAD 在数据窗中显示该文件。数据窗中的每行代表 Flintbury 街道的一段，每列包含各段的不同信息。

另外，可以通过打开一个表格来创建一个新的数据窗。表格可以是 dBASE、FoxPro 或其他格式。

Dataview1 - FL_STDAT

[STREET ID]	Name	[Area Type]	DIRECTION	LANES	PARKING	WIDTH (FT)]	/MILE]	PACITY]	[VEH COUNT]	[EST VOLUME]	[EST VOL/CAP]	TYPE
68971	Genesee	3	2	2	0	12	2	7013	12064	8729	1.24	Minor Arterial
68852	Genesee	3	2	2	0	12	2	7013	10800	6179	0.88	Minor Arterial
66930	Bray	5	2	2	0	11	0	4908	3152	3148	0.64	Collectors
66879	Bray	5	2	2	0	11	0	4908	4365	5429	1.11	Collectors
66864	State Hwy 83	5	2	2	0	11	0	4908	--	3002	0.61	Collectors
73279	Lake	5	2	2	0	11	0	4908	2133	2076	0.42	Collectors
72727	Lake	5	2	2	0	11	0	4908	--	0	0.00	Collectors
72265	Irish	5	2	2	0	11	0	4908	1282	0	0.00	Collectors
72773	State Hwy 15	5	2	2	0	12	0	6565	--	994	0.15	Major Arterial
72247	Belsay	5	2	2	0	11	0	4908	1550	1542	0.31	Collectors
72733	State Hwy 15	5	2	2	0	12	0	6565	1508	2992	0.46	Minor Arterial
72223	Genesee	5	2	2	0	11	0	4908	3984	229	0.05	Collectors
71620	Belsay	5	2	2	0	11	0	4908	1961	2524	0.51	Collectors
72414	Washburn	5	2	2	0	11	0	4908	4117	3952	0.81	Collectors
73312	Washburn	5	2	2	0	12	0	5252	--	1068	0.20	Collectors
66828	State Hwy 57	5	2	2	0	12	0	6565	7129	3763	0.57	Minor Arterial
66186	Lewis	3	2	2	0	11	0	4228	2551	1290	0.31	Collectors
65341	Dort	3	2	2	0	11	1	7811	--	7398	0.95	Major Arterial
65329	Dodge	3	2	2	0	12	1	7013	--	1895	0.27	Minor Arterial
66103	Dort	3	2	4	0	11	1	18330	13900	8496	0.46	Major Arterial
66109	Dodge	3	2	2	0	12	1	7013	2508	797	0.11	Minor Arterial
66120	Lewis	3	2	2	0	11	0	4228	2768	1120	0.26	Collectors
66044	Frances	3	2	2	0	11	1	2744	--	0	0.00	Collectors
66068	Dort	3	2	4	0	11	1	18330	13300	8496	0.46	Major Arterial
66093	Frances	3	2	2	0	11	1	2744	1377	0	0.00	Collectors
66079	Lewis	3	2	2	0	11	0	4228	2768	1120	0.26	Collectors
66054	Dort	3	2	4	0	11	1	18330	--	9616	0.52	Major Arterial
50385	Mount Morris	3	2	4	2	12	4	12938	7475	13901	1.07	Minor Arterial
64276	Mount Morris	3	2	4	0	12	1	14351	10153	10758	0.75	Minor Arterial
64270	Dort	3	2	4	0	11	1	18330	17530	19979	1.09	Major Arterial

图 2-14　Dataview1-FL_STDAT 数据表

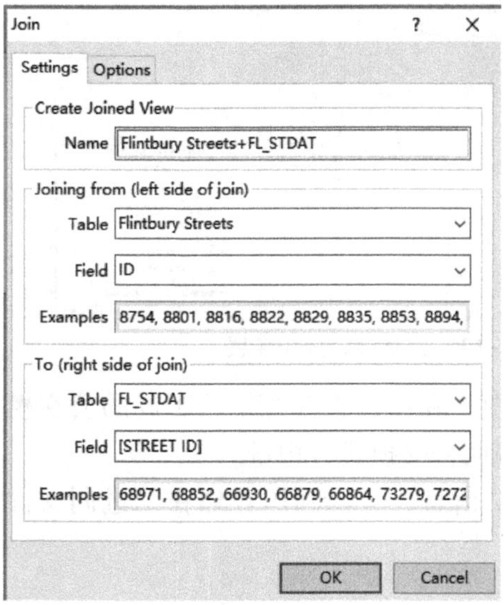

图 2-15　添加街道层到街道数据操作

4. 添加街道层到街道数据文件

①选择 Window→MYBASE. map-FLINTBURY 激活 Flintbury 的地图窗口。

②选择工具栏图层下拉列表的 Flintbury Streets 按钮。

③选择 Dataview→Join 或单击工具栏图标 弹出并联对话框。

④确认 FL_STDAT 显示在 To(right side of join)域的 Table 下拉列表中。

⑤确认[STREET ID]显示在 To(right side of join)域的 Field 下拉列表中。

⑥单击 OK，出现 Flintbury Streets+FL_STDAT 数据表。添加街道层到街道数据操作如图 2-15 所示，Dataview4 数据表如图 2-16 所示。

TransCAD 新建一个称为 Flintbury Streets+FL_STDAT 的数据窗，该数据窗为每一条街道路段准备一个记录，使数据与每一条街道结合显示。下一步利用包含在[STREET ID]域中的信息说明 Flintbury 中街道的参数估计量。

5. 在地图上显示交通流

①选择 Window→MYBASE. map-FLINTBURY 激活 Flintbury 地图窗口。

②确认 Flintbury Streets 显示在工具栏下拉列表中。

③选择 Map→Thematic Mapping→Size 或单击工具栏图标 。

④从域的下拉列表中选择[EST VOLUME]。

Dataview4 - Flintbury Streets+FL_STDAT

ID	LENGTH	DIR	DATA	[Flintbury Streets].Name	[Left ZIP]	Right ZIP]	[Start Left]	[End Left]	[Start Right]	[End Right]	Parity	[TIGER ID]
8754	2223.20	0	8754	BROOKS RD	--	48449	--	--	11901	11999	0	52919
8801	2142.77	0	8801	HILL RD	48473	48473	12001	12299	12000	12298	0	54190
8816	619.10	0	8816	LANSING HWY	--	--	--	--	--	--	0	51563
8822	143.61	0	8822	MILLER RD	48449	48449	12101	12299	12100	12298	0	54253
8829	728.59	0	8829	MILLER RD	48473	48449	11915	12099	11916	12098	0	54271
8835	4907.20	1	8835		--	--	--	--	--	--	0	54768
8853	4439.95	1	8853	I 69	--	--	--	--	--	--	0	54754
8894	1295.00	0	8894	STATE HWY 13	--	--	--	--	--	--	0	53768
8928	1723.67	0	8928	STATE HWY 13	--	--	--	--	--	--	0	56170
8951	844.28	0	8951	STATE HWY 21	--	--	--	--	--	--	0	56265
9003	1656.67	0	9003	STATE HWY 13	--	--	--	--	--	--	0	56754
9013	887.00	0	9013	STATE HWY 13	--	--	--	--	--	--	0	56941
9024	1229.84	0	9024	CRONK RD	48817	--	11001	11199	--	--	0	56919
9035	1212.93	0	9035	STATE HWY 13	--	--	--	--	--	--	0	56966
9044	3298.86	0	9044	STATE HWY 21	--	--	--	--	--	--	0	56994
9083	3494.46	0	9083	BEECHER RD	48433	48433	12302	12456	12301	12455	0	56957
9110	222.03	0	9110	STATE HWY 13	--	--	--	--	--	--	0	58113
9116	2245.20	0	9116	RILEY RD	48433	48433	11890	11474	11891	11475	0	58118
9144	1000.85	0	9144	STATE HWY 13	--	--	--	--	--	--	0	58158
9158	180.37	0	9158	STATE HWY 13	--	--	--	--	--	--	0	58206
9164	1617.69	0	9164	STATE HWY 13	--	--	--	--	--	--	0	58206
9182	1612.42	0	9182	STATE HWY 13	--	--	--	--	--	--	0	58728
9206	258.75	0	9206	STATE HWY 13	--	--	--	--	--	--	0	58796
9212	976.43	0	9212	STATE HWY 13	--	--	--	--	--	--	0	58796
9223	2966.74	0	9223	DUFFIELD RD	48433	48433	3498	3200	3499	3201	0	57539
9242	4565.92	0	9242	MOUNT MORRIS RD	48433	48433	12352	12088	12351	12087	0	58807
9290	2293.91	0	9290	STATE HWY 13	--	--	--	--	--	--	0	61409
9304	3215.87	0	9304	STATE HWY 13	48460	48460	9101	9499	8100	9398	0	61452
9323	178.14	0	9323	STATE HWY 57	48457	48460	1101	1599	1100	1598	0	61558
9329	1602.74	0	9329	STATE HWY 57	48457	48460	1101	1599	1100	1598	0	61558
9336	1447.30	0	9336	STATE HWY 57	48457	48460	1101	1599	1100	1598	0	61558

图 2-16 Flintbury Streets+FL_STDAT 数据表

⑤单击 OK。TransCAD 绘制一幅街道宽度与交通流成比例的地图，TransCAD 为图例增加了信息。

显示交通流操作如图 2-17 所示，交通流显示如图 2-18 所示。

图 2-17 显示交通流操作

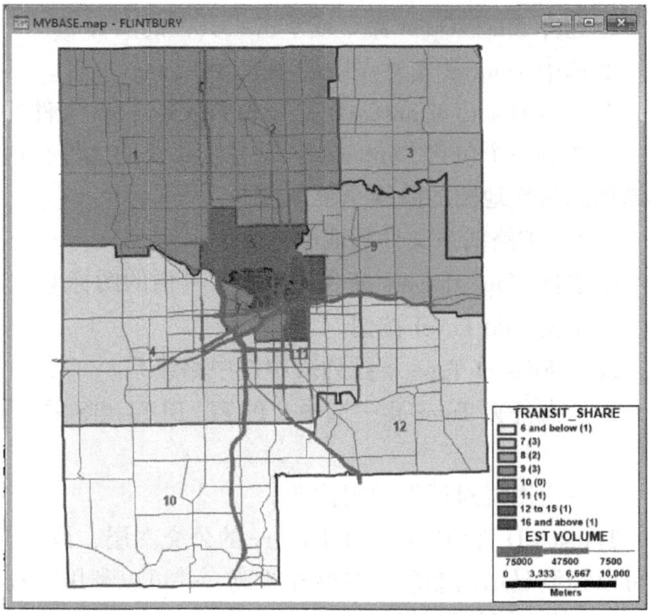

图 2-18 交通流显示

6. 保存工作

①选择 File→Save As。

②选择硬盘上的 Tutorial 目录。

③输入 MYTRANS 作为地图文件名。

④单击 Save，TransCAD 保存地图为硬盘上一个文件。

7. 打印地图

①选择 File→Print 或单击工具栏 图标。

②如果有彩色打印机，则从 Printer Name 下拉列表中将其选中；如果没有，则选中任意方便的打印机。

③确认 Use Actual Point Sizes 被选中。

④单击 OK，TransCAD 打印地图。

第三节　路径分析

一、练习 Flintbury 的公交系统

练习分析 Flintbury 的公交服务，特别是针对公交系统的可达性和公交乘客的特性进行研究。练习分为三步：制作公交路线图、调查公交乘客量及创建布局窗。

1. 制作公交路线图

前面创建了描述 Flintbury 区域和街道的总图，这里继续使用该图作为公交路线的初始点。

(1)打开地图

①选择 File→Open 命令或单击工具栏的图标 。

②选中 Tutorial 文件夹中的 MYBASE. map 文件。

③单击 Open，TransCAD 打开 MYBASE. map 文件并在新窗口中显示。

应备有一个包含 Flintbury 公交系统路线的文件，这有助于进行以后的分析，此时可将其添加到所作地图的路线系统中。

(2)添加路线系文件到地图

①选择 Map→Layers 命令或单击工具栏的图标 。

②单击 Add Layer 按钮。

③从 Files of Type 下拉列表中选中路线系。

④从文件夹 Tutorial 中选中文件 FL_BUS. RTS 并打开。TransCAD 添加 FRTC 公交路线图层。

⑤单击图层对话框关闭按钮。

TransCAD 为地图添加 Flintbury 的公交图层，该层与其他图层非常相似(图 2-19)。用户可以控制显示的颜色、线型和线宽，并可以利用标签和专题阐述路线特征。

(3)使用缩放工具

缩放工具可以放大公交路线的周围区域。

①单击工具栏的图标 激活放大工具。

②在公交路线周围拖拽一个矩形。

TransCAD 扩展矩形将所包含的内容充满整个地图窗口，如果用户对放大的地图区域不

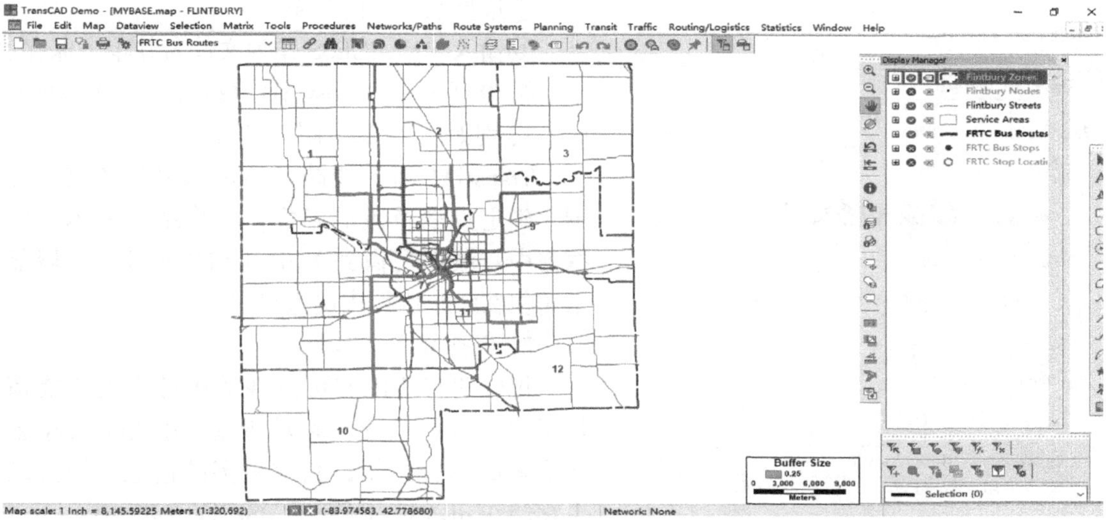

图 2-19　路线添加地图

满意，可以选择 Map→Previous Scale 重新确定。

放大后可以清楚地看到公交路线，下一步创建路线周围不同尺寸的区域，用以显示公交系统的可达性。

(4)创建公交路线周围可达区域

①确认 FRTC 公交路线显示在工具栏下拉列表中。

②选择 Tools→Geographic Analysis→Bands 或单击工具栏图标，显示 Buffers(Layer：FRTC Bus Routes)对话框，如图 2-20 所示。

③在 Create Layer 文本框中输入 Service Areas。

④单击 Fixed Sizes 单选按钮并在 Sizes 文本框中输入 0.25、0.5、0.75。

⑤单击 OK，TransCAD 显示 Save As 对话框。

⑥选择硬盘上的目录。

⑦输入 MYBANDS 作为文件名并单击保存。

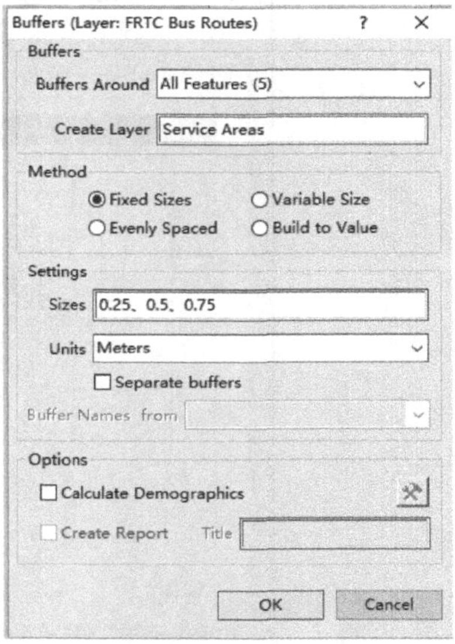

图 2-20　Buffers 对话框

TransCAD 创建一个命名为 Service Areas 的新图层并将其添加到地图，该图层能够显示公交系统服务区域之间的间隙。

若需要了解公交线路周围可达区域内的人口信息，可采用叠加的方法来快速计算这些信息。

(5)创建叠加

①从地图工具栏下拉列表中选择 Service Areas。

②选择 Tools→Analysis→Overlay，显示 Overlay(Layer：Service Areas)对话框，如图 2-21 所示。

③从 Layer 下拉列表中选择 Flintbury Zones。

④单击 OK，TransCAD 显示 Save As 对话框。

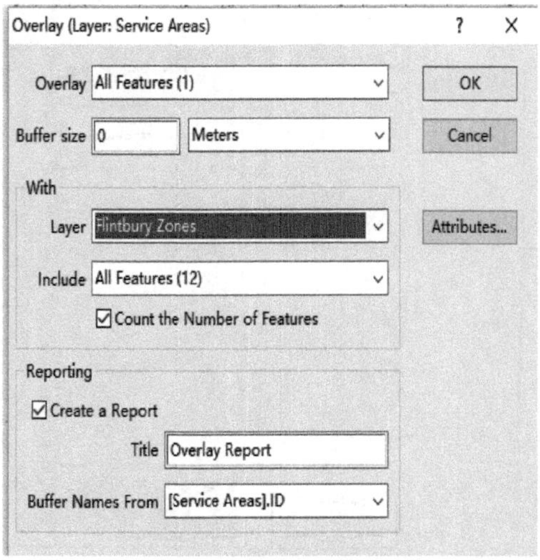

图 2-21　Overlay 对话框

⑤选择硬盘上的目录。

⑥输入 MYACCESS 作为文件名并单击保存。

⑦得到文件 TransCAD Report 和表格 Overlay，分别如图 2-22、图 2-23 所示。

TransCAD 计算线路可达区域之间的重叠范围，确定重叠范围的属性，并将结果显示在数据窗中。滚动视窗到 POPULATION 域，该域显示居住在每个区域内的人口。

2. 调查公交乘客量

仅仅拥有地图和可达性的统计表是不能清楚了解旅客信息的，需要通过了解 Flintbury 公交乘客的调查结果，获取更多的信息。调查结果存储在 dBASE 文件 FL_BSURV. DBF 中。

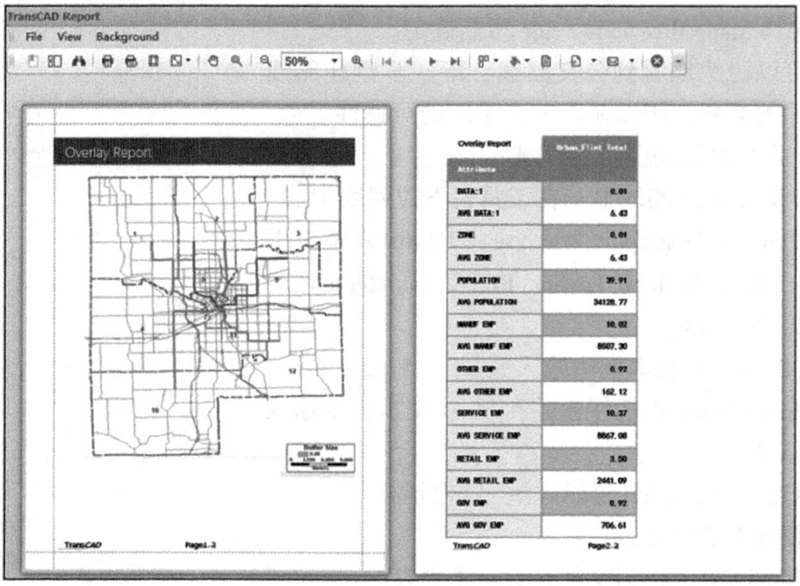

图 2-22　TransCAD Report 图框示例

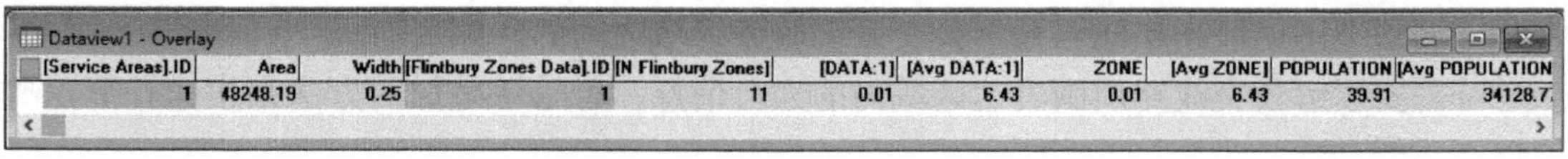

图 2-23　Overlay 数据表

(1)打开调查文件

①选择 File→Open 命令或单击工具栏的图标 。

②从 Files of Type 下拉列表中选择 . DBF 文件。

③选中文件夹 Tutorial 中的文件 FL_BSURV. DBF。

④单击 Open。

TransCAD 在数据窗中显示该文件，数据窗中的每行对应着填写了关于乘客信息的调查表格。FL_BSURV 数据文件如图 2-24 所示。这些调查文件包括被调查者的家庭住址信息，下一步将这些住址输入到地图中。

Dataview6 - FL_BSURV

ID	GENDER	AGE	HH_SIZE	AUTOS	HHINC1000S	NUM_CHILD	EDUCATION	TRAV_TIME	WAIT_TIME	NUMBER	STREET
1	1	18	4	0	16	0	8	15	16	8250	MORRISH RD
2	0	18	5	1	30	2	10	30	16	10210	SHARP RD
3	0	19	9	2	39	2	10	15	13	5070	RAY RD
4	1	19	4	2	30	0	10	30	7	5055	BALDWIN RD
5	0	20	4	1	30	0	10	24	11	5100	GRAND BLANC RD
6	1	21	2	2	48	0	11	30	9	6029	GRAND BLANC RD
7	1	22	3	1	22	0	14	16	2	5204	GRAND BLANC RD
8	0	22	3	2	8	1	10	4	5	4995	GRAND BLANC RD
9	0	22	4	1	6	0	11	40	11	5299	COOK RD
10	1	25	5	1	24	2	6	24	6	5099	GRAND BLANC RD
11	1	25	1	0	0	0	1	45	10	8014	MILLER RD
13	1	27	2	2	15	1	10	45	11	5755	MILLER RD
14	0	28	2	1	8	0	10	45	4	6394	SHARP RD
16	1	30	7	2	18	3	11	36	15	5031	W REID RD
17	0	30	2	1	14	0	10	16	1	5044	W HILL RD
18	1	31	3	2	14	0	11	24	21	5005	W HILL RD
19	0	33	2	1	14	0	1	16	5	5084	W HILL RD
20	1	34	5	1	18	3	1	24	19	5045	W HILL RD
21	1	34	4	2	48	2	10	30	9	5077	EXCHANGE DR
23	1	35	4	2	52	0	10	5	3	3322	S DYE RD
24	1	36	1	0	0	0	9	50	3	3493	S DYE RD
28	0	38	3	2	12	1	15	38	21	4181	MILLER RD
34	0	56	6	2	19	1	10	45	1	2099	TORREY RD
35	0	57	2	1	36	0	10	20	6	1259	W ATHERTON RD
37	1	62	2	2	8	0	8	15	14	6066	PORTER RD
38	1	62	2	1	16	0	14	50	8	1718	CARMAN ST
39	0	18	4	2	51	0	14	24	5	4200	S SAGINAW ST
40	0	64	5	1	23	3	1	10	9	1717	BRISTOL RD
41	0	65	2	2	29	0	11	40	0	3300	OGEMA ST
42	1	69	2	2	38	0	10	16	9	299	E ATHERTON RD
43	0	76	2	1	9	0	5	24	12	5120	AUKER DR

图 2-24　FL_BSURV 数据文件

(2)通过地址查找

①选择 Tools→Locate→Locate by Address 或单击工具栏上图标显示 Locate by Address (View FL_BSURV)对话框，如图 2-25 所示。TransCAD 自动查找所需的数据域(Address 和 ZIP)。

②在 Name 文本框中输入 Survey Respondents。

③单击 OK，显示 Save As 对话框。

④选择硬盘上的某个目录，输入 MYRIDERS 作为新的地理信息文件名称，单击保存，出现 Locate by Address Results 对话框，单击 OK。具体操作如图 2-26 所示。

⑤TransCAD 创建一个新的点图层，一个点对应一个被调查者，添加该图层到地图，如图 2-27 所示。

TransCAD 还创建一个数据窗，包含乘客住址的经纬度和乘客的调查信息。数据窗里面的所有信息存储在新建的地理信息文件 MYRIDERS 中，数据窗还显示成功地找到了乘客数量，如图 2-28 所示。

⑥单击 OK，关闭报告。

按照用户的需要，新地图将显示居住在公交线路可达区域 0.75 英里*范围内的大多数乘客。

---

* 1 英里≈1.6093 km。

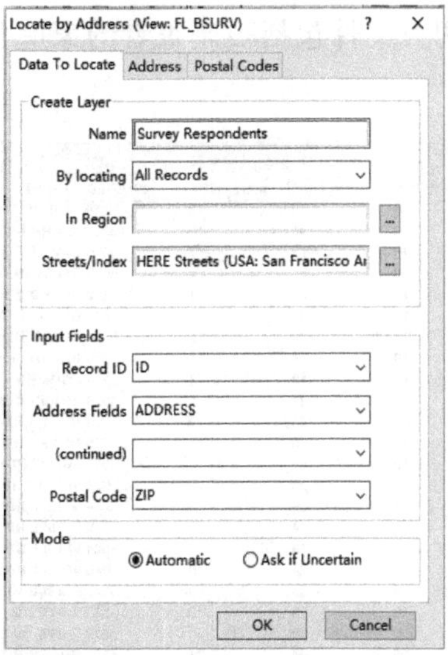

图 2-25　Locate by Address 对话框

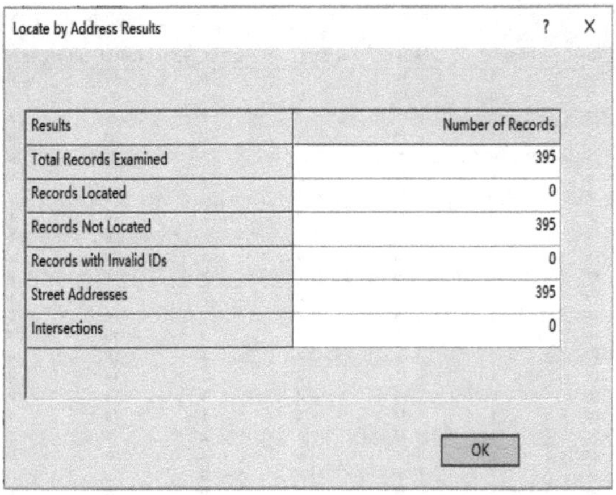

图 2-26　Locate by Address Results 对话框

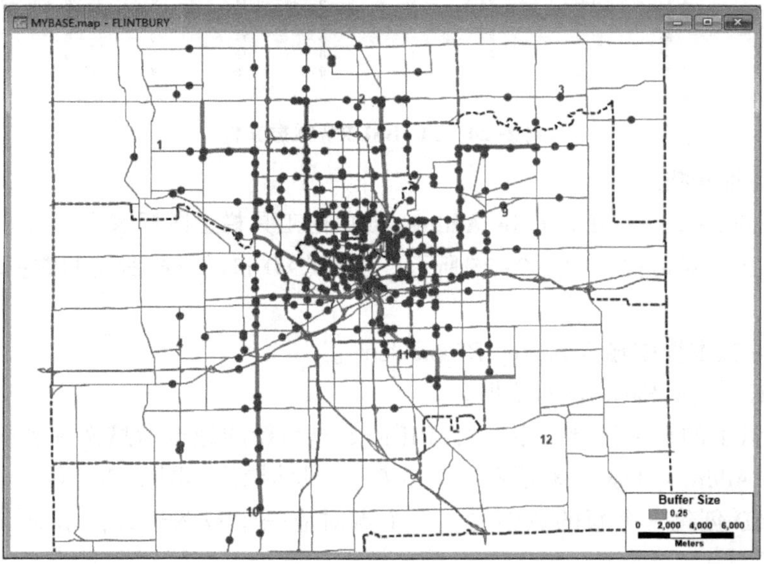

图 2-27　Flintbury 地图

Dataview3 - Survey Respondents

ID	Longitude	Latitude	GENDER	AGE	HH_SIZE	AUTOS	HHINC1000S	NUM_CHILD	EDUCATION	TRAV_TIME	WAIT_TIME	NUMBER	STREET
111	--	--	0	26	3	2	23	0	15	38	5	8564	MORRISH RD
59	--	--	1	61	4	3	12	0	10	45	15	9500	W COLDWATER RD
7	--	--	1	22	3	1	22	0	14	16	2	5204	GRAND BLANC RD
8	--	--	0	22	3	2	8	1	10	4	5	4995	GRAND BLANC RD
380	--	--	1	51	4	3	90	2	14	40	7	2715	E CARPENTER RD
396	--	--	1	55	2	2	12	0	16	35	14	2605	E CARPENTER RD
393	--	--	1	54	5	2	23	1	15	45	13	5006	BRANCH RD
50	--	--	1	34	2	2	16	0	14	35	13	4181	S DORT HWY
322	--	--	0	44	5	3	19	3	16	35	21	3805	S DORT HWY

图 2-28　Survey Respondents 数据表

(3)改变图层样式

①确认 Survey Respondents 显示在工具栏下拉列表中，若不在下拉列表中则单击 添加图层。寻找刚保存的 MYRIDERS 文件。

②单击工具栏上的图标 ，出现 Style(Layer：Survey Respondents)对话框，如图 2-29 所示。

③将尺寸改为 8。

④将颜色改为紫色。

⑤滚动图标列框并选择对话框左侧的三角形图标。

⑥单击 OK。

TransCAD 采用新的样式重绘地图，如图 2-30 所示。

Tools→Locate→Locate by Address 是用于查找的命令之一，与 TransCAD 一起提供的街道光盘包括全美国的街道，因此用户可以采用简单的步骤进行查找。TransCAD 还可以用 ZIP 码或用户数据库的其他格式进行查找。下一步对被调查者进行一些统计工作，以便更多地了解乘客信息。

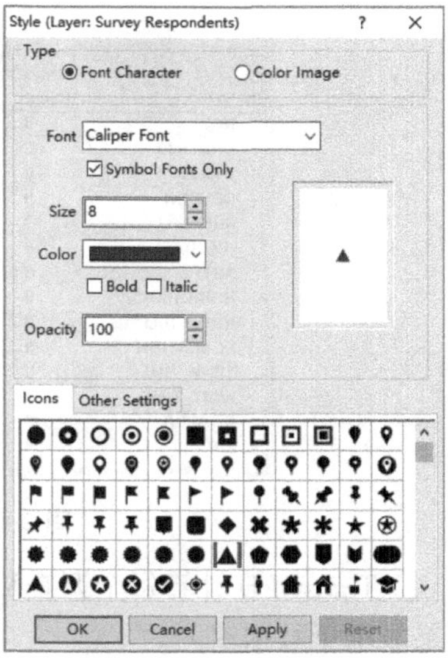

图 2-29 Style 对话框

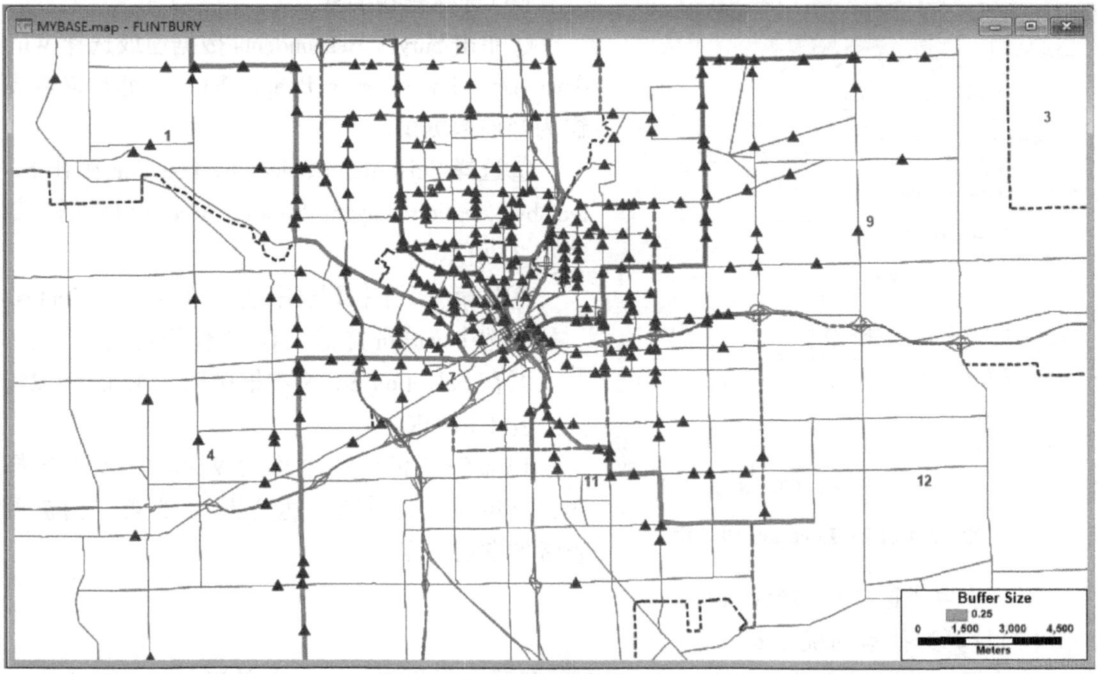

图 2-30 图层样式改变

(4)计算统计

①选择 Window→Dateview-Survey Respondents 打开与被调查者图层相关联的数据窗，如图 2-31 所示。

②选择 Dateview→Statistics 或单击工具栏的图标 。

③输入 MYSTATS 作为文件名并单击保存。

Dataview5 - Survey Respondents Statistics (

Field	Count	Sum	Minimum	Maximum	Mean	[Std. Dev.]
ID	9	1726	7	396	191.78	165.58
Longitude	0	--	--	--	--	--
Latitude	0	--	--	--	--	--
GENDER	9	6	0	1	0.67	0.47
AGE	9	369	22	61	41.00	14.41
HH_SIZE	9	31	2	5	3.44	1.07
AUTOS	9	20	1	3	2.22	0.63
HHINC1000S	9	225	8	90	25.00	23.54
NUM_CHILD	9	7	0	3	0.78	1.03
EDUCATION	9	124	10	16	13.78	2.15
TRAV_TIME	9	293	4	45	32.56	12.92
WAIT_TIME	9	95	2	21	10.56	5.78
NUMBER	9	46575	2605	9500	5175.00	2255.22
ZIP	9	436342	48433	48507	48482.44	29.53

图 2-31 Survey Respondents Statistics 数据表

TransCAD 计算每个调查域内的统计表，包括总量、最大值、最小值和均值，并将结果显示于数据窗内。

(5)隐藏数据窗中的列

①单击 COUNT 列的任一行，拖拽至 SUM 列，这样至少每列有一个单元格被选中。

②单击工具栏的图标，TransCAD 隐藏这些列。

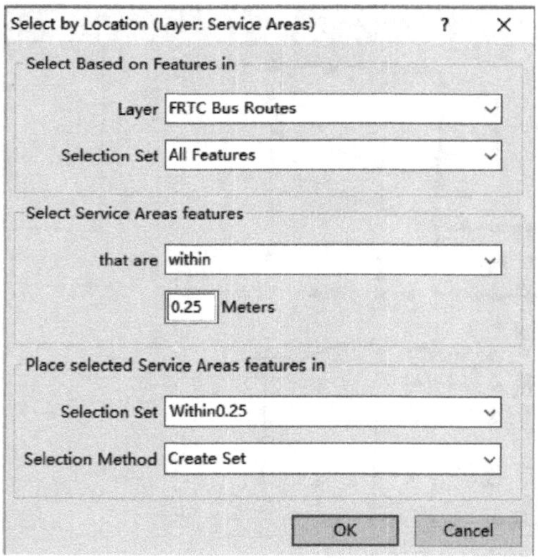

图 2-32 Select by Location 对话框

(6)选择查找要素

①单击 Survey Respondents 数据窗或选择 Window→Dataview-Survey Respondents，使调查数据窗为当前数据窗。

②选择 Selection→Select by Location 弹出 Select by Location(Layer: Service Areas)对话框，如图 2-32 所示。

③从第一个下拉列表中选择 FRTC Bus Routes。

④选中 within 并输入 0.25 作为距离。

⑤在 Selection Set 文本框中输入 Within0.25。

⑥单击 OK。

TransCAD 创建一个称为 Within0.25 的选择集，其包含公交系统可达范围 0.25 英里内被调查者的图层要素。

下一步生成选择集的统计表。

(7)计算选择集的统计表

①选择工具栏下拉列表中的 Within0.25，显示选择集 Within0.25 的记录。

②选择 Dataview→Statistics 或单击工具栏的图标。

③输入 MYSTATS2 作为文件名并单击保存。

TransCAD 可利用已打开的选择集记录来计算统计表，此时应注意居住在公交系统可达范围 0.25 英里内的公交乘客，他们的汽车拥有率和出行时间的均值都较低。

④选择 File→Close 关闭数据窗。乘客候车时间是一项很有价值的调查数据，下一步将做

一个表格用于显示在某一候车时间范围内的被调查者的数量。我们不希望由于公交车的可达性而改变候车时间，因此该制表过程中将使用本次调查的所有数据。

(8)生成候车时间表格

①单击 Survey Respondents 数据窗或选择 Window→Dataview-Survey Respondents，使 Survey Respondents 数据窗成为当前数据窗。

②如果统计表菜单没有显示，可选择 Procedures→Statistics 显示统计表菜单。

③选择 Statistics→Tabulations 显示 Tabulations(Service Areas)对话框，如图 2-33 所示。

④从区域 1 下拉列表中选择 WAIT-TIME。

⑤Method 选择 Equal Size Intervals。

⑥单击 OK。

⑦选择硬盘目录，输入 MYWAIT 作为文件名并单击保存。

TransCAD 生成一个表格矩阵，只有一行，划分为十个等待时间段，四列(人数、百分比、累计数和累计百分比)，并在矩阵窗中显示矩阵。

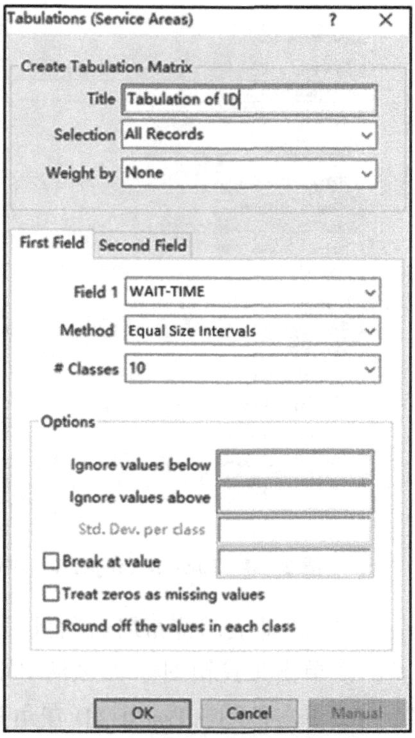

图 2-33 Tabulations 对话框

3. 创建布局窗

在一个页面上布置地图、数据窗和图表，称为一个布局窗。用户利用布局窗可在打印页面上布置多幅地图、数据窗、矩阵、输入文本和其他项目。

(1)创建一个新的布局窗

①选择 File→New，弹出 New File 对话框。

②在文件类型列表中选择 Layout 并单击 OK，TransCAD 显示一个新的布局窗。

③选择 File→Properties 弹出 Layout Properties 对话框，如图 2-34 所示。用户可从 Printer 处的 Name 下拉列表中选中彩色打印机或其他打印机。

④从 Orientation 处选择 Landscape。

⑤单击 OK。

TransCAD 显示一个布局窗的空白页。用户可使用 Place 工具为布局窗添加地图、数据窗和图表。

(2)在布局窗上放置地图

①单击工具箱图标□激活 Place 工具。

②拖动一个矩形到页面的左侧，TransCAD 弹出 Add to Layout 对话框，如图 2-35 所示。

③单击 Map：FLINTBURY。

④单击 OK。

TransCAD 可在布局窗上添加地图和图例。放置地图后，可改变地图的大小或位置。

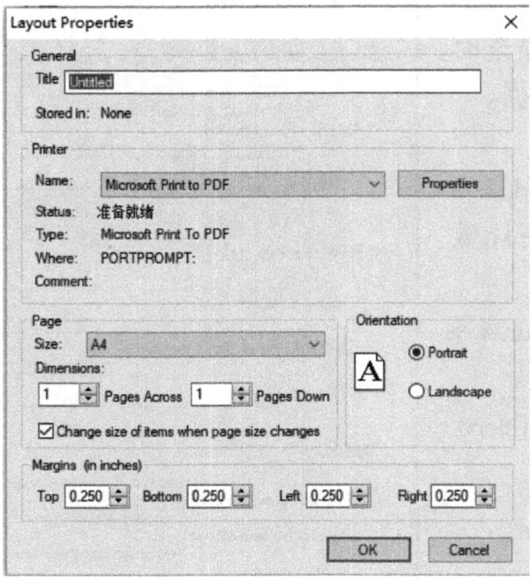

图 2-34 Layout Properties 对话框

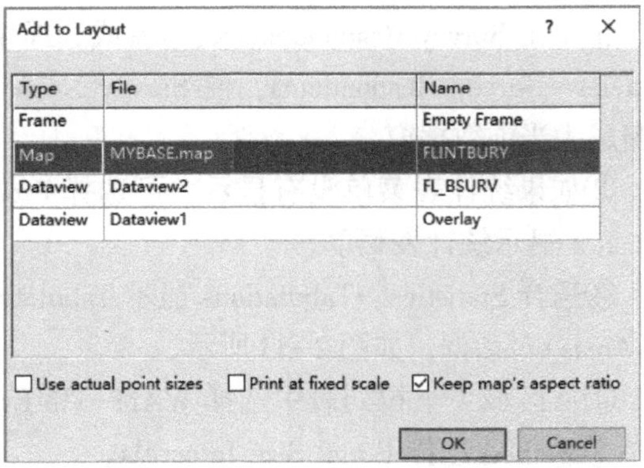

图 2-35 Add to Layout 对话框

(3)移动或调整布局窗项目

①单击工具箱图标激活 Pointer 工具。

②单击地图，TransCAD 在角落处绘出按钮。

③拖动一个按钮，改变地图尺寸。

④在地图中心附近按住鼠标，拖动整个地图到新的位置。

使用此方法可以将图例置于地图右下角。

(4)为布局窗添加标题

①单击图标 A 激活 Freehand Text 文本框。

②拖动一个短、宽的矩形文本框到地图右侧。

③输入 Flintbury Transit 并单击 Enter 键。

如果标题的大小和位置有误，可以用工具将其选中并重置大小或移动位置。下一步将统计表添加到布局窗。

(5)在布局窗中放置统计表数据窗

①单击工具栏图标激活 Place 工具。

②拖动一个矩形到页面右侧，TransCAD 弹出 Add to Layout 对话框。

③单击 Dataview：Survey Respondents Statistics。

④单击 OK。

TransCAD 在布局窗中绘出数据窗，用户可以改变数据窗的大小和位置。

(6)在布局窗中放置图表

①单击工具栏图标激活 Place 工具。

②在统计表下面拖拽一个矩形，TransCAD 弹出 Add to Layout 对话框。

③单击 Figure：Chart。

④单击 OK。

TransCAD 在布局窗中绘出图表。同样道理，用户可以对图表以及其他布局窗项目进行大小重置和位置移动。如果用户已经完成了比较满意的排列，可对布局窗进行保存。

(7)保存布局窗

①选择 File→Save 或单击工具箱图标。

②选择硬盘某一目录。

③输入布局窗名称 MYBUS。

④单击 Save。

可用布局窗设置打印输出：可以是任意尺寸的输出，可以是地图、数据窗、矩阵、图表和输入项目等的任意结合。

(8)打印布局窗

①选择 File→Print 或单击工具箱图标。

②选择想要打印的副本数。

③单击 OK。

二、练习由于游行关闭路径时产生的影响分析

在本练习中，假设将要进行游行，需要关闭 Flintbury 市区的一些街道，对其产生的影响进行快速分析。练习利用 TransCAD 的网络、最短路径和矩阵功能，在正常条件和关闭部分路径两种情况下比较人们用于驾车的时间有何不同。

1. 准备输入信息

同样，练习将从先前建立的地图开始。

(1)打开地图

①选择 File→Open 命令或单击工具栏的图标。

②选中 Tutorial 文件夹中的文件 MYTRANS. map。

③单击 OK。

TransCAD 打开 MYTRANS. map 并弹出一个新的窗口，该地图略显杂乱，因此在进行分析之前需要使街道图层上的专题条理化。

(2)比例符号专题清晰化

①选择工具条图层下拉列表的 Flintbury Streets。

②选择 Map→Thematic mapping→Size 或单击工具箱图标，出现 Size Theme 对话框。

③单击 Remove。

TransCAD 重绘地图，所有的街道宽度应相同。下面了解一下与 Flintbury 街道图层相关联的数据。

(3)浏览街道图层相关数据

①选择 File→New 弹出 New File 对话框。

②从文件类型下拉列表中选择 Dataview 并单击 OK，弹出 New Dataview 对话框，如图 2-36 所示。

③从滚动列表中选择 Flintbury Streets+FL_STDAT。

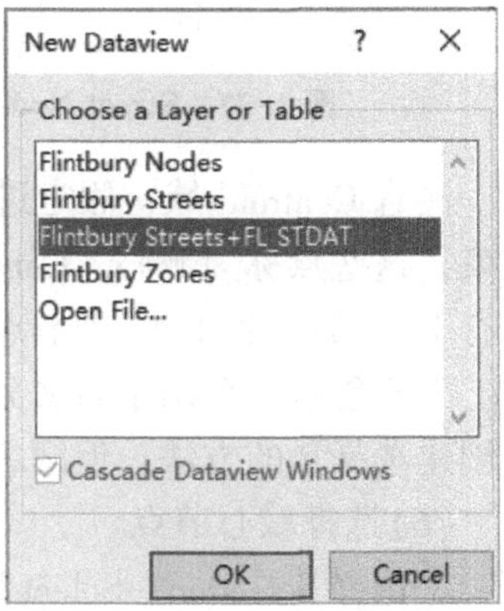

图 2-36　New Dataview 对话框

④单击 OK。

Flintbury 地图中有一个称为 Flintbury Nodes 的隐藏图层，它是 Flintbury Streets 图层中的街道交叉点层。按照以下操作可将其显示在地图中。

(4) 显示 Street Node 图层

①单击地图窗口或选择 Window→MYTRANS. map→Flintbury，使之成为当前窗口。

②选择 Map→Layers 或单击工具栏图标 。

③单击滚动列表中的 Flintbury Nodes。

④单击 Show Layer 按钮。

⑤单击 Close，TransCAD 重绘地图，节点突出显示，如图 2-37 所示。

也可单击右侧 Display Manager 栏 Flintbury Nodes 前的按钮，突出节点显示。

(5) 浏览 Flintbury Nodes 节点层中的数据

①确认 Flintbury Nodes 显示在工具栏下拉列表中。

②单击工具栏图标 ，出现 Flintbury Nodes 表格，如图 2-38 所示。

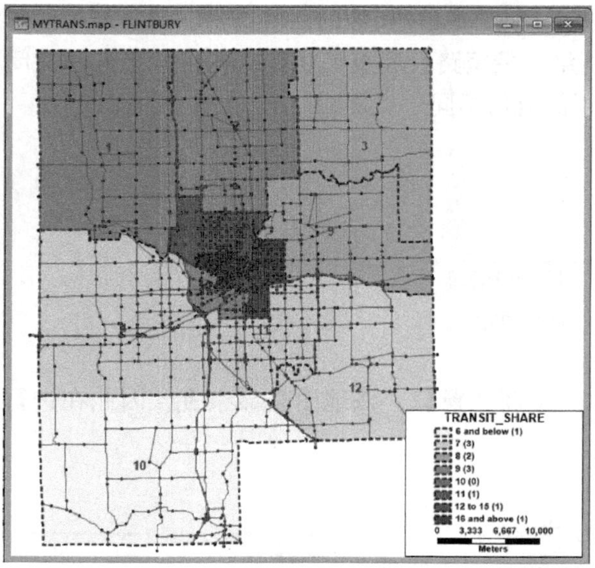

图 2-37 Street Node 图层显示

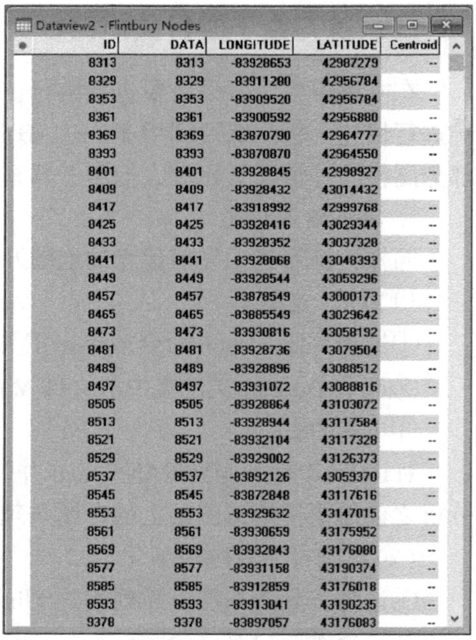

Dataview2 - Flintbury Nodes

ID	DATA	LONGITUDE	LATITUDE	Centroid
8313	8313	-83928653	42987279	--
8329	8329	-83911280	42956784	--
8353	8353	-83909520	42956784	--
8361	8361	-83900592	42956880	--
8369	8369	-83870790	42964777	--
8393	8393	-83870870	42964550	--
8401	8401	-83928845	42998927	--
8409	8409	-83928432	43014432	--
8417	8417	-83918992	42999768	--
8425	8425	-83928416	43029344	--
8433	8433	-83928352	43037328	--
8441	8441	-83928068	43048393	--
8449	8449	-83928544	43059296	--
8457	8457	-83878549	43000173	--
8465	8465	-83885549	43029642	--
8473	8473	-83930816	43058192	--
8481	8481	-83928736	43079504	--
8489	8489	-83928896	43088512	--
8497	8497	-83931072	43088816	--
8505	8505	-83928864	43103072	--
8513	8513	-83928944	43117584	--
8521	8521	-83932104	43117328	--
8529	8529	-83929002	43126373	--
8537	8537	-83892126	43059370	--
8545	8545	-83872848	43117616	--
8553	8553	-83929632	43147015	--
8561	8561	-83930659	43175952	--
8569	8569	-83932843	43176080	--
8577	8577	-83931158	43190374	--
8585	8585	-83912859	43176018	--
8593	8593	-83913041	43190235	--
9378	9378	-83897057	43176083	--

图 2-38 Flintbury Nodes 表格

注意 Centroid 域，假定进出任何区域的所有交通流都是以一个简单的点表示其开始或结束，这些点称为域心。Centroid 域在其入口处指明每一个点是否为域心。因为 Flintbury 仅有 12 个域心和 1740 个节点，所以大部分 Centroid 域的列中都是空的。

下面创建一个用于后文分析的域心的选择集，这里将使用一种不同于前文的为公交乘客创建选择集的方法，但两者的输出类型是一样的：地图图层或数据窗上的一列要素。

(6) 选择域心节点

①选择 Selection→Select by Condition 或单击工具栏图标 ，出现 Select by Condition 对话框，如图 2-39 所示。

②在 Enter a Condition 文本框中输入条件 Centroid<>null。可以直接在文本框中输入或利用 Condition Builder 下拉列表。

③在 Set Name 文本框中输入 Centroids。

④单击 OK。

⑤出现 Flintbury Nodes 对话框，如图 2-40 所示。

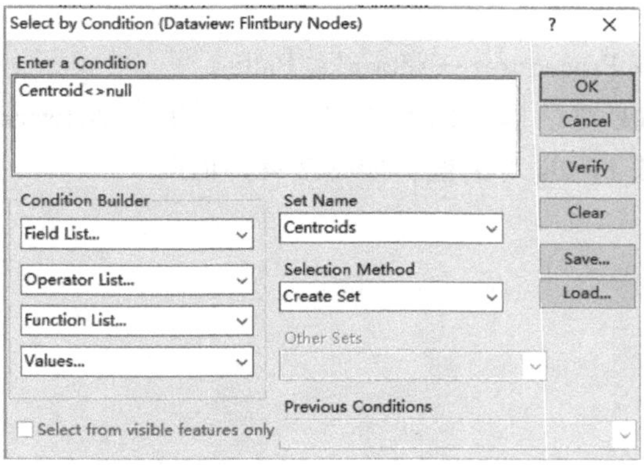

图 2-39　Select by Condition 对话框

Dataview2 - Flintbury Nodes

ID	DATA	LONGITUDE	LATITUDE	Centroid
10622	10622	-83796343	42854351	10
39012	38992	-83717536	43005464	7
11672	11672	-83834573	42976335	4
25580	25561	-83663989	42967070	11
29324	29304	-83533336	42945531	12
68299	68365	-83606688	43063951	9
64627	64693	-83723127	43162934	2
31370	31350	-83833760	43127140	1
55404	55470	-83658293	43021680	8
44222	44202	-83718275	43057144	5
41541	41521	-83701300	43024700	6
70945	70994	-83600307	43158384	3

图 2-40　Flintbury Nodes 对话框

TransCAD 创建了一个域心的选择集，并将其显示在数据窗中。TransCAD 用不同的颜色将其突出显示在地图中，用户可以用不同的方法创建选择集。

本练习中有这样一个矩阵文件：包含在任何两个域心之间的行人数，代表在 Flintbury 市普通一天的营运。

(7)打开出发点→目的地交通流矩阵

①选择 File→Open 或单击工具栏图标 。

②从 Files of Type 下拉列表中选择 Matrix。

③从文件夹 Tutorial 中选择矩阵文件 fl_od. mtx。

④单击 Open，打开矩阵文件 fl_od. mtx，如图 2-41 所示。

Matrix1 - Flintbury OD (Flow) - fl_od.mtx

	10622	11672	25580	29324	31370	39012	41541	44222	55404	64627	68299	70945
10622	1.00	130.00	3750.00	22.00	122.00	463.00	1762.00	404.00	29.00	270.00	201.00	0.00
11672	3.00	1.00	49.00	227.00	161.00	18.00	30.00	31.00	1.00	46.00	49.00	0.00
25580	460.00	78.00	1.00	1636.00	359.00	4316.00	1923.00	643.00	7568.00	0.00	779.00	0.00
29324	91.00	29.00	1666.00	1.00	249.00	2124.00	746.00	62.00	812.00	0.00	700.00	254.00
31370	65.00	44.00	396.00	809.00	1.00	38.00	136.00	192.00	1755.00	0.00	2.00	0.00
39012	960.00	7.00	616.00	836.00	62.00	1.00	889.00	10695.00	1.00	77.00	6.00	0.00
41541	21.00	108.00	0.00	0.00	104.00	917.00	1.00	124.00	819.00	1070.00	15.00	0.00
44222	440.00	69.00	479.00	1731.00	7.00	7276.00	10.00	1.00	1771.00	506.00	588.00	271.00
55404	96.00	12.00	9857.00	299.00	350.00	73.00	2764.00	3.00	1.00	0.00	2488.00	0.00
64627	340.00	89.00	513.00	2952.00	0.00	1272.00	175.00	304.00	1190.00	1.00	213.00	0.00
68299	527.00	11.00	799.00	193.00	15.00	69.00	341.00	1375.00	1096.00	417.00	1.00	162.00
70945	16.00	16.00	69.00	225.00	0.00	26.00	4.00	3.00	354.00	0.00	87.00	1.00

图 2-41　矩阵文件 fl_od. mtx

TransCAD 打开矩阵文件并将其显示在矩阵窗中，可利用滚动条和键盘的方向键浏览该矩阵。

练习中将使用到很多矩阵工具，TransCAD 包括一系列功能强大的工具，用于存储、显示、编辑并处理矩阵格式的数据。

用于分析的最后一项输入是 Flintbury 街道的网络。网络是用于存储重要交通系统和设施的属性数据，是一种专门的 TransCAD 数据结构，TransCAD 主要使用网络解决交通运输问题。

(8)创建网络

①单击 Flintbury 地图窗口或选择 Window→my trans. map→Flintbury 使地图成为当前窗口。

②从工具栏下拉列表中选择 Flintbury Streets。

③如果没有显示 Networks/Paths 菜单，选择 Procedures→Networks/Paths。

④选择 Networks→Create 弹出 Create Network 对话框，如图 2-42 所示，单击 Network Fields 下的 Choose Link Fields，出现 Choose Link Fields 对话框，如图 2-43 所示。

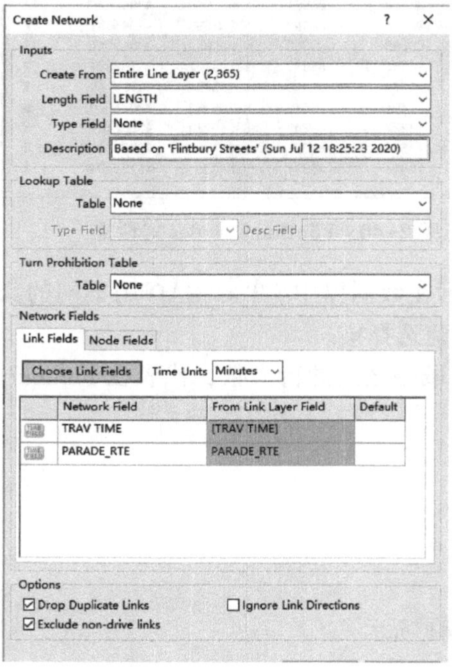

图 2-42　Create Network 对话框

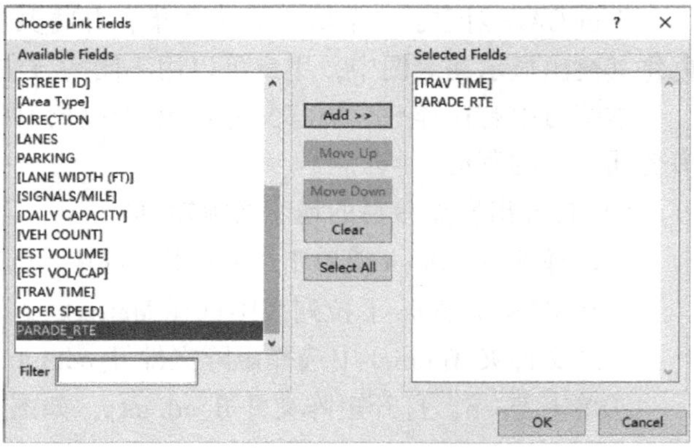

图 2-43　Choose Link Fields 对话框

⑤单击 Available Fields 滚动列表中[TRAV TIME]。

⑥按住 Ctrl 键，同时单击 Available Fields 滚动列表中的 PARADE_RTE，则[TRAV TIME]和 PARADE_RTE 突出显示出来。

⑦单击 OK。

⑧选择硬盘上的一个文件夹，输入 MYNET 作为文件名，单击 Save。

TransCAD 创建网络文件并使之成为当前激活网络，网络的名称显示在状态栏中。将[TRAV TIME]和 PARADE_RTE 加进网络，下文将要进行的交通运输分析将用到这些域的数据。

2. 生成最短路径

利用 TransCAD 的最短路径工具，可以计算在任意两个区域之间最短路径上运行的时间。下面计算两组时间：一组为通常情况下的最短运行时间，另一组为游行关闭部分路径时的最短运行时间。

首先计算通常情况下的最短运行时间，此时路径尚未关闭。

(1)计算通常情况下两个区域间最短运行时间

①选择 Networks/Paths→Multiple Paths 弹出 Multiple Shortest Paths 对话框，如图 2-44 所示。

②选择最小化 TRAV TIME。

③From 和 To 两个下拉列表中都选择 Centroids。

④单击 OK。

⑤弹出另存为对话框。

⑥不做改变，单击 Save。

⑦出现 Shortest Path 表格，如图 2-45 所示。

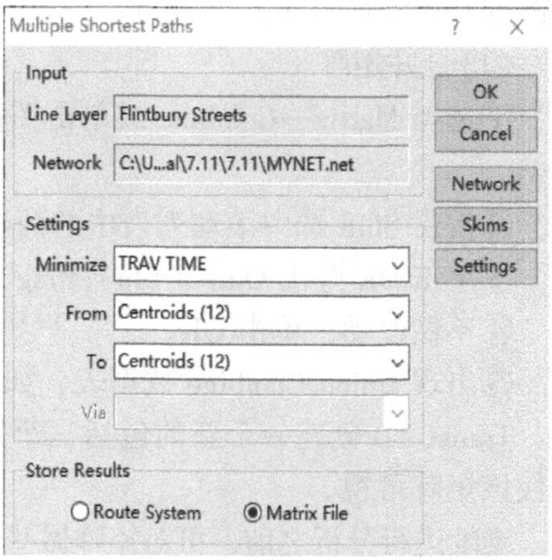

图 2-44 Multiple Shortest Paths 对话框

TransCAD 解决了最短路径问题，并储存和显示结果。该结果矩阵基本类似前文打开的 FL_OD 矩阵，唯一的不同是本矩阵存储运行时间，而 FL_OD 矩阵存储交通流。

Matrix4 - Shortest Path (Shortest Path - TRAV TIME) - shortestpaths.mtx

	10622	11672	25580	29324	31370	39012	41541	44222	55404	64627	68299	70945
10622	--	20.72	23.73	31.28	39.39	21.18	24.44	28.18	26.03	39.76	36.10	47.16
11672	20.72	--	15.46	28.23	26.63	11.69	14.94	18.68	15.79	30.51	25.87	37.31
25580	23.51	15.48	--	18.18	29.89	10.22	10.11	15.34	9.25	28.31	19.56	31.30
29324	31.28	28.26	18.18	--	42.66	23.00	22.88	27.77	19.54	39.91	22.73	34.80
31370	38.81	26.63	29.14	41.92	--	23.39	24.33	20.80	26.70	21.17	32.16	31.67
39012	21.18	11.69	10.07	22.85	23.67	--	4.62	8.73	7.37	22.98	17.18	27.41
41541	24.51	14.49	9.87	22.64	24.35	4.63	--	6.48	5.91	21.21	15.27	25.50
44222	28.18	18.68	15.34	27.77	20.88	8.73	6.54	--	10.30	17.74	15.77	24.26
55404	25.46	15.23	9.25	19.54	26.06	6.88	6.20	10.30	--	22.45	12.40	25.03
64627	40.19	31.17	28.81	40.19	21.17	22.98	21.27	17.74	22.73	--	27.91	20.40
68299	35.34	25.11	19.56	22.73	31.52	17.29	15.67	15.77	12.40	27.91	--	18.99
70945	46.50	36.27	31.56	34.80	31.67	27.68	25.78	24.26	24.88	20.40	18.99	--

图 2-45 Shortest Path 表格

(2)禁用网络连接

①单击 Flintbury 地图窗口或选择 Window→Map→FLINTBURY 激活地图。

②选择 Networks/Paths→Settings 弹出 Network Settings 对话框，如图 2-46 所示。

③单击 Update 弹出 Update Network 对话框，如图 2-47 所示。

④从 Action 下拉列表中选择 Disable Links。

⑤从 Using 下拉列表中选择 By Expression…，弹出 Disable Links(Network：MYNET. net)对话框，如图 2-48 所示。

⑥输入表达式 PARADE_RTE = 1。

⑦三次单击 OK，关闭三个连续的对话框。

TransCAD 禁用网络中用于游行的路径。随后的分析当中将用到更新的网络，下面计算游行期间的最短运行时间。

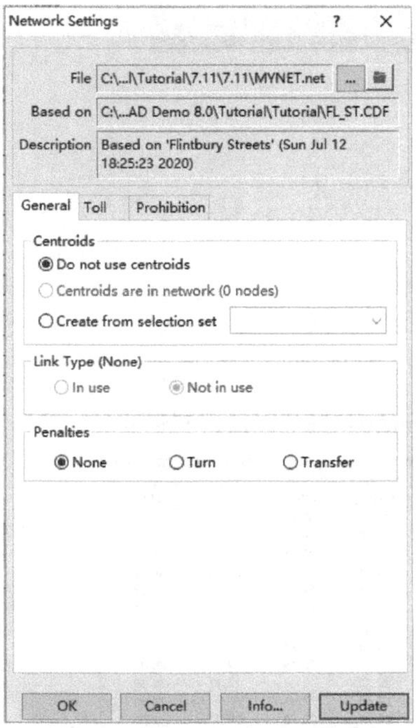

图 2-46 Network Settings 对话框

3. 矩阵处理

获取乘客由于游行部分街道关闭所造成的交通时间

的改变，可采取以下几步进行。

(1)合并矩阵

①选择 Matrix→Combine 或单击图标，弹出 Combine Matrix Files 对话框，如图 2-49 所示。

②按住 Shift 选中滚动列表中的两个运行时间矩阵将其突出显示。

③单击 OK 弹出 Output file setting 对话框。

④不做改动，单击 OK。

⑤出现 Union Combine 数据表，如图 2-50 所示。

TransCAD 创建一个新的包括三个矩阵的文件，可以选择工具栏下拉列表中的一个矩阵使该矩阵可视。

继续进行分析之前，可对矩阵做些修饰性的改变。首先是标签，本文所做的矩阵都采用 Flintbury 节点层的 ID 进行标注，利用其他整数或叙述性的一列，用户可以方便的标注矩阵。

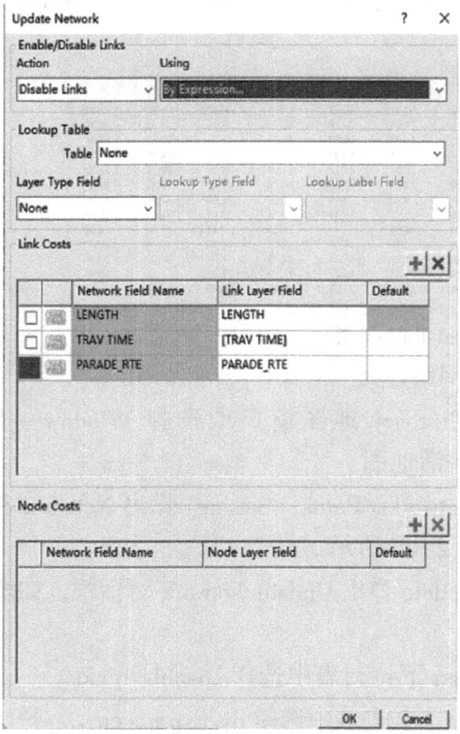

图 2-47 Update Network 对话框

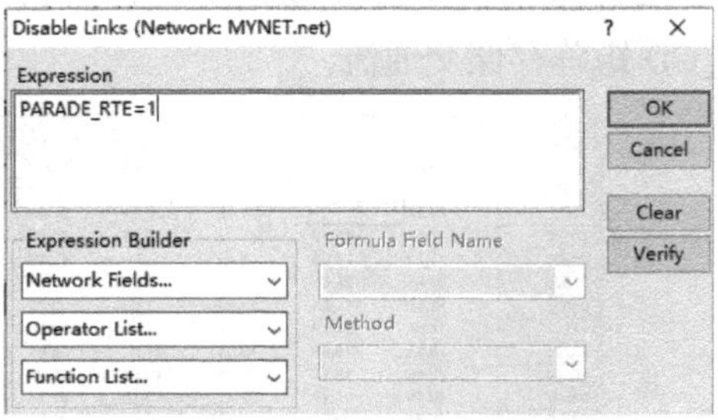

图 2-48 Disable Links 对话框

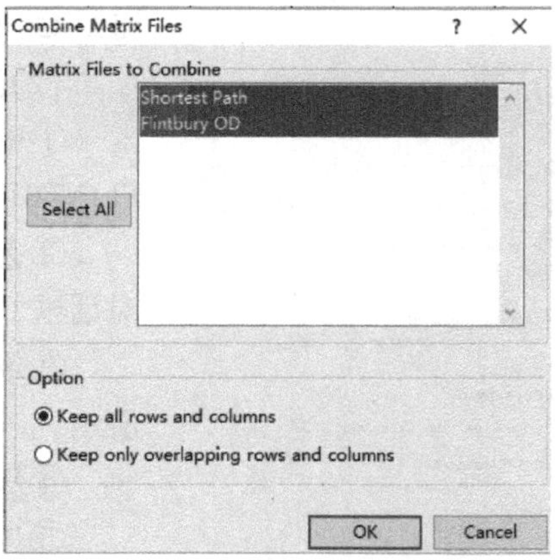

图 2-49 Combine Matrix Files 对话框

Matrix5 - Union Combine (Shortest Path - TRAV TIME) - matrix1.mtx

	10622	11672	25580	29324	31370	39012	41541	44222	55404	64627	68299	70945
10622	--	20.72	23.73	31.28	39.39	21.18	24.44	28.18	26.03	39.76	36.10	47.16
11672	20.72	--	15.46	28.23	26.63	11.69	14.94	18.68	15.79	30.51	25.87	37.31
25580	23.51	15.48	--	18.18	29.89	10.22	10.11	15.34	9.25	28.31	19.56	31.30
29324	31.28	28.26	18.18	--	42.66	23.00	22.88	27.77	19.54	39.91	22.73	34.80
31370	38.81	26.63	29.14	41.92	--	23.39	24.33	20.80	26.70	21.17	32.16	31.67
39012	21.18	11.69	10.07	22.85	23.67	--	4.62	8.73	7.37	22.98	17.18	27.41
41541	24.51	14.49	9.87	22.64	24.35	4.63	--	6.48	5.91	21.21	15.27	25.50
44222	28.18	18.68	15.34	27.77	20.88	8.73	6.54	--	10.30	17.74	15.77	24.26
55404	25.46	15.23	9.25	19.54	26.06	6.88	6.20	10.30	--	22.45	12.40	25.03
64627	40.19	31.17	28.81	40.19	21.17	22.98	21.27	17.74	22.73	--	27.91	20.40
68299	35.34	25.11	19.56	22.73	31.52	17.29	15.67	15.77	12.40	27.91	--	18.99
70945	46.50	36.27	31.56	34.80	31.67	27.68	25.78	24.26	24.88	20.40	18.99	--

图 2-50 Union Combine 数据表

(2)改变标签

①选择 Matrix→Labels 或单击工具栏图标 ，弹出 Matrix Labels 对话框，如图 2-51 所示。

②从 Dataview 下拉列表中选择 Flintbury Nodes，Flintbury Nodes 自动初始化为 Columns Dataview。

③从 ID 下拉列表中选择 ID，同时，Columns Dataview 自动初始化。

④从 Label With 下拉列表中选择域心 Centroid。Columns Label With 域自动初始化。

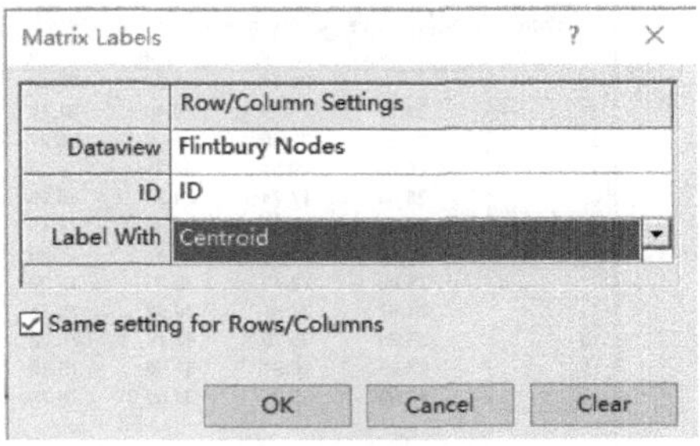

图 2-51　Matrix Labels 对话框

⑤单击 OK，出现 Union Combine 数据表，如图 2-52 所示。

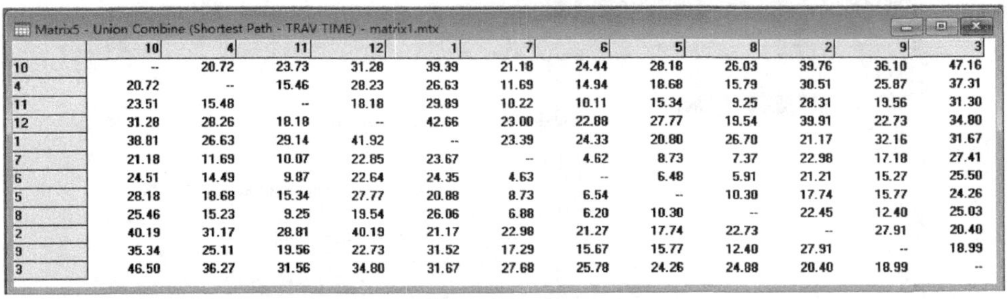
Matrix5 - Union Combine (Shortest Path - TRAV TIME) - matrix1.mtx

	10	4	11	12	1	7	6	5	8	2	9	3
10	--	20.72	23.73	31.28	39.39	21.18	24.44	28.18	26.03	39.76	36.10	47.16
4	20.72	--	15.46	28.23	26.63	11.69	14.94	18.68	15.79	30.51	25.87	37.31
11	23.51	15.48	--	18.18	29.89	10.22	10.11	15.34	9.25	28.31	19.56	31.30
12	31.28	28.26	18.18	--	42.66	23.00	22.88	27.77	19.54	39.91	22.73	34.80
1	38.81	26.63	29.14	41.92	--	23.39	24.33	20.80	26.70	21.17	32.16	31.67
7	21.18	11.69	10.07	22.85	23.67	--	4.62	8.73	7.37	22.98	17.18	27.41
6	24.51	14.49	9.87	22.64	24.35	4.63	--	6.48	5.91	21.21	15.27	25.50
5	28.18	18.68	15.34	27.77	20.88	8.73	6.54	--	10.30	17.74	15.77	24.26
8	25.46	15.23	9.25	19.54	26.06	6.88	6.20	10.30	--	22.45	12.40	25.03
2	40.19	31.17	28.81	40.19	21.17	22.98	21.27	17.74	22.73	--	27.91	20.40
9	35.34	25.11	19.56	22.73	31.52	17.29	15.67	15.77	12.40	27.91	--	18.99
3	46.50	36.27	31.56	34.80	31.67	27.68	25.78	24.26	24.88	20.40	18.99	--

图 2-52　Union Combine 数据表

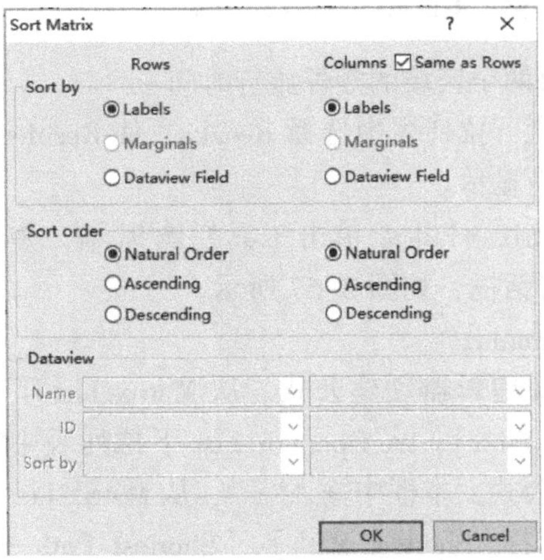

图 2-53　Sort Matrix 对话框

TransCAD 显示行和列被标注后的矩阵，标注的数值来源于 Centroid 域，在本例中是区域的 ID 值。

下面整理矩阵的行和列，以使区域按顺序显示。

(3)整理矩阵窗

①选择 Matrix→Sort 或单击工具栏图标 ，弹出 Sort Matrix 对话框，如图 2-53 所示。

②从 Sort by 单选列表中选择 Labels。

③单击 OK。

TransCAD 整理矩阵窗，按照区域 ID 顺序显示行和列，如图 2-54 所示。

(4)添加矩阵

①选择 Matrix→Contents 或单击图标 ，弹出 Matrix File Contents 对话框，如图 2-55 所示。

②单击 Add Matrix。TransCAD 添加该矩阵的名称 Shortest Path-TRAV TIME 到 Matrix Name(s)列表中。

③单击 Shortest Path-TRAV TIME。

④单击 Rename 弹出 Rename Matrix 对话框，如图 2-56 所示。

⑤输入 Results 作为 New Name 并单击 OK。

⑥单击 Close。

TransCAD 为矩阵文件添加了另一个称为 Results 的矩阵。

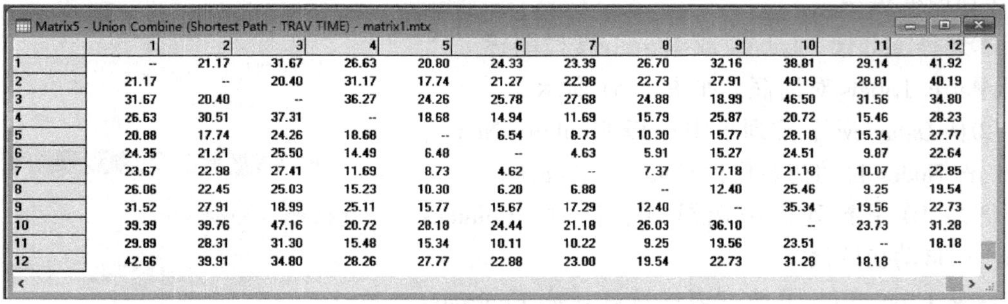

Matrix5 - Union Combine (Shortest Path - TRAV TIME) - matrix1.mtx

	1	2	3	4	5	6	7	8	9	10	11	12
1	--	21.17	31.67	26.63	20.80	24.33	23.39	26.70	32.16	38.81	29.14	41.92
2	21.17	--	20.40	31.17	17.74	21.27	22.98	22.73	27.91	40.19	28.81	40.19
3	31.67	20.40	--	36.27	24.26	25.78	27.68	24.88	18.99	46.50	31.56	34.80
4	26.63	30.51	37.31	--	18.68	14.94	11.69	15.79	25.87	20.72	15.46	28.23
5	20.88	17.74	24.26	18.68	--	6.54	8.73	10.30	15.77	28.18	15.34	27.77
6	24.35	21.21	25.50	14.49	6.48	--	4.63	5.91	15.27	24.51	9.87	22.64
7	23.67	22.98	27.41	11.69	8.73	4.62	--	7.37	17.18	21.18	10.07	22.85
8	26.06	22.45	25.03	15.23	10.30	6.20	6.88	--	12.40	25.46	9.25	19.54
9	31.52	27.91	18.99	25.11	15.77	15.67	17.29	12.40	--	35.34	19.56	22.73
10	39.39	39.76	47.16	20.72	28.18	24.44	21.18	26.03	36.10	--	23.73	31.28
11	29.89	28.31	31.30	15.48	15.34	10.11	10.22	9.25	19.56	23.51	--	18.18
12	42.66	39.91	34.80	28.26	27.77	22.88	23.00	19.54	22.73	31.28	18.18	--

图 2-54　Union Combine 数据表

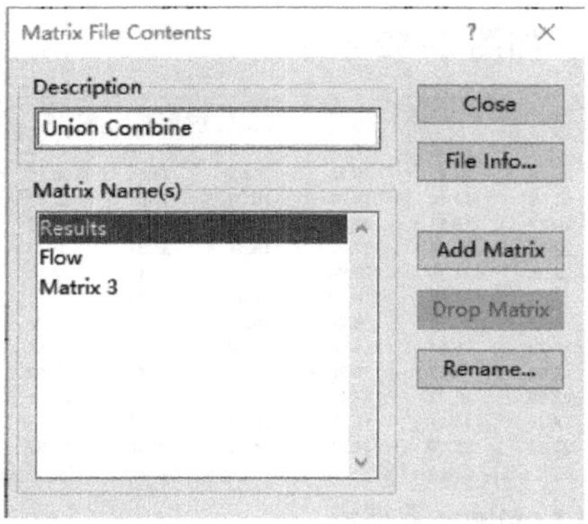

图 2-55　Matrix File Contents 对话框

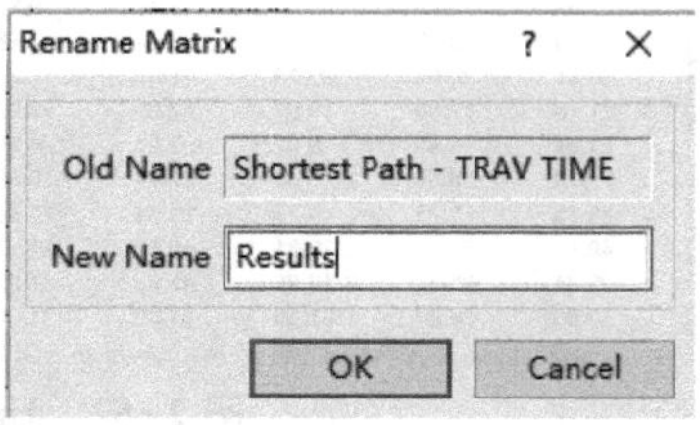

图 2-56　Rename Matrix 对话框

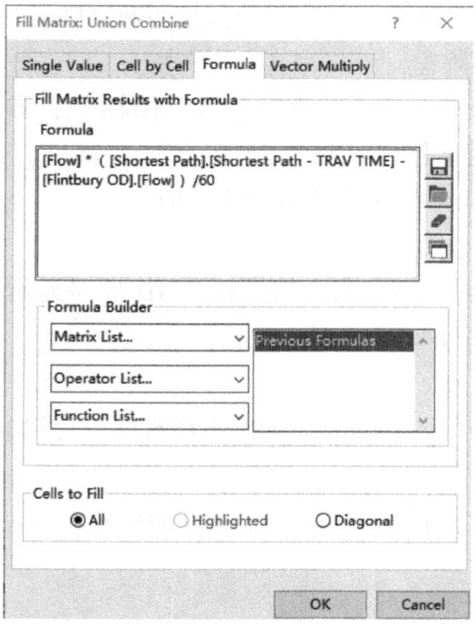

图 2-57　Fill Matrix 对话框

(5)计算每两个区域的额外旅行时间

①从工具栏下拉列表中选择 Results，使 Results 矩阵在矩阵窗中显示。

②选择 Matrix→Fill 或单击工具栏图标，弹出 Fill Matrix 对话框，如图 2-57 所示。

③单击 Formula。

④利用公式编辑器创建公式。从 Matrix List 下拉列表中选择[Flow]；从 Operator List 下拉列表中选择“ * ”；在公式文本框中输入“(”；从 Matrix List 下拉列表中选择[Shortest Path].[Shortest Path－TRAV TIME]；从 Operator List 下拉列表中选择“－”；从 Matrix List 下拉列表中选择[Flintbury OD].[Flow]；在公式文本框中输入“)”；从 Operator List 下拉列表中选择“/”；在公式文本框中输入 60。

若要编辑公式，可以在公式文本框中直接输入，或使用 Formula Builder 下拉列表。

⑤单击 OK。

TransCAD 确定每个单元的计算公式并将结果写入 Results 矩阵。上面所填入的仅仅是游行期间行人在每两个区域之间的额外出行时间。用户真正感兴趣的是 Flintbury 总的额外运行时间，也就是游行期间的分析结果矩阵中所有单元的总和。

(6)计算行人总的额外旅行时间

①选择 Matrix→Aggregate 或单击工具栏图标，弹出 Aggregate Matrix File 对话框，如图 2-58 所示。

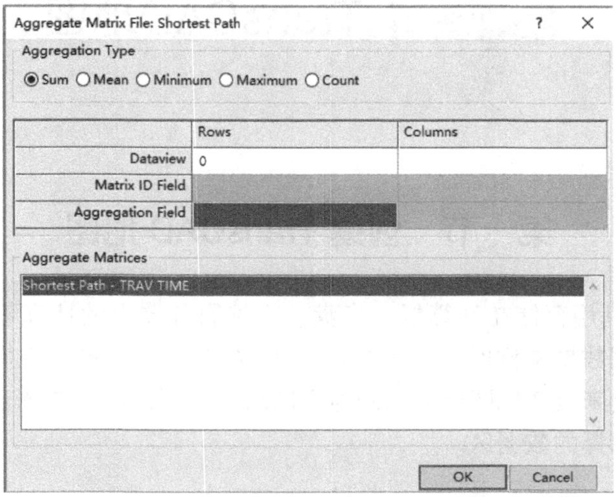

图 2-58 Aggregate Materix File 对话框

②单击 Sum 单选按钮。

③在“Dataview”行，“Rows”列输入“0”。

④单击 OK。

TransCAD 计算每行和每列的总数并将其显示在数据窗中。游行引起的行人旅行时间的差别总数显示在矩阵右下角阴影处的单元格里。

⑤选择 File→Close All，并根据提示单击 No to All，在不保存更改的情况下关闭窗口。

至此已经完成了全部三个练习，并学习了 TransCAD 的地图、数据库、布局窗、图表、路线系、统计分析、网络、路径选择和矩阵等基本知识。

第三章 TransCAD地图

第一节 创建 TransCAD 地图

TransCAD 可以利用存储在计算机、光盘、文件服务器上的地理数据来绘制地图。当打开一个或多个地理数据文件时，TransCAD 可以创建新的地图窗口显示图层。TransCAD 可以使用命令和工具来改变地图所显示的地理区域，也可以用地图创建向导自动选择地理信息文件来显示所选择的数据区。

一、创建地图

TransCAD 本身具有多种不同的地理信息文件，也允许创建或使用自己的文件，每个地理信息文件包含多个或单个地图要素。

1. 使用地图创建向导

地图创建向导提供了一种简单、快捷的创建新地图的方式。只需回答几个问题，TransCAD 将自动创建新地图。TransCAD 在数据目录、光盘以及其他搜索路径所指定的位置寻找必要的地理信息文件，并以地图图层的方式显示。地图创建向导可以采用四种不同的方式创建地图，见表 3-1。

表 3-1 创建地图方式

方法	工作方式
创建多用途地图	TransCAD 选择基于选择区域的一个或多个地理信息文件，生成多用途地图，类似街道地图、公路线路图集、地图册、电话簿
打开地理信息文件	选择地理信息文件和期望看到的区域，TransCAD 打开文件并缩放期望区域
创建基于个人数据的地图	选择包含个人数据的 dBASE 文件或表格文件，TransCAD 浏览该文件并确定如何使用其中的数据创建地图
合并现存地图	通过拼接并匹配相关的地图图层，创建新地图

(1)启动地图创建向导

启动地图创建向导有两种方法：

①选择 Quick Start 对话框的 Create a New Map 并单击 OK。

②选择 File→New，或单击工具栏上的图标，或用鼠标右键单击工作区域内除了窗

口外的任意位置并选择 New，弹出 New File 对话框，选择 Map 作为文件类型并单击 OK。地图创建向导开始工作，一步步引导创建一个新的地图。

(2)缺少文件时创建新图

①选择 File→New，或单击工具栏上的图标，或用鼠标右键单击工作区域内除了窗口外的任意位置并选择 New，弹出 New File 对话框。

②选择 Map 作为文件类型并单击 OK。

③输入期望区域的信息并单击 Next。

④单击 Finish 创建地图。如果 TransCAD 没有找到需要的一个或多个文件，则弹出 File Not Find 对话框。

⑤根据表 3-2 选择一项继续创建新图。

表 3-2 缺少文件时创建新图

操作名称	操作方法
安装缺少的文件	选择单选列表的第一项，在 Locate Missing Files 文本框中输入区域或浏览文件，单击 OK
直接利用光盘文件	选择单选列表的第二项，将存放所缺少文件的光盘插入光驱，单击 OK。对话框列出光盘文件。如果正在使用光盘文件，则本选项是禁用的，除非拥有两个光驱
忽略缺少的文件	选择单选列表的第三项，单击 OK，TransCAD 在缺少文件的情况下创建新图

(3)停止绘图

如果希望在地图完成前停止绘制、绘制地图花费时间太长或选择了错误的地图文件，停止绘图有两种方法：

①按下 Esc 键。

②单击 TransCAD 状态栏的图标。

(4)停止绘制图层

屏幕底端的状态栏显示正在绘制的图层名称，要终止图层的绘制或跳到下一个图层只需单击 TransCAD 状态栏的图标。

2. 使用地图库管理器

地图库管理器易于将地图合并到地图库的某一类别中，并且易于使用标记打开地图。TransCAD 附带的地图库能够帮助创建地图。使用者可以创建自己的地图库，也可以为地图库增加地图和地图种类，还可以选择打开地图的方式。

利用地图库管理器打开地图：

①选择 Map→Librarian，弹出 Map Librarian 对话框，如图 3-1 所示。

②从 Choose a Map Library 下拉列表中选择地图库。

③从 Choose a Map Category 滚动列表中选择地图种类。

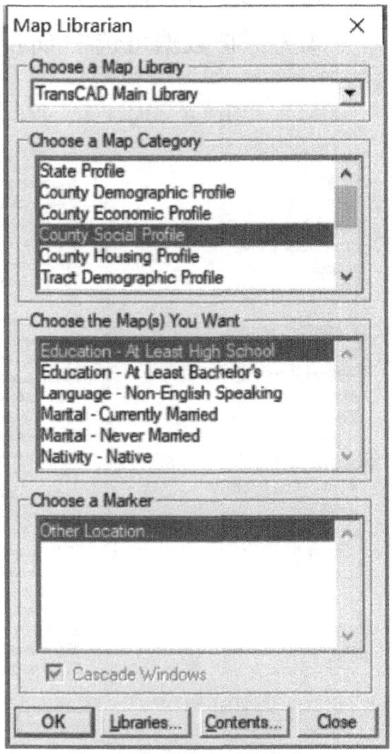

图 3-1 Map Librarian 对话框

④从 Choose the Map(s) You Want 滚动列表中选择一个或多个地图。

⑤从 Choose a Marker 滚动列表中选择一个标记。如果地图种类具有比例尺范围，依据标记创建地图，该标记旁显示☑，其他标记旁则显示□。如果地图种类不具有比例尺范围，则所有的标记旁均显示☑。

⑥单击 OK。

TransCAD 打开选择的地图，地图的区域是基于标记的。可以随时通过单击状态栏图标或按下 Esc 键停止绘制地图，也可以通过单击状态栏图标中断图层的绘制或跳到下一个图层。

3. 打开地理信息文件创建地图

当打开一个或多个地理信息文件时，TransCAD 创建一个新的地图并显示地图图层要素，图层要素来源于文件。可以直接从 TransCAD 光盘、硬盘、文件服务器打开地理信息文件，或采用上述几种方式的组合。

当使用 File→Open 命令打开地理信息文件时，TransCAD 显示完整的区域或文件覆盖区域的一部分。如果希望显示特定位置，可以使用 Edit→Find 命令、放大工具、标记或地图定位器来实现。

打开地理信息文件创建地图：

①选择 File→Open，或单击工具栏上的图标，或用鼠标右键单击框架内除了窗口外的任意位置并选择 Open，TransCAD 弹出 File Open 对话框，如图 3-2 所示。

②选择地理信息文件作为文件类型。

③选择并打开需要的一个或多个文件。

④为保护数据可选中 Open as read→only 方式。

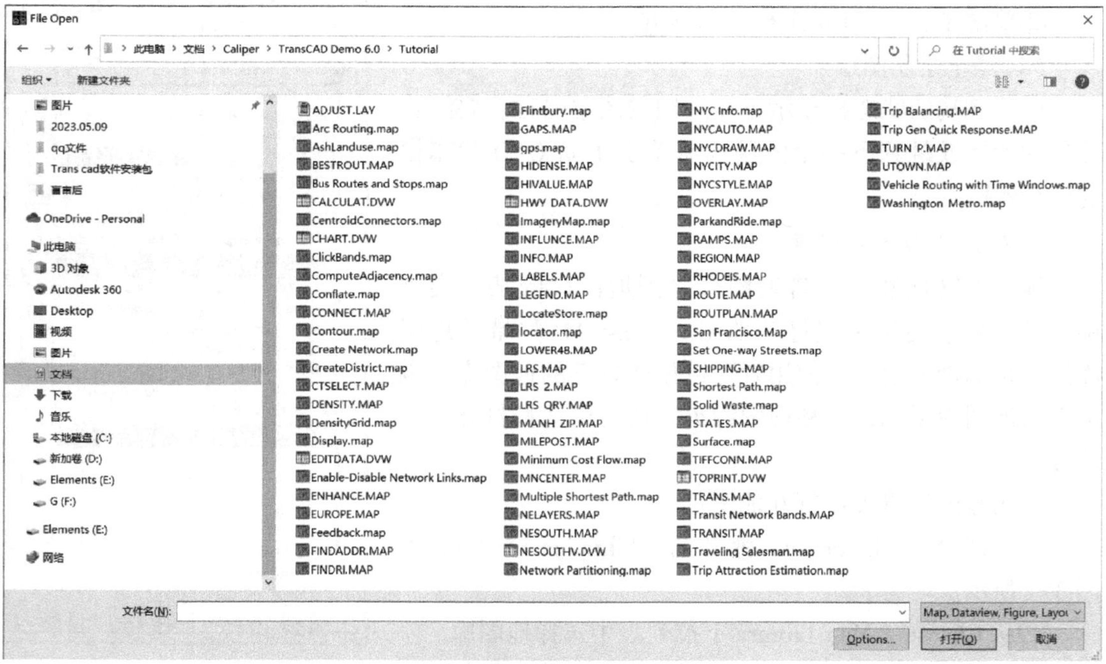

图 3-2　打开 File open 对话框

⑤在使用文件的同时如果想禁止其他使用，可选中 Open for exclusive access。

⑥单击 OK。

TransCAD 创建一个新的地图，可以显示基于文件的要素。可以随时通过单击状态栏图标或按下 Esc 键停止绘制地图，也可以通过单击状态栏图标中断图层的绘制或跳到下一个图层。

二、改变地图

纸质地图只能显示有限的地理区域，不能改变显示区域或图上单个要素的尺寸。而 TransCAD 地图却是动态的，可以集中于期望的任何区域，并且可以改变地图，地图要素可按要求的尺寸进行显示。可通过改变地图比例尺和中心位置来实现这些功能。

1. 比例尺和中心

比例尺是指每个要素在地图上的尺寸和其实际尺寸的比率。大比例尺地图使每个要素看起来较大，显示较小的地理区域；小比例尺地图使每个要素看起来较小，显示较大的地理区域。中心是指地图中心点的位置。比例尺和中心用于限定地图所包含的区域。

2. 改变比例尺和中心

使用主工具箱工具、Map 菜单命令和 Map contert 菜单命令可以改变地图比例尺和中心。

主工具箱工具和操作方法见表 3-3。Map 菜单命令和功能见表 3-4。Map Context 菜单命令和功能见表 3-5。

表 3-3 主工具箱工具和操作方法

图标	操作名称	操作方法
	放大	单击某一点或拖拽一个矩形，放大比例尺并改变中心
	缩小	单击某一点或拖拽一个矩形，缩小比例尺并改变中心
	移动视图	拖动地图，改变中心
	前一个比例尺	单击按钮，恢复到前一个比例尺
	初始比例尺	单击按钮，恢复到最初的比例尺

表 3-4 Map 菜单命令和功能

命令	功能
Map→Zoom→Undo	恢复地图到前一个比例尺和中心
Map→Zoom→Undo All	恢复地图到最初的比例尺和中心
Map→Snapshot	恢复地图的某个图像到刚打开或最后一次保存的状态
Map→Scale 或	设置比例尺为某个特定值
Map→Locator	创建工具箱，可用来改变比例尺和中心

表 3-5　Map Context 菜单命令和功能

命令	功能
单击鼠标右键并选择 Scale	设置比例尺为某个特定值
单击鼠标右键并选择 Previous Scale	恢复地图到前一个比例尺和中心
单击鼠标右键并选择 Locator	创建工具箱，可用来改变比例尺和中心

每次改变地图比例尺和中心，TransCAD 会记录前一次的设置。可以使用 Map→Previous Scale 命令或单击工具箱图标撤销更改，恢复地图创建时或最后一次保存时的比例尺和中心。

(1)放大选中的区域

①单击工具箱图标以激活放大工具。

②在期望看到的区域四周拖动矩形。

TransCAD 放大被标记的区域，使该区域充满地图窗口。

(2)地图要素的尺寸加倍

①单击工具箱图标以激活放大工具。

②单击期望放大的位置。

TransCAD 增大比例尺，地图要素的尺寸放大两倍，并使单击处成为地图中心。可以通过 Edit→Preferences 命令改变缩放因子，该命令在 Map 按钮下面。

(3)地图要素的尺寸减半

①单击工具箱图标以激活缩小工具。

②单击期望缩小的位置。

TransCAD 缩小比例尺，地图要素的尺寸缩小一半，并使单击处成为地图中心。可以通过 Edit→Preferences 命令改变缩放因子，该命令在 Map 按钮下面。

(4)缩小选中的区域

①单击工具箱图标以激活缩小工具。

②沿着期望看到的当前地图的区域四周拖动矩形。

TransCAD 重绘地图，当前地图区域缩小到充满矩形。矩形越小，地图缩小的越多，比例尺也就越小。如果所选矩形偏向于地图一侧，则其他侧面将显示更多的地图要素。

(5)改变地图中心

①单击工具箱图标以激活移动视图工具。

②在地图上定位光标并按下鼠标。

③拖动地图到一个新的位置，松开鼠标。

TransCAD 将在新位置重绘地图并建立新的地图中心。

(6)返回地图的前一个比例尺和中心

每次改变地图比例尺和中心，TransCAD 将记录前一次的设置。可以撤销更改，恢复地图创建时或最后一次保存时的比例尺和中心。

选择 Map→Previous Scale，TransCAD 采用地图最近一次更改以前的比例尺和位置重新绘制地图。

(7)恢复最初的比例尺和中心

选择 Map→Initial Scale 或单击工具箱图标，TransCAD 恢复地图是最初的比例尺和中心。TransCAD 采用地图创建时或最后一次保存时的比例尺和位置重新绘制地图。如果在创建或保存之后又对地图进行了修改，则会看到以初始比例尺和中心显示的变化。

(8)查看以初始比例尺显示的初始地图

选择 Map→Snapshot，TransCAD 弹出一个图像，或称为快照，是最后一次保存的地图。图像弹出的速度很快，但不会显示文件打开之后对地图所做的更改。

3. 使用地图定位器

地图定位器是一个工具箱，可以用它了解地图位置、改变比例尺和中心。所有的地图窗口都具有自己的地图定位器。

地图定位器能够显示当前地图或地理信息文件缩小后的形式。根据当前显示的图层是否有地图定位器，比例尺可以有多种选择。地图定位器的尺寸大小是根据地图窗口宽度百分比确定的，地图定位器是改变地图比例尺和中心的另一种方法。单击地图定位器，则单击处成为新的地图中心而地图比例尺并不改变。如果在地图定位器上单击并拖拽一个矩形，则矩形内的区域将成为新的地图区域，同时改变地图中心和比例尺。

地图的位置是通过地图定位器上的一个粗框矩形体现的。如果改变了地图中心和比例尺，例如，使用放大工具、Previous Scale 按钮或者 Map→Scale 命令后，矩形也相应地进行更新。如果地图边缘超过了地图定位器的显示区域，将看不到矩形。

为地图创建定位器以后，可以更改它的设置。保存地图的同时也保存了地图定位器的设置。打开一幅地图或使地图成为当前地图时，地图定位器会同时弹出。如果不是当前地图，则其定位器是隐藏的。

(1)创建地图定位器

①在地图窗口内单击鼠标右键并选择 Locator，弹出 Map Locator Settings 对话框，如图 3-3 所示。

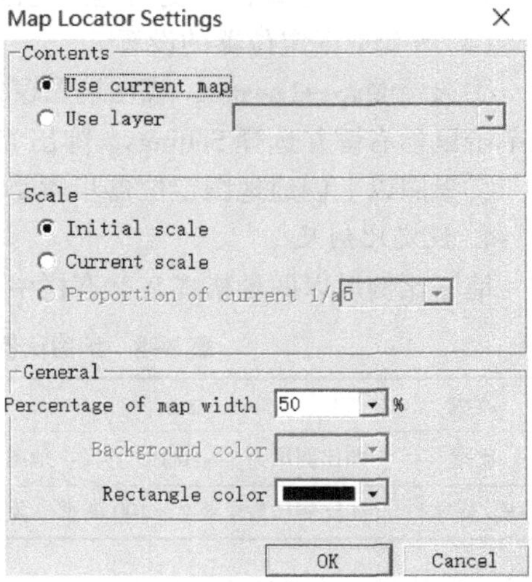

图 3-3　Map Locator Settings 对话框

②从 Contents 单选列表中选择地图定位器内容，见表 3-6。

③从 Scale 单选列表中选择地图定位器的比例尺，见表 3-7。

表 3-6　地图定位器内容

操作目的	操作方法
使用当前地图的所有图层	选中 Use current map 单选按钮
使用任何一个地图窗口的一个图层	选中 Use layer 单选按钮并从其下拉列表中选择一个图层
使用任何一种地理信息文件	选中 Use layer 单选按钮并从其下拉列表的最后选择 File Open，弹出 Choose a Geographic File 对话框，选择一个文件并单击 Open

表 3-7 地图定位器的比例尺

功能	操作步骤
显示和当前地图一样的区域	选中 Current scale 单选按钮
显示最初比例尺时的区域	选中 Initial scale 单选按钮
在地图定位器中显示成比例的区域	适用于一个图层的地图定位器。选中 Proportion of current 单选按钮并在其可编辑下拉列表中输入或选择一个比例

④在可编辑下拉列表 Percentage of map width 中选择或输入一个百分比作为地图定位器的尺寸。

⑤单击 OK。

TransCAD 创建了地图定位器工具箱。取消地图定位器时，单击右上角的关闭按钮。

(2)使用地图定位器改变地图中心

单击地图定位器上一点，为地图建立新的中心。

TransCAD 重绘地图并更新地图定位器上显示地图位置的粗框矩形。

(3)使用地图定位器改变地图比例尺和中心

在地图定位器上一个新的位置单击并拖拽一个矩形。

TransCAD 重绘地图并更新地图定位器上显示地图位置的粗框矩形。

(4)改变地图定位器的设置

①选择 Map→Locator，或在地图窗口上单击鼠标右键并选择 Locator，或在地图定位器上单击鼠标右键并选择 Settings，弹出 Map Locator Settings 对话框。

②参照以上创建地图定位器步骤②~⑤。

4. 设定比例尺

地图比例尺以两种格式在状态栏中显示，见表 3-8。

表 3-8 地图比例尺以两种格式在状态栏中显示

方法	含义
比率	如比例尺为 1：1000，含义：地图上的所有要素以其实际尺寸的 1/1000 显示
英里/英寸 *	如比例尺为 1 英寸 = 100 英里，含义：地图上的 1 英寸代表实际的 100 英里，输入每英寸的英里数

可以使用上述两种格式设置地图比例尺，或设定地图的宽和高，由 TransCAD 计算比例尺。

TransCAD 可以自动改变地图比例尺，使得地图能够显示一个特定图层或选择集中的所有要素。TransCAD 可以调整地图窗口的形状以便地图可以准确地显示地图要素。

设定地图比例尺：

①选择 Map→Zoom→Scale，或在地图上单击鼠标右键并选择 Scale，弹出 Map Scale 对话框，如图 3-4 所示。

②从单选列表中选择一种设定比例尺的方法。

③设定比例尺数值，见表 3-9。

---

* 1 英寸≈0.0254m。

表 3-9 比例尺设定

方法	如何使用
比率	从 Ratio 下拉列表中选择一个比例尺或输入一个比率。可以省略“1：”和数值中的逗点
km/英尺 *	在 m per in 中输入 1 英尺的千米数。数值中的逗点可省略
宽度和高度	在 Map Width and Height 中输入地图的宽度和高度，单位为英里。TransCAD 计算其他数值
显示完整图层	从 Show an Entire Layer 下拉列表中选择一个图层并选择所有的要素，或从 Selection Set 下拉列表中选择一个选择集

④单击 Apply 验证新的比例尺。

⑤单击 OK。

TransCAD 采用新的比例尺绘制地图。可以选择采用其他单位的比例尺了解地图。选择 Edit→Preferences 并选中 System 表，进而选择期望的度量单位。

如果在使用 Show an Entire Layer 方法时，选定 Adjust Window Shape 框，TransCAD 改变地图窗口，使地图完全适合图层要素。

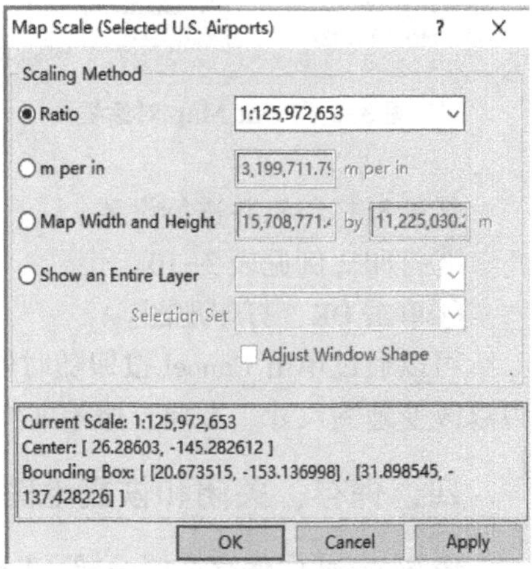

图 3-4 Map-Scale 对话框

5. 空地图

改变比例尺和中心之后，如果在新位置没有要素显示，此时的地图称为空地图。如果错误的放置了 Zoom In 工具或 Map Locator，将会出现这种情况。如果缩放的比例尺不在地图所有的图层比例尺范围内，也会出现空地图的情况。可以使用 Zoom In、Zoom Out 工具或 Map→Previous Scale、Map→Initial Scale 命令改变地图比例尺来进行纠正。

三、打印地图

可以打印 TransCAD 地图的副本。可能在报告和图示中、出行中或与其他地图比较时，使用到打印的地图。

TransCAD 可以将地图输入到所安装的任一打印机。打印地图时，根据地图的页面尺寸、页面方向和页边距进行设置，TransCAD 将改变比例尺，使地图以页面大小打印。否则，打印的地图仅显示屏幕界面。可以选择一些改变打印属性的选项。

可在 Print Map 对话框中选择使用的打印机并进行打印设置。如果地图宽度比较长，可以选择横向方式打印；如果地图高度比较长，可以选择纵向方式打印。可以使用 Edit→Preferences 命令设置和改变打印的页边距。

打印地图：

①选择 File→Print，或单击工具栏图标，或在地图窗口上单击鼠标右键并选择 Print，TransCAD 弹出 Print Map 对话框，如图 3-5 所示。

* 1 英尺≈0.3048m。

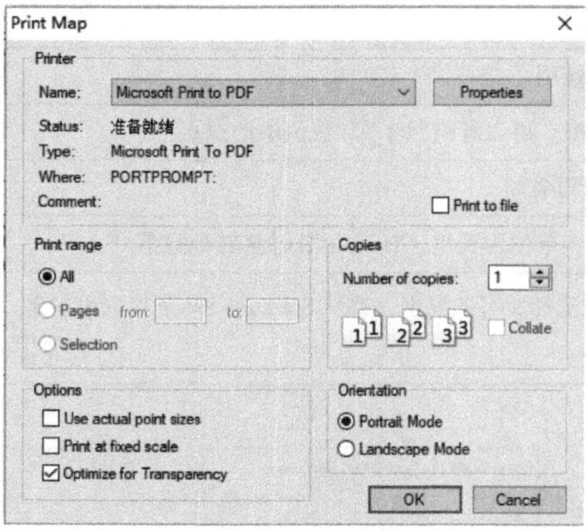

图 3-5　Print Map 对话框

表 3-10　打印比例

选项	功能
使用实际磅值	TransCAD 使用选定的磅值打印自动标签、符号、线型、饼图和直方图，而不是调整磅值以适应页面。打印出的地图也许不能严密匹配地图窗口
以固定比例尺打印	TransCAD 以地图窗口所使用的比例尺打印地图。打印出的地图所覆盖的地理区域可能比地图窗口稍大或稍小

②选择打印机并进行设置。

③打印比例见表 3-10。

④单击 OK，打印地图。

可以通过单击 Cancel 按钮随时停止打印地图。单击 Print Map 对话框的 Properties 按钮可以改变地图尺寸、方向、原始文件或其他打印设置。

四、保存、关闭和恢复地图

像在 Word 中保存文档一样，TransCAD 可以保存地图以备下次使用。地图文件可以保存地图重建所需要的设置。关闭地图或退出程序时，如果对地图做了修改，TransCAD 将提示是否以当前格式保存。

1. 保存地图

①选择 File→Save，或单击工具栏图标，或在地图窗口单击鼠标右键并选择 Save。

②如果首次保存地图，TransCAD 弹出 Save As 对话框，输入文件名并单击 Save。

TransCAD 以扩展名 . MAP 保存地图。如果首次保存地图，还可以选择其他的文件类型。

2. 保存新命名地图或不同文件类型的地图

①选择 File→Save As，或在地图窗口单击鼠标右键并选择 Save As，弹出 Save As 对话框。

②从 Files of Type 下拉列表中选择文件类型，具体内容见表 3-11。

表 3-11　Files of Type 下拉列表中的文件类型

选项	保存内容
地图文件	后缀为 . MAP 的所有地图
窗口位图文件	图层的一个图形，后缀为 . BMP，保存时并未压缩，屏幕映像的色彩不会丢失
增强的图元文件	图层的一个图形，后缀为 . WMF，在显示和输出需要分解时将会绘制
JPEG 压缩文件	图层的一个图形，后缀为 . JPG，相对于后缀为 . BMP 的文件来说，节省了保存空间，可以用于网页，但屏幕映像的色彩可能丢失
方便的网络图形文件	图层的一个图形，后缀为 . PNG，保存时并未压缩，屏幕映像的色彩不会丢失

③为地图文件输入一个文件名。

④单击 Save。

TransCAD 以选定的文件类型保存地图。

可以利用 Edit→Copy 命令，以窗口增强的图元文件保存地图到剪贴板。

3. 关闭地图或窗口

关闭地图或窗口的方法见表 3-12。关闭激活的窗口或所有的窗口时，如果有窗口进行了更改且尚未保存，TransCAD 将弹出 Save Your Work 对话框，见表 3-13。

表 3-12　关闭地图或窗口的方法

功能	操作
关闭激活的窗口	选择 File→Close，或单击鼠标右键并选择 Close，或单击窗口右上角的关闭按钮
关闭所有的窗口	选择 File→Close All

表 3-13　保存选项

功能	操作	功能	操作
保存本窗口	Yes	不保存所有窗口	No to All
不保存本窗口	No	取消关闭窗口	Cancel

4. 打开已保存的地图

①选择 File→Open，或单击工具栏图标，或在 TransCAD 框架内除窗口外的任意地方单击鼠标右键并选择 Open，弹出 File Open 对话框。

②选择地图文件。

③单击 Open，打开文件并显示地图。

五、保存和恢复工作间

可以使用一个简单的步骤保存所有打开的窗口，就是利用工作间。保存工作间时，TransCAD 将把所有的信息包括地图、数据窗、图表(包括图表和棱柱地图)、图层等，保存在一个简单的文件中。稍后打开该文件时，所有的窗口将会恢复。

1. 保存工作间

①选择 File→Save Workspace As，或在 TransCAD 框架内除窗口外的任意地方单击鼠标右键并选择 Save Workspace As，TransCAD 弹出 Save As 对话框。

②为工作间文件输入名称并单击 Save。

TransCAD 保存该工作间所有打开的窗口中的信息。

2. 打开已保存的工作间

①选择 File→Open 或单击工具栏图标，弹出 File Open 对话框。

②从 Files of Type 下拉列表中选择工作间。

③选择工作间文件。

④单击 Open。

六、把地图组成地图库

可以将所保存的地图组织成一个或多个地图库。Map Librarian 对话框右侧的按钮是用来管理模块的：Choose a Map Library 用于创建、添加或删除地图库；Library Settings 用于添加、改变或删除当前地图库的种类和地图。

1. 设定地图库

①选择 Map→Librarian，打开 Map Librarian 对话框。

②改变地图库操作见表 3-14。

表 3-14　改变地图库操作

功能	操作方法
创建新的地图库	单击 New，弹出 Create a Map Library 对话框，输入新的地图库文件名并单击 OK。TransCAD 在列表的最后增加新的地图库(指定的“新模块”)，并将其突出显示
增加现有的地图库	单击 Add，弹出 Choose the Map Library to Add 对话框，选择地图文件并单击 OK。TransCAD 在列表的最后增加地图库(指定的文件名)，并将其突出显示
改变地图库的名称	选择一个地图库，在 Name 文本框中编辑其名称
改变地图库的文件	选择一个地图库，单击 Browse，弹出 Select a Map Library File 对话框，选择一个地图库文件并单击 OK
在列表中将地图库上移	选择一个地图库，单击 Move Up
在列表中将地图库下移	选择一个地图库，单击 Move Down
删除地图库	选择一个地图库，单击 Remove，然后单击 Yes 确认删除

③单击 OK，关闭 Map Libraries 对话框，TransCAD 弹出 Confirm 对话框。

④单击 Yes 保存更改，或单击 No 取消更改，TransCAD 返回 Map Libraries 对话框。

⑤单击 Close，TransCAD 关闭 Map Libraries 对话框。

2. 改变地图库内容

①选择 Map→Librarian，打开 Map Librarian 对话框。

②从 Choose a Map Library 下拉列表中选择要做更改的地图库。

③单击 Contents，弹出 Configure Map Library 对话框。

④利用紧挨着 Choose a Category 列表框的按钮，对地图属性进行更改，更改内容见表 3-15。

⑤对某一种类的地图进行更改，首先选择种类，然后使用紧挨着 Choose a Map 列表框的按钮。

⑥单击 OK，关闭 Configure Map Library 对话框，TransCAD 弹出 Confirm 对话框。

⑦单击 Yes 保存更改，或单击 No 取消更改，TransCAD 返回 Map Libraries 对话框。

⑧单击 OK，TransCAD 关闭 Map Libraries 对话框。

表 3-15　更改地图属性

功能	操作方法
添加地图种类	单击 Add，弹出 Add a New Category 对话框，在 Description 文本框中输入新地图种类的名称并单击 OK。TransCAD 在列表最后增加新地图种类，并将其突出显示
地图种类重命名	选择地图种类，单击 Rename，弹出 Rename Map Category 对话框，输入新的名称，单击 OK
地图种类自动设置比例尺	选择地图种类，单击 Autoscale，弹出 Autoscale for Category 对话框，为该地图种类选择最大和最小的比例尺，单击 OK
地图种类清除比例尺	选择地图种类，单击 Autoscale，弹出 Autoscale for Category 对话框，单击 Clear，然后单击 OK
在列表中将地图种类上移	选择地图种类，单击 Move Up
在列表中将地图种类下移	选择地图种类，单击 Move Down
删除地图种类	选择地图种类，单击 Remove，然后单击 Yes 确认删除

第二节　TransCAD 图层要素

TransCAD 将地图信息嵌入图层。每个图层都代表一种地理信息要素，如高速公路、一级公路、二级公路等。通过选择图层以及图层绘制的顺序，可以控制地图的内容。还可以设置图层，使图层以某一固定比例尺自动显示。

一、组织地图要素

地图要清晰、易读，必须包含适当数量的信息。如果地图包含的信息量太多，则容易混淆、难以阅读；如果信息量太少，则难以理解地图到底要展示什么内容。

为便于管理地图信息，TransCAD 将地图要素嵌入图层，可以通过选择显示的图层来控制地图显示的信息量。

1. 图层

一个图层就是一组同类型要素的集合。每个地理信息文件包含至少一个图层信息，并且每个图层都有名称，用以描述其中的要素。

图层可以是矢量格式或栅格格式。其中，矢量格式的图层包含存储在地理文件中的点、线、区域等地图要素。表 3-16 为可以存储在矢量格式图层中的信息类型。

2. 使用地图图层

一幅地图可以包含很多的信息图层。图层每次只能绘制一层，这意味着绘制图层时，先前绘制的图层要素可能被隐藏或显示不明显。可以根据图层的重要性以及关注的程度选择绘制顺序。为帮助理解，地图中所有可视图层的名称都按绘制顺序出现在工具栏列表框中。可以改变这些图层的顺序、添加或删除图层，做了改动后，图层列表自动更新。

表 3-16　可以存储在矢量格式图层中的信息类型

点	线	区域
零售点	高速公路	国家
城镇	城市街道	邮政编码
下水管道	输电线	税区
电话杆	河流	普查街区或地区
飞机场	水位及下水道	选举区
商店	铁路	交通带分析
仓库	有线电视线	军事区域
顾客	公交路线	销售区域
景物	管道	区域编码边界
车辆	跑道	县、郡

3. 当前层

TransCAD 命令每次都可以在一个图层上设置颜色、样式、专题图以及标签操作，此时的图层称为当前层。当前层的名称显示在工具栏图层列表中，可以从下拉列表框中选择一个地图的可视图层作为当前层。

TransCAD 始终保持一个工作图层。地图窗口激活时，工作图层即为当前层；数据窗激活时，当前层即为数据窗中的表格或并联窗。如果数据窗是激活的，再激活地图窗口时将发生以下两种情况之一：

①如果工作图层属于该地图，则该图层即为当前层，并将显示在工具栏图层列表中。

②如果工作图层不属于该地图，则工具栏图层列表框中所显示的第一个图层成为当前层。

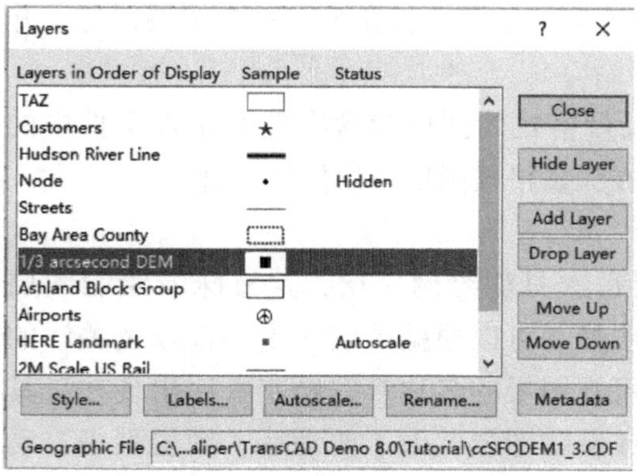

图 3-6　图层属性

二、改变地图图层

TransCAD 可利用 Layers 对话框实现为地图添加或删除图层、改变图层绘制顺序、暂时隐藏图层、重现隐藏的图层等操作，如图 3-6 所示。

为弹出图层对话框，选择 Map→Layers 命令，或单击工具栏图标，或在地图窗口内单击鼠标右键并选择 Layers。表 3-17 总结了改变地图图层的方法。

表 3-17 改变地图图层的方法

操作名称	操作方法
添加图层	单击 Add Layer，从 File Open 对话框中选择地理文件并单击 OK
删除图层	单击需要删除的图层，并单击 Drop Layer
提前绘制图层	单击需要提前绘制的图层，并单击 Move Up
拖后绘制图层	单击需要拖后绘制的图层，并单击 Move Down
隐藏图层	单击需要隐藏的图层，并单击 Hide Layer
显示图层	单击需要显示的已经隐藏的图层，并单击 Show Layer

每个图层绘制时，在屏幕底部的状态栏显示图层名称。通过单击状态栏图标，可以终止图层的绘制或跳至下一图层。通过单击状态栏图标或按 Esc 键，可以终止地图绘制。

1. 添加图层

①选择 Map→Layers，或单击工具栏图标，或在地图窗口单击鼠标右键并选择 Layers，TransCAD 弹出 Layers 对话框。

②单击 Add Layer，弹出 File Open 对话框。

③选择地理文件作为文件类型，选择一个或多个地理文件。

④为保护数据被意外更改，选中 Open as read→only。

⑤为防止其他用户同时打开该文件，选中 Open for exclusive access。

⑥单击 Open。地理文件中的图层被添加到图层列表中。

⑦单击 Close。

TransCAD 利用新图层绘制地图，工具栏图层列表被更新，包括了新增的图层。如果新增图层的要素不处于地图的可视区域，则需要改变比例尺或位置，以便看到所有的图层要素。

2. 删除图层

①选择 Map→Layers，或单击工具栏图标，或在地图窗口单击鼠标右键并选择 Layers，TransCAD 弹出 Layers 对话框。

②在图层列表单击要删除的图层。

③单击 Drop Layer，将被提示确认删除该图层，确认后图层从列表中删除。

④单击 Close。

TransCAD 用修改后的图层绘制地图，工具栏图层列表进行了更新。

3. 改变图层绘制顺序

①选择 Map→Layers，或单击工具栏图标，或在地图窗口单击鼠标右键并选择 Layers，TransCAD 弹出 Layers 对话框。

②在图层列表中单击要移动的图层。

③单击 Move Up 使图层绘制提前。

④单击 Move Down 使图层绘制拖后。

⑤单击 Close。

TransCAD 利用新的图层顺序绘制地图，工具栏图层列表进行了更新。

4. 隐藏或显示图层

如果想隐藏图层以便更清楚地了解地图上的其他信息，TransCAD 允许暂时隐藏并可使图层再现。

①选择 Map→Layers，或单击工具栏图标，或在地图窗口单击鼠标右键并选择 Layers，TransCAD 弹出 Layers 对话框。

②如果图层被隐藏了，图层列表中紧挨着图层名称将显示 Hidden 字样。

③选择希望隐藏的图层，并单击 Hide Layer 隐藏图层。

④选择希望显示被隐藏的图层，单击 Show Layer 显示它们。

⑤单击 Close。

三、利用自动比例尺控制图层

可以手动控制地图图层。TransCAD 还允许设置每个图层，使图层以一定的地图比例尺自动显示，放大时显示更多的细节，缩小时显示较少的细节，这种特性称为自动比例尺。

通过防止在较小的空间内绘制过多的要素，自动比例尺可使地图可读性更强。如有一幅美国地图包括 Caliper 格式的街道文件。如果要显示整个美国，当然就没有必要看到所有的街道；如果要放大某一城市并希望看到街道，则自动比例尺就可以自动实现上述功能。

一旦自动比例尺被激活，在每次绘图时，TransCAD 将检查比例尺以决定每个图层是否需要绘制。如果自动比例尺处于所选择的最大和最小比例尺之间，则图层将被绘制。

1. 利用自动比例尺控制图层

①选择 Map→Layers，或单击工具栏图标，或在地图窗口单击鼠标右键并选择 Layers，TransCAD 弹出 Layers 对话框。

②单击图层列表中希望设置自动比例尺的图层。

③单击 Autoscale，弹出 Autoscale 对话框。

④从列表框中选择图层的最大和最小比例尺。

⑤单击 OK，返回 Layers 对话框，紧挨着图层名称将显示 Autoscale 字样。

从现在开始，TransCAD 比例尺将在指定的地图比例尺范围内自动显示地图。Autoscale 对话框以比率的形式显示地图比例尺。比例尺 1∶1000 意味着地图上的每个要素以实际尺寸的千分之一显示。

大部分 TransCAD 中的地理文件都具有内置的比例尺。使用 Autoscale 对话框可以改变内置比例尺的设置。

2. 空地图

地图绘制时，TransCAD 检测每个图层的比例尺设置，确定图层是否需要显示。如果地图的所有图层都采用自动比例尺，可能会出现在某一比例尺时，地图上没有图层被显示。

如果发现地图为空，可进行如下操作：

①使用 Zoom In 或 Zoom Out 工具改变地图比例尺，即使用或工具改变地图比例尺。

②选择 Map→Zoom→Scale 或单击改变地图比例尺。

③改变自动比例尺设置。

四、重新命名图层

可以使用 Layers 对话框改变图层名称，图层重命名后，图层列表、地图图例、图层对话框等都使用图层新的名称。

一个图层可以同时出现在不同的地图中。重命名图层后，所有地图中的该图层名称都会改变。图层名称可以在此期间改变或永久的改变。当永久性改变图层名称时，地理文件也随之改变，新的命名将存储在文件中。如果永久性改变图层名称，则 TransCAD 将不能再编辑任何先前创建的地图、数据窗、布局窗以及图层原名等。图层名称长度可以达到 20 字节。

改变图层名称：

①选择 Map→Layers，或单击工具栏图标 ，或在地图窗口单击鼠标右键并选择 Layers，TransCAD 弹出 Layers 对话框。

②单击图层列表中希望重命名的图层。

③单击 Rename，弹出 Rename Layer 对话框。

④在 New Name 文本框中输入名称。

⑤如果希望永久地改变名称，则选中 Change Permanently。

⑥单击 OK 重命名图层，TransCAD 更新 Layers 对话框的图层列表。

⑦关闭图层对话框。关闭图层对话框之后，TransCAD 更新工具栏的图层列表和地图图例。

第三节 为特定地点制图

与纸质地图不同，TransCAD 地图可以利用鼠标改变显示区域和转换位置，这是计算机绘图的一项主要优势。TransCAD 地图可以显示相邻区域、销售区域或任意区域等，并根据需求可按照不同比例进行显示。本节主要学习如何在地图上快速确定特定位置，并为这些位置做标记和标注，以及如何保存这些地图位置。

一、使用标准格式数据确定位置

TransCAD 附带标准格式的美国和世界地理文件，因此，可以使用 Edit→Find 命令确定位置，也可以查询很多位置，例如，街道地址、地界标志、城市、州、县，城市、国家的邮政编码或电话局、世界各地的国家电话代码等。

通过选择位置的类型、输入地址、名称或想要查询的位置，TransCAD 可以查询位置并将其显示在地图上，显示方法可以是突出显示或通过改变地图中心和比例尺来实现。

TransCAD 确定位置所使用的地理文件来自美国街道数据、地理文件数据或世界数据的光盘。TransCAD 或许会询问在何处确定地理文件，以便进行查询。Edit→Find 命令提供了几种显示选项，见表 3-18。

表 3-18 Edit—Find 提供的显示选项

选项	作用
Mark with	在地图上为位置做标记
Add a Label	使用输入的信息为位置标注
Zoom to Fit	改变地图比例尺和中心以便显示位置；如果位置脱离了地图，Zoom to Fit 将自动启用

标记和标注都属于手动编辑项目，可以移动、修改或删除等。

选择 Edit→Preferences 并单击 Locating 项，可以设置显示选项为默认值，并可以为查询位置选择默认值。

二、使用数据确定位置

使用个人数据时，TransCAD 提供多种定位方法。包括使用 Location 索引对世界上的任何地方进行定位；基于地图要素识别域的数值对地图图层的特殊要素进行定位；用任意经纬度坐标系进行定位。

1. 确定世界各地位置

Location 索引将地址组织起来，方便快速定位。Location 索引确定位置时，首先使用地址名称，然后是地址号码，并利用限定选项来区分相似名称，限定选项如邮政编码(以下简称邮编)或城市名和省(美国的州)名。

可以创建很多 Location 索引，并可以在使用 Edit→Find 命令时选择适当的索引。选择 Edit→Preferences 并单击 Locating 项，可以选择默认的 Location 索引。

根据被索引地址的种类，利用 Location 索引确定特定地址时，需要提供或多或少的信息。一些索引或许只需要一个名称，而有的索引则需要号码和限定选项。可以为个人的地理文件建立索引，这些地理文件可以存储世界各地的地址。TransCAD 可以识别不同结构方式的地址，无论号码是处于名称的前面还是后面。

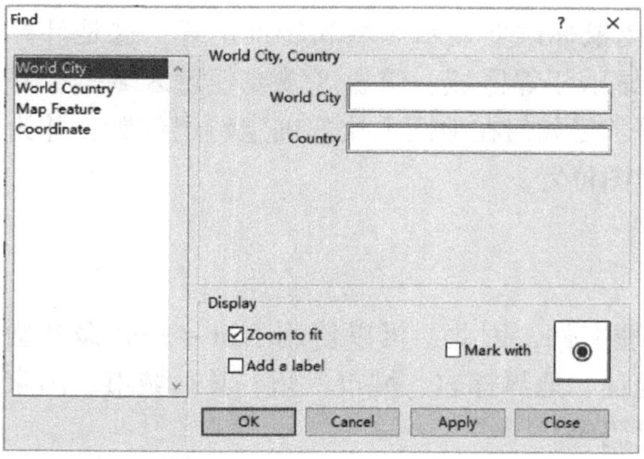

图 3-7　地址索引对话框

使用 Location 索引：

①选择 Edit→Find，或单击工具栏图标，或在地图窗口上单击鼠标右键并选择 Find，TransCAD 会弹出 Find 对话框。

②在滚动列表中选择 World City，如图 3-7 所示。

③在 World City 文本框中输入城市名称，在 Country 文本框中输入国家名称。

④显示选项的意义见表 3-19。

表 3-19　显示选项及其意义

操作目的	操作方法
标记位置	选中 Mark with 框。若想改变标记，单击标记，弹出 Symbol Style 对话框，选择想要的设置，并单击 OK
缩放位置	选中 Zoom to fit 框
标注位置	选中 Add a label 框

⑤单击 OK。

TransCAD 确定位置并用显示选项指明位置。如果没有找到地址，可以返回 Find 对话框，修改地址信息并重复上述步骤。

2. 确定特定的地图要素

TransCAD 可以确定并放大任意类型的要素，包括存储在个人地理文件中的要素。例如，可能需要定位并放大特定的商业区，或绘制特定的商业以及消费者活动场所。

可以使用命令 Edit→Find 定位并放大任意地图要素。查找要素需要提供三种信息：包含该要素的图层；要素的识别域；要素的名称、ID 或其他信息。例如，定位一个特定的消费者活动场所，可以搜索 Customer Layer，使用 Customer ID 域，并输入想要查询的消费者的 ID。

TransCAD 搜索地理文件，直到找到想要确定的要素，并通过突出显示或改变地图比例尺和中心将其在地图上定位。

即使提供了不完整的信息，TransCAD 也会尽可能确定期望的位置，这意味着可以输入所查询位置名称的一部分。例如，如果输入“Smi”作为查询的消费场所名称，TransCAD 将提供所有其名称以这三个字母开头的消费场所；使用选项，可以确定与完整的信息相匹配的位置。

确定地图要素：

①选择 Edit→Find，或单击工具栏图标 ，或在地图窗口上单击鼠标右键并选择 Find，TransCAD 会弹出 Find 对话框。

②从滚动列表中选择 Map Feature，如图 3-8 所示。

③从 Layer 下拉列表中选择所需搜索的图层。

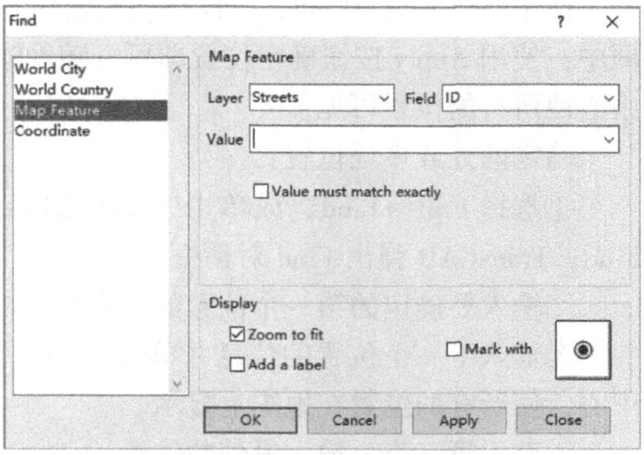

图 3-8 确定地图要素对话框

④从 Field 下拉列表中选择要素的识别域。

⑤在 Value 框中输入要素的名称、ID 或其他信息。

⑥地图要素选项及其意义见表 3-20。

表 3-20 地图要素选项及其意义

操作目的	操作方法
使用完全匹配的信息确定位置	选中 Value must match exactly 框
标记位置	选中 Mark with 框。若想改变标记，单击标记，弹出 Symbol Style 对话框，选择想要的设置，并单击 OK
缩放位置	选中 Zoom to fit 框
标注位置	选中 Add a label 框

⑦单击 OK。

TransCAD 确定要素并将其显示在地图上。

3. 确定特定的坐标

TransCAD 可以以经纬度坐标作为地图的中心。可以输入带有小数点或隐含六位小数位的经纬度，例如，TransCAD 支持 43250000 和 43.25 两种格式的数据。西经(如美国)和南纬(如澳大利亚)是用负数表示，东经和北纬是用正数表示。

确定坐标：

①选择 Edit→Find，或单击工具栏图标，或在地图窗口上单击鼠标右键并选择 Find，TransCAD 弹出 Find 对话框。

②从滚动列表中选择 Coordinate。

③在 Longitude 编辑框中输入经度，在 Latitude 编辑框中输入纬度。

④显示选项及其意义见表 3-19。

⑤单击 OK。

TransCAD 显示以输入坐标为中心的地图，地图比例尺没有发生变化。

三、确定两处或多处位置

使用命令 Edit→Find，可以很快地创建一个显示两处或多处位置的地图。在 Find 对话框中，使用 Apply 按钮确定位置即可。随着输入更多的地址，TransCAD 调整地图比例尺和中心使所有的位置可见。

确定两处或多处位置：

①选择 Edit→Find，或单击工具栏图标，或在地图窗口上单击鼠标右键并选择 Find，TransCAD 弹出 Find 对话框。

②输入要确定的第一个位置的信息并单击 Apply，TransCAD 在地图上显示该位置。

③输入下一个位置的信息并单击 Apply，如果有必要，TransCAD 可改变地图比例尺和中心，使所有的位置在地图上显示。

④返回第三步，输入另外的位置。

⑤单击 OK 或 Close 关闭 Find 对话框。

四、保存和使用标记

如果经常使用一处或多处位置，如销售区域或服务区域，可以创建标记来保存这些位置。标记可以保存地图的高度、宽度和中心，使得位置可以在任何地图上快速重现。

使用标记时，可以使标记适合当前地图的形状，也可以调整地图的宽度和高度使之匹配标记的形状。

1. 添加标记

①选择 Edit→Add Marker，弹出 Add Marker 对话框。

②在 Name 文本框中为新标记输入名称。

③按照表 3-21 所列要点在标记列中放置新的标记。

④单击 OK。

表 3-21　列表任意位置放置标记方法

操作目的	操作方法
在列表最后放置标记	单击 At the end
在列表中任意位置放置标记	单击 After 并选择处于新标记之前的标记

TransCAD 基于标记的形式保存当前地图，并将标记添加到 Markers 对话框的标记列表中。

2. 缩放地图上被标记的位置

①打开地图。

②选择 Edit→Markers，弹出 Markers 对话框。

③从 Markers 滚动列表中选择标记。

④如果希望地图能够匹配标记的形状，则选中 Adjust Map Width and Height。

⑤Markers 对话框按钮及其意义见表 3-22。

表 3-22　Markers 对话框按钮及其意义

操作目的	操作方法
缩放标记	单击 OK，TransCAD 显示出被标记的位置
试用标记	单击 Apply，TransCAD 显示具有该标记的位置
取消使用标记	单击 Cancel，TransCAD 返回当前的比例尺和中心

3. 重命名标记

①选择 Edit→Markers，弹出 Markers 对话框。

②从 Markers 滚动列表中选择标记。

③单击 Rename，弹出 Rename Marker 对话框。

④在 Name 文本框中为标记输入新的名称。

⑤单击 OK，关闭 Rename Marker 对话框。TransCAD 更新 Markers 对话框的滚动列表，列表中添加了新的名称。

⑥单击 OK，缩放地图使标记突出显示；或单击 Cancel，在不改变地图的情况下关闭 Markers 对话框。TransCAD 用新的名称存储标记。

4. 删除标记

①选择 Edit→Markers，弹出 Markers 对话框。

②从 Markers 滚动列表中选择标记。

③单击 Drop，TransCAD 询问确认希望删除的标记。

④单击 Yes，TransCAD 删除标记。

⑤单击 OK，缩放地图使标记突出显示；或单击 Cancel，在不保存更改的情况下关闭 Markers 对话框。

五、问题及解决办法

TransCAD 会尽量定位请求或接近这些请求，但有时 TransCAD 会弹出消息框提示产生的问题。本节将阐述这些问题以及 TransCAD 对这些问题的解决办法。

1. 确定地址时出现的问题

针对地址中信息的不完整性或不一致性，TransCAD 提供了解决这个问题的办法，进而帮助进行定位。可以利用的方法有很多，如 Edit→Find 命令、Create→A→Map 向导和路线工具箱。

确定地址时 TransCAD 希望输入街道的名称、号码或用 And、&、At、@进行分隔的一系列街道名。

如果不能在输入的邮编内确定街道地址，则该街道地址有可能被列在其他的邮编内，TransCAD 可以帮助进行定位。TransCAD 使用美国街道地理文件的邮编，而美国邮局为使邮件传递更为方便会经常调整地址邮编，所以这些文件中的邮编有可能是过期的。

利用美国街道地理文件，基于输入的邮编或城市和州名，TransCAD 具有多种格式的文件用于确定更改的邮编：

①CITYZIP 数据文件用于查询输入的城市名和州名，并得到一系列邮编。

②ALTZIP 数据文件用于查询替代邮编。替代邮编包括一个地区的旧邮编、商业专用邮编、邮箱邮编以及输入邮编附近区域的邮编。

如果输入城市名、州名以及邮编，TransCAD 首先试图确定与输入邮编匹配的地址，如果不能确定，则将给出以下选择：一列替代邮编、专用邮编或临近区域邮编，以及与输入邮编相符的城市；如果输入的城市名、州名中不包括所输入的邮编，则提供该城市和州的一列邮编。

如果地址仍未确定且输入了有效邮编或有效城市名和州名，TransCAD 将基于 CCZIP5PT 文件的邮编点提供定位选项，这些选项将利用：

①输入的邮编。

②为输入的城市名和州名列出的第一个邮编。

如果使用 Edit→Find 命令或路线工具箱，还可以选择仅查询地图上所具有的邮编。以下是可能出现的消息框，并提供了可能的解决办法：

(1) Address Not Find 对话框

如果基于用户输入信息不能确定任何地址，TransCAD 将弹出本消息框。未能确定地址的原因可能是：缺少街道号码；不存在相似的街道号码；输入的邮编或城市名、州名不足以确定位置。

TransCAD 提供三种可能的解决办法：

①单击其中一个选项并单击 OK。

②单击 Cancel 并纠正街道号码或名称。

③单击 Cancel 并纠正邮编或城市名、州名。

(2) Please Choose a Matching Record 对话框

如果基于输入信息得到了不止一处的可能位置，TransCAD 将弹出本消息框。产生该情况的原因可能是：不止一处路段包括该街道号码；没有路段包括该街道号码；多处名称相似的街道包括该街道号码。

TransCAD 提供三种可能的解决办法：

①突出显示滚动列表中的正确路段并单击 OK。

②单击 None 并纠正街道号码或名称。

③单击 None 并纠正邮编或城市名、州名。

(3) No Matching Address Found 对话框

如果基于用户输入信息不能确定任何地址，TransCAD 将弹出本消息框。产生该情况的原因可能是：所输入街道名称的拼写不符合美国街道地理文件的格式要求；街道号码处于该街道的扩充范围内；整个街道都是新建的。

TransCAD 提供两种可能的解决办法：

①尝试查询该街道的其他名称。

②尝试查询该街道附近区域的地址或邮编。

(4) You Must Specify a ZIP Code or City/State 对话框

如果输入街道名，但没有城市/州名或邮编，TransCAD 将弹出本消息框。TransCAD 提供三种可能的解决办法：

①若输入了邮编，将查询该邮编以确定地址。

②若输入了城市/州名，将查询该城市/州的所有邮编以确定地址。

③若选中了 Search Only on the Map，将查询处于该图的所有邮编以确定地址。

(5) Unknown City and State 对话框

如果输入了地址和城市/州名，但若该州不存在，或州名或其缩写不存在，或该州没有邮局，TransCAD 将弹出本消息框。TransCAD 提供四种可能的解决办法：

①添加缺少的州名或邮局名缩写。

②尝试不同的城市名。很多市郊使用其附近的主要城市邮局。

③确认邮编，若邮编无效，城市/州名的输入将被忽略。

④如果确知该地址处于地图上某处，则选中 Search Only on the Map。

(6) Error Interpreting City/State 对话框

如果以 TransCAD 难以理解的方式输入城市/州名，将弹出本消息框。解决办法同 Unknown City and State。

2. 确定邮编时出现的问题

TransCAD 提供两种邮编数据文件：1990 年邮编大全和最近的邮编黄页。查询时，可能输入不包括在这两种文件中的最新邮编。此时，TransCAD 将搜索这两种文件，如果发现该邮编太新或无效，将弹出 No Matching Address Found 消息框。

3. 确定其他位置时出现的问题

美国各处城市名在拼写方面有很大的差异，世界各地的城市名拼写差别更大。或许输入一个州名的错误缩写，或许某一个单词拼写错误。如果未能找到与所输入拼写相近的地址，TransCAD 将弹出 No Matching Records Found 对话框，产生这种情况的原因有两种可能：

①所需查询地址是确定的，但拼写不同。此时尝试输入其名称的前几个字母，TransCAD 将列出以这些字母开头的 100 个名称，可以从中选择正确的地址。对于世界各地的城市，则尝试当地拼写，如“Firenze”为查询意大利的佛罗伦萨。

②所需查询地址不在 TransCAD 地理文件之内。此时尝试查询附近区域，例如邻近城市，或较大区域如城市所在的郡。

4. 未找到查询文件

TransCAD 需获取存储在地理文件中的数据，如果未能找到适合的文件，TransCAD 将弹出 File Not Found 对话框并询问如何找到该文件。

5. 其他问题

TransCAD 查找所输入的地址，有时会绘制出空地图，没有街道、边界或其他任何内容。

出现这种情况的原因在于地图比例尺太大使得没有地图要素可视。例如，如果只具有县边界图层，但需要在该县的中间确定一个城市，则将导致没有县边界可以显示。TransCAD 提供两种可能的解决办法：

①缩小比例尺直到地图要素显示出来。

②按照要求添加图层及地图图层要素，如显示城市中的街道。

六、显示地图要素的子集

TransCAD 所具有的地理文件都是全国性的，因此一个州的地理文件将包括所有的州。我们有时或许只希望看到所需要区域的地图，而不希望看到其周围区域的地图要素。例如，创建康涅狄格州的地图，但不包括邻近州的地图要素。为此，需要理解下列概念：

①每个地理文件都包含位置、形状以及出现在地图上的要素属性，组成了地图图层。

②图层是一组同类型的地图要素，如州、高速公路或零售店。

③图层中的特定要素可以通过位置、条件或专题进行选择。

④地理文件的所有或指定要素可以被导入另一个地理文件或其他格式的文件。

如果仅创建所需要区域的地图，TransCAD 提供三种选项：一是使用选择工具在一个或多个图层中选择期望的要素，然后隐藏除期望要素外的所有要素；二是使用选择工具在一个或多个图层中选择期望的要素，将选中的要素导入一个新的地理文件，然后打开该文件；三是使用选择工具在一个区域图层中选择期望的要素，使用 Clip by Area 命令为其他区域图层创建一个新的地理文件，然后打开该文件。

第四章 TransCAD数据

第一节　数据显示

TransCAD使用存储在地理文件、数据库、电子数据表中的数据制作地图。可以使用信息工具显示地图要素的数据，或以表格形式利用数据窗显示。数据窗允许用户按照个人习惯安排信息的行和列，并定制数据的显示方式。

可以利用数据窗口增加和删除记录，也可以利用其编辑存储在地理文件或数据库中的数据。编辑数据可以通过在数据窗中直接输入，也可以使用命令填充高亮显示的单元格，还可以创建公式域，用以显示计算值和在数据窗中的记录计算统计表。

一、使用信息工具显示数据

使用信息工具ⓘ在信息窗中浏览单一地图要素和可用的数据。用信息工具单击地图时，TransCAD显示地图当前层中最近的地图要素。当前层的名称显示在工具栏下拉列表中。可以用信息工具在地图上拖动一个圆，显示包括在这个圆内的所有要素的信息。

信息工具允许在地图要素和图片、幻灯片、多媒体文件、文本文件、电子数据表和其他类型的文档之间建立链接。信息窗和数据窗一样，都是用行和列表示：一个记录的所有数据都存储在一列中，行代表一个域的值。在信息窗中可以做很多在数据窗中完成的事情，例如，改变显示的方法，重新排列，锁住或隐藏域(行)，填充和清除单元格，以及删除记录等。单击鼠标右键，弹出实现这些功能的相关菜单。

1. 浏览单一地图要素的信息

①从工具栏图层列表中选择希望浏览的数据所在的图层。

②单击ⓘ，激活信息工具。

③单击地图上的要素，TransCAD为每个要素标记“i”并在信息窗中显示要素的信息。

④继续单击地图上的要素，TransCAD将弹出每个要素的数据。

⑤可以在屏幕上保留信息窗，也可以单击右上角的关闭按钮或从右上角的系统菜单选择Close将其关闭。

2. 浏览多个地图要素的信息

①从工具栏图层列表中选择希望浏览的数据所在的图层。

②单击ⓘ，激活信息工具。

③单击地图，按住鼠标右键并向外拖动多个要素，系统自动生成一个圆。TransCAD

为每个要素标记“i”并在信息窗中显示要素的信息。

④可以在屏幕上保留信息窗，也可以单击右上角的关闭按钮或从右上角的系统菜单选择 Close 将其关闭。

3. 为信息窗添加地图要素

按住 Shift 键并单击一个新的要素或按住鼠标右键并向外拖动各个要素，系统生成一个圆。

TransCAD 用“i”标记每个要素并在信息窗中显示要素的所有信息，每个要素分配一个单独的行。

4. 从信息窗删除地图要素

按住 Ctrl 键并单击地图上一个标记“i”的要素，TransCAD 从信息窗删除该要素。

信息窗中罗列的要素都在 Info 选择集中。如果选择集未在任一数据窗中使用，则关闭信息窗，结束 Info 选择集。

5. 打印信息窗

①在信息窗单击鼠标右键并选择 Print，弹出 Print Dataview 对话框。

②选择打印机。

③选择打印的页面和顺序。

④选择打印副本数。

⑤单击 OK。

TransCAD 打印信息窗时，可以单击 Cancel 随时终止信息窗的打印功能。

6. 以新的名称或不同的文件类型保存信息窗

①在信息窗单击鼠标右键并选择 Save As，弹出 Save As 对话框。

②从 Files of Type 下拉列表中选择文件类型。

③为信息窗文件输入新的名称。

④单击 Save。

TransCAD 将信息窗保存到选择类型的文件中。

二、在数据窗中显示数据

数据窗是一个以表格的形式显示数据的窗口，信息在行和列中展现。每一行称为一个记录，代表着人、地方、事件等；每一列称为一个域，包含着每一记录的某类信息。每一列的顶部是一个表头，包含着该域的名称。

数据窗允许重新排列数据的行和列、定制数据的显示方式、回答问题以及产生报告等。数据窗将电子数据表或数据库中的数据链接到地图要素。TransCAD 允许用户创建和显示任意数量的数据窗。

如果域的名称包含空格或其他特殊字符，数据窗将为其放置方括号。例如，域的标题为“County Name”将显示为[County Name]，因为在 County 和 Name 之间有个空格。

1. 数据窗

数据窗和 dBASE 数据库不同，它只是显示在底层数据库上的一个窗口。保存数据窗时，只是保存字体、列的顺序以及数据如何显示的其他方面，但不保存实际的数据值。在数据窗中编辑数值时，该数值立即保存在底层数据库，而不是作为数据窗的一部分。

如果一个域包含代码或缩写，可以将一个查询表格连接到数据库，以便在数据窗中显示更多的描述。数据窗的一些域可能包含另外的信息，如数据源信息。如果在数据窗中的一个域具有附加信息，将光标定位在该域的表头，就会弹出自动跳起式窗口并显示信息。

TransCAD 保持一个当前工作的图层。数据窗激活时，当前工作图层就是数据窗中的表格或并联窗。如果现有一个激活的数据窗，再激活一个地图窗口，则将发生下述两种情况的一种：如果当前工作图层为地图中的一个图层，则该图层成为当前层，并显示在工具栏下拉列表中；如果当前工作图层不属于地图，则工具栏下拉列表中显示的第一个图层称为当前层。

数据窗可以显示地图图层数据或存储在书库和电子数据表中的表格。TransCAD 可以打开以下类型的表格：

①dBASE 和 FoxPro 数据库。

②Comma-delimited 文本文件。

③定点格式文本文件。

④二进制定点格式文本文件。

⑤可用 ODBC(开放式数据库链)驱动程序打开的数据库。

⑥Oracles 数据库表格。

2. 创建数据窗

TransCAD 允许创建并显示任意数量的数据窗。数据窗中可以显示一个表格或多个表格结合显示。TransCAD 可以为同一个表格创建多个数据窗，以不同的方式显示表格。通过使用 SQL 查询从 ODBC 表格中选择记录，也可以创建一个数据窗。使用这种方法创建数据窗，需要了解 SQL 查询的语法知识。

(1)显示地图当前层数据

①从工具栏下拉列表中选择图层。

②单击工具栏图标▦。

TransCAD 打开新的数据窗并显示地图图层的数据。

(2)显示任意地图图层的数据

①选择 File→New，单击工具栏图标🗋，或在 TransCAD 框架内除窗口外的任意位置单击鼠标右键并选择 New。TransCAD 弹出 New File 对话框。

②从新文件选项列表中选择数据窗并单击 OK，TransCAD 弹出 New File 对话框。

③从滚动列表中选择希望看到的图层或表格。

④单击 OK。

TransCAD 打开新的数据窗并显示该图层的数据。

(3)显示数据库或数据文件中的数据

①选择 File→Open，单击工具栏图标📁，或在 TransCAD 框架内除窗口外的任意位置单击鼠标右键并选择 Open。TransCAD 弹出 File Open 对话框。

②选择文件类型和希望打开的文件。

③为防止数据被意外更改，选中 Open as read→only。

④为防止其他用户同时打开该文件，选中 Open for exclusive access。

⑤单击 Open。

TransCAD 打开新的数据窗并显示该文件中的数据。从新数据框选择 Open File 对话框也可以显示数据库或数据文件中的数据。

TransCAD 以文件的扩展名识别文件的类型，见表 4-1。

表 4-1 文件的类型和扩展名

文件类型	扩展名	文件类型	扩展名
Comma-or ab-delimited 文本	. TXT，. CSV	定点格式文本文件	. ASC
DBASE	. DBF	二进制定点格式文本文件	. BIN

如果文件属于上述的类型之一但扩展名不同，可以使用 Windows Explorer 或其他的文件管理器改变扩展名。

(4)选择 Street 图层并单击 OK，为 Street 图层打开另一个数据窗。

3. *移动数据窗*

数据窗窗口可能太小不足以显示所有的数据域和记录，和大多数的 Windows 产品一样，可以使用键盘和鼠标浏览数据。

4. *查找记录*

Edit→Find 命令可以帮助在数据窗中查找一个记录。需要选择要查询的域并输入要查询的文本或数值。

Edit→Find 命令还允许在数据窗中查找一个专门的列或域。如果选择要查询的域而非输入数值，TransCAD 将在数据窗中找到一个域。当数据窗中有很多的域时，这种特性非常有用，将在不用滚动浏览所有域的情况下找到需要的域。

查找一个数值时，可以查询完全匹配的数值或最接近的数值。查询完全匹配的数值时，如果存在该值，TransCAD 会将其显示；如果不存在，TransCAD 会提示没有找到指定数值的记录。查询最接近数值时，TransCAD 将显示与其接近的较高的数值。例如，如果希望查询在某销售区域内购买超过 1 000 000 美元产品的顾客，输入 1 000 000，TransCAD 将找到超过 1 000 000 美元且最接近 1 000 000 美元的数值。

如果希望查找所有接近 1 000 000 美元的数值，则在查询前需要挑选数据的商品列。输入 1 000 000 使 TransCAD 查询最接近的数值，TransCAD 可以指引找到最接近的数值，还可以看到该数值周围的记录。

查找文本数值时，可以短语结构完全匹配或输入文本的开头部分。如果查询完全匹配的短语结构且该值不存在，TransCAD 会提示没有找到指定数值的记录；如果不查询完全匹配的短语结构，TransCAD 将显示与其接近的较高的数值；如果希望找到以输入文本开始的所有数值，则在查询前挑选该列，TransCAD 将指引找到匹配文本的第一个数值，还可以看到该数值周围的记录。

使用 Edit→Find 命令查找文本时要区分大小写。例如，如果想查找 Sri Lanka 但输入了“sri lanka”，TransCAD 将找不到该记录。字母排列按从高到低进行，因此查询以“AZ”开头的文本，将找到以“AZ”开头的记录。为方便查询，可使用 Lower( ) 函数将域转变小写的公式域，或使用 Upper( ) 函数将域转变为大写的公式域。

(1)查找记录

①选择 Edit→Find，或在数据窗任意位置单击鼠标右键并选择 Find。TransCAD 弹出

Dataview Find 对话框，如图 4-1 所示。

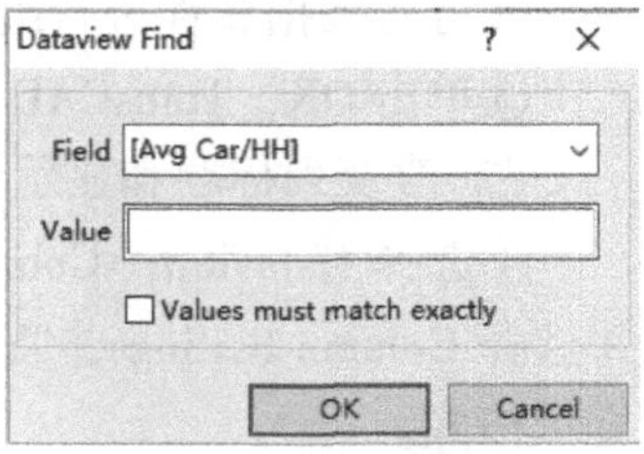

图 4-1　数据查找对话框

②从 Field 下拉列表中选择一个域查询记录。如果在选择 Edit→Find 之前高亮显示一个域，TransCAD 将会选择该域。

③在 Value 文本框中输入想要查找的文本或数值。

④若要查找一个完全匹配的数值，需选中 Values must match exactly；若要查找最接近的数值，不用选中 Values must match exactly。

⑤单击 OK。

如果具有匹配的数值或文本，TransCAD 会高亮显示希望找到的数值的第一个记录。

(2) 查找一个列

①选择 Edit→Find，或在数据窗任意位置单击鼠标右键并选择 Find。TransCAD 弹出 Dataview Find 对话框。

②从 Field 下拉列表中选择一个域。

③确保 Value 文本框中没有数值。

④单击 OK，TransCAD 高亮显示需要找到的列。

三、改变数据显示方式

数据窗可以在不改变数据本身的情况下改变数据的显示方式。数据窗可以重新安排行和列，改变数据窗的名称、字体，栅格设置，以及列的名称和格式。还可以做一些其他的更改来影响数据窗的外观。当第一次打开数据窗的一个表格时，TransCAD 使用默认的字体和其他设置。选择 Edit→Preferences 命令并进入 User Preferences 对话框的 Dataview 项，可以改变数据窗的默认设置。

1. 改变数据窗的外观

可以改变数据窗顶部的标题以及数据的字体，显示分离行和列的栅格，改变列的表头，使它们易于阅读，并可以对数值格式化，使逗号、小数点、美元符号以想要的方式显示。

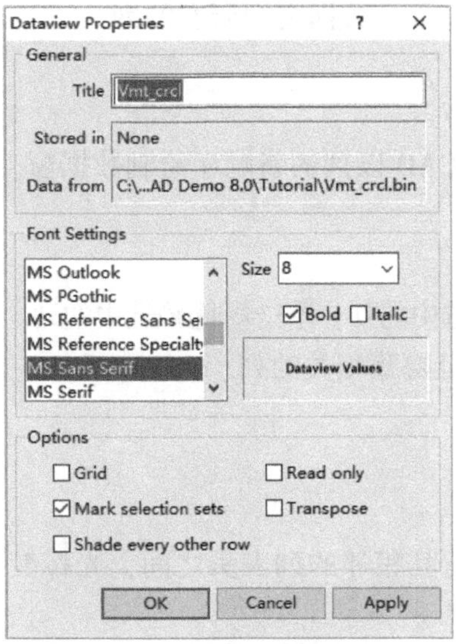

图 4-2　数据属性对话框

列标题可以是域的内部名字也可以是用户在 Column Settings 对话框中所输入的名字。用户在 Column Settings 对话框中输入名字打开一个表格时，如果具有用于域的列表头，则它将成为显示的名称，否则将显示域的内部名称。打开一个数据窗时，域的列表头将以数据窗保存时的设置显示。

作为列表头，用户在 Column Settings 对话框中输入的任何名称都优先于内部名称。用户可容易地将所有列表头改为内部名称或显示名称。

(1) 改变数据窗的标题、字体和栅格设置

①选择 File→Properties，或在数据窗内单击鼠标右键并选择 Properties，TransCAD 弹出 Dataview Properties 对话框，如图 4-2 所示。

②可对数据属性进行编辑，包括标题、文字尺寸、栅格等。

③单击 OK，TransCAD 以新的设置显示数据窗。

(2)改变列标题和显示格式

①选择 Dataview→Column Settings，单击工具栏图标，或在数据窗内单击鼠标右键并选择 Column Settings，TransCAD 弹出 Column Settings 对话框，列出了所有的列表头和显示格式。

②改变列标题和显示格式的操作见表 4-2。

表 4-2 改变列标题和显示格式的操作

操作目的	操作方法
改变表头	选择列并在 Name 编辑框中输入新的名称
改变表头为内部名称	选择一个或多个列并在 Source 下拉列表中选择 Internal Name
改变表头为显示名称	选择一个或多个列并在 Source 下拉列表中选择 Default Display Names
改变表头为现有名称	选择一个或多个列并从下拉列表中选择 Existing Names
改变格式	选择一个或多个列并从 Format 下拉列表中选择格式
保护改变的数据	选择一个或多个想要保护的列并选中 Read Only 框

③单击 OK，TransCAD 以新的设置显示数据窗。格式列显示已格式化数的示例，可从中选择想要使用的格式。改变列的名称和格式之后，TransCAD 将在所有的数据窗中使用新的名称和格式。

2. 安排数据窗中的列

用户可以以多种方式安排数据窗中的列，例如，改变列的宽度、隐藏列、移动或删除列等。操作之前先要将其选中，TransCAD 高亮显示选中的列，之后可以进行以下操作：将列移动到不同的位置，隐藏一个或多个列，通过拖动改变列宽，改变一个或多个列宽，锁住一个或多个列，解开锁定的列，重排数据窗中的各列，显示数据窗中所有的列。

(1)将列移动到不同的位置

①单击列表头，选择单一的列，TransCAD 高亮显示该列。

②使用左、右方向键左移或右移列，每次按键时 TransCAD 以列的新顺序绘制数据窗。

③单击任意单元格关闭高亮显示。

(2)隐藏一个或多个列

①单击列表头，选择一个或多个列，TransCAD 高亮显示选中的列，单击隐藏选中的列。

②在单元格或列表头单击鼠标右键，并选择 Hide，也可隐藏相关的列。

TransCAD 隐藏该列并显示隐藏该列之后的数据窗。

(3)通过拖动改变列宽

通过拖动两列之间的边界，可以改变列的宽度。

①将光标移动到数据窗中希望改变其宽度的列表头和与其相邻的列表头之间，光标变为双向箭头。

②按下并按住鼠标，在两列之间会显示一条垂直线。

③拖动垂直线左移使列变窄，右移使列变宽。

④松开鼠标。

TransCAD 以新的列宽显示数据窗。

(4)改变一个或多个列宽

①单击列表头，选择一个或多个列，TransCAD 高亮显示选中的列。

②单击表头单元格，可进行移动加宽或变窄列宽。每次移动时，TransCAD 以新的列宽显示数据窗。

③单击任意单元格关闭高亮显示。

(5)锁住一个或多个列

可以在数据窗左侧适当的位置锁住一个或多个列，使它们始终可视。

当列被锁住后，即使使用左方向键、右方向键、Tab 键、Shift→Tab 键和垂直滚动条，它们仍将停留在同一个位置。

①单击列表头，选择一个或多个列，TransCAD 高亮显示选中的列。

②选择 Dataview→Fields→Freeze 或单击工具栏图标，锁住选中的列。

③或者在单元格、列表头或某一范围上单击鼠标右键，并选择 Lock Columns，也可锁住相关的列。锁住的列，显示为灰色。当在数据窗内左右移动时，锁住的列保持不动。所有被锁住的列都可以重新打开。

(6)解开锁住的列

单击工具栏图标，TransCAD 解开所有被锁住的列，解开的列不再显示为灰色。这些列都保留原来的顺序，但可以左右滚动。

(7)重排数据窗中的各列

使用 Dataview Field 对话框可以重排数据窗中的各列。

①选择 Dataview→Fields→Show/Hide 或单击工具栏图标，TransCAD 弹出 Show/Hide Fields 对话框，如图 4-3 所示。对话框中列出了所有可用的域以及被选择的域，被选择的域以将要显示的顺序排列。

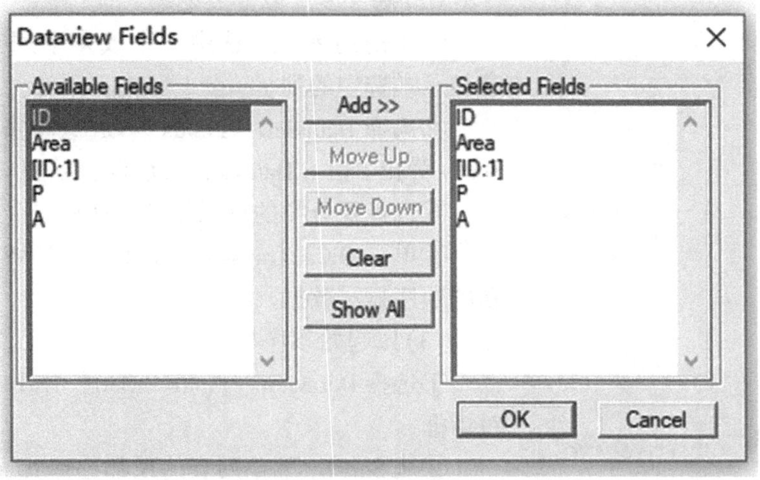

图 4-3　Show/Hide Fields 对话框

②可以对数据窗中的域进行以下操作。

为数据窗添加一个域：选择 Available Fields 列表中的一个或多个域，单击 Add。

从数据窗中去掉一个域：选择 Selected Fields 列表中的一个或多个域，单击 Drop。

从数据窗中去掉所有的域：单击 Clear。

改变域的顺序：选择 Selected Fields 列表中的一个或多个域，单击 Move Up 或 Move Down。

③单击 OK，TransCAD 显示以选择的顺序排列各列的数据窗。

(8)显示数据窗中所有的列

①选择 Dataview→Fields→Show/Hide 或单击工具栏图标，弹出 Show/Hide Fields 对话框。

②单击 Select All 按钮，TransCAD 更新 Selected Fields 滚动列表中的域。

③单击 OK，TransCAD 显示数据窗中的所有列。单击 Select All 之前单击 Clear，可以按照表格同样的顺序显示所有的域。

3. 安排数据窗中的行

创建数据窗时，记录以存储时的顺序显示。可以分类数据窗中的记录使它们以不同的顺序放置，分类数据窗可以方便查找最高值和最低值，或提供分等级的列表。例如，假定正在浏览飞机场的数据以及最近 12 个月的搭乘飞机人数，使用搭乘飞机人数分类数据窗，可以很方便地找到最繁忙的飞机场。

可以基于单个或多个域分类数据窗。例如，可以用国家、姓、名来分类顾客。分类时，TransCAD 依据字母顺序排列字符域，按照从小到大的顺序排列数字域。利用命令 Edit→Preferences 并在 User Preferences 对话框中的 Dataview 项，或利用 Sort a Dataview 对话框，可以改变记录的顺序。

分类数据窗并不改变数据存储在硬盘上的方式，仅仅是改变数据在数据窗上的显示方式。

(1)基于单列分类记录

①单击想要分类的域的列表头。

②选择 Sort Increasing(递增)或 Sort Decreasing(递减)以分类记录。

TransCAD 分类记录并显示行以新顺序排列的数据窗。

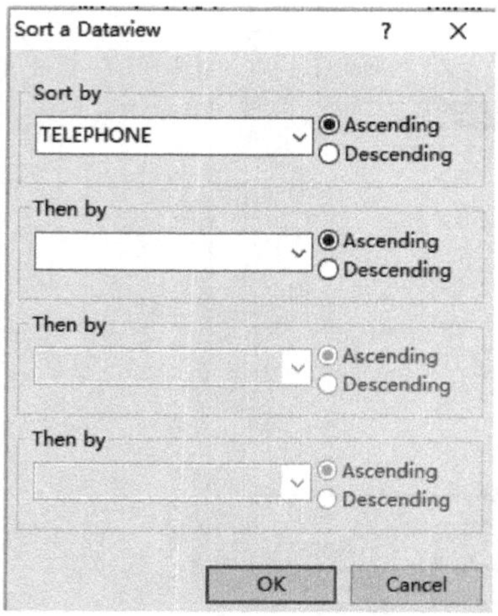

图 4-4　Sort a Dataview 对话框

(2)基于多个域分类记录

①单击列表头，选中一个或多个列，TransCAD 高亮显示被选中的列。

②选择 Dataview→Fields→Sort 或单击鼠标右键选择 Sort，弹出 Sort a Dataview 对话框，如图 4-4 所示。

③选择要分类的域以及分类顺序。

④单击 OK，TransCAD 基于选择的域分类数据并以新的顺序显示数据。

(3)以起始顺序显示记录

①选择 Dataview→Fields→Sort，弹出 Sort a Dataview 对话框。

②从 Sort by 下拉列表的顶部选择 Natural Order。

③单击 OK，TransCAD 以起始时的顺序显示数据。

四、打印数据窗

TransCAD 可以将数据窗发送到已安装的任何打印机。TransCAD 打印数据窗时，使用的字体尺寸、栅格设置、域名、格式和屏幕上所看到的一致。

打印之前，TransCAD 可以精确计算出打印所有数据需要的页数，自动设置当前页的页边距、字体尺寸以及出现在数据窗中被锁定的列数。

打印时，可以选择想要的页面。如果数据窗中具有被锁定的列，这些列将出现在每个打印页面的左侧。使用 Edit→Preferences 命令可以改变页边距设置。

打印数据窗：

①选择 File→Print 或单击工具栏图标，弹出 Print Dataview 对话框。

②选择打印机和其他设置。

③单击 OK，TransCAD 打印数据窗。单击 Cancel 可以随时终止打印。

单击 Print Dataview 对话框的 Properties 项，可以改变页面尺寸、文件方向、源文件或其他打印设置。

五、保存和打开数据窗

如果想要保存数据的排列和格式时，保存数据窗即可。一旦保存了数据窗，可以以同样的数据排列和数据格式再次将其打开。

保存数据窗和保存数据不同，因为在数据窗中看到的所有数据都存储在其他地方，如地理文件、电子数据表或数据库。这些文件可以使用许多不同的软件包进行编辑和更新。保存数据窗仅仅是保存数据显示的方式，而不是数据本身。

关闭数据窗时，如果在创建或打开过程中进行了更改，TransCAD 将询问是否保存当前设置。

1. 保存数据窗

①选择 File→Save 或单击工具栏图标。

②如果第一次保存数据窗，TransCAD 将弹出 Save As 对话框。输入文件名并单击 Save。

2. 以新的名称或不同的文件类型保存数据窗

TransCAD 保存数据窗为硬盘上的一个文件。TransCAD 数据窗的扩展名是 .DVW，如果首次保存，则可以选择其他的文件类型。

①选择 File→Save As，弹出 Save As 对话框。

②从 File of Type 下拉列表中选择一个文件保存类型。

③为数据窗文件输入新的名称。

④单击 Save。

TransCAD 以选择的文件类型保存数据窗。

3. 打开保存的数据窗

①选择 File→Open，单击工具栏图标；或在 TransCAD 工作区域内除窗口外的任意地方单击鼠标右键，选择 Open。TransCAD 弹出 File Open 对话框。

②选择地图、数据窗、图表、图层作为文件类型。

③从列表中选择数据窗文件( )。

④单击 Open，TransCAD 打开文件，显示选择的数据窗。

4. 将数据窗存储为一个 Excel 文件

可以选择将数据窗中的内容存储到单独的 Excel 文件中。

①打开一个想要导出的数据的数据窗。

②选择 File→Save As，显示 Save As 对话框。

③从 File of Type 下拉列表中选择 Excel Worksheet。

④为文件命名。

⑤单击 Save。

当进行数据窗转置处理时，行和列进行对调，而且转置的结果将写到一个表文件中。这样，在 Info 窗口显示记录时，列代表的是记录，行代表的是字段的值。

5. 数据(窗)转置处理

数据视窗转置处理

①打开想要转置的数据窗，如果想要转置已选记录，则需确定存在一个选择集。

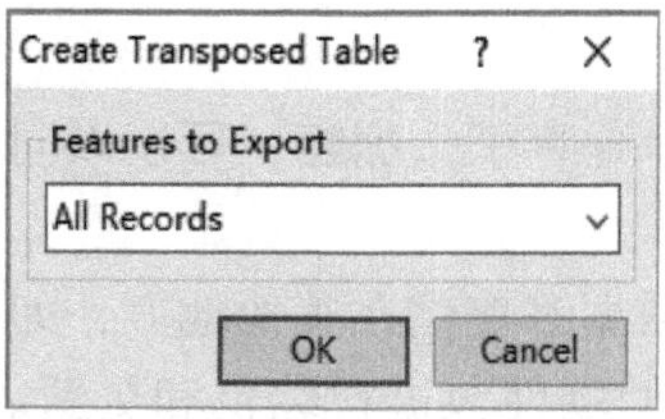

图 4-5 Create Transposed Table 对话框

②选择 Dataview→Tools→Transpose，显示 Create Transposed Table 对话框，如图 4-5 所示。

③从 Features to Export 下拉列表中选择转置所有记录还是转置一个选择集，然后单击 OK，TransCAD 显示 Save As 对话框。

④从 Files of Type 下拉列表中选择一个文件类型，然后选择一个文件夹，给表文件命名，单击 Save。

TransCAD 对这些记录进行转置，然后写到表文件中。

第二节 数据编辑

在数据窗中改变一个数值时，所作的改变立即存储在地理文件或数据库中，不需要保存数据窗。改变数据窗中的数值实际上是改变源文件，保存数据窗仅仅是保存数据排列和显示的方式，而不保存包含在行和列中的数值。

TransCAD 允许采用多种方式编辑数据：直接在数据窗中编辑数据；使用命令填充单元格或列；删除单元格或列中的内容；添加或删除记录。

有时，数据窗中的数据不能编辑。例如，如果打开文件时选中 Read Only 框，或数据存储在受保护的文件或网络上的受保护的目录，则不能编辑数据。不能编辑的数据在数据窗中显示为灰色。

TransCAD 允许多用户使用计算机网络上的共享文件。这意味着如果对存储在文件服务器上的数据进行了更改，这些更改将立刻可以被所有的用户利用。同样道理，如果改变了存储在文件服务器上的文件数值，地图、数据窗和公式域则随之更改。数据可立即更新，但所做的更改可能直到下次绘制数据窗或地图时才会可视。使用命令 Window→Refresh 可更新地图或数据窗。

用户可以控制文件如何共享。打开一个表格时，可以选择是否专用，如果以专用的方式打开，则其他用户不能访问或编辑这个表格。使用命令 Edit→Preferences 并进入 File Sharing 项，可以改变默认的共享设置。使用命令 Edit→Preferences 还可以为 ODBC 表格设置共享目录。处理整个表格时，TransCAD 利用 ODBC 附带的索引；但处理选择集时，TransCAD 利用其内部索引。设置了共享目录，如果其他用户修改了数据，这些索引将被适当的更新。

编辑线层地理文件时，TransCAD 不会改变基于该文件所创建的任何网络文件；如果更改了任何用于网络的属性，则必须更新网络。

1. 编辑数据窗中的数据

单击单元格并输入新的数值，可以以想要的方式编辑数据窗中的数值。

①单击想要编辑的数据所在的单元格，输入新的数值，按 Enter 键。

②双击想要编辑的数据所在的单元格，对当前数值进行更改，按 Enter 键。

如果改变了用于地图专题或标签的数据，则需要选择 Windows→Refresh 以便浏览地图的更改。当编辑基于选择集的数据时，不会更新选择集。

2. 填充单元格或列组的数据

使用命令 Edit→Fill，TransCAD 允许为某一范围内的单元格或数据窗中单个或多个列填充数据。可以使用单一的数值或连续的数值填充现有的列或某一范围的单元格。例如，可以利用搭乘飞机的数据分类飞机场的数据窗，然后用 1、2、3 等数值填充列。这是基于搭乘飞机的数据显示飞机场的排列顺序。

TransCAD 还可以保存公式的结果。TransCAD 将公式的结果填充到数据窗现有的列中，保存公式时，所选择的范围必须完全处于数据窗的单一列内。

如果数据窗中包含用于地图要素的数据，可以用另一个图层上最近的要素的名称或与另一个图层上最近的要素之间的距离填充一个列，这称为标记。例如，假定在浏览一个顾客的数据窗，则可以用该顾客和最近飞机场的距离填充一个列，用最近飞机场的名称填充另一个列。

填充单元格或列组的数据：

①利用下列方式之一选择填充的范围：在单元格上拖动矩形；单击某一范围的一角，按住 Shift 键并单击另一个角；单击域名选择一个列，按住 Shift 键并选择更多的列。

②选择 Edit→Fill，或者在列表头或某一范围上单击鼠标右键并选择 Fill，TransCAD 弹出 Fill 对话框，如图 4-6 所示。

③选择一种方法并填写所选方法的细节。

④单击 OK。

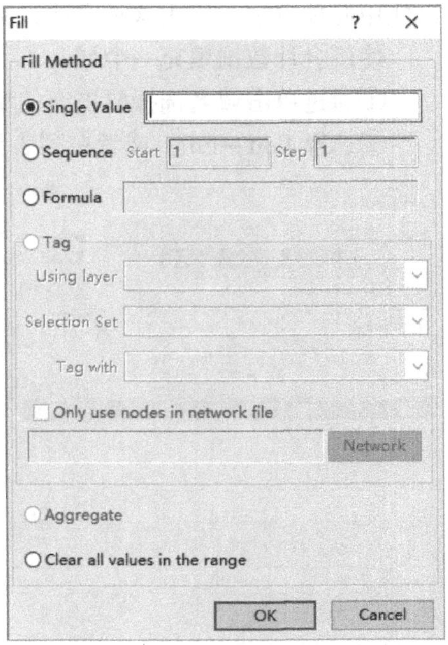

图 4-6　数据填充对话框

TransCAD 为高亮显示的列或某一范围的单元格填

充数据，重写所有存储在高亮显示的单元格中的数据。

3. 输入单一数值

在所有高亮显示的单元格中输入希望显示的数值。如果数据窗的该列仅支持数值数据，则必须输入一个数值。

4. 填充数值次序

输入希望的初值及增量。TransCAD 以初值填充第一个单元格，然后在填充下一个单元格时加上增量。一般情况下，初值为 1，增量为 1。如果所选择的单元格范围包括不止一列，则填充时先由左往右，然后由上往下；如果首先选择了右手的列，此时单元格先由右往左，然后由上往下的填充。

5. 使用标签

可用与另一图层上最近的要素之间的距离标记每个记录，或填入另一图层上最近要素的 ID、名称或任何其他的域。只有数据窗包含地图图层的要素时，才可以使用标记。使用这种方法，必须选择填写数据窗的单个列，并且域的类型必须和将要填写的数据的类型相匹配。

①从 Using Layer 下拉列表中选择要查找的图层。

②从 Tag With 下拉列表中选择 Distance to Feature，填入从数据窗中的要素到另一个图层上最近的要素之间的最短距离；从另一个图层上选择域名，填入另一个图层上最近要素的 ID、名称或其他信息。

6. 合计数据

可以为每个记录填写另一个图层上的合计数据。例如，可以为一个城市的边界图层填写每个城市的公交站点数或总的街道里程。只有在数据窗中包含地图图层的数据时，才可以使用此项方法。使用这种方法，必须选择填充数据窗中的单一列。

使用合计数据填充一个域：

①通过单击域名选择要填充的域。

②选择 Edit→Fill，或者在列表头或某一范围上单击鼠标右键并选择 Fill，TransCAD 弹出 Fill 对话框。

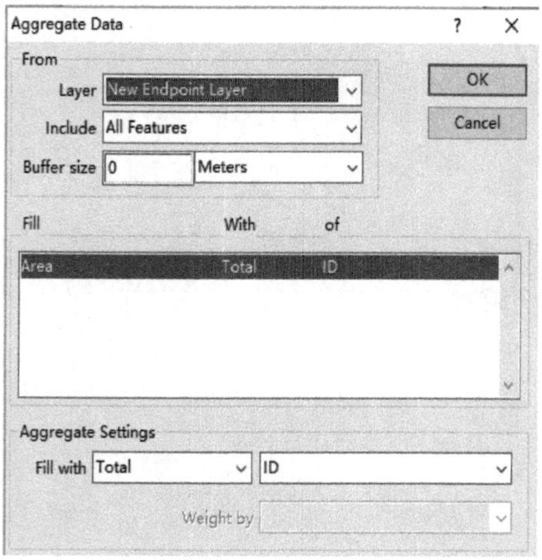

图 4-7　Aggregate Data 对话框

③单击 Aggregate 单选按钮，TransCAD 弹出 Aggregate Data 对话框，如图 4-7 所示。

④从 Layer 下拉列表中选择要合计的图层，从 Include 下拉列表中选择要合计的记录，并需要选择影响带尺寸。如果所处理的图层为点图层或线图层，则必须输入非零的影响带尺寸。

⑤从 Fill With 下拉列表中选择合计的方法以及选择所要合计的域，合计的方法见表 4-3。

⑥单击 OK，返回 Fill 对话框。

⑦单击 OK。

TransCAD 为高亮显示的列填充合计数据，重写所有存储在域中的数据。

表 4-3 合计的方法

合计方法	操作方法
Total	TransCAD 把指定区域内的所有单个要素的数值相加
Average of	TransCAD 计算个体要素数值的加权平均值
Low Value of	TransCAD 从个体要素中求得最低值
High Value of	TransCAD 从个体要素中求得最高值
Count	TransCAD 计算个体要素的总数

7. 清除数据

可以清除所有被选择的列或单元格中的现有数据。

清除某一范围的单元格或列：

①利用下列方式之一选择清除的范围：在单元格上拖动矩形；单击某一范围的一角，按住 Shift 键并单击另一个角；单击域名选择一个列，按住 Shift 键并选择更多的列。

②选择 Edit→Fill，或者在列表头或某一范围上单击鼠标右键并选择 Fill，TransCAD 弹出 Fill 对话框。

③点击单选按钮 Clear all values in the range。

④单击 OK。

8. 添加或删除记录

使用数据窗可以为一个表格添加或删除记录。添加记录时，所有域的新记录都是空白的数据；删除记录时，这些记录的数据或者从文件中删除，或者在文件中加入标记以示删除。删除记录时，可以将数据窗中高亮显示的那些记录删除或使用选择命令。如果为 ODBC 表格或 Oracle 数据库添加记录，将被提示为关键字域输入唯一值。

不能基于数据窗为一个地理文件添加线要素或区域要素，必须使用地理编辑工具。可以基于标准点地理文件(.DBD)添加和删除记录。在数据窗中为地理文件添加点要素时，点的经纬度为空，可以输入经纬度或使用定位命令填入正确的位置。

(1)添加一个记录

单击工具栏图标，TransCAD 为文件添加一个记录并将其在数据窗中高亮显示。

(2)添加多重记录

①选择 Edit→Add Records，弹出 Add Records 对话框。

②在 Add 文本框中输入要添加的记录数。

③单击 OK。

TransCAD 为文件添加多重记录。

(3)删除一个或多个记录

①从下列三种方式中选择删除的记录：单击记录中的任意单元格；单击并拖动以高亮显示多个记录；单击某一范围的第一个记录，按住 Shift 键并单击最后一个记录。

②选择 Edit→Delete Records 或单击工具栏图标，TransCAD 要求确认希望删除的记录。

③单击 Yes，删除记录；单击 Cancel，取消操作。

(4)删除选择的记录

可以在选择一组记录之后将其立刻删除。使用本方法时，要删除的记录必须处于选择集中，且命名为“Selection”。

①使用选择命令或工具选择希望删除的记录。

②选择 Edit→Delete Selected Records，TransCAD 要求确认希望删除的记录。

③单击 Yes，删除记录；单击 Cancel，取消操作。

第三节 数据表格管理

当将 TransCAD 地图与数据结合时，或许会需要重新构造表格，以便添加信息、优化性能等。使用内置的 TransCAD 数据库管理功能，可以很方便地实现上述操作。

为了扩展一个数据表格使之容纳更多的信息，可以通过添加额外的列来重建表格，也可以为额外的列创建一个新的表格，并在连接窗中将其连接到源表格。用户还可以删除表格、添加或删除永久性索引、转换表格格式。

为节省空间，可以用代码代替长字符串，并创建包含详细解释每个代码的搜索表格。

TransCAD 支持 dBASE 和 FoxPro 数据库格式、定点格式文本文件、定点格式二进制文件以及 Comma-separated 文本文件。TransCAD 可以将 Excel 文件直接导入所支持的格式中。

另外，使用开放式数据库连接(ODBC)，TransCAD 可以读取、编辑和显示许多其他的数据库和电子数据表。

一、关于数据表格

现在的数据库大部分是关系型数据库，其组成的数据文件是以表格的形式显示信息。表格的每一行称为一个记录，代表个人、地方或事件等；表格的每一列称为一个域，代表每个记录的一类信息。数据窗中列的顶部是表头，包含着域的名称。

数据表格包含文件头和一个或多个索引的信息。文件头描述表格的内容，通过名称和域的类型识别每个域，提供用于显示数据的格式化信息。索引是一组额外的信息，是进行选择或分类一个数据窗时，有关 TransCAD 所使用的域的数值信息。索引加快了选择和分类的速度，但占用硬盘或网络驱动器的空间。当对被索引的域进行选择和分类时，TransCAD 将建立临时索引。

不同文件格式存储文件头、数据和索引的方式不同。文件头信息可作为 dBASE 或 FoxPro 的组成部分；对于定点格式文本文件、定点格式二进制文件以及 Comma-或 Tab-separated 文本文件，文件头信息存储在一个称为字典文件的单独文件中。TransCAD 可以替用户注意这些差异，这方便了用户以多种不同的格式创建和处理数据。当用户使用 TransCAD 创建新的表格时，可以选择最适合的文件格式。

TransCAD 具有一些要素只能用于定点格式文本文件、定点格式二进制文件以及 Comma-或 Tab-separated 文本文件，包括长域的描述和数据集合的信息。

在 dBASE、FoxPro 和定点格式文本文件中，域的宽度指明了其在文件中占用的存储空间，因此，域的宽度可能影响存储数字的精确度。在 Comma-或 Tab-separated 文本文件和定点格式二进制文件中，数据的宽度仅仅指明了数据是如何显示的，对数据本身没有影响。

dBASE 和 FoxPro 文件可以包含备忘域。这些域的宽度不固定，涉及辅助文件的片段。如果备忘域中为文本串，TransCAD 可以将其在数据窗中显示，并可以作为一个文本域导入其他格式的文件中。由于域的宽度可以调整，TransCAD 选择 256 个字节作为显示和导出这些域的默认宽度。使用 Modify Table 菜单命令可以为任意数据窗口改变默认的域宽。使用 Save As 命令输出表格时，保存同样的域宽。注意，如果表格不再保存为 dBASE 文件，在旧的文件中是备忘域，新的文件将保存为一个字符串域。

1. 数据域

表格中可以包含数据域的类型见表 4-4。

表 4-4　表格中可以包含数据域的类型

数据类型	存储内容
整数	-2 147 483 646 和 2 147 483 646 之间的所有整数
实数	-1. 7E+308 和 1. 7E+308 之间所有的数；绝对值的最小值可以为 2. 3E-308
字符(字符串)	字母、符号和数(在 dBASE 和 FoxPro 文件中最高可达 254 个字符)

dBASE 和 FoxPro 文件可能包含其他格式的域，如数据域和逻辑域。TransCAD 以字符(字符串)域的形式显示其他类型的域。

定点格式二进制文件可以包含数据域的类型见表 4-5。

表 4-5　定点格式二进制文件可以包含数据域的类型

数据类型	存储内容
实型(8 字节)	-1. 7E+308 和 1. 7E+308 之间所有的数；绝对值的最小值可以为 2. 3E-308
实型(4 字节)	-3. 4E+38 和 3. 4E+38 之间所有的数；绝对值的最小值可以为 1. 2E-38
整型(4 字节)	-2 147 483 646 和 2 147 483 647 之间的所有整数
整型(2 字节)	-32 766 和 32 767 之间的所有整数
整型(单字节)	从 0 到 254 的所有数字

2. 表格限定范围

不同的表格格式容纳的信息量不同。应用不同表格格式的限定范围见表 4-6。

表 4-6　不同表格格式的限定范围

文件格式	域的最大值	记录数的最大值	记录长度的最大值
dBASE 和 FoxPro	1 024*	十亿	4 096 字节
文本固定格式	32 767	十亿	无限制
二进制固定格式	32 767	十亿	无限制
逗点或制表符分隔文本	32 767	十亿	无限制

* 在 dBASE 文件中有些软件程序只能处理少于 255 个字段的数据。

3. 索引

表格的索引总是存储在与实际表格相分离的文件中。所有的索引文件具有和其表格文件一致的名称，扩展名和对应的文件格式见表 4-7。

表 4-7　扩展名和对应的文件格式

文件格式	索引文件扩展名	文件格式	索引文件扩展名
dBASE	. MDX	定点格式二进制文件	. BX
FoxPro	. CDX	comma-或 tab-separated 文本文件	. CSX
定点格式文本文件	. AX		

二、创建新的表格

可以创建 TransCAD 支持的任何格式的新表格。在 TransCAD 中创建新表格时，可以用以同样格式读取数据的任何软件包使用该表格。例如，利用 TransCAD 创建的 dBASE 文件，可用于任何读取 dBASE 格式文件的程序。

为了创建新表格，需要创建一列数据域，并选择域名、域的类型、每个域的显示宽度。可以指定需要索引的域，使得分类、搜索和选择能够更迅速地执行。

使用字典文件，可以为表格中的一个域存储更多的数值。这些数值存储在字典文件的域描述之后：

①默认值。添加新记录时，域中将被该值填充。

②连接/分离方法。当连接和分离地图要素时，使用域的更新方法。

③显示名称。在数据窗的列表头中使用的标签，而不是域名创建新的表格或修改一个现有的表格时，可以设置默认值和显示名称。

1. 创建新的表格

①选择 File→New 或单击图标，弹出 New File 对话框。

②选择 Table 作为文件类型并单击 OK，TransCAD 弹出 New Table Type 对话框，如图 4-8 所示。

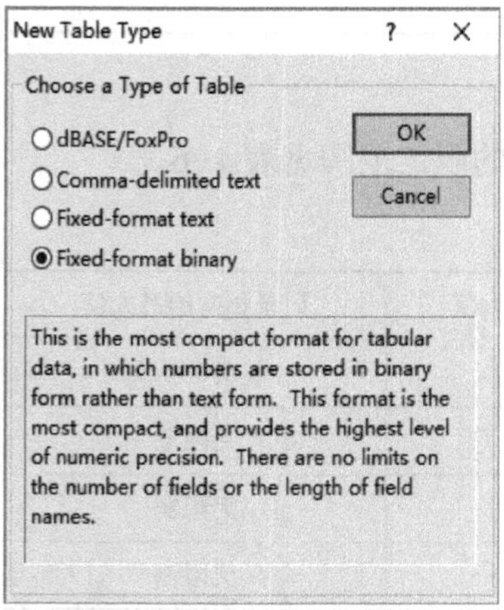

图 4-8　创建新表格对话框

③从单选按钮中选择表格类型。

④单击 OK，TransCAD 弹出 New Table 对话框，如图 4-9 所示。

⑤新表格设定见表 4-8。

⑥为了自动为新表格添加记录，选中 Add Records 对话框并从其单选列表中选择一项，单击 OK，关闭 Add Records 对话框。

⑦单击 OK，关闭 New Table 对话框，TransCAD 弹出 Save As 对话框。

⑧输入文件名并单击 Save。

TransCAD 创建新的表格文件并依据选择为其添加新的记录。

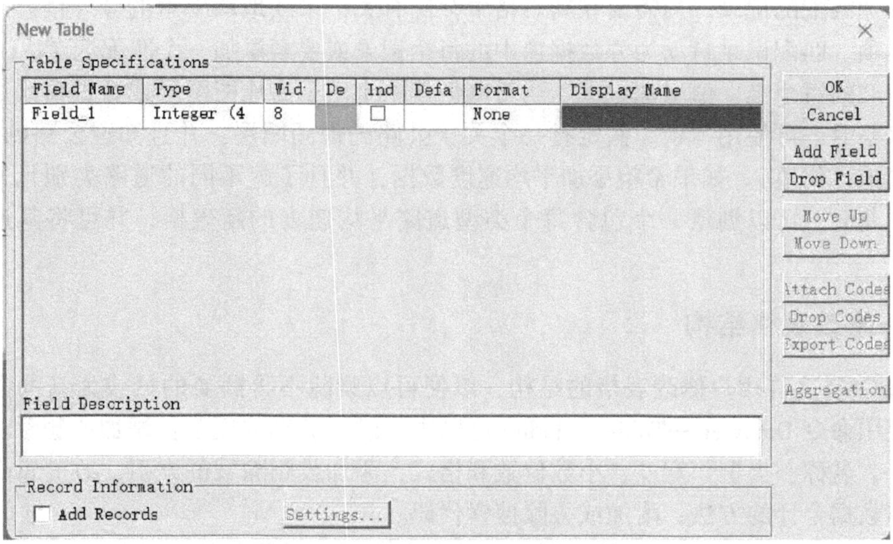

图 4-9　New Table 对话框

表 4-8　新表格设定

操作目的	操作方法
添加一个域	单击 Add Field，添加一个新的域到列表
删除一个域	单击希望删除的域，然后单击 Drop Field
改变域的顺序	单击一个域，然后单击 Move Up 或 Move Down
改变域的名称	单击一个域并在 Field Name 框中输入名称
使用一个显示名称	单击一个域并在 Display Name 框中输入一个标签
改变一个域的类型	单击一个域，然后从 Type 下拉列表中选择一个类型
改变一个域的宽度	单击一个域并在 Width 框中输入宽度
改变小数位	单击一个域并在 Decimals 框中输入小数位
在新记录中设定默认值	单击一个域并在 Default 框中输入一个数值
改变一个域的格式	单击一个域，然后从 Format 下拉列表中选择一个格式
改变一个域的描述	单击一个域，然后在 Field Description 框中输入描述
为一个域添加索引	单击一个域并选中 Index 框
改变合计的方法	单击 Aggregation，弹出 Default Aggregation 对话框

2. 为新表格添加记录

创建一个新表格时，TransCAD 帮助用户填写信息。TransCAD 为此提供了三种方法：添加指定数量的记录；添加匹配的记录；为域的每个唯一值增加记录。

①添加指定数量的记录。如果知道要在新表格中存储多少记录，TransCAD 可以据此为表格添加该数量的空白记录。

②添加匹配的记录。当需要在新表格中存储有关记录或地图要素的额外信息列时，可以选用本项。匹配记录自动为源数据窗中的每个记录或要素添加一个匹配记录。

③为域的每个唯一值增加记录。当希望创建一个用于为地图图层或数据窗添加新信息的搜索表格时，可使用本项。假定有一个关于公路的地图图层，并且知道公路的分类(洲际的、国道、州道)。如果希望添加平均速度数据，并且了解不同的道路类别且其平均速度不同，此时，可以创建一个包含每个类型道路平均速度的新表格，并可将其连接到源表格。

三、修改表格结构

TransCAD 允许用户修改表格的结构，以便可以删除不再需要的域或为新的数据增加空间。使用命令 Dataview→Table→Modify 可以进行以下类别的更改：添加或删除域；改变域的顺序、名称、类型、宽度、小数位数和格式；添加或删除域的索引；改变每个域的描述；指明数据合计的方法；附加或去除搜索代码。

对于 dBASE(或 FoxPro)文件来说，上述某些改变是受限制的，因为 dBASE 文件的文件头中包含有限的域的信息。使用一个 dBASE 文件时，不能添加或改变域的描述、改变域的格式、设置默认值或改变数据合计的方法。

Dataview→Table→Modify 命令还可以用来改变地理文件中的表格结构。例如，使用该命令可以为邮编层添加域，或重新组织 State 层中的域。修改表格时，TransCAD 保护通常存储在表格中的数据。

改变域的类型可能影响数据，当表格是并联窗的一部分时，不能对其进行更改。

修改表格结构：

①选择 Dataview→Modify Table 或单击工具栏图标，弹出 Modify Table 对话框，如图 4-10 所示。

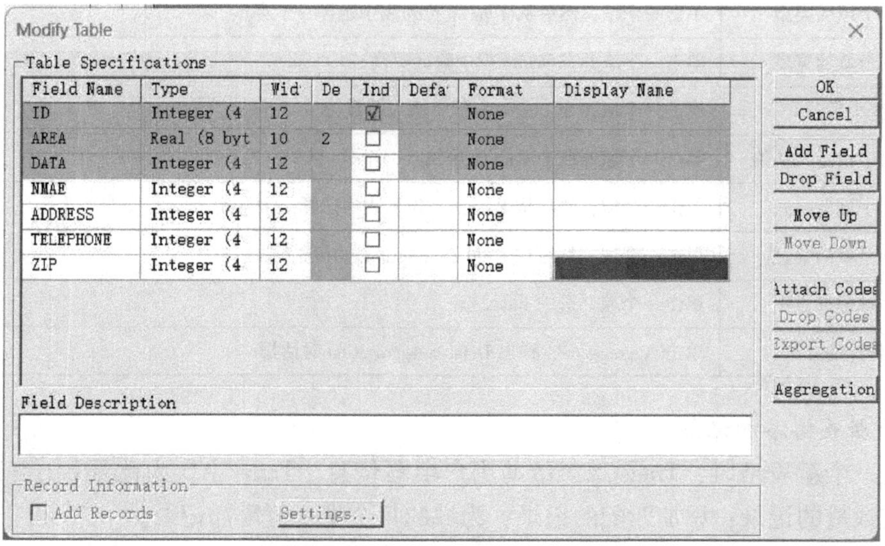

图 4-10　Modify Table 对话框

②修改表格，具体操作方法同表 4-8。当使用 dBASE 文件时，Field Display 设置不起作用。另外，对于 dBASE 文件、comma-或 tab-separated 文本文件，不能改变其合计方法、设置默认值或显示名称。

③单击 OK，TransCAD 弹出 Confirm 对话框。

④单击 Yes，保存修改。

当为 dBASE(或 FoxPro)文件的表格添加或删除域时，TransCAD 利用想要的结构创建新的表格，将原始表格中的所有数据复制到新表格中，然后删除旧的文件；当为 dBASE 或 FoxPRO 文件添加或删除索引时，TransCAD 仅仅是创建一个新的索引文件。用户修改其他格式的表格结构时，TransCAD 可能重写文件或修改关联的索引以及字典文件。

第五章 四阶段法的应用

第一节 四阶段法

交通需求预测是城市交通规划的核心内容之一，是决定城市中交通网络规模、道路断面结构和枢纽规模等的重要依据。以定量分析方法为基础的交通需求预测方法起源于第二次世界大战后期的美国。1955 年，美国首次展开了名为“芝加哥地区交通研究(Chicago Area Transportation Study，CATS)”的交通规划项目。该研究首次提出了包含“交通生成—交通分布—方式划分—交通流分配”四个阶段的交通需求预测模型。因为有四个阶段，所以通常被称为四阶段法。

四阶段法作为经典的交通需求预测法，因其逻辑关系明确、步骤分明，所以被广泛地应用到交通规划及工程实践当中。

四阶段法全称为四阶段交通需求预测方法，是以 1962 年美国芝加哥市发表的 *Chicago Area Transportation Study* 为标志诞生的交通规划理论。四阶段法以居民出行调查(person trip survey)为基础，由交通生成(trip generation/attraction)、交通分布(trip distribution)、交通方式划分(model split)、交通量分配(traffic assignment)四个阶段组成。

一、交通量生成

交通发生量和吸引量预测为交通需求四阶段预测第一阶段，是交通需求分析工作中最基本的部分之一。本阶段的任务是求出对象区域的交通需求总量，即生成交通量。然后，在此量的约束下，求出各交通小区的发生与吸引交通量。

根据研究对象区域的特性，直接求得生成交通量的步骤被称为生成交通量预测。生成交通量是对象区域交通的总量，通常作为总控制量，用来预测和校核各交通小区的发生和吸引交通量。交通小区是指为了数据统计方便，将对象区域划分成便于实际调查和统计操作的子区。交通小区按照不同的需要进行划分，通常以行政区域、街道办事处或居民小区等为单位进行划分。发生与吸引交通量是指研究对象区域内各交通小区的交通发生与吸引量，它们与土地利用性质和设施规模有着密切的关系。发生与吸引交通量预测精度还将直接影响交通需求预测的后续阶段乃至整个预测过程的精度，因此精确地预测发生与吸引交通量，对交通规划工作是非常必要和重要的。

TransCAD 能够利用回归模型、出行率、交叉分类模型以及根据 ITE 的交通生成率手册等方式进行交通生成预测。

二、交通分布量

交通分布的预测是交通需求四阶段预测的第二阶段，将根据交通的发生与吸引量预测获得的各交通小区的出行量转换成交通小区之间的空间 OD 量，即 OD 矩阵。

交通分布量预测要解决的问题是在目标年各交通小区的发生与吸引交通量一定的条件下，求出各交通小区之间将来的 OD 交通量。分布交通量预测是交通规划的主要步骤之一，是交通设施规划和交通政策立案不可缺少的资料。

交通分布量的预测方法一般可以分为两类，一类是增长系数法，另一类是综合法。前者常用的方法包括增长系数法、平均增长系数法、底特律法、福莱特法、佛尼斯法等；后者常用的方法包括重力模型法、介入机会模型法、最大熵模型法等。

TransCAD 能够利用重力模型、Fratar 模型、讫点选择模型和三维平衡模型对交通分布进行预测。

三、交通方式划分

在人们的日常生活中，经过各种交通方式的组合完成一天的工作和生活。因此各种交通方式之间有着很强的相互关系，离开了对这种关系的讨论，交通规划就难以成立。所谓交通方式划分，就是出行者出行时选择交通工具的比例，它以居民出行调查的数据为基础，研究人们出行时的交通方式选择行为，建立模型从而预测基础设施或服务等条件变化时交通方式间交通需求的变化。早期的道路交通规划多采用除交通方式划分以外的三阶段法。然而，现代交通网络是一种立体化的、具有多种交通方式共存的综合性网络，因此交通方式划分已经成为城市交通规划的一个重要环节。

交通方式划分模型的建模思路有两种：其一是在假设历史的变化情况在将来会得到延续的前提下，研究交通需求的变化；其二是从城市规划的角度，为了实现所期望的交通方式划分，如何改扩建各种交通设施引导人们的出行，以及如何制订各种交通管理规则等。新交通方式(新型道路运输工具、轨道交通等)的交通需求预测问题属于后者，其难点在于如何量化出行行为选择因素及其具体应用。

TransCAD 支持多种 Logit 模型的交通方式划分。

四、交通量分配

交通量分配是交通需求预测的重点和难点内容之一。最优化理论、图论、计算机技术的发展，为交通量分配模型和算法的研究及开发提供了坚实的基础。经过几十年的发展，交通量分配已是交通规划诸问题中被国内外学者研究得最深入、取得研究成果最多的部分。

自从 20 世纪 50 年代美国对底特律大都市圈、芝加哥都市圈相继进行交通调查与规划的研究，开发了包括交通生成、交通分布、交通方式划分、交通量分配四阶段的交通需求预测方法，由此开辟了城市交通规划的先河以后，交通规划理论与方法在全世界范围内迅速展开，并得到了快速发展。尤其在交通量分配这一核心技术环节上，诸多理论研究者和交通工程师投入了大量的精力。经过不断探求和努力，使得交通量分配理论的研究与应用处在了积极的发展进程中。

TransCAD 能够利用全有全无模型、容量限制模型、增量分配模型、随机分配模型、用户均衡模型、系统最优模型、基于交叉口的容量限制模型以及动态交通流分配模型进行交通量分配的预测。

第二节　地图导入

进行交通规划前，首先需要导入实际地图，根据实际地图绘制交通线路及交通小区。现阶段 TransCAD 可打开的文件格式见表 5-1，在实际预测操作中，多使用 tif、jpg、dwg、dxf、osm 格式的文件进行导入。本小节以青冈县为例，将分别介绍上述四种格式的文件的导入方法。

表 5-1　TransCAD 可打开的文件格式

序号	格式	序号	格式
1	All TransCAD Files	29	TIFF Image(*.tif)
2	Map, Dataview, Figure, Layout	30	JPEG Image(*.jpg)
3	Workspace(*.wrk)	31	MrSID Image(*.sid)
4	Geographic File(*.cdf; *.dbd)	32	JPEG 2000 Image(*.jp2)
5	Route System(*.rts)	33	ECW Image(*.ecw)
6	Matrix(*.mtx)	34	SPOT Image(*.bil; *.tif)
7	Matrix View(*.mvw)	35	Portable Network Graphics(*.png)
8	Network(*.net)	36	Digital Orthophoto(DOQ/DOQQ)
9	Planning Model(*.model)	37	WMS Service Specification
10	Fixed-format Binary(*.bin)	38	AutoCAD File(*.dwg; *.dxf)
11	Comma-or Tab-delimited Text(*.csv; *.txt; *. tab)	39	Digital Line Graph(*.dlg; *.opt; *.std; *.lgo; *.lgs; *.grf; *.oaf; *.osf)
12	dBASE file(*.dbf)	40	Etak Streets(*.mbs)
13	Fixed-format Text(*.asc)	41	Text/Geography(*.geo)
14	Chart(*.chart)	42	Maplnfo Interchange(*.mif)
15	3D View(*.s3d)	43	GPS Data(*.gpx; *.gps; *.gbd)
16	MS Access Table(*.mdb; *.accdb)	44	Google Earth Document(*.kml; *.kmz)
17	Excel Worksheet(*.xls; *.xlsx; *.xlsb; *.xlsm)	45	BTS Nat. Trans. Atlas(*.lnk; *.nod; *.pnt; *. are)
18	MapPoint Map File(*.ptm)	46	Atlas BNA(*.ban)
19	Microsoft Streets & Trips/Auto Route File (*. est; *. axe)	47	Digital Elevation Model (*. dem; *. g03; *. g98; *. dt0; *. dt1; *. dt2; *. flt; *. sdf)
20	ODBC Table	48	OpenStreetMap(*.osm)
21	ODBC SQL Query	49	TIGER/Line
22	Oracle Table	50	Intergraph DGN(*.dgm)
23	Oracle Spatial Layer	51	Interim Terrain Data(*.slf)
24	SQL Server Table	52	Land Use & Land Cover(*.gir)
25	SQL Server Spatial Layer	53	Ordnance Survey(*.ntf)
26	PostgreSQL Table	54	Spatial Data Transfer Standard(*.ddf)
27	PostgreSQL Spatial Layer	55	Vector Product Format(*.dht)
28	Image Library(*.cil)	56	Esri 3. x Project File(*.apr)

一、tif 与 jpg 格式的文件导入

jpg 格式的文件导入以黑龙江省青冈县交通地图为例。通过百度地图、高德地图、卫星地图等方式截取青冈县的交通地图，截取得到的地图如图 5-1 所示。

①打开 TransCAD 软件，依次单击 File→Open，出现 File Open 对话框。

图 5-1　青冈县交通地图

②找到刚刚保存 jpg 格式文件的文件夹，将文件类型选为 TIFF Image(*.tif) 或 JPEG Image(*.jpg) 格式，单击保存的文件，单击打开。

③出现 Image Projection 对话框，如图 5-2 所示，不做任何改变，单击 OK。

④jpg 格式的地图导入成功，如图 5-3 所示。

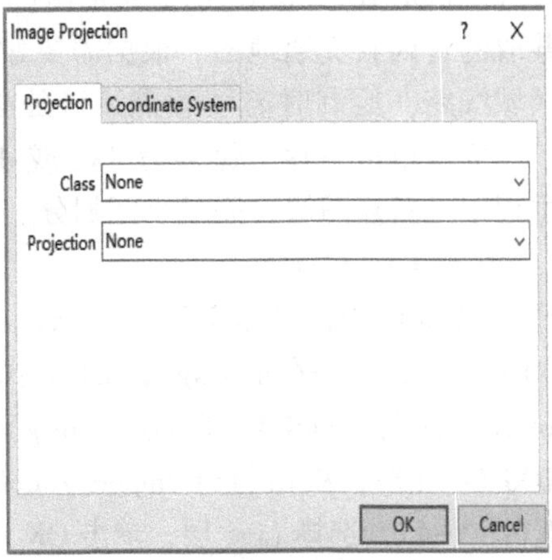

Projection 界面

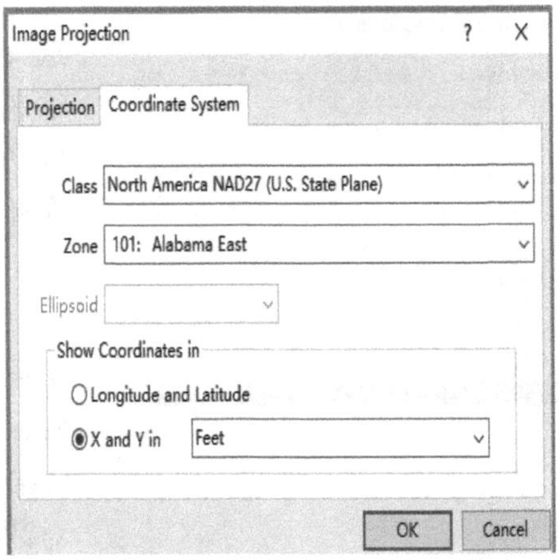

Coordinate System 界面

图 5-2　Image Projection 对话框

二、dwg 与 dxf 格式的文件导入

小型区域的规划利用 CAD 绘制地图更加方便，例如，规划某一城市的某一部分区域，可利用卫星地图截取图片进行绘制，不但可以将道路网绘制详细，而且可以将小区划分一起画出。

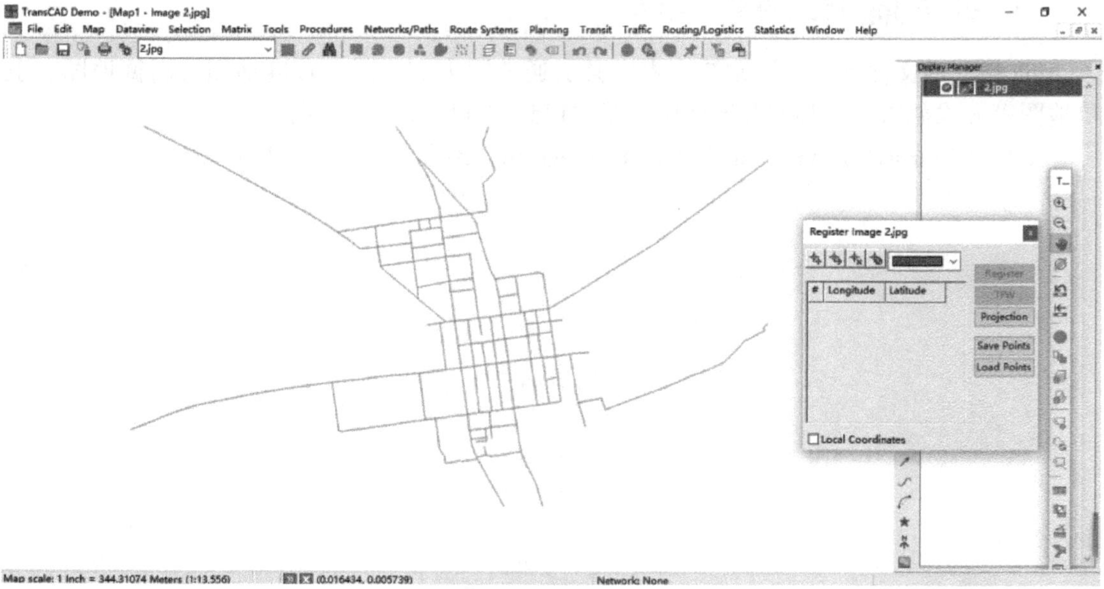

图 5-3 tif 格式地图导入

(1)截取地图

在网络上搜索青冈县交通地图，按电脑快捷键 PrtScr 截取青冈县 jpg 格式地图。可将其粘贴到空白 Word 文档，利用裁剪工具，留取预测区域。

(2)绘制地图

打开 AutoCAD，单击插入→光栅图像参照，选择截取的青冈县交通地图。根据需要建立图层，绘制区域线路，绘制时需注意交叉口处必须连接成功。完成后单击另存，保存为 dwg 或 dxf 格式，在此过程中可新建图层，完成小区划分。

(3)导入 TransCAD

打开 TransCAD，单击 File→Open，出现 File Open 对话框，找到保存的 dwg 或 dxf 格式的地图，Files of type 选择 AutoCAD DWQ(＊.dwg)或 AutoCAD DXF(＊.dxf)，单击打开 Import AutoCAD File 对话框(图 5-4)，选择 Line 层，单击 OK。

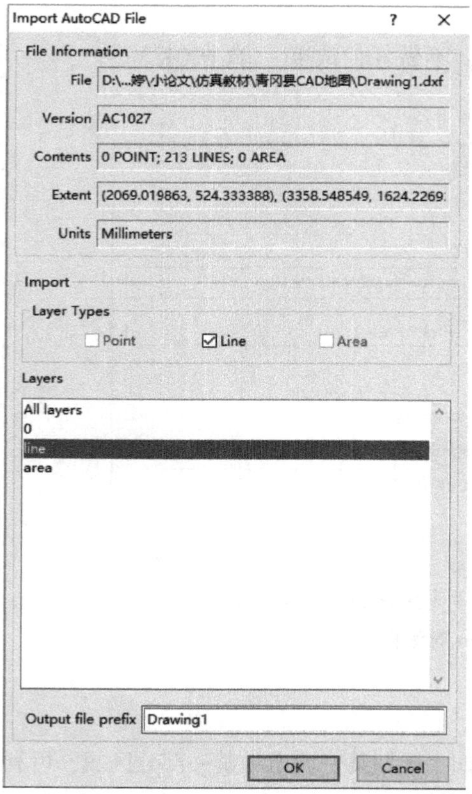

图 5-4 Import AutoCAD File 对话框图

(4)选择坐标系

出现 Geographic Location 对话框，如图 5-5 所示，不做任何更改，单击 OK，出现 Import Coordinates 对话框，如图 5-6 所示，将 Class 选为 Asia，Zone 选为 China：CIESIN Grid，其他内容不变，默认坐标系，单击 OK，地图导入成功。

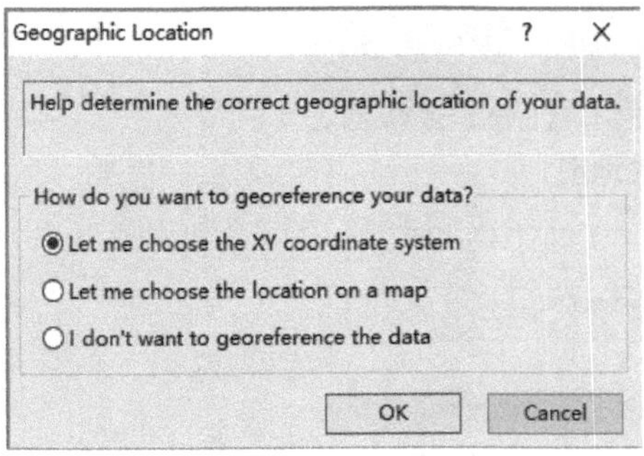

图 5-5　Geographic Location 对话框图

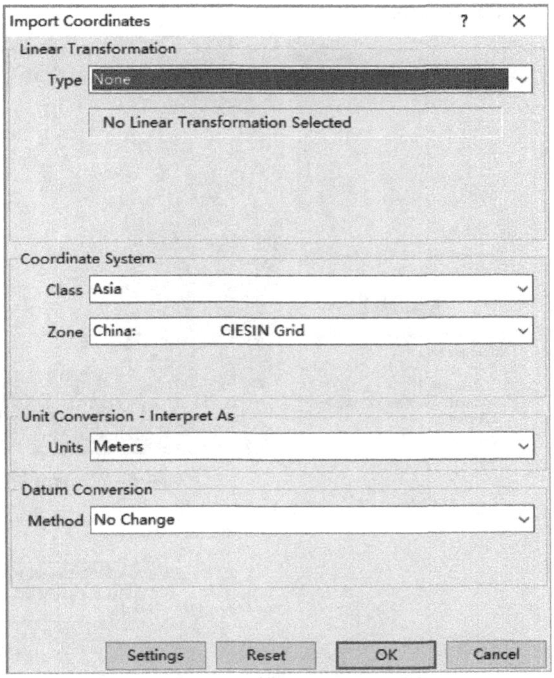

图 5-6　Import Coordinates 对话框

三、osm 格式的文件导入

当规划区域较大、线路较复杂、城市规划复杂时，可选用 osm 格式文件获取地图，不仅可以得到详细准确的道路网，而且可以根据已有城市土地利用划分进行小区划分。

1. 下载 osm 格式地图

①打开 OpenStreetMap 网站。

②在搜索一栏输入目标地点青冈县，依次单击提交→导出(左上角)→手动选择不同的区域，选取预测区域。

③手动选择好区域后，单击页面右侧的图层，选择交通地图。

④单击页面左侧中部的导出，下载得到 osm 格式的交通地图，如图 5-7 所示。

2. 打开地图

①打开 TransCAD，单击菜单栏 File，选择 Open。

②找到保存的 osm 格式文件，将文件打开格式选择为 OpenStreetMap(*.osm)，选择保存的地图文件。

③出现 Import OpenStreetMap Roads 对话框，如图 5-8 所示，不做改动，单击 OK。

④出现 Save Road As 对话框，新建文件夹，将其命名为 Line，单击保存。

⑤地图导入成功，如图 5-9 所示。

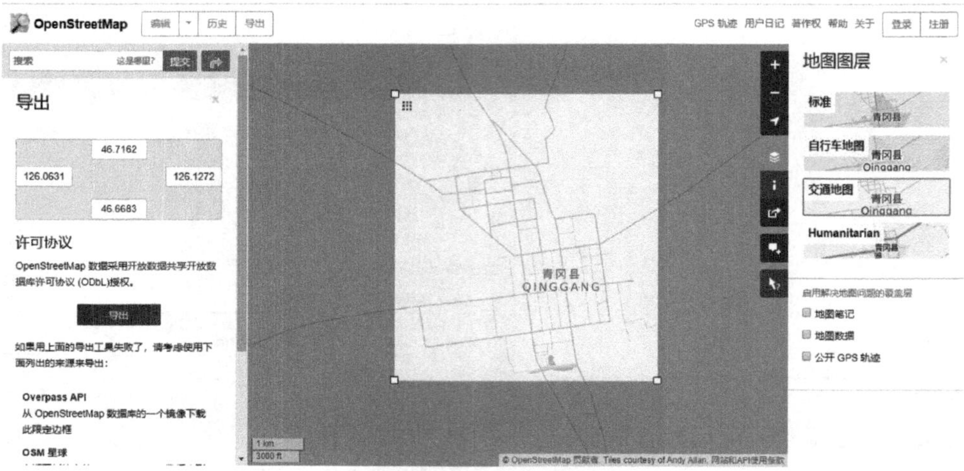

图 5-7　osm 格式的地图

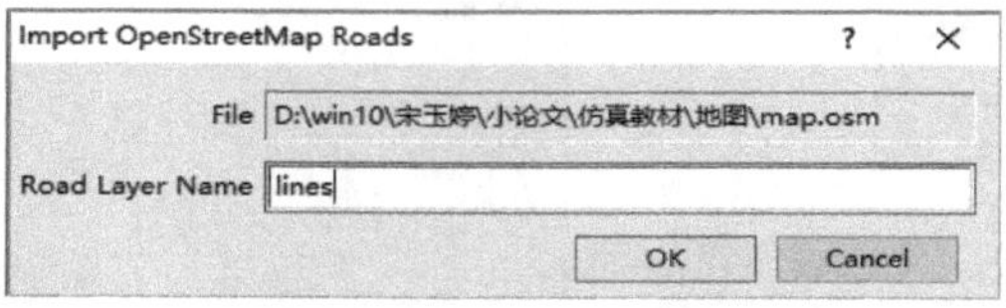

图 5-8　Import OpenStreetMap Roads 对话框

图 5-9　osm 格式地图导入

第三节　四阶段法的应用

一、线路绘制

1. tif 或 jpg 格式地图的线路绘制

①依次单击 File→New。

②出现 New File 对话框，选择 Geographic File，如图 5-10 所示，单击 OK。

③出现 New Layer 对话框，在 Choose a Type of Layer 中选择 Line Layer，Layer Settings 中的 Name 命名为 line，Endpoint Layer Settings 中的 Name 命名为 point，其他不做任何改变，如图 5-11 所示，单击 OK。

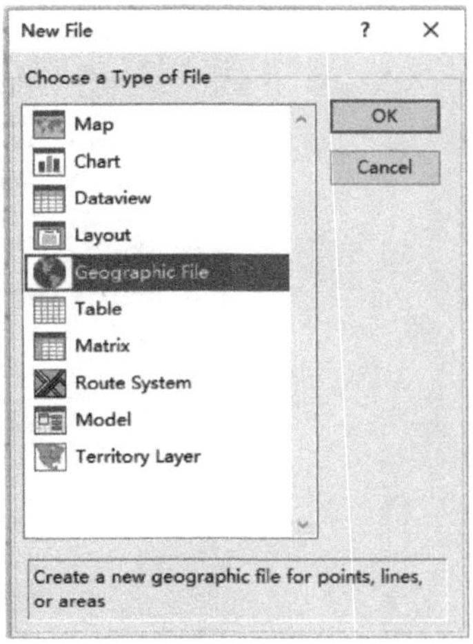

图 5-10　New File 对话框

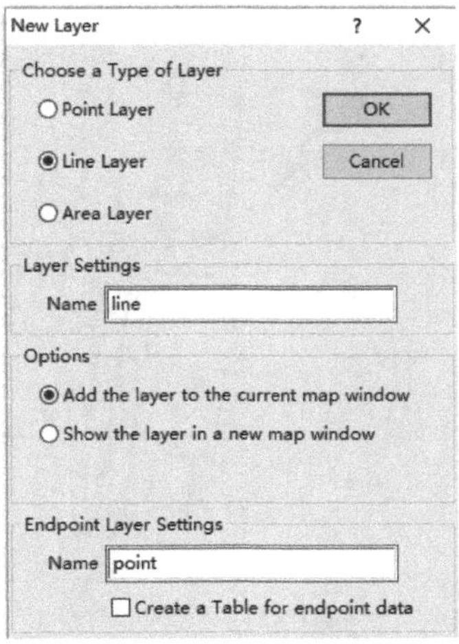

图 5-11　New Layer 对话框

④出现 Attributes for line 对话框，单击三次 Add Field，分别将其命名为 CAPACITY、SPEED、TIME，如图 5-12 所示，单击 OK。

⑤依次单击 Tools→Editing→Layer Editing Toolbar，如图 5-13 所示，出现 Layer Editing 工具框，单击绘制交通线路，单击进行保存。最终线路图如图 5-14 所示。

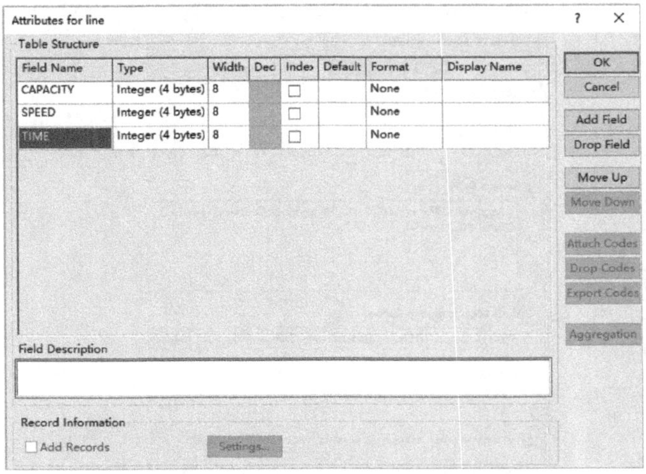

图 5-12　Attributes for line 对话框

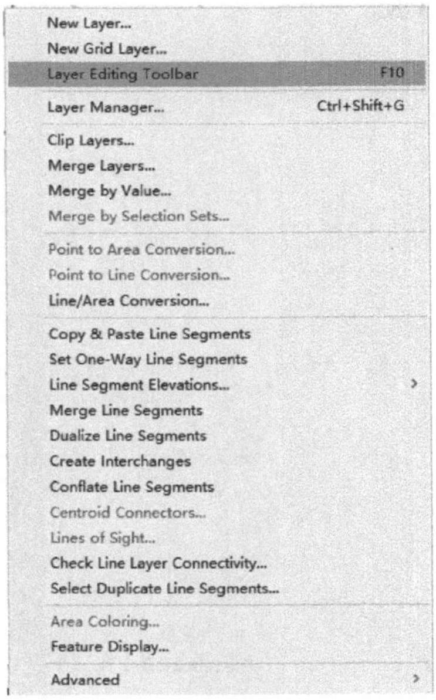

图 5-13　操作步骤

2. dwg、dxf 或 osm 格式地图的线路绘制

当导入地图为 dwg、dxf 或 osm 格式文件时，不需要再进行地图绘制，只需要更改部分设置即可。

图 5-14　线路绘制

（1）调节地图单位

①将地图选择为线层。

②依次单击 Edit→Preferences，如图 5-15 所示。

③出现 User Preferences 对话框，从 Map Units 下拉列表中选择 Miles，如图 5-16 所示，单击 OK。

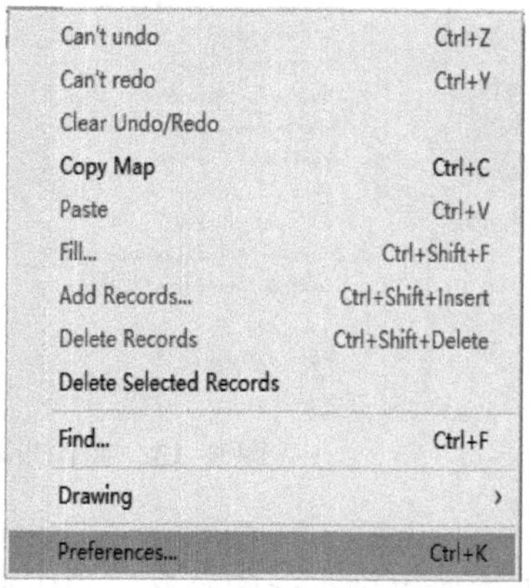

图 5-15　操作步骤

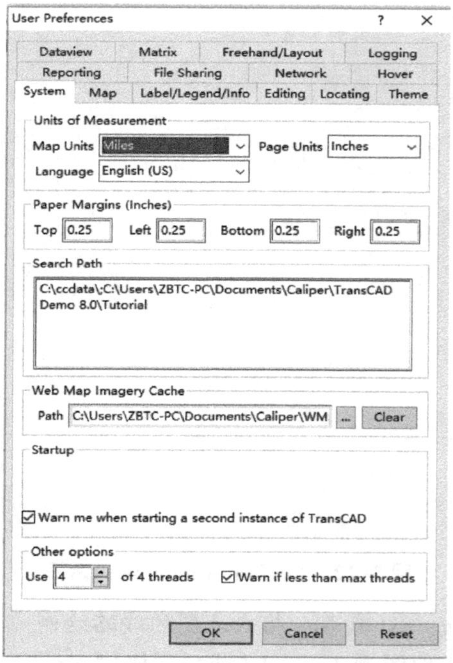

图 5-16　User Preferences 对话框

(2)设置道路图层

①单击菜单栏的 Dataview，依次单击 Table→Modify，如图 5-17 所示。

②弹出对话框 Modify Table，单击三次 Add Field，新建三个数据指标，在 Field Name 一栏分别命名为 CAPACITY、SPEED、TIME，如图 5-18 所示，单击 OK。

③出现 Confirm 对话框，如图 5-19 所示，单击是，线路图层设置结束。

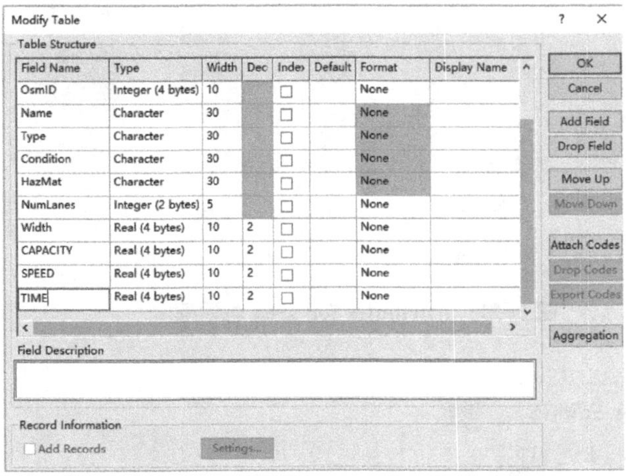

图 5-18　Modify Table 对话框

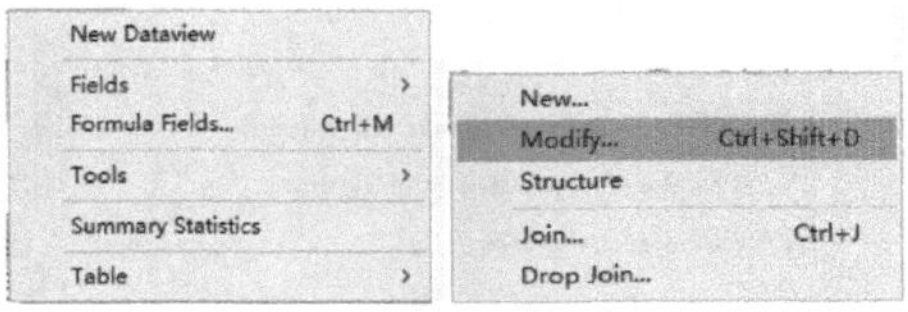

图 5-17　操作步骤

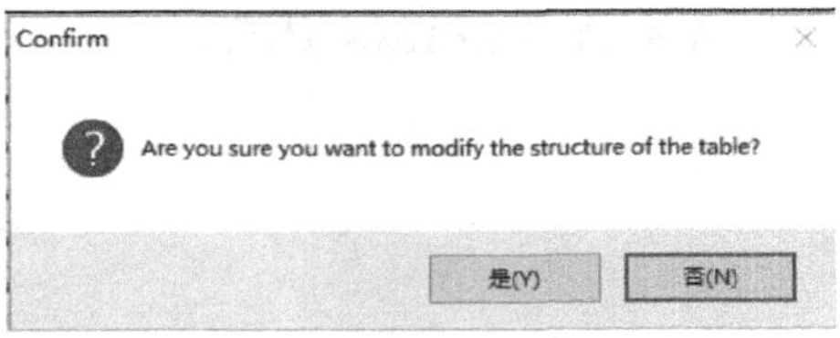

图 5-19　Confirm 对话框

二、小区划分

1. 新建面层

①依次单击 File→New。

②出现 New File 对话框，选择 Geographic File，单击 OK。

③出现 New Geographic File 对话框，将 Name 命名为 area，Options 选择为 Add the layer to the current map window，如图 5-20 所示，单击 OK。

④出现 Attributes for area 对话框，单击三次 Add Field，新建三个数据指标，在 Field Name 一栏分别命名为 ID、P、A，如图 5-21 所示，单击 OK。

⑤出现 Save As 对话框，将新建的文件命名为 area，单击保存。

2. 绘制小区

①依次单击 Tools→Editing→Layer Editing Toolbar，或单击快捷键 F10。

②出现 Layer Editing 工具栏，如图 5-22 所示。

③单击，绘制小区。绘制完成后，单击进行保存，单击不保存。绘制完成的小区划分如图 5-23 所示。

3. 小区属性输入

①选择 area 层。

②单击 New Dataview ，出现 Dataview1-area 表格。

③点击标题栏 P，单击鼠标右键并选择 Fill，单击 OK。

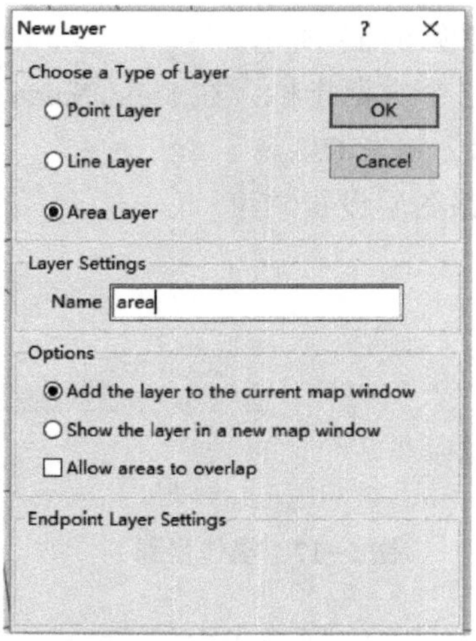

图 5-20 New Layer 对话框

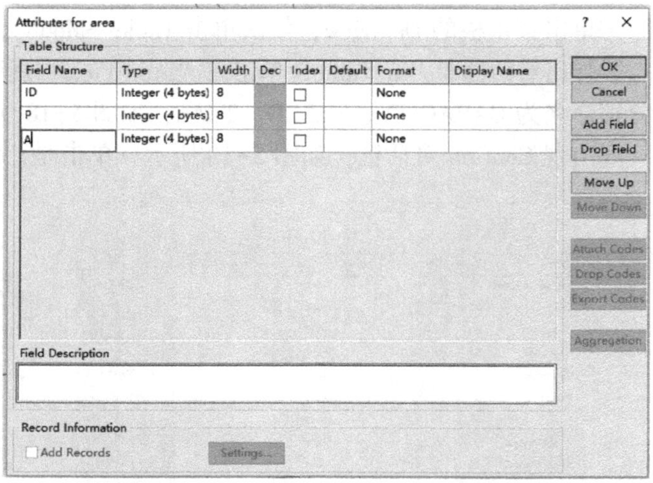

图 5-21 Attributes for area 对话框

图 5-22 Layer Editing 工具栏

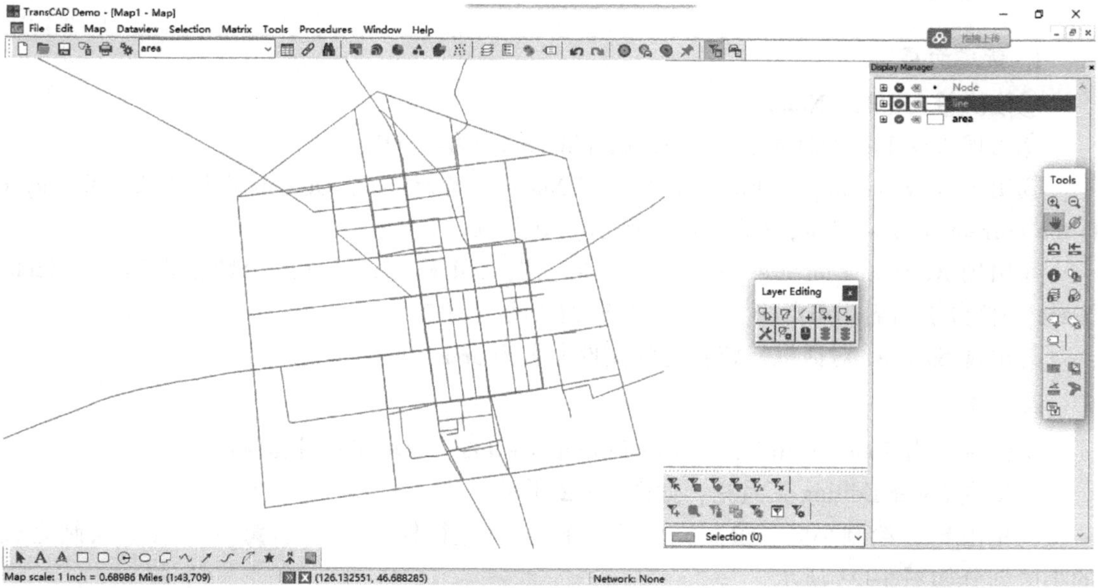

图 5-23 小区划分

④出现 Fill 对话框，在 Single Value 一栏输入数值，单击 OK。最终界面如图 5-24 所示。

此方法适用于一栏数值相同的情况，若每个表格中的数据都不相同，则双击任意单元格，输入数值即可。

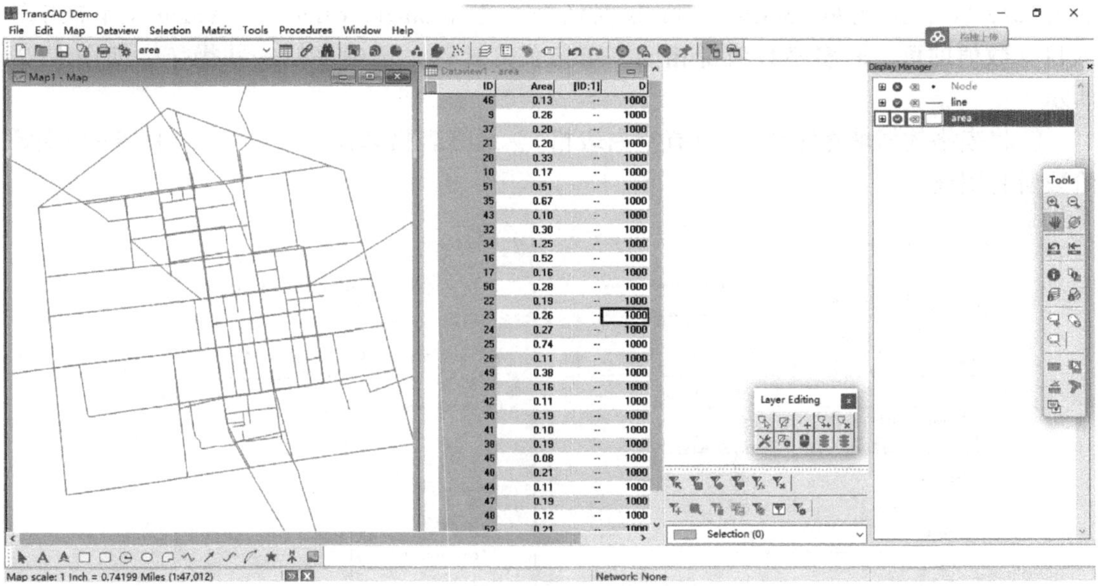

图 5-24　小区划分总界面

三、交通分布

交通分布步骤如下：

①单击 File→New。

②出现 New File 对话框，选择 Matrix，如图 5-25 所示，单击 OK。

③出现 Create or Open Matrix File 对话框，选择 Create a new matrix file，如图 5-26 所示，单击 OK。

④出现 Create matrix file 对话框，在 Name. 文本框中输入 Matrix，如图 5-27 所示，单击 OK。

⑤出现另存为对话框，将文件命名为 Matrix，单击保存。

⑥出现 Matrix2-Matrix File(Matrix 1)-matrix 表格，若小区属性输入相同，单击鼠标

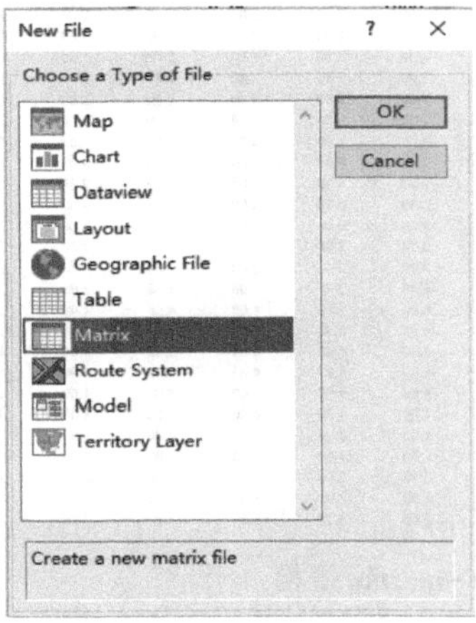

图 5-25　New File 对话框

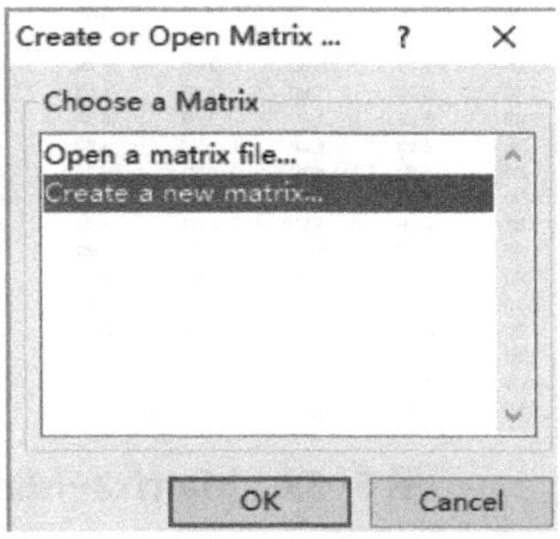

图 5-26　Create or Open Materix File 对话框

右键选择 Fill，出现 Fill Matrix：Matrix 对话框，选择 Single Value，在 Value 文本框中输入目标数值即可。若多栏数值都相同，可按住 Ctrl 键，选中多栏一并操作，如图 5-28 所示。

⑦将表格数据填充完整(不可有空白表格)，最终表格如图 5-29 所示。图 5-30 为现阶段所有图框。

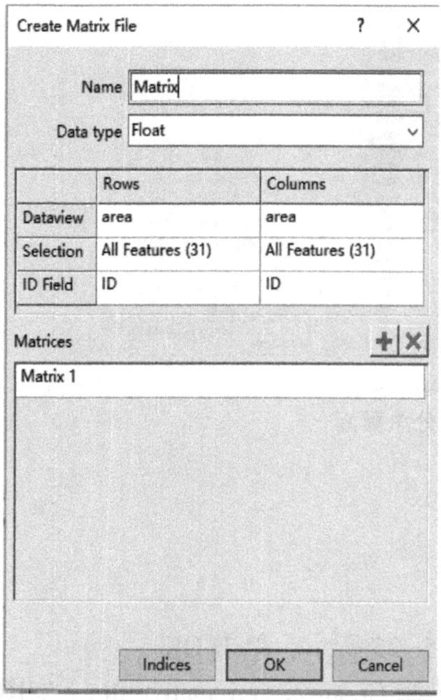

图 5-27 Create Matrix File 对话框

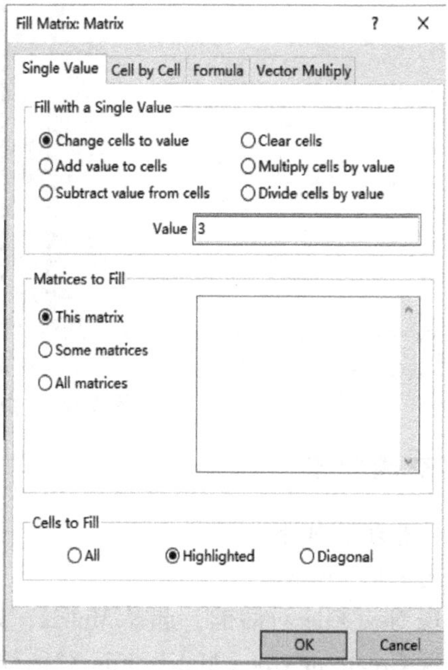

图 5-28 Fill Matrix、Matrix 对话框

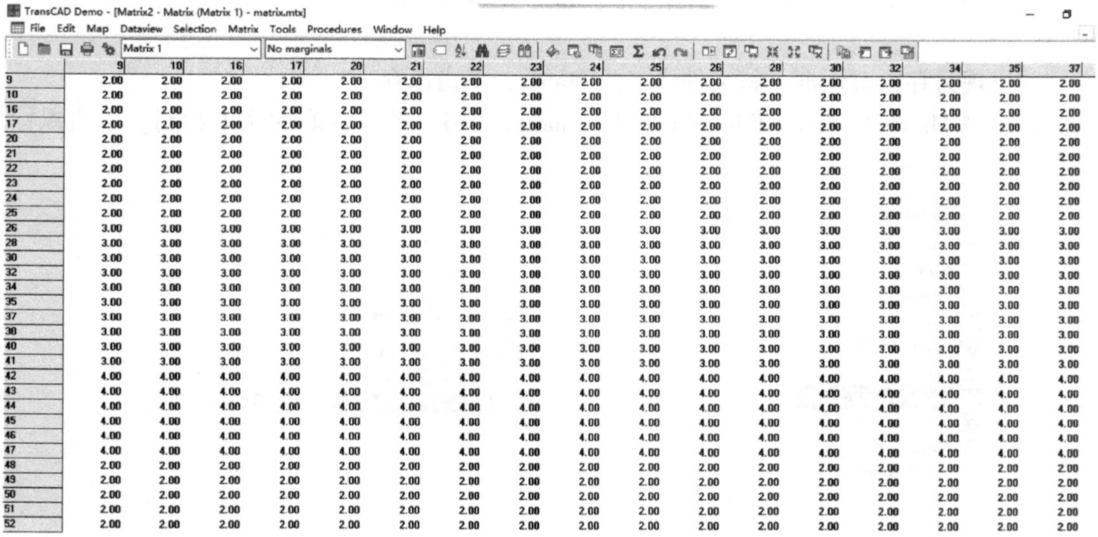

	9	10	16	17	20	21	22	23	24	25	26	28	30	32	34	35	37
9	2.00	2.00	2.00	2.00	2.00	2.00	2.00	2.00	2.00	2.00	2.00	2.00	2.00	2.00	2.00	2.00	2.00
10	2.00	2.00	2.00	2.00	2.00	2.00	2.00	2.00	2.00	2.00	2.00	2.00	2.00	2.00	2.00	2.00	2.00
16	2.00	2.00	2.00	2.00	2.00	2.00	2.00	2.00	2.00	2.00	2.00	2.00	2.00	2.00	2.00	2.00	2.00
17	2.00	2.00	2.00	2.00	2.00	2.00	2.00	2.00	2.00	2.00	2.00	2.00	2.00	2.00	2.00	2.00	2.00
20	2.00	2.00	2.00	2.00	2.00	2.00	2.00	2.00	2.00	2.00	2.00	2.00	2.00	2.00	2.00	2.00	2.00
21	2.00	2.00	2.00	2.00	2.00	2.00	2.00	2.00	2.00	2.00	2.00	2.00	2.00	2.00	2.00	2.00	2.00
22	2.00	2.00	2.00	2.00	2.00	2.00	2.00	2.00	2.00	2.00	2.00	2.00	2.00	2.00	2.00	2.00	2.00
23	2.00	2.00	2.00	2.00	2.00	2.00	2.00	2.00	2.00	2.00	2.00	2.00	2.00	2.00	2.00	2.00	2.00
24	2.00	2.00	2.00	2.00	2.00	2.00	2.00	2.00	2.00	2.00	2.00	2.00	2.00	2.00	2.00	2.00	2.00
25	2.00	2.00	2.00	2.00	2.00	2.00	2.00	2.00	2.00	2.00	2.00	2.00	2.00	2.00	2.00	2.00	2.00
26	3.00	3.00	3.00	3.00	3.00	3.00	3.00	3.00	3.00	3.00	3.00	3.00	3.00	3.00	3.00	3.00	3.00
28	3.00	3.00	3.00	3.00	3.00	3.00	3.00	3.00	3.00	3.00	3.00	3.00	3.00	3.00	3.00	3.00	3.00
30	3.00	3.00	3.00	3.00	3.00	3.00	3.00	3.00	3.00	3.00	3.00	3.00	3.00	3.00	3.00	3.00	3.00
32	3.00	3.00	3.00	3.00	3.00	3.00	3.00	3.00	3.00	3.00	3.00	3.00	3.00	3.00	3.00	3.00	3.00
34	3.00	3.00	3.00	3.00	3.00	3.00	3.00	3.00	3.00	3.00	3.00	3.00	3.00	3.00	3.00	3.00	3.00
35	3.00	3.00	3.00	3.00	3.00	3.00	3.00	3.00	3.00	3.00	3.00	3.00	3.00	3.00	3.00	3.00	3.00
37	3.00	3.00	3.00	3.00	3.00	3.00	3.00	3.00	3.00	3.00	3.00	3.00	3.00	3.00	3.00	3.00	3.00
38	3.00	3.00	3.00	3.00	3.00	3.00	3.00	3.00	3.00	3.00	3.00	3.00	3.00	3.00	3.00	3.00	3.00
40	3.00	3.00	3.00	3.00	3.00	3.00	3.00	3.00	3.00	3.00	3.00	3.00	3.00	3.00	3.00	3.00	3.00
41	3.00	3.00	3.00	3.00	3.00	3.00	3.00	3.00	3.00	3.00	3.00	3.00	3.00	3.00	3.00	3.00	3.00
42	4.00	4.00	4.00	4.00	4.00	4.00	4.00	4.00	4.00	4.00	4.00	4.00	4.00	4.00	4.00	4.00	4.00
43	4.00	4.00	4.00	4.00	4.00	4.00	4.00	4.00	4.00	4.00	4.00	4.00	4.00	4.00	4.00	4.00	4.00
44	4.00	4.00	4.00	4.00	4.00	4.00	4.00	4.00	4.00	4.00	4.00	4.00	4.00	4.00	4.00	4.00	4.00
45	4.00	4.00	4.00	4.00	4.00	4.00	4.00	4.00	4.00	4.00	4.00	4.00	4.00	4.00	4.00	4.00	4.00
46	4.00	4.00	4.00	4.00	4.00	4.00	4.00	4.00	4.00	4.00	4.00	4.00	4.00	4.00	4.00	4.00	4.00
47	4.00	4.00	4.00	4.00	4.00	4.00	4.00	4.00	4.00	4.00	4.00	4.00	4.00	4.00	4.00	4.00	4.00
48	2.00	2.00	2.00	2.00	2.00	2.00	2.00	2.00	2.00	2.00	2.00	2.00	2.00	2.00	2.00	2.00	2.00
49	2.00	2.00	2.00	2.00	2.00	2.00	2.00	2.00	2.00	2.00	2.00	2.00	2.00	2.00	2.00	2.00	2.00
50	2.00	2.00	2.00	2.00	2.00	2.00	2.00	2.00	2.00	2.00	2.00	2.00	2.00	2.00	2.00	2.00	2.00
51	2.00	2.00	2.00	2.00	2.00	2.00	2.00	2.00	2.00	2.00	2.00	2.00	2.00	2.00	2.00	2.00	2.00
52	2.00	2.00	2.00	2.00	2.00	2.00	2.00	2.00	2.00	2.00	2.00	2.00	2.00	2.00	2.00	2.00	2.00

图 5-29 Matrix2-Matrix(Matrix 1)-matrix 表格

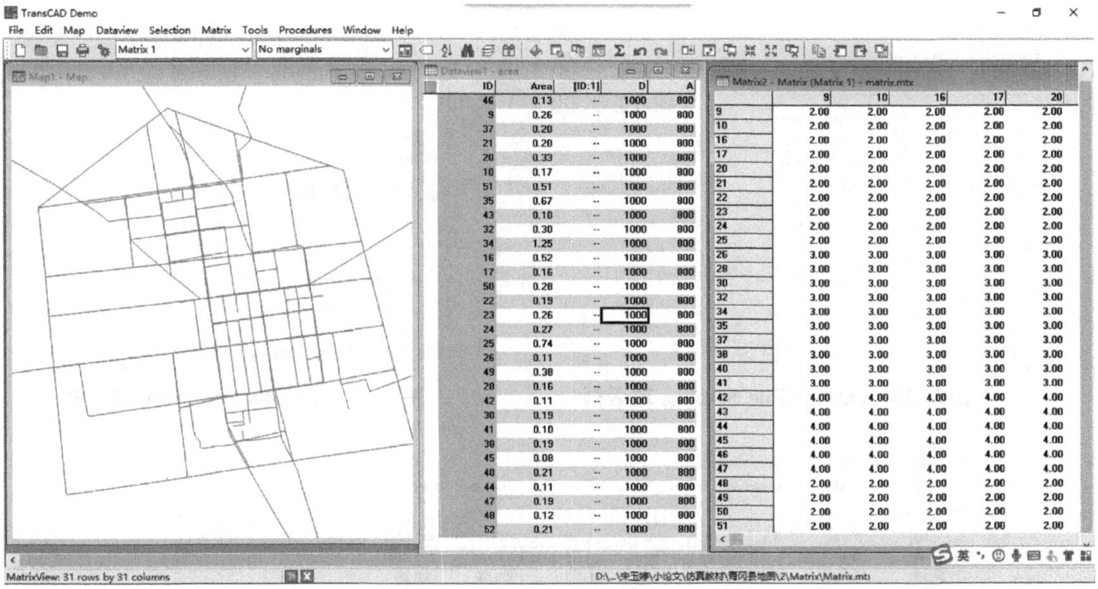

图 5-30　现阶段所有图框

四、PA 平衡

一般情况下，初始路网处于不平衡状态，需要进行 PA 平衡，若所绘制区域 PA 已平衡，则不需要进行此步骤。

①单击 area 层。

②依次单击 Planning→Balance，如图 5-31 所示。

③出现 Vector Balancing 对话框，单击工具栏图标，在 Vector Settings 处增加平衡选项，在 Vector 1 一栏输入 P，在 Vector 2 一栏输入 A，单击 OK，如图 5-32 所示。

④出现 Output File Settings 对话框，如图 5-33 所示，不做任何改变，单击 OK。

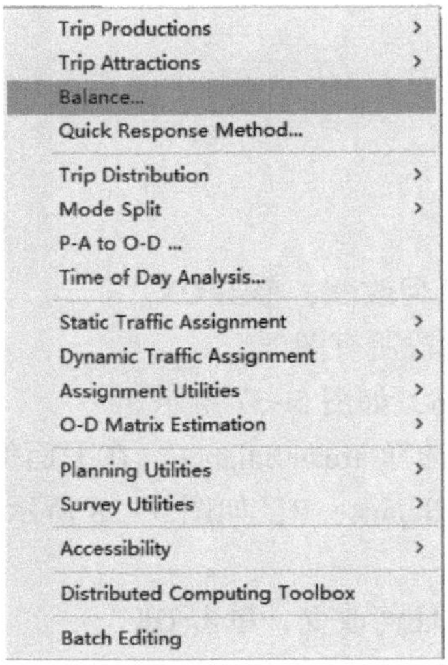

图 5-31　操作步骤

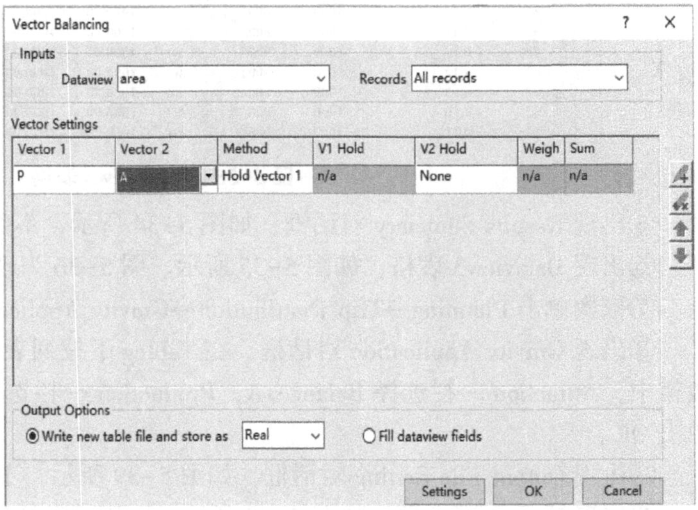

图 5-32　Vector Balancing 对话框

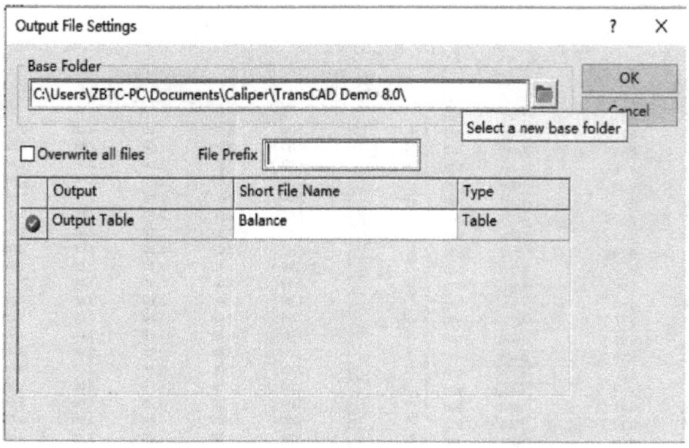

图 5-33　Output File Settings 对话框

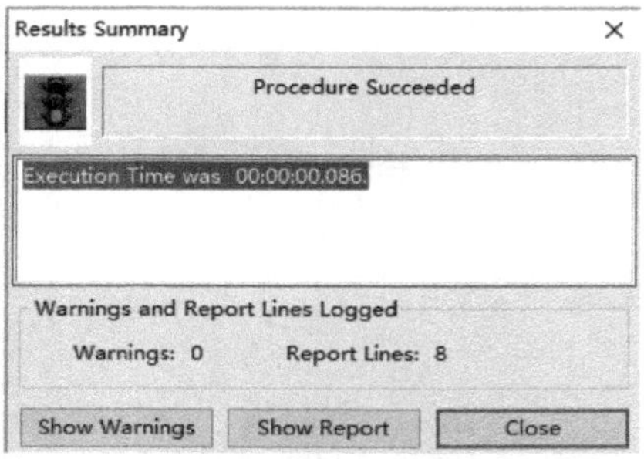

图 5-34　Results Summary 对话框

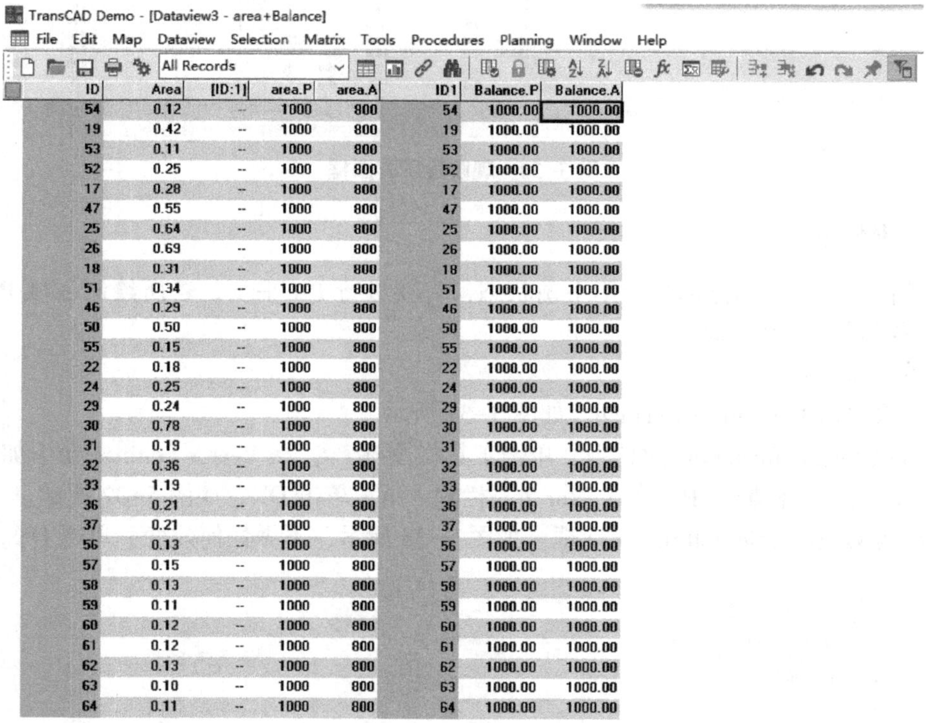

ID	Area	[ID:1]	area.P	area.A	ID1	Balance.P	Balance.A
54	0.12	--	1000	800	54	1000.00	1000.00
19	0.42	--	1000	800	19	1000.00	1000.00
53	0.11	--	1000	800	53	1000.00	1000.00
52	0.25	--	1000	800	52	1000.00	1000.00
17	0.28	--	1000	800	17	1000.00	1000.00
47	0.55	--	1000	800	47	1000.00	1000.00
25	0.64	--	1000	800	25	1000.00	1000.00
26	0.69	--	1000	800	26	1000.00	1000.00
18	0.31	--	1000	800	18	1000.00	1000.00
51	0.34	--	1000	800	51	1000.00	1000.00
46	0.29	--	1000	800	46	1000.00	1000.00
50	0.50	--	1000	800	50	1000.00	1000.00
55	0.15	--	1000	800	55	1000.00	1000.00
22	0.18	--	1000	800	22	1000.00	1000.00
24	0.25	--	1000	800	24	1000.00	1000.00
29	0.24	--	1000	800	29	1000.00	1000.00
30	0.78	--	1000	800	30	1000.00	1000.00
31	0.19	--	1000	800	31	1000.00	1000.00
32	0.36	--	1000	800	32	1000.00	1000.00
33	1.19	--	1000	800	33	1000.00	1000.00
36	0.21	--	1000	800	36	1000.00	1000.00
37	0.21	--	1000	800	37	1000.00	1000.00
56	0.13	--	1000	800	56	1000.00	1000.00
57	0.15	--	1000	800	57	1000.00	1000.00
58	0.13	--	1000	800	58	1000.00	1000.00
59	0.11	--	1000	800	59	1000.00	1000.00
60	0.12	--	1000	800	60	1000.00	1000.00
61	0.12	--	1000	800	61	1000.00	1000.00
62	0.13	--	1000	800	62	1000.00	1000.00
63	0.10	--	1000	800	63	1000.00	1000.00
64	0.11	--	1000	800	64	1000.00	1000.00

图 5-35　Dataview3 表格

⑤出现 Results Summary 对话框，如图 5-34 所示，不做任何改变，单击 OK。

⑥出现 Dataview3 表格，如图 5-35 所示。图 5-36 为现阶段所有图框。

⑦依次单击 Planning→Trip Distribution→Gravity Application，如图 5-37 所示。

⑧出现 Gravity Application 对话框，在 Tableg 下拉列表中选择 area+Balance，在下面的表格中，Attraction 一栏选择 Balance. A，Production 一栏选择 Balance. P，如图 5-38 所示，单击 OK。

⑨出现 Output File Setting 对话框，如图 5-39 所示，不做任何改变，单击 OK。

⑩出现 Results 对话框，如图 5-40 所示，不用改变任何数值，单击 Close。

⑪出现 Results Summary 对话框，如图 5-41 所示，不用改变任何数值，单击 Close。

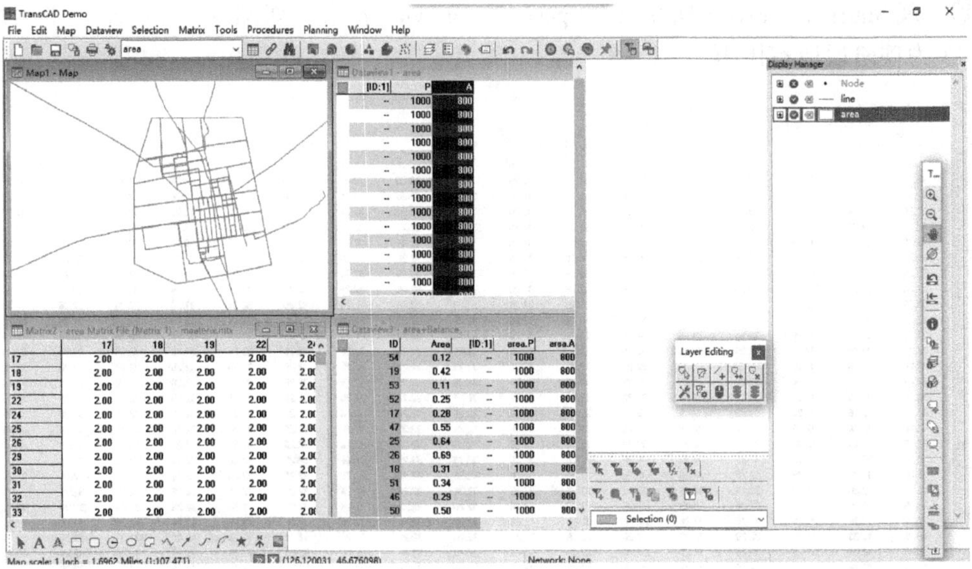

图 5-36　现阶段所有图框

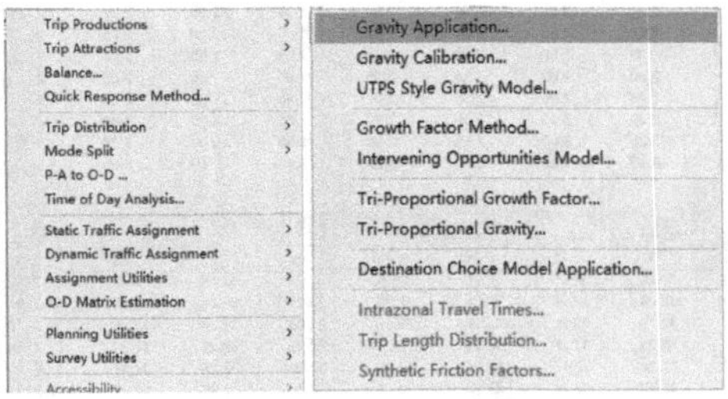

图 5-37　操作步骤

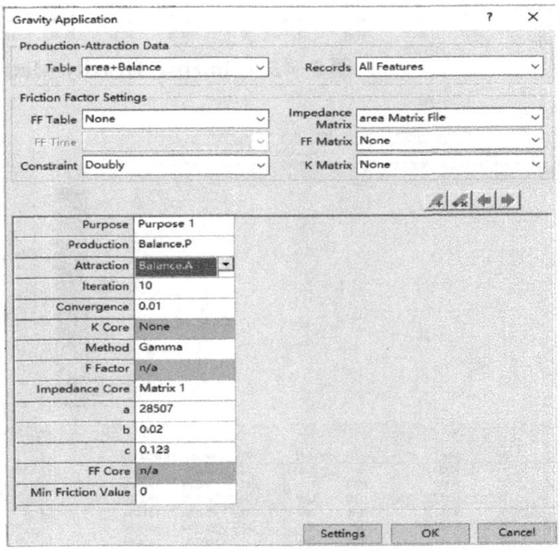

图 5-38　Gravity Application 对话框

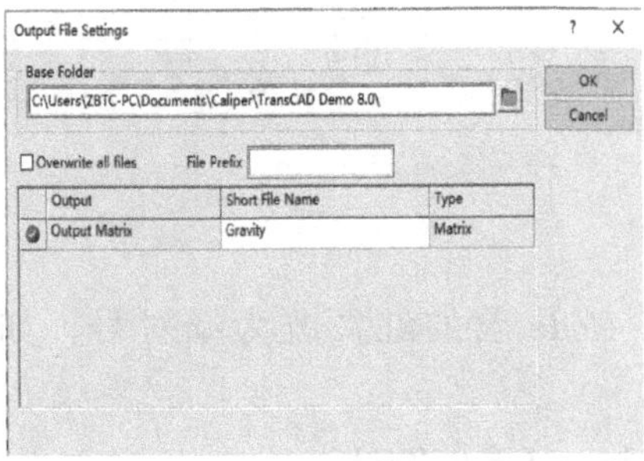

图 5-39　Output File Setting 对话框

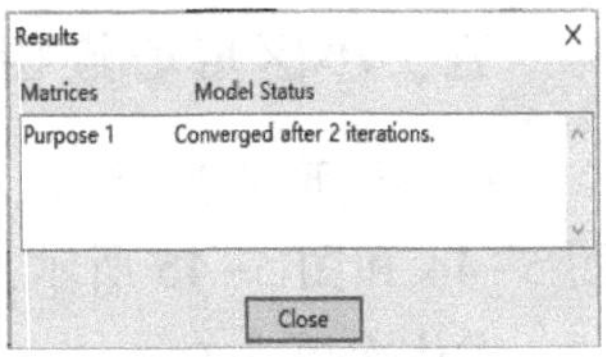

图 5-40　Results 对话框

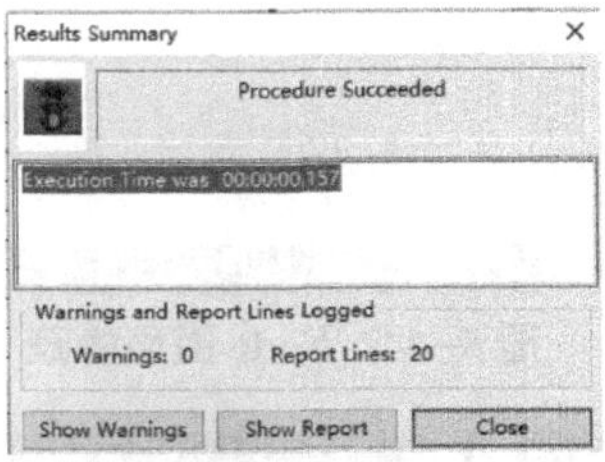

图 5-41　Results Summary 对话框

⑫出现 Matrix4-Gravity Matrix(Purpose 1)-gravity 表格，如图 5-42 所示，平衡结束。图 5-43 为现阶段所有图框。

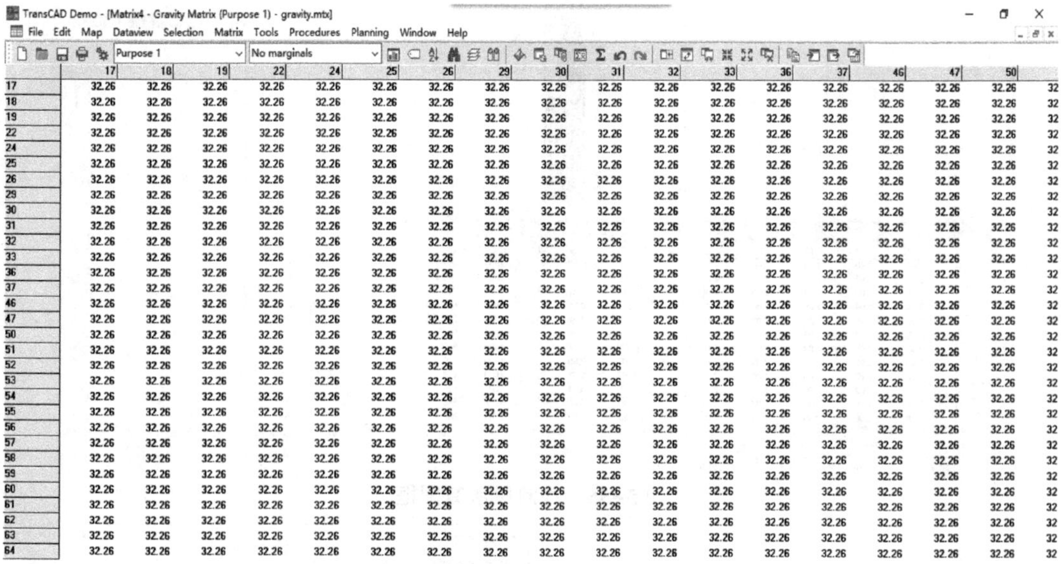

	17	18	19	22	24	25	26	29	30	31	32	33	36	37	46	47	50	
17	32.26	32.26	32.26	32.26	32.26	32.26	32.26	32.26	32.26	32.26	32.26	32.26	32.26	32.26	32.26	32.26	32.26	32
18	32.26	32.26	32.26	32.26	32.26	32.26	32.26	32.26	32.26	32.26	32.26	32.26	32.26	32.26	32.26	32.26	32.26	32
19	32.26	32.26	32.26	32.26	32.26	32.26	32.26	32.26	32.26	32.26	32.26	32.26	32.26	32.26	32.26	32.26	32.26	32
22	32.26	32.26	32.26	32.26	32.26	32.26	32.26	32.26	32.26	32.26	32.26	32.26	32.26	32.26	32.26	32.26	32.26	32
24	32.26	32.26	32.26	32.26	32.26	32.26	32.26	32.26	32.26	32.26	32.26	32.26	32.26	32.26	32.26	32.26	32.26	32
25	32.26	32.26	32.26	32.26	32.26	32.26	32.26	32.26	32.26	32.26	32.26	32.26	32.26	32.26	32.26	32.26	32.26	32
26	32.26	32.26	32.26	32.26	32.26	32.26	32.26	32.26	32.26	32.26	32.26	32.26	32.26	32.26	32.26	32.26	32.26	32
29	32.26	32.26	32.26	32.26	32.26	32.26	32.26	32.26	32.26	32.26	32.26	32.26	32.26	32.26	32.26	32.26	32.26	32
30	32.26	32.26	32.26	32.26	32.26	32.26	32.26	32.26	32.26	32.26	32.26	32.26	32.26	32.26	32.26	32.26	32.26	32
31	32.26	32.26	32.26	32.26	32.26	32.26	32.26	32.26	32.26	32.26	32.26	32.26	32.26	32.26	32.26	32.26	32.26	32
32	32.26	32.26	32.26	32.26	32.26	32.26	32.26	32.26	32.26	32.26	32.26	32.26	32.26	32.26	32.26	32.26	32.26	32
33	32.26	32.26	32.26	32.26	32.26	32.26	32.26	32.26	32.26	32.26	32.26	32.26	32.26	32.26	32.26	32.26	32.26	32
36	32.26	32.26	32.26	32.26	32.26	32.26	32.26	32.26	32.26	32.26	32.26	32.26	32.26	32.26	32.26	32.26	32.26	32
37	32.26	32.26	32.26	32.26	32.26	32.26	32.26	32.26	32.26	32.26	32.26	32.26	32.26	32.26	32.26	32.26	32.26	32
46	32.26	32.26	32.26	32.26	32.26	32.26	32.26	32.26	32.26	32.26	32.26	32.26	32.26	32.26	32.26	32.26	32.26	32
47	32.26	32.26	32.26	32.26	32.26	32.26	32.26	32.26	32.26	32.26	32.26	32.26	32.26	32.26	32.26	32.26	32.26	32
50	32.26	32.26	32.26	32.26	32.26	32.26	32.26	32.26	32.26	32.26	32.26	32.26	32.26	32.26	32.26	32.26	32.26	32
51	32.26	32.26	32.26	32.26	32.26	32.26	32.26	32.26	32.26	32.26	32.26	32.26	32.26	32.26	32.26	32.26	32.26	32
52	32.26	32.26	32.26	32.26	32.26	32.26	32.26	32.26	32.26	32.26	32.26	32.26	32.26	32.26	32.26	32.26	32.26	32
53	32.26	32.26	32.26	32.26	32.26	32.26	32.26	32.26	32.26	32.26	32.26	32.26	32.26	32.26	32.26	32.26	32.26	32
54	32.26	32.26	32.26	32.26	32.26	32.26	32.26	32.26	32.26	32.26	32.26	32.26	32.26	32.26	32.26	32.26	32.26	32
55	32.26	32.26	32.26	32.26	32.26	32.26	32.26	32.26	32.26	32.26	32.26	32.26	32.26	32.26	32.26	32.26	32.26	32
56	32.26	32.26	32.26	32.26	32.26	32.26	32.26	32.26	32.26	32.26	32.26	32.26	32.26	32.26	32.26	32.26	32.26	32
57	32.26	32.26	32.26	32.26	32.26	32.26	32.26	32.26	32.26	32.26	32.26	32.26	32.26	32.26	32.26	32.26	32.26	32
58	32.26	32.26	32.26	32.26	32.26	32.26	32.26	32.26	32.26	32.26	32.26	32.26	32.26	32.26	32.26	32.26	32.26	32
59	32.26	32.26	32.26	32.26	32.26	32.26	32.26	32.26	32.26	32.26	32.26	32.26	32.26	32.26	32.26	32.26	32.26	32
60	32.26	32.26	32.26	32.26	32.26	32.26	32.26	32.26	32.26	32.26	32.26	32.26	32.26	32.26	32.26	32.26	32.26	32
61	32.26	32.26	32.26	32.26	32.26	32.26	32.26	32.26	32.26	32.26	32.26	32.26	32.26	32.26	32.26	32.26	32.26	32
62	32.26	32.26	32.26	32.26	32.26	32.26	32.26	32.26	32.26	32.26	32.26	32.26	32.26	32.26	32.26	32.26	32.26	32
63	32.26	32.26	32.26	32.26	32.26	32.26	32.26	32.26	32.26	32.26	32.26	32.26	32.26	32.26	32.26	32.26	32.26	32
64	32.26	32.26	32.26	32.26	32.26	32.26	32.26	32.26	32.26	32.26	32.26	32.26	32.26	32.26	32.26	32.26	32.26	32

图 5-42 Matrix4-Gravity Matrix(Purpose 1)-gravity 表格

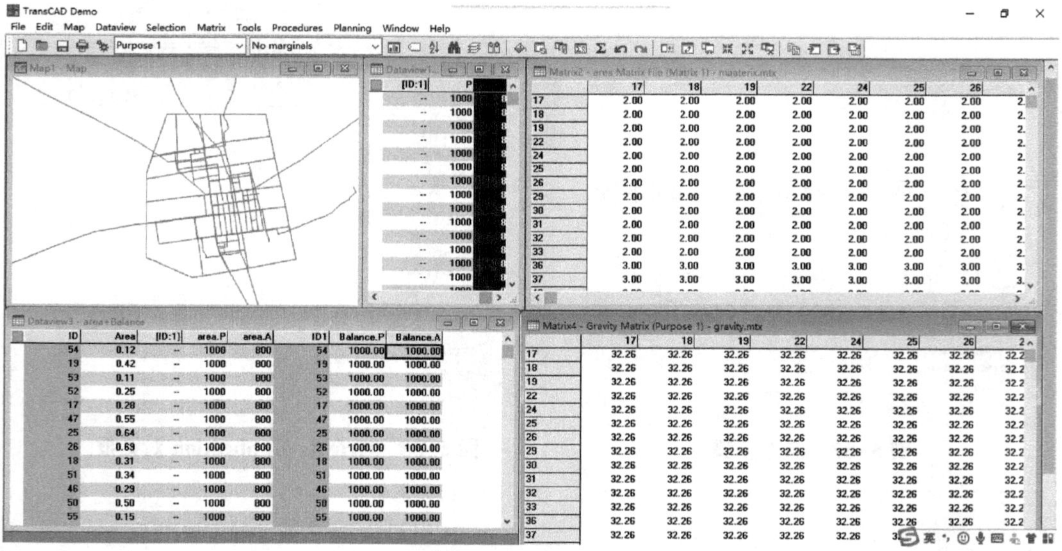

图 5-43 现阶段所有图框

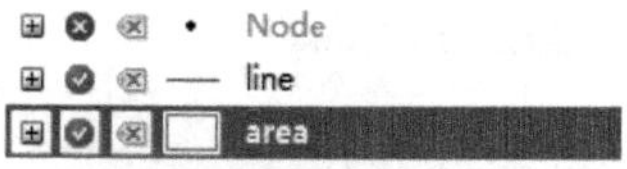

图 5-44 Node 图层隐藏

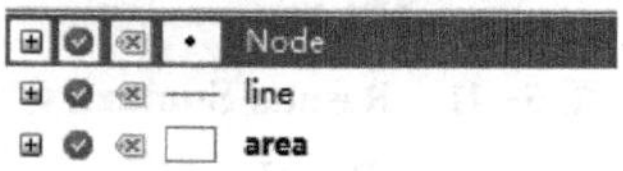

图 5-45 Node 图层打开

五、小区形心连接

在小区形心连接前，将 Node 前的红叉改为绿对号，如图 5-44 和图 5-45 所示。

①依次单击 Dataview Table→Modify Table。

②出现 Modify Table 对话框，增加 index 属性，如图 5-46 所示。

③依次单击 Tools→Editing→Centroid Connectors，如图 5-47 所示。

④出现 Centroid Connectors 对话框，在 Settings 页，从 Using 下拉列表中选择 All Features，从 To 下拉列表中选择 line，从 Split segments belonging to 下拉列表中选择 All Features，其他保持不动；Fill 页，在 Endpoint 栏中输入 index，单击下面的 IDs from area layer，单击 OK。各页面分别如图 5-48 和图 5-49 所示。

⑤出现小区形心，如图 5-50 所示。

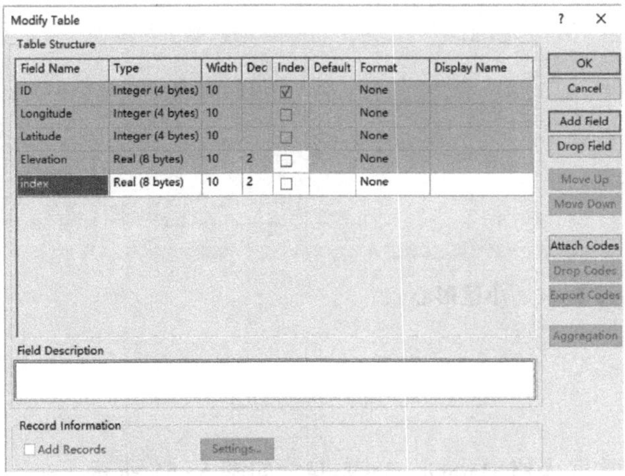

图 5-46　Modify Table 对话框

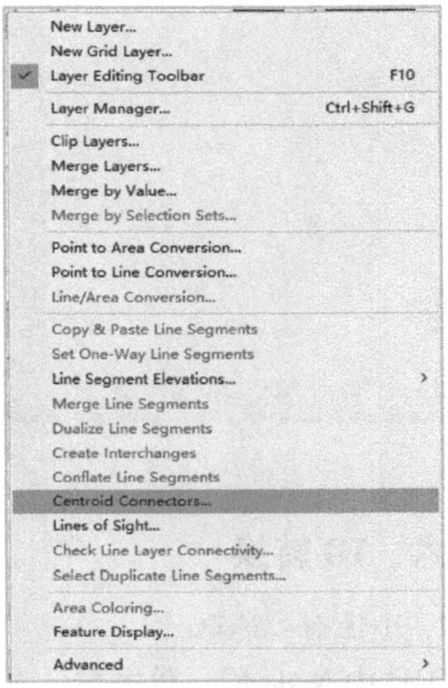

图 5-47　操作步骤

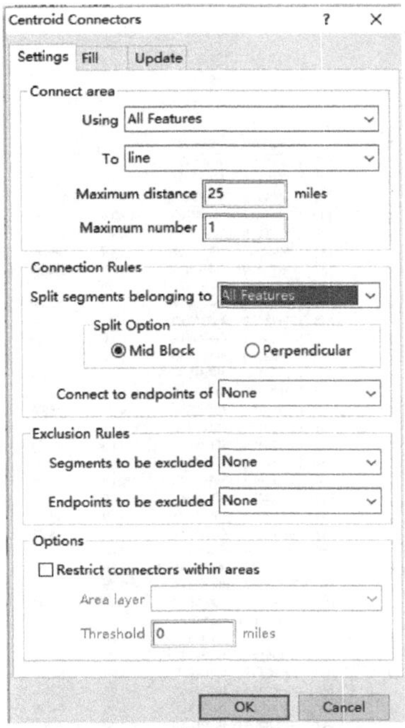

图 5-48　Centroid Connectors 对话框的 Settings 页

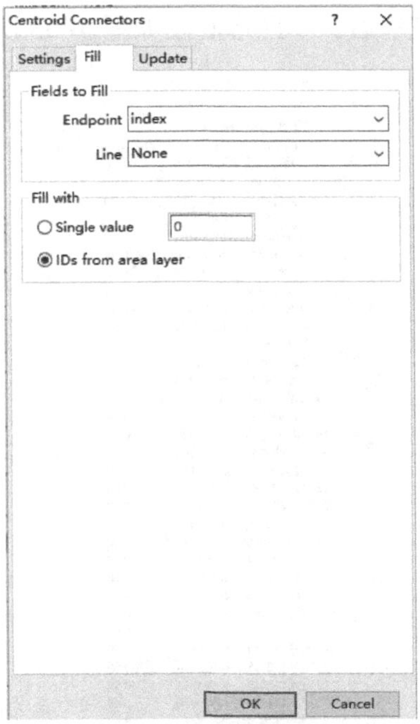

图 5-49　Centroid Connectors 对话框的 Fill 页

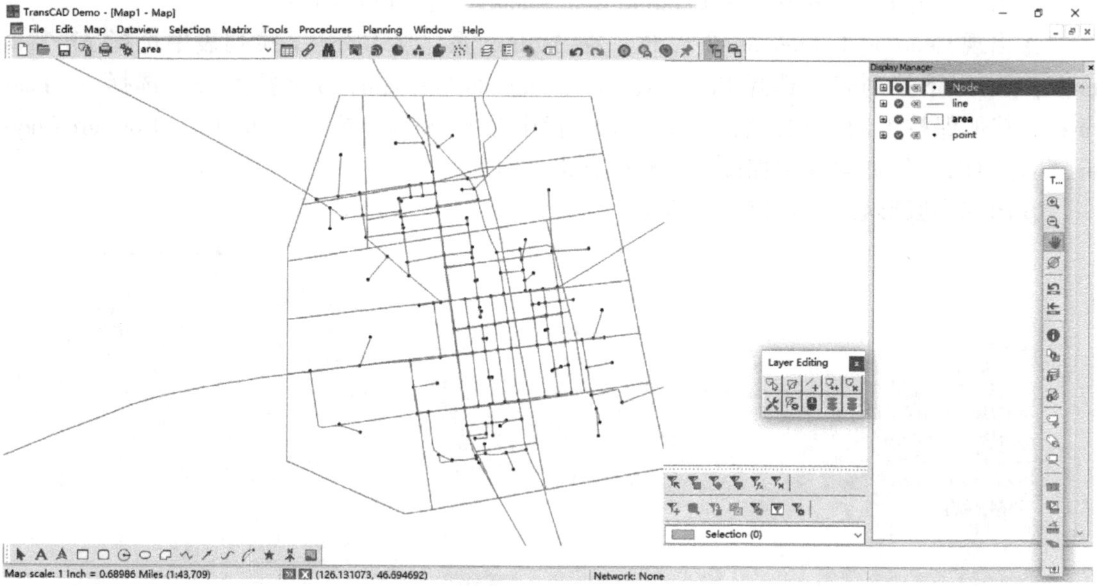

图 5-50　小区形心

六、ID 转换

1. 小区形心选取

①选中 Node 层，单击▦，出现数据表格 Dataview5-Node，如图 5-51 所示。

②在界面中手动选择需转换的小区标号，在其编号前单击鼠标左键，如图 5-52 所示。

③选择完毕后，小区形心图如图 5-53 所示。

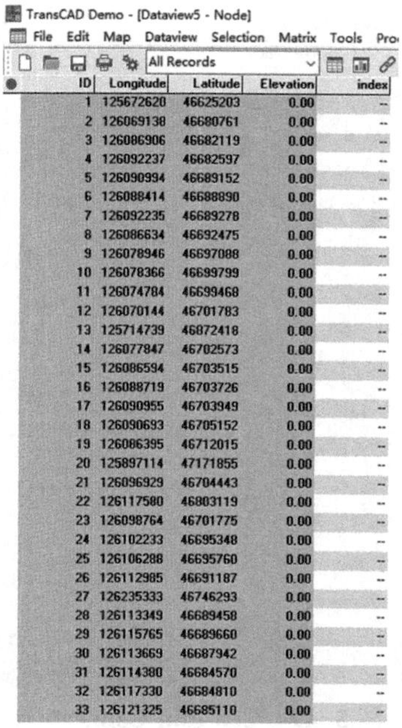
TransCAD Demo - [Dataview5 - Node]

File Edit Map Dataview Selection Matrix Tools Pro

All Records

ID	Longitude	Latitude	Elevation	index
1	125672620	46625203	0.00	--
2	126069138	46680761	0.00	--
3	126086906	46682119	0.00	--
4	126092237	46682597	0.00	--
5	126090994	46689152	0.00	--
6	126088414	46688890	0.00	--
7	126092235	46689278	0.00	--
8	126086634	46692475	0.00	--
9	126078946	46697088	0.00	--
10	126078366	46699799	0.00	--
11	126074784	46699468	0.00	--
12	126070144	46701783	0.00	--
13	125714739	46872418	0.00	--
14	126077847	46702573	0.00	--
15	126086594	46703515	0.00	--
16	126088719	46703726	0.00	--
17	126090955	46703949	0.00	--
18	126090693	46705152	0.00	--
19	126086395	46712015	0.00	--
20	125897114	47171855	0.00	--
21	126096929	46704443	0.00	--
22	126117580	46803119	0.00	--
23	126098764	46701775	0.00	--
24	126102233	46695348	0.00	--
25	126106288	46695760	0.00	--
26	126112985	46691187	0.00	--
27	126235333	46746293	0.00	--
28	126113349	46689458	0.00	--
29	126115765	46689660	0.00	--
30	126113669	46687942	0.00	--
31	126114380	46684570	0.00	--
32	126117330	46684810	0.00	--
33	126121325	46685110	0.00	--

图 5-51　Dataview5-Node 数据表格

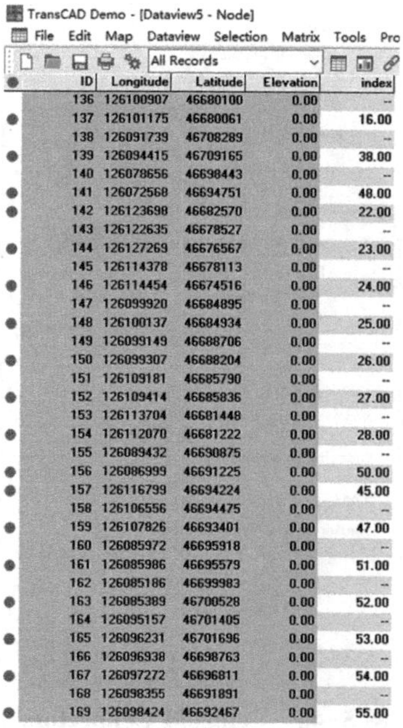
TransCAD Demo - [Dataview5 - Node]

File Edit Map Dataview Selection Matrix Tools Pro

All Records

●	ID	Longitude	Latitude	Elevation	index
	136	126100907	46680100	0.00	--
●	137	126101175	46680061	0.00	16.00
	138	126091739	46708289	0.00	--
●	139	126094415	46709165	0.00	38.00
	140	126078656	46698443	0.00	--
●	141	126072568	46694751	0.00	48.00
●	142	126123698	46682570	0.00	22.00
	143	126122635	46678527	0.00	--
●	144	126127269	46676567	0.00	23.00
	145	126114378	46678113	0.00	--
●	146	126114454	46674516	0.00	24.00
	147	126099920	46684895	0.00	--
●	148	126100137	46684934	0.00	25.00
	149	126099149	46688706	0.00	--
●	150	126099307	46688204	0.00	26.00
	151	126109181	46685790	0.00	--
●	152	126109414	46685836	0.00	27.00
	153	126113704	46681448	0.00	--
●	154	126112070	46681222	0.00	28.00
	155	126089432	46690875	0.00	--
●	156	126086999	46691225	0.00	50.00
●	157	126116799	46694224	0.00	45.00
	158	126106556	46694475	0.00	--
●	159	126107826	46693401	0.00	47.00
	160	126085972	46695918	0.00	--
●	161	126085986	46695579	0.00	51.00
	162	126085186	46699983	0.00	--
●	163	126085389	46700528	0.00	52.00
	164	126095157	46701405	0.00	--
●	165	126096231	46701696	0.00	53.00
	166	126096938	46698763	0.00	--
●	167	126097272	46696811	0.00	54.00
	168	126098355	46691891	0.00	--
●	169	126098424	46692467	0.00	55.00

图 5-52　小区形心选取

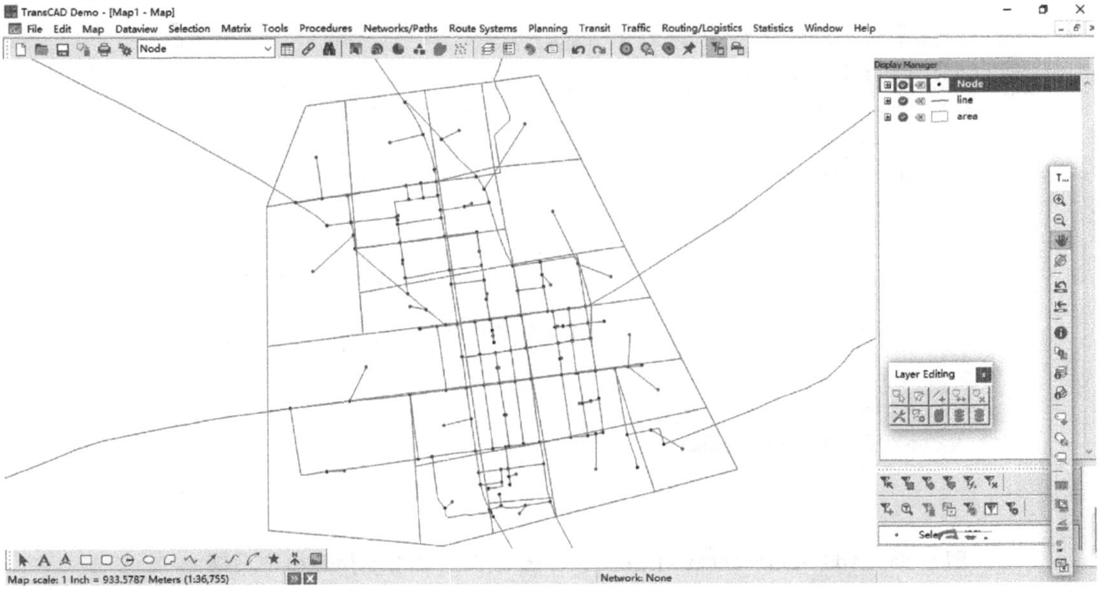

图 5-53 小区形心图

2. ID 转换

①选中 Matrix2，单击 Matrix→Indices，如图 5-54 所示。

②出现 Matrix Indices 对话框，单击 Add Index，如图 5-55 所示。

③出现 Add Matrix Index 对话框，从 Dataview 下拉列表中选择 Node，从 Field 下拉列表中选择 index，从 Selection 下拉列表中选择 Selection(30)，如图 5-56 所示，单击 OK。

④出现 Matrix Indices 对话框，如图 5-57 所示，单击 Close。

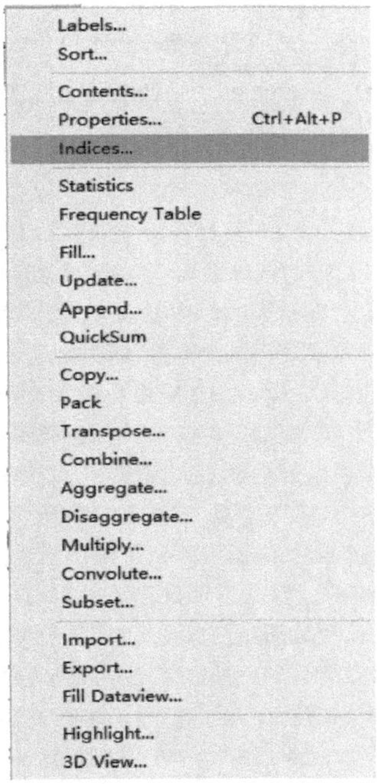

图 5-54 操作步骤

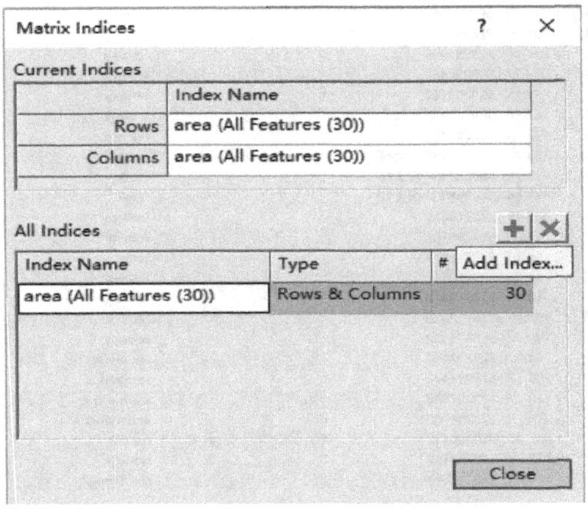

图 5-55 Matrix Indices 对话框

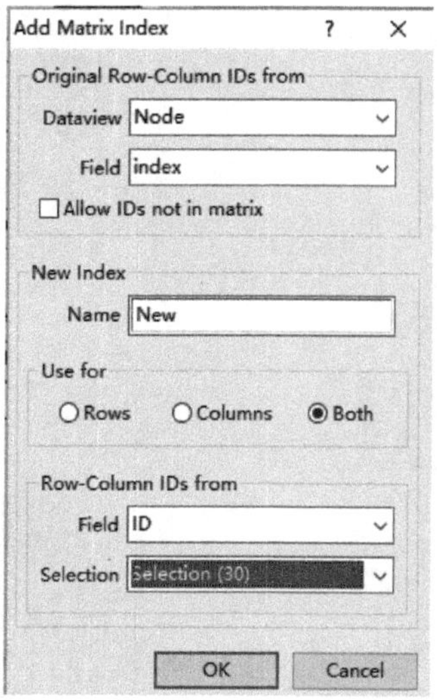

图 5-56 Add Matrix Index 对话框

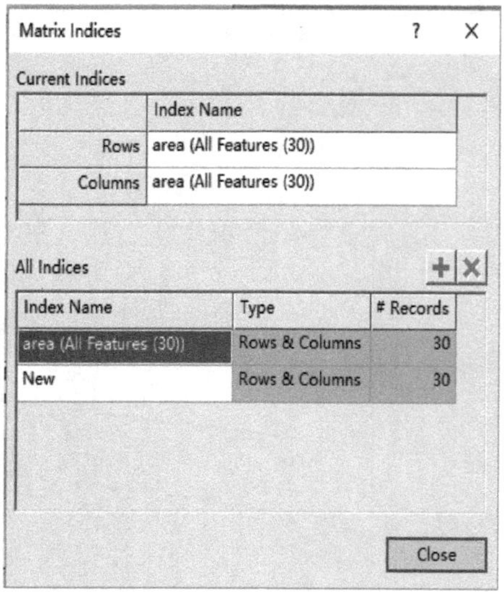

图 5-57 Matrix Indices 对话框

七、交通分配

1. 添加路网属性

①选中 Line 层，单击 Open Dataview 图标，弹出 Dataview6-line 数据表格，如图 5-58 所示。在 Capacity 与 Speed 处单击鼠标右键，单击 Fill，手动输入统一数值，或双击表格单独输入。

②在 TIME 处单击鼠标右键，单击 Fill，选中 Formula，出现 Fomula(Dataview：line)对话框，输入公式 Length/SPEED，输入步骤如图 5-59 和图 5-60 所示，在 Formula Builder

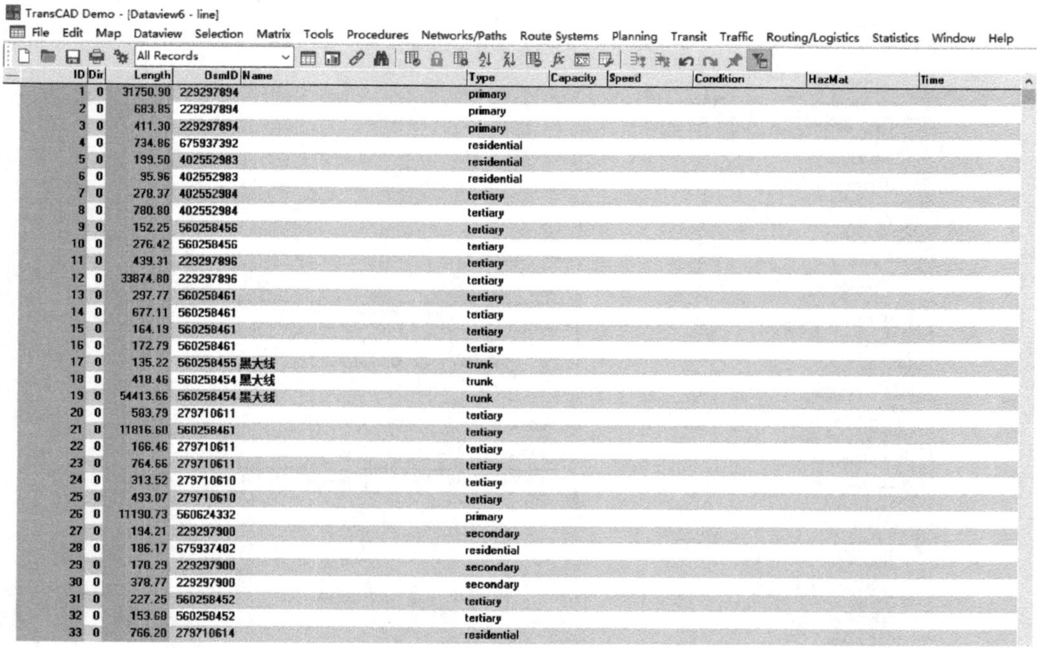

ID	Dir	Length	OsmID	Name	Type	Capacity	Speed	Condition	HazMat	Time
1	0	31750.90	229297894		primary					
2	0	683.85	229297894		primary					
3	0	411.30	229297894		primary					
4	0	734.86	675937392		residential					
5	0	199.50	402552983		residential					
6	0	95.96	402552983		residential					
7	0	278.37	402552984		tertiary					
8	0	780.80	402552984		tertiary					
9	0	152.25	560258456		tertiary					
10	0	276.42	560258456		tertiary					
11	0	439.31	229297896		tertiary					
12	0	33874.80	229297896		tertiary					
13	0	297.77	560258461		tertiary					
14	0	677.11	560258461		tertiary					
15	0	164.19	560258461		tertiary					
16	0	172.79	560258461		tertiary					
17	0	135.22	560258455	黑大线	trunk					
18	0	418.46	560258454	黑大线	trunk					
19	0	54413.66	560258454	黑大线	trunk					
20	0	583.79	279710611		tertiary					
21	0	11816.60	560258461		tertiary					
22	0	166.46	279710611		tertiary					
23	0	764.66	279710611		tertiary					
24	0	313.52	279710610		tertiary					
25	0	493.07	279710610		tertiary					
26	0	11190.73	560624332		primary					
27	0	194.21	229297900		secondary					
28	0	186.17	675937402		residential					
29	0	170.29	229297900		secondary					
30	0	378.77	229297900		secondary					
31	0	227.25	560258452		tertiary					
32	0	153.68	560258452		tertiary					
33	0	766.20	279710614		residential					

图 5-58 Dataview6-line 数据表格

一栏中选取公式参数 Length 和 SPEED，Operator List 一栏中选择公式计算符号，最终对话框如图 5-61 所示，单击 OK。

③出现 Confirm 对话框，如图 5-62 所示，单击是。计算后的 Dataview 6-line 数据表格如图 5-63 所示。

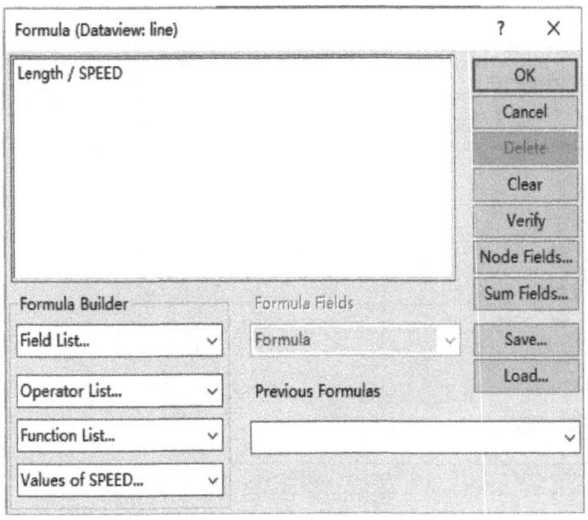

图 5-59 Fomula(Dataview: line)对话框

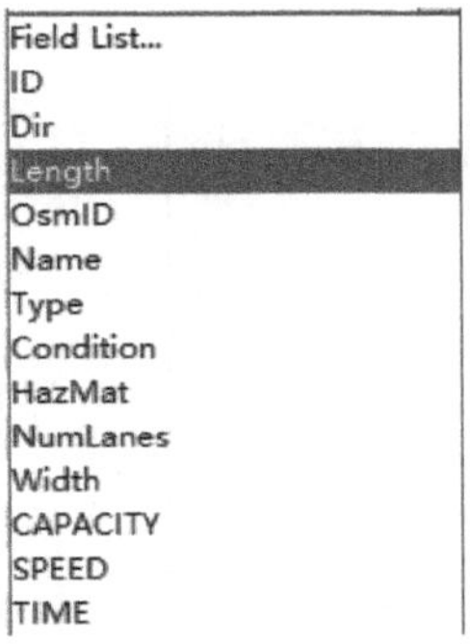

图 5-60 Formula Builder 栏参数选择

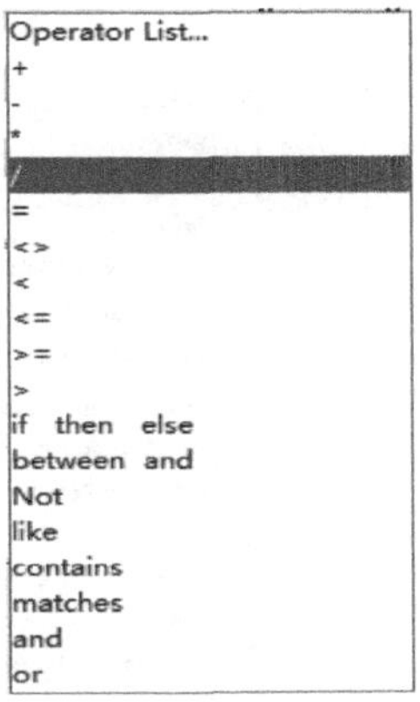

图 5-61 Operator List 栏计算符号选择

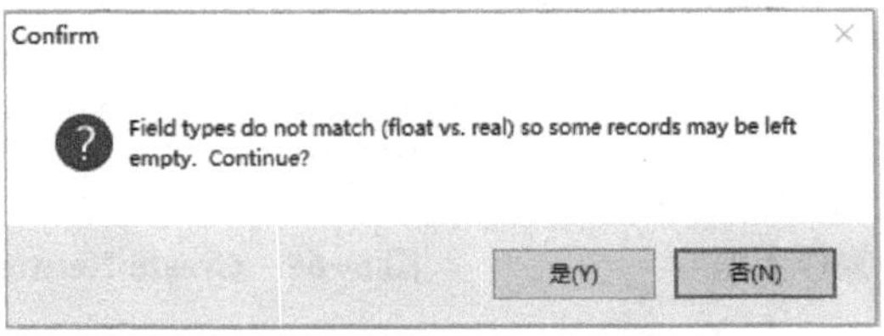

图 5-62 Confirm 对话框

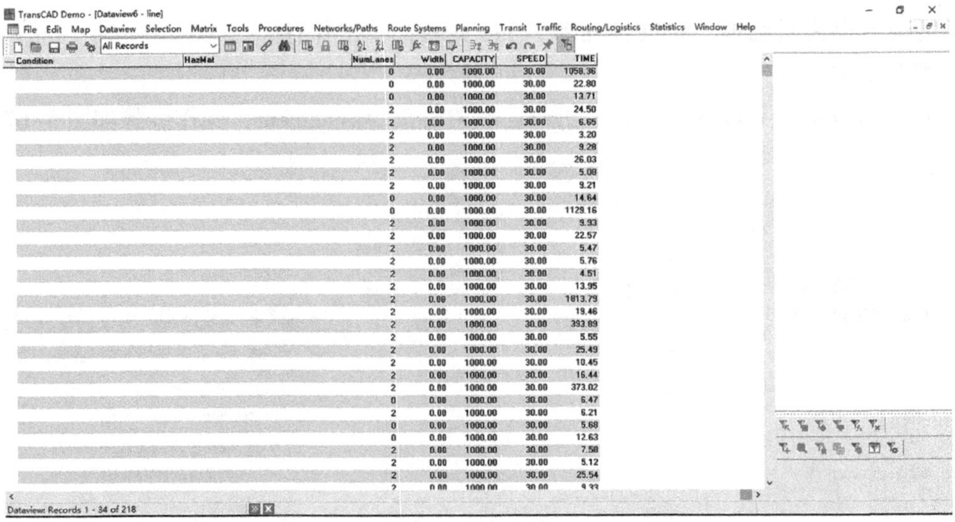

图 5-63 计算后的 Dataview6-line 数据表格

2. 建立虚拟路网

①选中 line 层，单击 Networks/Paths→Create，如图 5-64 所示。

②出现 Create Network 对话框，单击 Choose Link Fields，如图 5-65 所示。

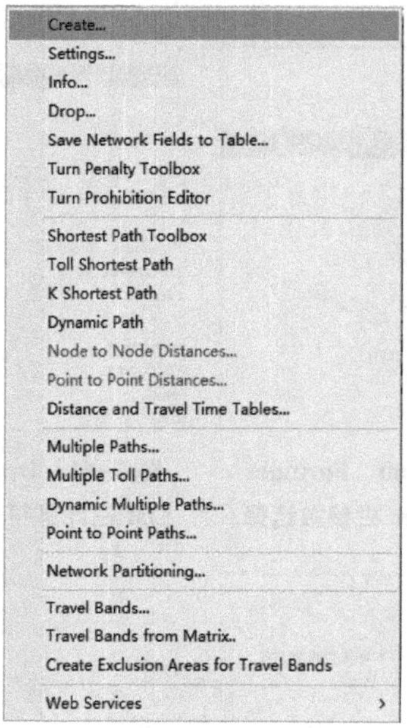

图 5-64　操作步骤

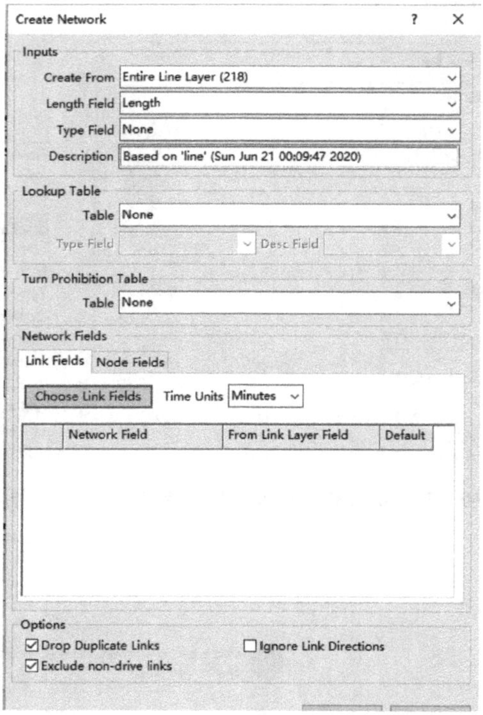

图 5-65　Create Network 对话框

③出现 Choose Link Fields 对话框，在 Available Fields 中单击 CAPACITY，按住 Ctrl 键，再单击 TIME，如图 5-66 所示，点击 Add，单击 OK。

④出现另存为对话框，将文件命名为 net work，单击保存。

3. 交通分配

①单击 Planning→Static Traffic Assignment→Traffic Assignment，操作步骤如图 5-67 所示。

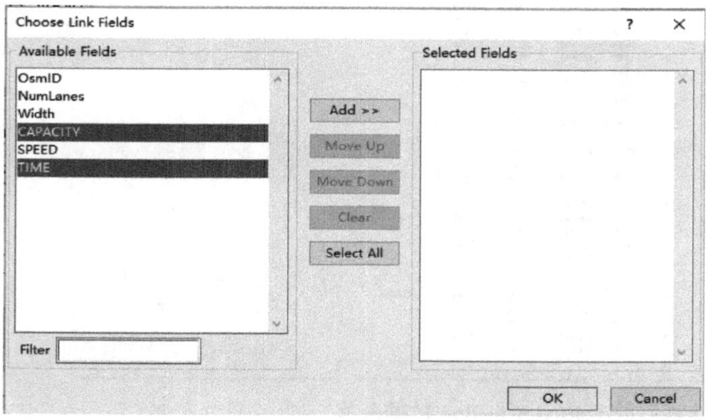

图 5-66　Choose Link Fields 对话框

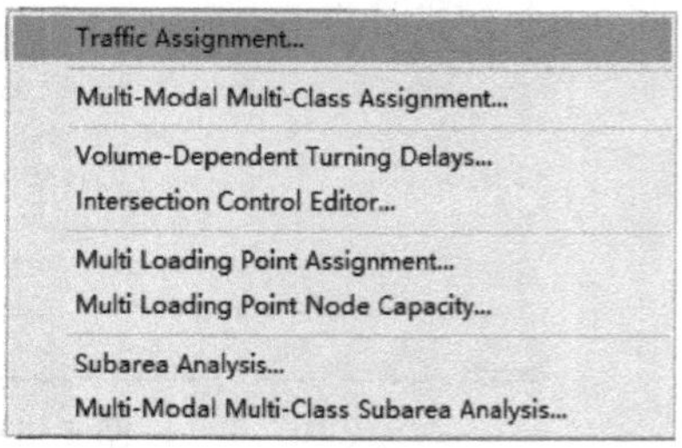

图 5-67　操作步骤

②出现 Traffic Assignment 对话框，Parameters 表格中，Time 选择 Length，Capacity 选择 Length，如图 5-68 所示，单击 OK。

③出现 Output File Settings 对话框，如图 5-69 所示，不做任何改变，单击 OK。

④出现 Overwrite Files 对话框，如图 5-70 所示，不做任何改变，单击是。

⑤出现 Results Summary 对话框，如图 5-71 所示，不做任何改变，单击 Close。

⑥出现 Dataview 7-line+LinkFloes 和 Dataview8-IterationLog 表格，分别如图 5-72 和图 5-73 所示。

现阶段所有表格如图 5-74 所示。

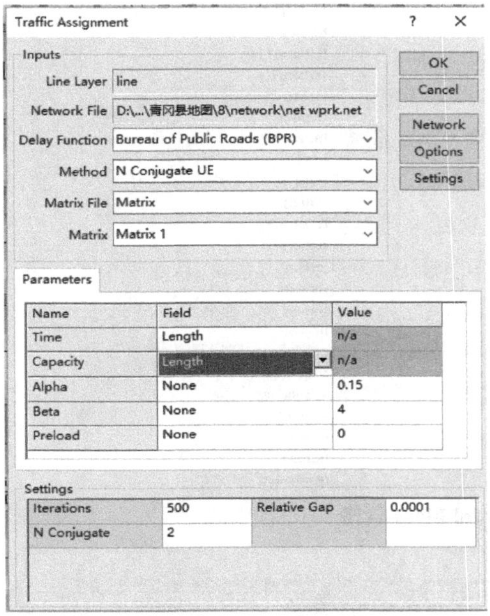

图 5-68　Traffic Assignment 对话框

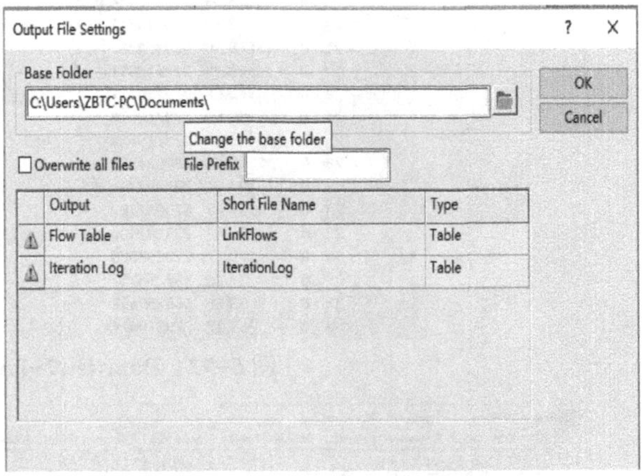

图 5-69　Output File Settings 对话框

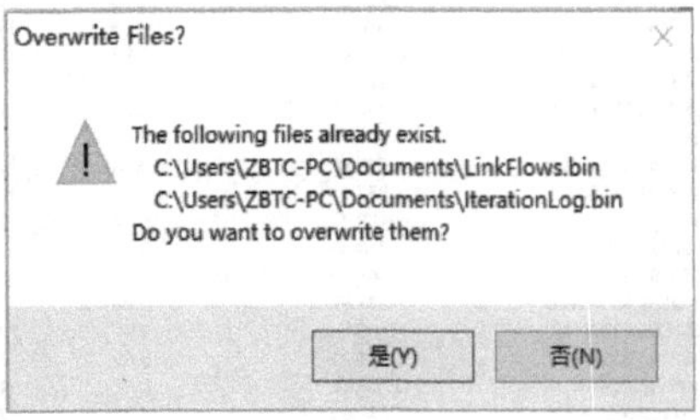

图 5-70　Overwrite Files 对话框

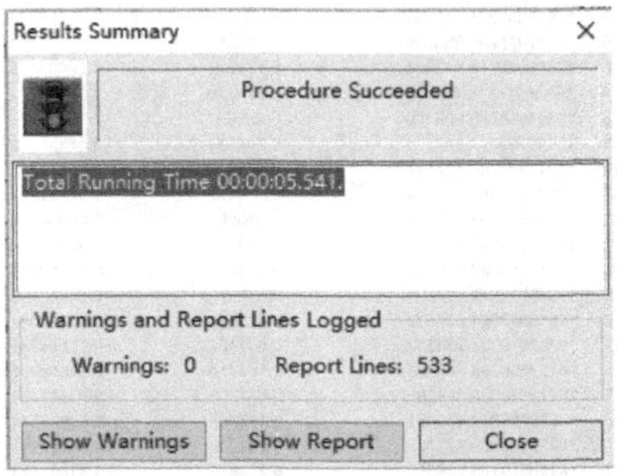

图 5-71　Results Summary 对话框

八、输出结果显示

①依次单击 Planning→Assignment Utilities→Create Flow Map，如图 5-75 所示。

②出现 Create a Traffic Flow Map 对话框，如图 5-76 所示，可对颜色选项作出更改，单击 OK，关闭对话框。

TransCAD Demo - [Dataview7 - line+LinkFlows]

ID	Dir	Length	OsmID	Name	Type
1	0	31750.90	229297894		primary
2	0	683.85	229297894		primary
3	0	411.30	229297894		primary
4	0	734.86	675937392		residential
5	0	199.50	402552983		residential
6	0	95.96	402552983		residential
7	0	556.66	402552984		tertiary
8	0	780.80	402552984		tertiary
9	0	304.62	560258456		tertiary
10	0	276.42	560258456		tertiary
11	0	219.65	229297896		tertiary
12	0	33874.80	229297896		tertiary
13	0	297.77	560258461		tertiary
14	0	677.11	560258461		tertiary
15	0	164.19	560258461		tertiary
16	0	172.79	560258461		tertiary
17	0	135.22	560258455	黑大线	trunk
18	0	418.46	560258454	黑大线	trunk
19	0	54413.66	560258454	黑大线	trunk
20	0	583.79	279710611		tertiary
21	0	11816.60	560258461		tertiary
22	0	166.46	279710611		tertiary
23	0	764.66	279710611		tertiary
24	0	313.52	279710610		tertiary
25	0	493.07	279710610		tertiary
26	0	11190.73	560624332		primary
27	0	194.21	229297900		secondary
28	0	186.17	675937402		residential
29	0	170.29	229297900		secondary
30	0	378.77	229297900		secondary
31	0	227.25	560258452		tertiary
32	0	153.68	560258452		tertiary
33	0	383.12	279710614		residential

图 5-72 Dataview7-line+LinkFloes 表格

TransCAD Demo - [Dataview8 - IterationLog]

Iteration	[Objective Function]	Step	[Relative Gap]	AEC	[Max Flow Change]	[Relative VHT]	RMSE
1	15134259810916.861328	0.290653	0.99911924	2800143839.25662136	2024.19	--	621.53500882
2	3842633904356.917480	0.410724	0.99637631	708990447.32196188	2743.05	0.75	926.05461061
3	492442316444.358398	0.499343	0.96896891	88330706.30257447	2681.94	0.87	900.63875856
4	53075935034.145233	0.254898	0.72787098	7128795.05101307	1438.23	0.89	406.62073494
5	28071076866.353729	0.165868	0.44235020	2284356.33405986	943.64	0.47	263.17654307
6	22596096815.177521	0.178015	0.26694275	1107800.57044589	767.35	0.20	218.66988136
7	20474537737.752823	0.078108	0.20114344	755686.28739120	205.88	0.09	59.53080771
8	19844660089.806396	0.095653	0.16082378	585467.10583733	576.34	0.03	118.01498115
9	19057309023.847359	0.204144	0.11436839	399691.58062546	569.24	0.04	168.94493135
10	18211804205.437717	0.066230	0.10014405	334326.74449219	129.65	0.04	42.41967456
11	17999670885.058830	0.134307	0.07981823	263344.62076146	462.98	0.01	122.38397818
12	17616678602.726204	0.040500	0.08064488	260355.67538226	83.68	0.02	21.43024806
13	17551323628.411064	0.140036	0.07430649	238998.43365158	288.45	0.00	73.98242630
14	17312909380.575237	0.165700	0.05662372	179636.44658161	287.93	0.01	103.98924103
15	17040582521.637264	0.079812	0.06256555	195348.35454206	128.76	0.02	35.02788180
16	16960049954.826502	0.173865	0.05220302	162217.02047756	240.38	0.00	76.82739141
17	16762438224.730553	0.047404	0.06824734	209595.30494638	61.39	0.01	15.50298643
18	16723555708.263195	0.105714	0.04656261	142665.32578178	205.92	0.00	56.68384570
19	16613548560.214283	0.037259	0.05443144	165666.33577600	69.54	0.01	20.03322246
20	16578766347.479963	0.177757	0.03089574	93833.96894173	269.89	0.00	67.07910595
21	16475002702.173777	0.054202	0.05153681	155536.88657923	68.16	0.01	17.38990873
22	16450916105.584955	0.225625	0.02892023	87152.38025902	283.09	0.00	77.62548854
23	16355509739.478058	0.066684	0.04249001	127303.84748633	63.45	0.01	18.22594700
24	16335676705.233917	0.162169	0.02514547	75246.36573515	206.20	0.00	47.86052151
25	16284238236.122452	0.043897	0.04353953	129879.21108549	35.06	0.00	11.68725549
26	16269845996.889261	0.157429	0.02478645	73872.97338824	142.79	0.00	50.27764974
27	16215365011.033928	0.053094	0.03070395	91201.59833119	43.92	0.00	13.50334313
28	16201373784.834660	0.115663	0.02737746	81250.41782267	166.54	0.00	33.25025851
29	16165496185.305746	0.041852	0.02471896	73197.49047993	61.35	0.00	18.90999561
30	16150651399.372978	0.079101	0.01483021	43874.34820849	125.92	0.00	35.64211349
31	16129390037.738445	0.038213	0.01469011	43401.73580334	56.10	0.00	15.55962945
32	16121630428.835951	0.073828	0.01415663	41805.43601943	91.64	0.00	27.45839898
33	16104140075.949045	0.037163	0.02015570	59456.56834366	41.18	0.00	10.75469377

图 5-73 Dataview8-IterationLog 表格

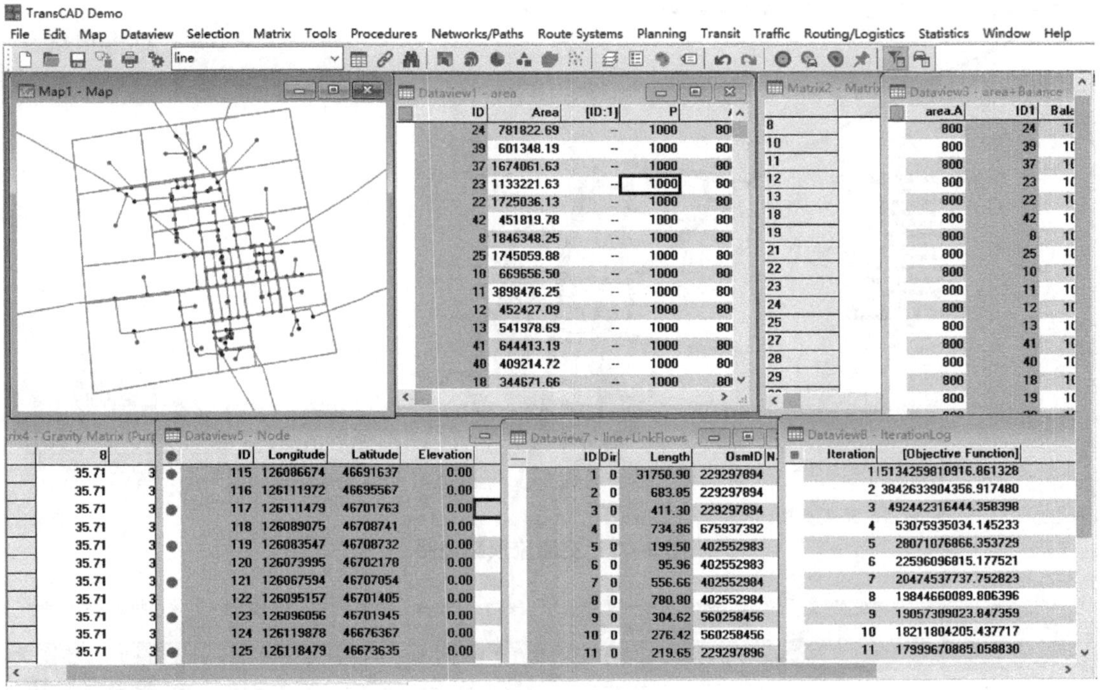

图 5-74　现阶段所有表格

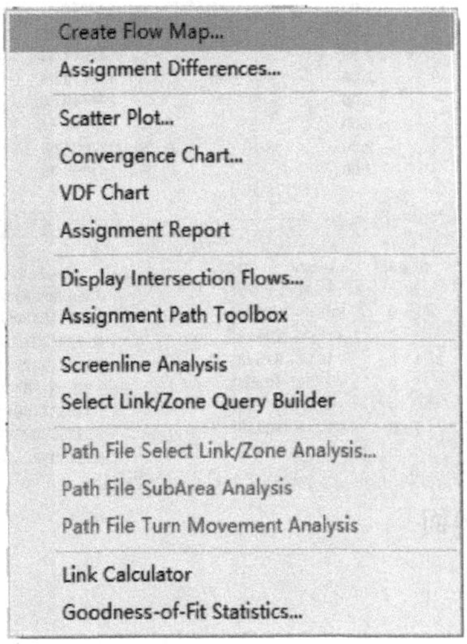

图 5-75　操作步骤

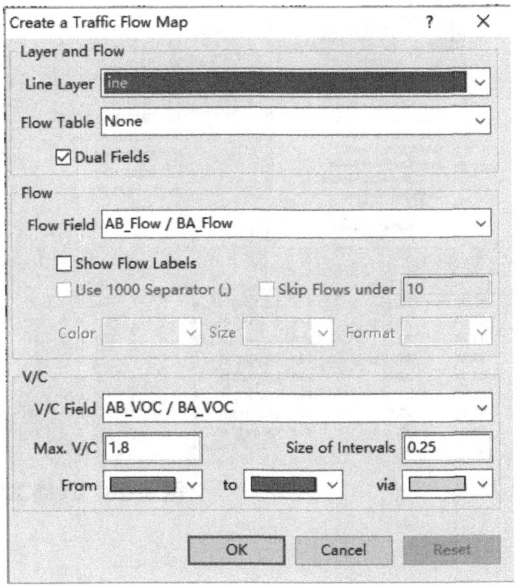

图 5-76　Create a Traffic Flow Map 对话框

③交通流预测地图创建完毕，如图 5-77 所示。

至此，利用四阶段法对某区域的交通预测已全部结束。最终工作界面如图 5-78 所示。

图 5-77　交通流预测地图

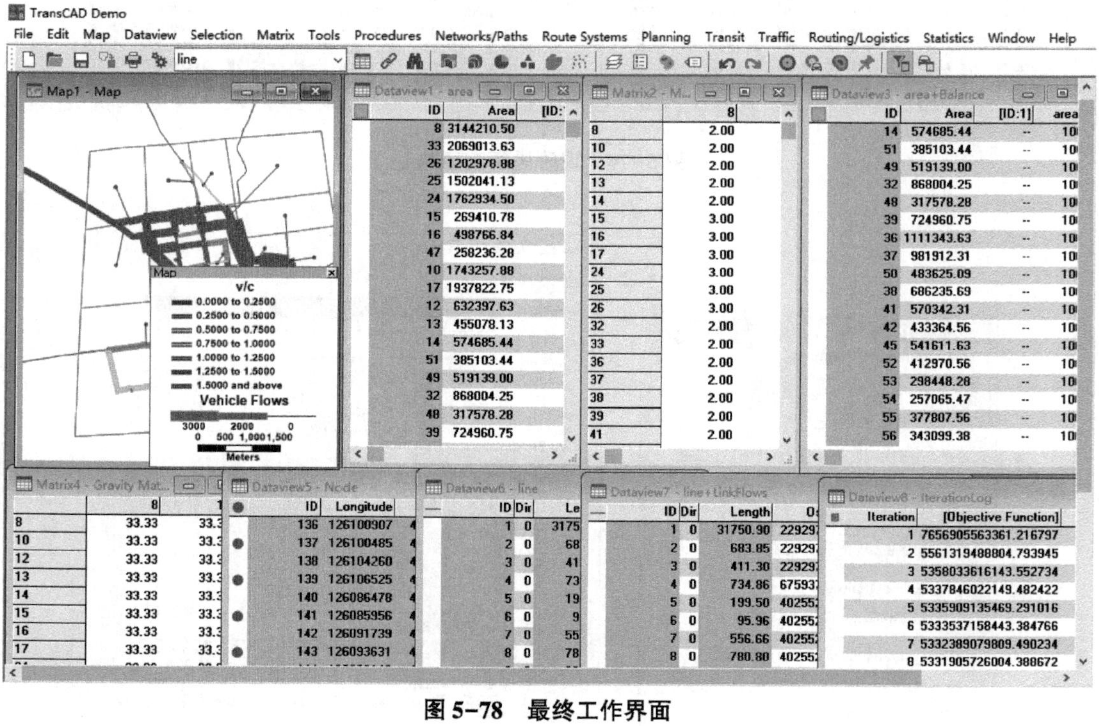

图 5-78　最终工作界面

第六章 VISSIM基础

第一节 VISSIM 概述

VISSIM 是一种微观的、基于时间步长和驾驶行为的仿真建模工具，主要用于城市交通和公共交通运行领域的交通建模。VISSIM 不仅能模拟私人交通，还可以模拟基于铁路和道路的公共交通。VISSIM 可以分析各种交通条件下，如车道设置、交通构成、交通信号、公交站台等城市交通和公共交通的运行状况，是评价交通工程设计和城市规划方案的有效工具。

VISSIM 的建模范围可以小到某个路口，也可以大到整个片区。VISSIM 虽然没有路口数量的限制，但是硬件可能会影响其性能的发挥。如果要使用软件模拟整个城市的交通，需要用到宏观交通仿真软件 VISUM。VISSIM 拥有可靠的科学算法模型，车辆仿真主要用跟车模型，行人仿真主要用社会力模型。VISSIM 是解决多种交通问题的工具，解决城市交通问题主要通过评价和优化感应信号控制，对比分析交通设计方案。解决公路交通问题，主要通过分析收费站的服务水平以及匝道交织区里的混合车流。解决公共交通问题主要通过模拟公交、地铁换乘站和交通枢纽运行等。

一、交通仿真原理

VISSIM 由交通仿真器和信号状态产生器两部分组成，它们之间通过接口交换检测器数据和信号状态信息(图 6-1)。VISSIM 既可以在线生成可视化的交通运行状况，也可以离线输出各种统计数据，如行程时间、排队长度等。

交通仿真器是一个微观交通仿真模型，包括跟车模型和车道变换模型。信号状态产生器是一个信号控制软件，基于一个微小时间间隔(0.1s)从交通仿真器中提取检测器数据，用以确定下一仿真秒的信号状态，同时将信号状态信息回传给交通仿真器。

交通仿真模型的精确性主要取决于车辆模型的质量，如路网车辆行驶理论模型的质量。与其他模型采用连续速度和确定的跟车模型不同，VISSIM 采用的跟车模型是 Wiedemann 于 1974 年建立的生理—心理驾驶行为模型。该模型的基本思路是：一旦后车驾驶员认为他与前车之间的距离小于其心理(安全)距离时，后车驾驶员开始减速。由于后车驾驶员无法准确判断前车车速，后车车速会在一段时间内低于前车车速，直到前后车间的距离达到另一个心理(安全)距离时，后车驾驶员开始缓慢地加速，由此周而复始，形成一个加速、减速的迭代过程(图 6-2)。

车速和空间阈值的随机分布能够体现出驾驶员的个体驾驶行为特性。德国卡尔斯鲁厄理工学院(Karlsruher Institut für Technologie)进行了多次实地测试以校准该模型的参数。定

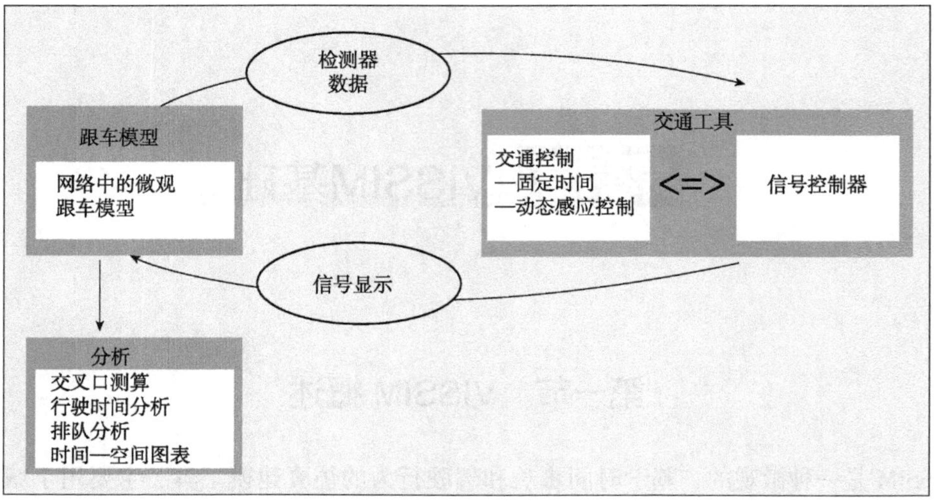

图 6-1 VISSIM 交通仿真原理

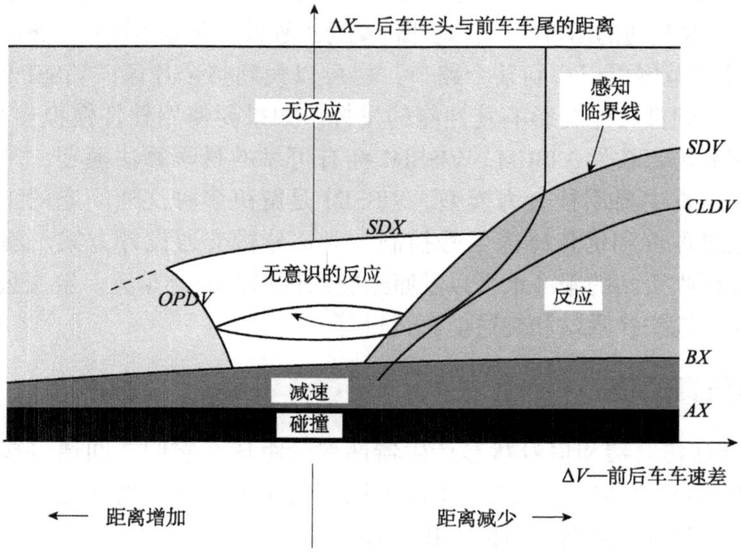

图 6-2 VISSIM 采用的跟车模型

期进行的现场测试和模型参数更新能够保证驾驶行为的变化和车辆性能的改善在该模型中得到充分地反映。

在多车道路段上，VISSIM 允许驾驶员超越本车道车辆(默认为两辆)，也允许其超越邻近车道的两辆车。此外，在距离交叉口停车线 100m 处，驾驶员警惕性会提高。

VISSIM 通过在路网中移动驾驶员—车辆—单元来模拟交通流。具有特定驾驶行为的驾驶员被分配到特定的车辆，驾驶员的驾驶行为与车辆的技术性能一一对应。

VISSIM 采取三种方式描述驾驶员—车辆—单元的特征属性：

(1)车辆的技术参数

①车辆长度。

②最大车速。

③可能的加速度。

④路网中所处位置。

⑤实际车速和加速度。

(2)驾驶员—车辆—单元的行为

①驾驶员的生理—心理反应(判断能力和行动能力)阈值。

②驾驶员的记忆力。

③基于当前车速和驾驶员期望车速的加速度。

(3)驾驶员—车辆—单元的内在联系

①本车道和邻近车道的前车和后车。

②当前车辆所在路段和下一个交叉口。

③下一个交通信号。

二、VISSIM 的功能

①公交优先信号控制逻辑的设计、评价和调整。VISSIM 运用了各种类型的信号控制逻辑，研究范围有类似信号控制软件包的车辆感应式信号控制功能，以及嵌入式定周期功能。VISSIM 中有些控制是嵌入式的，有些控制是使用附加软件引入的，其他的通过外部信号状态发生器(VAP)仿真得到的，VAP 允许用户自定义信号控制逻辑。只要控制机详细信息可知，或者可得到直接的 VISSIM 接口(如 VS—PLUS)，就可对每个信号控制器(包括 SCATS、SCOOT)在 VISSIM 内进行建模和仿真。

②对于有协调和感应信号控制的路网内交通控制的评价和优化(Signal97 接口)。

③城市道路网中轻轨建设项目的可行性及其影响评价。

④分析慢速交通交织区。

⑤对比分析交通设计方案，包括信号控制交叉口和停车标志控制交叉口、环交和立交的设计。

⑥轻轨和公共汽车系统的综合站点布局的容量评价和管理评价。

⑦评价公共汽车优先解决方案，如插队、港湾停靠站和公交专用车道。

⑧使用嵌入式动态交通分配模型，解决行驶路径选择的相关问题，如不确定信号的影响、对于中等城市而言交通流分向路网邻近区域的可能性。

第二节 VISSIM 工作界面

一、VISSIM 2020 工作界面

打开一个新建的 VISSIM 文件，会看到英文工作界面，如图 6-3 所示。然后通过 Edit→User Preferences 操作，调出如图 6-4 所示界面，在 Main language 下拉列表中选择 Chinesisch 即可。此时 VISSIM 已经变为中文工作界面，如图 6-5 所示。

由图 6-5 可知，VISSIM 工作界面由以下几个区域组成：

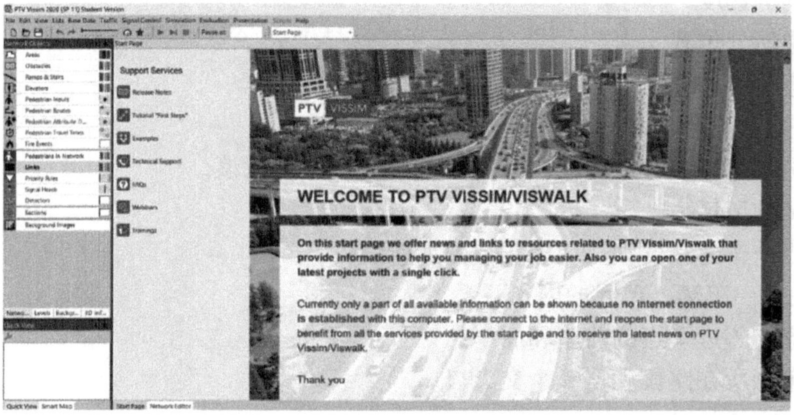

图 6-3 VISSIM 2020 英文工作界面

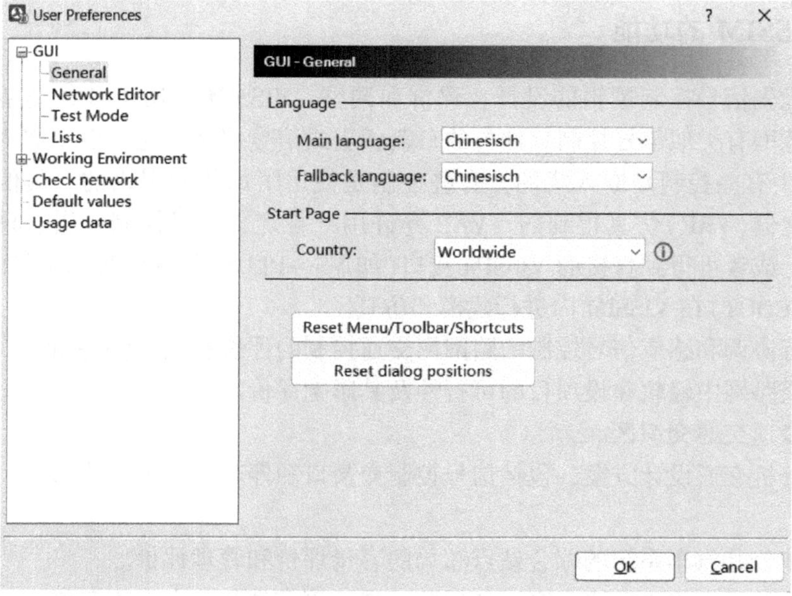

图 6-4 User Preferences 界面

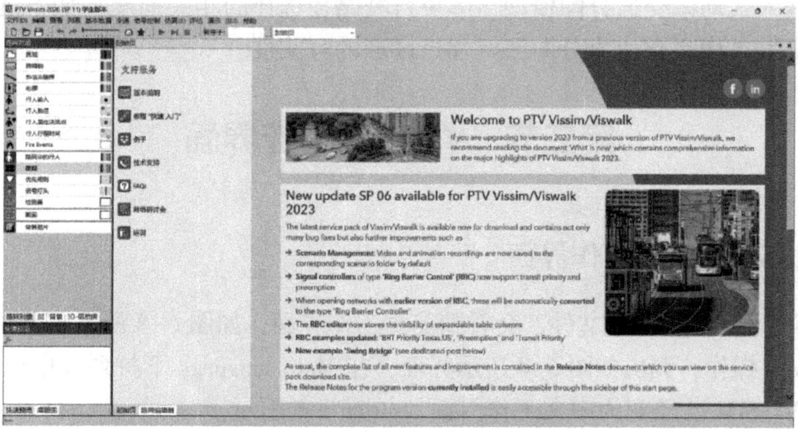

图 6-5 VISSIM 2020 中文工作界面

(1)标题栏

工作界面第一行是标题栏，显示仿真程序的名称、版本和输入文件名称。如果是 Demo 文件，"Demo"的字样会添加在版本号后面。

(2)菜单栏

工作界面第二行是菜单栏，显示常用菜单，例如，文件、编辑、查看等。

(3)工具栏

工作界面第三行是工具栏，显示常用工具，例如，创建、打开、保存等，控制路网编辑器和仿真功能。

(4)状态栏

显示编辑说明和仿真状态。

(5)滚动条

路网可视区域的垂直和水平滚动。

(6)侧边栏

工作界面左边是侧边栏，侧边栏里有路网对象、层、背景和 3D 信息牌，如图 6-6 所示。

首次打开 VISSIM 时，中间空白区域是起始页，可以帮助用户选择最近使用的文件，以及 PTV 社区更新的消息和支持服务，如图 6-7 所示。

图 6-6　侧边栏

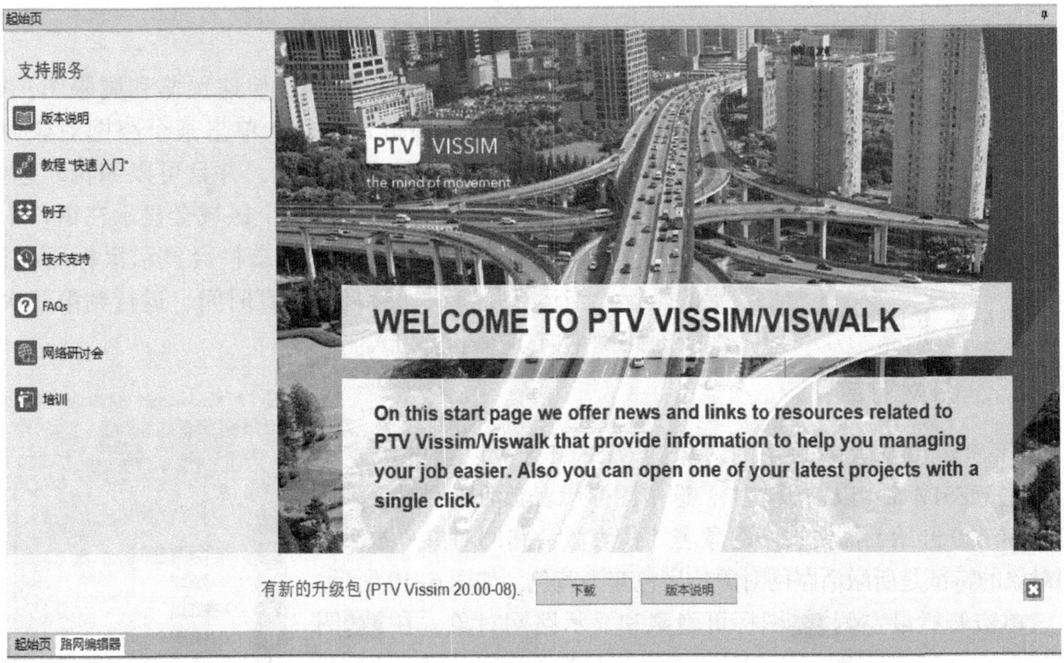

图 6-7　空白区域界面

二、路网编辑器

VISSIM 主要使用路网编辑器。第一次打开路网编辑器时，会自动加载一个世界地图，需保证电脑处于联网状态。正常情况下不需要使用世界地图，只需要单击工具栏上的 ，取消激活。路网编辑器界面如图 6-8 所示。

图 6-8　路网编辑器界面

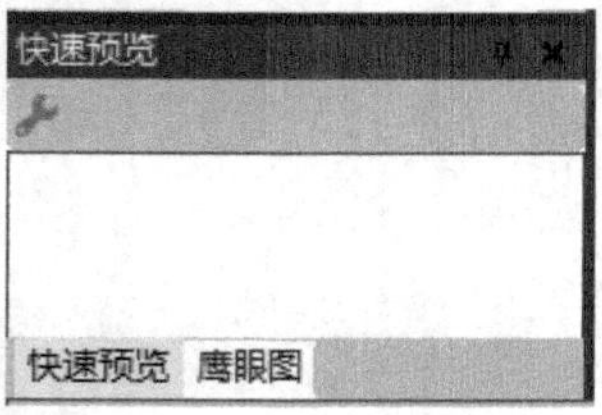

图 6-9　快速预览界面

窗口左下角有两个选项，分别是快速预览和鹰眼图，如图 6-9 所示。选中快速预览选项时，单击某个路网对象时，路网基本信息会显示在快速预览窗口，并且可以编辑。选中鹰眼图选项时，路网编辑器所在的整个区域会显示在窗口中。状态栏位于快速预览窗口正下方，状态栏会显示鼠标所在位置的坐标，当运行仿真时，会显示仿真时间、运行到第几次、运行时路网中有多少车辆和人。

三、路网对象

图 6-10　路网被激活

VISSIM 2020 版中的路网对象与 VISSIM 5.4 以前的版本不同。在 VISSIM 5.4 以前版本中，选中图标代表激活路网对象。从 VISSIM 6.0 开始，需要选中对象名才代表激活路网对象。激活路网对象的特征是所激活路网对象的底色变为黄色，如图 6-10 所示。

单击侧栏最左侧 图标可隐藏和显示路网对象，在 图标与文字之间有 图标，单击该图标可锁住路网对象。例如，当加载了一张 jpg 格式的底图，又不想让接下来的操作移动该底图，可以使用此功能。路网对象文字的右边有图形框，可以用来编辑图形参数，例如，冲突区域的图形框为，单击该图形框可自己定义某些路网对象的颜色以方便识别。在路网对象文字和编辑图形参数的图形标之间有图标，单击该图标可以把想要关注的信息显示在二维视角里。

第三节 VISSIM 工具栏

通过工具栏可以调用各种程序功能，也可以修改工具栏的位置，还可以恢复工具栏的默认设置。在退出 VISSIM 时，工具栏设置将保存到 Windows 注册表和设置文件 *.layx 中，这些设置将在下次程序启动时自动应用。

一、工具栏概述

1. 文件工具栏

文件工具图标及其功能见表 6-1。

表 6-1 文件工具图标及其功能

图标	功能
	新建路网文件
	打开已有的 VISSIM 路网文件
	保存 VISSIM 路网文件到指定路径和文件名称
	快速模式
	简化路网显示

2. 编辑工具栏

编辑工具图标及其功能见表 6-2。

表 6-2 编辑工具图标及其功能

图标	功能
	借助最后执行的功能名称撤销：撤销此功能 借助选择列表撤销，可以撤销多项功能
	借助最后执行的功能名称重做：再次执行此功能 借助选择列表恢复，可以恢复多项功能
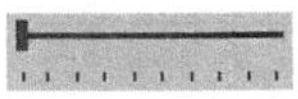	时间间隔，在此时间间隔之后更新正在运行的仿真的显示。值域：每 0.1 仿真秒(每一时步)至每 100 仿真秒(每 1 000 时步)
	开启或关闭快速模式
	开启或关闭简化的路网显示

3. 仿真工具栏

默认情况下，所有的专用工具栏都处于隐藏状态，只有常用运行模式的工具栏为可见状态。仿真工具图标、功能及快捷键见表 6-3。

表 6-3　仿真工具图标、功能及快捷键

图标	功能	快捷键
	连续仿真	F5
	单步仿真	F6
	停止仿真	Esc

4. 导航工具栏

导航工具主要包括改变路网内观察位置的工具，见表 6-4。

表 6-4　导航工具图标及其功能

图标	功能
	显示整个路网
	同步：自动缩放
	放大
	移动路网(3D 模式，快捷键用于 2D 模式)
	同步：自动平移
	2D/3D 模式

5. 路网元素工具栏

路网元素工具栏包括仿真过程中要用到的大部分工具(表 6-5)，按下按钮时，将新建相应类型的路网元素或编辑已有元素。

表 6-5　路网元素图标及其功能

图标	功能
	路段和连接器
	车道标识
	车辆输入
	车辆路径(指定路网中的交通流向)
	期望车速决策点(永久改变车辆速度)
	减速区域(临时改变车辆速度)
	优先规则(如无信号控制交叉口)

（续）

图标	功能
	停车标志
	信号灯头
	公交站点
	公交线路
	数据采集点
	行程时间和延误测量
	排队计数器
	停车场/小区连接器
	节点（某些 VISSIM 用户可以独立于动态交通分配进行节点评价）

二、调整工具栏

可以在 VISSIM 主窗口内定位、显示、隐藏和调整工具栏。路网编辑器和列表内的工具栏不能进行修改。

1. 定位工具栏

可将任意工具栏拖动至所需的位置，如 VISSIM 操作界面的边缘或者操作界面内的任意位置。

操作方法：单击工具栏左侧边缘并持续按住鼠标左键，将工具栏拖动至所需的位置，然后松开鼠标键。

2. 显示和隐藏工具栏

可以显示和隐藏工具栏，将常用的工具显示在操作界面内，而将不常用的工具隐藏起来。

操作方法：鼠标右键单击工具栏旁边或下方的空白区域，快捷菜单自动打开，可在快捷菜单选择显示和隐藏工具栏条目。

3. 固定工具栏

可将工具栏固定在操作界面的某一区域，被固定的工具栏不能再被随意定位。

操作方法：鼠标右键单击工具栏旁边或下方的空白区域，快捷菜单自动打开，可在快捷菜单中选择固定工具栏条目。

4. 创建专用工具栏

根据需要创建专用工具栏。

操作方法：鼠标右键点击菜单栏，快捷菜单自动打开。选择定制条目，定制窗口自动打开，选择工具栏标签，单击新建按键，输入创建工具栏的名称，单击 OK 确认，完成创建一个空白的工具栏。

三、列表及属性选择

在列表中通过选择某种类型的所有对象显示它们的属性。以路段为例，在路段上右击鼠标，然后单击显示列表，弹出路段列表窗口。列表窗口如图 6-11 所示，左边为主列表，右边为次列表。列表窗口初始状态下主列表为空白，因为没有路网对象，于是可以随机创建一个路段。

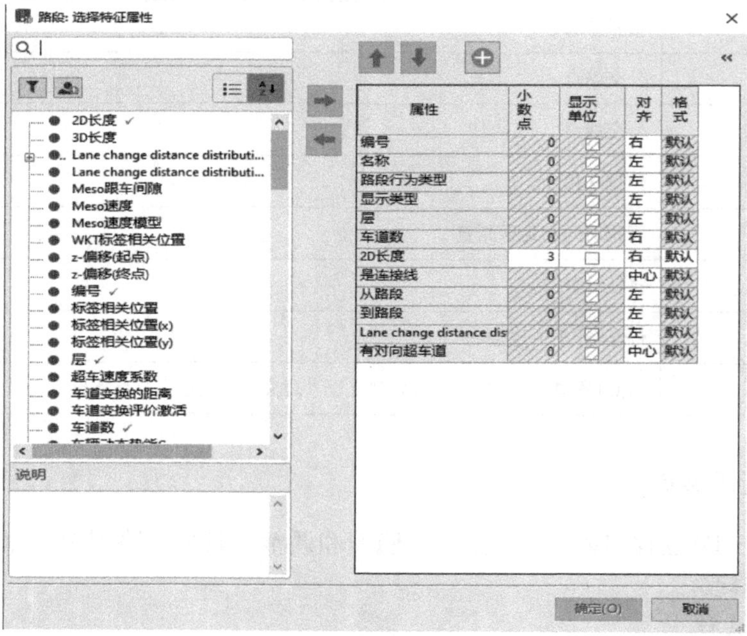

图 6-11　列表窗口

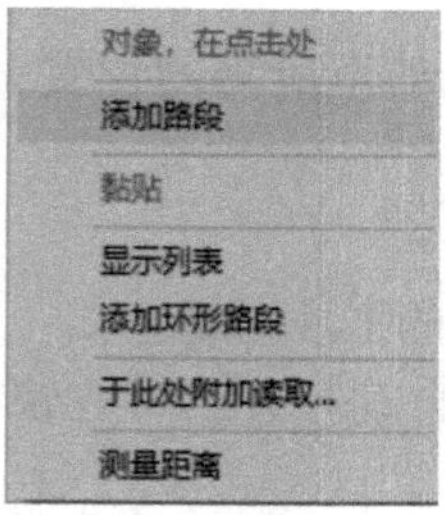

图 6-12　创建路段

单击路网对象栏中的路段以激活路段，在路网编辑器中右击鼠标，选择添加路段，如图 6-12 所示。

当创建一个路段后，在主列表里就出现了第一行数据，如图 6-13 所示。VISSIM 5.4 之前的版本编辑数据都是在对话框完成；从 VISSIM 6.0 开始，既可以在对话框编辑数据，也可以在列表里编辑数据。主列表的数据栏中，有些属性底色是白色的，有些属性底色是灰色的。底色是白色的属性，代表这些参数是可以被编辑的，如名称、路段行为类型和显示类型等；底色是灰色的属性，代表这些参数是自动计算完成的，不能被编辑。还有一些有斜线的表格，它们代表这些属性在此路网对象中用不到，如从路段、到路段等。因为示例中创建的路网对象是路段，而从路段和到路段是用于连接器的，所以在路段中不适用。

图 6-13　新建路段主列表

同步缩放与属性选择。同步缩放的含义是当路网对象非常小时，可以单击路网编辑器工具栏中的，然后在路网主列表里选中创建的路网对象，就会自动缩放到相关的路网对象上，如图 6-14 所示。

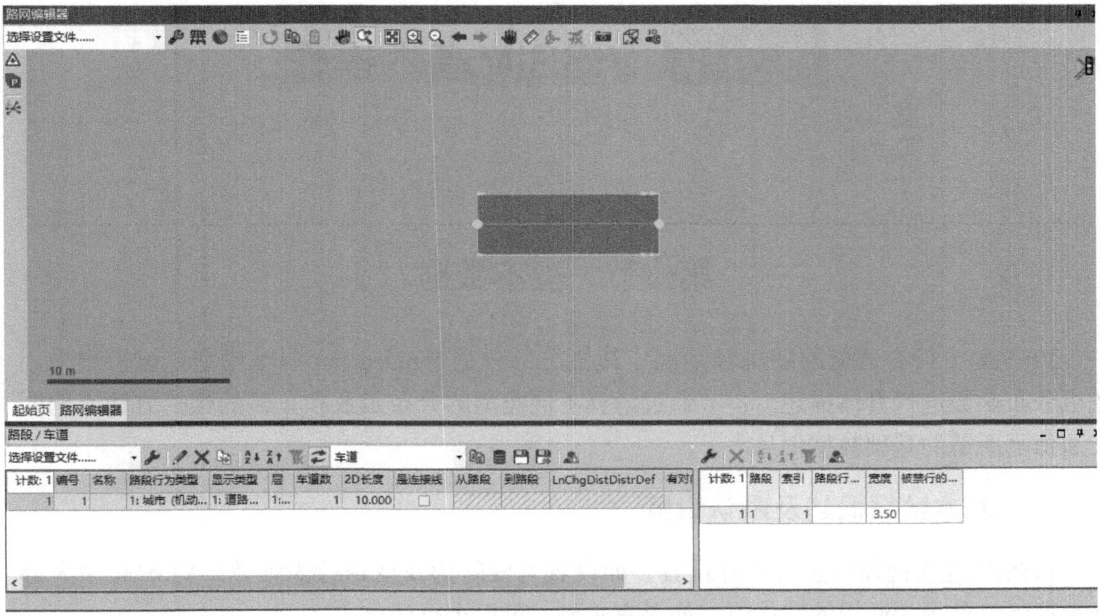

图 6-14　同步缩放路网对象

因为列表只显示了有限的几个参数，如果想要编辑其他的参数，可以单击主列表工具栏中的属性选择，弹出选择属性对话框，如图 6-11 所示，可以从中选择需要的属性。只需要双击对话框左侧的属性，然后单击确定。

第七章 VISSIM基本操作

第一节 基本数据

VISSIM 支持交通流的随机性功能，其核心部分是 Wiedemann 跟车模型，该模型采用随机分布函数进行具体描述。本节通过解释不同类型的分布函数和车辆的建模方法来阐明交通仿真所需的基础数据信息。

一、基本数据概述及默认设置

VISSIM 建模前需要进行多种设置，如设置驾驶行为及变道行为参数。VISSIM 中大部分参数已经预设为通用的默认值，如果有必要，可以进行调整。

第一次启动 VISSIM 时，软件会让我们选择希望的右键单击行为，一般都选择第一个选项，如图 7-1 所示。也可以通过工具栏中的编辑→用户设置→路网编辑器去选择右键单击行为，用户设置对话框如图 7-2 所示，在对话框中选择路网编辑器，并且在右键点击行为和创建对象后自动操作处都选择第一个选项。

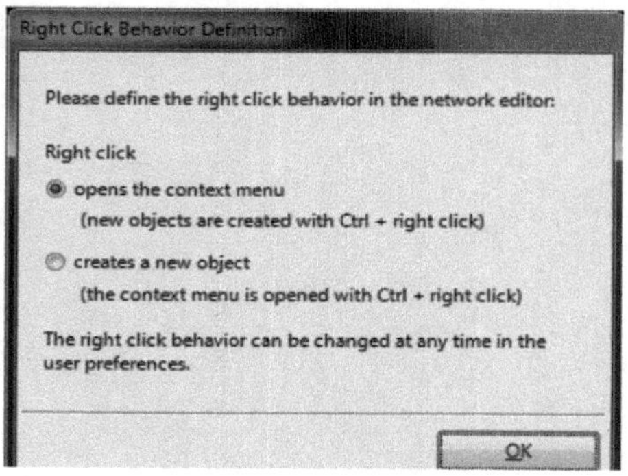

图 7-1 软件右键单击行为选择

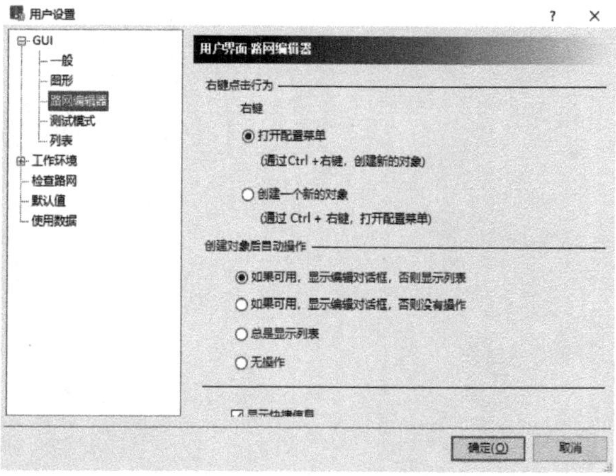

图 7-2 路网编辑器选择右键单击行为

还需要定义特定路网的基础设置，典型的设置有交通规则和单位，可以通过基本菜单下的路网设置进行设置。单击基本数据→路网设置，弹出路网设置对话框，如图 7-3 所示。路网设置对话框中车辆行为里最主要的是交通规则，我国一般用的是右行交通，如果要建香港或东京的模型，就必须选择左行交通。路段坡度一般选择第一个选项即坡度属性，如果要选择第二个选项——Z 坐标的话，在仿真过程中所用到的坡度就是系统根据当前车辆所处路段的 Z 坐标动态进行计算，此时定义的坡度就没有意义。路网设置对话框里还要进行设置的就是单位，可以选择米制(或者英制)的单位。

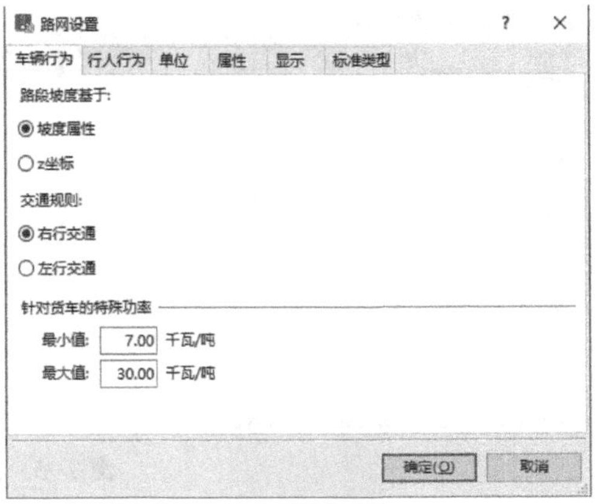

图 7-3　路网设置对话框

二、加速度与减速度函数

VISSIM 使用表征驾驶员驾驶行为差异的函数来确定车辆的加速度和减速度值，而不是简单使用一个加速度或减速度值。加速度与减速度函数都是当前速度的函数，在 VISSIM 中每个车辆类型都有两个加速度和减速度曲线，每种类型的车辆都需要设置两个加速度与减速度函数，可以通过菜单栏中的基本数据→函数找到这几个加速度与减速度函数，如图 7-4 所示。

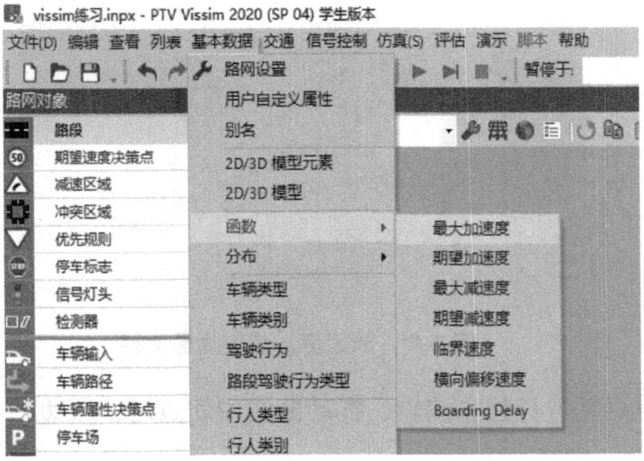

图 7-4　加速度与减速度界面

每种类型的车辆都提供了两个曲线加速度和两个曲线减速度函数：

①最大加速度。技术上可能达到的最大加速度。只有在上坡时为了维持一定的速度而需要一个大于期望加速度的状况时使用。

②期望加速度。在任何其他状况时均可使用。

③最大减速度。技术上可能达到的最大减速度。

④期望减速度。当低于最大减速度时，期望减速度用作减速度的最大值。

最大加速度会在有坡度的路段上自动修正，上坡坡度每增加 1°，加速度就减少 $0.1m/s^2$；下坡坡度每增加 1°，加速度就增加 $0.1m/s^2$。期望加速度在其他状态下会被使用到。最大减速度会在有坡度的路段上自动修正，坡度为正时，每增加 1°，加速度就增加 $0.1m/s^2$；坡度为负时，每增加 1°，加速度就减少 $0.1m/s^2$。

为了反应加速度、减速度数值的随机分布，每个加速度、减速度图都会由三条不同的曲线组成。假设选择最大加速度，在列表中不同的车辆类型会有不同的加速度与减速度值，如图 7-5 所示。

双击打开不同类型的车辆，得到最大加速度图，如图 7-6 所示。图中三条曲线分别代表最小值、最大值以及平均值。每条曲线都可以被独立编辑，最大加速度图的纵坐标为速度，横坐标为加速度，可以在区域内设置两个坐标轴的可见范围。单击最佳匹配(自定义)按钮，使用当前函数图确定两个坐标轴上显示最大值和最小值，如图 7-7 所示。

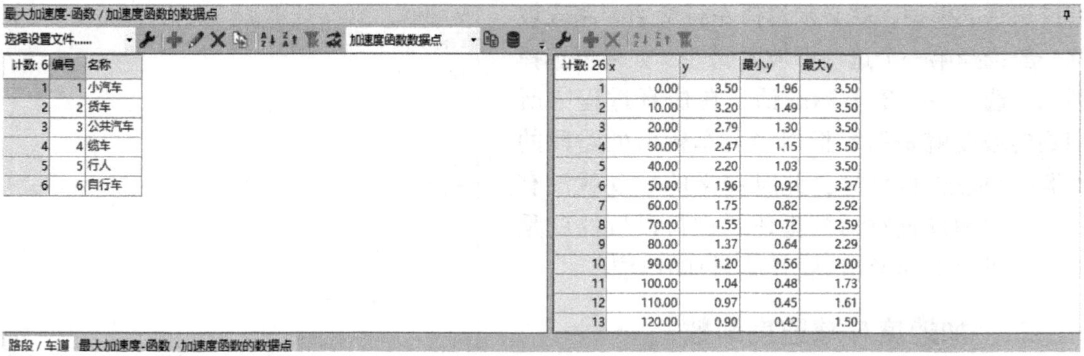

计数: 6	编号	名称
1	1	小汽车
2	2	货车
3	3	公共汽车
4	4	轿车
5	5	行人
6	6	自行车

计数: 26	x	y	最小y	最大y
1	0.00	3.50	1.96	3.50
2	10.00	3.20	1.49	3.50
3	20.00	2.79	1.30	3.50
4	30.00	2.47	1.15	3.50
5	40.00	2.20	1.03	3.50
6	50.00	1.96	0.92	3.27
7	60.00	1.75	0.82	2.92
8	70.00	1.55	0.72	2.59
9	80.00	1.37	0.64	2.29
10	90.00	1.20	0.56	2.00
11	100.00	1.04	0.48	1.73
12	110.00	0.97	0.45	1.61
13	120.00	0.90	0.42	1.50

图 7-5　加速度、减速度列表

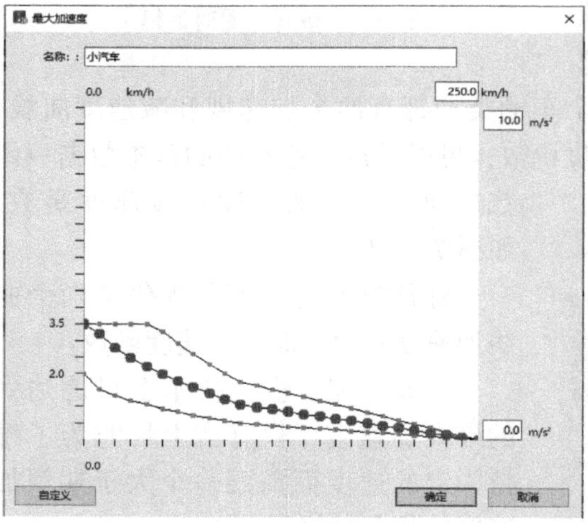

图 7-6　最大加速度图

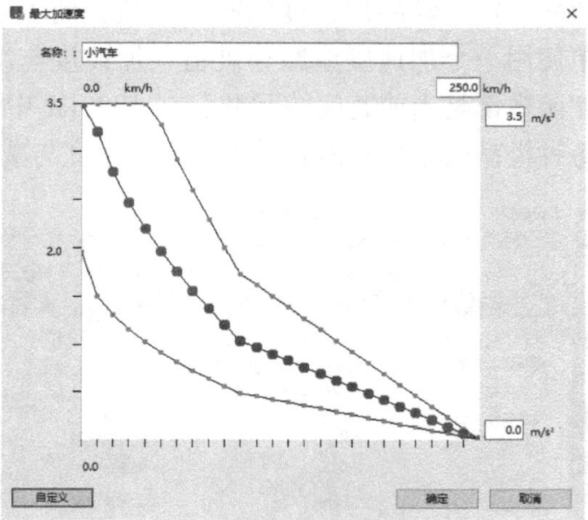

图 7-7　加速度、减速度最大值

通过拖动函数图中的曲线中间点，可以对其进行独立编辑，拖动曲线中间点时，两边的边界也会相应做出调整，如图 7-8 所示。

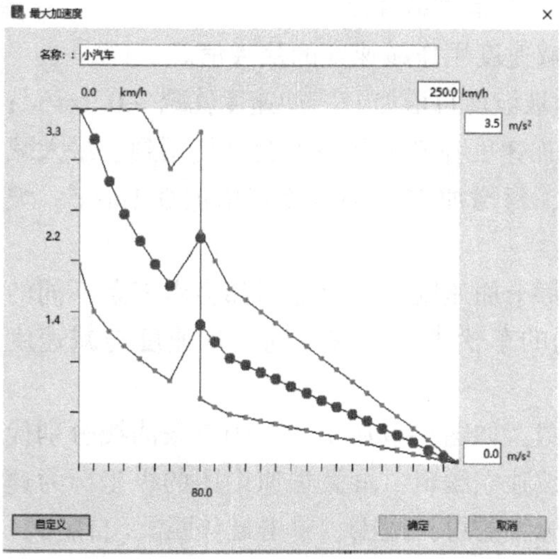

图 7-8　调整后的加速度、减速度图

三、分布

VISSIM 中许多参数是以分布的形式定义的（非固定值），这样能够真实地反映出交通的随机性本质。大多数的分布采用经验分布或随机数据进行定义。访问所有的分布都可以通过选择基础数据→分布来实现。

1. 期望速度分布

大多数的分布处理比较简单，可采用经验分布或随机数据进行定义。期望速度分布对于道路的通行能力和可达到的行驶车速有很大影响，因为它对任何一种车辆类型而言都是一个非常重要的参数。假设车辆运行不受其他车辆干扰，驾驶员将会以期望车速行驶，与自身的期望车速不同的车辆越多，将会有越多的车辆排队。如果有可能超车，只要车辆的期望车速高于当前的行驶车速，驾驶员就会寻找机会进行超车，前提是对其他车辆运行不构成威胁。可以通过菜单栏中基本数据→分布→期望速度来设置期望速度，如图 7-9 所示。

图 7-9　期望速度操作界面

打开期望速度列表，可以发现软件已经预先设置了很多不同的期望速度，如图 7-10 所示。双击期望速度列表中的任意一个期望速度，可以得到该期望速度分布图，如图 7-11 所示。也可以自行添加一个期望速度，选择工具栏中的➕，弹出一个期望车速分布对话框，定义名称为 Test，最小速度为 20km/h，最大速度为 25km/h，然后在空白处单击，得到自定义的期望速度分布图，如图 7-12 所示。

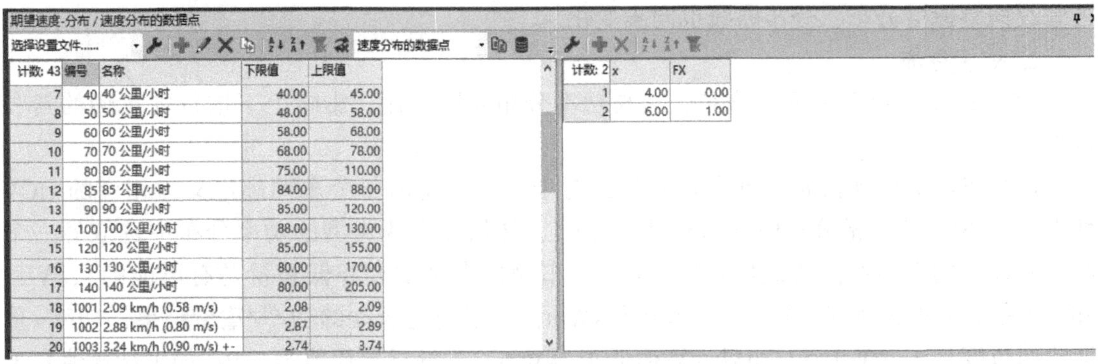

期望速度-分布 / 速度分布的数据点

计数: 43	编号	名称	下限值	上限值
7	40	40 公里/小时	40.00	45.00
8	50	50 公里/小时	48.00	58.00
9	60	60 公里/小时	58.00	68.00
10	70	70 公里/小时	68.00	78.00
11	80	80 公里/小时	75.00	110.00
12	85	85 公里/小时	84.00	88.00
13	90	90 公里/小时	85.00	120.00
14	100	100 公里/小时	88.00	130.00
15	120	120 公里/小时	85.00	155.00
16	130	130 公里/小时	80.00	170.00
17	140	140 公里/小时	80.00	205.00
18	1001	2.09 km/h (0.58 m/s)	2.08	2.09
19	1002	2.88 km/h (0.80 m/s)	2.87	2.89
20	1003	3.24 km/h (0.90 m/s) +-	2.74	3.74

计数: 2	x	FX
1	4.00	0.00
2	6.00	1.00

图 7-10　期望速度列表

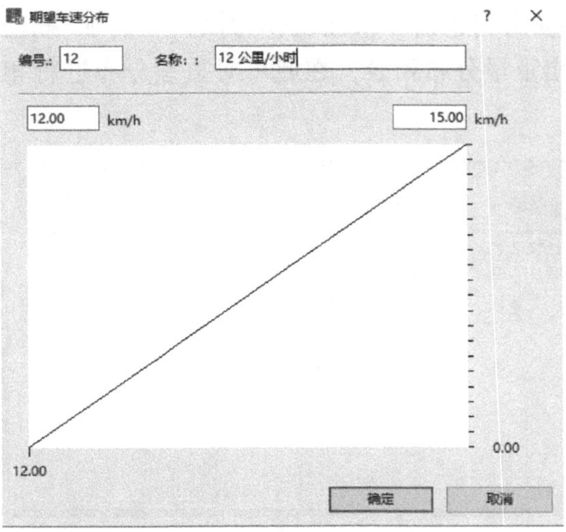

图 7-11　期望速度分布图

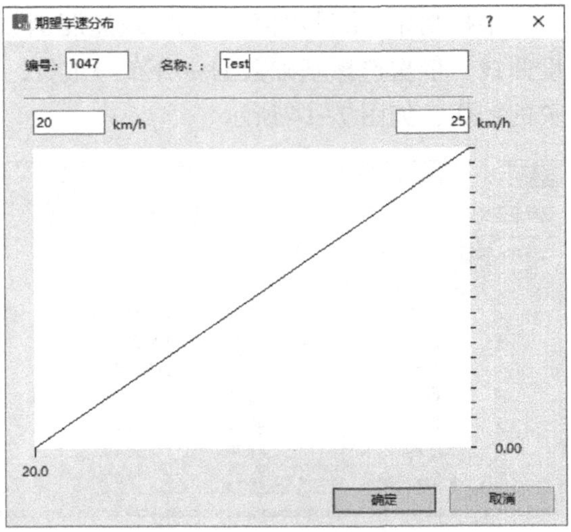

图 7-12　自定义期望速度分布图

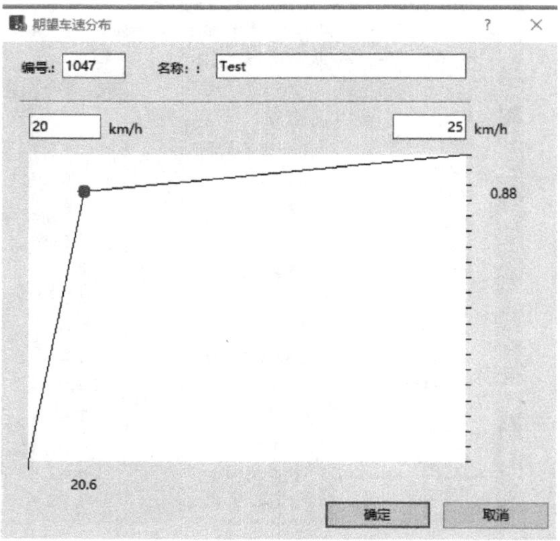

图 7-13　修改期望速度图

图 7-12 中，期望速度取值最小为 20km/h、最大为 25km/h，取值概率符合均匀分布，也就是说，在 20～25km/h 范围内，取任意值的概率相等。若要对期望速度进行修改，把鼠标移到曲线中点处右键单击，会出现一个红点，鼠标单击红点并拖动，则期望速度取值概率发生变化，期望速度取值为 20～20.6km/h 的概率为 0.88，期望速度取值为 20.6～25km/h 的概率为 1-0.88=0.12，如图 7-13 所示。可以对期望速度进行多次修改，只需鼠标在曲线不同位置右键单击，出现红点后拖动红点即可。也可以把不同红点移动到相同位置，代表取消一处修改。

还可以在期望速度列表的子列表中进行修改，只需修改对应期望速度的 FX 值，即代表修改期望速度分布，分布曲线也同步变化。

2. 重量分布

HGV 的重量定义为重量分布，它与功率分布共同作用，影响上下坡行驶车辆的驾驶行为。

每个车辆类型都指向一种车辆种类，对于一个类型的每个车辆都定义为相应的 HGV 种类。VISSIM 从重量分布中随机选取一个值，并从该车辆类型的功率分布中选取另一个值。重量和功率并不自动地相互对应（如一车辆拥有高功率和低重量是有可能的），VISSIM 计算出车辆的功率-重量比，单位为 kW/t。为了避免极端的功率/重量结果，功率-重量比的范围是 7～30kW/t。如果计算值低于 7kW/t，系统设置比值为 7.0；如果计算值高于 30kW/t，则设置为 30kW/t。

根据功率-重量比值，从加/减速度函数中按比例选出一条曲线作为该辆车的加/减速度曲线。依次选择基础数据→分布→重量，弹出重量分布列表，在此可对重量分布进行相关的操作，如图 7-14 所示。

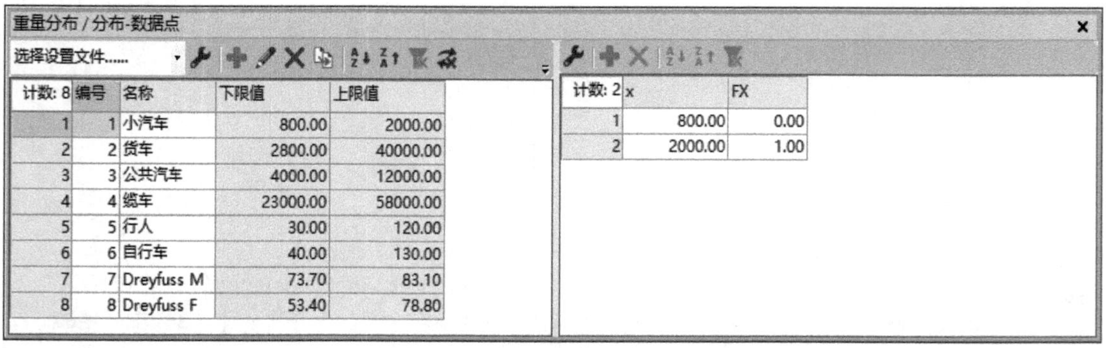

计数: 8	编号	名称	下限值	上限值
1	1	小汽车	800.00	2000.00
2	2	货车	2800.00	40000.00
3	3	公共汽车	4000.00	12000.00
4	4	缆车	23000.00	58000.00
5	5	行人	30.00	120.00
6	6	自行车	40.00	130.00
7	7	Dreyfuss M	73.70	83.10
8	8	Dreyfuss F	53.40	78.80

计数: 2	x	FX
1	800.00	0.00
2	2000.00	1.00

图 7-14　车辆重量分布

3. 功率分布

HGV 的功率可定义为功率分布，它与重量分布共同作用，影响斜坡行驶车辆的驾驶行为。依次选择基础数据→分布→功率，打开功率分布窗口，在此对功率分布进行相关的操作，如图 7-15 所示。

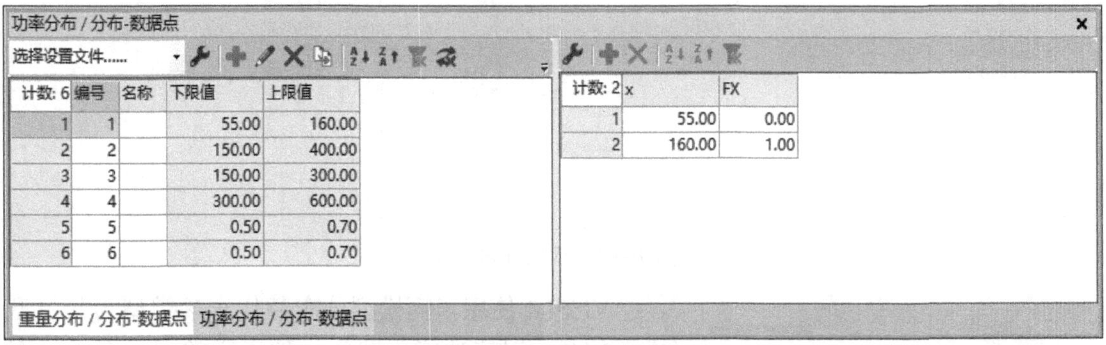

图 7-15 车辆功率分布

4. 颜色分布

颜色分布只用于图形显示，对仿真结果没有任何影响。对于车辆或者行人类型，VISSIM 使用颜色分布而不是单一的一种颜色。依次选择基础数据→分布→颜色，打开颜色分布窗口，如图 7-16 所示。VISSIM 使用颜色分布替代车辆类型与其颜色的一一对应功能。即使要求只使用一种颜色表示一种车辆类型，仍需要定义一个颜色分布。每种颜色分布最多可以选用十种颜色，每种颜色具有一个相对比例且占比，其绝对比例由 VISSIM 自动计算，它是单个比例与总比例的比值。

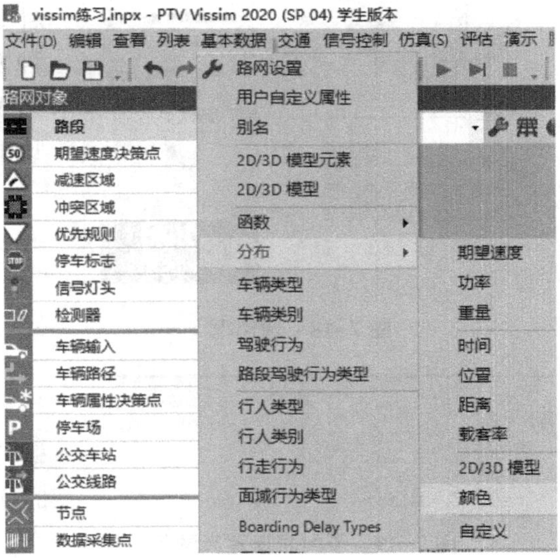

图 7-16 颜色分布操作界面

打开颜色分布列表，如图 7-17 所示。在列表工具栏中单击图标，添加一个自定义颜色 Test，选中添加的 Test，在子列表会自动创建默认的黑色，单击黑色处，弹出调色框，自主选择颜色，如图 7-18 所示。也可以单击子列表工具栏图标，添加新的颜色，直接在颜色列的数值里进行修改。例如，(255，0，0，0)，255 代表实心，后边三个数值用来区分不同颜色；如果把数值改为(255，0，255，0)，则变为绿色，如图 7-19 所示。该图中，比例列中的比例数值都是 0.1，是 VISSIM 自动进行计算的。

5. 车辆模型分布

车辆模型分布定义了同一个车辆类型中不同的车辆尺寸，这是图形显示所必需的，而且会对仿真结果产生影响，如车辆的长度和宽度。

依次选择基础数据→分布→2D/3D 模型，打开车辆模型分布窗口如图 7-20 所示。

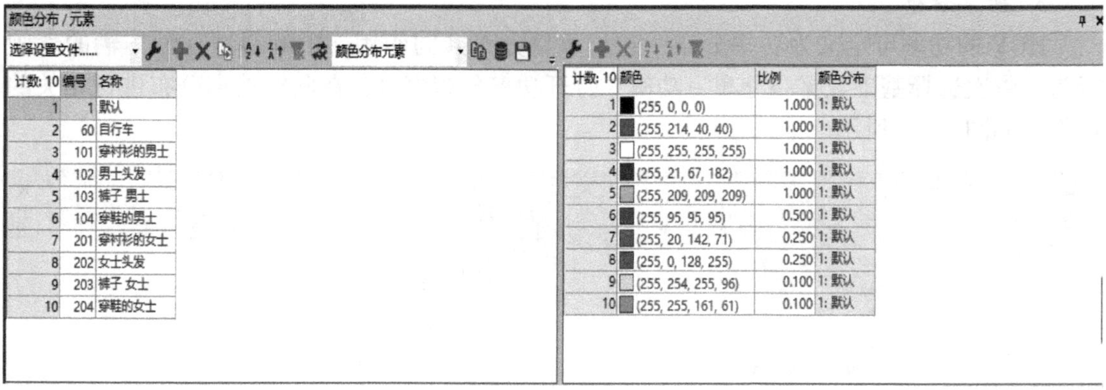

图 7-17　颜色分布列表

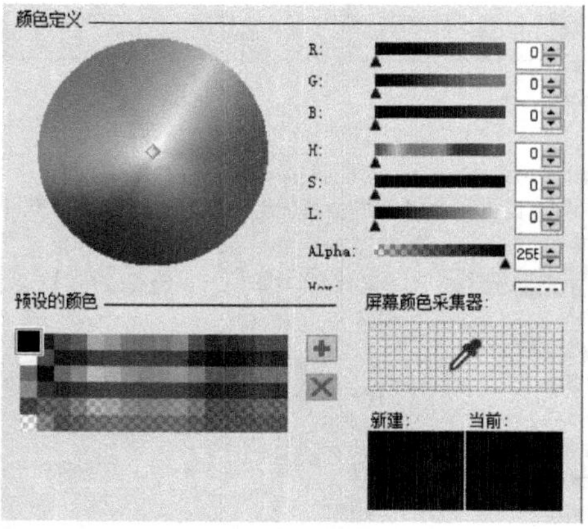

图 7-18　调色框

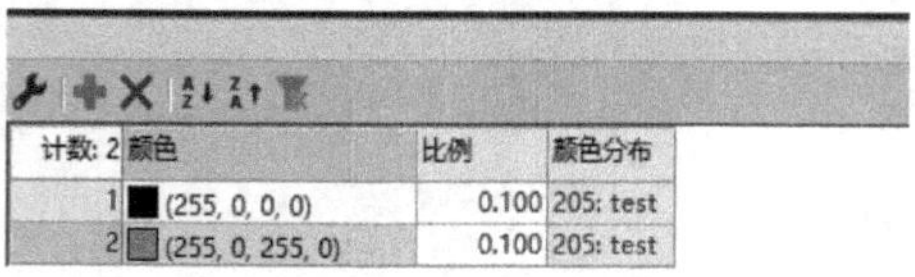

图 7-19　子列表自定义颜色

VISSIM 使用车辆模型分布替代车辆类型与其模型的一一对应功能。即使一种车辆类型只有一种车辆模型表示，仍然要定义一种车辆模型分布。每种车辆模型分布最多可以选用十种车辆模型，每种模型都有一个相对比例且占比>0，其绝对比例由 VISSIM 自动计算，它是单个比例与总比例的比值。

6. 时间分布

VISSIM 将停车时间分布用于以下地点：

①停车场类型的路线决策中，每个时间间隔定义的停车场。

②停车标志和收费站。

③公交站点。对公交车辆(如公交、轨道车辆)而言，如果由已有方法计算不出乘客的上下车时间，则必须定义公交车辆在公交站点或车站乘车区域内的停靠时间。

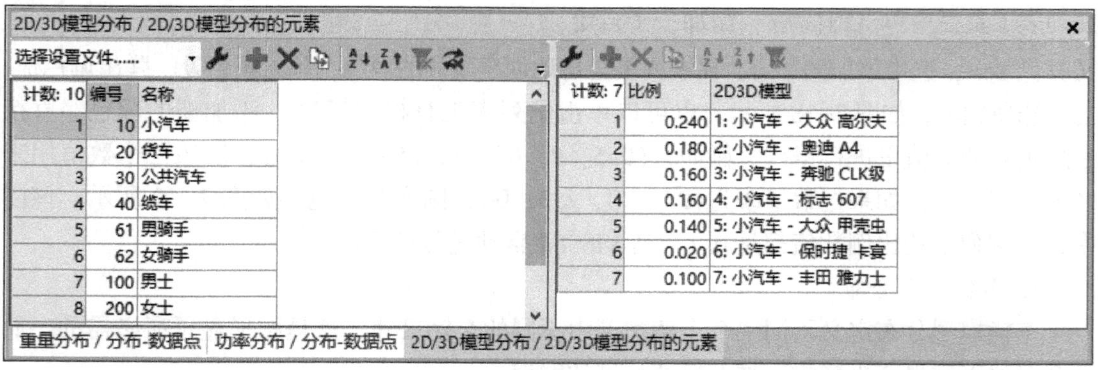

图 7-20　车辆模型分布

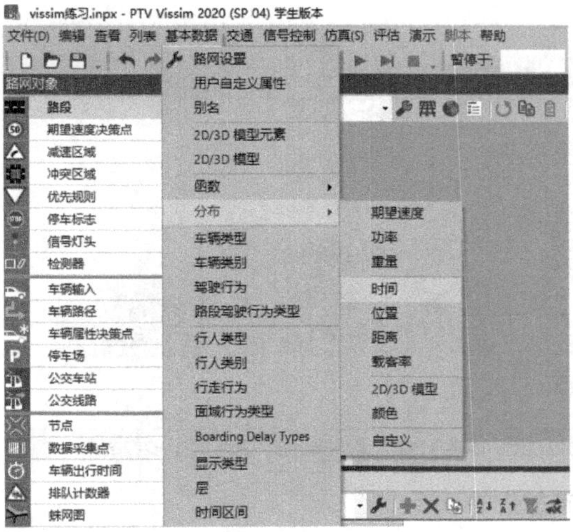

图 7-21　时间分布操作界面

时间分布有两种类型：一是正态分布，由平均值和标准差定义停车时间，单位为秒(s)。如果标准差设置为 0s，则停车时间为定值；如果一般性分布的停车时间为负，将自动填补为 0s。二是经验分布，通过使用一个最小值、一个最大值以及任意数量的中间点创建不同形状的图表的方法定义停车时间分布，它能够定义任意形式的分布。

通常如停车场、停车标志和公交站点会用到停车时间，适用时间分布。依次选择基本数据→分布→时间，如图 7-21 所示，弹出时间分布的列表，在时间分布列表中单击鼠标右键依次选择添加→经验分布，如图 7-22 所示。然后双击时间分布列表中的添加经验分布数据点，打开时间分布对话框，时间分布的定义方式与之前定义期望速度的方式一样，首先定义最小值(如 1s)，然后定义最大值(如 5s)，在曲线上右键单击出现红色的点，鼠标左键拖动红点，如图 7-23 所示。

图 7-22　时间分布列表

另外，可以添加正态分布，如图 7-24 所示。正态分布不是通过双击左键调出时间分布对话框，而是由平均值和标准差来定义停车时间的。如果标准差为 0，那么停车时间为定值；如果得到的停车时间为负值，则会自动修正为 0s。

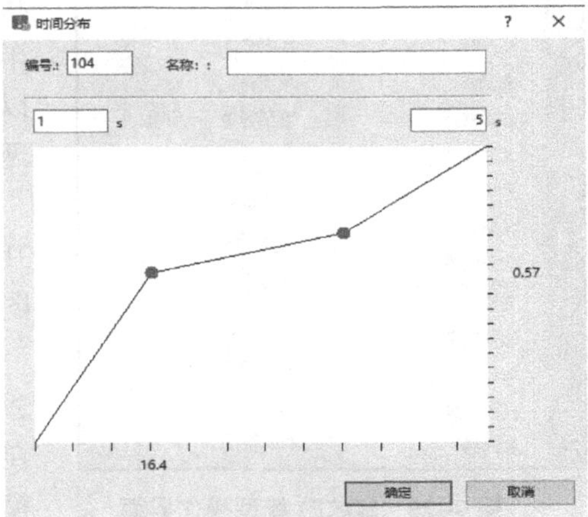

图 7-23　时间分布曲线

四、车辆种类、车辆类型和车辆类别

1. 车辆种类

车辆种类是固定的且预先设置在 VISSIM 软件中的一个属性，凡有相似的交通作用就会被认为是一个车辆种类。每个车辆类型都会被

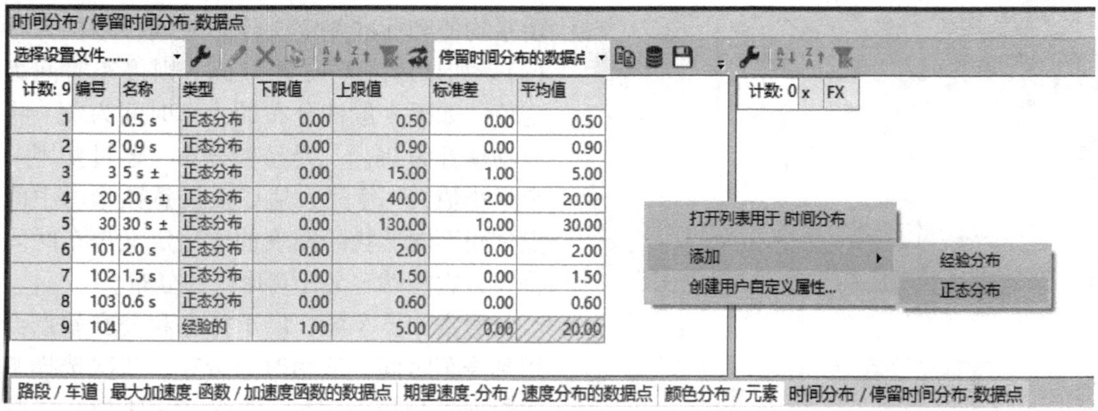

图 7-24　添加正态分布

归属到一个车辆种类下。

2. 车辆类型

具有相似技术特征和驾驶行为的车辆所组成的一个集合，除了默认的车辆类型(Car，HGV，Bus，Tram，Bike，Pedestrian)外，用户还可以创建新的或修改已有的车辆类型。因为同一种类的车辆拥有不同的属性(如加速或速度)，需要定义车辆类型的数量。车辆类型的相关数据在基础数据→车辆类型处设置。

3. 车辆类别

一种或多种车辆类型组成的一个车辆类型的集合。车速、评价、路径选择行为以及它们的路网元素都是针对车辆类别来进行设置的。需要注意的是，一个车辆类型可以同时属于多个车辆类别，因此存在相互重叠的车辆类别。当多种车辆类型具有相似的驾驶行为，但它们的车辆特征存在差异时，可以归为一个车辆类别；如果只是车辆的长度和形状不同，则它们还同属于一种车辆类型，可以使用车辆模型和颜色分布对其加以区分。简单来说，可以把车辆类型理解为微信里的每一个人，车辆类别理解为标签。

首先，定义 2D/3D 模型。单击基本数据→2D/3D 模型，弹出 2D/3D 模型列表，然后选择工具栏图标➕，相关界面如图 7-25~图 7-27 所示。

在弹出界面中选择打开默认模型的目录，找出适合的模型，单击确定，如图 7-28 所示。此时，在主列表中会多出一个 2D/3D 模型，命名为 2D/3D 模型，如图 7-29 所示。

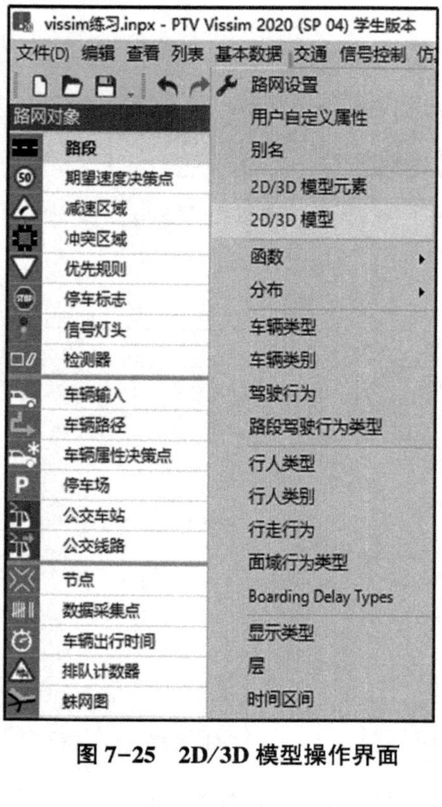

图 7-25　2D/3D 模型操作界面

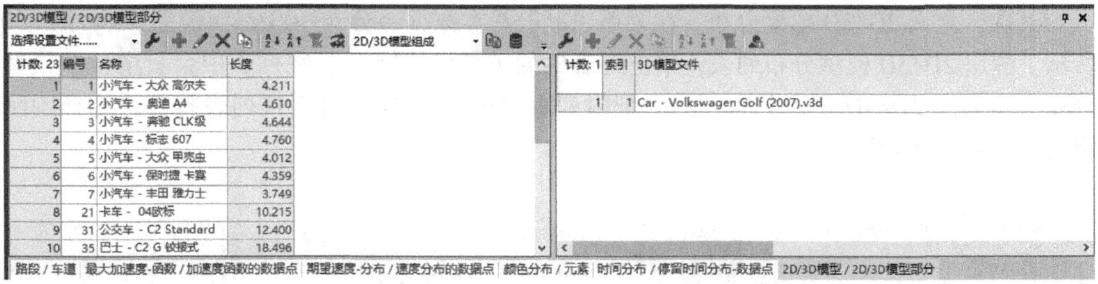

图 7-26 2D/3D 模型列表

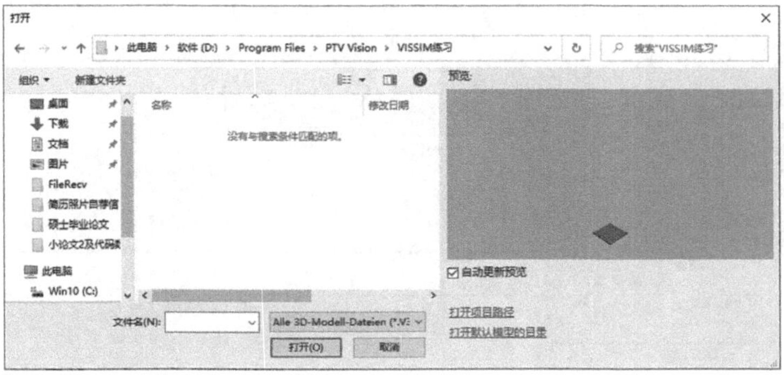

图 7-27 添加模型界面

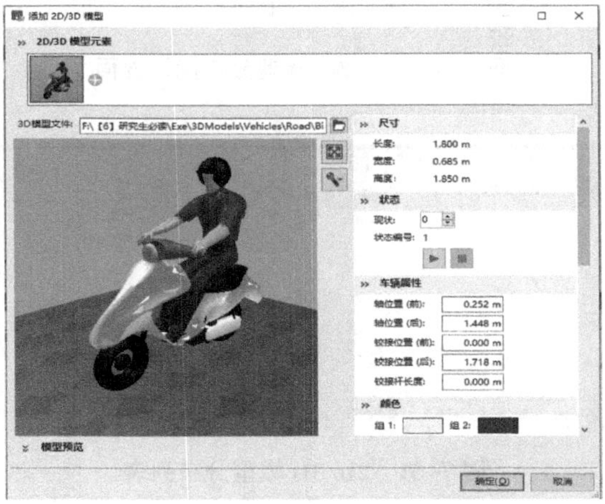

图 7-28 添加的 2D/3D 模型

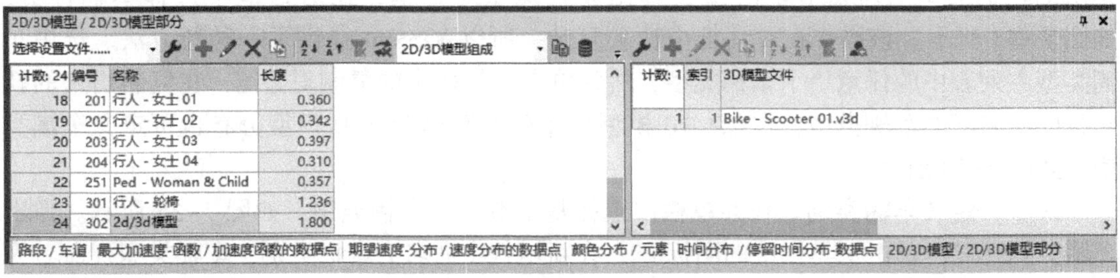

图 7-29 2D/3D 模型

其次，定义 2D/3D 模型分布。在菜单栏单击基本数据→分布→2D/3D 模型，如图 7-30 所示。弹出 2D/3D 模型分布列表，单击列表中的工具栏图标，在列表中会新增一个模型分布，命名为 2D/3D 模型分布。然后把附列表里的 2D/3D 模型下拉列表打开，选择刚刚定义的 2D/3D 模型，如图 7-31 所示。

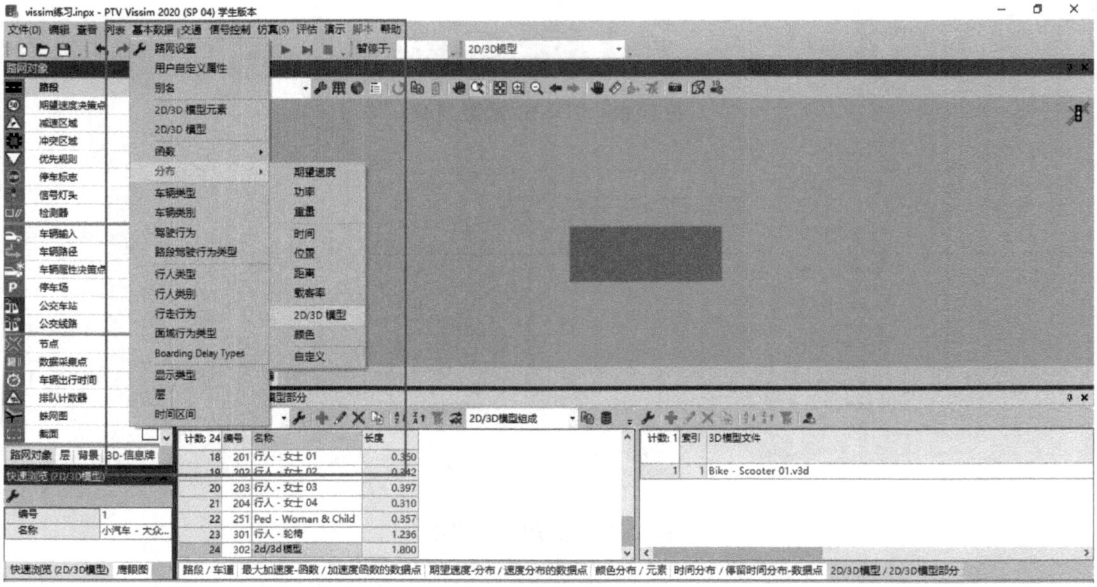

图 7-30　2D/3D 模型分布操作界面

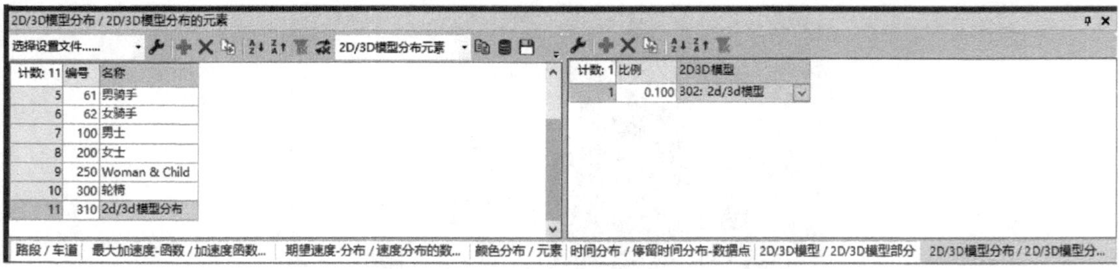

图 7-31　2D/3D 模型分布列表

再次，定义车辆类型。在菜单栏中选择基本数据→车辆类型，如图 7-32 所示。在弹出的车辆类型主列表中单击，弹出车辆类型对话框，在对话框中选择车辆种类，如图 7-33 所示。该操作在对话框中比较复杂，所以 VISSIM 提供了一种新方法。选中车辆类型主列表中的任意一个车辆类型，然后单击工具栏中的复制对象，在复制出来的新建行中命名新的车辆类型，在 2D/3D 模型分布列中选择 2D/3D 模型分布也可定义车辆类型，如图 7-34 所示。

最后，定义车辆类别。在菜单栏中选择基本数据→车辆类别，如图 7-35 所示。弹出车辆类别列表，单击工具栏中的图标，在新增行中命名为车辆类别，车辆类型列命名为刚刚定义的车辆类型，如图 7-36 所示。

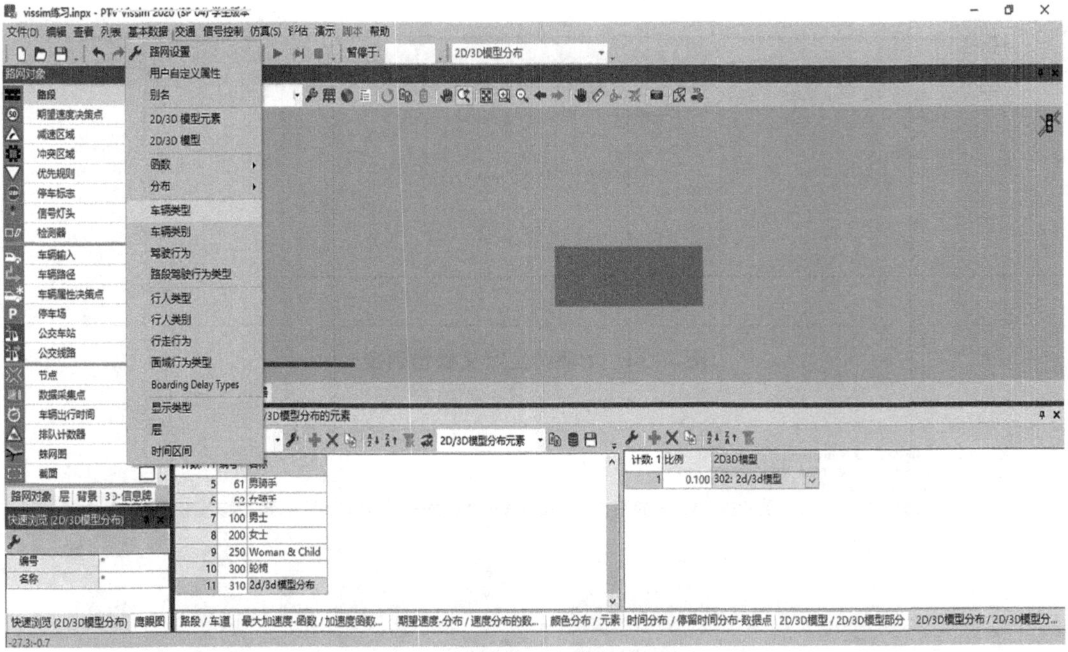

图 7-32　车辆类型操作界面

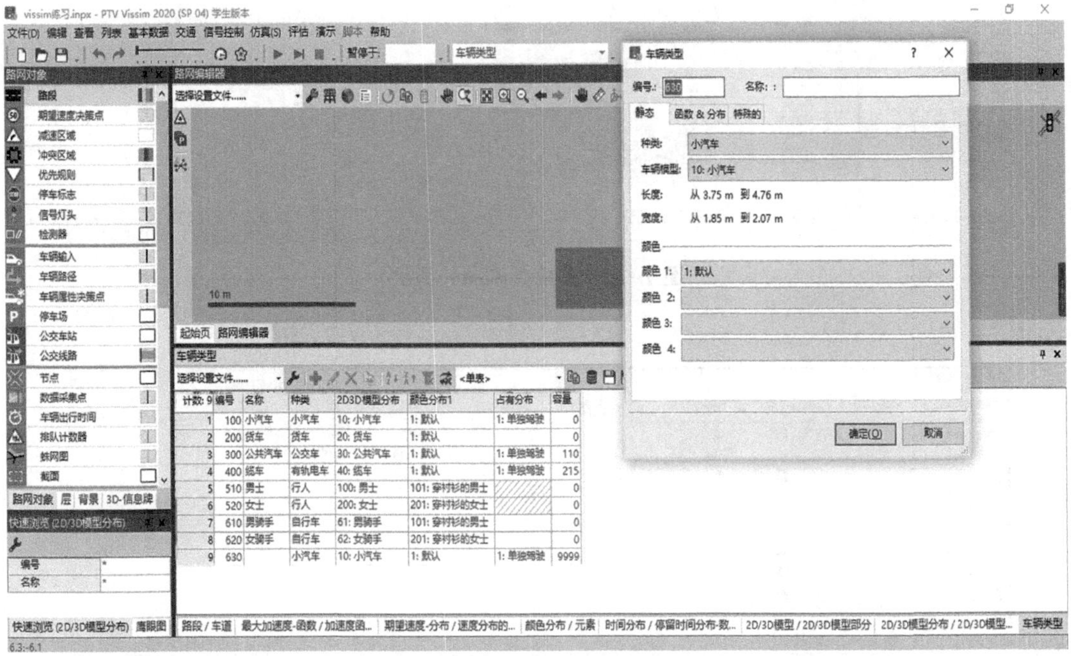

图 7-33　车辆类型列表与对话框

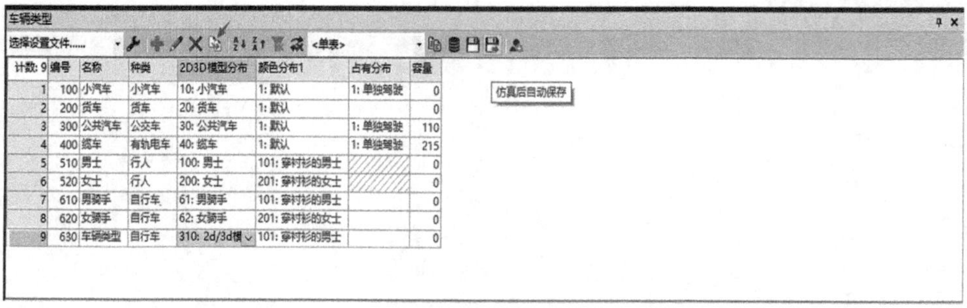

图 7-34　车辆类型定义操作列表

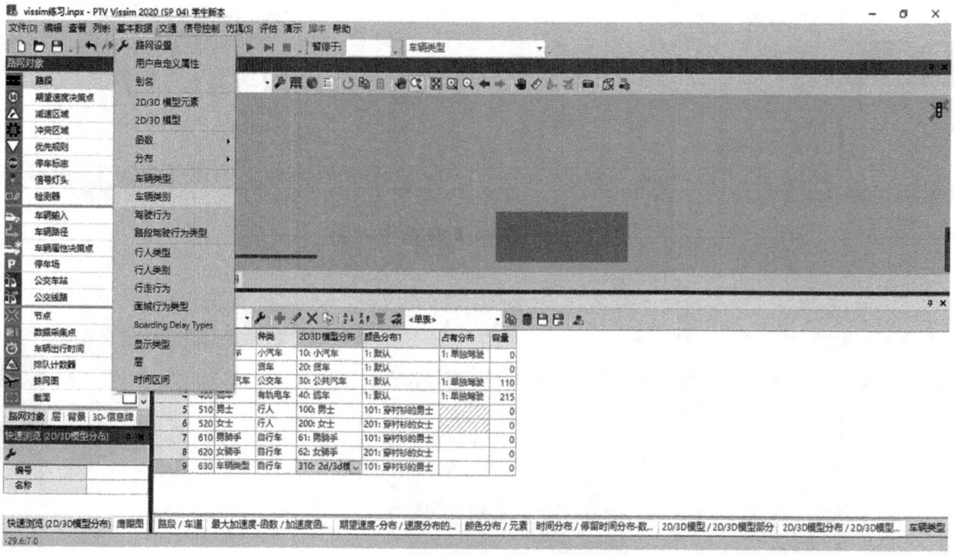

图 7-35　车辆类别操作界面

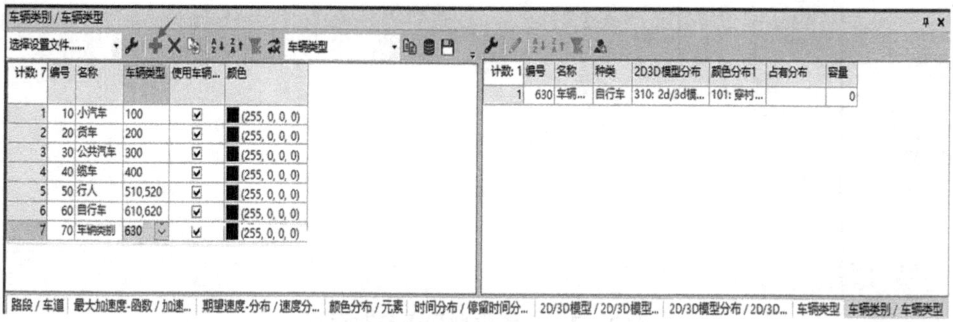

图 7-36　车辆类别列表

第二节 驾驶行为

一、驾驶行为简介

VISSIM 的一个关键特征是详细的驾驶行为，该驾驶行为包含了跟车及车道变换行为，因此用户可以调整参数来使驾驶行为更符合实际特性。需要注意的是，错误的调整会使结果不真实，因此，只有在对这些参数及相互作用进行充分了解的情况下，方可修改。Wiedemann 的跟车理论，其模型的基本观点是把驾驶员的行驶状态分成四个状态，即自由行驶、接近、跟随和刹车。

除了跟车模型，还有变道模型。在 VISSIM 中，变道分为两种，一种是自由变道，另一种是必要变道。自由变道是为了获得更大的行驶空间或者行驶车速，如为了超车进行变道；必要变道可能是在路口时，车辆为了转向而必须进行的变道。

驾驶行为参数在 VISSIM 中可以进行设置，选择基本数据→驾驶行为，如图 7-37 所示，弹出驾驶行为列表。从列表中可看到跟车模型有两种，分别是 Wiedemann74 和 Wiedemann99，Wiedemann74 主要用于城市道路，Wiedemann99 主要用于高速公路，如图 7-38 所示。

双击图 7-38 中的 Wiedemann74，弹出驾驶行为对话框，可以在该对话框中设置多种参数，如图 7-39 所示。

二、路段驾驶行为类型

驾驶行为参数通过路段行为类型的形式被分配到一条路段上，VISSIM 可以将不同的驾驶行为分配给同一路段上的不同道路使用者。为了实现这一目的，在一个路段行为中，对每个车辆类别都要分配一个专用的驾驶行为参数。例如，要建立一个机非混行的模型，

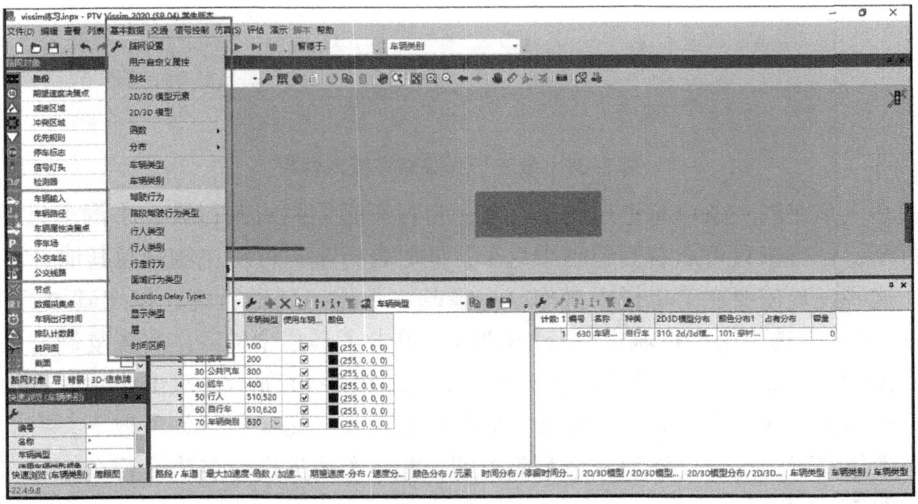

图 7-37 驾驶行为操作界面

图 7-38　驾驶行为列表

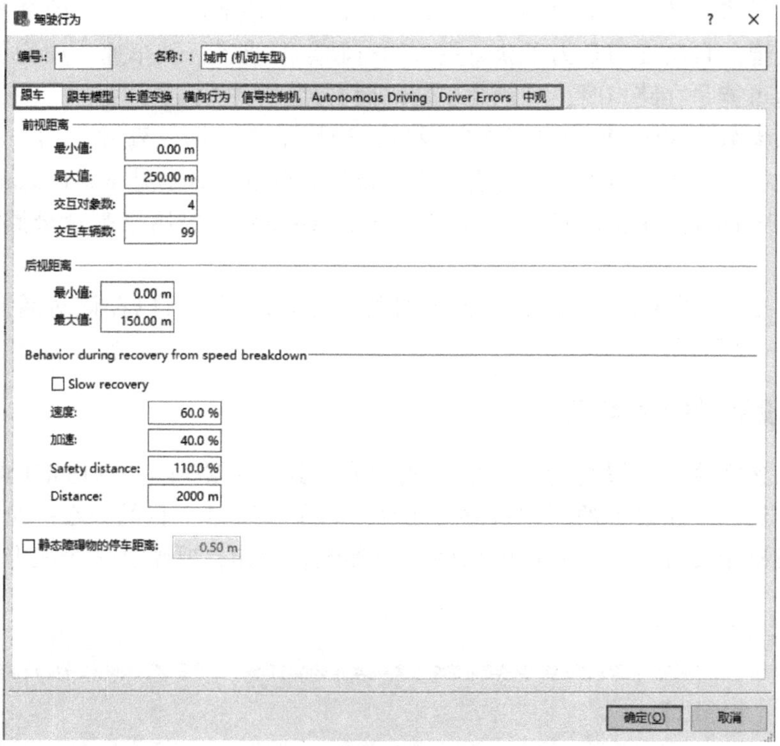

图 7-39　驾驶行为参数设置对话框

自行车和小汽车在同一条单车道道路上行驶，自行车必须靠右侧行驶，小汽车只能从左侧超越自行车，自行车只可从右侧超越小汽车，同时自行车只可从左侧超越其他自行车。

以上这些设置需要在菜单栏中操作，选择基本数据→驾驶行为，调出驾驶行为列表，如图 7-38 所示。选中第一行城市(机动车型)，单击工具栏中的，实现复制并粘贴，新建一个驾驶行为，命名为机非混行(机动车型)，如图 7-40 所示。双击该驾驶行为，弹出驾驶行为对话框，在跟车参数下，将最大值调整为 30m；在横向行为参数下，右键单击在同一个车道超车下的空白处添加一个车辆类别，并将车辆类别命名为自行车，勾选从左侧超车，如图 7-41 所示。

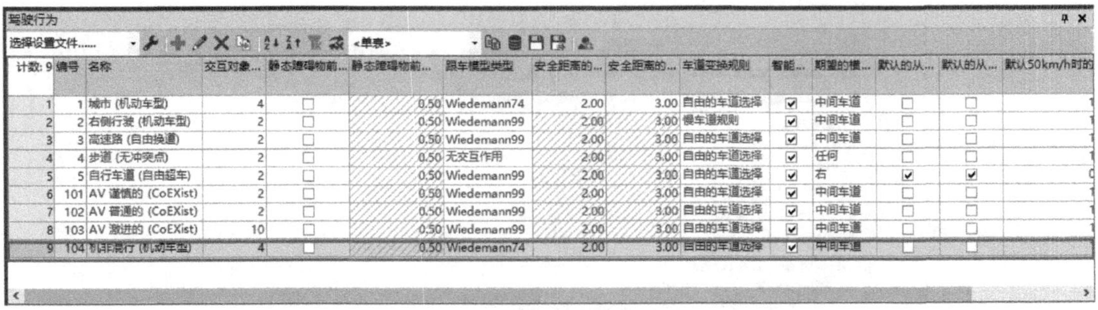

图 7-40　新建机非混行驾驶行为

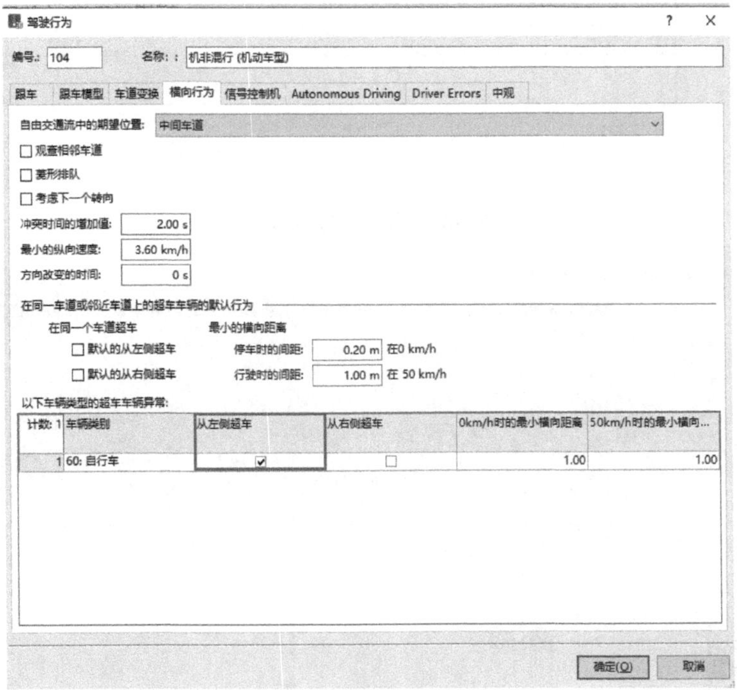

图 7-41　驾驶行为参数设置

同理，在图 7-38 驾驶行为列表中，选中自行车道(自由超车)驾驶行为，单击工具栏中的图标，完成复制并粘贴，新建驾驶行为并命名为机非混行(非机动车型)。双击该驾驶行为，弹出驾驶行为对话框，取消在同一个车道超车下的默认的从左侧超车和默认的从右侧超车勾选，然后右键单击在同一个车道超车下的空白处添加车辆类别为小汽车。因为自行车超越小汽车只能从右侧超车，勾选从右侧超车。再添加一个自行车的超车行为，将车辆类别改为自行车。因为自行车超越其他自行车只能从左侧超车，勾选从左侧超车，如图 7-42 所示。

接下来，在菜单栏选择基本数据→路段驾驶行为类型，如图 7-43 所示。弹出路段行为类型列表，在工具栏中单击添加图标，新建一个驾驶行为，命名为机非混行，在默认的驾驶行为列中选择 104：机非混行(机动车型)。在子列表中单击工具栏添加图标，在添加的驾驶行为中将车辆类别改为自行车，驾驶行为选择 105：机非混行(非机动车型)，如图 7-44 所示。

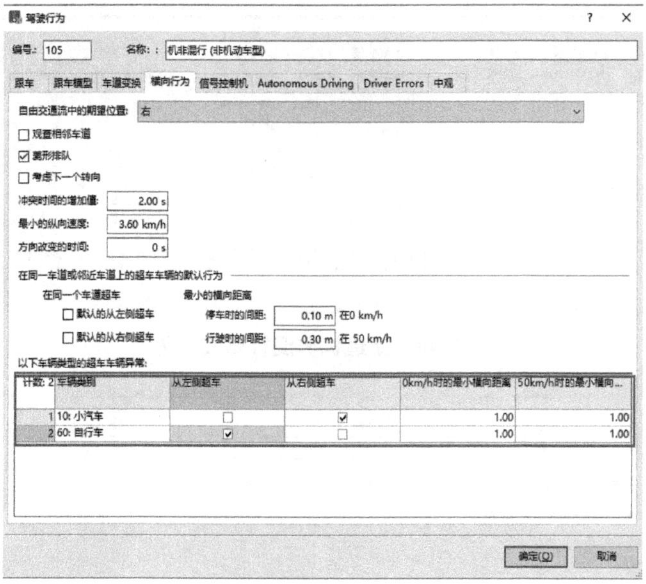

图 7-42　横向行为参数设置

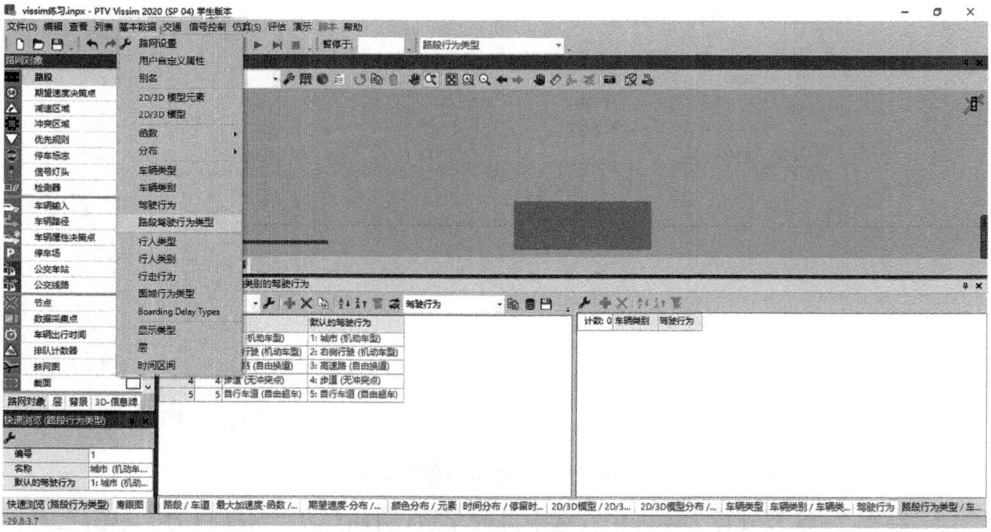

图 7-43　路段驾驶行为类型操作界面

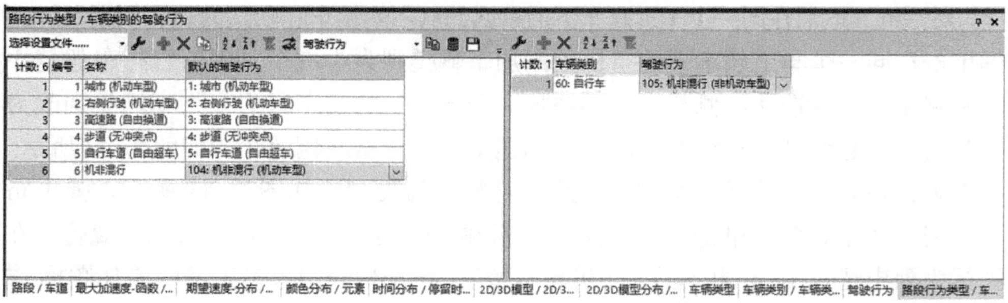

图 7-44　路段行为类型列表

在路网编辑器页面右键单击添加路段，如图 7-45 所示。弹出路段对话框，将路段行为类型改为机非混行，单击确定，此车道就被设置为机非混行车道，如图 7-46 所示。

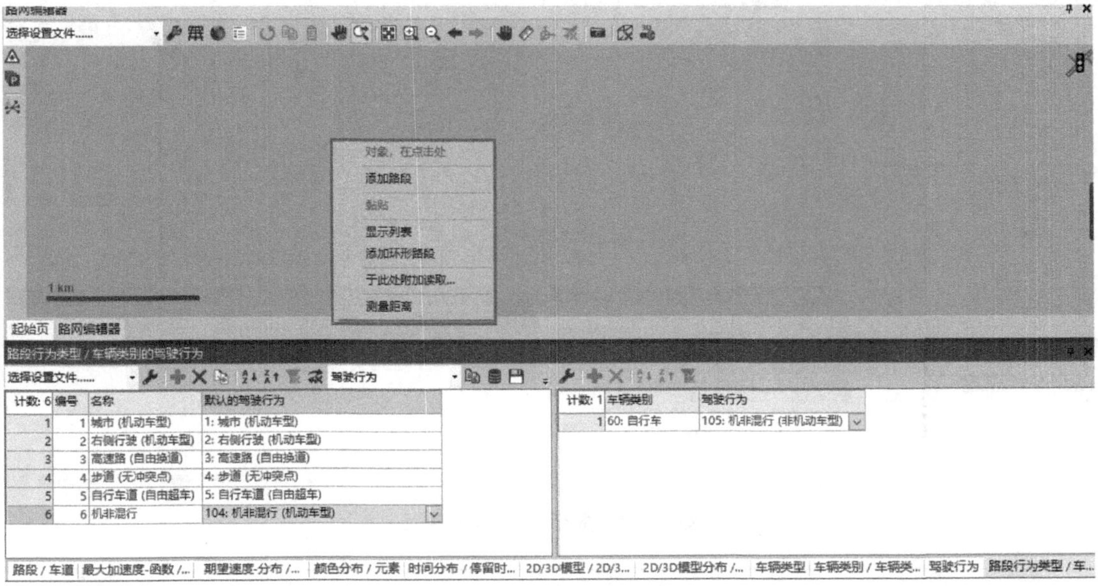

图 7-45　添加路段

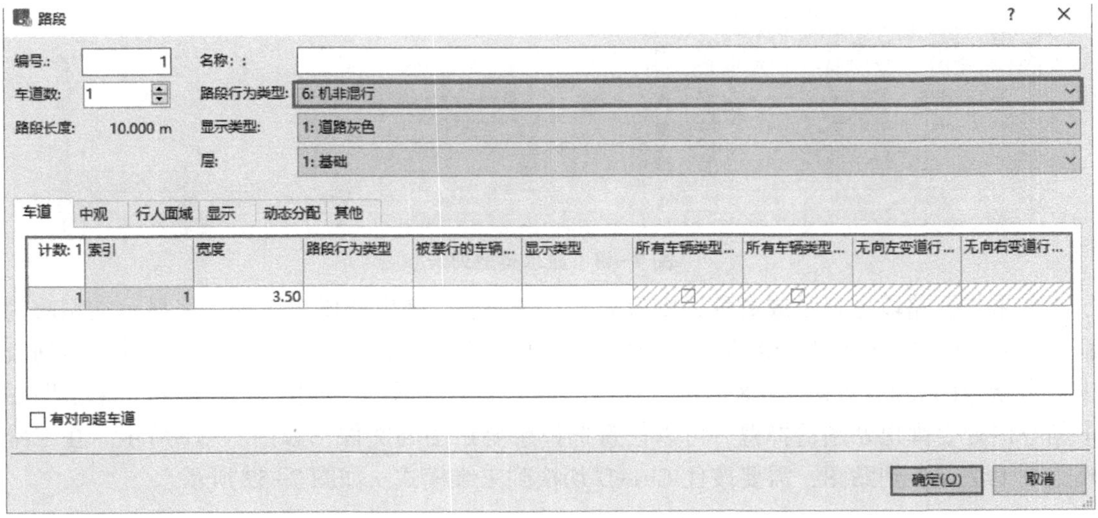

图 7-46　修改路段行为类型

三、显示类型

针对路段、连接器或面域等路网对象，如果希望展示或者凸显它的不同显示样式，可以运用显示类型菜单。在菜单栏中选择基本数据→显示类型，如图 7-47 所示，弹出已经定义的显示类型列表(图 7-48)。也可以单击工具栏图标➕，新建一个显示类型，弹出显示类型对话框，命名为 test，可以单击填充颜色选择需要的颜色(如黄色)，边界颜色也可以选择需要的颜色(如黄色)，单击确定，如图 7-49 所示。

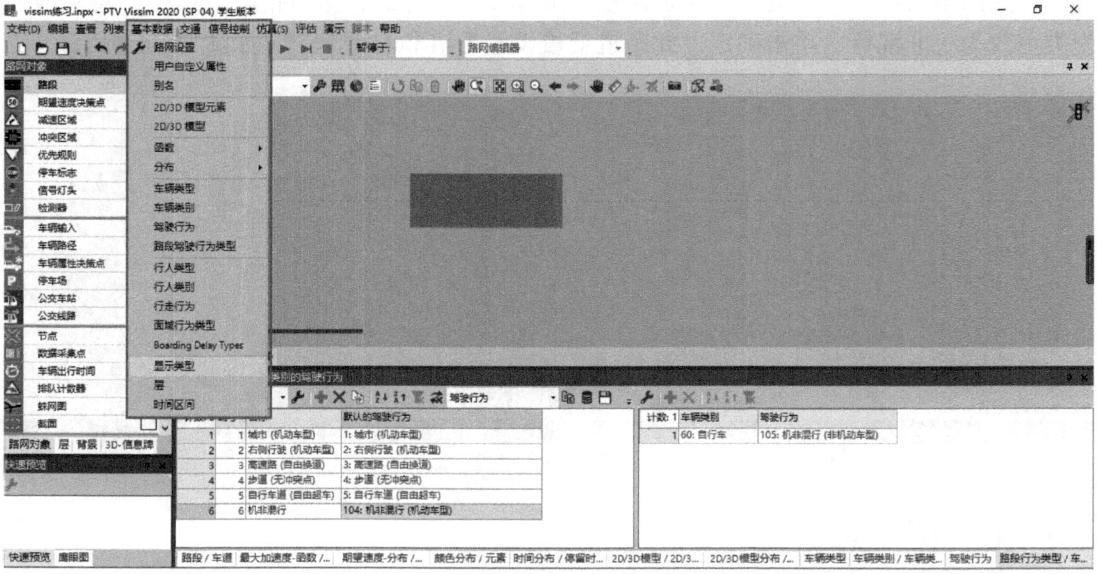

图 7-47　显示类型操作界面

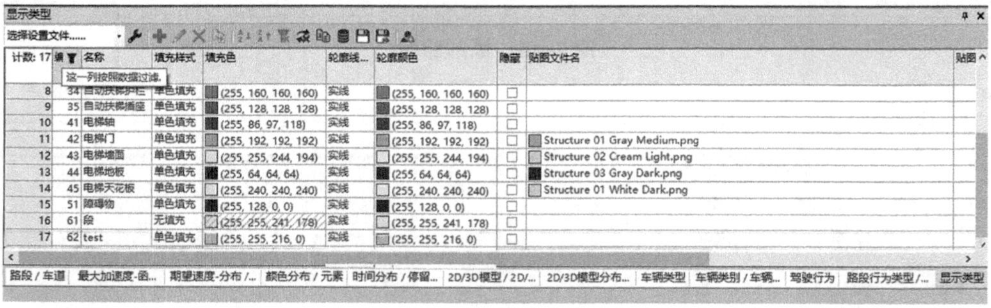

图 7-48　显示类型列表

如果想要路段也显示成黄色，则只需要双击路段，弹出路段对话框，将显示类型改为新建的 test 即可，如图 7-50 所示。如果要给已创建的路段贴图，只需要在显示类型列表中双击新建的 test，如图 7-48 所示。弹出的显示类型对话框，如图 7-49 所示，单击贴图下的空白处会弹出贴图选择框，可以任意选择想要贴图的文件，如图 7-51 所示。在二维模式下无法观察到贴图，需要按住 Ctrl+D 切换到三维模式，如图 7-52 所示。

四、层

层在 VISSIM 中主要有两个作用：一是把某些路段分配到某一层，使得分配到该层的路段拥有与层相同的高程；二是可以在展示某一个层的时候，将其他的层进行隐藏，同时层上的路段也被隐藏，只显示希望展示层的路段。

在菜单栏中选择基本数据→层，如图 7-53 所示，弹出层列表，在 VISSIM 中默认一个名称为基础，Z 坐标为 0 的层。单击工具栏图标➕，新建一个层，命名为高架，Z 坐标为 20，如图 7-54 所示。

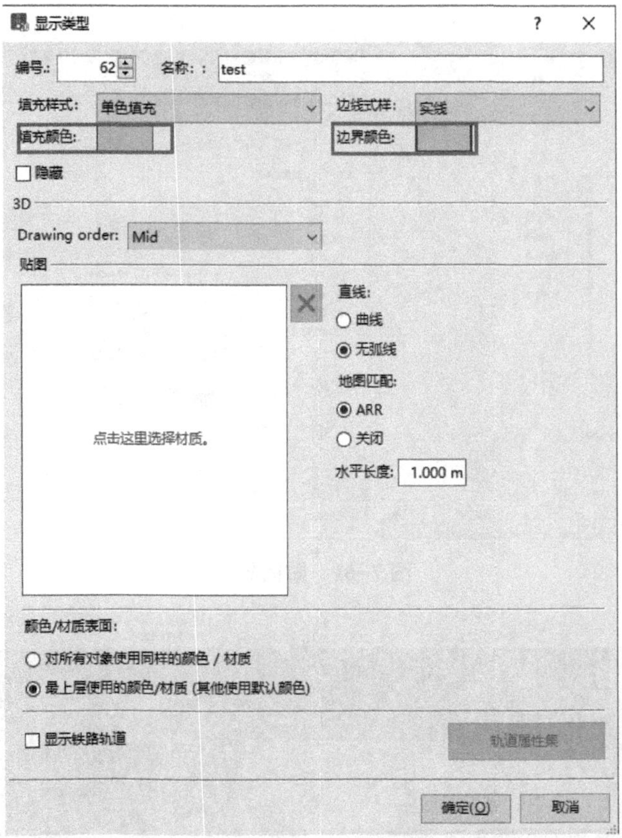

图 7-49 显示类型对话框

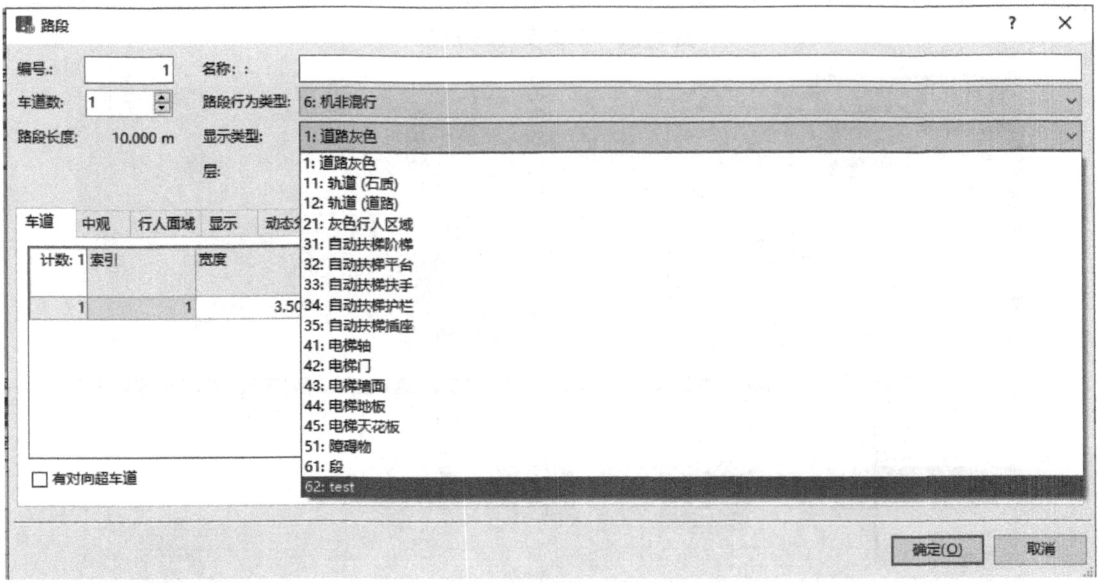

图 7-50 路段颜色设置

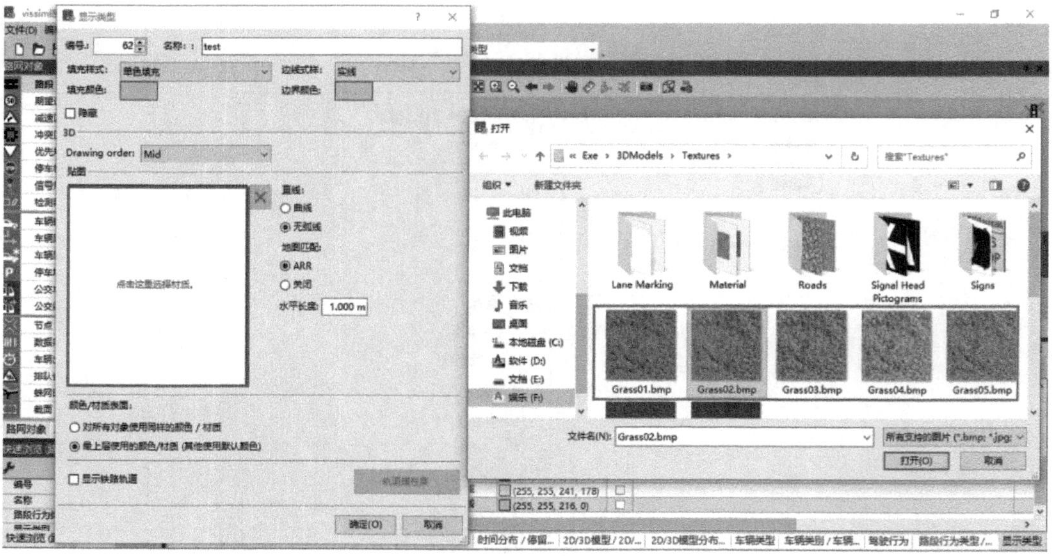

图 7-51　贴图界面

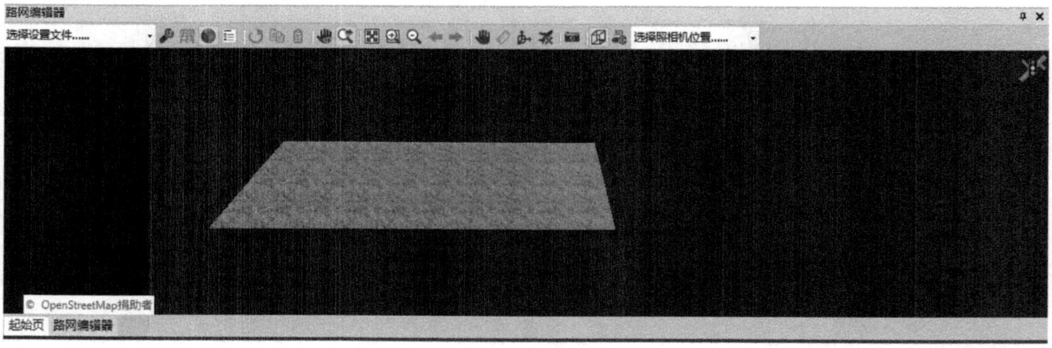

图 7-52　三维模式路段贴图

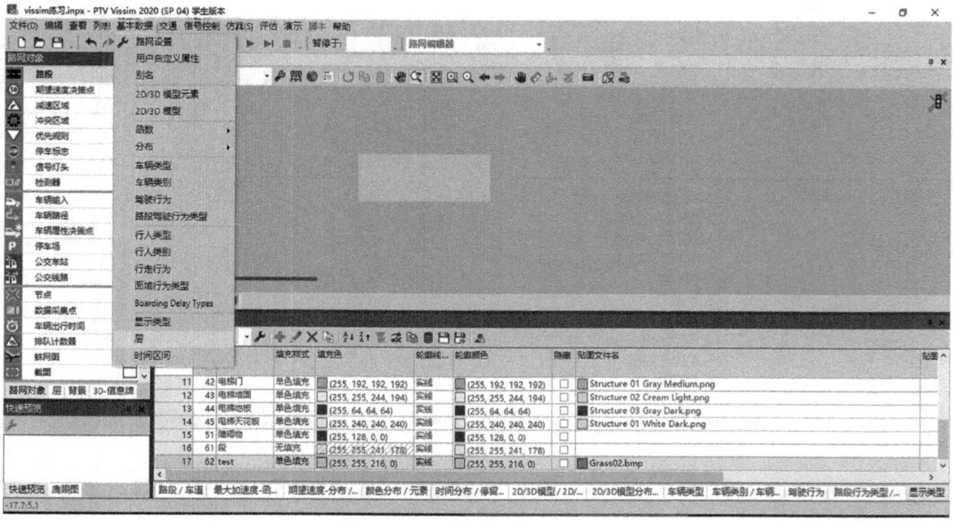

图 7-53　层操作界面

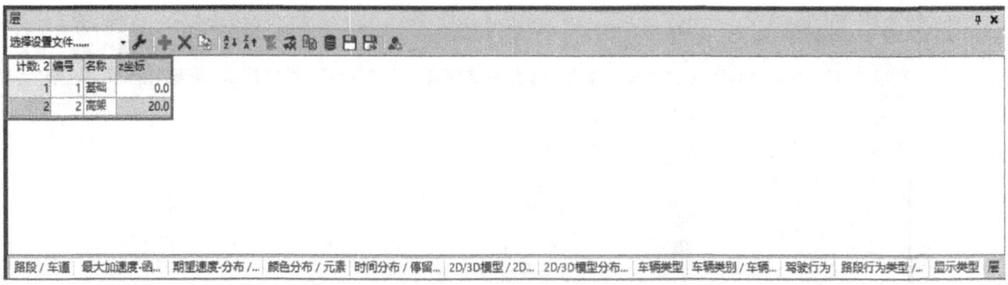

图 7-54　层列表

如果想要显示某一个层而隐藏其他层，单击侧边栏中的层，只需要单击相应层前的图标，则该层被隐藏。如果想要激活某一个层，但不需要显示层上的车或人，只需要单击相应层的或图标，即可进行隐藏，如图 7-55 所示。

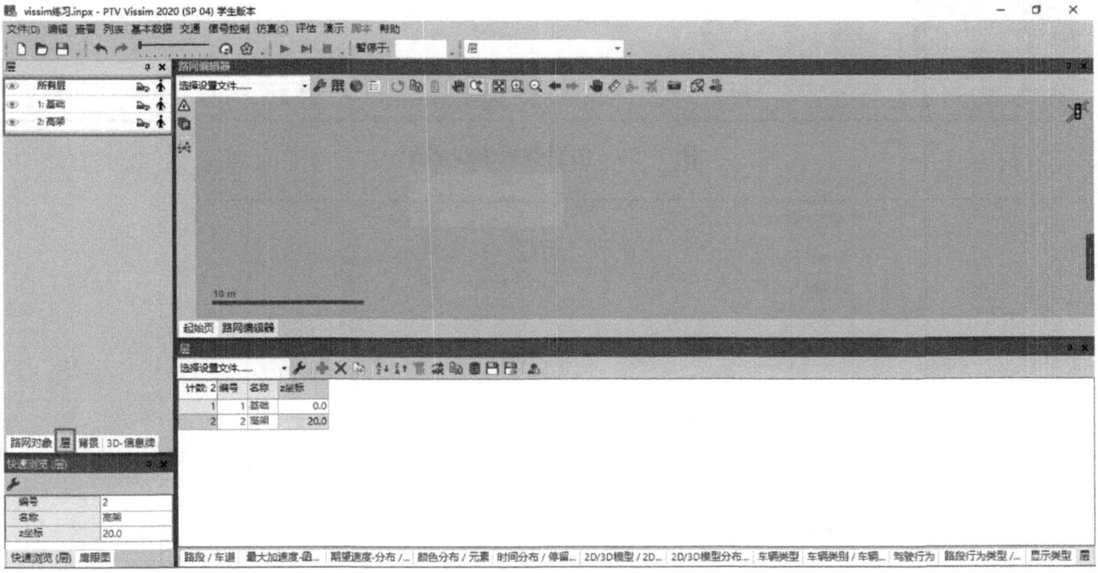

图 7-55　层的设置

五、仿真参数

在菜单栏选择仿真→参数，如图 7-56 所示，弹出仿真参数对话框，如图 7-57 所示。对话框中，注释栏可以输入具体信息，如项目名称、高峰小时模型等。

仿真时间默认为 3600s，也就是运行 1h 进行一次评价，但在实际项目操作中，仿真时间不可能为 3600s。正常情况下需要考虑预热的时间，最好使得车辆驶过路段全程，然后开始进行仿真与评价。预热的时间不是固定的，取决于路网的大小，如果是单个交叉口，可能只需要预热 200~300s；如果路网较大，可能需要预热半个小时甚至更长。为了仿真方便，假设把仿真时间设为 4200s，即预热时间设为 600s。

起始时间主要是影响仿真显示的开始时刻，如果仿真时间显示不是基于秒而是基于时刻，就需要用到起始时间。动态交通分配也是一个重要的参数，需要定义不同时间段的 OD 矩阵，这时需要运用起始时间。

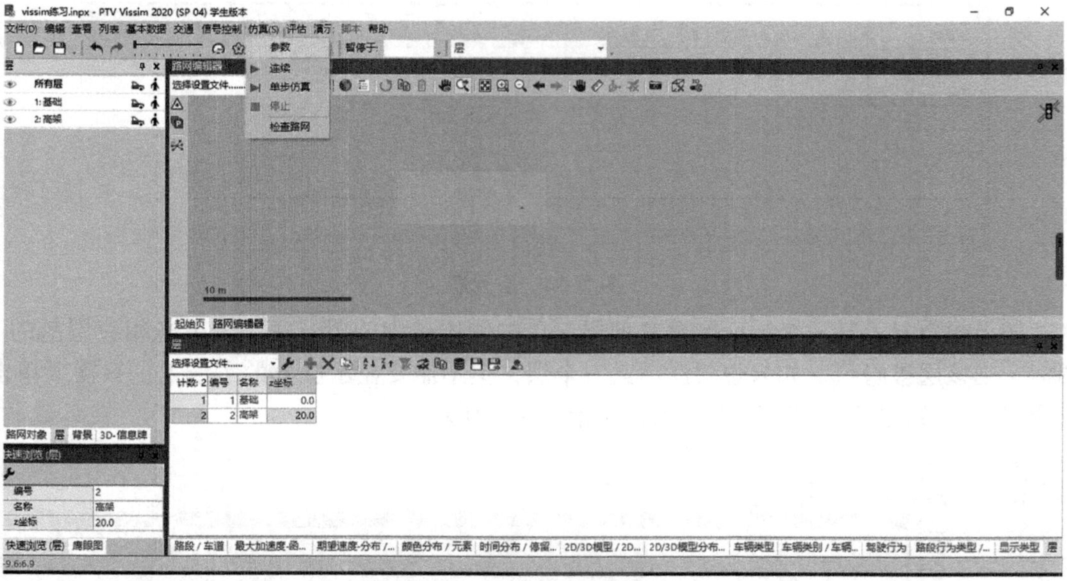

图 7-56　仿真参数操作界面

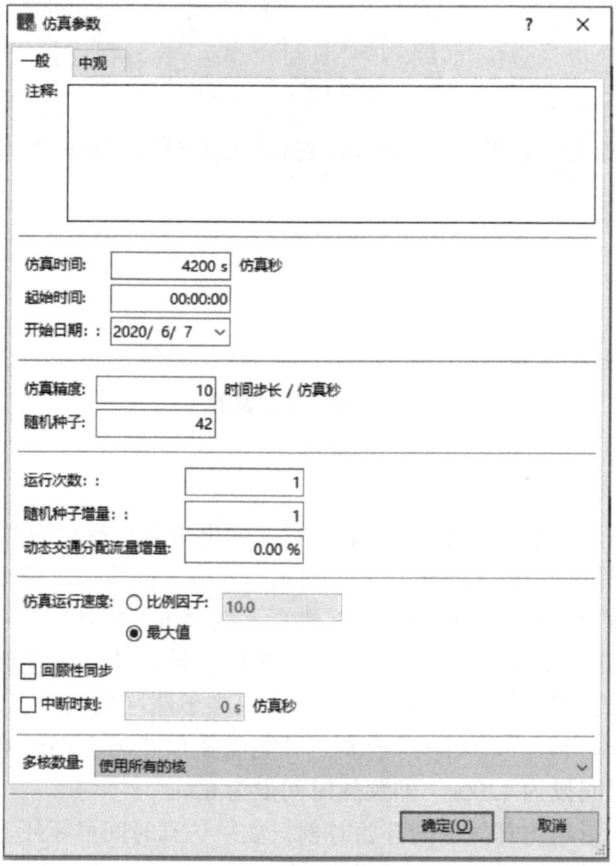

图 7-57　仿真参数对话框

仿真精度代表的是在一个仿真秒内 VISSIM 计算车辆位置的次数，取值范围为 1～20，最大值为 20，表示最短为 0.05s 计算一次。仿真精度输入 1 代表在每个仿真秒内车辆只移动 1 次，输入 10 代表在每个仿真秒内计算 10 次车辆的位置。仿真精度一般推荐使用 10，使得车辆运行更加平顺，如果需要高画质录像，则推荐使用 20。如果 VISSIM 中有行人仿真，推荐使用 5、10 或 20，否则行人仿真时就会出现卡顿等问题。仿真精度会影响车辆和行人的行为以及两者之间的相互作用，所以使用不同的仿真精度可能产生不同的仿真结果。

随机种子对随机数产生器进行初始化，如果输入相同的随机种子，不管运行多少次，仿真结果都是相同的。只有选择不同的随机种子，才会改变车辆的到达规律。如果进行评价，在仿真时都会选择不同的随机种子。

运行次数是指要执行的仿真运行的次数，根据应用情况，合理的数值区域荐用 5～20。使用动态分配时，可能需要 20 次以上的仿真运行，甚至需要上千次。

随机种子增量是执行多次仿真运行时随机种子的增量，需配合多次数运行仿真使用，即对于之后的仿真，每次都会增加相应增量。例如，当增量为 1 时，若第一次运行的随机种子为 42，则第二次运行为 43，第三次运行为 44，以此类推。

动态交通分配流量增量，只有在动态交通分配时需要使用。

仿真运行速度是指针对线性的 1s 对应 VISSIM 中的仿真秒数，如果选择最大值，VISSIM 则会以最快的速度去运行仿真。仿真运行速度的变化对仿真运行的结果是没有影响的，所以可以在仿真运行期间，对仿真运行速度进行调整，如果需要实时同步，只需要把比例因子改为 1 即可。如果把比例因子设为 100，实际获得的仿真运行速度还取决于仿真的路网大小和计算机硬件配置，如果计算机配置不高，则不足以支持高比例因子的仿真运行。

如果勾选回顾性同步，VISSIM 则不会在每个仿真步长结束时等待分配给该仿真步长实际时间的结束。例如，当比例因子为 1 时，在仿真运行期间，打开了某个文件，导致运行时的速度比实际慢，则 VISSIM 会在下一个仿真秒时把损失的时间弥补回来，继续实现同步运行。当和实时交通对接时会勾选此选项。

中断时刻即仿真运行到某一时刻时，仿真会暂停，可以定义中断时间，方便查看当时的路网仿真运行情况。

多核数量一般会选择使用所有的核，最大值取决于运行 VISSIM 的计算机配置。即使只选择 1 个核，行人的仿真也会使用所有的 CPU 来进行计算。

第三节 路网绘制

本节介绍 VISSIM 路网建模——创建和编辑路网元素。要创建、编辑或者删除一个网络对象，工具栏内相应路网对象类型的按钮必须处于激活状态。

一、路网元素

VISSIM 的使用目的决定了路网基础设施建模的详细程度。如果仅仅测试一套感应信号控制逻辑，只需构建一个粗略的交叉口模型；如果要进行仿真分析，则要构建一个更加详细的模型。VISSIM 能够建立所有类型的交叉口或交叉口群的模型，并可精确到毫米。

1. 路段

如果用户启用的是空白路网而不是已输入的路网，开始编码前要确保路网的缩放比例正确，方法是使用至少一个具有比例的背景图片。

VISSIM 路网编码的第一步工作是描绘路段轨迹，寻找进出交叉口的所有道路，确定进口以及交叉口内的车道数。每条道路表示为一个路段，从主要道路开始编码。路段上的车道数始终保持恒定，若车道数发生变化，必须重新建立一个路段。如果要改变已有路段上的车道数，依次选择编辑→打断路段，在车道数变化位置打断路段。

(1)图形编辑

以下命令仅在路段和连接器模式激活时可用。

①创建。在路段起始位置单击鼠标右键，沿着交通流运行方向将其拖至终点位置，释放鼠标，编辑路段数据。

②选择。鼠标左键单击目标路段，若鼠标单击位置存在重叠的多个路段或连接器，使用命令(默认快捷键 Tab)浏览所有的路段或连接器，从中进行选择。

③移动。选择路段，按住 Shift 键，鼠标左键单击路段，将其拖至目标位置。

④打断路段。选择路段，依次选择编辑→打断路段(默认快捷键 F8)，鼠标左键单击路段的打断点，定义数据。

⑤编辑路段属性。单选模式，双击目标路段；多选模式，定义活动状态的路段(指定多边形)，在路网外单击鼠标右键。

(2)路段属性和选项

路段属性窗口如图 7-58 所示。可定义的路段属性如下：

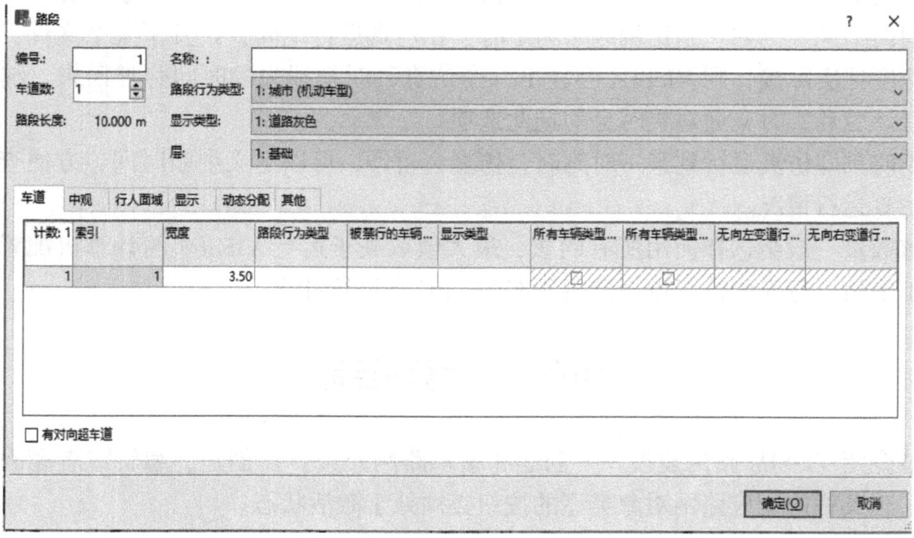

图 7-58　路段属性窗口

①编号。路段的唯一编号(仅能在创建路段时编辑)。

②名称。标识或注释。

③车道数。定义车道数。

④路段类型。控制如路段颜色、驾驶行为等特征量。

⑤路段长度。显示用鼠标绘出的长度，该值保持不变。

2. 连接器

VISSIM 路网是由相互连接的路段组成，路段之间需要通过连接器实现连接。没有连接器车辆则不能从一条路段换到另一条路段，此外，连接器也可以模拟交叉口处的转向关系。连接器的路段类型属性默认地和与其连接路段的类型相同。

(1)图形编辑

以下命令仅在路段和连接器模式▬激活时可用。

①创建。在第一个路段的指定位置(连接器起点)单击鼠标右键，沿着交通流方向拖动鼠标到第二条路段的指定位置(连接器终点)，然后释放鼠标，编辑连接器数据。

②选择。鼠标左键单击目标连接器。

③移动。多选模式下，连接器只能随它的起点路段和终点路段移动，在起点路段或终点路段内改变连接器位置的步骤：选择连接器，鼠标单击连接器上的起点/终点，将其拖动到目标位置，释放鼠标。

④编辑数据。单选模式，双击连接器；多选模式，定义激活的连接器(指定多边形)，在路网外单击鼠标右键。

(2)连接器属性和选项

连接器窗口如图 7-59 所示。可以定义的连接器属性如下：

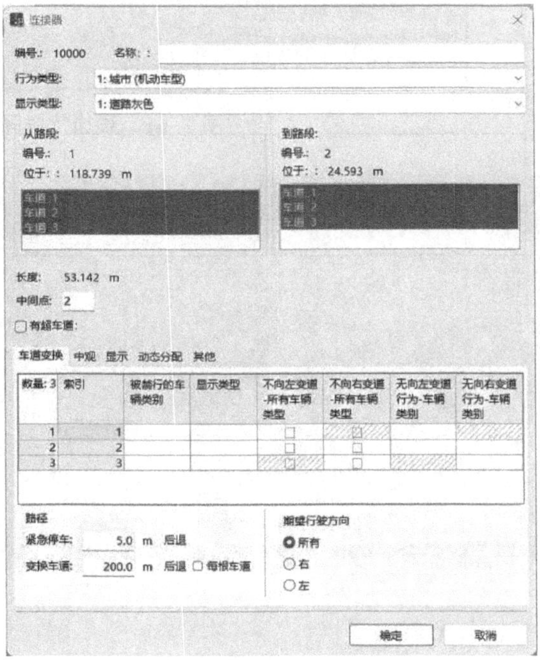

图 7-59 连接器窗口

①名称。标识或注释。

②从路段到路段。连接器起点路段和终点路段的车道连接状态。车道 1 代表最右侧的车道。按住 Shift 键，选择多条车道。

二、底图导入

底图有两种格式，一种格式是位图，即 jpg、png 等格式；另一种格式是矢量图，最具有代表性的是 dwg 格式。一般情况下推荐使用矢量图，因为图纸上的坐标信息完整，不需调整比例尺。如果没有矢量图，推荐使用 ecw 格式的位图作为底图，相较于 jpg 和 png 格式的位图，ecw 格式的位图占据的内存容量较小且图像更加清晰。

底图导入具体操作：单击侧边栏中的路网对象，单击背景图片并激活，如图 7-60 所示。在路网编辑器中右击并选择添加背景图片，如图 7-61 所示。弹出选择背景图片文件框，只需要在其中找到所要添加图片文件，单击打开图纸即导入路网编辑器。然而在路网编辑器界面上并不一定能够看到导入的底图，这是因为此时的坐标距离视角可能不合适，单击路网编辑器工具栏上的显示整个路网▣，图片就会自动缩放到窗口范围，如图 7-62 所示。

图 7-60　激活背景图片

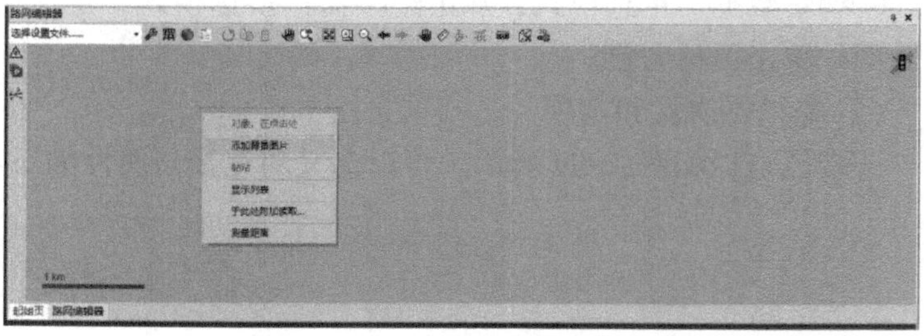

图 7-61　添加背景图片

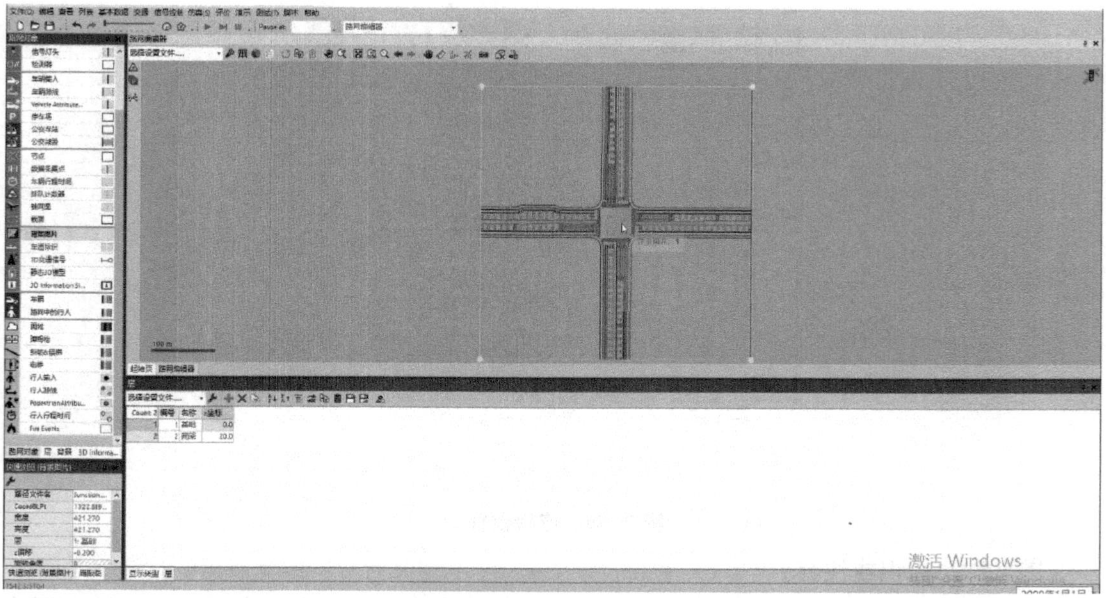

图 7-62　背景图片显示

如果导入的是 jpg 等格式的位图，还需要去调整比例尺，调整比例尺有两种方式。

第一种方式是右击侧边栏中的背景图片，选择显示列表，如图 7-63 所示。弹出背景图片列表，可以在列表中修改高度和宽度，如图 7-64 所示。底图宽度和高度的横纵比是被锁定的，例如，将宽度定义为某一个具体的数值，则高度就会按照锁定横纵比进行缩放。

第二种方式是定义某个车道的宽度，从而调整比例尺。首先在底图上右击选择设置比例，如图 7-65 所示，此时鼠标由一个箭头的形状变为“+”的形状，在某车道的一侧单击鼠标左键，按住不放，然后拖动出一条黄线，拖动到车道的另一侧，松开左键，弹出比例尺对话框，设置车道宽度，如图 7-66 所示。

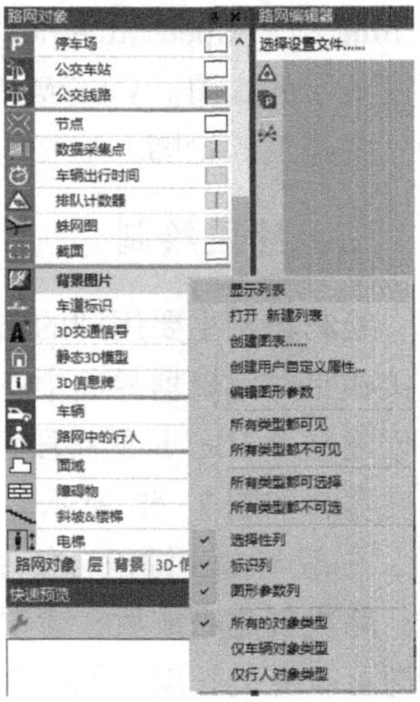

图 7-63 打开背景图片显示列表

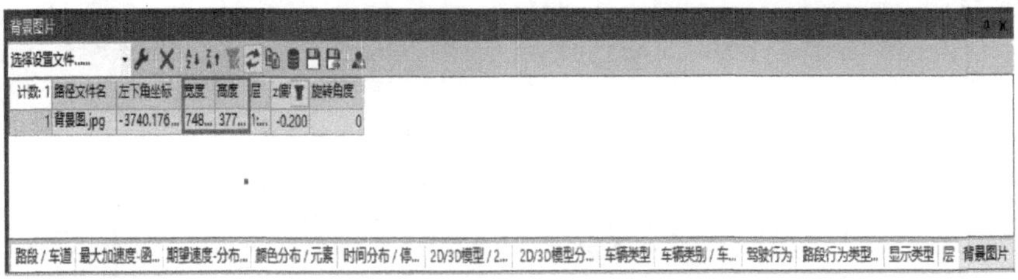

图 7-64 修改比例尺

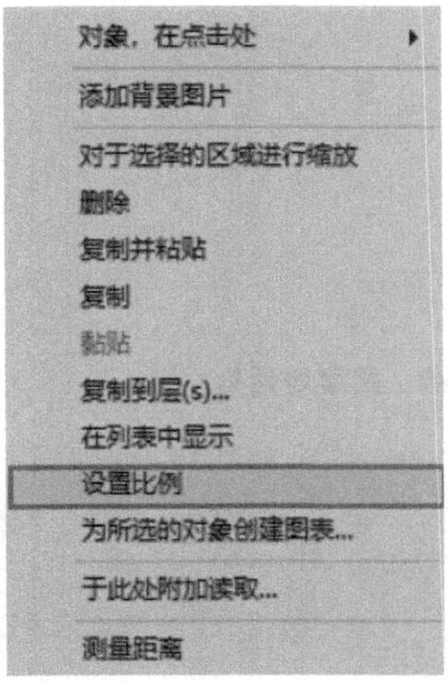

图 7-65 设置比例

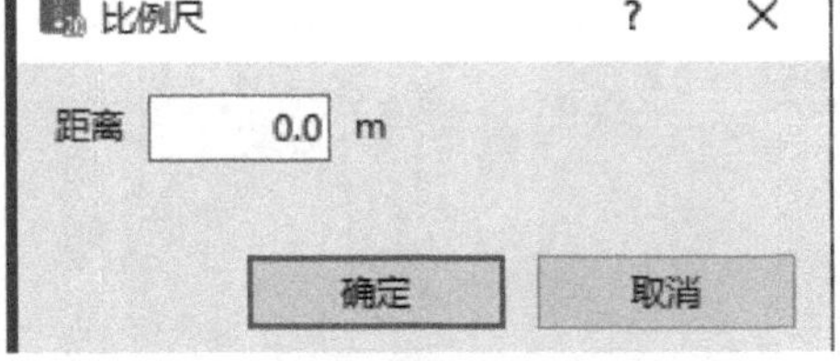

图 7-66 比例尺对话框

比例尺设置完成后，需选中背景图片栏中的图标将底图锁定，以防底图移动。背景图片被激活时，图标无法被选中，所以需要暂时激活任意另一个路网对象，再单击背景图片中的图标。与层操作类似，也可以单击侧边栏中的背景选项卡，通过选中图标来隐藏不需要的底图。除了使用自己的背景图片外，也可以使用软件提供的背景图片，主要有 Bing 图和 Open Street Map，Bing 图显示的是卫星底图，Open Street Map 显示的是类似于百度地图的底图。VISSIM 2020 以后的版本，软件还提供 Mapbox Street 地图，这种地图具有三维建筑的轮廓。

三、路段绘制

绘制路网主要用到的路网对象是路段，一般创建路网对象有两种方式。第一种方式是直接在路网编辑器界面中右键打开快捷菜单，然后选择添加路段，如图 7-67 所示，会自动创建一个 10m 长的路段，弹出路段对话框，在对话框中可以设置各种参数，如车道数、宽度等，如图 7-68 所示。第二种方式是通过快捷键，VISSIM 的快捷键有 Shift、Ctrl 和 Alt，一般与 Ctrl 键组合使用。按住 Ctrl 键和鼠标右键并拖动也可创建路段。

路段创建完成后，想要修改其长度，需要将鼠标移动到路段的两端，按住鼠标左键拖动即可改变其长度，如图 7-69 所示。

路段不一定都是直线，也可能是曲线。创建曲线之前需要创建一条折线，绘制折线路段有两种方式。

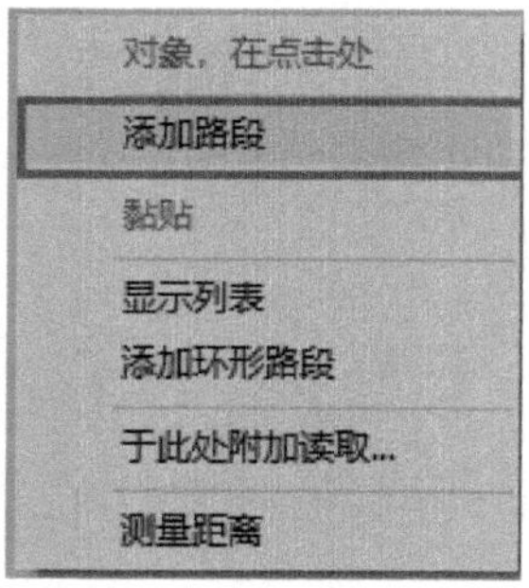

图 7-67　添加路段

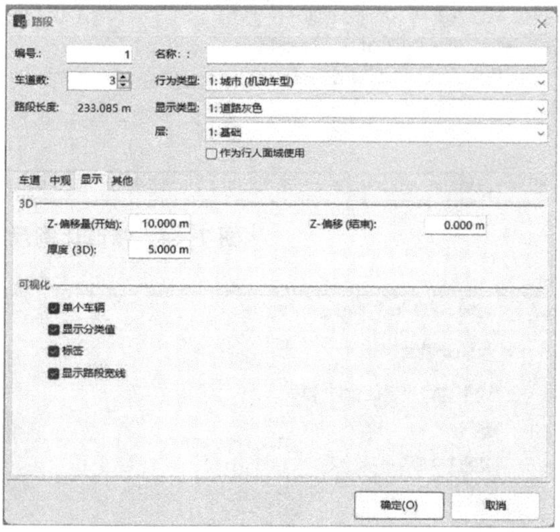

图 7-68　路段对话框

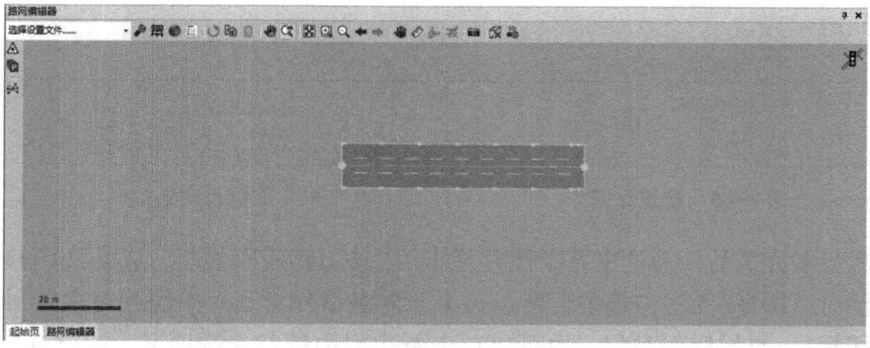

图 7-69　创建的路段

第一种方式是画好直线路段后，单击选中并按住 Ctrl 键，在需要折断的位置单击右键，然后按住鼠标左键拖动这个点，即可完成折线绘制，如图 7-70 所示。

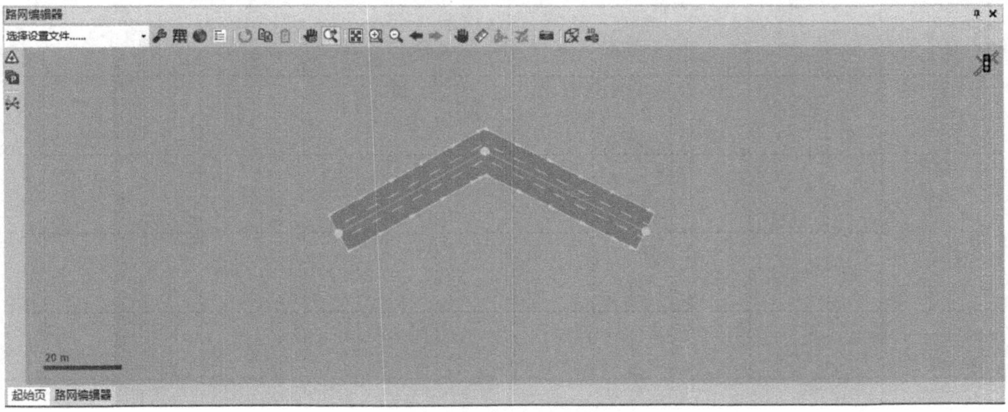

图 7-70　折线路段

第二种方式是直接绘制折线。按住 Ctrl 键，鼠标右击拖出一条路段，继续按住右键不放，左键多次单击，然后往不同方向拖动生成一条折线路段，如图 7-71 所示。操作过程中，一直按住 Ctrl 键和鼠标右键，通过单击左键产生转折点。

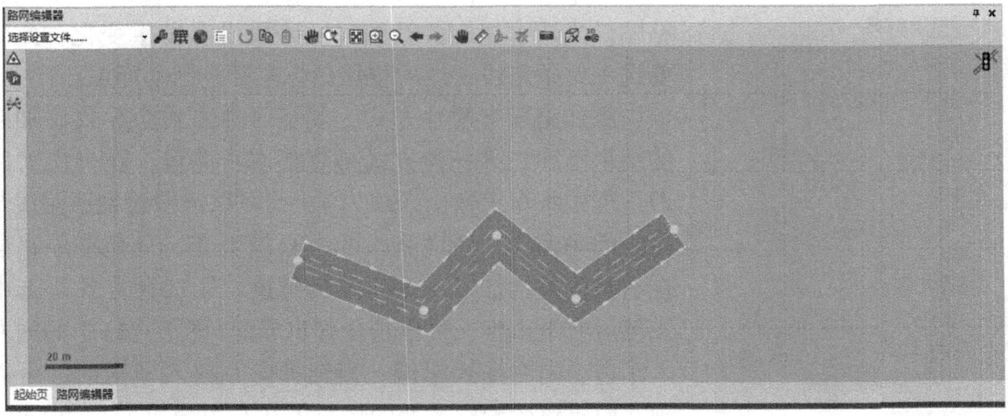

图 7-71　多段折线路段

折线路段绘制完成后，选中折线并按住 Alt 键，将鼠标移到转折点一侧路段，按住左键并拖动到另一侧路段，松开左键，再松开 Alt 键，弹出折线设置对话框，如图 7-72 所示。

按照提示输入中间点数量，假设为 10 个，单击确定。此时，转折点左侧路段加了 10 个中间点，右侧路段同样加了 10 个中间点，折线就变成了平滑的曲线，如图 7-73 所示。

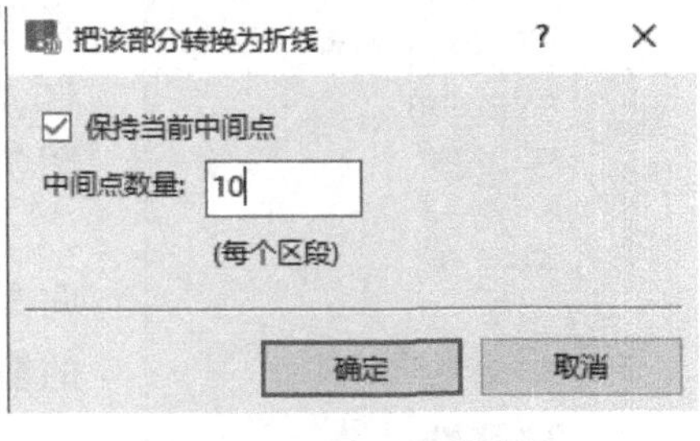

图 7-72　折线设置对话框

需要注意的是，与 VISSIM5.4 之前版本不同，从 VISSIM6.0 版本开始，软件增加了复制路段的功能。复制并粘贴路段有三种操作方法：第一种方法，选中路段，按住 Ctrl 键，

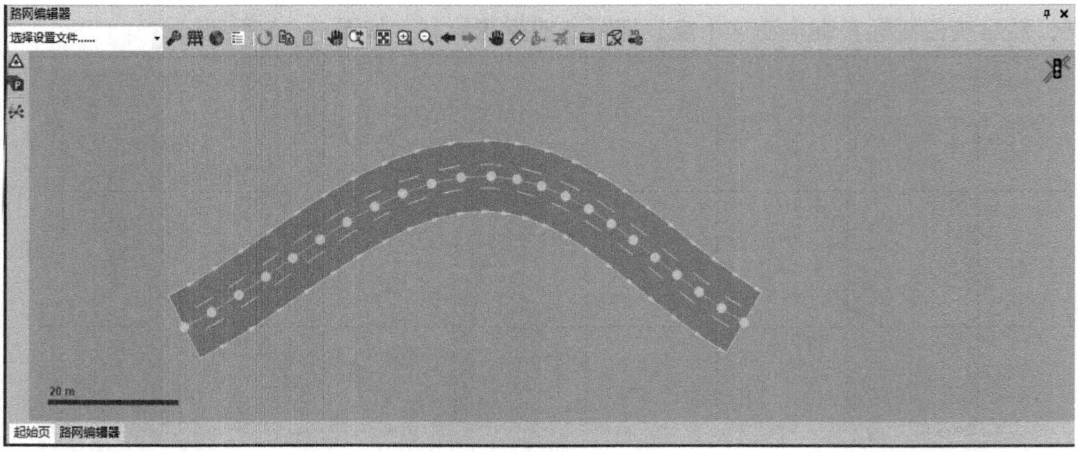

图 7-73　曲线路段

鼠标左击并拖动路段，然后松开鼠标左键，再松开 Ctrl 键；第二种方法，选中路段，按 Ctrl+C 键，然后在空白处按 Ctrl+V 键；第三种方法，选中路段并右击鼠标，可以看到弹出的界面其中有三个选项，分别是复制、粘贴、复制并粘贴，如图 7-74 所示，单击复制并粘贴。第二种方法中的 Ctrl+C 键、Ctrl+V 键就相当于复制、粘贴。当选中复制并粘贴时，路段没有发生变化，此时只要选中此条路段，然后按住鼠标左键并拖动即可。

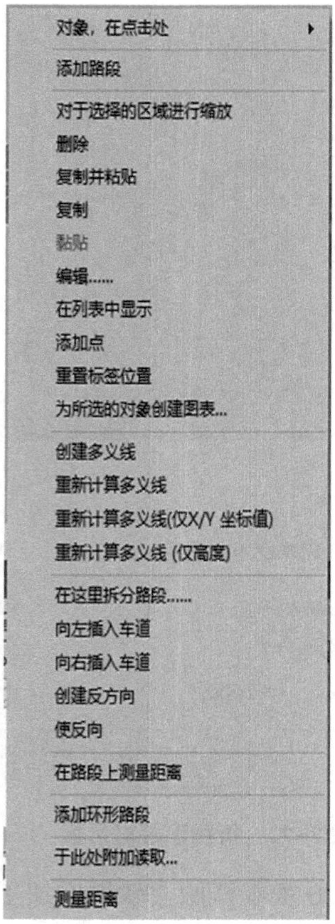

图 7-74　复制并粘贴界面

添加路段有两种方式，但是两种方式会导致添加路段的结果不同。第一种方式是直接双击路段，在弹出的路段对话框中将车道数由 3 改为 4，则可以清楚看到原路段与新路段的轮廓线。新增路段的中心线不变，只是在原路段的左右两侧各增加了半个车道的宽度。第二种方式是选中路段然后右击鼠标，可以选择弹出界面(图 7-74)中的向左插入车道、向右插入车道。当选择向左插入车道时，可以看到在原有路段轮廓不变的情况下在左边增加了一个车道。

如果想要生成反向车道，选中路段后右击鼠标，选择弹出界面(图 7-74)中的创建反方向，弹出创建反方向对话框，在对话框中输入需要创建反方向的车道数即可，如图 7-75 所示。

右击鼠标，选择弹出界面中的使反向，即可将路段方向改为相反的方向。选中某条路段时，路段轮廓线为黄色的箭头，代表该路段的行车方向。

路段创建完成后还可以旋转，旋转时需要用到的快捷键为 Ctrl+Alt 键，但需要选择两个及以上的路网对象进行旋转，如图 7-76 所示。如果同时按住 Alt+Shift 键，则会以每 22.5°为单位进行旋转。

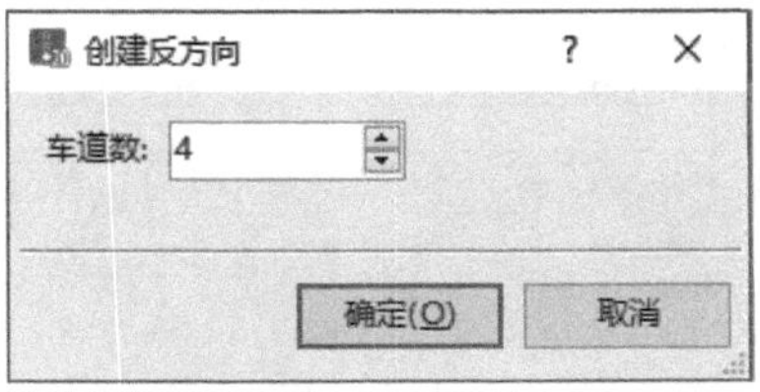

图 7-75　创建反方向对话框

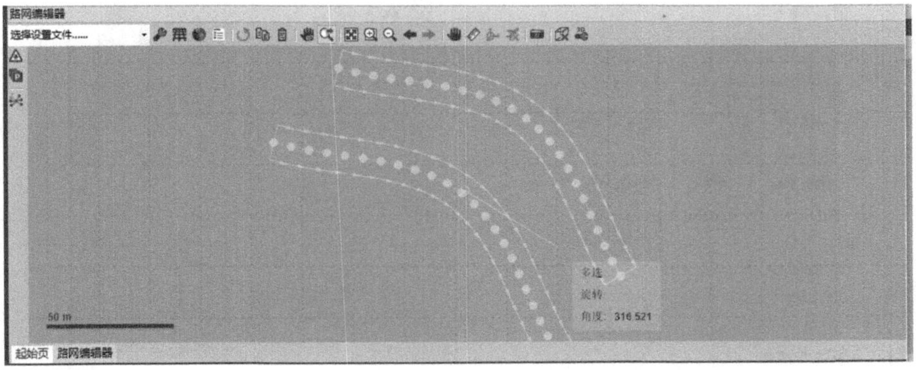

图 7-76　旋转界面

想要让路段处于不同的高度，双击该路段，在弹出的路段对话框的层高中进行设置，还可以在对话框中单击显示选项卡，对 Z 坐标进行设置。

四、连接器绘制

连接器的起点和终点都在路段上，行车方向与所连接的路段行车方向必须一致。绘制连接器时，按住 Ctrl 键，将鼠标移动到起点路段终点位置，按住鼠标右键，拖动生成连接器到目标路段起点位置，松开鼠标右键和 Ctrl 键，弹出连接器对话框，如图 7-77 所示。连接时应尽量减少连接器与路段的重叠部分，以降低建模时产生的误差。在中间点处输入中间折点的数量，数量越大曲线越平滑。连接器连接的两条道路的车道自右向左编号分别是 1、2、3……连接时必须保证起点路段和终点路段上选中的车道量一致，否则会自动报错。

五、行驶规则

1. 行驶路径选择

实际道路设施中运行的车辆均有其出行目的地，为了反映交通流运行状况，进入仿真系统的仿真车辆也必须确定各自的目的地。具有不同出行目标的仿真车辆，根据交通设施的布局和不同的模型算法选择不同的路径。

在 VISSIM 中，有两种车辆行驶路径选择模式。一种是动态路径选择模式，由驾驶员根据路况对路径进行选择，这种模式适用于区域网络分析。另一种是静态路径选择模式，车辆最初在某一地点确定了行驶路径后，在行驶过程中，无论发生什么情况都不会改变原有路径，这种模式适用于“点”和“线”交通设施的交通分析。

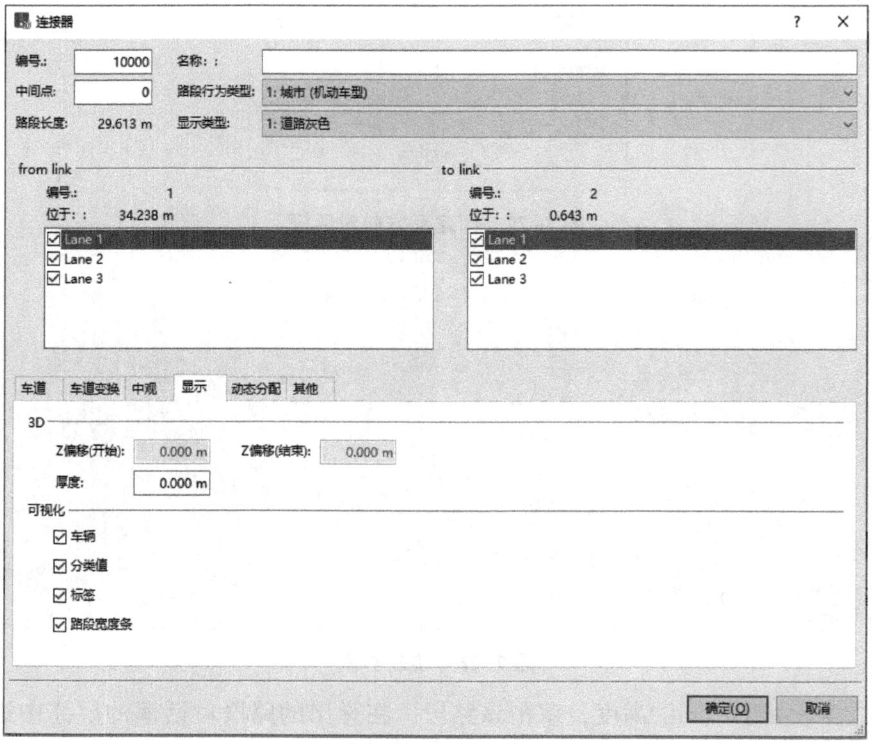

图 7-77　连接器对话框

在定义路径时需要先确定路径选择生效的路段起讫断面，再确定该路径作用车辆的类型和时间间隔，时间间隔可有多段，但彼此之间不能重叠。

每个路径选择都只有一个起始端，但可以有多个终点端，路径选择只在两个起、终点之间的路段起作用。路径对应有多个终点端时，需要考虑流量的分配，在对话框中的 Rel. flow 栏，可输入各条路径的流量比，也可输入各条路径的绝对流量值，建议输入绝对值。

2. 期望车速变化

在没有其他车辆及交通规则约束的情形下，车辆在道路设施上按照期望车速行驶。随着流量的增加，道路行车条件会发生变化，因此会对车辆的行驶速度进行限制。经过这些限制路段后，车辆的车速又恢复到正常值。

通常在道路等级有变化的主线上，车辆在不同的主线路段上会有不同的期望车速，因此在道路等级变化点应改变车辆的期望车速。在 VISSIM 中，对速度的控制有两种描述方式：区段限速(reduced speed area)和改变期望车速(desired speed decision)。

(1)区段限速

适用于某些特殊的路段和特殊的时间对车辆进行速度限制，如匝道合流点。

区段限速标志的设置属性为：

①需要限速的基本路段单元或基本连接单元的起点位置。

②限速区域的长度。

③限速有效时间。

④速度限制的有效车辆。

(2)改变期望车速

适用于道路等级变化点附近，例如，从高架道路进入地面道路时，车辆的期望车速会改变。需要注意的是，VISSIM 软件是根据车辆类型而不是根据道路等级来设置期望车速的，因此仿真过程中车辆不会随着道路等级的改变而自动改变期望车速。

3. 优先规则

设置优先规则▽是为了让两股有冲突的车流在冲突地区能够正常有序地通过。优先规则在 VISSIM 中的应用范围很广，原则上凡是两股车流产生冲突的地方(冲突点、合流点)都应使用优先规则定义。优先规则原则上是按单车道来定义的，但也可以按多车道定义，只需选中 Alllanes 复选框即可。优先规则可以对所有类型的车辆生效，也可以对具体某一种或几种车辆类型生效。

4. 停让规则

停让规则是指车辆在交叉口停车让路。当次要交通流车辆到达交叉口时，无论主要交通流车辆之间的车头时距是否允许穿越或合流，次要交通流车辆都必须先停车，然后再根据优先规则来判断主要交通流车辆的车头时距和车头空距是否允许穿越或合流。停让规则用STOP来设置，需要定义的选项有停让规则标志牌所在位置和停车时间分布的设定。停让规则应该与优先规则一起使用，并且在两种规则的使用过程中，停让规则为第一规则，优先规则为第二规则。

5. 停车场

路网中的停车场P具有两种功能：在静态路径中，停车场模拟路边停车和上下客车道；在动态路径中，停车场模拟出行的起点和终点。

第四节 交叉口路网

以十字交叉口路段为例，正常情况下可以将其分成四个部分，分别是水龙头路段(车辆初始进入的地方)、渐变段(由 3 车道变为 4 车道处)、进口道(实线处，不允许变道)、转向部分(分为左转、直行和右转)，如图 7-78 所示。

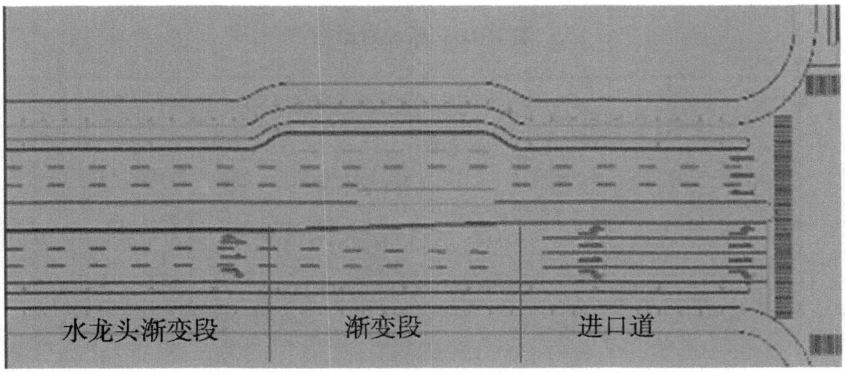

图 7-78 交叉口路段划分

一、水龙头路段绘制

水龙头路段与进口道按照绘制路段的方法绘制，渐变段和转向部分按照绘制连接器的方法绘制。

绘制水龙头路段。激活路网对象栏中的路段图标，按住 Ctrl 键并右击鼠标，拖动路段到渐变段前端，松开右键，如图 7-79 所示。弹出路段对话框，如图 7-80 所示，将车道数改为 3，单击确定，车道设置完成后如图 7-81 所示。

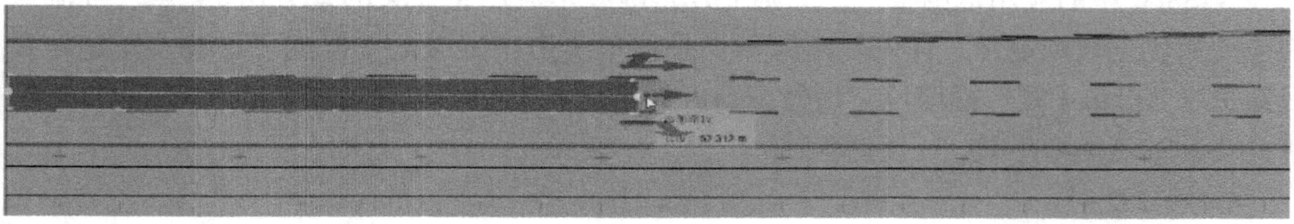

图 7-79　水龙头路段

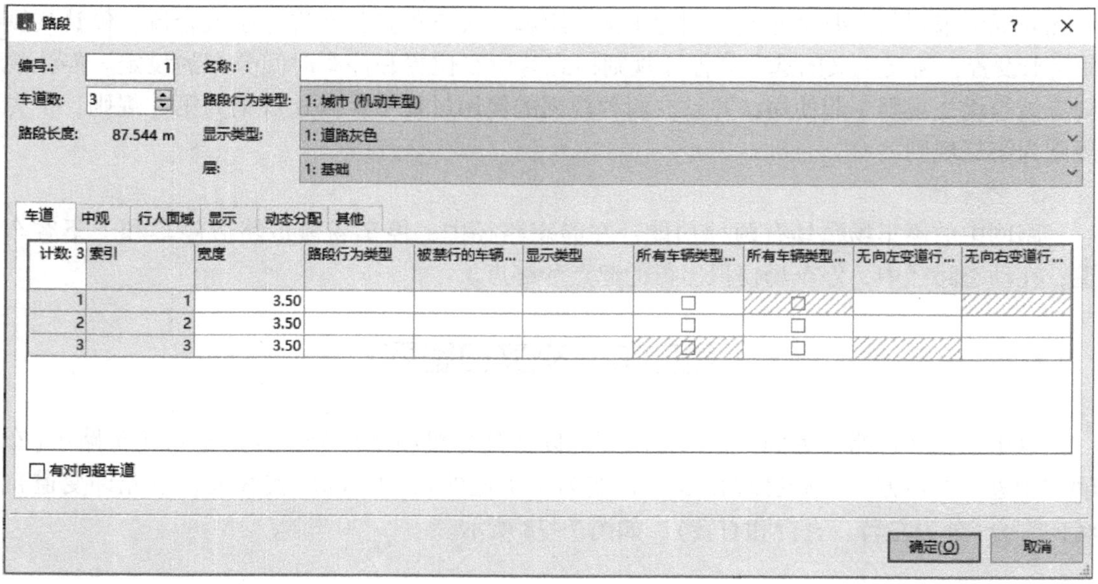

图 7-80　路段对话框

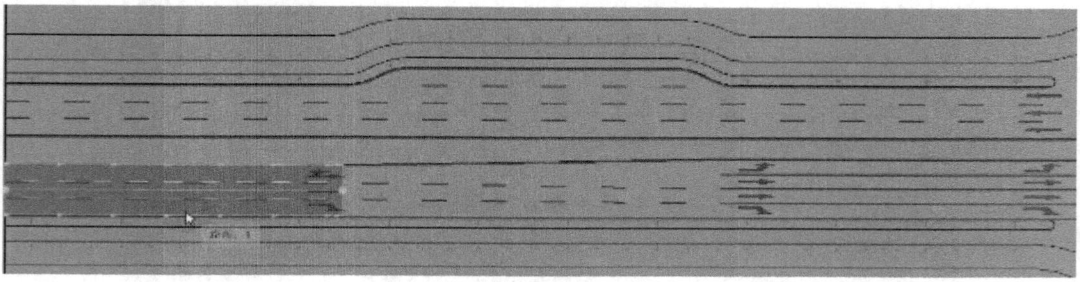

图 7-81　水龙头路段完成图

二、渐变段绘制

运用绘制连接器的方法绘制渐变段部分。在水龙头路段靠近尽端处右击选择“在这里拆分路段”，如图 7-82 所示，弹出打断路段对话框，单击确定。此时路段已被拆成两个路段和一个连接器，如图 7-83 所示。按住 Ctrl+A 键，看到的蓝色的线代表路段、紫红色的线代表连接器，路段在两侧，连接器在中间。双击右侧路段，在路段对话框中将车道数改为 4，将车道 4 的宽度改为 0.1，将车道 3 的宽度改为 3.4，如图 7-84 所示。车道命名的规则是沿着车辆的行驶方向从右往左分别为 1、2、3、4。此时右侧路段车道数已经由 3 变为 4，将该路段延长，可以看到车道 4 的宽度只有刚刚定义的 0.1m，如图 7-85 所示。

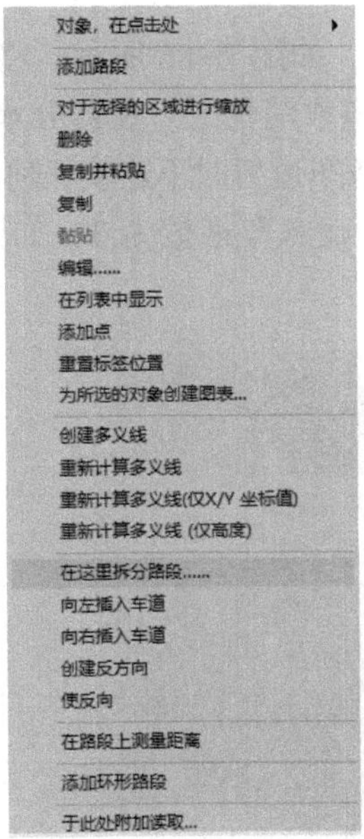

图 7-82 拆分路段

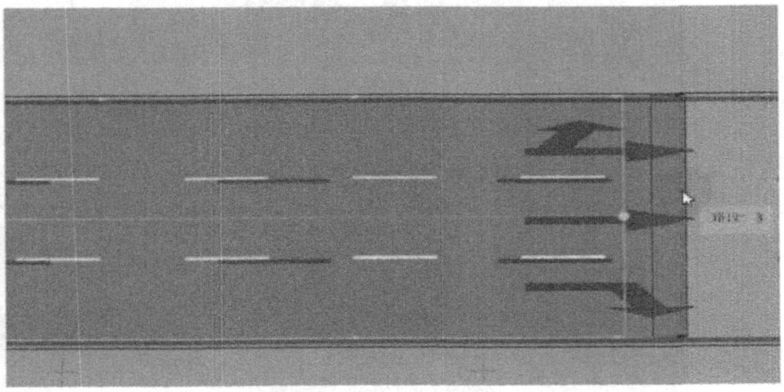

图 7-83 拆分路段示意

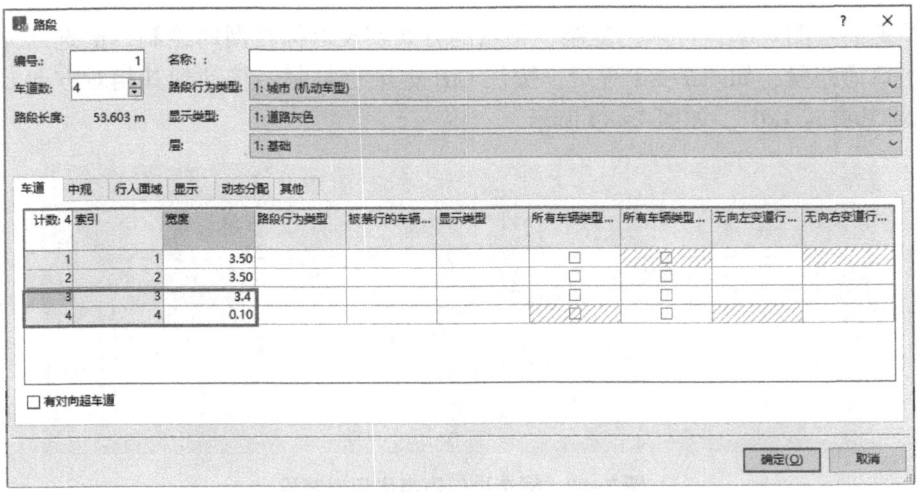

图 7-84 拆分路段车道参数设置

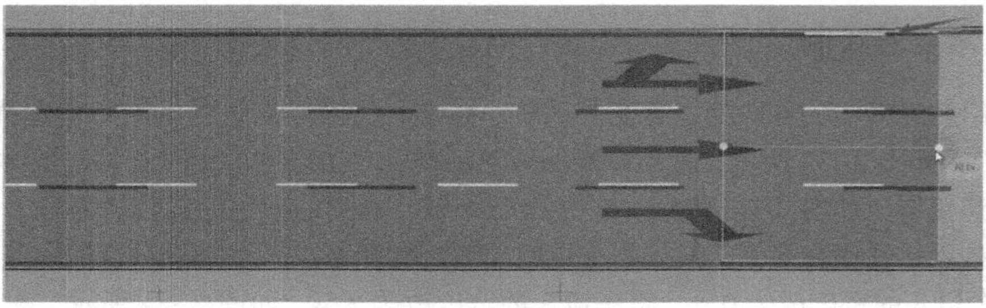

图 7-85　车道 4 示意

三、进口道绘制

按住 Ctrl 键，右击鼠标绘制连接器，连接到进口道的路段，如图 7-86 所示。将连接器对话框中的所有车辆类型不向左变道、所有车辆类型不向右变道取消勾选。在拆分水龙头路段时生成的连接器中的车道数是 3 条车道连接 3 条车道，第 4 条车道暂时不连接任何车道。

绘制反向出口道，直接在进口道处右击选择创建反方向，输入车道数为 3，如图 7-87 所示。

图 7-86　连接器绘制

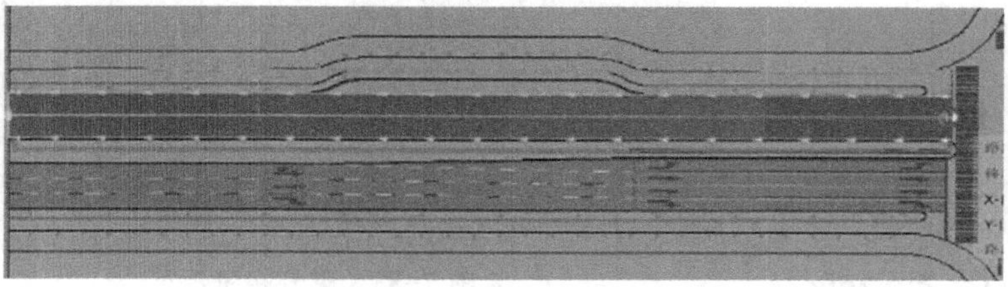

图 7-87　创建反方向出口道

为了提高绘图效率，可采用复制、粘贴的方式实现对称路网的绘制。框选已完成的进口道与出口道路段，如图 7-88 所示，按住 Ctrl 键进行复制，移动到其相对方向，再按住 Alt 键，将其旋转 180°，如图 7-89 所示。

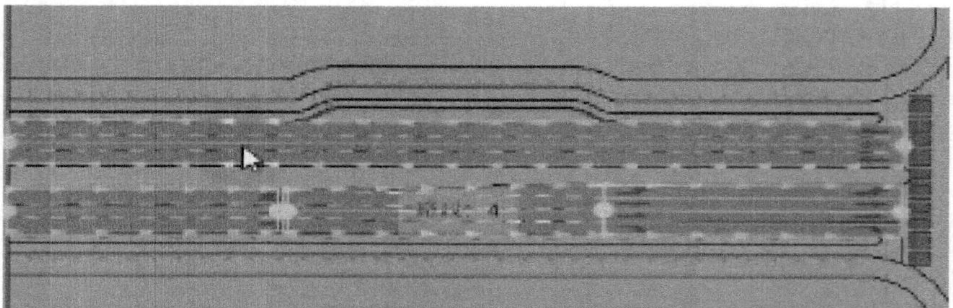

图 7-88　框选进口道与出口道路段

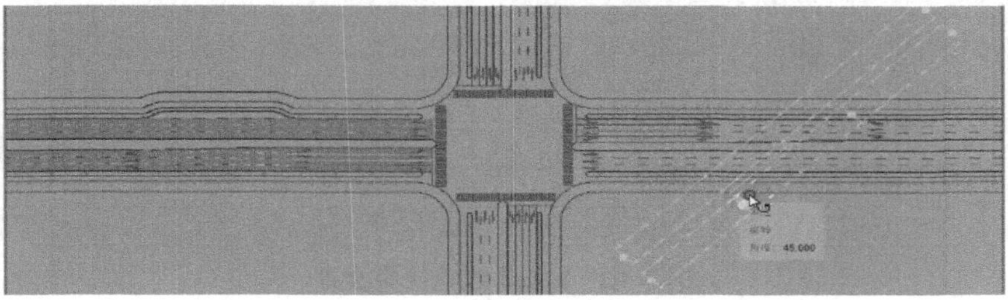

图 7-89　绘制相对方向的进口道与出口道

由于路网是对称的，框选水平方向的进口道与出口道路段，按住 Ctrl 键进行复制，再按住 Alt 键，将其旋转 90°，如图 7-90 所示。需要注意的是，绘制渐变段拆分水龙头路段时，内侧的车道 1 变为两条，由于旋转 90°，使得垂直方向外侧车道由一条变为两条。需要将垂直渐变段拆分处的车道 1 的宽度改为 0. 1，车道 2 的宽度改为 3. 4，车道 3 和车道 4 宽度保持 3. 5 不变。

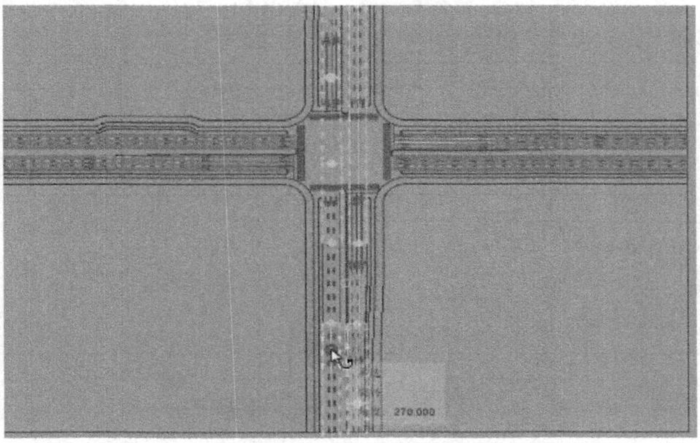

图 7-90　绘制垂直方向的进口道与出口道路段

四、转向部分绘制

绘制左转车道，如图 7-91 所示，底图显示左转有调头车道。按照绘制连接器的方法，按住 Ctrl 键，拖动路段到另一侧，在弹出的连接器对话框中修改连接的车道编号。调头车道位于最内侧，所以应该是车道 4 连接车道 3，然后输入中间点数，将连接器修饰平滑，如图 7-92 所示。

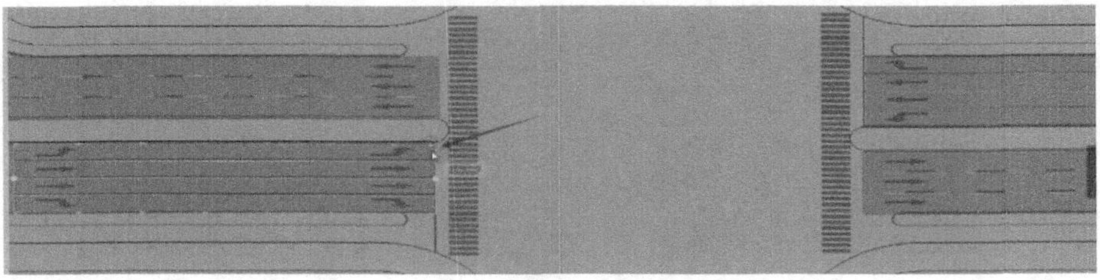

图 7-91　左转车道转向绘制

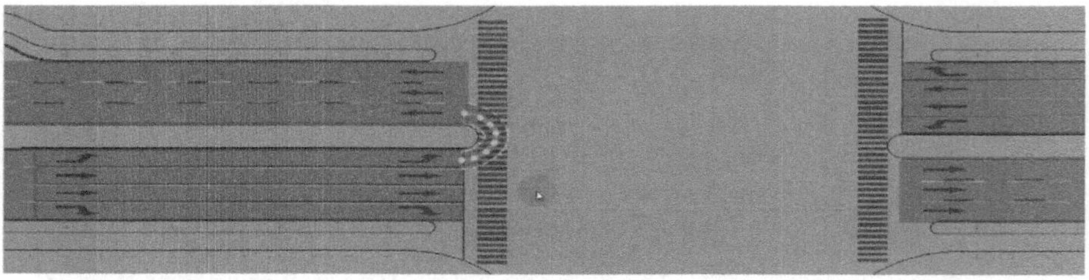

图 7-92　掉头车道连接器绘制

绘制交叉口区域内左转向连接器，西侧进口左转至北向出口。按照车道命名规则，在连接器对话框中将车道 4 连接车道 3，如图 7-93 所示。由于北向出口有三条车道，考虑车流的随机性，理论上可以画三个连接器，但是一般不推荐这样做。如果一定要模拟左转车辆行驶到三个车道上，建议参考渐变段的画法。

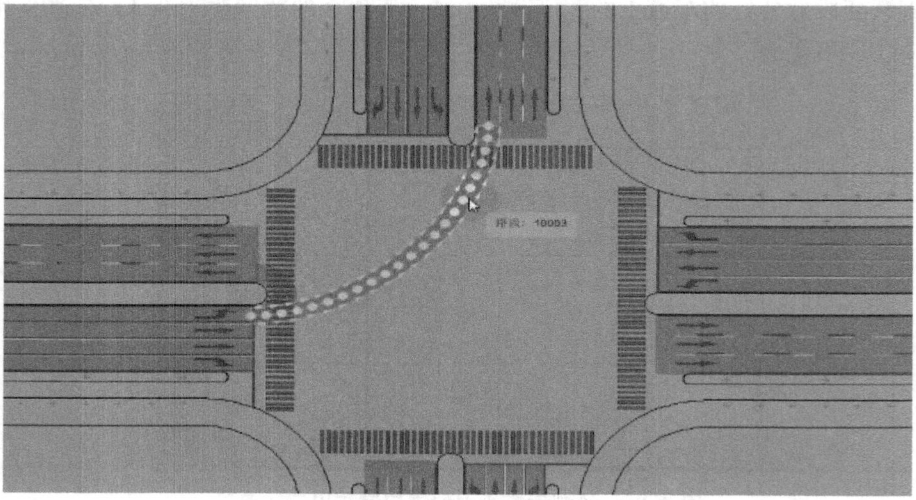

图 7-93　西侧进口左转至北向出口

直行转向的绘制如图 7-94 所示，为西侧直行至东侧出口，连接车道为车道 2、车道 3 连接车道 1、车道 2。

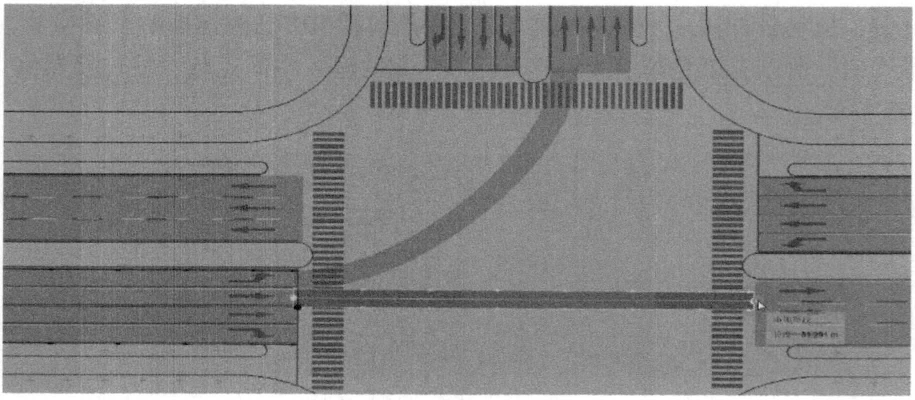

图 7-94　直行转向绘制

右转转向的绘制如图 7-95 所示，连接车道为车道 1 连接车道 1。

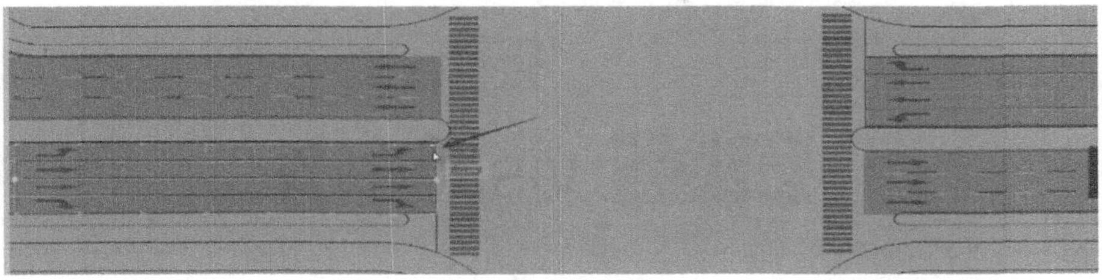

图 7-95　右转转向绘制

同理，根据以上的绘制方法，可以绘制另外三个方向进口道的左转、直行和右转连接器，绘制完成的路网如图 7-96 所示。

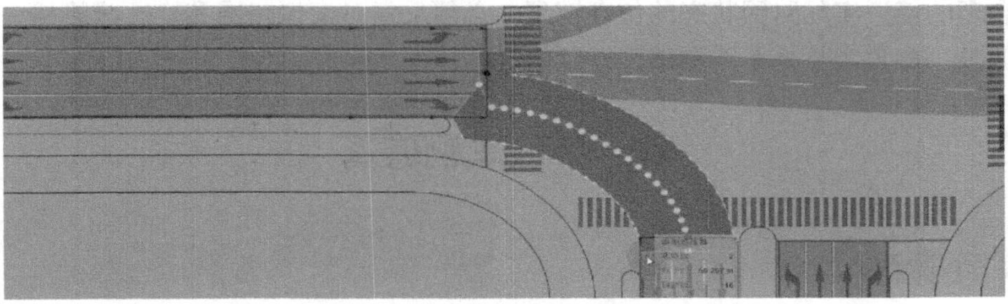

图 7-96　转向部分绘制完成

第八章 VISSIM仿真

在建立完路网仿真模型、设置好各种交通流特性以及交通控制和管理规则后，即可运行仿真软件，对道路、交通组成、控制以及管理条件下的交通运行进行仿真。如果希望得到一个合理的接近实际路网状态的仿真模型，必须反复对模拟路网和运行规则等一系列参数进行调整，参数调整是不断测试与标定的过程。

第一节　车辆仿真

一、车辆输入

VISSIM 中的车辆输入信息主要包括交通组成和交通量。交通组成是指每个车辆输入端交通流的车辆组合，交通量是指特定时段内的车辆数。

1. 车辆组成

车辆组成是对进入 VISSIM 路网的每一股车流构成的一个定义。需要注意的是，一般情况下，公交线路上的交通组成会单独定义。车辆组成是 VISSIM 车辆输入、车流量的一个组成部分，需要在输入车流量之前对其进行定义。车辆组成包含一种或多种车辆类型及其在输入流量之中所占的相对比例。

通过菜单栏中的交通→车辆组成调出车辆组成列表，车辆组成操作界面和车辆组成列表分别如图 8-1 和图 8-2 所示。

在车辆组成主列表中单击新建 ✚，新建一个车辆组成，命名为 Car Only，表示这个车辆组成只有小汽车。在子列表中修改期望速度分布，可以将原来的 5km/h 改为 40km/h。还可以定义相对流量。需要注意的是，相对流量是相对比例的意思，VISSIM 内部会自动对所有的相对流量进行求和，然后计算车辆组成中每一种车辆类型所占的绝对比例。相对流量输入的数值不一定在 0~1，可以直接输入车流量的实际值。行人也可以被定义成一个车辆构成，在子列表的车辆类型列下拉列表中可以看到有男士、女士等选项。推荐使用行人组成去定义行人，如果使用车辆构成去定义行人的话，则行人是在机动车路段上行驶，遵守的是 Wiedemann 跟车模型，而不是社会力模型。

2. 车辆输入

车辆组成定义完成后即可定义车辆输入，在 VISSIM 中可以定义不同时间段进入路网的各种车辆类型的不同交通流量。为了定义车辆输入，至少需要定义一种交通组成，车辆输入需要对每个路段、每个时间间隔定义它的交通流量，单位是 pcu/h。即使该时间区间

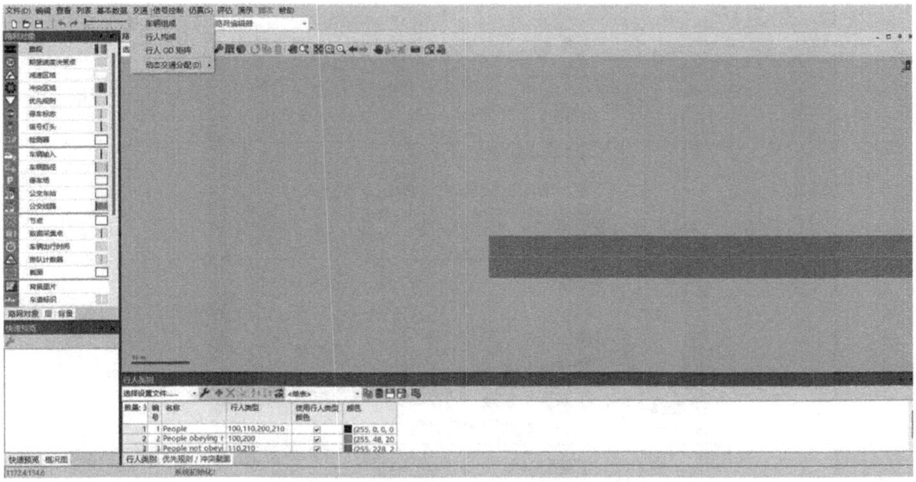

图 8-1　车辆组成操作界面

图 8-2　车辆组成列表

不等于 1h，在某个时间间隔内，车辆进入路段的规律也要服从泊松分布。例如，假设定义某个路段 1h 内会通过 1800 辆车，不是根据 3600s/1800pcu = 2s/pcu 得到每 2s 生成 1 辆车，而是会用泊松分布进行计算，即每 1 秒出现车辆的概率为多少。

如果定义的交通流量超过了路段的通行能力，那么这些车辆就会被堆积在路网外面，直到路网有了空余的空间能够容纳这些多余的车辆。如果车辆在仿真运行时间内没有办法进入路网，VISSIM 就会产生一条错误的信息写入 . err 文件。使用动态交通分配不需要定义车辆输入，因为动态交通分配都是在 OD 矩阵中定义的。

激活侧边栏路网对象中的车辆输入，选中路段并右击鼠标，弹出快捷菜单列表，如图 8-3 所示。选择添加车辆输入，当添加完成后会自动打开车辆输入列表，可以定义交通量、车辆组成等，如图 8-4 所示。

被选中添加车辆输入的路段起点显示一条粗黑实线，如图 8-5 所示。

同理，在东进口、南进口、西进口和北进口都添加车辆输入，然后保存，单击菜单栏中的▶运行仿真来查看车辆是否能正常出现，仿真效果如图 8-6 所示。也可以按 Ctrl+D 键切换到三维模式查看仿真效果，如图 8-7 所示。

3. 时间区间定义

VISSIM 可以定义仿真时段内的时间区间，在不同时间区间可设置不同的车辆达到概率。例如，需要模拟 1h 的车流量，把 1h 分为 4 个 15min，每个 15min 的时间区间车辆到达的概率可设置为不相同。

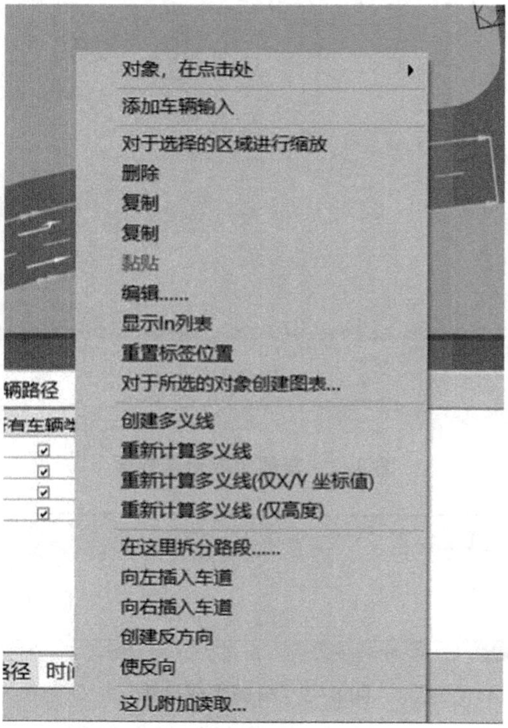

图 8-3　添加车辆输入操作界面

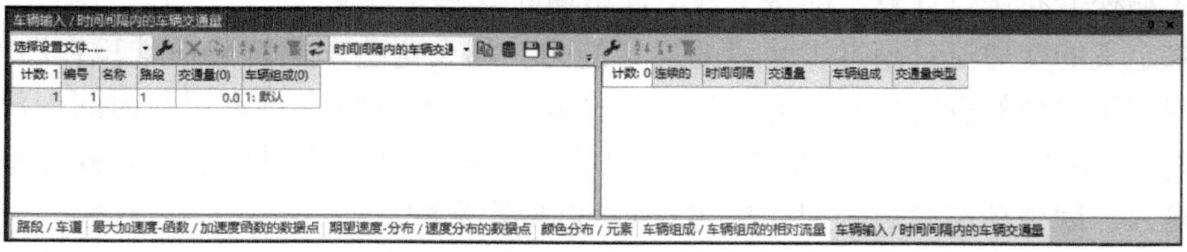

图 8-4　车辆输入列表

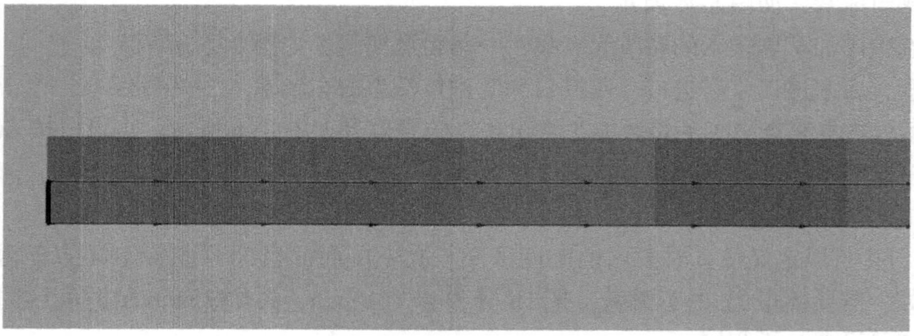

图 8-5　添加车辆输入标志

图 8-6 车辆输入仿真效果

图 8-7 三维模式车辆输入仿真效果

把鼠标移动到主列表空白处，然后右击选择编辑时间区间，如图 8-8 所示。弹出时间间隔列表，如图 8-9 所示。

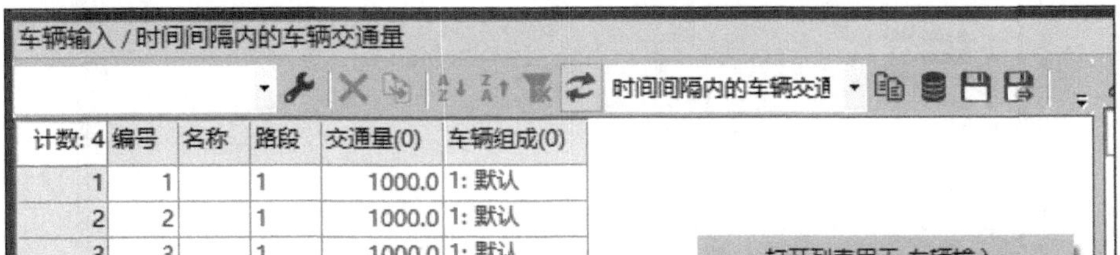

图 8-8 编辑时间区间列表

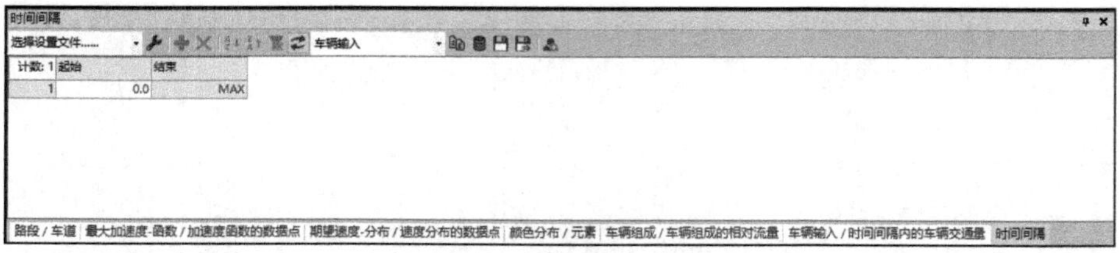

图 8-9　时间间隔列表

时间间隔列表中默认从 0s 开始到 MAX 结束。单击列表工具栏中，添加一个新的时间区间，假设把添加的时间区间的起始时间改为 600s，然后默认的时间区间会自动关联到 600s，如图 8-10 所示。此时模型中就有两个时间区间，然后返回车辆输入列表，我们会发现交通量仍然只有一列数值，可以通过列表工具栏中的按钮，弹出车辆输入：选择特征属性对话框，如图 8-11 所示。单击左侧栏中交通量前的“+”号，可以看到 0~600 后面被勾选，而 600~MAX 没有被勾选，双击 600~MAX 进行添加，单击确定。

图 8-10　添加时间间隔

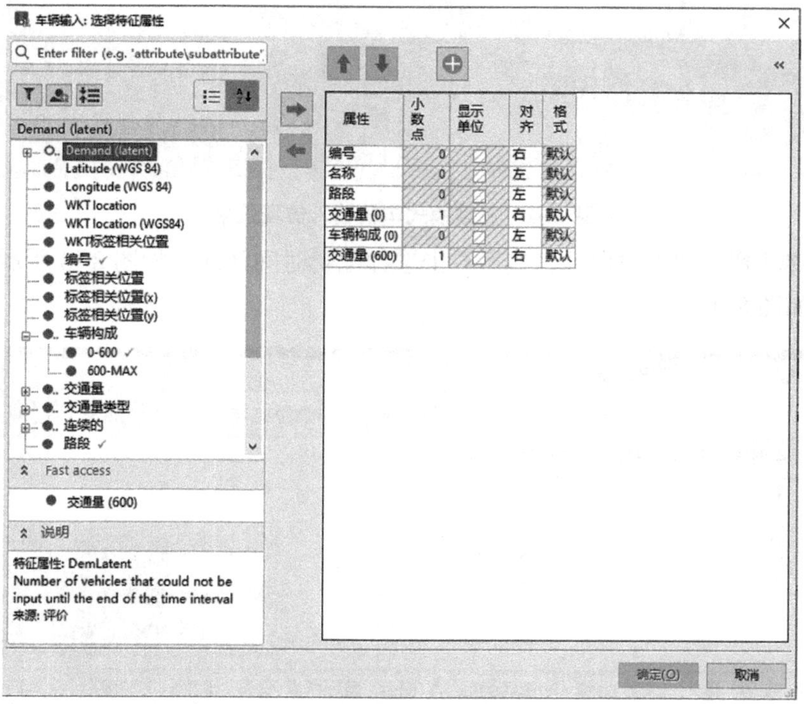

图 8-11　车辆输入：选择特征属性对话框

操作时我们会发现车辆输入主列表中的交通量(600)列呈灰色，交通量(0)列呈白色，即交通量(600)列的值不允许被修改。因为当选中主列表中任意一行时，子列表中连续的列就会被勾选，如图 8-12 所示，这是为了保持与之前的时间间隔相同的交通量。如果需要进行其他设置，只要取消子列表中的勾选，则该交通量(600)的值就可以被修改，车辆输入列表如图 8-13 所示。

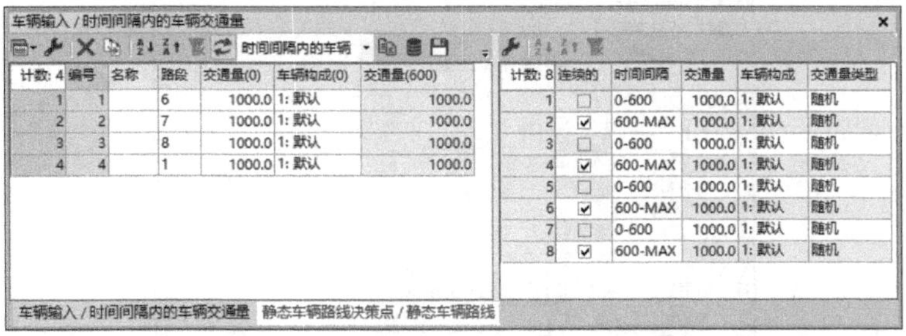

计数: 4	编号	名称	路段	交通量(0)	车辆构成(0)	交通量(600)
1	1		6	1000.0	1: 默认	1000.0
2	2		7	1000.0	1: 默认	1000.0
3	3		8	1000.0	1: 默认	1000.0
4	4		1	1000.0	1: 默认	1000.0

计数: 8	连续的	时间间隔	交通量	车辆构成	交通量类型
1	☐	0-600	1000.0	1: 默认	随机
2	☑	600-MAX	1000.0	1: 默认	随机
3	☐	0-600	1000.0	1: 默认	随机
4	☑	600-MAX	1000.0	1: 默认	随机
5	☐	0-600	1000.0	1: 默认	随机
6	☑	600-MAX	1000.0	1: 默认	随机
7	☐	0-600	1000.0	1: 默认	随机
8	☑	600-MAX	1000.0	1: 默认	随机

图 8-12　不允许修改的车辆输入列表

计数: 4	编号	名称	路段	交通量(0)	车辆构成(0)	交通量(600)
1	1		1	1000.0	1: 默认	1000.0
2	2		1	1000.0	1: 默认	1000.0
3	3		1	1000.0	1: 默认	1000.0
4	4		1	1000.0	1: 默认	1000.0

计数: 8	连续的	时间间隔	交通量	车辆构成	交通量类型
1	☐	0-600	1000.0	1: 默认	随机
2	☐	600-MAX	1000.0	1: 默认	随机
3	☐	0-600	1000.0	1: 默认	随机
4	☐	600-MAX	1000.0	1: 默认	随机
5	☐	0-600	1000.0	1: 默认	随机
6	☐	600-MAX	1000.0	1: 默认	随机
7	☐	0-600	1000.0	1: 默认	随机
8	☐	600-MAX	1000.0	1: 默认	随机

图 8-13　车辆输入列表

举一个极端的例子，假设 0~600s 内出现车辆，从 600s 开始没有车辆出现，则将交通量(600)列全部改为 0，保存后运行仿真，仿真效果如图 8-14 所示。

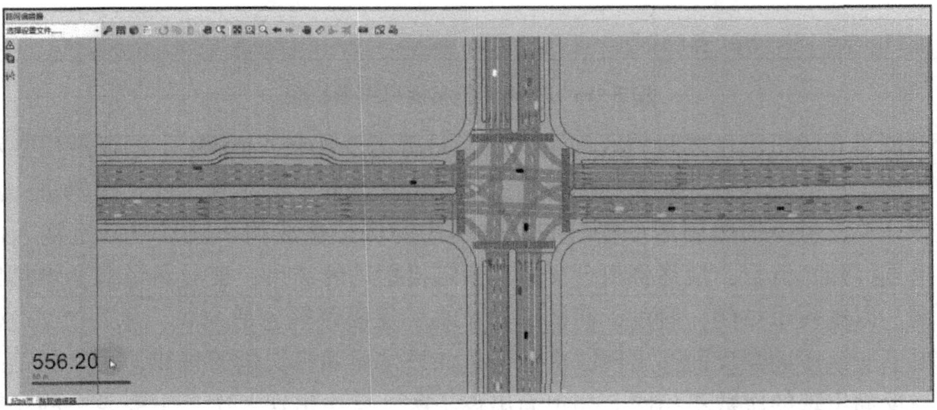

图 8-14　仿真效果

单击路网编辑器工具栏中的🔧，打开编辑图形基本参数，勾选显示仿真时间标签，如图 8-15 所示，则仿真时间会显示在路网编辑器中。当仿真时间达到 600s 时，所有的车辆被清空，仿真停止运行。

图 8-15　图形编辑参数列表

选中主列表中任意一个车辆输入，子列表中的交通量类型默认为随机(图 8-13)，点开下拉列表，将随机修改为精确。当交通量类型修改为精确后，主列表中的交通量(0)栏与车辆组成(0)栏底色变为黄色，如图 8-16 所示。

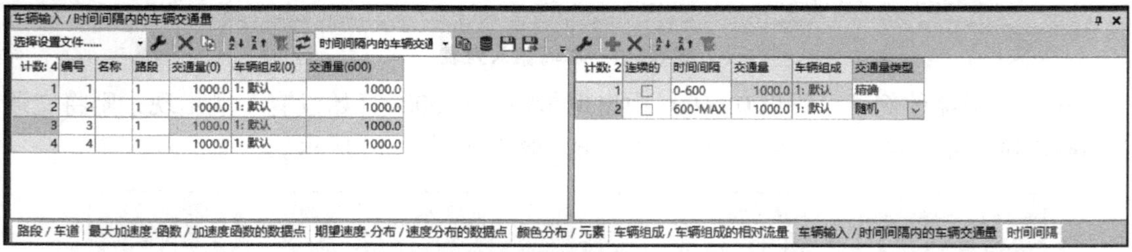

图 8-16　精确流量与随机流量比较

精确流量和随机流量之间的区别主要在于是否需要比较 VISSIM 中车辆产生数和时间区间内应该生成的车辆数。如果选择精确流量，仿真过程中会频繁比较，车辆进入的时间也会重新计算，但是仍然满足泊松分布，这样才能保证生成的车流量更接近输入的车流量。如果选择随机流量，最终将出现交通流量随机摆动的结果，交通量可能会增加或减少一定比例。以抛硬币举例，假设正面概率是 50%，反面概率也是 50%，总共抛 10 次硬币，正常情况下应该正面与反面都出现 5 次，但是如果按照随机流量的规律，最终的结果可能是正面与反面出现的次数不相同，如正面出现 7 次，反面出现 3 次。主列表中的车辆组成也可以修改默认为自己定义的车辆组成(如 Car Only)。

二、车辆路径定义

在侧边栏中选中路网对象，激活车辆路径(静态)，单击图标，如图 8-17 所示，下拉列表选项有静态、局部、公交的局部路径、停车场、动态和关闭。静态代表的是车辆从一个断面到达另外一个目的地断面时，每个目的地会使用一个固定比例分配车辆，如左转车、直行车和右转车各占多少比例。局部代表的是一个区段，可以由一个或多个静态路径组成，每个相关车辆的路径在此区段内会根据局部路径的定义重新分配车辆的比例。离开局部路径之后，车辆将按照原来的静态路径行驶。公交的局部路径与局部相似，区别在于局部对公共交通车辆不产生作用，公交的局部路径只对公共交通车辆产生作用。停车场只局限于实际停车空间的停车场，可以指定停车数量所占的比例。动态和关闭只对动态交通分配产生作用。

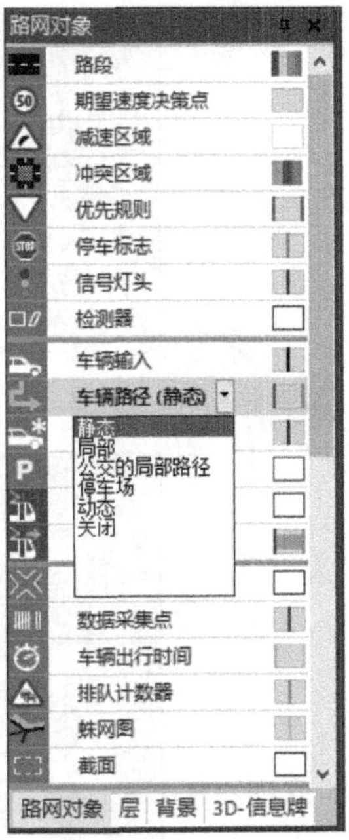

图 8-17　车辆路径

1. 创建静态路径

确定车辆路径的起点，按住 Ctrl 键并右击鼠标，此时会显示一条品红色的粗实线，即路径决策。移动鼠标，将路径终点移到目标路段上，单击鼠标，然后移动鼠标在空白处再单击，弹出静态车辆路线决策点列表。左转车辆路径设置和静态车辆路线决策点列表如图 8-18 和图 8-19 所示。保存并运行，仿真结果如图 8-20 所示。观察车辆运行状态发现，西进口所有车辆都会左转，没有车辆直行或右转，这明显不符合实际情况。因此，需要增加直行和右转的静态路径。单击鼠标选中设置已完成的路径决策(即品红色粗实线)，右击鼠标选择添加车辆路径，可以拖动鼠标继续添加直行和右转的车辆路径，如图 8-21 所示。

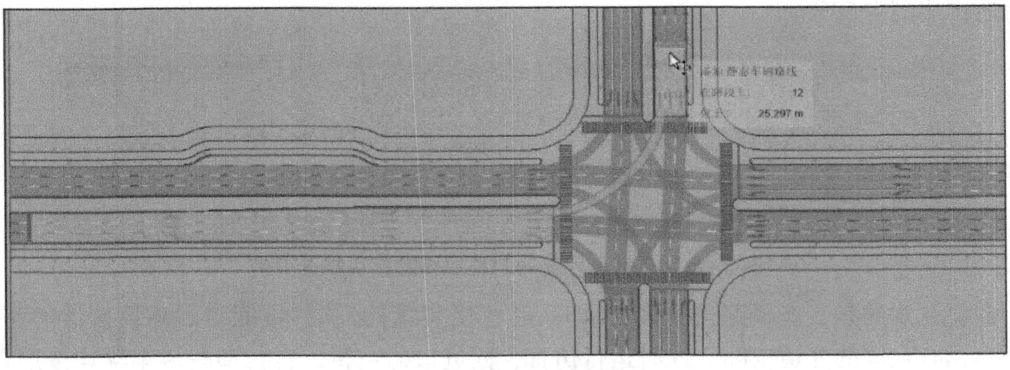

图 8-18　左转车辆路径设置

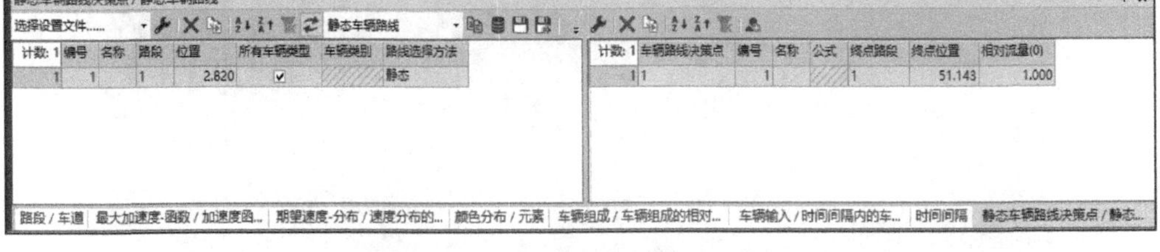

图 8-19　静态车辆路线决策点列表

图 8-20　静态车辆路径仿真结果

图 8-21　添加直行和右转车辆路径

弹出的静态车辆路线决策点列表的子列表中会出现三条车辆路径，分别是直行、左转和右转，如图 8-22 所示。修改三条静态路径的相对流量，例如，将左转相对流量设为 1、直行相对流量设为 2、右转相对流量设为 1，系统自动计算左转和右转车辆所占比例均为 25%、直行所占比例为 50%。

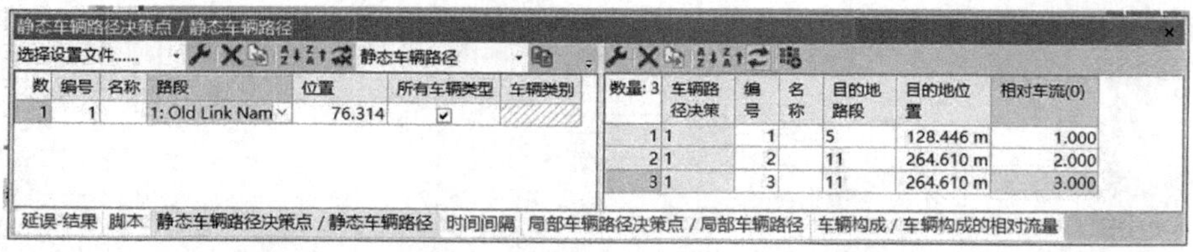

静态车辆路径决策点 / 静态车辆路径

选择设置文件......　静态车辆路径

数	编号	名称	路段	位置	所有车辆类型	车辆类别
1	1		1: Old Link Nam	76.314	☑	

数量: 3	车辆路径决策	编号	名称	目的地路段	目的地位置	相对车流(0)
1	1	1		5	128.446 m	1.000
2	1	2		11	264.610 m	2.000
3	1	3		11	264.610 m	3.000

延误-结果　脚本　静态车辆路径决策点 / 静态车辆路径　时间间隔　局部车辆路径决策点 / 局部车辆路径　车辆构成 / 车辆构成的相对流量

图 8-22　直行、左转和右转车辆路径决策点列表

需要注意的是，车辆路径决策点(即品红色粗实线)必须尽可能地远离连接器的起点，保证车辆有足够的变道空间。此时运行仿真，西进口的左转、直行和右转车辆均按照设置的静态路径行驶，如图 8-23 所示。

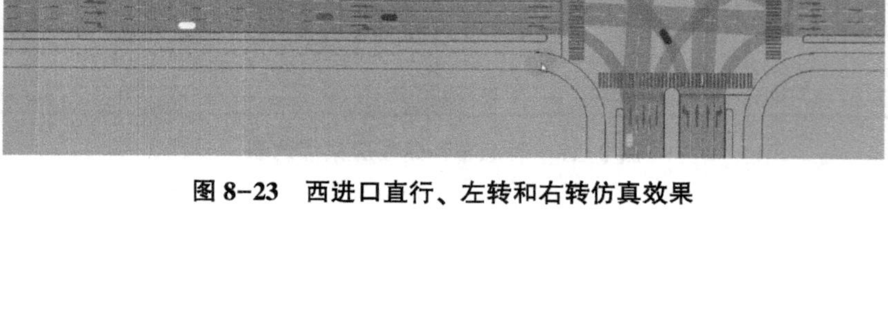

图 8-23　西进口直行、左转和右转仿真效果

车辆输入可以定义时间区间，车辆静态路径也可以定义时间区间。将鼠标移到静态车辆路线决策点主列表空白处右击选择编辑时间区间，如图 8-24 所示。

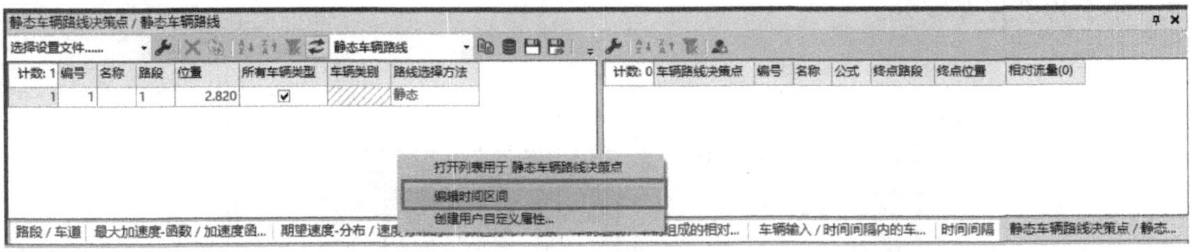

图 8-24　定义时间区间界面

弹出时间间隔列表，默认只显示一个时间间隔，之前在车辆输入时创建的第二个时间间隔并未显示。原因是在 VISSIM 中，针对不同的路网对象可以采用不同的时间间隔。点开时间间隔列表中的静态车辆路线下拉箭头，选择车辆输入，可以看到之前设置的两个时间间隔。返回静态车辆路径时间间隔列表，单击工具栏图标，添加一个时间间隔，定义为 900s，如图 8-25 所示。

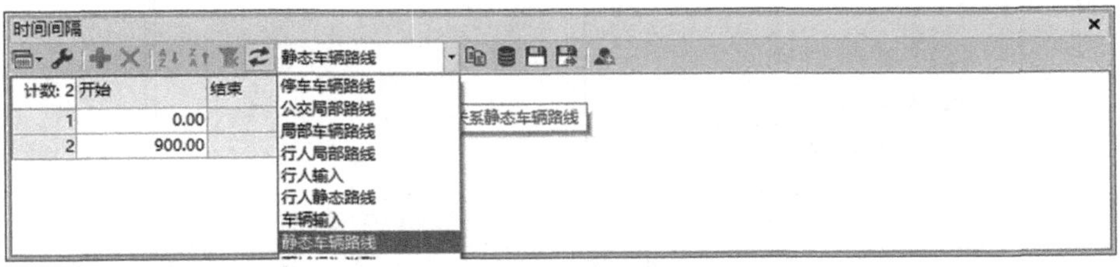

图 8-25　设置时间间隔

返回静态车辆路线决策点列表(图 8-22)，针对不同的时间间隔定义车辆的不同转弯流向比例。选中车辆路径决策点(即品红色粗实线)，单击子列表中的属性选择，弹出静态车辆路线：选择特征属性对话框，如图 8-26 所示。点开左侧相对流量前的“+”号，双击 900~MAX，则将其添加到右边的列表。此时，在静态车辆路线决策点子列表中就有两个时间间隔，分别是相对流量(0)和相对流量(900)。

接下来做一个极端案例，在静态车辆路线决策点子列表中，设置第一个时间间隔的车辆只可左转和右转，禁止直行；设置第二个时间间隔所有的车辆只可直行，禁止左转和右转，如图 8-27 所示。

仿真运行时，0~900s 时段所有车辆只能左转和右转，直行的车辆会停在交叉口的入口停车线处，当直行车辆停车时间超过 60s 后将会自动消失。之所以车辆会停在停车线处，是因为当行驶到渐变段时，该车想要左转，但一直有车辆干扰，只能继续往前行驶，直至驶入不可变道车道，只能停车等待。为了不影响其后的直行车辆，在驾驶行为处设置车辆停车 60s 后自动消失，同时将相应的信息写入 . err 文档里，停车等待车辆如图 8-28 所示。

使用快速模式仿真运行，设置暂停时间为 900s。快速模式仿真在后台运行，不显示车辆，但不影响仿真结果。当仿真时间运行至 900s 时，取消快速模式，重新运行仿真，所有的车辆只能直行。此时仍会有车辆停在停车线处，当停车时间超过 60s 时会自动消失。为了解决这个问题，只需双击交叉口入口处的不允许变道车道路段，从弹出的路段对话框中获取其长度，再双击与入口处相连的直行、左转和右转连接器，在连接器对话框中车道变换的紧急停车距离处输入路段长度。此时再次进行仿真运行，车辆会提前准备变道，不会停在停车线处。

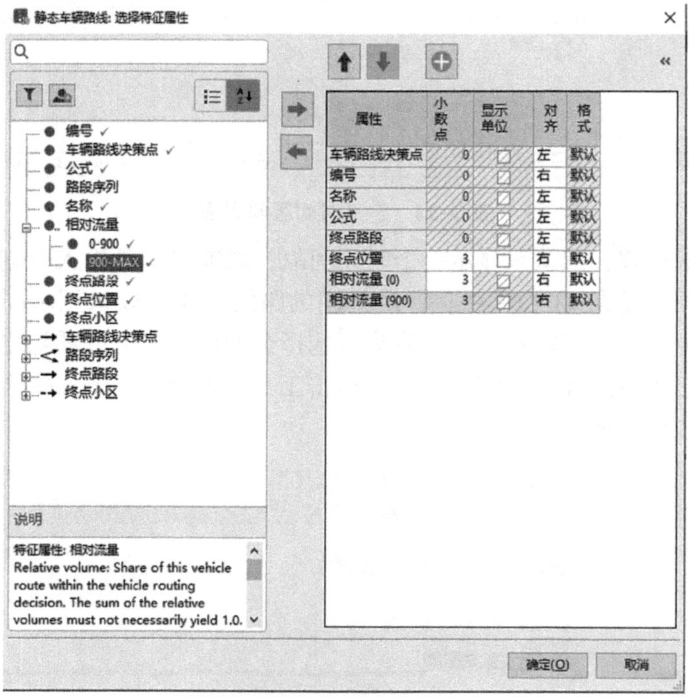

图 8-26　车辆路径属性选择

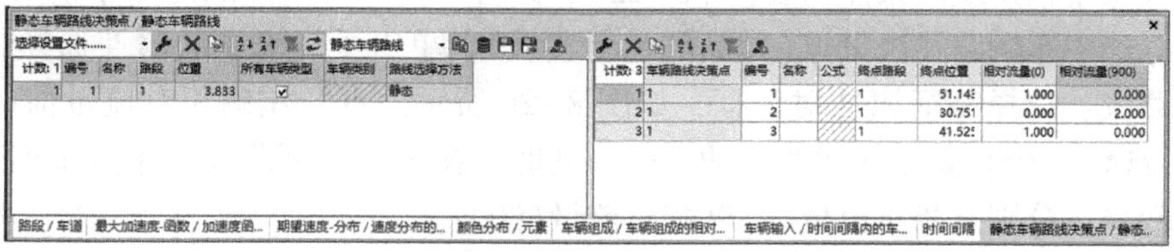

图 8-27　相对流量设置

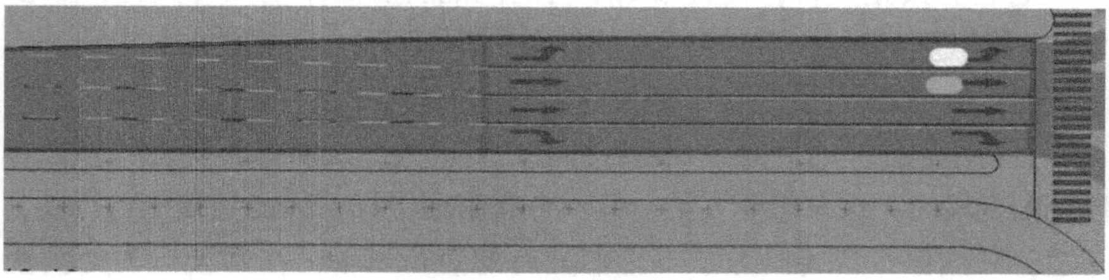

图 8-28　停车等待车辆

2. *定义局部路径*

模拟收费站可以很好地解释局部路径的定义。绘制如图 8-29 所示的单车道路段，且用连接器将其连接，形成单车道路网，如图 8-30 所示。然后设置交通组成，输入交通量，再定义静态车辆路径，运行仿真如图 8-31 所示。

运行仿真显示所有的车辆只在中间路段上行驶，因此需要定义局部路径。激活车辆路径(静态)下的局部路径(图 8-17)，保证局部路径设置在静态路径的内部，即局部路径的起点与终点都要设置在静态路径的内部，如图 8-32 所示。

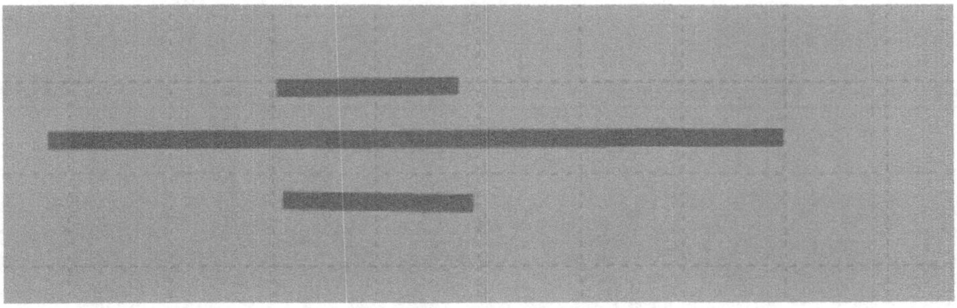

图 8-29　单车道路段

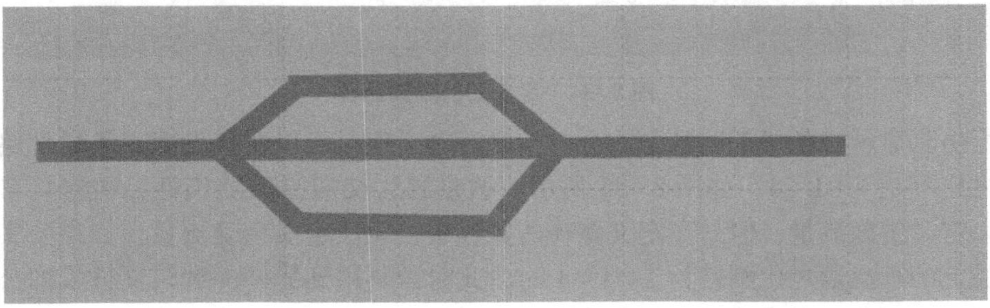

图 8-30　单车道路网

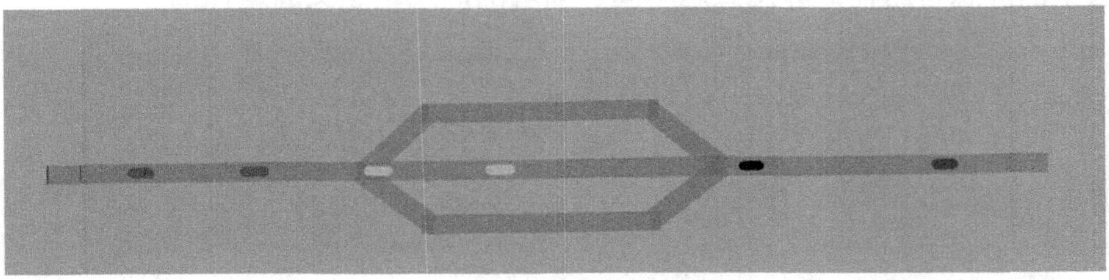

图 8-31　仿真效果示意

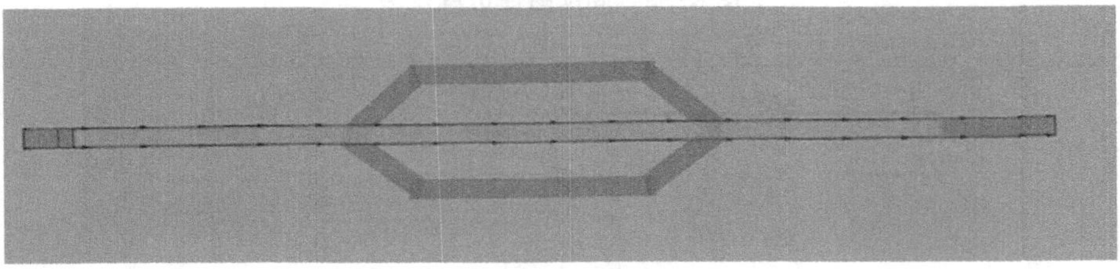

图 8-32　局部路径设置

图 8-32 中仅定义了一条局部路径，实际需要定义三条局部路径，因此采用复制的方法创建另外两条局部路径。选中局部路径决策点子列表中的已定义局部路径，单击工具栏图标，复制两条局部路径，如图 8-33 所示。在子列表中分别选中复制的局部路径，按住 Ctrl 键，鼠标在已定义的局部路径中间处右击，出现一个黄点，鼠标左击黄点并拖动到另外两个局部路径的位置，如图 8-34 所示。

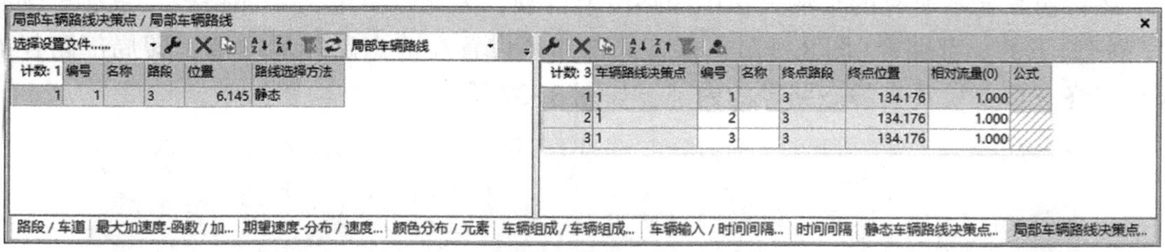

图 8-33　局部路径定义列表

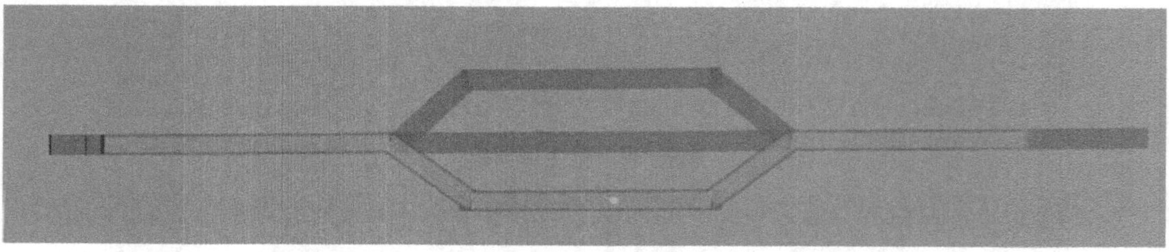

图 8-34　定义新的局部路径

运行仿真显示三条局部路径上均会有车辆行驶，但是可以明显发现三条局部路径上的车流量之比不是 1 : 1 : 1，如图 8-35 所示。这是因为交通流的随机性，在定义车辆输入时，可以定义精确流量，但是在定义路径的过程中，无法定义精确流量。如果要实现三条局部路径上的车流量之比刚好为 1 : 1 : 1 时，此时需要用到另外一种定义方式即公式。在局部路径决策点主列表的路径选择方法中，将静态改为公式即可，如图 8-36 所示。路径选择方法中的静态与路径的静态意思不同，前者的静态是定义固定比例。

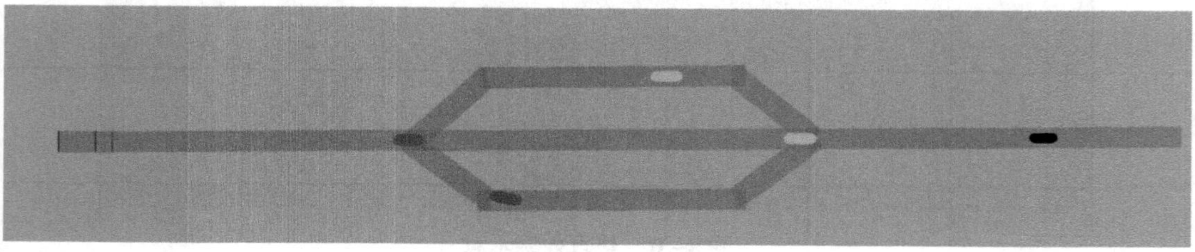

图 8-35　局部路径仿真效果

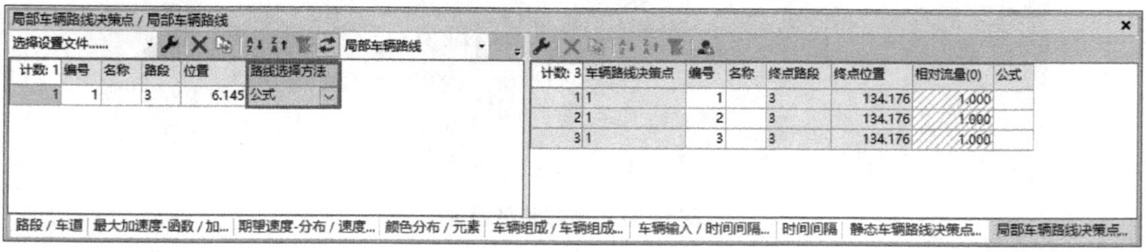

图 8-36　路径选择方法设置

当把路径选择方法定义为公式时，即当满足某一个设置条件时，车辆只会在某一条路径上行驶，此时就可以在局部路径决策点子列表(图 8-36)中的公式栏定义特殊的模型案例。例如，当局部路径如图 8-34 所示为三条局部路径时，想要让车辆编号对 3 取余为 0

的车辆在中间局部路径上行驶，对 3 取余为 1 的车辆在上部的局部路径上行驶，对 3 取余为 2 的车辆在下部的局部路径上行驶，单击子列表对应局部路径的公式栏 ，弹出公式对话框，如图 8-37 所示。单击对话框中的 ，在弹出的插入函数对话框中选中取余公式 Mod(x，y)，单击确定，如图 8-38 所示。单击公式设置框中的 ，弹出车辆：选择特征属性对话框，选择编号，如图 8-39 所示。在公式对话框函数 Mod(x，y) 的 y 处输入取余数为 3，单击确定。

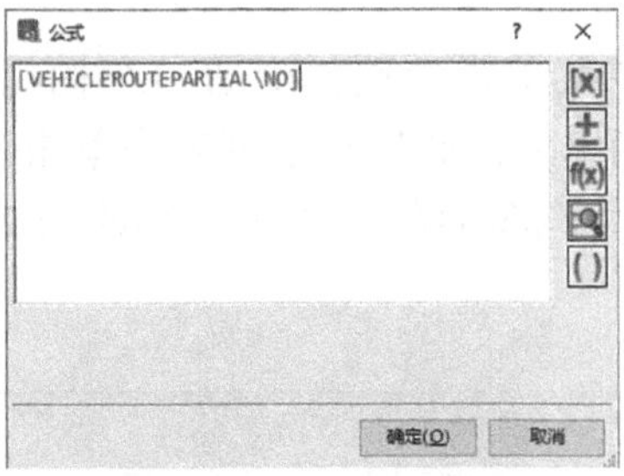

图 8-37　公式对话框

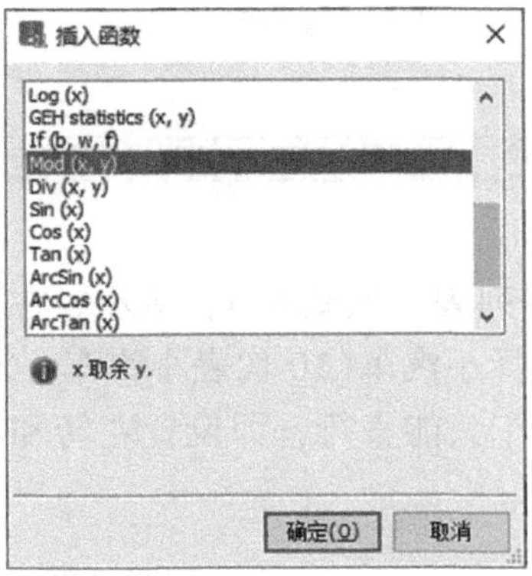

图 8-38　插入函数对话框

图 8-39　车辆：选择特征属性对话框

设置的公式即在局部路径决策点子列表对应的路径公式栏中出现。中间局部路径需要定义公式取余结果等于 0，其他两条局部路径的公式分别定义取余结果等于 1 和 2，如图 8-40 所示。运行仿真显示并不是全部的车辆都按照顺序(先中间局部路径，后上、下部局部路径)行驶，因为受到底图中原有车辆的影响导致车辆编号不连续。此时只要将底图中路段车辆输入交通量改为 0 即可。再次运行仿真，显示车辆按照顺序(先中间局部路径，后上、下部局部路径)行驶，如图 8-41 所示。

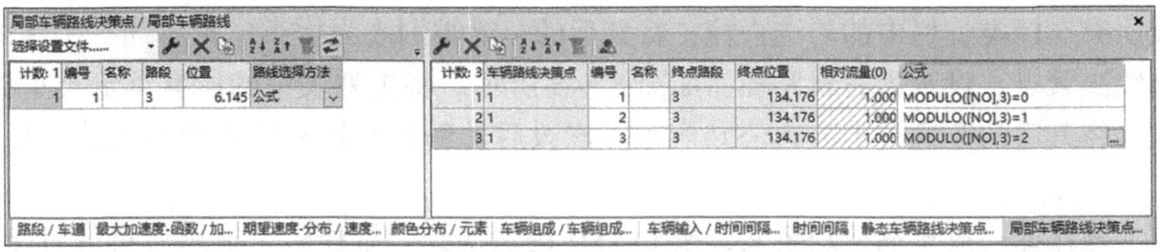

图 8-40　局部路径公式

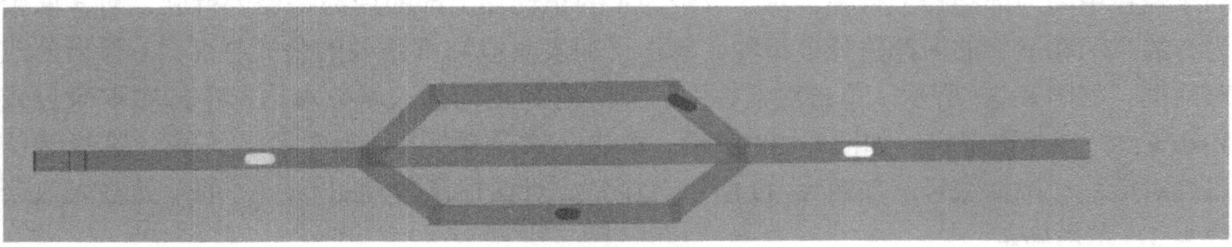

图 8-41　按顺序行驶仿真效果

在 VISSIM 中还可以根据不同车辆类别定义路径。在菜单栏中选择交通→车辆组成，弹出车辆组成列表，在车辆组成主列表中选中默认的车辆组成，然后在子列表中单击添加 ，命名为公共汽车，将子列表中的小汽车、货车和公共汽车的相对流量分别改为 2、1 和 1，如图 8-42 所示。

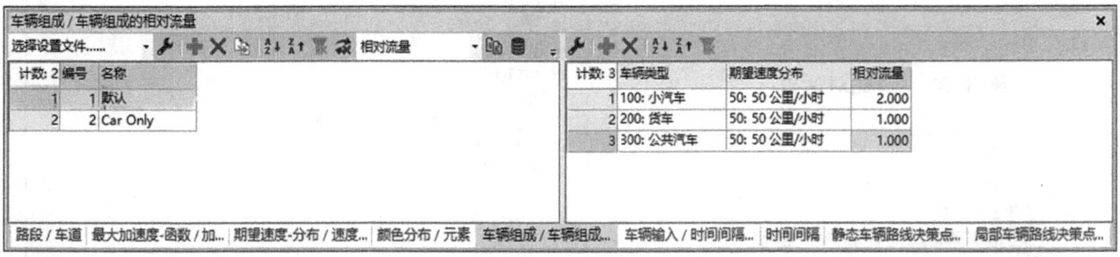

图 8-42　车辆组成列表

双击静态车辆路径决策点，弹出静态车辆路线决策点列表，如图 8-43 所示。在主列表中将所有车辆类型栏的勾选去掉，在其车辆类别栏中选择小汽车（10 代表小汽车，20 代表货车，30 代表公共汽车），在子列表中设置所有的小汽车只能直行，即设置左转和右转相对流量为 0。

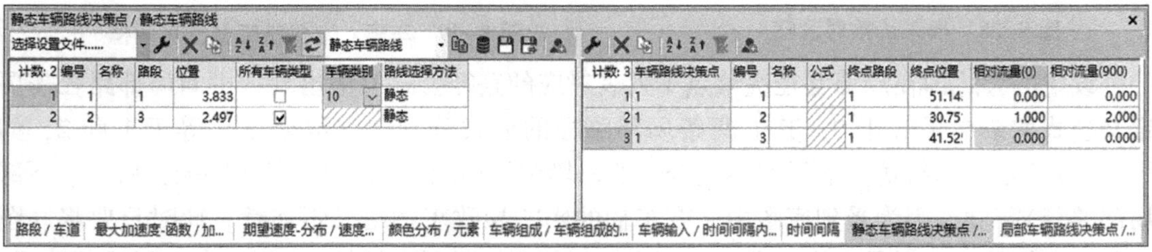

图 8-43　静态车辆路线决策点列表

创建一个新的静态车辆路线决策点，设置为左转路径，如图 8-44 所示。同理，将其主列表所有车辆类型栏中的勾选去掉，将其后的车辆类别改为货车。再添加一个新的静态车辆路线决策点，设置为右转路径，如图 8-45 所示。将主列表中的所有车辆类型栏的勾选去掉，将其后的车辆类别改为公共汽车。修改后的静态车辆路线决策点列表如图 8-46 所示。

以上操作即完成车辆类别定义，按 Ctrl+D 键切换到三维模式，显示所有的货车左转、小汽车直行、公共汽车右转，运行仿真效果如图 8-47 所示。

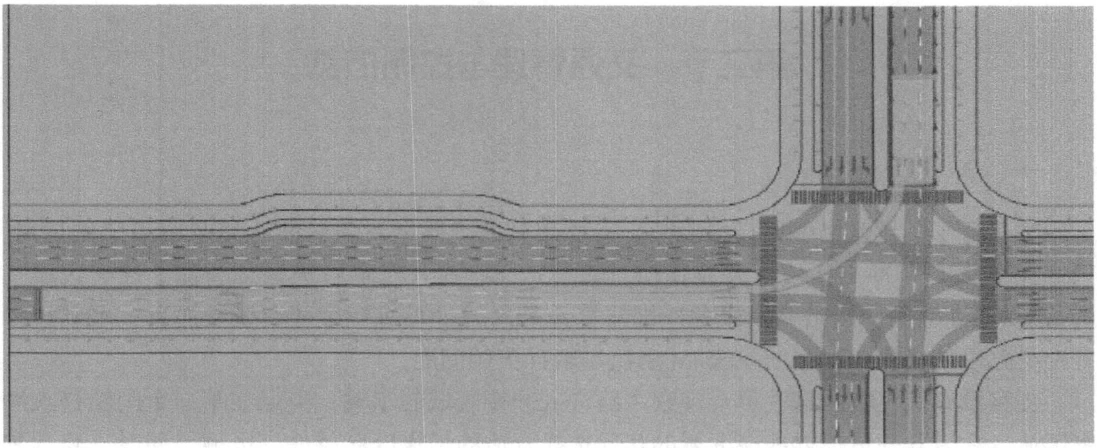

图 8-44 左转静态车辆路线决策点设置

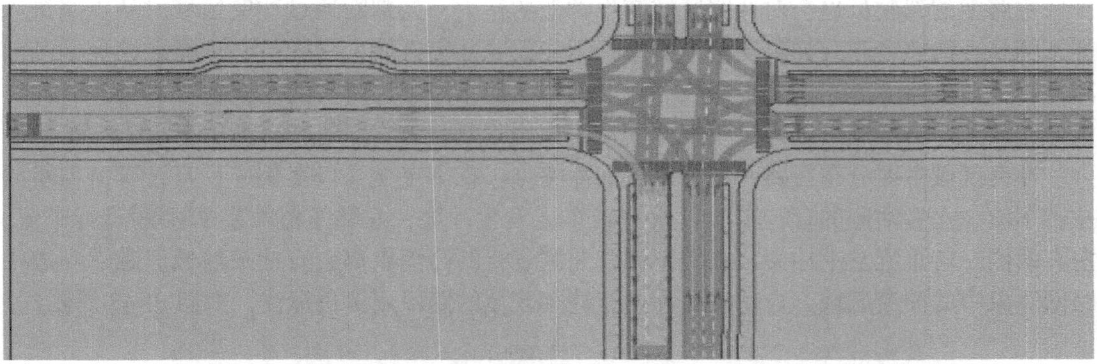

图 8-45 右转静态车辆路线决策点设置

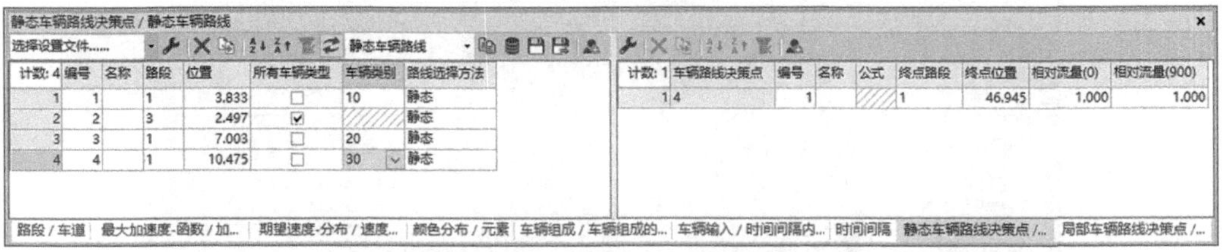

图 8-46 修改后的静态车辆路线决策点列表

图 8-47 三维模式仿真效果

第二节 交通管理与控制仿真

一、冲突区域

为了让车辆在路口中无互相碰撞，需要用到两个路网对象，即冲突区域和优先规则。VISSIM 推荐使用冲突区域，因为其相对容易定义，而且车辆行为更加智能。冲突区域指的是 VISSIM 路网中两条路段或者连接器重叠的区域，对每一个冲突区域而言，可以选择各冲突路段的优先权，帮助 VISSIM 解决车辆冲突的问题。

支路没有优先权的驾驶员会观察主路进入冲突区域的车辆，决定在某一个间隙进入冲突区域，之后驾驶员根据冲突区域的状况选择合适的加速度穿越冲突区域。同时支路驾驶员还会考虑后续进入冲突区域的车辆的驾驶行为，预测车辆是否加速或者减速。

主路上的驾驶员也会对冲突区域产生类似的行为，先判断通过冲突区域时从支路进入的车辆是否能够离开。如果支路上的车辆不能离开冲突区域，驾驶员会选择在冲突区域前减速以免与支路上的车辆发生碰撞。在上游排队的车流中，所有的车辆也都不会进入冲突区域，因此冲突区域可以通过模拟驾驶员的预测判断行为实现驾驶行为仿真。

冲突区域主要分布在路网的合流点和冲突点。在十字交叉口案例中，直行车流与对向左转车流、左右两侧的直行车流以及左转车流发生冲突，左转车流与左右两侧直行车流、左右两侧左转车流发生冲突，右转车流和左侧直行的合流点都会有冲突区域。激活侧边栏路网对象中的冲突区域，自动将路网中有冲突区域的路段用黄色标注，如图 8-48 所示。

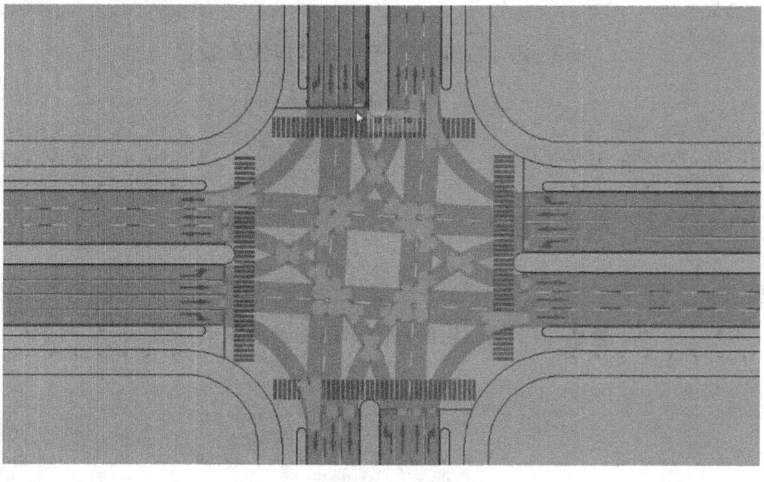

图 8-48 冲突区域

当选中其中某一个冲突区域时，会显示成亮绿色，表示此冲突区域已被激活，可以对其进行设置。按住 Ctrl 键，在选中的亮绿色冲突区域处右击鼠标，如图 8-49 所示，表示该区域直行比右转优先。再次右击鼠标，右转合流区域变成亮绿色，如图 8-50 所示，表示该区域右转比直行优先。继续单击鼠标，直行和右转合流区域均显示红色，如图 8-51 所示，表示该区域直行与右转的优先权平级。

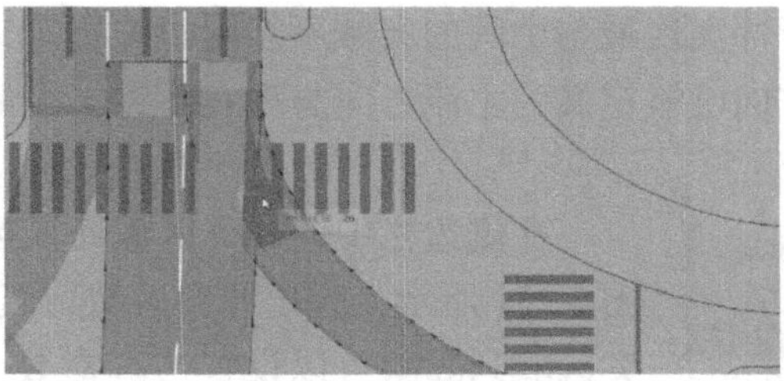

图 8-49 直行优于右转

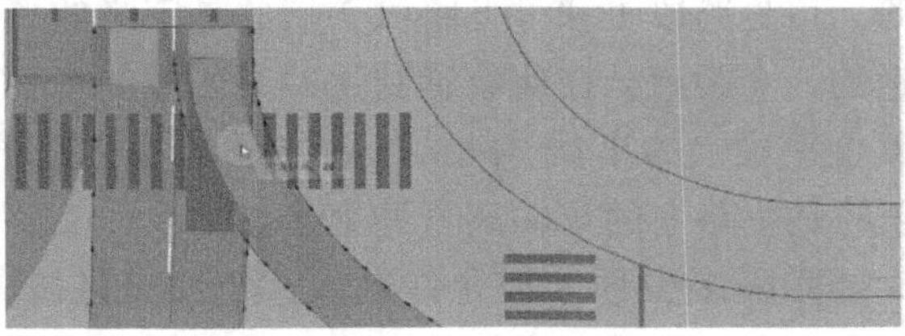

图 8-50 右转优于直行

图 8-51 直行与右转优先权平级

冲突区域既可以手动分批激活，也可以单击侧边栏快捷方式图标全部激活。例如，定义东西方向的直行车道是主流向，只需把鼠标移动到主流向路段上，在起点和终点单击鼠标即可完成主流向定义，如图 8-52 所示。完成定义后系统会自动将涉及的冲突区域用不同颜色进行标注。

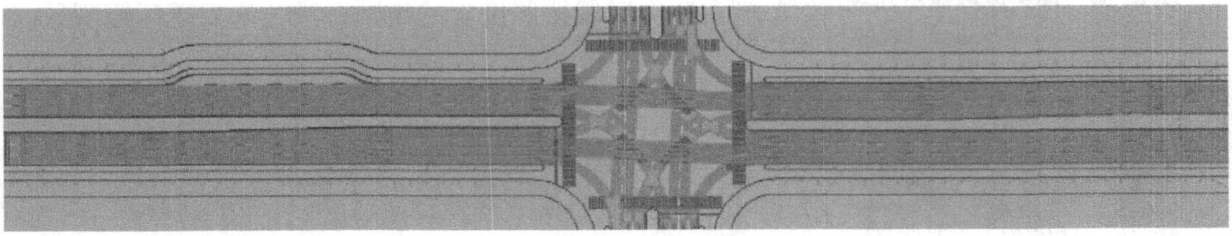

图 8-52 定义主流向

此时，除主流方向以外的冲突区域仍然未被定义，在交叉口中间的空白区域单击鼠标，使鼠标周围的黄色虚线圈包围所需要的定义冲突区域即可完成定义，如图 8-53 所示。

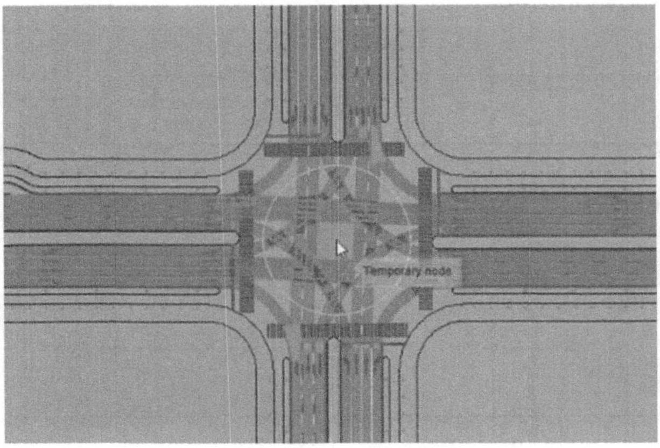

图 8-53 定义冲突区域

南北方向右转及直行冲突区域与中间的区域不能同时进行定义，如果将这两处区域同时进行定义，会因东西方向已被定义为主流方向与现实不符，因此需要单独使用鼠标对其进行定义。

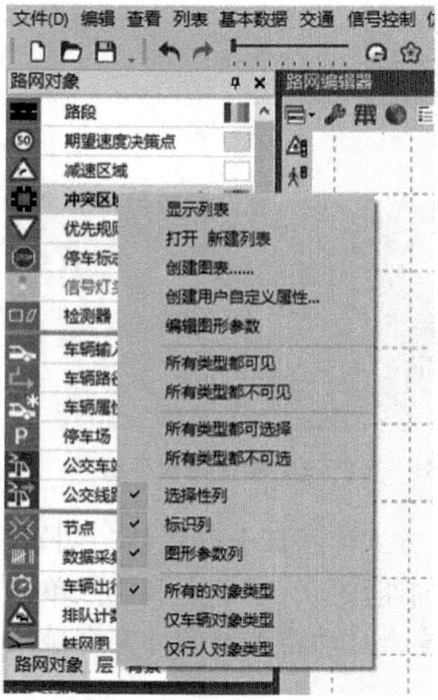

图 8-54　冲突区域显示列表

在侧边栏中的冲突区域处鼠标右击选择显示列表，如图 8-54 所示，弹出冲突区域列表，如图 8-55 所示。从冲突区域列表中可以设置仿真参数，例如，可见路段 1、可见路段 2、默认的前方距离、默认的后部距离和默认的安全距离因子等。可见路段 1 和可见路段 2 指的是定义的离冲突区域最远的一个距离，在此位置到达冲突区域的车辆可以观察到其他路段上的车辆。默认的前方距离指的是车头间距，代表的是主路上的车辆离开冲突区域之后，支路上的车辆至少要间隔多少秒才被允许进入这个冲突区域。默认的后部距离即车尾间隔，指的是支路上的车辆必须保证离开冲突区域多少秒后，才会对主路上的车辆不产生影响。默认的安全距离因子决定了支路上的车辆在冲突区域中需要保证的最小车头间距。

按住 Ctrl+D 键切换到三维模式，运行仿真观察车辆之间是否仍然互相碰撞，如图 8-56 所示。仿真运行显示，车辆在冲突区域按照设定的规则行驶，未发现碰撞现象。

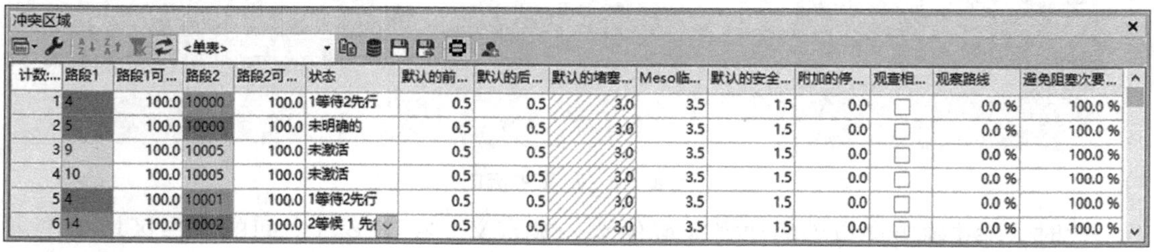
冲突区域

<单表>

计数:...	路段1	路段1可...	路段2	路段2可...	状态	默认的前...	默认的后...	默认的堵塞...	Meso临...	默认的安全...	附加的停...	观查相...	观察路线	避免阻塞次要...
1	4	100.0	10000	100.0	1等待2先行	0.5	0.5	3.0	3.5	1.5	0.0	☐	0.0 %	100.0 %
2	5	100.0	10000	100.0	未明确的	0.5	0.5	3.0	3.5	1.5	0.0	☐	0.0 %	100.0 %
3	9	100.0	10005	100.0	未激活	0.5	0.5	3.0	3.5	1.5	0.0	☐	0.0 %	100.0 %
4	10	100.0	10005	100.0	未激活	0.5	0.5	3.0	3.5	1.5	0.0	☐	0.0 %	100.0 %
5	4	100.0	10001	100.0	1等待2先行	0.5	0.5	3.0	3.5	1.5	0.0	☐	0.0 %	100.0 %
6	14	100.0	10002	100.0	2等候 1 先	0.5	0.5	3.0	3.5	1.5	0.0	☐	0.0 %	100.0 %

图 8-55　冲突区域列表

图 8-56　设置冲突区域后仿真效果示意

二、优先规则

在 VISSIM 中，除了冲突区域外也可以使用优先规则，以更加灵活地处理冲突转向的问题。优先规则可用于仿真路段或者连接器上车辆之间的各种互动。优先规则由一条停车线和多条对应于该停车线的冲突标志组成，其中停车线定义的是车辆停车让行的位置，冲突标志代表的是车辆可能产生冲突或者碰撞的位置。停车线前的车辆会根据冲突标志处的状态判断是否能够穿越冲突区域，判断的主要依据有以下两个：最小空间空档，即距离；最小时间空档。

设置优先规则需要激活侧边栏中的优先规则，然后在次要道路停车让行的位置按住 Ctrl 键并右击鼠标，出现橙红色的停车线(图 8-57)，鼠标移动到主道，沿行车方向拖动形成一个区域并右击确认，出现绿色停车线，并弹出优先规则对话框(图 8-58)。在此区域内如果有车辆行驶，次要道路即将汇入的车辆会在停车线后等待。

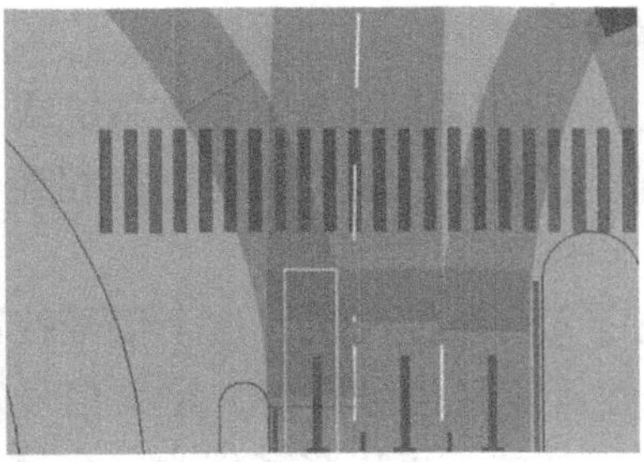

图 8-57　设置停车线

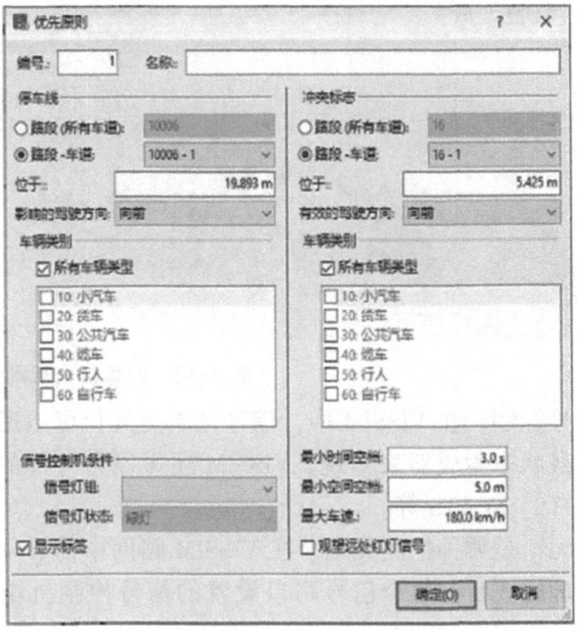

图 8-58　优先规则对话框

优先规则对话框可以定义最小空间空档和最小时间空档，可以定义单条车道也可以定义整个路段。

当设置好最小时间空档和最小空间空档后，单击确定，然后在空白处单击鼠标，优先规则即设置完成。如果对定义的区域不满意，可以用鼠标选中已定义的区域并拖动至合适的位置，如图 8-59 所示。

保存以上操作，运行仿真，三维模式下仿真效果图如图 8-60 所示。

三、信号控制

冲突区域和优先规则主要适用于无信号控制交叉口，对于有信号控制交叉口则需要用

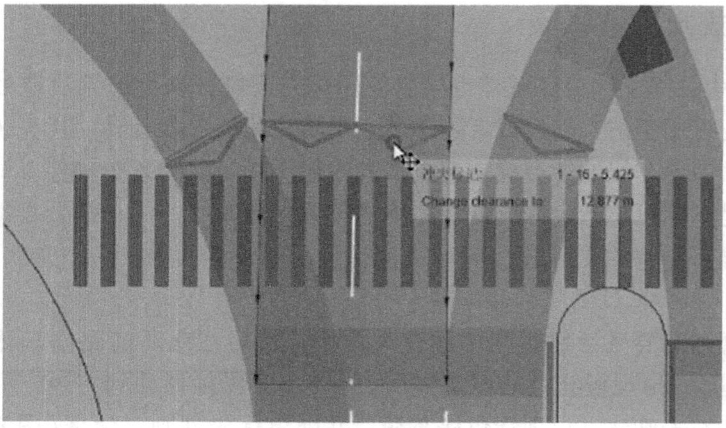

图 8-59　拖动停车区域

图 8-60　设置优先规则仿真效果

到信号控制。在 VISSIM 中，信号控制交叉口可以通过内置的固定周期信号控制机或者外部信号状态生成器来实现。VISSIM 还可以与外部的信号控制机、虚拟的控制机相连，如 SCOOTS、SCATS 等。

无论是哪种控制类型，在 VISSIM 路网中都必须先定义信号控制机，这个信号控制机可以理解成目前每个信号路口设置的信号控制机箱。然后定义信号灯组，定义信号灯组时，不管哪个时间点，总有一些信号灯的灯亮状态都是一样的，可以将其编为一个信号灯组。最后定义信号灯头，即把相应的信号配时方案的信号灯安装到相应的位置上。

以十字交叉口交通信号仿真为例，首先，定义一个信号控制机。其次，定义信号灯组。为了消除十字交叉口所有冲突点，至少需要四个相位，需要定义至少四个信号灯组，分别是东西直行、东西左转和南北直行、南北左转。东西直行又可以分成两个信号灯头，分别位于东进口道和西进口道，依此类推。车辆类别、车辆类型是从小到大的顺序定义，与定义车辆类别、车辆类型不同，信号控制是从大到小的顺序定义。例如，先定义信号控制机，再定义信号灯组，最后定义信号灯头。

在菜单栏中选择信号控制→信号控制机，弹出信号控制机列表，如图 8-61 所示。在列表工具栏中单击添加，弹出信号控制机对话框，如图 8-62 所示，在对话框中可以选择信号控制机类型，为固定周期。

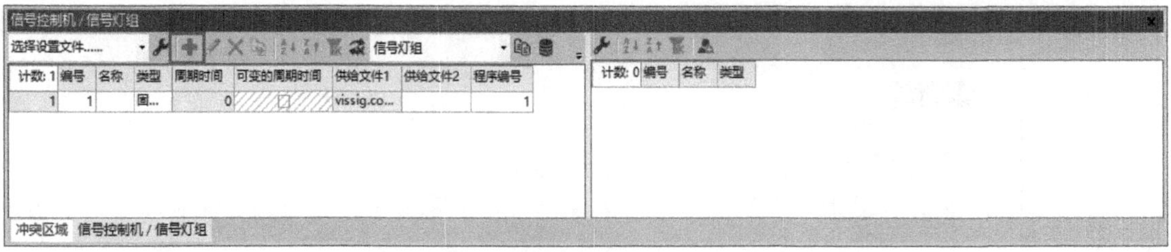

图 8-61　信号控制机列表

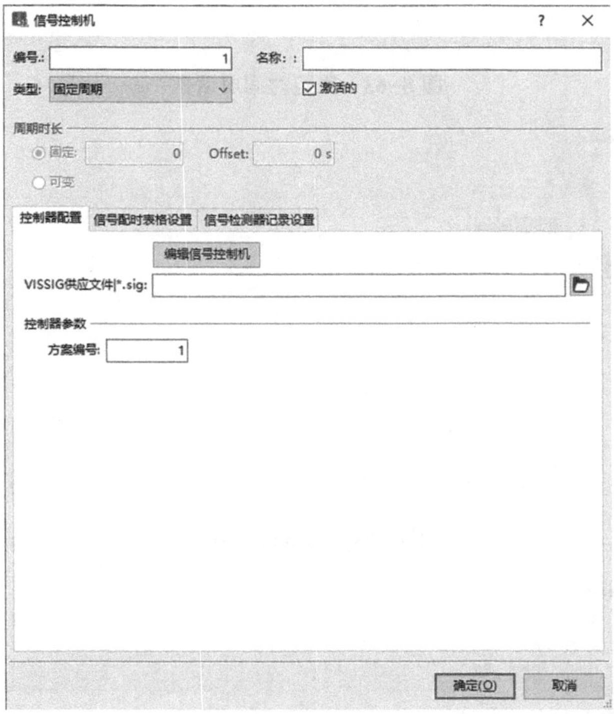

图 8-62　信号控制机对话框

单击信号控制机对话框中的编辑信号控制机，弹出固定时间对话框，完成定义信号控制机，如图 8-63 所示。

按照信号灯组、绿间隔矩阵和信号配时方案的顺序定义信号灯组。

1. 定义信号灯组

选中信号灯组，单击工具栏添加图标✚，创建一个编号为 1、名字为信号灯组 1 的信号灯组。需要注意的是，信号灯组的命名尽量不使用汉字，否则再次打开时可能出现乱码。在本案例中，也可将信号灯组 1 简单命名为 WE_S，表示东西直行，如图 8-64 所示。

信号灯组创建完成后，左侧边栏的信号灯组前出现了"+"号，单击"+"号，展开刚设置的 WE_S 信号灯组，选中 WE_S 信号灯组，出现 WE_S 信号灯组的设置界面，如图 8-65 所示。在设置界面中将序列设为我国常用的红-绿-黄，同时调整不同灯色的最小时长。与现实信号灯组不同，现实中有些路口的黄灯会显示为 2.5s，而在 VISSIM 中，黄灯时长可以是 2s 或者 3s，没有 2.5s 的定义。

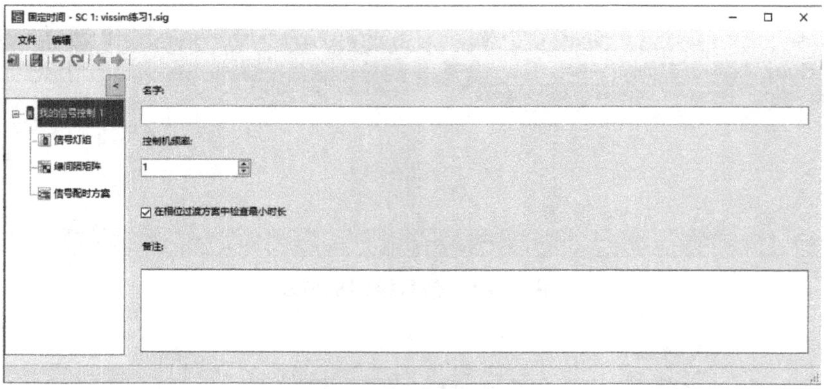

图 8-63 固定时间对话框

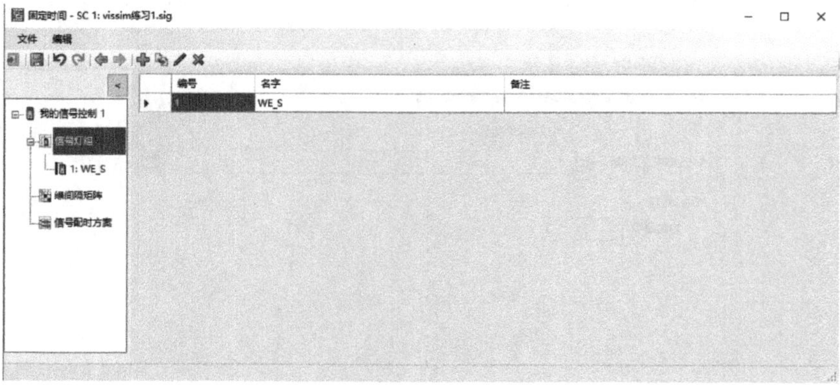

图 8-64 设置信号灯组

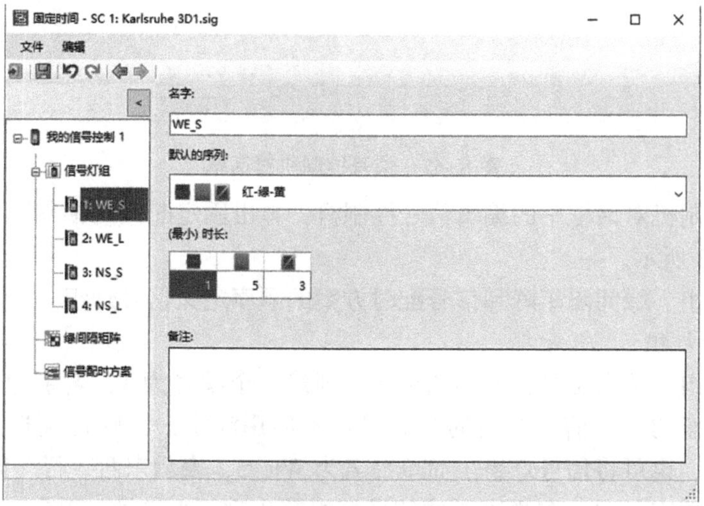

图 8-65 WE_S 信号灯组设置界面

返回图 8-64 所示界面，选中 WE_S 信号灯组，单击工具栏的复制，复制三次。将编号为 2、3、4 的信号灯组命名为 WE_L、NS_S、NS_L，分别代表东西左转、南北直行、南北左转，如图 8-66 所示。

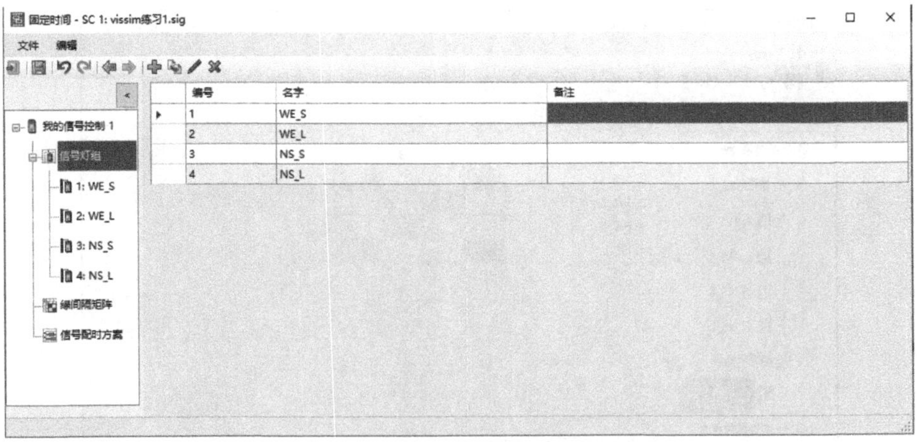

图 8-66　四组信号灯组设置

2. 定义绿间隔矩阵

要理解绿间隔矩阵，首先要了解绿灯间隔时间。绿灯间隔时间指的是清空车流绿灯结束时刻和进入车流绿灯开始时刻之间的清空时间，绿灯间隔时间主要是为了保证清空车流。对于每个基于信号灯组的信号配时方案，可以分配独立的绿间隔矩阵。与信号灯组设置类似，首先选中绿间隔矩阵（图 8-66 侧边栏），然后单击工具栏的✚，创建了一个 4×4 的绿灯间隔矩阵 1，再点开绿间隔矩阵前的"+"号，选中绿灯间隔矩阵 1，弹出如图 8-67 所示界面。

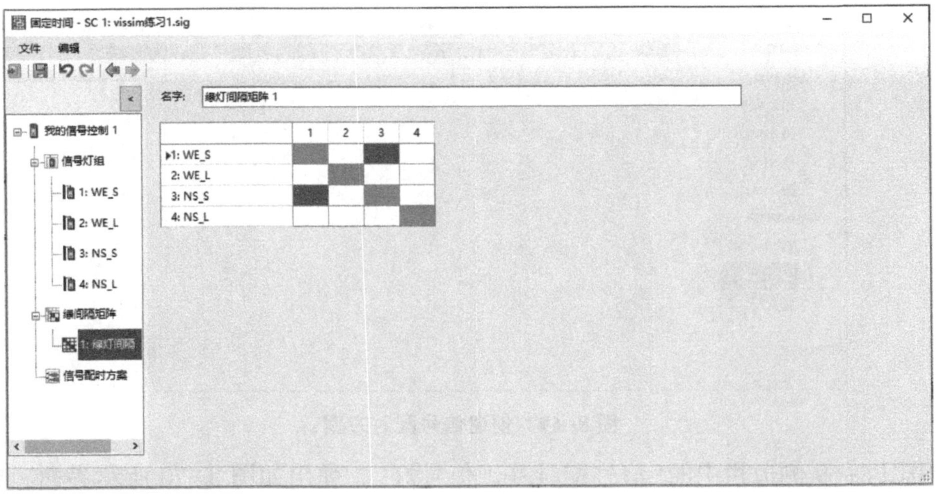

图 8-67　绿间隔矩阵

绿灯间隔时间不能片面地理解成黄灯加全红，因为绿灯间隔时间可以<0，但黄灯与全红都是≥0 的，黄灯加上全红肯定≥0。由于空间距离不同，车速也不同，会导致需要的清空时间不同，因此绿灯间隔时间需要通过计算得到。案例中，假设绿灯间隔时间均为 5，填入绿间隔矩阵如图 8-68 所示。

图 8-68 绿间隔矩阵中的红框选中的 5 所代表的含义是：WE_S 信号灯组结束到 WE_L 信号灯组开始之间的绿灯间隔时间为 5s，其他绿灯间隔时间的含义依次类推。

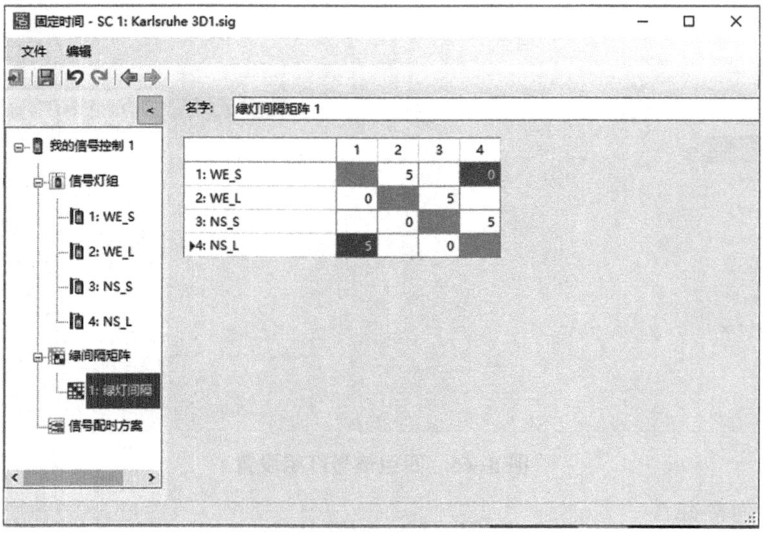

图 8-68　设置绿间隔矩阵

3. 定义信号配时方案

信号配时方案的设置与信号灯组及绿间隔矩阵类似，首先选中信号配时方案(图 8-68 侧边栏)，然后单击工具栏中的 ，创建一个信号配时方案 1，如图 8-69 所示。

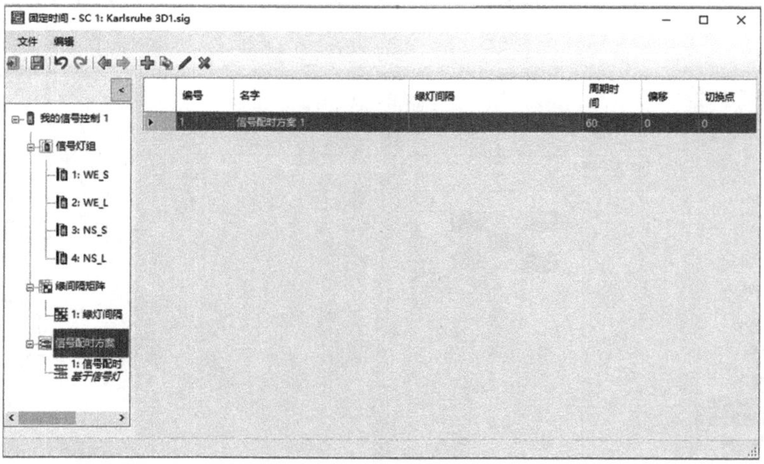

图 8-69　创建信号配时方案

选中图 8-69 侧边栏中的“信号配时基于信号灯”，弹出如图 8-70 所示界面，VISSIM 自动创建了一个信号配时方案。将“绿灯间隔”改为之前定义的绿间隔矩阵 1，绿灯时长示意图底色变为黄色，表示此时自动创建的信号配时方案不满足已定义的绿间隔矩阵，需要将 VISSIM 自动创建的信号配时方案进行修改。

假设周期时间为 120s，将默认周期由 60s 改为 120s。偏移指的是相位差，主要在设置绿波时需要用到，此处保持默认值 0s。当一个路口有多个不同信号配时方案需要过渡时，需要使用切换点。将鼠标移动到信号配时示意图中绿灯和黄灯的交界处，鼠标的样式变成+，按住鼠标左键并进行拖动，可以修改绿灯时长。为了操作简便，假设将四个相位进行等分，

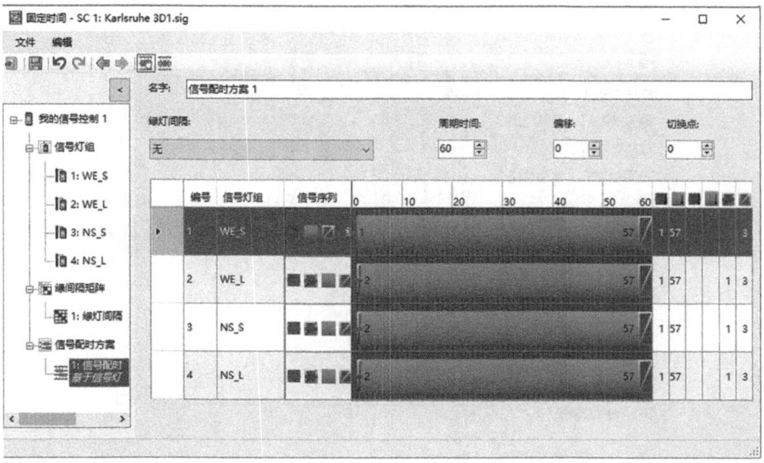

图 8-70　自动创建的信号配时方案

每个相位时长为 30s，减去清空时间 5s，则每个相位的绿灯时间为 25s。在 WE_S 相位中，因为绿灯时间是从 1s 开始，则将鼠标移至 26s 的位置即可。WE_L 相位的绿灯开始时刻为 WE_S 的绿灯结束时刻再加上黄灯时长 5s，其绿灯时段应为 31～56s。依次类推，NS_S 相位的绿灯时段应为 61～86s。NS_L 相位的绿灯时段应为 91～116s。除了使用鼠标移动绿灯时长示意图外，还可以手动输入数字。当信号配时设置完成后，保存并关掉即可。修改后的信号配时方案如图 8-71 所示。

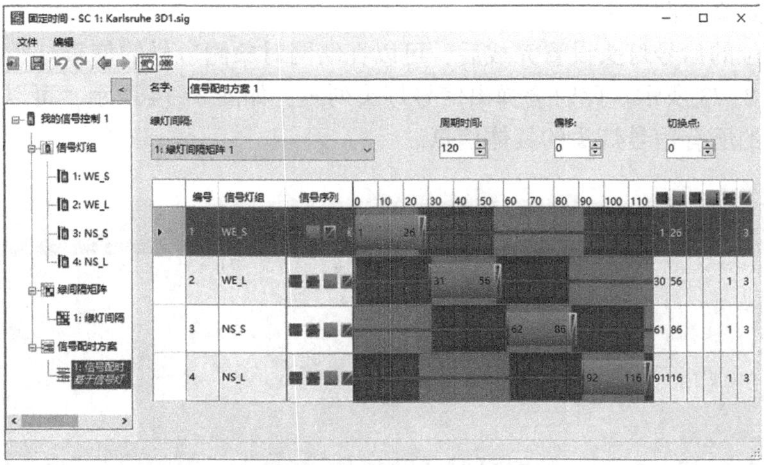

图 8-71　修改后的信号配时方案

在信号控制机和信号灯组定义完成后，需将信号灯头安装到路口。激活路网对象侧边栏中的信号灯头，在需要设置信号灯的车道停车线位置安装信号灯头。在对应的停车线处按住 Ctrl 键并右击鼠标，弹出信号灯对话框，根据车辆不同的行驶方向选择不同的信号灯组，如东西左转(WS_L)，如图 8-72 所示。

当信号灯头设置完成后，会出现暗红色的实线。信号灯头安装的位置在一定程度上与停车线类似，当车辆行驶到设置信号灯头的位置时，会根据信号显示状态停车等待或继续前行。同理，需要将 WE_S 相位(东西直行)、NS_S 相位(南北直行)、NS_L 相位(南北左

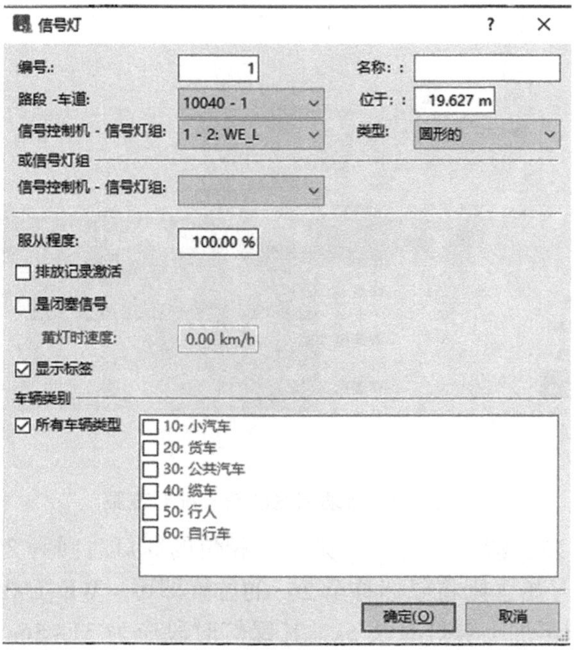

图 8-72　WE_L 相位信号灯头

转）的信号灯头按照同样的方式设置在各进口道的停车线处。需要注意的是，交叉口范围内的连接器和路段可能有部分重叠，在重叠部分安装信号灯头时，信号灯头要安装在连接器上，而不能定义在路段上。

将四个相位的信号灯头设置完成后，可以在路网对象侧边栏的信号灯头处右击选择显示列表，如图 8-73 所示。此时会弹出信号灯头列表，如图 8-74 所示，可以在信号灯头列表中查看设置的所有信号灯头的具体信息。

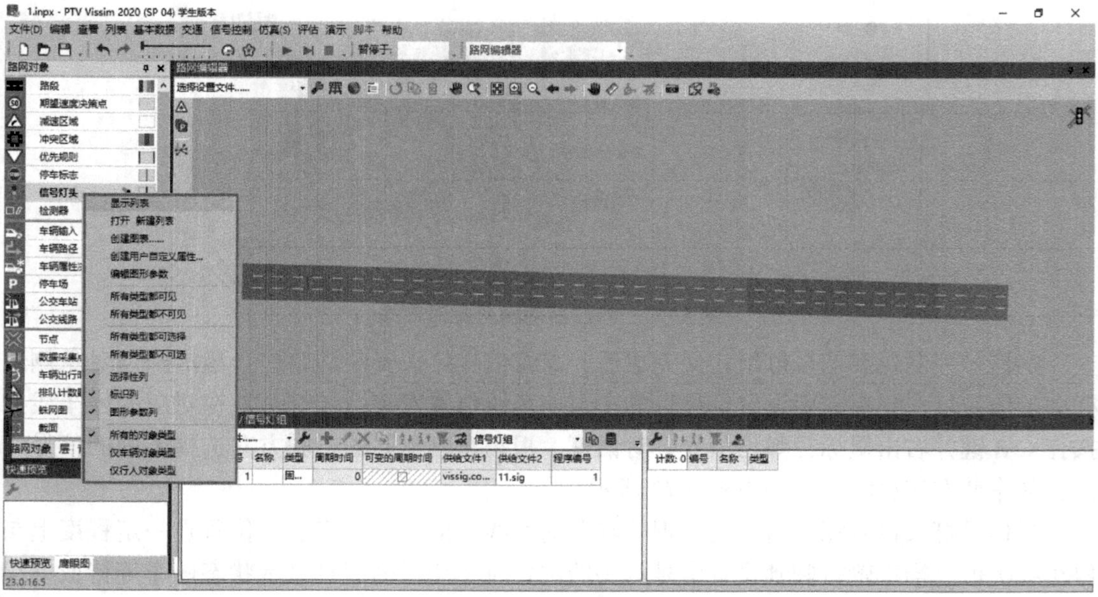

图 8-73　信号灯头显示列表界面

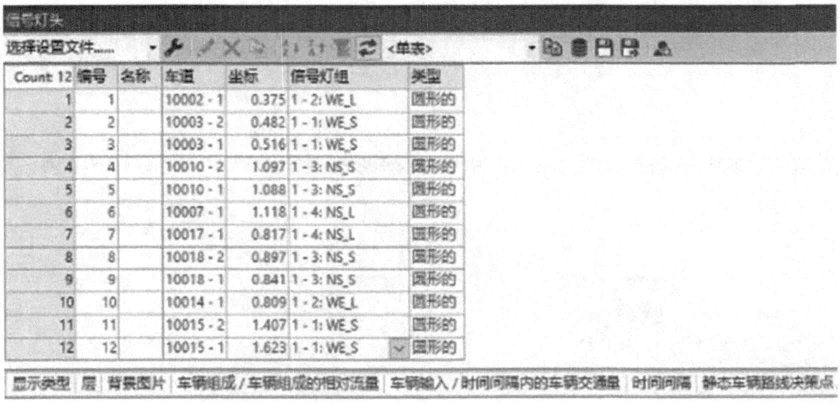

Count 12	编号	名称	车道	坐标	信号灯组	类型
1	1		10002 - 1	0.375	1 - 2: WE_L	圆形的
2	2		10003 - 2	0.482	1 - 1: WE_S	圆形的
3	3		10003 - 1	0.516	1 - 1: WE_S	圆形的
4	4		10010 - 2	1.097	1 - 3: NS_S	圆形的
5	5		10010 - 1	1.088	1 - 3: NS_S	圆形的
6	6		10007 - 1	1.118	1 - 4: NS_L	圆形的
7	7		10017 - 1	0.817	1 - 4: NS_L	圆形的
8	8		10018 - 2	0.897	1 - 3: NS_S	圆形的
9	9		10018 - 1	0.841	1 - 3: NS_S	圆形的
10	10		10014 - 1	0.809	1 - 2: WE_L	圆形的
11	11		10015 - 2	1.407	1 - 1: WE_S	圆形的
12	12		10015 - 1	1.623	1 - 1: WE_S	圆形的

图 8-74　信号灯头列表

设置完信号灯头后，保存并运行仿真，仿真效果如图 8-75 所示。

图 8-75　设置信号灯头后仿真效果

此时我们会发现，行驶车辆会按照红绿灯指示进行停车或者转向。如果想要观察信号灯的状态，可以在菜单栏中操作评价→窗口→信号配时表，弹出信号配时表窗口对话框，如图 8-76 所示，选择已设置的信号控制机 1，可以看到随着仿真时间的变化，不同信号灯组的具体状态，如图 8-77 所示。

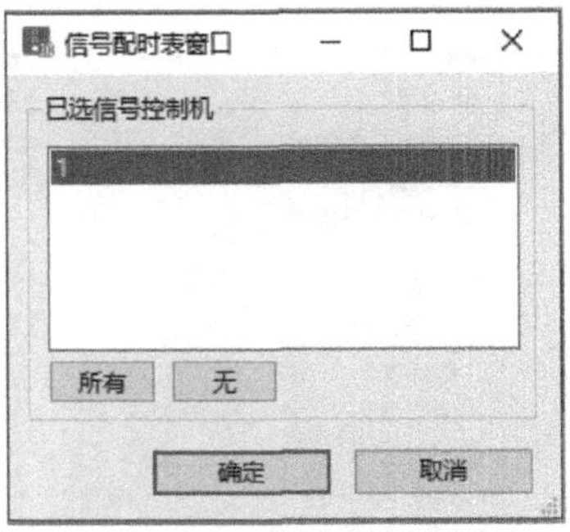

图 8-76　信号控制机选择

有时需要模拟车辆、行人闯红灯时的情况。可以直接双击设置在路网中的信号灯头，弹出信号灯对话框，在对话框中的服从程度文本框中输入某个比例，例如，当服从程度为 95%时，则代表剩下的 5%会闯红灯。另外，也可以定义车辆类型和车辆类别，命名为不遵守交通规则的车辆，在信号灯对话框中只勾选适用于遵守交通规则的车辆类型，不遵守交通规则的车辆类型则不勾选，此时不遵守交通规则的车辆则会闯红灯，如图 8-78 所示。

四、限速设置

如果仿真路段交通条件发生变化，如道路施工、特殊路段等，VISSIM 可以对路网中车辆的速度限制进行仿真。限速设置有两种类型：一是减速区域，二是期望速度决策点。

图 8-77　不同信号灯组的状态

这两种方式在 VISSIM 中都是通过路网对象来定义，其主要差别在于：使用减速区域定义，车辆接近减速区域但还没到达减速区域时开始减速；车辆到达减速区域时，车速正好降到设定的车速；车辆通过减速区域后，车辆自动加速并恢复到原来的车速。而使用期望速度决策点定义，车辆通过期望速度决策点之后，车速才会逐渐开始降低到设定的车速，并且不会恢复到原来的车速。

1. 减速区域设置

激活路网对象侧边栏中的减速区域，单击鼠标左键选中要设置减速区域的路段，在减速区域起点按住 Ctrl 键和鼠标右键，沿行车方向拖动形成一个黄色的条形区域，即减速区域。松开 Ctrl 键和鼠标右键，弹出减速带对话框，如图 8-79 所示。

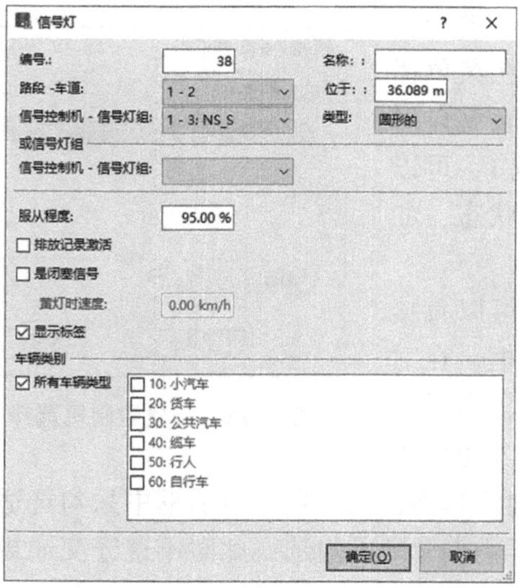

图 8-78　车辆、行人闯红灯设置

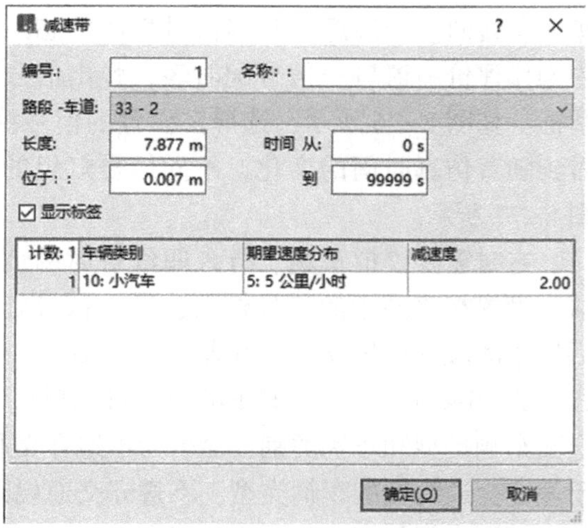

图 8-79　减速带对话框

在减速带对话框中的车辆类别下空白区域处右击鼠标选择添加，设置减速区域限制的车辆类别和期望车速，该车辆类别的车辆会在减速区域内以期望车速行驶。为了更容易观察减速区域前后车辆运行速度差异，可将期望速度分布设置为最低值即 5km/h。

保存并运行仿真，仿真效果如图 8-80 所示，仿真显示车辆在减速区域路段速度明显降低。为了方便观察，单击路网对象侧边栏中的车辆右侧图标，在图形编辑参数列表中的标签属性中选择速度，如图 8-81 所示。运行仿真显示，车辆达到减速区域前逐渐减速，到达减速区域时达到设置的速度，离开减速区域后逐渐恢复到原有速度。

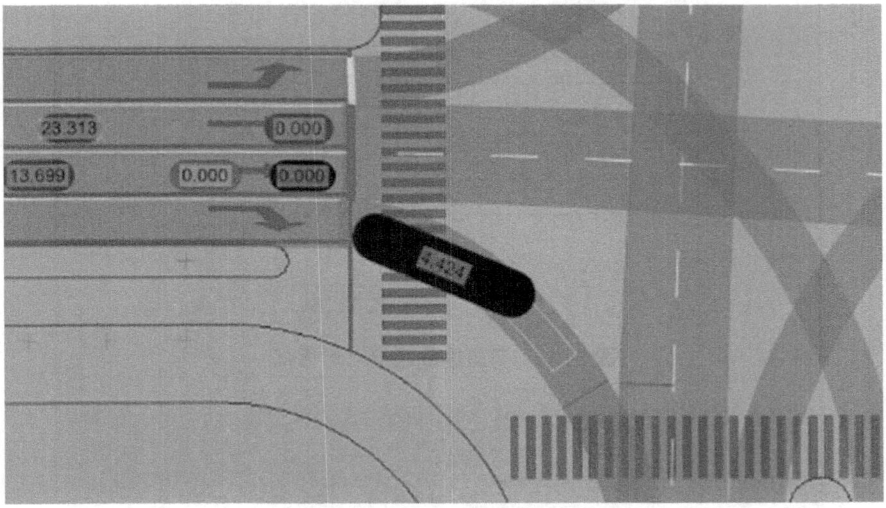

图 8-80　减速区域仿真效果

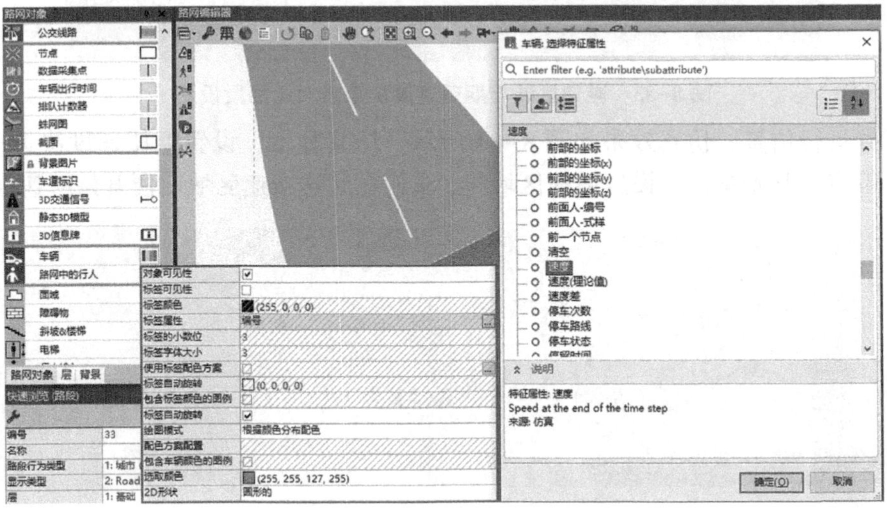

图 8-81　车辆标签属性设置

2. 期望速度决策点设置

减速区域主要运用道路施工路段临时减速区域和车道转弯处，而期望速度决策点主要用于较长路段的减速，其作用类似现实交通中的限速标志，也可运用在小区出入口，当车辆要进入小区时，车速可能需要下降到某一个较低的数值。

激活路网对象侧边栏中的期望速度决策点，单击鼠标左键选中要设置减速区域的路段，在期望速度决策点位置按住 Ctrl 键并右击鼠标，弹出期望速度决策对话框，如图 8-82 所示。在对话框中右击添加，然后设置车辆类别和期望速度分布。

为了进行对比，将上述路段进行复制、粘贴，在复制路段上设置减速区域，两条路段如图 8-83 所示。

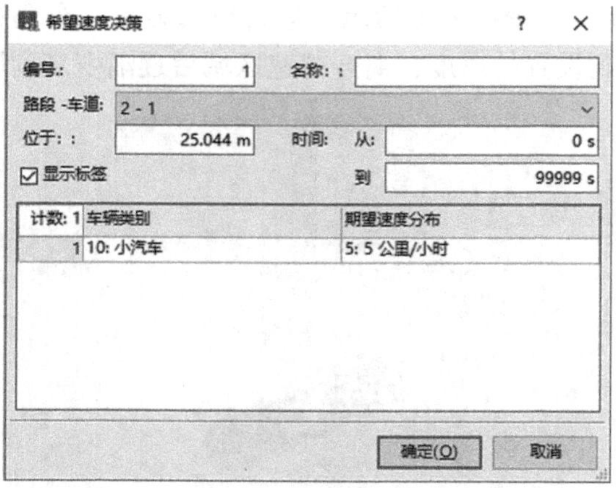

图 8-82　期望速度决策点对话框

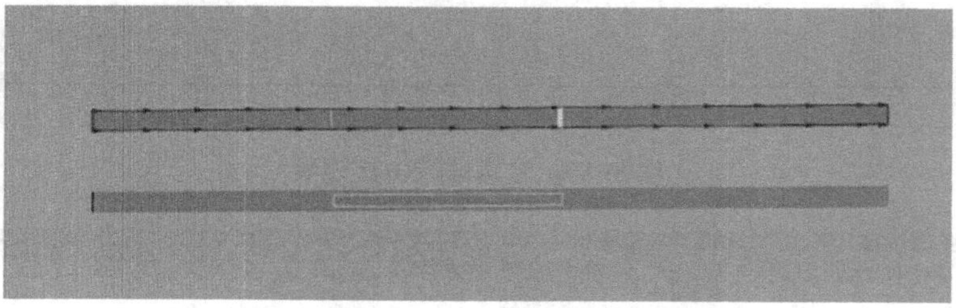

图 8-83　减速区域与期望速度决策点对比路段设置

保存并运行仿真，仿真效果如图 8-84 所示。仿真显示，设置期望速度决策点时，车辆经过决策点，开始减速。设置减速区域时，车辆在到达减速区域前便开始减速。

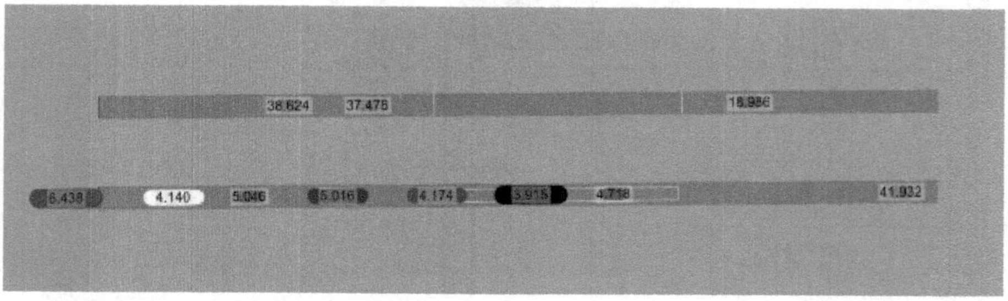

图 8-84　对比仿真效果

第三节　公共交通和停车场仿真

一、公共交通仿真

公共交通和私人交通不同，公共交通基于现行公共交通需求和路径在 VISSIM 中单独进行建模，涉及公共交通的路网对象主要有公交车站和公交线路。

1. 定义公交车站

激活路网对象侧边栏中的公交车站，在路网相应位置右击鼠标并选择添加公交车站，VISSIM 会自动创建一个 15m 长的公交车站，并弹出公交车站对话框，如图 8-85 所示。也可以单击鼠标左键选中要设置公交车站的路段，按住 Ctrl 键和鼠标右键，在拟设置公交车站的车道沿行车方向拖动形成一个公交车站，定义完成的公交车站如图 8-86 所示。

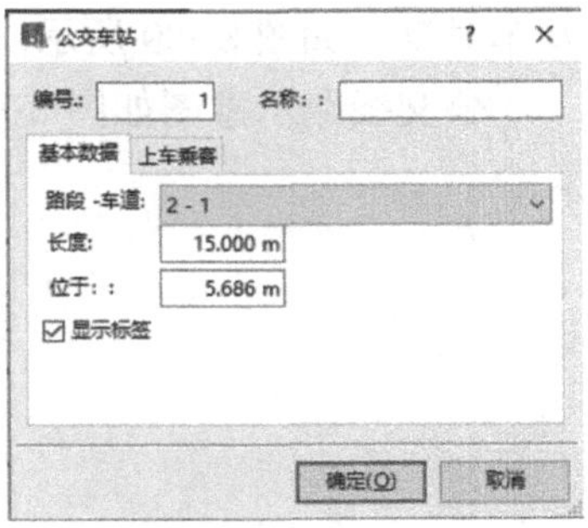

图 8-85　公交车站对话框

2. 定义公交线路

激活路网对象侧边栏中的公交线路，单击鼠标左键选中拟定义公交线路起点的路段，按住 Ctrl 键并单击鼠标右键，路段起点出现一条深蓝色的实线，这条深蓝色的实线即公交线路的起点。拖动鼠标越过覆盖公交车站的路段，在公交线路终点路段单击鼠标左键，弹出公交线路对话框，如图 8-87 所示。在对话框中设置公交线路的参数，车辆类型栏需选择公共汽车，期望车速分布默认为 5.5km/h，改成适合车辆的行驶车速如 30km/h。

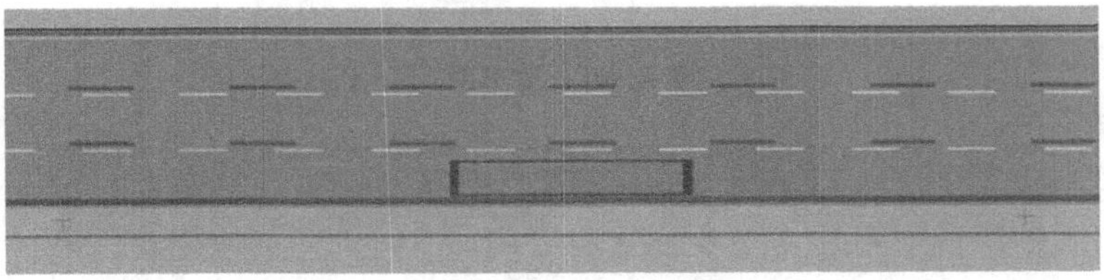

图 8-86　定义完成的公交车站

公交车一般根据发车时刻表发车，在 VISSIM 中也需要对其发车时间进行定义，从而生成发车班次。单击公交线路对话框(图 8-87)中的发车时间，在空白区域处右击鼠标，会出现添加和创建开始时间两个选项。如果选择添加，则只会定义一班公交车，当有多班公交车需要定义时，就会使操作显得烦琐。所以推荐选择创建开始时间，此时会弹出一个设置开始时间及频率等的对话框，如图 8-88 所示，在对话框中需要对一些重要的参数进行设置，如开始发车时间、发车频率、结束时间和占有率等。占有率的含义是当发车时，公交车上的已有乘客数。参数设置完成后，单击确定。

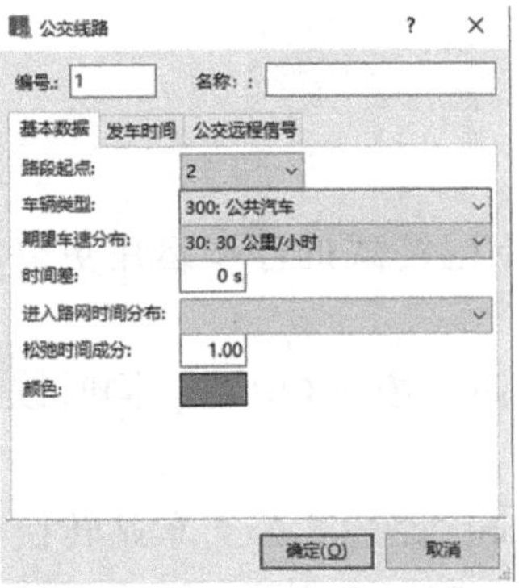

图 8-87　公交线路对话框

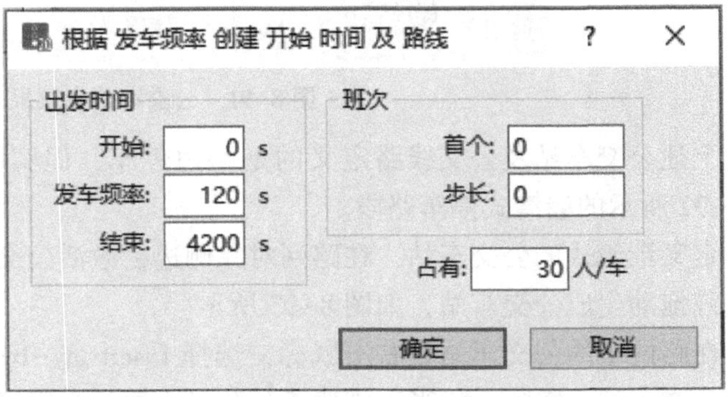

图 8-88　根据发车频率创建开始时间及路线对话框

当创建开始时间的参数设置完成后，VISSIM 会根据等差数列自动计算公交车的班次发车时刻，如图 8-89 所示。

公交线路示意图如图 8-90 所示，运行仿真效果如图 8-91 所示。

计数: 36	发车时间	公交信号班次	占有
1	0.0	0	30
2	120.0	0	30
3	240.0	0	30
4	360.0	0	30
5	480.0	0	30
6	600.0	0	30
7	720.0	0	30
8	840.0	0	30
9	960.0	0	30
10	1080.0	0	30
11	1200.0	0	30
12	1320.0	0	30

图 8-89　发车时间

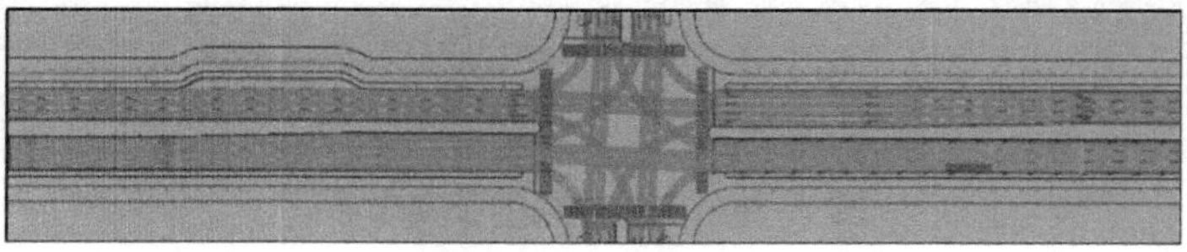

图 8-90　公交线路示意

图 8-91　公交车仿真效果

上述公交车站及公交线路定义的是路边停车，但实际上港湾式的停车运用更多，如图 8-92 所示的港湾式停车路段。

定义港湾式的公交车站，在路网对象侧边栏激活公交车站，按住 Ctrl 键，同时按住鼠标右键拖动生成公交车站，如图 8-93 所示。

在路网中的公交车站处右击鼠标，选择 Insert lay-by stop，路边式公交车站转换成港湾式公交车站，实际上相当于创建了一个路段加两个连接器，同时也创建了冲突区域，如图 8-94 所示。

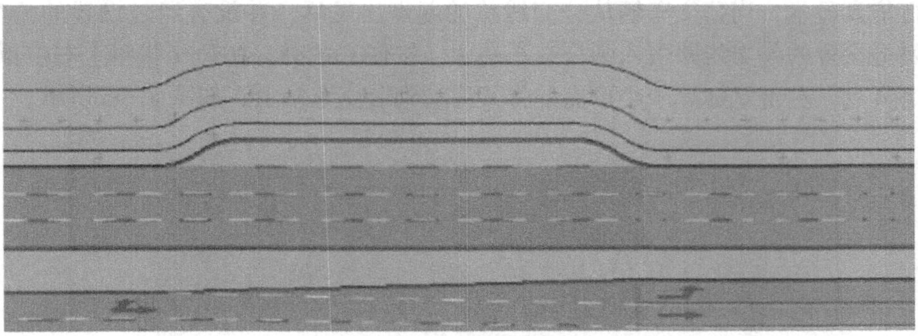

图 8-92 港湾式停车路段

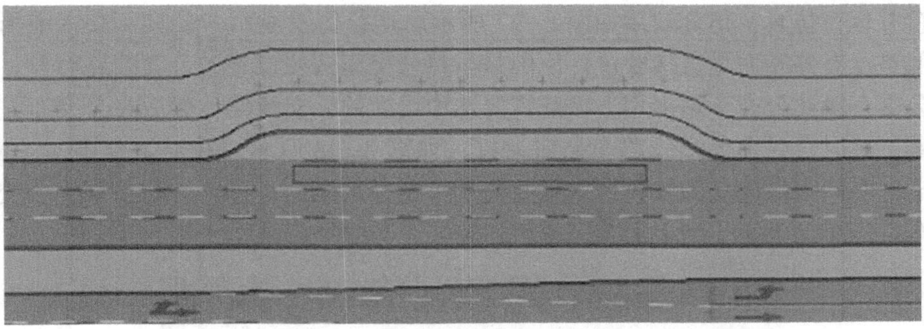

图 8-93 港湾式公交车站

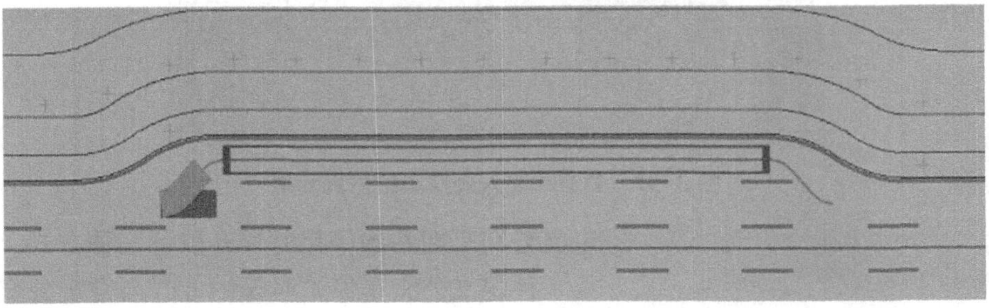

图 8-94 自动创建港湾式公交车站

港湾式公交车站定义完成后，需要引入公交线路。激活路网对象侧边栏中的公交线路，然后按住 Ctrl 键，在起点处右击鼠标，拖动生成一条公交线路至终点，左击鼠标，在弹出的公交线路对话框中设置发车时间，操作方法与路边公交和发车时间设置方法相同，设置完成的公交线路如图 8-95 所示。

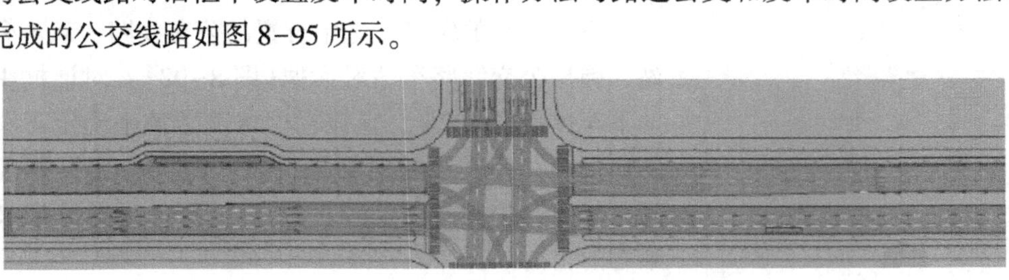

图 8-95 港湾式公交车站的公交线路

运行仿真显示，当公交车辆从公交线路的起点出发后，并没有经过设置的公交车站，此时需要将设置的公交线路引入到公交车站中。按住 Ctrl 键，在公交线路上右击鼠标，出现一个小黄点，左击鼠标点中小黄点并将其拖动到公交车站上，如图 8-96 所示。

图 8-96　将公交线路引到公交车站

保存并运行仿真，仿真效果如图 8-97 所示。运行仿真显示，公交车驶入港湾式公交车站，但是没有停靠而是直接驶过。原因是虽然公交车按照设置的公交线路行驶，但是没有告知公交车辆此公交车站可用。因此需要选中设置的公交线路，然后在公交车站处双击鼠标左键，此时会弹出公交线路车站对话框，如图 8-98 所示。在对话框中勾选激活的，单击确定，车站由绿色变为红色，表示此公交车站是可用的。再次运行仿真，公交车辆会在公交车站停车上下客，当上下客完成后，该公交车继续行驶。

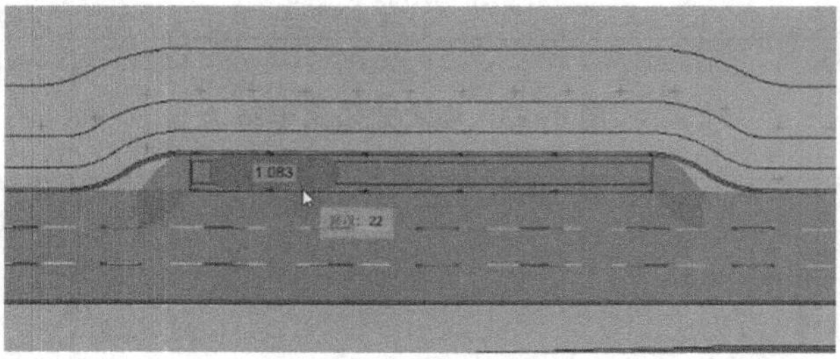

图 8-97　公交车驶入公交车站仿真效果

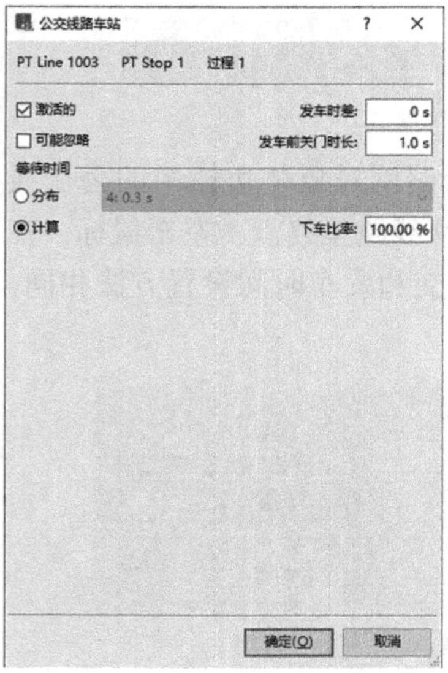

图 8-98　公交线路车站对话框

定义公交车在站的停靠时长有以下三种方式。

第一种定义公交车停站时长的方式与常规公交的运行类似，公交车到站完成上下客后，公交车离开车站。该方式需要提前知道每个车站下车乘客和上车乘客的人数，还要知道每个人上车、下车各用了多长时间以及车门开、关的时间。

下车乘客的定义：选中设置的公交线路，双击公交车站，弹出公交线路车站对话框(图 8-98)，对话框中默认的下车比率是 100%，在该栏中修改数值来确定下车乘客的比例。在公交线路对话框的发车时间栏定义好发车时间，修改其中的占有(图 8-89)，同样可以达到定义下车乘客的目的。

上车乘客的定义：激活路网对象侧边栏中的公交车站，双击路网中的公交车站，弹出公交车站对话框(图 8-85)，单击对话框中的上车乘客栏，在其空白区域处右击鼠标选择添加，输入上车乘客的人数、上车的时长和上车的公交线路，取消所有公交线路栏下的勾选，选择上车乘客的公交线路，如图 8-99 所示。

上、下车乘客人数定义完成后，需要定义上、下车乘客所用的时间。在菜单栏中选择基本数据→车辆类型，弹出车辆类型列表，如图 8-100 所示。

双击列表中的公共汽车，弹出车辆类型对话框，单击对话框中的特殊的栏，再单击公交参数，如图 8-101 所示。

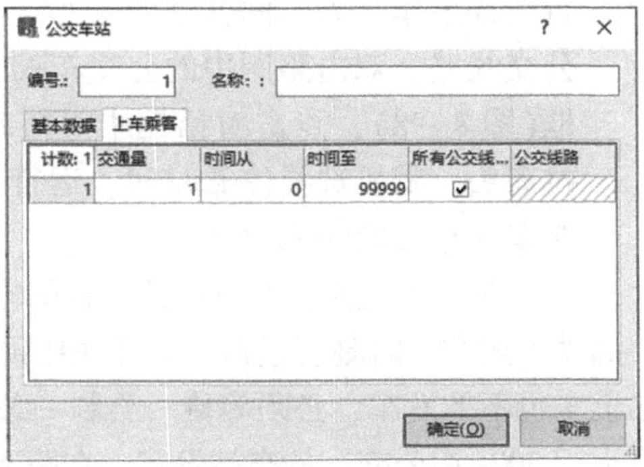

图 8-99　上车乘客定义

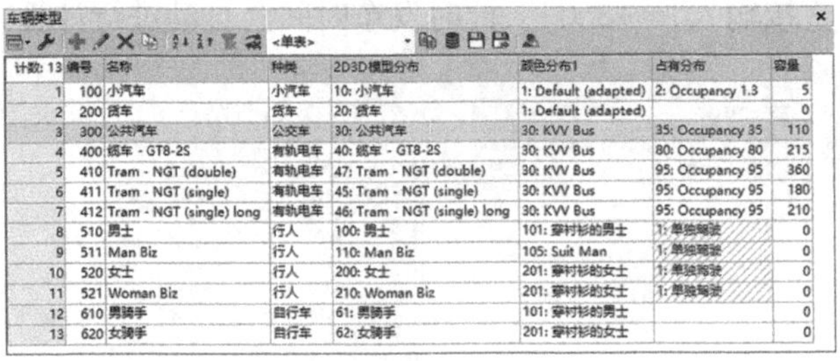

图 8-100　车辆类型列表

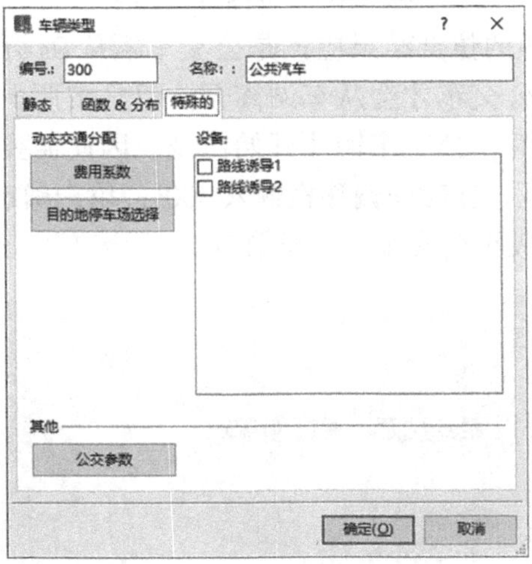

图 8-101　车辆类型—公共汽车对话框

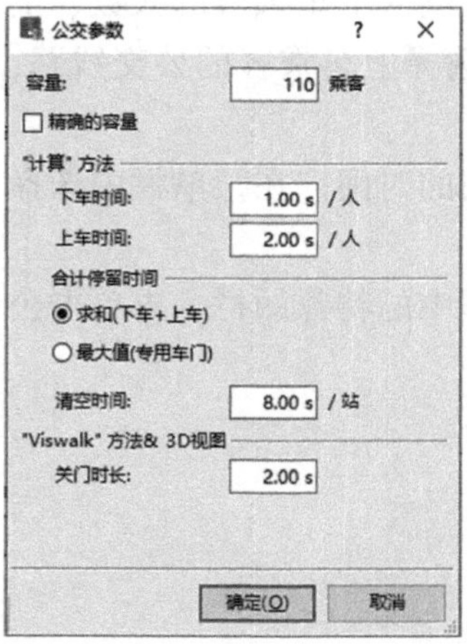

图 8-102　公交参数对话框

单击公交参数后，弹出公交参数对话框，在对话框中定义下车时间、上车时间以及关门时长，甚至可以定义公交车的容量，如图 8-102 所示。

以上是通过计算的方式得到公交车在车站需要停靠的时间。

第二种定义公交车停站时长的方式与火车运行类似，当公交车到站之后，只需停靠固定一段时间，不管上车乘客是否全部上车，到时间就立即开车。激活路网对象侧边栏中的公交线路，双击路网中的公交车站，弹出公交线路车站对话框(图 8-98)，点击对话框中等待时间下的分布并点开其下拉箭头，随机选择停靠时间。运行仿真，能清晰地观察到公交车在车站的停靠时间。

第三种定义公交车停站时长的方式与高铁运行类似，公交车按照时刻表的时间发车。高铁一般按照时刻表运营，即高铁在预定的时刻启动，如果没有到达此时刻，即使乘客早已上车也不能发车，必须等待。绘制一条路段，定义一条公交线路和一个公交车站，假设仿真运行 300s 后公交车从车站发车。在路网对象侧边栏中的公交线路处右击鼠标选择显示列表，将列表中工具栏中的线路站点改为出发时间，选中子列表中的发车时间这一列，然后直接输入“=+300”，此时发车时间会自动进行计算，如图 8-103 所示。

图 8-103　修改发车时间

保存并运行仿真。预想的仿真结果应该是公交车辆从 0s 开始出现，然后行驶至公交车站，当运行仿真 300s 后公交车才会从车站离开。但是按照上述定义，实际的仿真结果是当运行仿真时间为 300s 时，公交车辆才开始出现，因此需要修改仿真参数。双击公交线路，弹出公交线路对话框，在时间偏移栏输入 300s，单击确定。再运行仿真，结果显示公交车辆在 0s 时出现，行驶至公交车站直至第 300s 才会离开，仿真效果如图 8-104 所示。

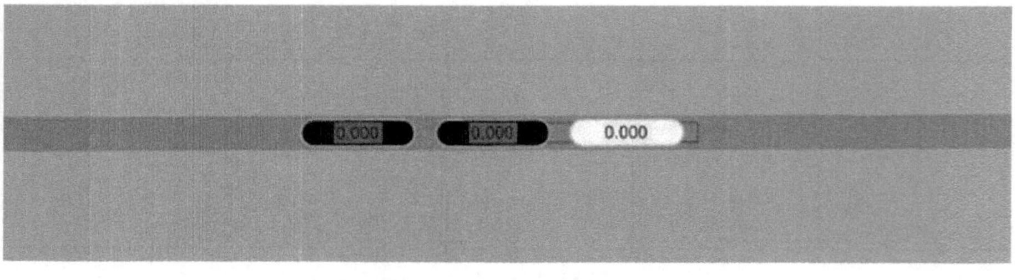

图 8-104　公交车发车仿真效果

二、停车场仿真

在 VISSIM 中有两种停车方式：一是遇到停车标志停车，二是进入停车场停车。停车标志常出现在无信号控制的路口，驾驶员需要观察路口是否有冲突车辆，以判断是否需要停车。在收费站也常出现停车标志，当车辆到达收费站时，需要停车取卡或者付费。

1. 停车标志设置

激活路网对象侧边栏中的停车标志可以定义停车标志，快捷菜单或者快捷键也可以定义停车标志。此处使用快捷键进行定义，按住 Ctrl 键并右击鼠标，出现一条橙黄色的实线，并弹出停车标志对话框，如图 8-105 所示。单击对话框中的时间分布，在空白区域右击鼠标选择添加，此时可以定义车辆类别与停留时间分布。

图 8-105　停车标志对话框

运行仿真显示，车辆在停车标志处都会停车等待，仿真效果如图 8-106 所示。

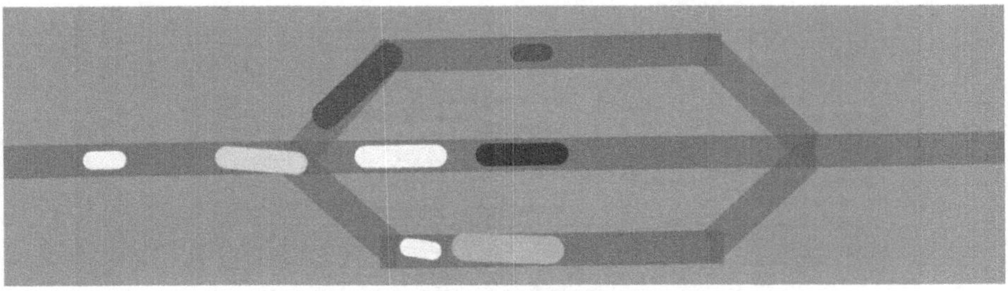

图 8-106　停车标志仿真效果

2. 停车场设置

激活路网对象侧边栏中的停车场，定义停车位。停车位主要有两种形式：一是平行式停车位，二是垂直式停车位。

(1) 平行式停车位设置

激活路网对象侧边栏中的路段，绘制一条普通的路段，选中路段并右击鼠标，选择在这里拆分路段，弹出打断路段对话框，单击确定。在此路段上另选择一点同样进行拆分路段，此时可以看到路段被分成三段，在中间路段处右击鼠标选择向右插入车道，如图 8-107 所示。

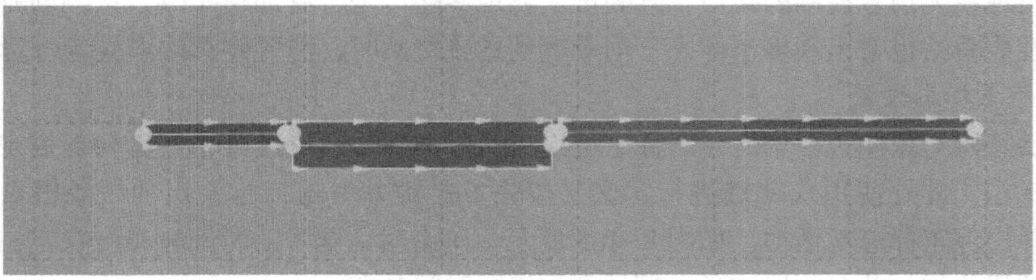

图 8-107　拆分路段

激活路网对象侧边栏中的停车场，按住 Ctrl 键和鼠标右键，拖动生成停车位，如图 8-108 所示。松开 Ctrl 键和鼠标右键，弹出停车场对话框，如图 8-109 所示，在对话框中调整停车位参数。

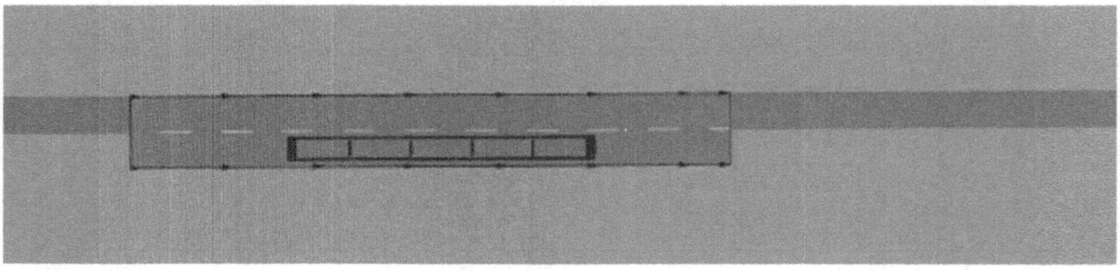

图 8-108　停车位生成

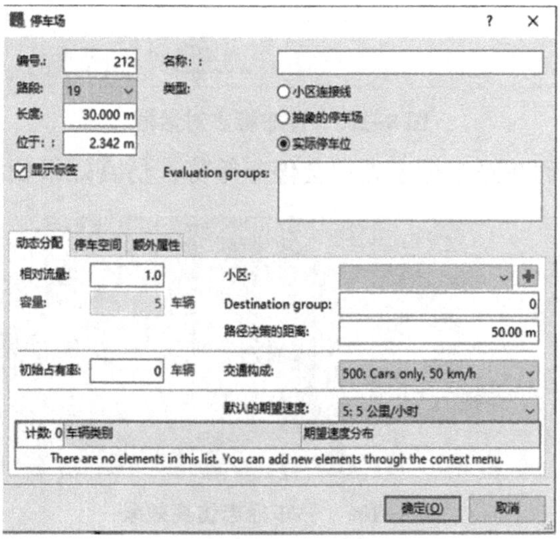

图 8-109　停车场对话框

停车位定义完成后，下一步是定义停车路线。停车路线属于静态路径，因此需要用到创建静态路径工具。激活路网对象侧边栏中的车辆路径(静态)，按住 Ctrl 键，鼠标在路段起点右击，拖动鼠标至路段终点左击。激活路网对象侧边栏中车辆路径(静态)下拉箭头中的停车场，按住 Ctrl 键并右击鼠标定义停车路线起点，拖动鼠标至停车位中，左击鼠标完成定义。停车路线的起点必须包含在静态路径内，停车路线的终点需位于停车位中。停车路线定义完成后，会弹出停车路线决策点列表，如图 8-110 所示。在列表中修改停车比率和停车时间，在路段起点添加车辆输入。

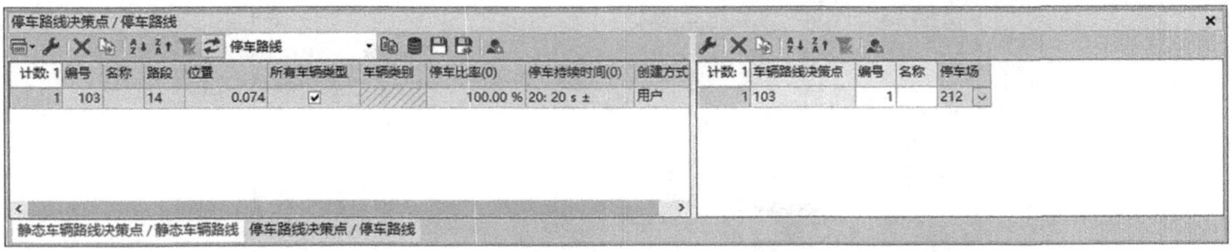

图 8-110　停车路径列表

保存并运行仿真，仿真效果如图 8-111 所示。

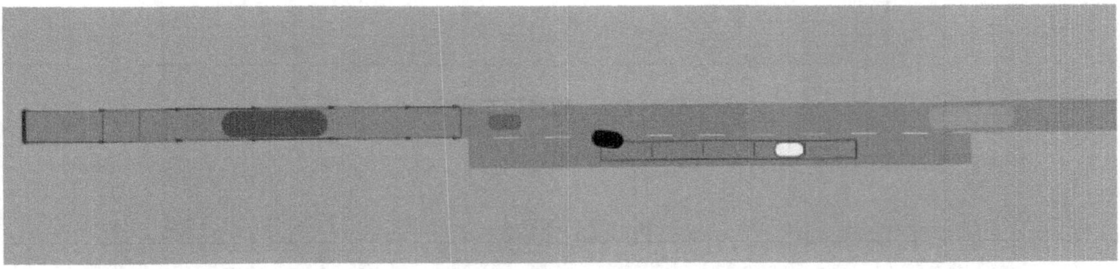

图 8-111　停车场仿真效果

将停车路线列表中的所有车辆类型栏下的勾选取消，在车辆类别中选择进入停车场的车辆类型为小汽车，可限制只有小汽车才能进入停车位。运行仿真显示，车辆进入停车位是随机的。VISSIM 支持有序停车，如按照从右到左依次进入停车位。双击停车位，弹出停车场对话框，单击对话框中的额外属性，在吸引中可以定义第一个停车位和最后一个停车位的吸引因子，VISSIM 会根据等差数列自动计算每一个停车位的吸引因子，首个吸引是最靠近车辆行驶出发点的停车位。顺序停车定义如图 8-112 所示。

保存并运行仿真，车辆按照顺序进入停车位，仿真效果如图 8-113 所示。

VISSIM 可以模拟驾驶员为新手且不能熟练完成侧方停车，需要反复倒车才能进入停车位的场景。反复倒车会占用车道，VISSIM 通过占道时间分布告知后续驶来的车辆此车道现在正被占用，经过一段时间后后续车辆才能继续通行。双击停车位，弹出停车场对话框，选中对话框中的停车空间，定义占道时间分布，如图 8-114 所示。

保存并运行仿真，停车车辆尾部位于停车位外侧，占用了车道空间，但是后续车辆不受停车车辆尾部的影响，继续向前行驶，仿真效果如图 8-115 所示。这明显不符合实际情况，因此需要对仿真参数进一步优化。在菜单栏中选择基本数据→驾驶行为，弹出驾驶行为列表(图 8-116)，双击列表中的城市(机动车型)，会弹出驾驶行为对话框(图 8-117)，单击对话框中的横向行为并勾选观察相邻车道。保存并运行仿真，显示后续车辆会受到停车车辆尾部的影响而停车等待。

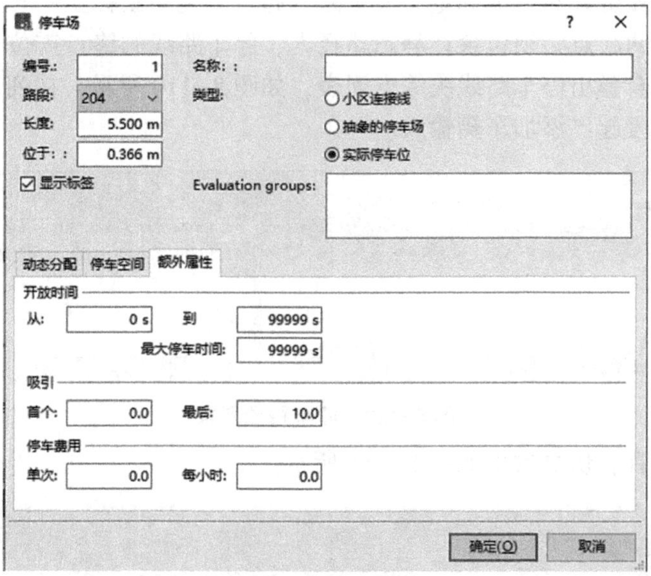

图 8-112　顺序停车定义

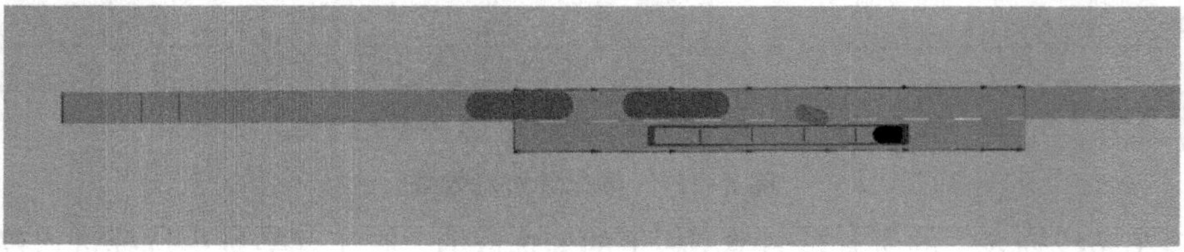

图 8-113　顺序停车仿真效果

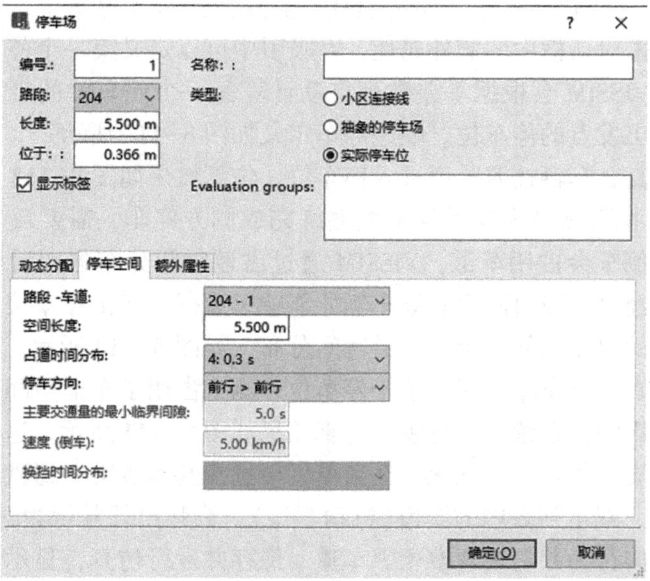

图 8-114　占道时间分布定义

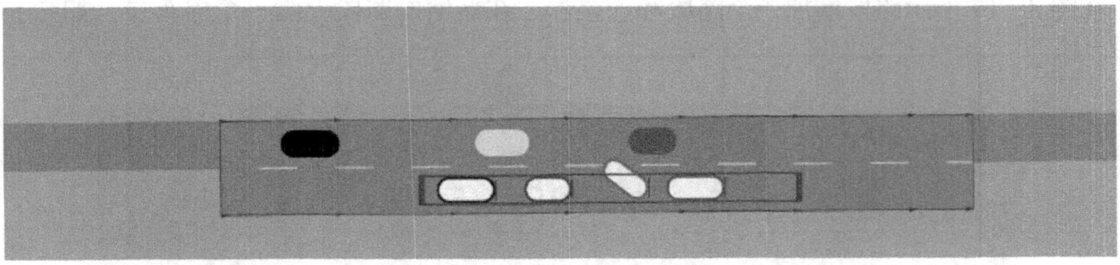

图 8-115 模拟场景仿真效果

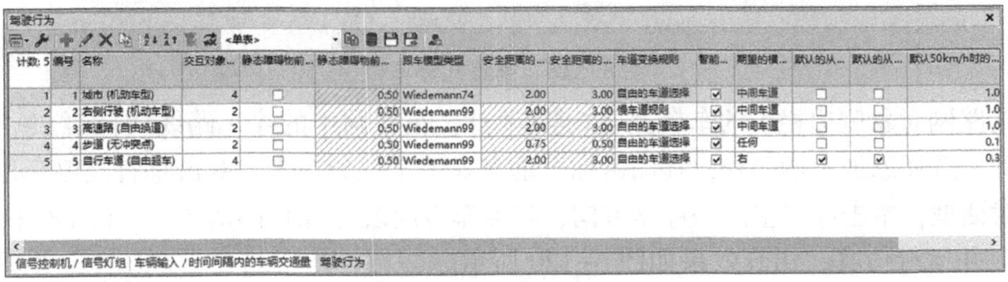

图 8-116 驾驶行为列表

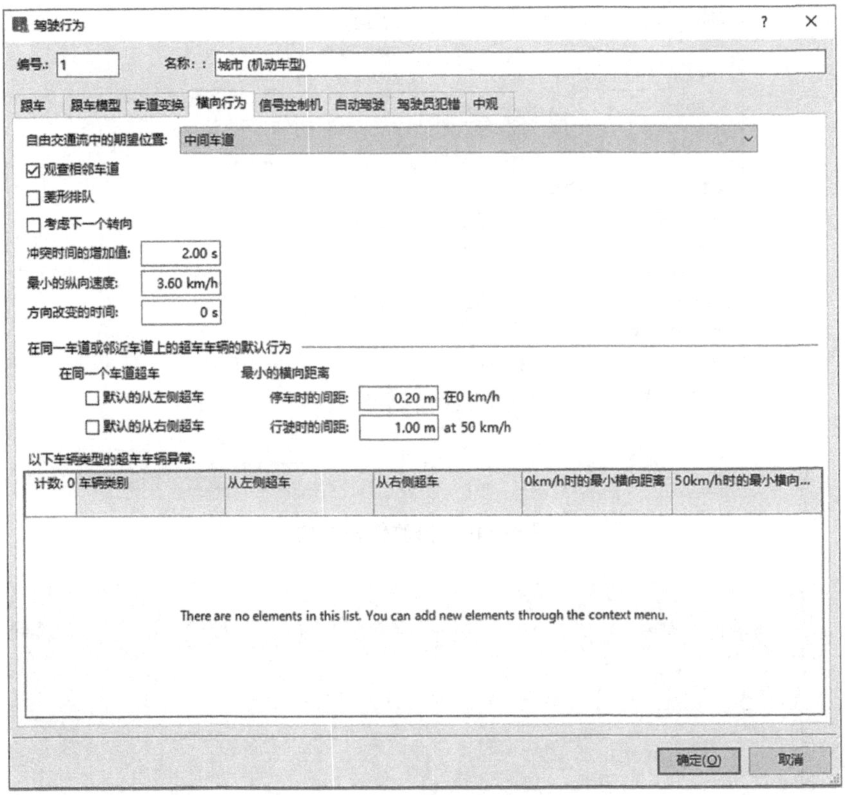

图 8-117 修改驾驶行为

(2)垂直式停车位设置

在图 8-107 所示路段增加一个路段和连接器，在新增的路段上画一个停车位，如图 8-118 所示。

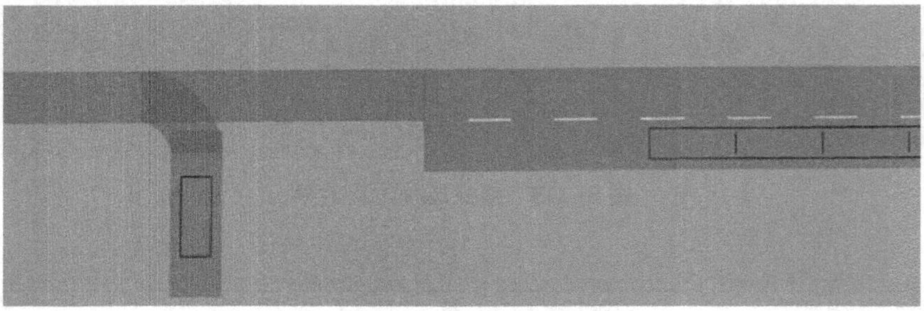

图 8-118　垂直式停车位

激活路网对象侧边栏中的车辆路径(停车场)，在路网中的停车路线(即品红色实线)处右击鼠标，选择添加车辆路径，移动鼠标至垂直式停车位处左击。双击垂直式停车位，弹出停车场对话框，单击停车空间→停车方向，将停车方向改为“前行>倒车”，如图 8-119 所示。

保存并运行仿真，仿真效果如图 8-120 所示。

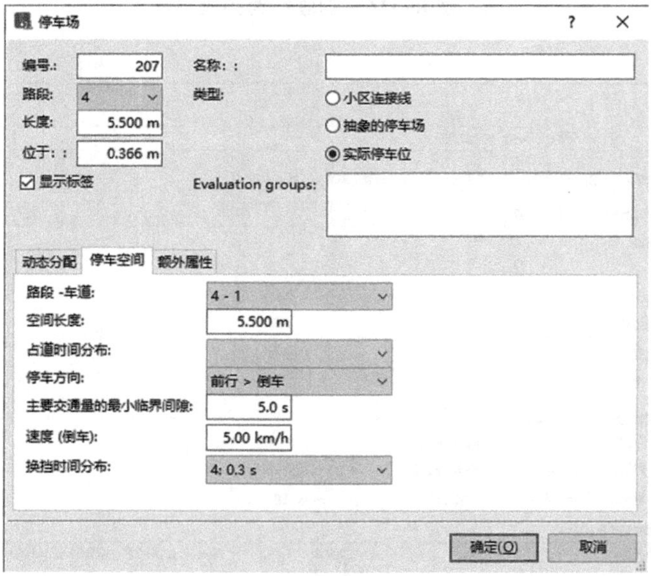

图 8-119　修改停车方向

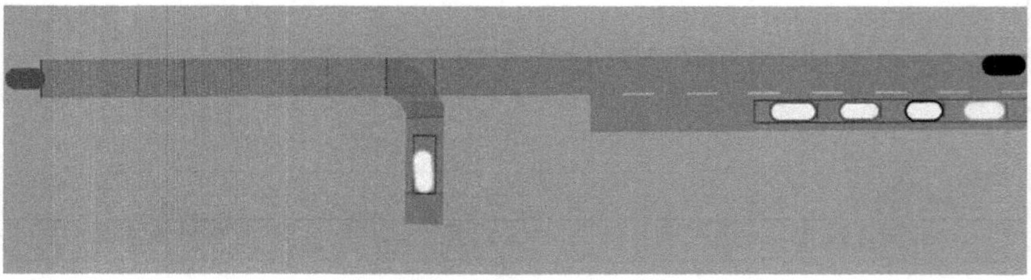

图 8-120　垂直式停车位仿真效果

如果绘制大型停车场，则需要使用 VISSIM 2020 的新功能，即停车位批量生成器。绘制一条路段，单击路网编辑器侧边工具栏的图标，在路段上单击鼠标左键，拖动鼠标并再次单击鼠标左键，批量生成大量停车位，此时还可以定义单侧停车或双侧停车，如图 8-121 所示。

保存并运行仿真，仿真效果如图 8-122 所示。

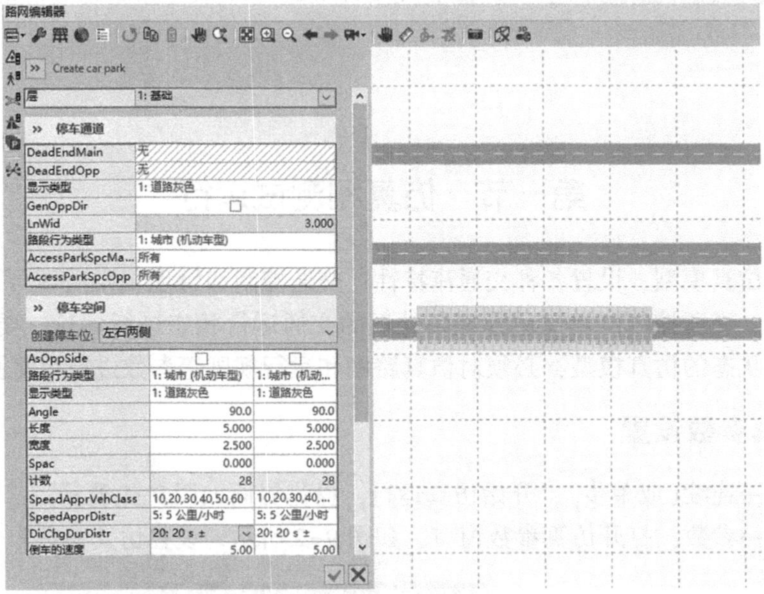

图 8-121　批量生成停车位

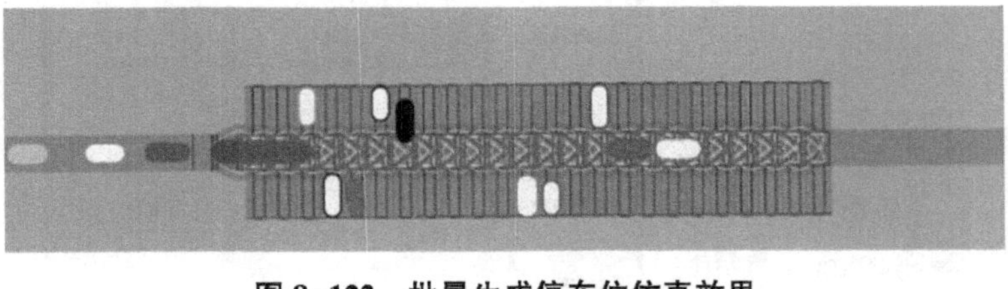

图 8-122　批量生成停车位仿真效果

第九章 VISSIM仿真演示和结果评估

第一节 仿真和测试运行

完成路网仿真模型、设置各种交通流特性、交通控制和管理规则后即可运行仿真，对路网交通组成、交通控制以及交通管理条件下的交通运行状态进行评价。要得到合理的、接近实际路网状态的仿真模型，必须对仿真路网和运行规则等参数进行反复测试。

一、仿真参数设置

选择仿真→连续(或单步)，开始仿真运行，操作界面如图 9-1 所示。

选择仿真→参数，打开仿真参数窗口，如图 9-2 所示，设置仿真参数。

图 9-1 仿真选择

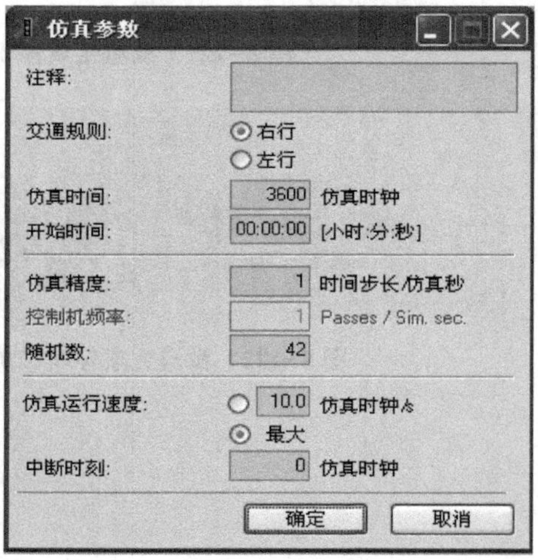

图 9-2 仿真参数窗口

(1) 注释

注释对仿真过程和仿真结果没有影响，可以填写对参数的说明，也可以不填写。注释行保存在输入文件中，同时包含在网络的打印输出和输出文件中。

(2) 交通规则

确定仿真使用的交通规则，靠左行驶或者靠右行驶。目前，车辆靠左行驶的有英国、日本、印度、印度尼西亚、巴基斯坦、斯里兰卡、澳大利亚、新西兰、泰国、爱尔兰、马耳他、新几内亚、斐济、汤加、瑙鲁、牙买加、圭亚那、马来西亚、新加坡、南非等 30 多个国家和中国香港地区。车辆靠右行驶的国家有美国、中国、俄罗斯、德国、法国、巴西、加拿大、古巴、希腊、墨西哥和摩洛哥等。交通规则将影响高速公路上的驾驶行为(如快车道上的超车行为)、已知路段的反向路段位置、港湾式公交站点的位置等。

(3)运行时间

运行时间是仿真运行持续的时间长度，包括仿真运行初期的准备时间。

(4)开始时间

开始时间是仿真时钟上显示的仿真运行开始时刻。选择查看→状态栏→时间，以显示时钟。对于动态交通分配，开始时间用于在合适的时间以 OD 矩阵的形式产生交通需求，该时间值要与矩阵文件的设置相匹配。

(5)开始日期

开始日期用于为需要逻辑数据相关的信号控制器设置数据，这些数据均传递给相关控制器的 DLL 文件。

(6)时间步长

时间步长是在一个仿真秒内计算车辆位置的次数，取值范围是 1~10。输入 1 表示车辆在每个仿真秒内只移动了一次；输入 10 则表示每个仿真秒内计算 10 次车辆的位置，这将使车辆的运行更加平顺。推荐在每一个仿真秒内使用 3 或者更大的步长，仿真运行速度的变化与时间步长成反比。

(7)控制机频率

控制机频率表明在每一个仿真秒内通过的次数以及在仿真过程中信号控制器的控制转换频率。控制机频率取值范围是 1~10。如果信号控制机频率与仿真分辨率不兼容，则显示一条警报。所有信号控制机频率的最小公倍数必须是仿真分辨率的因数。

(8)随机数

初始化随机数产生器，相同的输入文件和随机数将产生相同的仿真运行结果。不同的随机数会改变车辆的到达规律(如随机变化输入流量的到达时间)，因此将导致仿真运行结果的差异。

(9)仿真运行速度

仿真运行速度是仿真秒与实际时间的比值。如果选择最大值，仿真程序将以最快的速度运行。仿真运行速度的变化对仿真运行的结果没有影响，因此可以在仿真运行期间对其进行调整。

(10)中断时刻

仿真程序运行到该时刻时，VISSIM 自动切换到单步运行模式。使用该选项，可以在仿真运行期间有选择地查看某个特定时刻的交通状况。

二、保存仿真状态

快照文件用于保存和修复当前的仿真状态，因而它可以运行仿真的特定部分，如热身阶段。

1. 快照文件数据

(1)交互作用状态

所有位于路段、连接器或停车场的车辆及其当前的交互作用状态，包括公共交通车辆。

(2)所有乘客

在公共交通车辆和公交站点的所有乘客。

(3)优先原则的状态

仿真系统中优先原则的状态。

(4)保存内容

在所有指定时刻，VAP 和 NEMA 控制机的状态文件对下列内容保存：

①外部信号控制器的状态。

②动态交通分配中的费用和道路信息。

③道路导航系统的状态。

④路网数据。

⑤显示设置。

⑥评价数据。

2. 不可用情况

①使用外部信号控制器时。

②动态交通分配过程中。

③评价文件在快照文件打开之前已启动。

如果在保存和加载快照文件的过程中 VISSIM 路网文件发生了改变，那么操作可能会失效，此时路网文件甚至会损坏。

三、多次仿真

使用多次仿真特性以自动运行多个仿真程序，通常应用为：

①随机数的变化。

②动态交通分配循环。

③通过动态交通分配成功增加的交通需求。

与单次仿真运行相比，多次仿真中随机数等特定参数是动态变化的。

为了生成需要的评价文件，在多次仿真运行之前，选择评价→文件进行相应的配置。使用动态交通分配时，在多次仿真运行之前，选择交通→动态分配进行相应的设置。

四、测试

VISSIM 提供了一种测试功能，用以在没有交通流仿真画面的情况下，分析各种基于检测器触发信号的感应信号控制逻辑。检测器触发信号可由鼠标单击或预录宏文件产生。该测试功能对于调试一个新开发的控制逻辑，尤其是控制逻辑中包含了不常使用的功能，如列车优先通行、公交信号优先或排队溢出等，是非常有帮助的。测试界面如图 9-3 所示。

检测器触发信号的设置步骤如下：

①依次选择查看→选项→交通，激活单个车辆。

②依次选择查看→路网元素，激活检测器的显示功能。

③如果需要创建一个信号控制机/检测器记录，依次选择评价→文件/窗口，以选择信号控制机/检测器记录。

④如果需要存储检测器的触发顺序以供其他控制方案调用，依次选择测试→记录，激活宏功能。

⑤依次选择测试→连续或测试→单步，启用测试功能。

⑥激活单个检测器触发信号的方法是单击和右击。单击：在单步运行模式下，实现无触发(黑色)、单一触发(蓝色)、重复触发(蓝绿色)之间的切换。右击：设置(结束)一个连续触发(紫色)。

图 9-3 测试界面

五、使用宏文件测试

使用一个宏文件可以将所有的目标检测器触发信号包括在内，因此无须在每一次测试运行中为每一个检测器设置触发信号。创建用于测试运行的宏文件的步骤如下：首先，选择记录；其次，交互设置检测器触发信号；最后，使用宏文件编辑器。

建议在以下情况使用宏文件：

①在不同的控制策略下，评价具有固定检测器触发信号设置的测试运行。

②评价不同但相似的测试运行。

第二节 仿真评价指标

VISSIM 可以输出逼真的交通运行状况实时动画，还可以输出一系列评价指标用于定量分析和评价。VISSIM 可以跟踪记录每辆车的运行情况，不仅能够得到路网的各种常用评价指标，还可以根据评价需要得到一些特殊的评价指标。系统将这些评价指标以文本形式输出后，供专业人员进行交通分析。

一、车辆路网性能

建模完成后，需要输出评价指标用于分析和评价。选择菜单栏评价→配置，弹出评估设置对话框(图 9-4)，可勾选常用的评价指标。选择结果特征属性，勾选车辆路网性能后的采集数据，考虑预热时间，从时间输入 600s，至时间输入 4 200s，间隔 1h，时间间隔则会自动定义。

保存并运行仿真，查看评价结果。在菜单栏中选择评价→结果列表→路网效果(车辆)指标结果，弹出车辆路网评价结果列表，如图 9-5 所示。当运行仿真时间超过 600s 后，列表中会出现评价的数据。

二、排队计数器

VISSIM 的排队计数器提供排队长度、排队长度(最大)、排队-停车等参数。

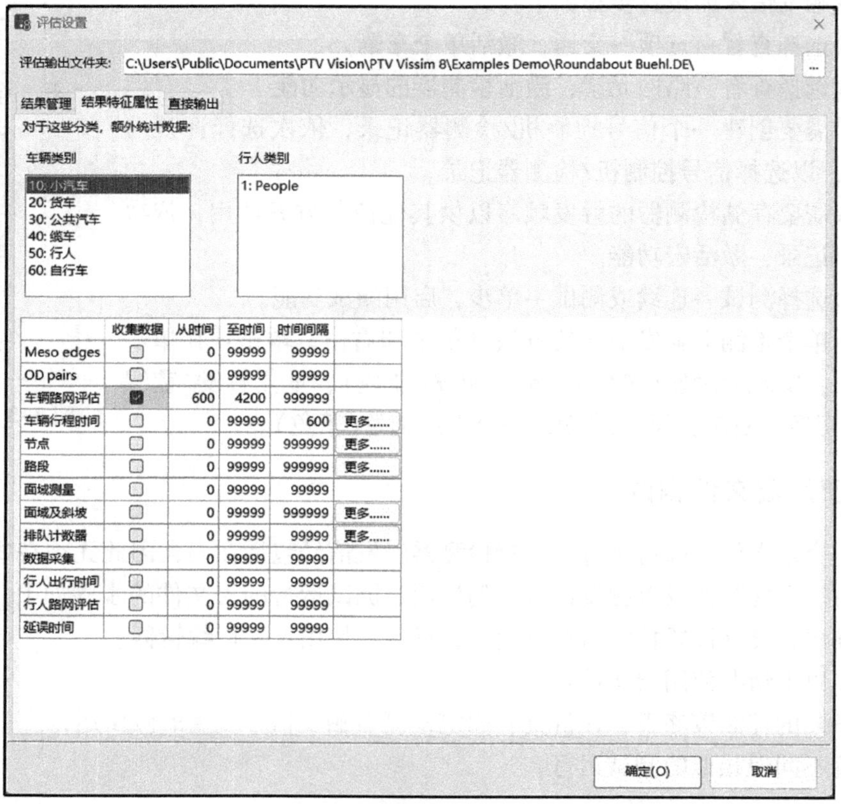

图 9-4 评估设置对话框

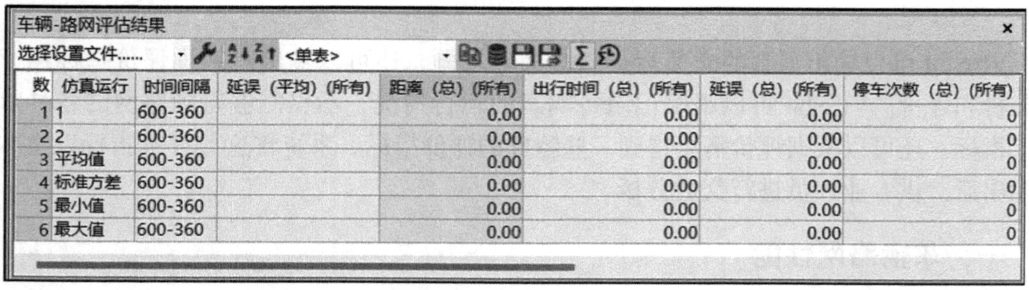

数	仿真运行	时间间隔	延误（平均）（所有）	距离（总）（所有）	出行时间（总）（所有）	延误（总）（所有）	停车次数（总）（所有）
1	1	600-360		0.00	0.00	0.00	0
2	2	600-360		0.00	0.00	0.00	0
3	平均值	600-360		0.00	0.00	0.00	0
4	标准方差	600-360		0.00	0.00	0.00	0
5	最小值	600-360		0.00	0.00	0.00	0
6	最大值	600-360		0.00	0.00	0.00	0

图 9-5 车辆路网评价结果列表

排队从上游路段/连接器的排队计数器的设置位置开始计数，直至排队状态下的最后一辆车。如果排队计数器设置在多车道路段上，它将记录所有车辆的排队信息，并报告排队长度(最大)，其单位是距离而不是车辆数。只要车道上有车辆满足排队条件，排队计数器就处于开启状态。

评价交叉口进口道处车辆排队的状况，首先，激活路网对象侧边栏中的排队计数器，按住 Ctrl 键并右击鼠标，出现一条粉色实线并弹出排队计数器列表；其次，在菜单栏中选择评价→配置，勾选评价配置对话框中的排队计数器，单击时间间隔后的更多选项，弹出排队计数器对话框，如图 9-6 所示；最后，在对话框中设置排队的具体参数，例如，当车速小于某个数值时开始排队、当车速大于某个数值时排队结束、排队的最大长度等。

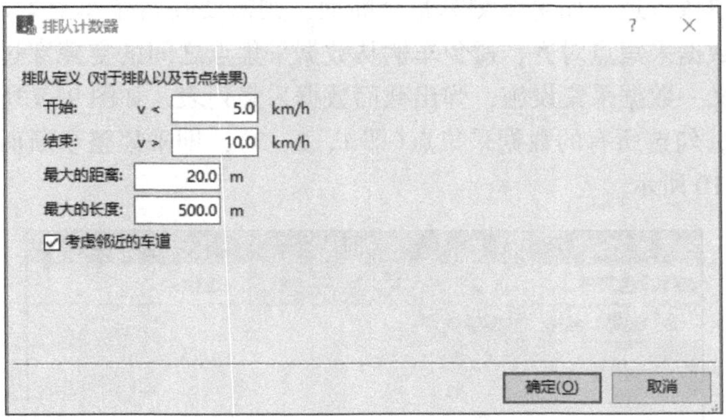

图 9-6　排队计数器对话框

保存并运行仿真，在菜单栏中选择评价→结果列表→排队结果，弹出排队结果列表，如图 9-7 所示，排队评价的主要指标是排队长度、排队长度(最大)、排队-停车。其中，排队长度指的是每个仿真步长 VISSIM 自动计算总排队长度的平均值。车辆排队示意图如图 9-8 所示。

数	仿真运行	时间间隔	排队计数器	排队长度	排队长度（最大）	排队-停车
1	11	0-3600	1	0.00	0.00	0
2	11	0-3600	2	0.00	0.00	0
3	11	0-3600	3	0.06	6.48	2
4	11	0-3600	4	0.00	0.00	0
5	11	0-3600	5	0.00	0.00	0

图 9-7　排队结果列表

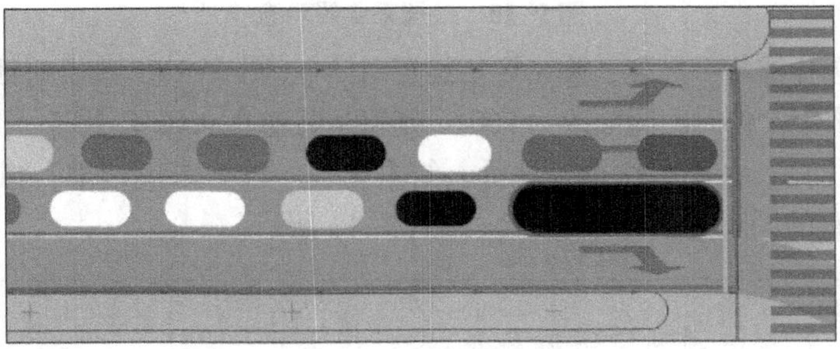

图 9-8　车辆排队示意

三、数据采集点

数据采集点能够采集经过路段某断面的车辆数及通过该断面的瞬时车速。激活路网对象侧边栏中的数据采集点，按住 Ctrl 键并在路段上右击鼠标，出现一条褐色实线并弹出数据采集点列表。与排队计数器不同，排队计数器是计算整个路段的排队车辆，而数据采集点的计算范围为单条车道。如果要测算整个断面，则需要在每条车道均定义数据采集点，并且需要将所有数据采集点对齐，避免车辆从数据采集点之间的空隙穿过。在菜单栏中选择评价→测量定义→数据采集设施，弹出截面数据采集列表，如图 9-9 所示。单击列表工具栏中的➕图标，勾选所有的数据采集点(即 1、2、3)，即采集整个断面的数据，数据采集器示意如图 9-10 所示。

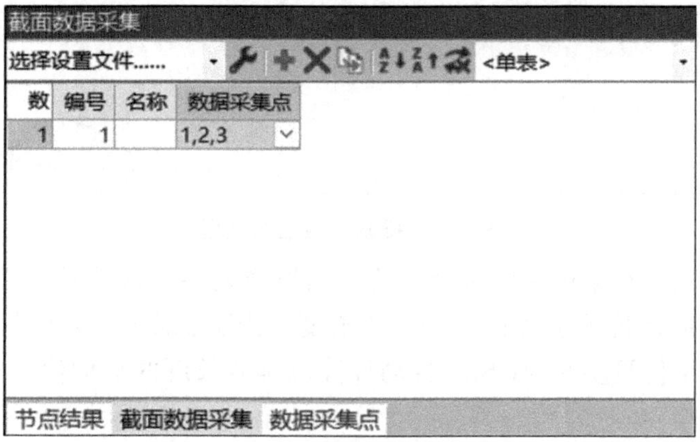

图 9-9　数据采集测量列表

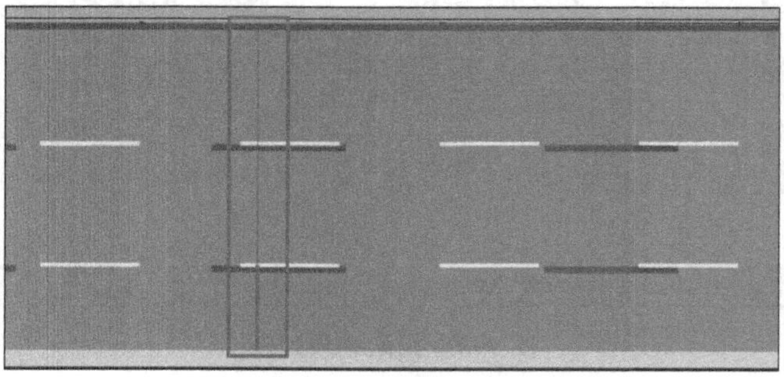

图 9-10　数据采集器示意

在菜单栏中选择评价→配置，弹出评估设置对话框(图 9-4)，单击对话框中的结果特征属性，勾选数据采集，将时间间隔改为 900s，则每运行仿真 900s 会更新一次评价结果。

保存并运行仿真，在菜单栏选择评价→结果列表→数据采集结果，弹出数据采集结果列表，可以在仿真的同时查看评价结果，如图 9-11 所示。

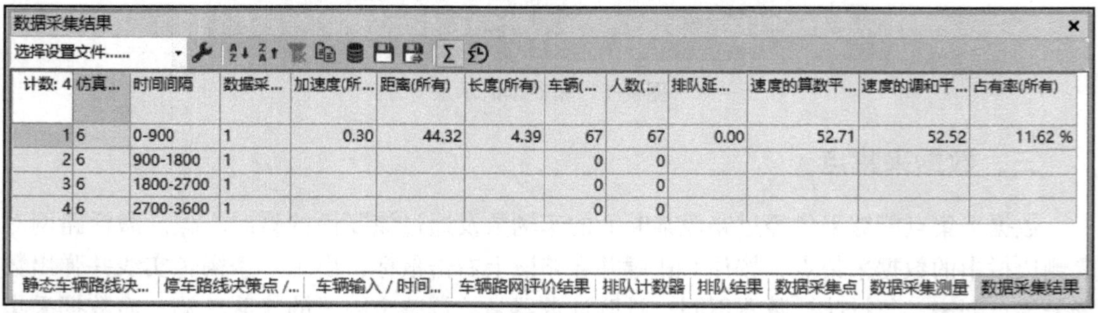

计数: 4	仿真...	时间间隔	数据采...	加速度(所...	距离(所有)	长度(所有)	车辆(...	人数(...	排队延...	速度的算数平...	速度的调和平...	占有率(所有)
1	6	0-900	1	0.30	44.32	4.39	67	67	0.00	52.71	52.52	11.62 %
2	6	900-1800	1				0	0				
3	6	1800-2700	1				0	0				
4	6	2700-3600	1				0	0				

图 9-11　数据采集结果列表

四、车辆行程时间和延误

激活路网对象侧边栏中的车辆行程时间，按住 Ctrl 键，并右击鼠标，添加一个起始点，将鼠标移动到路段终点，单击鼠标左键，如图 9-12 所示。

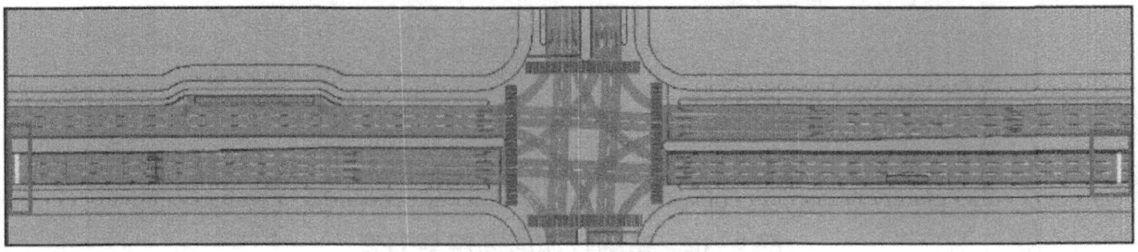

图 9-12　设置行程时间

弹出行程时间检测对话框，如图 9-13 所示，单击确定，车辆行程时间工具可以测量车辆的行程时间和车辆的延误时间。

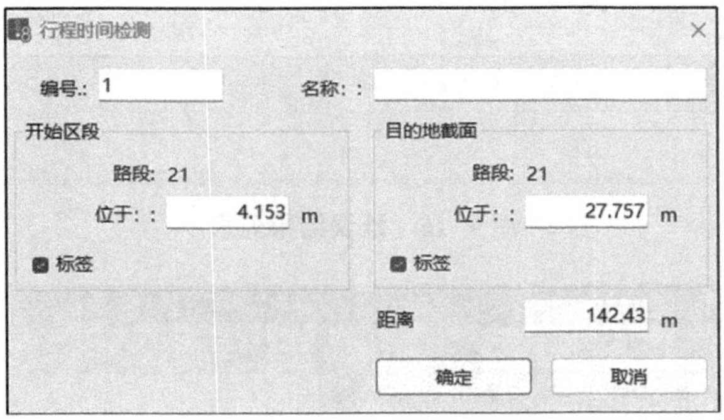

图 9-13　行程时间检测对话框

在菜单栏选择评价→配置，弹出评估设置对话框(图 9-4)，单击对话框中的结果特征属性，勾选车辆行程时间和延误时间，并将时间间隔改为 600s。

保存并运行仿真，在菜单栏中选择评价→结果列表→车辆行程时间结果，弹出车辆行程时间结果列表，如图 9-14 所示。

在菜单栏中选择评价→结果列表→延误结果，弹出延误结果列表，如图 9-15 所示。在菜单栏中选择评价→测量定义→延误测量，弹出延误测量列表，如图 9-16 所示，在列表中单击✚图标，选择已有的车辆行程时间。

保存并运行仿真，观察延误时间的测量结果，如图 9-17 所示。

五、节点

评价交叉路口的服务水平时，如果在每个进口道都设置排队计数器，用于评价每个方向的行程时间和延误，不但过程复杂还浪费时间。通过节点功能对整个路口的服务水平进行评价，能够有效弥补以上缺陷。

激活路网对象侧边栏中的节点，在路网空白区域处右击鼠标选择添加节点，出现黑色的矩形方框并弹出节点对话框，勾选对话框中的“用于评价”，如图 9-18 所示，单击确定。

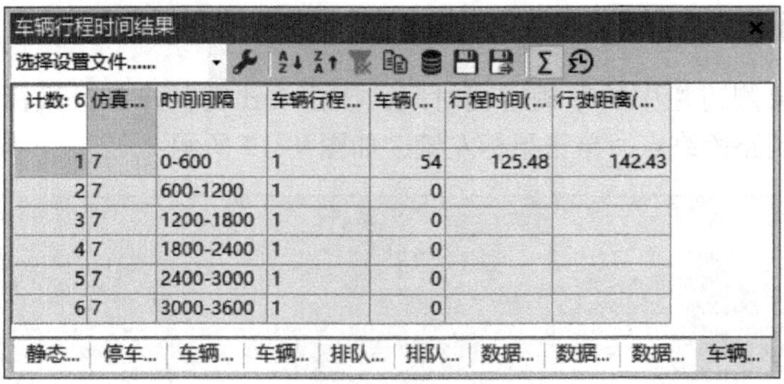

车辆行程时间结果

选择设置文件......

计数: 6	仿真...	时间间隔	车辆行程...	车辆(...	行程时间(...	行驶距离(...
1	7	0-600	1	54	125.48	142.43
2	7	600-1200	1	0		
3	7	1200-1800	1	0		
4	7	1800-2400	1	0		
5	7	2400-3000	1	0		
6	7	3000-3600	1	0		

静态... | 停车... | 车辆... | 车辆... | 排队... | 排队... | 数据... | 数据... | 数据... | 车辆...

图 9-14　车辆行程时间结果列表

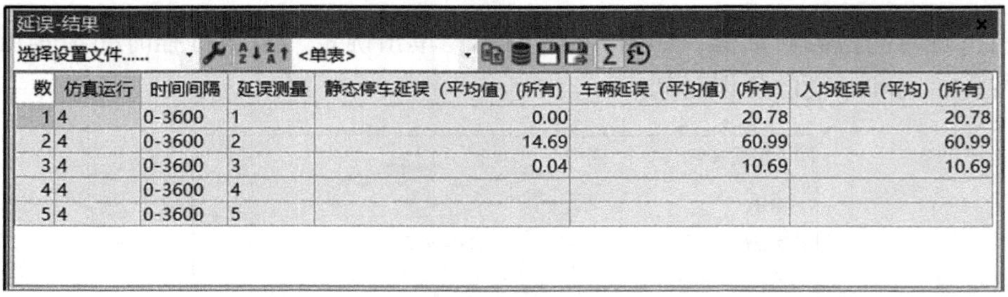

延误-结果

选择设置文件...... <单表>

数	仿真运行	时间间隔	延误测量	静态停车延误（平均值）(所有)	车辆延误（平均值）(所有)	人均延误（平均）(所有)
1	4	0-3600	1	0.00	20.78	20.78
2	4	0-3600	2	14.69	60.99	60.99
3	4	0-3600	3	0.04	10.69	10.69
4	4	0-3600	4			
5	4	0-3600	5			

图 9-15　延误结果列表

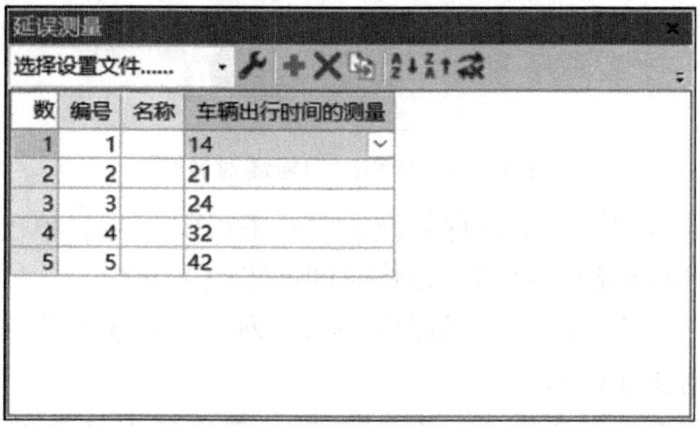

延误测量

选择设置文件......

数	编号	名称	车辆出行时间的测量
1	1		14
2	2		21
3	3		24
4	4		32
5	5		42

图 9-16　延误测量列表

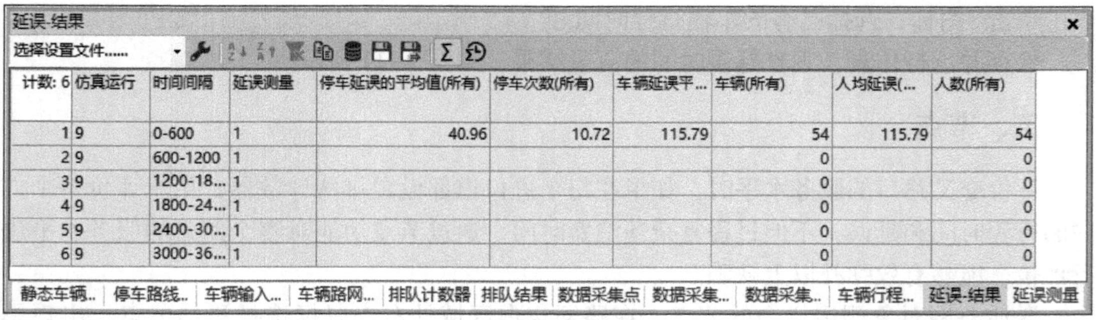

延误-结果

选择设置文件......

计数: 6	仿真运行	时间间隔	延误测量	停车延误的平均值(所有)	停车次数(所有)	车辆延误平...	车辆(所有)	人均延误(...	人数(所有)
1	9	0-600	1	40.96	10.72	115.79	54	115.79	54
2	9	600-1200	1				0		0
3	9	1200-18...	1				0		0
4	9	1800-24...	1				0		0
5	9	2400-30...	1				0		0
6	9	3000-36...	1				0		0

静态车辆... | 停车路线... | 车辆输入... | 车辆路网... | 排队计数器 | 排队结果 | 数据采集点 | 数据采集... | 数据采集... | 车辆行程... | 延误-结果 | 延误测量

图 9-17　延误结果

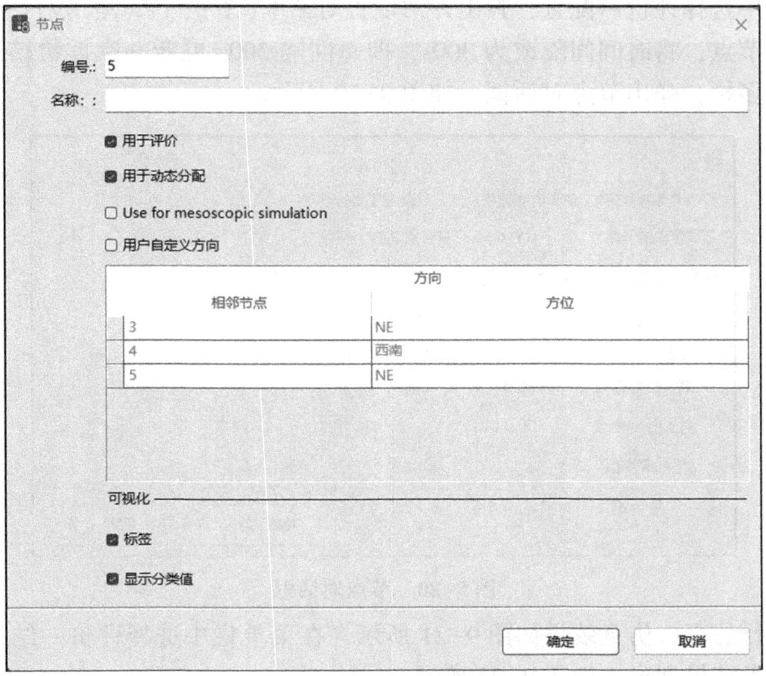

图 9-18　节点设置对话框

拖动节点评价矩形方框至覆盖交叉路口所有进口道，如图 9-19 所示。

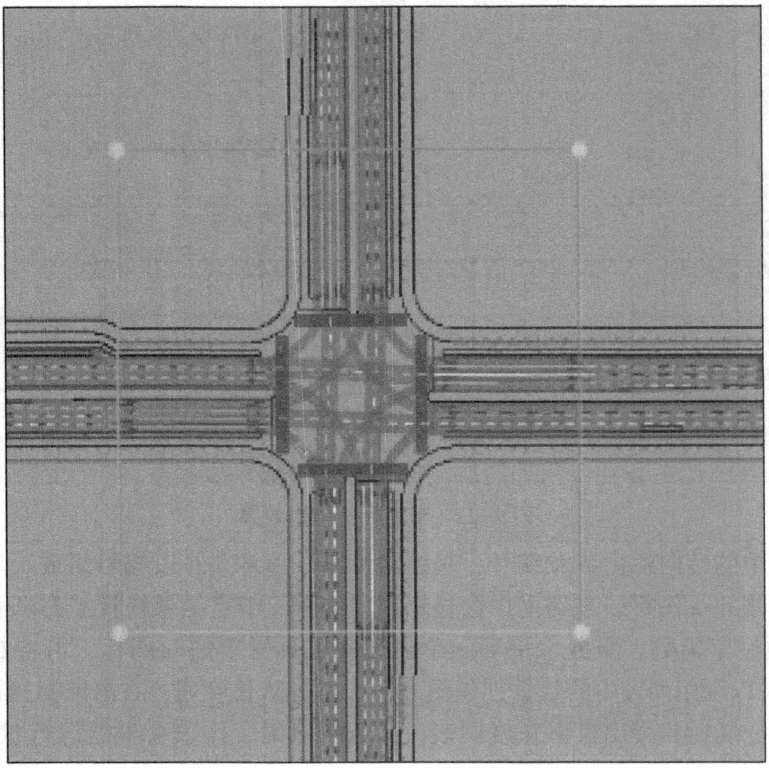

图 9-19　节点设置

在菜单栏中选择评价→配置，弹出评估设置对话框(图 9-4)，单击对话框中的结果特征属性，勾选节点，将时间间隔改为 300s，即每间隔 300s 更新一次评价结果。单击时间间隔栏后的更多栏，弹出节点对话框，如图 9-20 所示。

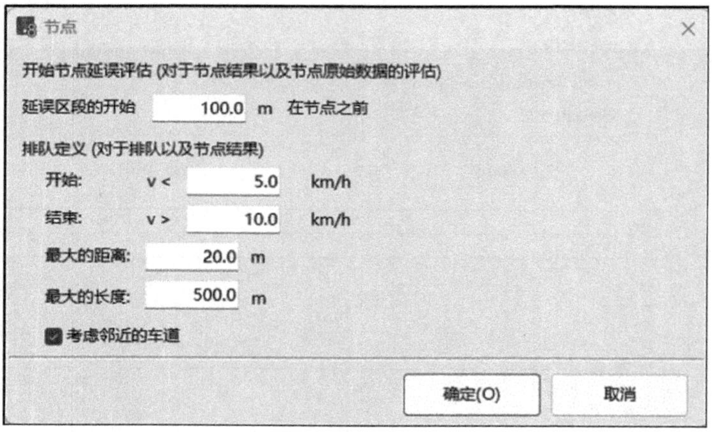

图 9-20　节点对话框

保存并运行仿真，仿真效果如图 9-21 所示。在菜单栏中选择评价→结果列表→节点结果，弹出节点结果列表，如图 9-22 所示。

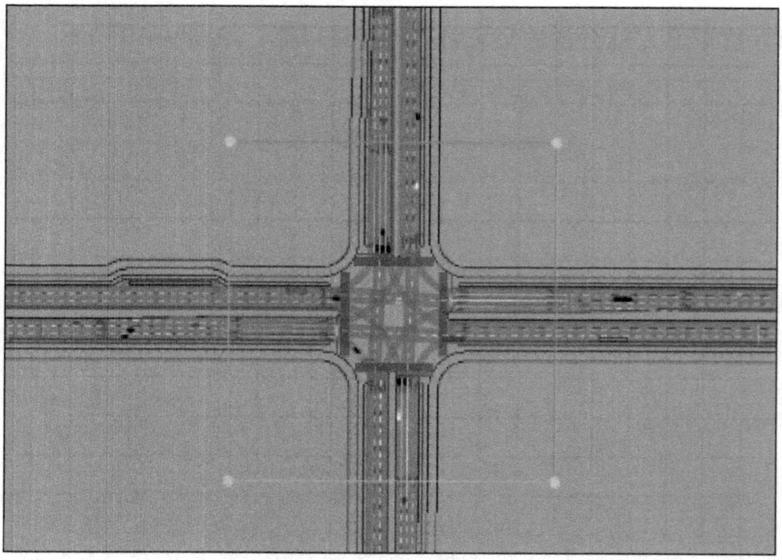

图 9-21　节点评价仿真效果

节点列表中的转向栏由节点编号、起始路段编号和终点路段编号组成。单击路网对象侧边栏节点右侧的图标，在路网中会显示路段编号。节点结果统计了排队长度、排队长度(最大)、通过车辆数、服务水平等。单击列表工具栏中的图标，可将数据复制并粘贴至 Excel。可以利用列表中的数据创建图表，选中排队长度列，右击鼠标选择创建图表→针对所选的特征属性，弹出排队长度图表，运行仿真时，图表会根据运行状态实时变化，如图 9-23 所示。

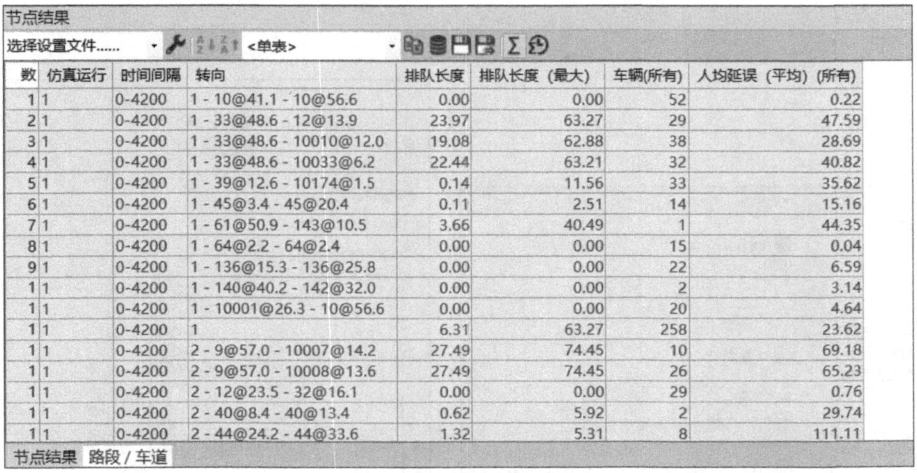

节点结果

选择设置文件...... <单表>

数	仿真运行	时间间隔	转向	排队长度	排队长度（最大）	车辆(所有)	人均延误（平均）(所有)
1	1	0-4200	1 - 10@41.1 - 10@56.6	0.00	0.00	52	0.22
2	1	0-4200	1 - 33@48.6 - 12@13.9	23.97	63.27	29	47.59
3	1	0-4200	1 - 33@48.6 - 10010@12.0	19.08	62.88	38	28.69
4	1	0-4200	1 - 33@48.6 - 10033@6.2	22.44	63.21	32	40.82
5	1	0-4200	1 - 39@12.6 - 10174@1.5	0.14	11.56	33	35.62
6	1	0-4200	1 - 45@3.4 - 45@20.4	0.11	2.51	14	15.16
7	1	0-4200	1 - 61@50.9 - 143@10.5	3.66	40.49	1	44.35
8	1	0-4200	1 - 64@2.2 - 64@2.4	0.00	0.00	15	0.04
9	1	0-4200	1 - 136@15.3 - 136@25.8	0.00	0.00	22	6.59
1	1	0-4200	1 - 140@40.2 - 142@32.0	0.00	0.00	2	3.14
1	1	0-4200	1 - 10001@26.3 - 10@56.6	0.00	0.00	20	4.64
1	1	0-4200	1	6.31	63.27	258	23.62
1	1	0-4200	2 - 9@57.0 - 10007@14.2	27.49	74.45	10	69.18
1	1	0-4200	2 - 9@57.0 - 10008@13.6	27.49	74.45	26	65.23
1	1	0-4200	2 - 12@23.5 - 32@16.1	0.00	0.00	29	0.76
1	1	0-4200	2 - 40@8.4 - 40@13.4	0.62	5.92	2	29.74
1	1	0-4200	2 - 44@24.2 - 44@33.6	1.32	5.31	8	111.11

节点结果 路段 / 车道

图 9-22　节点结果列表

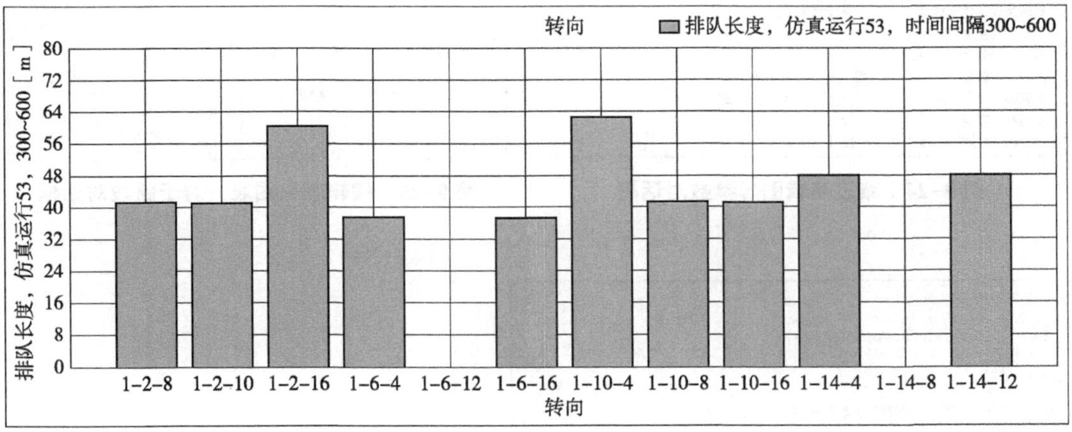

图 9-23　排队长度显示

六、密度图

在菜单栏中选择评价→配置，弹出评估设置对话框(图 9-4)，单击对话框中的结果特征属性，勾选路段，将时间间隔设为 60s，即每 1min 刷新一次密度图的状态。在路网对象侧边栏单击路段右侧的编辑图形参数图标，弹出编辑图形参数列表，如图 9-24 所示。将列表中绘图模式的使用显示类型改为使用配色方案。

单击列表中的配色方案配置，弹出编辑颜色图表，对于路段对话框，如图 9-25 所示。点击对话框中的路段-区段，单击属性栏中的，弹出路段评价区段，选择特征属性对话框，如图 9-26 所示。双击对话框中的密度，选择当前类型上一个时间间隔所有类型，意思是如果仿真运行超过 60s 时(如运行仿真 70s)，会显示 0~60s 的结果，以此类推。单击图 9-25 中的配色图标，选择密度，单击确定。

保存并运行仿真，当仿真时间超过 60s 后，会在路网中显示密度图，颜色越深表示密度越大，如图 9-27 所示。

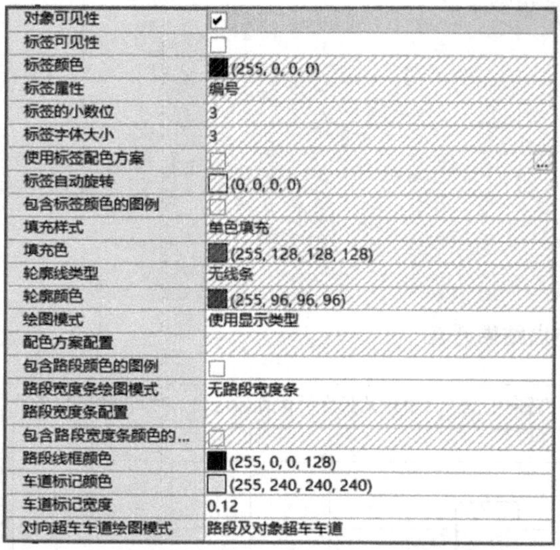

图 9-24　路段编辑图形参数对话框

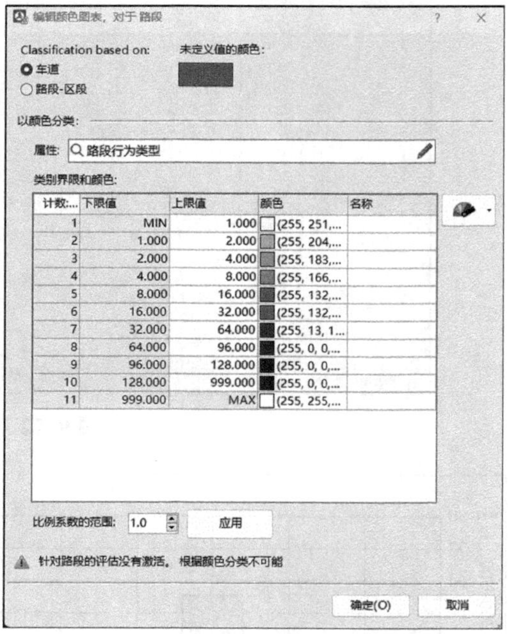

图 9-25　编辑颜色图表，对于路段对话框

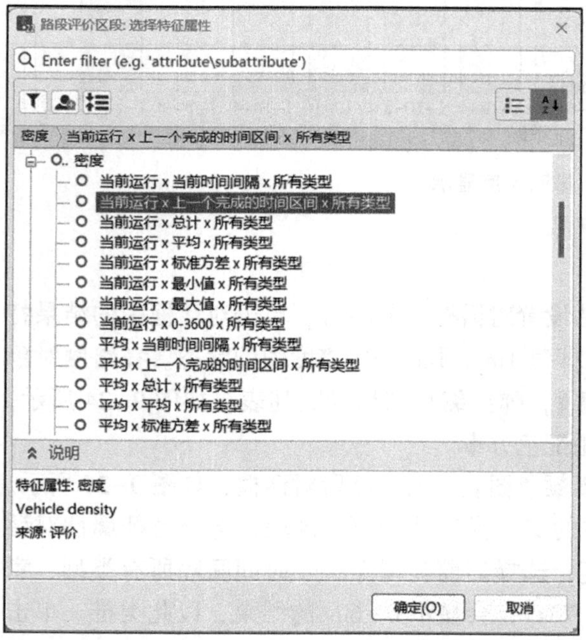

图 9-26　路段评价区段，选择特征属性对话框

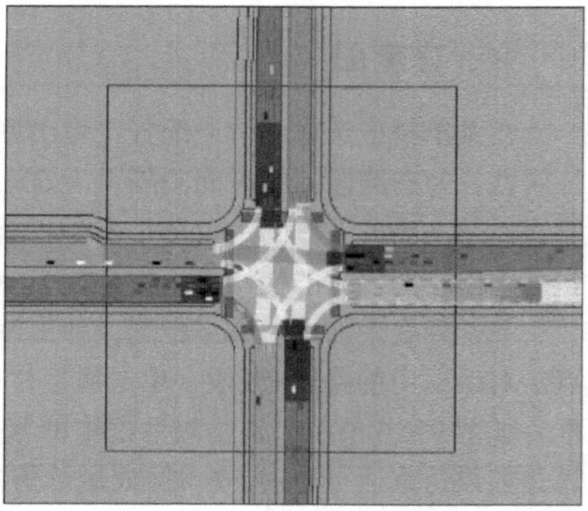

图 9-27　二维模式密度图

按住快捷键 Ctrl+D，三维模式下的密度图如图 9-28 所示。

图 9-28　三维模式密度图

以上是 VISSIM 可以输出的常用评价指标，这些指标可以通过软件进行实时更新，也可以通过文本输出。在菜单栏中选择评价→配置，弹出评估设置对话框，单击对话框中的直接输出，勾选需要输出的文件，并设置存储位置，如图 9-29 所示。

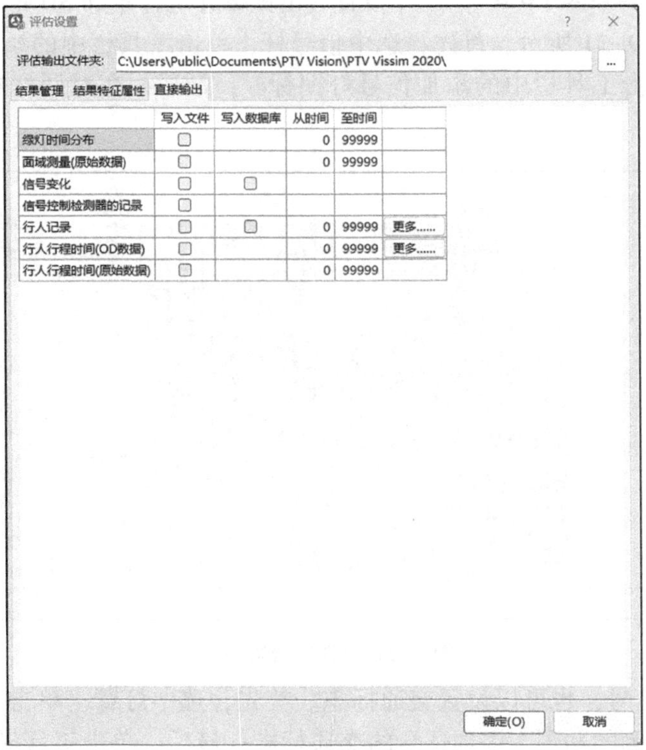

图 9-29　直接输出文本

第三节　仿真动画录制

一、模型美化修饰

为了能够方便重现仿真运行时的景象，VISSIM 提供了记录仿真运行片段功能，并把它们存储为动画文件(*. ANI 或者 *. AVI)。动画文件能够以不同速度和顺序播放，使得分析人员能够更直观地判断交通运行状态。

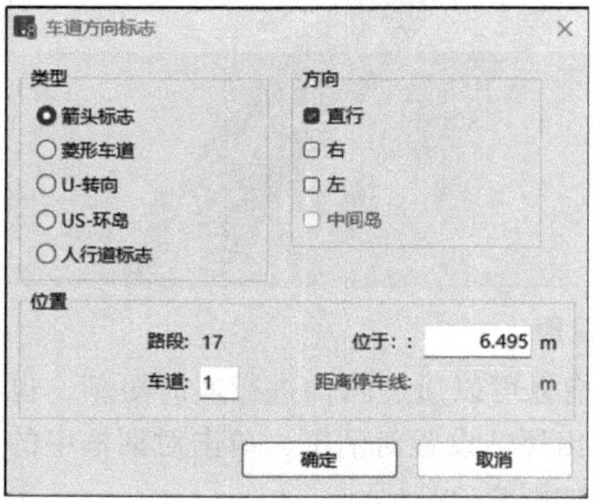

图 9-30　车道标识对话框

在仿真录像之前，需要进行美化修饰的工作，使动画更加逼真。例如，添加车道标线、3D 信号、静态 3D 模型等。

1. 添加车道标线

激活路网对象侧边栏中的车道标线，在相应的车道上右击鼠标并选择添加车道标线，弹出车道方向标志对话框，如图 9-30 所示。选择直行、左、右等车道标线添加到车道中。

2. 添加 3D 信号

激活路网对象侧边栏中的 3D 信号，在对应的位置右击鼠标并选择添加 3D 信号，弹出 3D-信号灯头对话框，如图 9-31 所示。首先，选中信号杆，单击工具栏中的添加灯臂图标；其次，选中灯臂，单击工具栏中的添加信号灯图标；最后，在对话框右侧调整信号灯的位置。

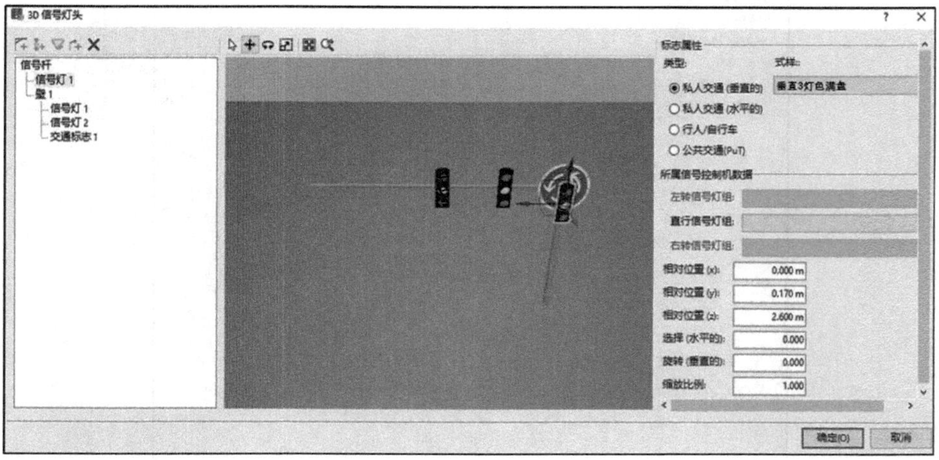

图 9-31　3D 信号灯设置

通过添加 3D 信号，也可以设置交通标志。首先，选中灯臂，单击工具栏中添加图标；其次，单击右侧的贴图，添加适合的交通标志；最后，单击工具栏中的移动图标，调整信号灯和交通标志在灯臂或者灯杆上的位置。

信号灯设置完成后，按住 Alt 键和鼠标左键可调整信号灯的角度和灯臂的长度，如图 9-32 所示。按住快捷键 Ctrl+D，可以观察三维状态下的信号灯和交通标志，如图 9-33 所示。

保存并运行仿真，仿真效果如图 9-34 所示。

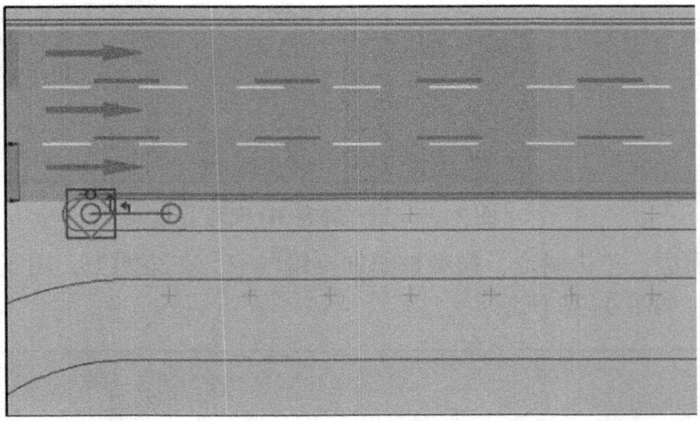

图 9-32　3D 信号灯显示

图 9-33　三维状态信号灯

图 9-34　信号灯仿真效果

3. 添加静态 3D 模型

静态 3D 包括花草树木、路边停车、建筑物、交通设施等。激活路网对象侧边栏中的静态 3D 模型，在路网空白处右击鼠标并选择添加静态 3D 模型，弹出模型选择对话框，单击打开默认模型的目录，如图 9-35 所示。

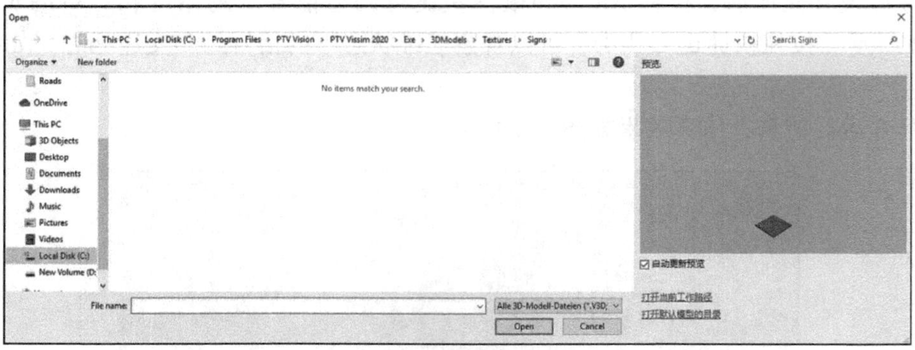

图 9-35　选择静态 3D 模型

选择需要的模型，单击确定，模型被添加至路网中。在路网中，用鼠标选中模型并拖动至相应的位置，如图 9-36 所示。

图 9-36　路网中的静态 3D 模型

二、仿真动画录制

仿真录像对仿真的结果没有影响，但可作为展示仿真过程和结果的重要工具。VISSIM 记录仿真动画主要有 ANI 和 AVI 两种格式。

1. ANI 格式

VISSIM 提供了记录仿真运行片段的功能，记录文件以 ANI 格式保存。在仿真运行的任意时间均可启用记录片段的功能，使演示人员能够更容易按照预先设定的顺序和速度播放动画。

在菜单栏中选择演示→动画记录，弹出动画记录列表，如图 9-37 所示。单击列表中的添加图标，在文件名称栏中输入自定义的名称；在类型栏中选择用于重播的 ANI 文件；输入录制动画的起止时间。截面代表仅录制截面内部的动画，如果不选择截面，则会录制屏幕显示的整个路网。

激活路网对象侧边栏中的截面，在路网空白区域处右击鼠标并选择添加截面，拖动截面，仅录制截面内的画面，如图 9-38 框内所示。

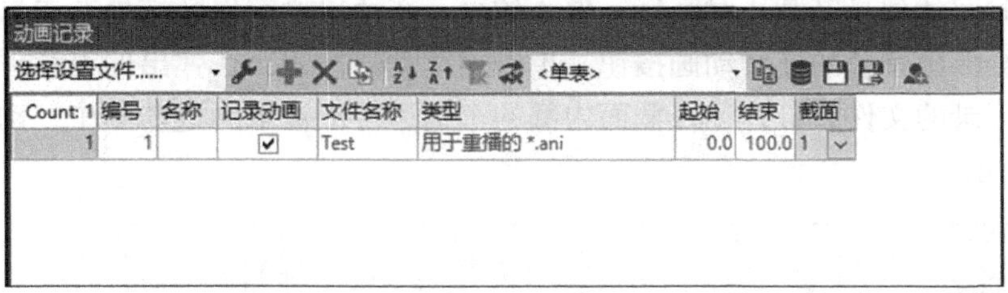

图 9-37　动画记录列表

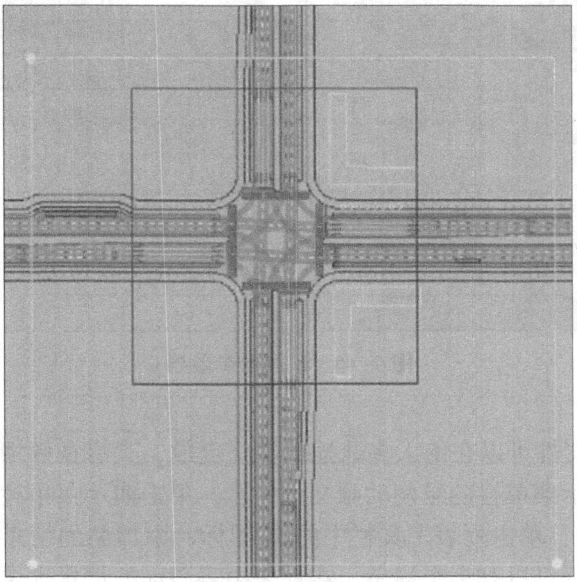

图 9-38　截面

在动画记录列表的截面栏中选中截面 1，保存，然后在菜单栏中选择演示→录制动画文件，确认录制动画文件被勾选，运行仿真效果如图 9-39 所示。

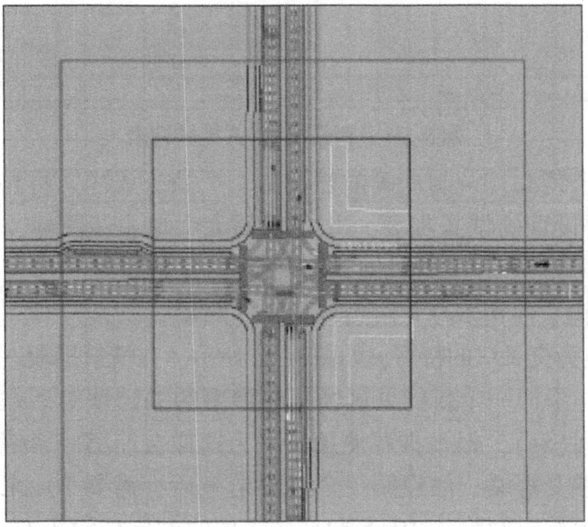

图 9-39　动画录制仿真效果

当仿真时间达到录制截止时间后，停止仿真。在菜单栏空白区域处右击鼠标并选择动画，菜单栏会多出紫色的连续动画按钮。单击连续动画按钮，在弹出的对话框中找到之前设置的动画记录的文件并打开，在截面内部的车辆运行都被录制进动画中，动画录制效果如图 9-40 所示。

图 9-40　动画录制效果

2. AVI 格式

AVI 格式的动画文件可以在绝大多数播放器中播放，具有视频清晰、占用存储空间小等多种优势。取消演示菜单栏的录制动画文件勾选，单击演示菜单栏下的情景提要，弹出情景提要/关键帧列表，单击列表工具栏中的图标，添加新的情景提要。将情景提要看作一个动画，这个动画可以有多个视角，在列表中将添加的情景提要命名为多视角，并在文件名称栏设置存储位置，如图 9-41 所示。

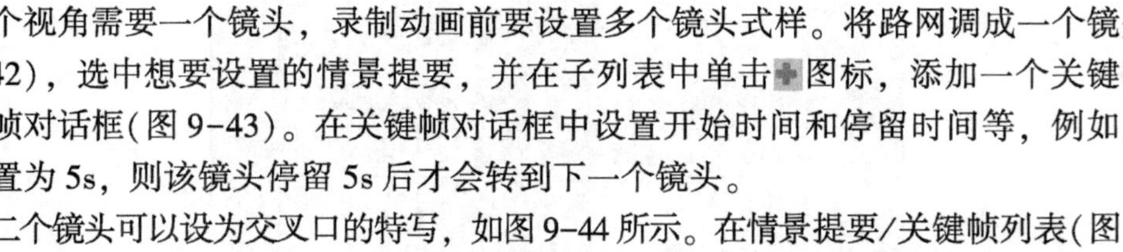

图 9-41　情景提要/关键帧列表

每个视角需要一个镜头，录制动画前要设置多个镜头式样。将路网调成一个镜头样式(图 9-42)，选中想要设置的情景提要，并在子列表中单击图标，添加一个关键帧，弹出关键帧对话框(图 9-43)。在关键帧对话框中设置开始时间和停留时间等，例如，停留时间设置为 5s，则该镜头停留 5s 后才会转到下一个镜头。

第二个镜头可以设为交叉口的特写，如图 9-44 所示。在情景提要/关键帧列表(图 9-41)子列表中单击图标，添加一个新的关键帧，在弹出的关键帧对话框中默认其起始时间为第一个镜头的结束时间(5s)，但不推荐使用，因为这样会使第一个镜头结束后立刻闪到第二个镜头。为了视觉感受舒缓，假设第一个镜头结束后，需要 10s 来将镜头缓缓转到第二个镜头，则需要将其起始时间设为 10+5=15s，停留时间同样设为 5s，如图 9-45 所示。

图 9-42 镜头一

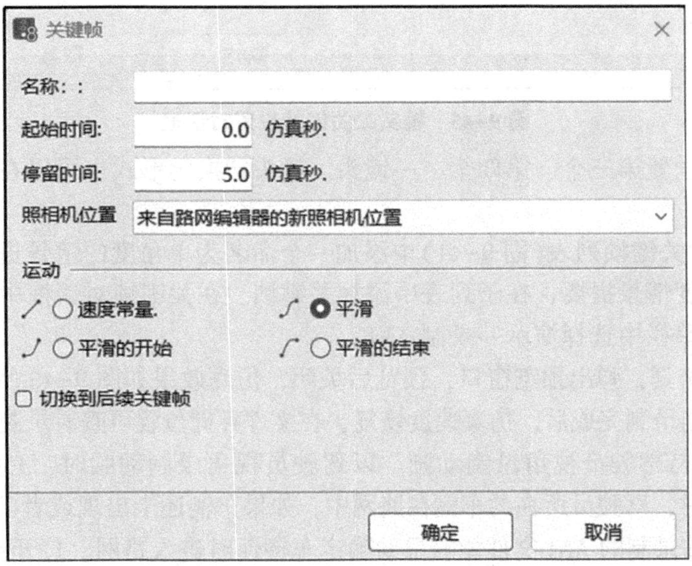

图 9-43 镜头一关键帧设置对话框

图 9-44 镜头二

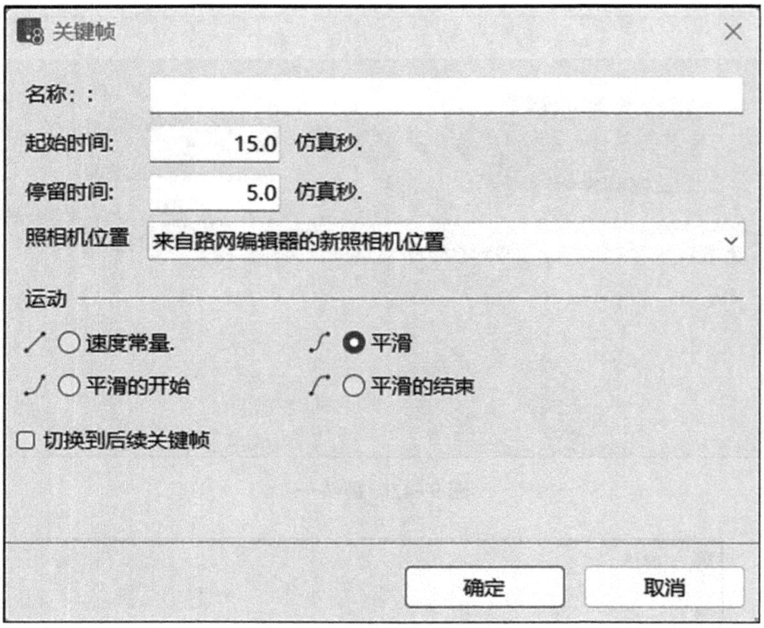

图 9-45　镜头二关键帧设置对话框

依次类推，设置第三个、第四个……镜头。镜头转换的形式也可以在关键帧对话框中的运动处设置。

在情景提要/关键帧列表(图 9-41)中添加一个命名为单角度的情景提要，即只有一个镜头。选中单角度情景提要，在子列表中添加关键帧，在关键帧对话框中设置停留时间等参数，最后在菜单栏中选择演示→录制 AVI。

保存并运行仿真，弹出预览窗口，预览后关闭，仿真效果如图 9-46 所示。录制动画时仿真速度降低，当录制完成后，仿真速度恢复，在文件存储位置可查看录制完成的动画。

VISSIM 还支持驾驶员视角录制动画。以驾驶员视角录制动画时，必须保证当镜头切换到驾驶员视角时，驾驶员所在的车辆在路网中，如果车辆还未出现或者已经消失，VISSIM 会自动报错。之前录制的 ANI 文件能够帮助确定车辆何时进入路网。打开录制的 ANI 文件，单击菜单栏中的连续动画，可以观察到车辆处于路网的时间段。运行仿真，暂停动画，右击路网中运行的某一车辆并选择根据驾驶员视角，驾驶员视角仿真效果如图 9-47 所示。

在路网编辑器工具栏的照相机位置处输入 1 并回车，单击连续动画，记录车辆驶出路网的时间(如 40s)。继续在情景提要/关键帧列表(图 9-41)中添加命名为“驾驶员视角”的情景提要，在文件名称栏中设置文件存储位置，在子列表中添加一个关键帧。在弹出的关键帧对话框中将摄像头位置选择为全景视角，将起始时间设为 0s、停留时间设为 5s。在子列表中再添加一个关键帧，在弹出的关键帧对话框中将摄像头位置选择为驾驶员视角，将起始时间设为 5s、停留时间设为 35s。在子列表中继续添加一个关键帧，在弹出的关键帧对话框中将摄像头位置选择为全景视角，起始时间设为 40s，停留时间设为 5s。

在菜单栏中选择演示→录制 AVI，保存并运行仿真。当录制完成后，到对应的文件存储位置打开录制的驾驶员视角 AVI 文件，录制的驾驶员视角仿真效果如图 9-48 所示。

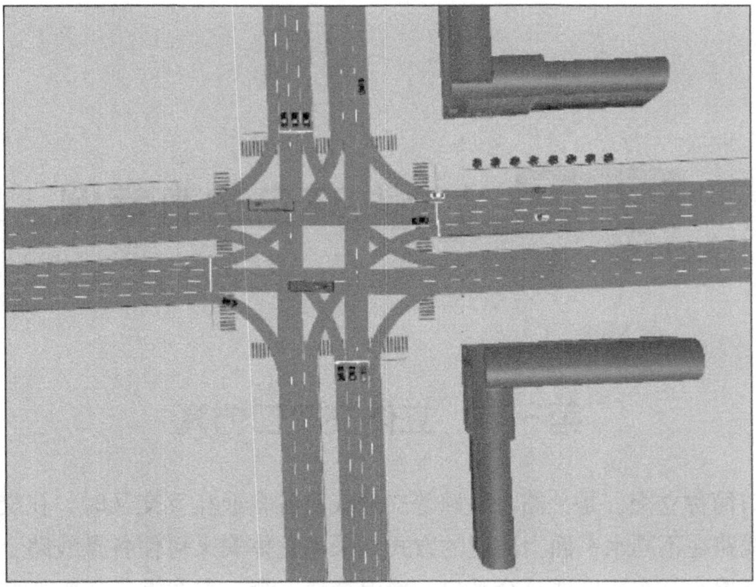

图 9-46　单角度仿真效果

图 9-47　驾驶员视角仿真效果

图 9-48　驾驶员视角动画

第十章 立交与环岛仿真案例

第一节 立体交叉口仿真

立体交叉口简称立交，是公路、铁路等交通线路各自或相互交叉时，在交叉口用跨路桥或隧道使相交线路在不同水平面上通过的方式。采用立体交叉可使各条线路上的车流互不干扰，各自保持其原有行车速度通过交叉口，确保交通安全，大大提高交叉口的通过能力。

互通式立体交叉是指不同平面上相交的道路，各向车流均可互相连通的交叉，是一种比较完善的立体交叉。该立交可以使转弯车流在不受干扰的情况下能比较方便地转到要去的方向，代表形式为苜蓿叶形立交。该立交平面形似苜蓿叶，交通运行连续而自然，无冲突点，仅需一座构造物。这种立交桥占地面积大，左转绕行距离较长，环圈式匝道适应车速较低，且桥上、桥下存在交织，多用于高速道路之间相交。

一、基本情况

立交 CAD 底图如图 10-1 所示。南北方向主路高度为 0m，东西方向主路中间部分高度为 6m，各方向转弯均用匝道连接。

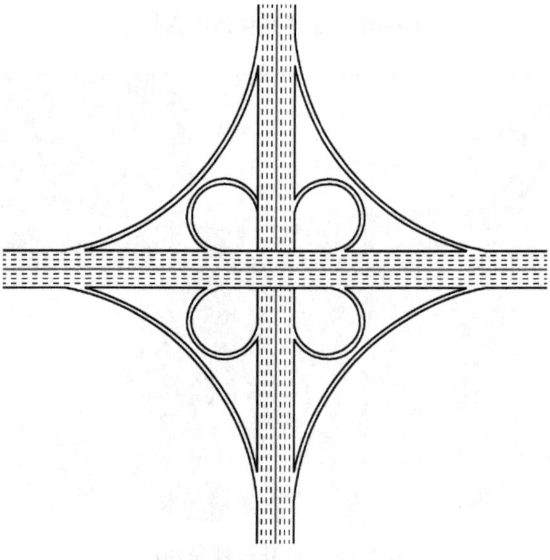

图 10-1 立交 CAD 底图

苜蓿叶形立交在几何设计上能够消除可能的交叉冲突点，但依然存在分流与合流点对车辆的运行产生影响，由相应的让行规则进行解决。如左转、右转车辆与其他车辆之间的分流冲突，车辆按照先后规则顺序让行；左转、右转车辆与其他车辆之间的合流冲突，从匝道驶入主路的左转、右转车辆让行主路其他车辆。

苜蓿叶形立交桥的匝道可以分为右转匝道和左转匝道两类，右转弯车辆经由道路右侧的右转匝道旋转 90°进入相交道路，左转弯车辆直行通过相交道路后经由道路右侧的左转弯匝道旋转 270°进入相交道路。根据左、右转匝道的上述特点，使用“连接器”连接主线道路，模拟每个匝道的几何设计特征。

该立交整体情况为：东西方向主路中间部分高度为 6m，南北方向主路高度全程为 0m，从而形成立体交叉，各方向转弯采用匝道连接。

为方便说明，在立交上设置了多处控制点，各控制点如图 10-2 所示。立交主路及立交匝道数据表分别见表 10-1、表 10-2。

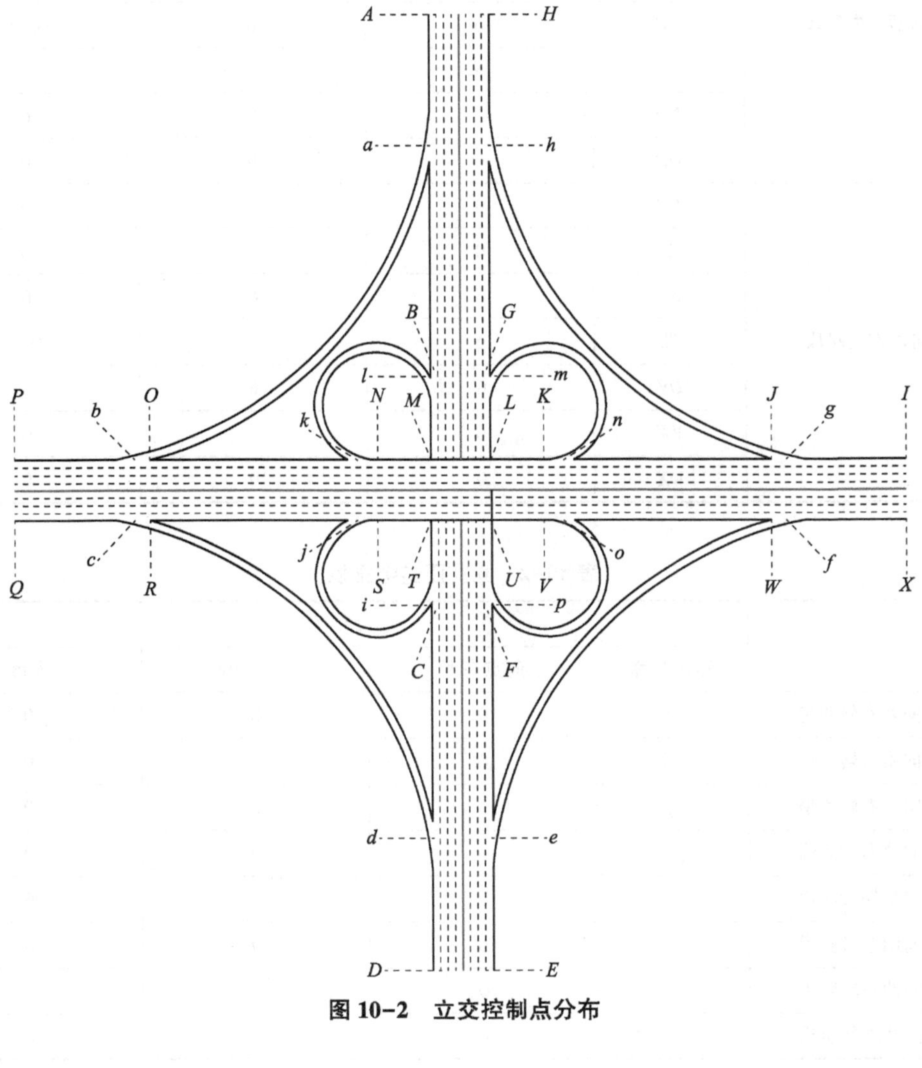

图 10-2　立交控制点分布

表 10-1　立交主路数据表

m

方向	属性			
	路段名称	起点高度	终点高度	厚度
北向南方向路段	*AB*	0	0	0
	BC	0	0	0
	CD	0	0	0
南向北方向路段	*EF*	0	0	0
	FG	0	0	0
	GH	0	0	0
东向西方向路段	*IJ*	0	0	0
	JK	0	6	6
	KL	6	6	6
	LM	6	6	0. 5
	MN	6	6	6
	NO	6	0	6
	OP	0	0	0
西向东方向路段	*QR*	0	0	0
	RS	0	6	6
	ST	6	6	6
	TU	6	6	0. 5
	UV	6	6	6
	VW	6	0	6
	WX	0	0	0

表 10-2　立交匝道数据表

m

方向	属性			
	路段名称	起点高度	终点高度	厚度
由北向西右转匝道	*ab*	0	0	0
由西向南右转匝道	*cd*	0	0	0
由南向东右转匝道	*ef*	0	0	0
由东向北右转匝道	*gh*	0	0	0
由北向东左转匝道	*ij*	0	6	6
由东向南左转匝道	*kl*	6	0	6
由南向西左转匝道	*mn*	0	6	6
由西向北左转匝道	*op*	6	0	6

二、底图设置

(1)底图导入

①单击左侧工具栏中的“背景图片”。

②在路网编辑区内单击鼠标右键，弹出“选择位图文件”对话框，选择需要导入的底图，点击“打开”，完成底图导入。也可点击上侧工具栏中的“显示整个路网”，将底图布满置中。

(2)比例设置

在打开的位图文件上按住 Ctrl 键并单击鼠标右键，在打开的菜单中选择“设置比例”，以某条车道的边线为起点，按住鼠标左键并拖至另一边线终点处松开鼠标，在弹出的对话框中输入实际的长度，单条车道宽为 3.5m，共 4 条车道，所以在对话框中输入 14，点击确定，完成尺寸标注，如图 10-3 所示。

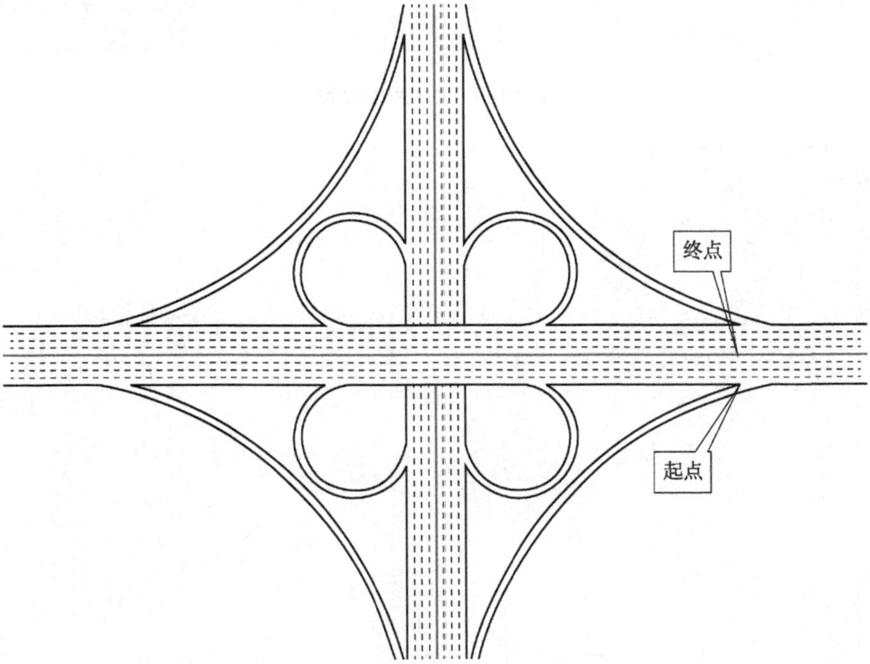

图 10-3　比例设置

三、主路设置

(1)北向南方向路段设置

①设置 *AB* 路段。点击左侧工具栏中的“路段”，切换至路段编辑状态，从 *A* 点处点击鼠标右键不放，至 *B* 点处松开鼠标右键。在弹出的对话框中，将路段命名为“*AB*”，车道数为 4，点击确定，完成 *AB* 路段设置，如图 10-4 所示。

②设置 *BC* 及 *CD* 路段。设置方法同 *AB* 路段，*BC* 及 *CD* 路段的起、终点位置如图 10-5 所示。

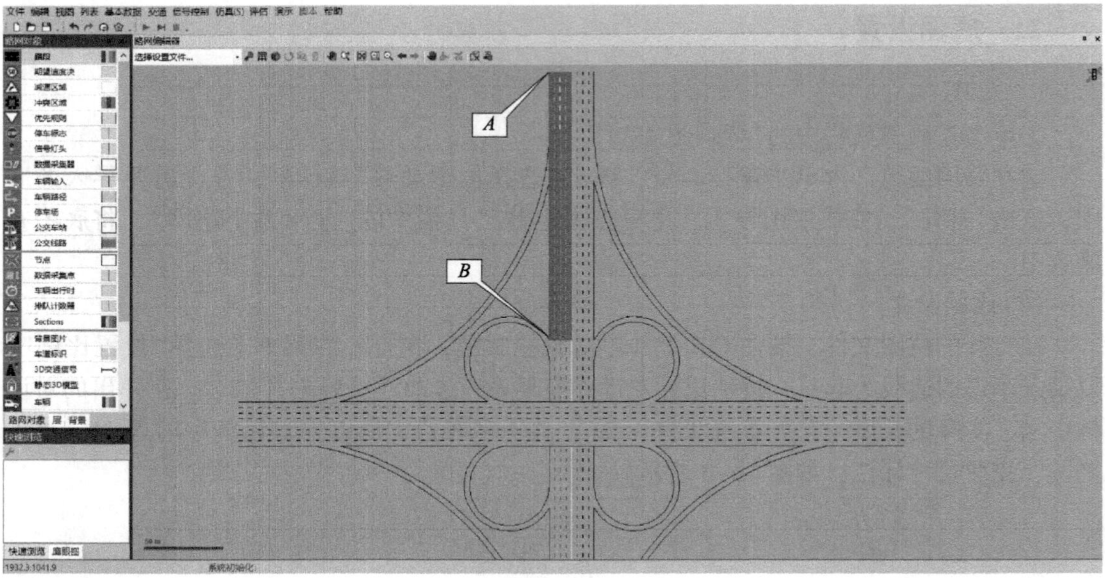

图 10-4　*AB* 路段设置

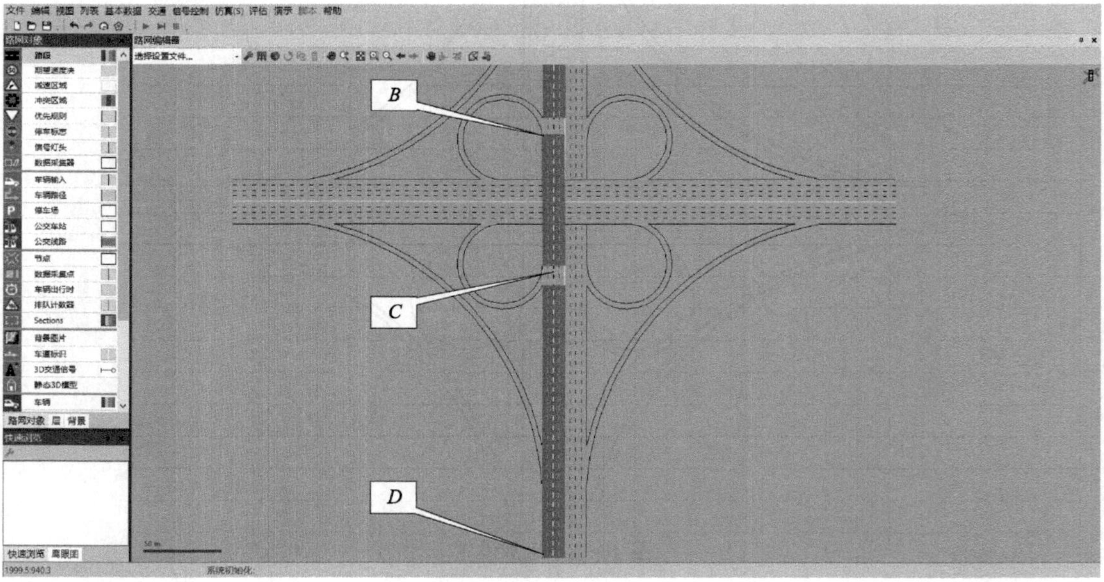

图 10-5　*BC* 及 *CD* 路段设置

③连接各路段。使用“连接器”将 *AB* 路段与 *BC* 路段连接，“从路段”选择“车道 1”至“车道 4”“到路段”选择“车道 1”至“车道 4”，如图 10-6 所示。同理连接 *BC* 路段与 *CD* 路段，连接完成后如图 10-7 所示。

(2)南向北方向路段设置

①*EF* 设置路段。在路段编辑状态下，从 *E* 点处点击鼠标右键不放，至 *F* 点处松开鼠标右键。在弹出的对话框中，将路段命名为“*EF*”，车道数为 4，点击确定，完成 *EF* 路段设置，如图 10-8 所示。

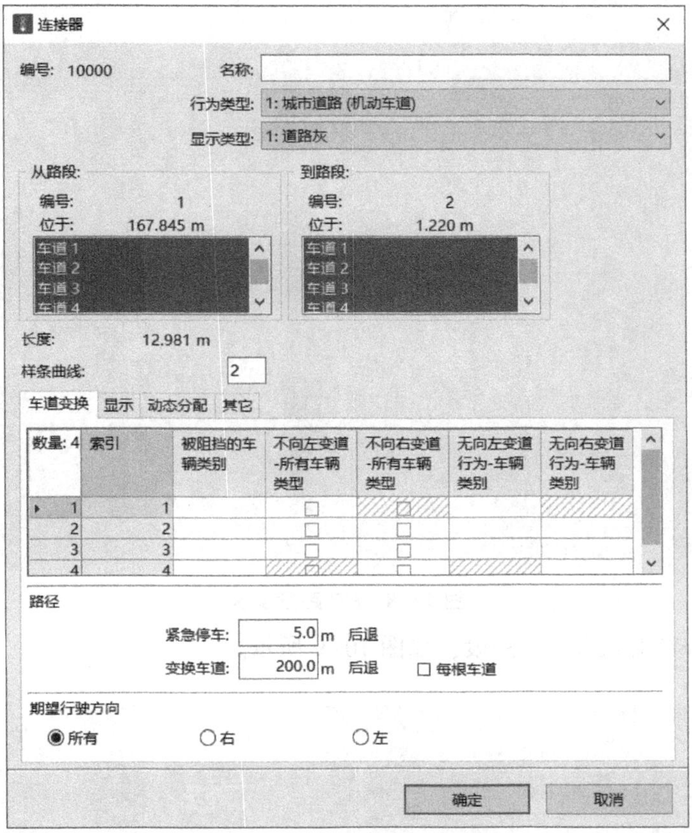

图 10-6　连接器对话框

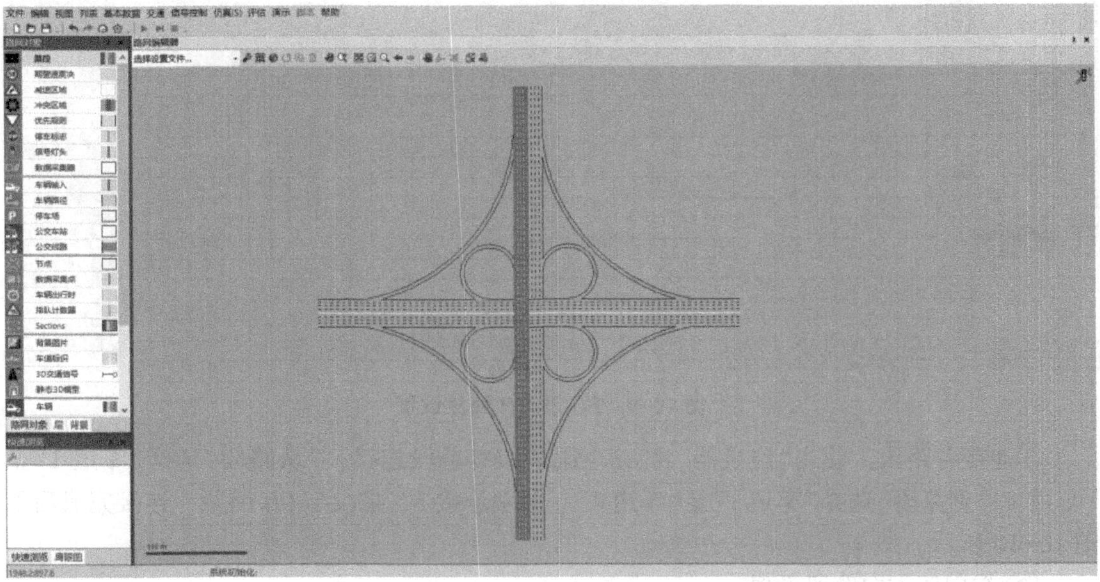

图 10-7　北向南方向路段设置

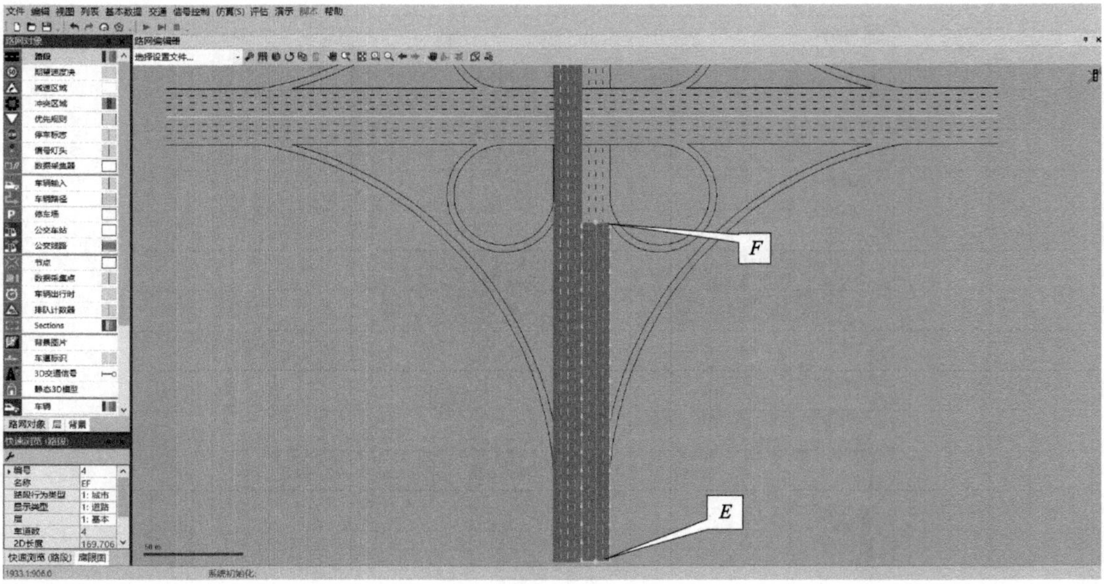

图 10-8　*EF* 路段设置

②同理设置 *FG* 路段及 *GH* 路段，如图 10-9 所示。

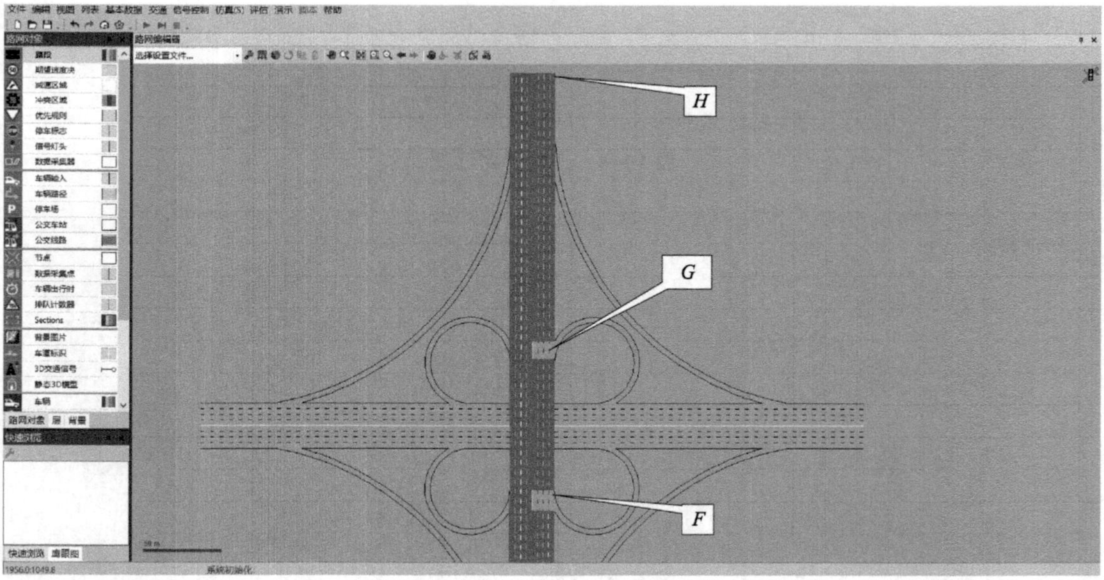

图 10-9　*FG* 及 *GH* 路段设置

③连接各路段。使用“连接器”将 *EF* 路段与 *FG* 路段连接，“从路段”选择“车道 1”至“车道 4”“到路段”选择“车道 1”至“车道 4”。同理连接 *FG* 路段与 *GH* 路段，连接完成后如图 10-10 所示。

(3)东向西方向路段设置

①*IJ* 路段设置。点击左侧工具栏中的“路段”，切换至路段编辑状态，起、终点位置

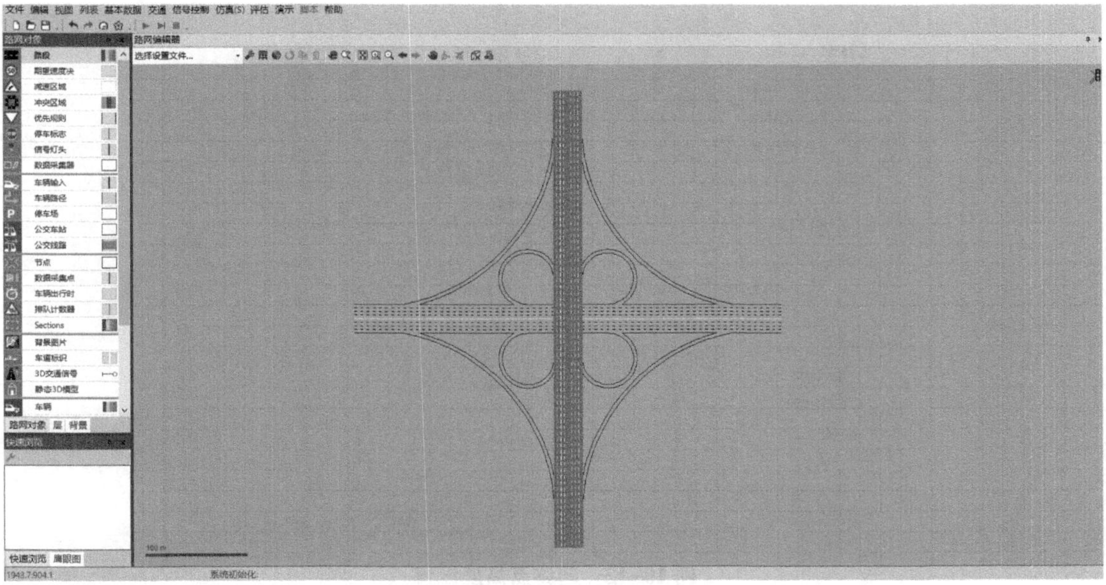

图 10-10　南向北方向路段设置

如图 10-11 所示，在弹出的对话框中，将路段命名为“*IJ*”，车道数为 4，点击确定，完成 *IJ* 路段设置。

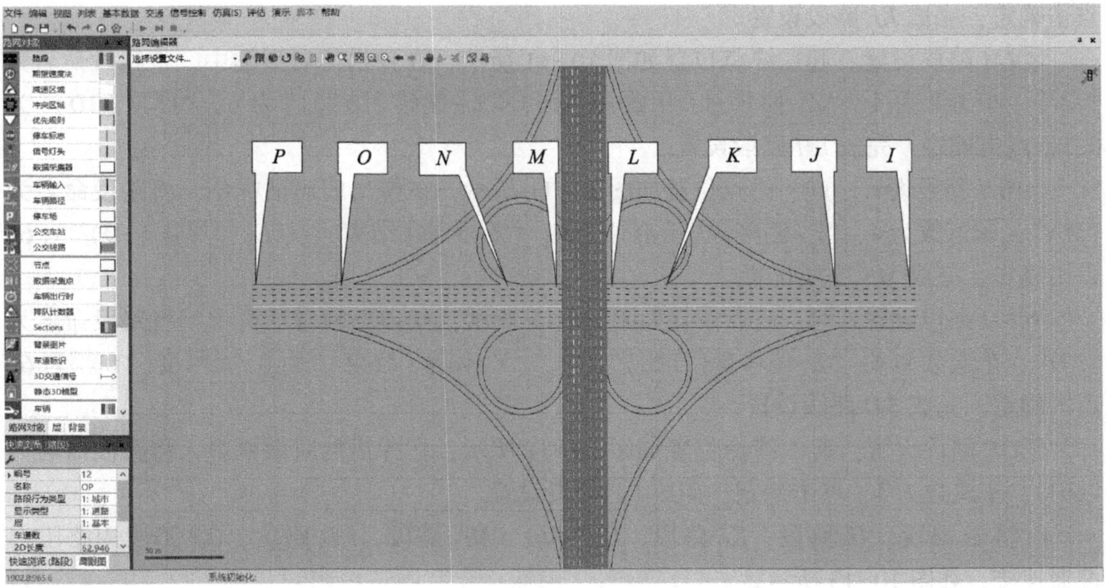

图 10-11　东向西方向道路控制点

②*JK* 路段设置。起终点位置如图 10-11 所示，在弹出的对话框中，将路段命名为“*JK*”，车道数为 4，“Z-偏移量(开始)”为 0，“Z-偏移(结束)”为 6，“厚度(3D)”为 6，如图 10-12 所示，点击确定，完成 *JK* 路段设置。

提示：在完成道路设置后，若再次修改道路高度，需要针对该道路进行重新计算多义线操作；若在调整高度之前对道路线型进行过自主调整，则需要针对道路进行重新计算多

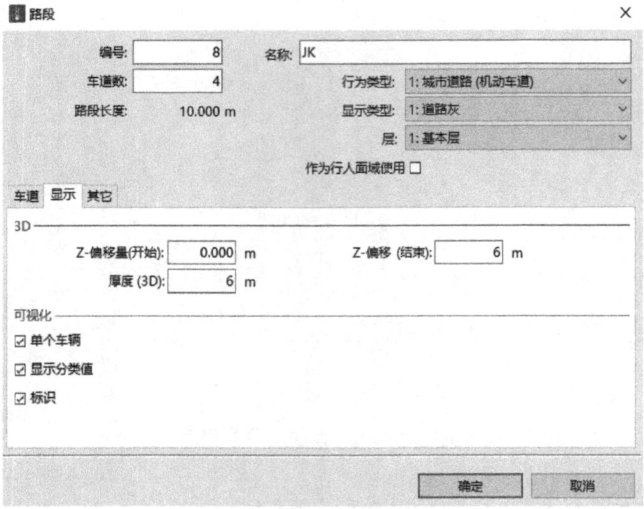

图 10-12　起终点高度设置

义线(仅高度)操作，此操作可确保更新3D视角下道路高度的同时不改变道路线型。

③*KL*路段设置。起、终点位置如图10-11所示，在弹出的对话框中，将路段命名为“*KL*”，车道数为4，“Z-偏移量(开始)”为6，“Z-偏移(结束)”为6，“厚度(3D)”为6，点击确定，完成*KL*路段设置。

④*LM*路段设置。起、终点位置如图10-11所示，在弹出的对话框中，将路段命名为“*LM*”，车道数为4，“Z-偏移量(开始)”为6，“Z-偏移(结束)”为6，“厚度(3D)”为0.5，点击确定，完成*LM*路段设置。

⑤*MN*路段设置。起、终点位置如图10-11所示，在弹出的对话框中，将路段命名为“*MN*”，车道数为4，“Z-偏移量(开始)”为6，“Z-偏移(结束)”为6，“厚度(3D)”为6，点击确定，完成*MN*路段设置。

⑥*NO*路段设置。起、终点位置如图10-11所示，在弹出的对话框中，将路段命名为“*NO*”，车道数为4，“Z-偏移量(开始)”为6，“Z-偏移(结束)”为0，“厚度(3D)”为6，点击确定，完成*NO*路段设置。

⑦*OP*路段设置。起、终点位置如图10-11所示，在弹出的对话框中，将路段命名为“*OP*”，车道数为4，点击确定，完成OP路段设置。

⑧将*IJ*路段、*JK*路段、*KL*路段、*LM*路段、*MN*路段、*NO*路段、*OP*路段用路段连接器连接，如图10-13所示。

⑨点击上侧工具栏中“2D/3D”，如图10-14所示，或使用Ctrl+D快捷键，切换为3D模式，可检查路段设置是否正确、完善，仿真效果如图10-14所示。

(4)西向东方向路段设置

①*QR*路段设置。点击左侧工具栏中的“路段”，切换至路段编辑状态，起、终点位置如图10-15所示，在弹出的对话框中，将路段命名为“*QR*”，车道数为4，点击确定，完成*QR*路段设置。

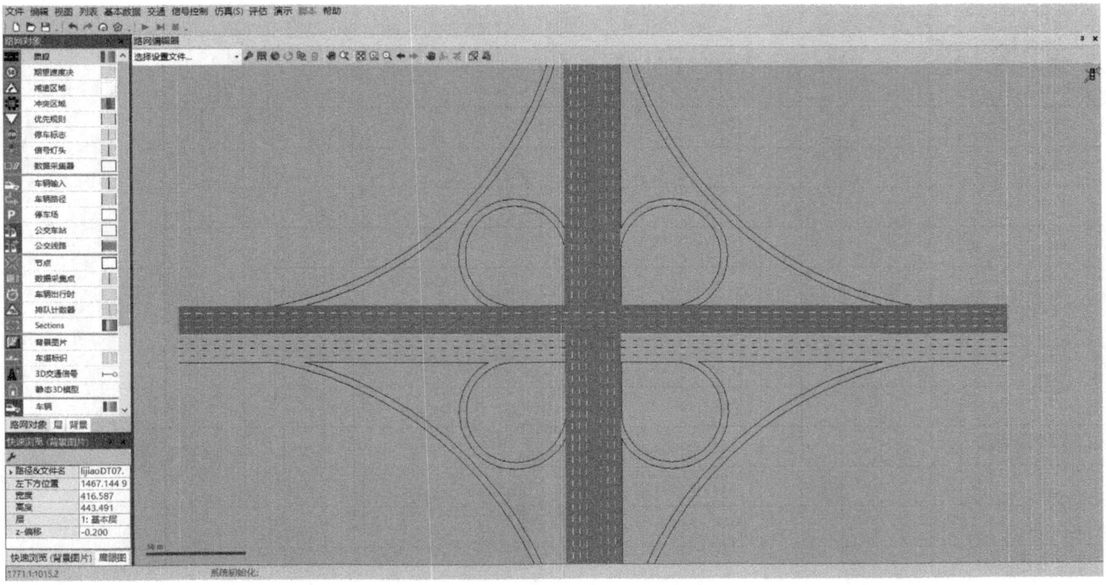

图 10-13　东向西方向路段设置

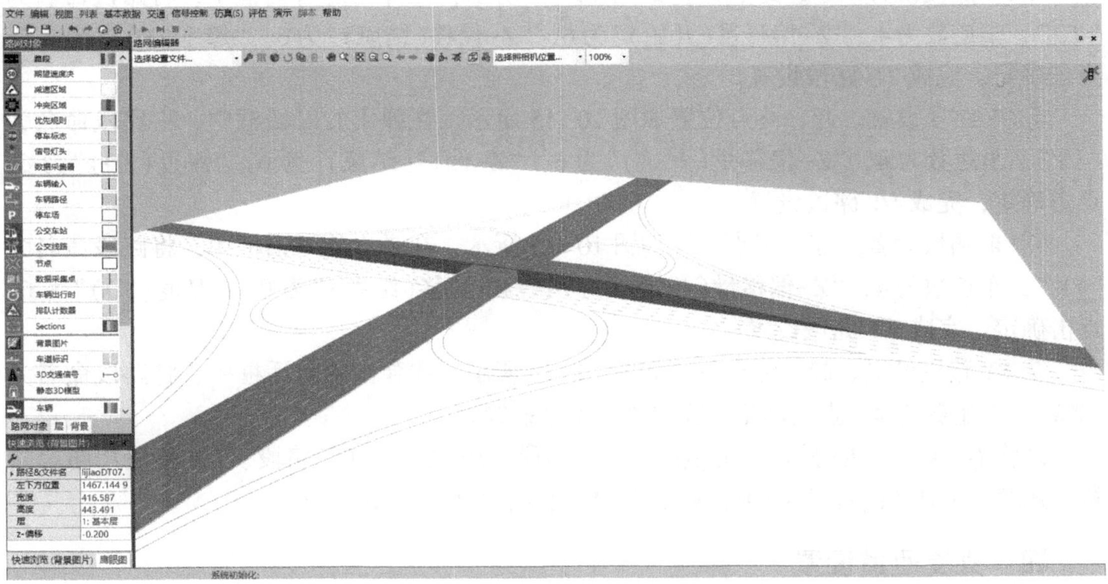

图 10-14　东向西方向路段 3D 仿真

②*RS* 路段设置。起、终点位置如图 10-15 所示，在弹出的对话框中，将路段命名为“*RS*”，车道数为 4，“Z-偏移量(开始)”为 0，“Z-偏移(结束)”为 6，“厚度(3D)”为 6，点击确定，完成 *RS* 路段设置。

③*ST* 路段设置。起、终点位置如图 10-15 所示，在弹出的对话框中，将路段命名为“*ST*”，车道数为 4，“Z-偏移量(开始)”为 6，“Z-偏移(结束)”为 6，“厚度(3D)”为 6，点击确定，完成 *ST* 路段设置。

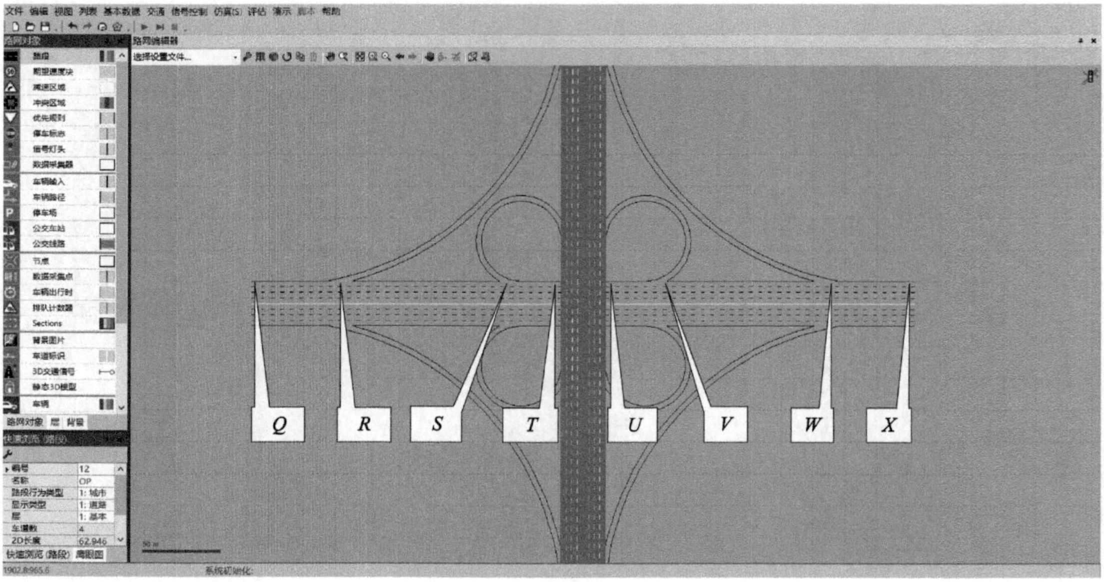

图 10-15　西向东方向道路控制点

④*TU* 路段设置。起、终点位置如图 10-15 所示，在弹出的对话框中，将路段命名为“*TU*”，车道数为 4，“Z-偏移量(开始)”为 6，“Z-偏移(结束)”为 6，“厚度(3D)”为 0.5，点击确定，完成 *TU* 路段设置。

⑤*UV* 路段设置。起、终点位置如图 10-15 所示，在弹出的对话框中，将路段命名为“*UV*”，车道数为 4，“Z-偏移量(开始)”为 6，“Z-偏移(结束)”为 6，“厚度(3D)”为 6，点击确定，完成 *UV* 路段设置。

⑥*VW* 路段设置。起、终点位置如图 10-15 所示，在弹出的对话框中，将路段命名为“*VW*”，车道数为 4，“Z-偏移量(开始)”为 6，“Z-偏移(结束)”为 0，“厚度(3D)”为 6，点击确定，完成 *VW* 路段设置。

⑦*WX* 路段设置。起、终点位置如图 10-15 所示，在弹出的对话框中，将路段命名为“*WX*”，车道数为 4，点击确定，完成 *WX* 路段设置。

⑧将 *QR* 路段、*RS* 路段、*ST* 路段、*TU* 路段、*UV* 路段、*VW* 路段、*WX* 路段用路段连接器连接。使用 Ctrl+D 快捷键，切换为 3D 模式，如图 10-16 所示。

四、立交匝道设置

(1)由北向西右转匝道设置

①*ab* 路段设置。点击左侧工具栏中的“路段”，切换至路段编辑状态，起、终点 *a*、*b* 位置如图 10-17 所示，在弹出的对话框中，将路段命名为“*ab*”，车道数为 1，点击确定，在 *ab* 路段中点击鼠标右键均匀添加节点，调整各节点位置使其与底图相符，完成 *ab* 路段设置。

提示：可点击线框显示开启/关闭按钮或使用 Ctrl+A 快捷键，切换中心线模式，更加便于操作。

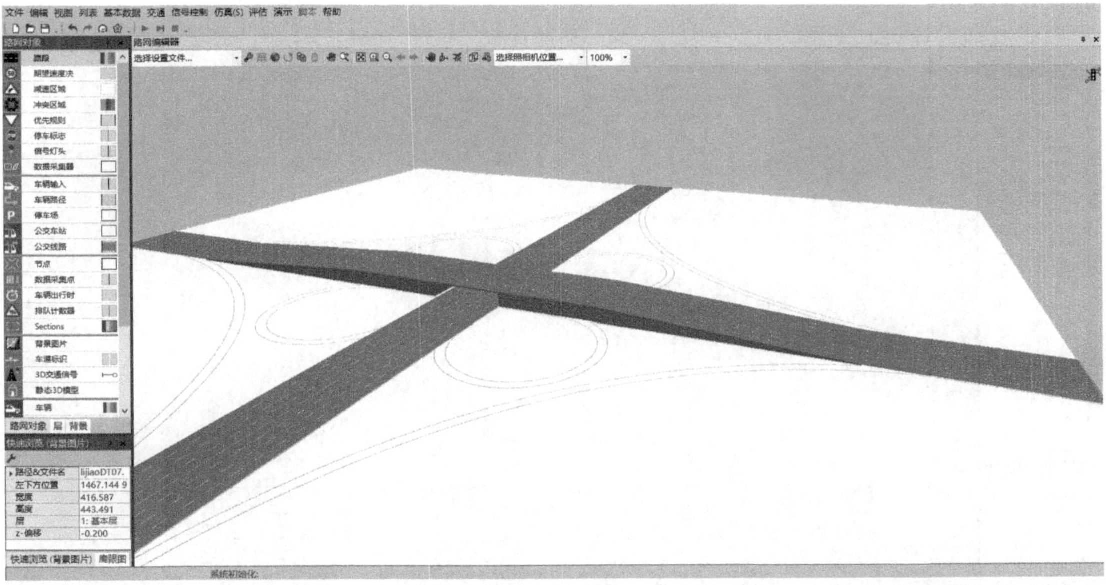

图 10-16 西向东方向路段 3D 仿真

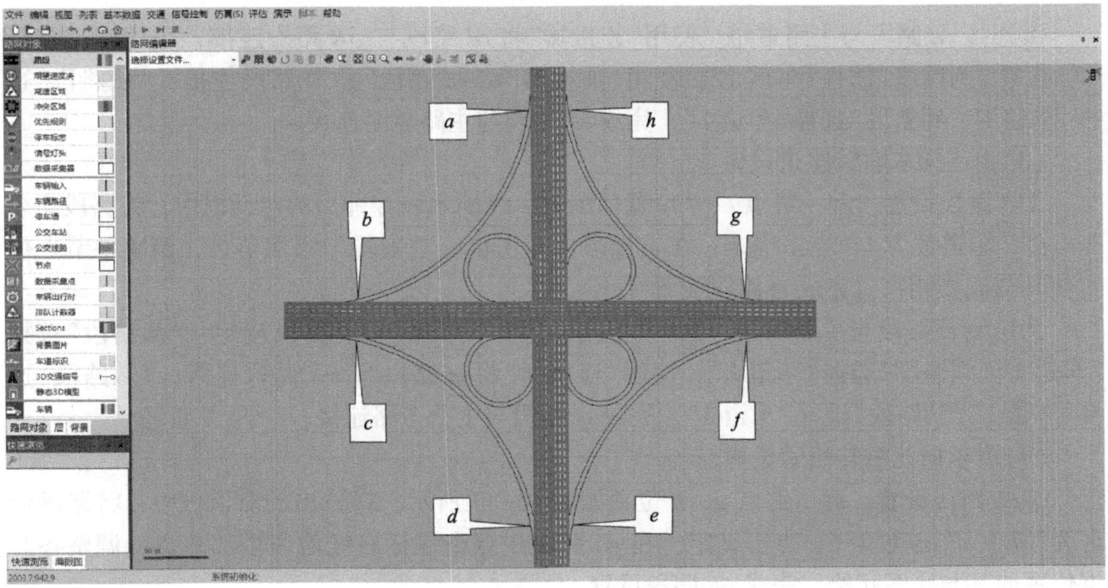

图 10-17 各方向右转匝道控制点

②连接 *ab* 路段与主路道路。使用“连接器”将 *ab* 路段与 *AB* 路段连接，“从路段”选择“车道 1”“到路段”选择“车道 1”；使用“连接器”将 *ab* 路段与 *OP* 路段连接，“从路段”选择“车道 1”“到路段”选择“车道 1”，如图 10-18 所示，完成 *ab* 路段与主路道路连接。

(2)由西向南右转匝道设置

①*cd* 路段设置。起、终点 *c*、*d* 位置如图 10-17 所示，在弹出的对话框中，将路段命名为“*cd*”，车道数为 1，点击确定，在 *cd* 路段中点击鼠标右键均匀添加节点，调整各节点位置使其与底图相符，完成 *cd* 路段设置。

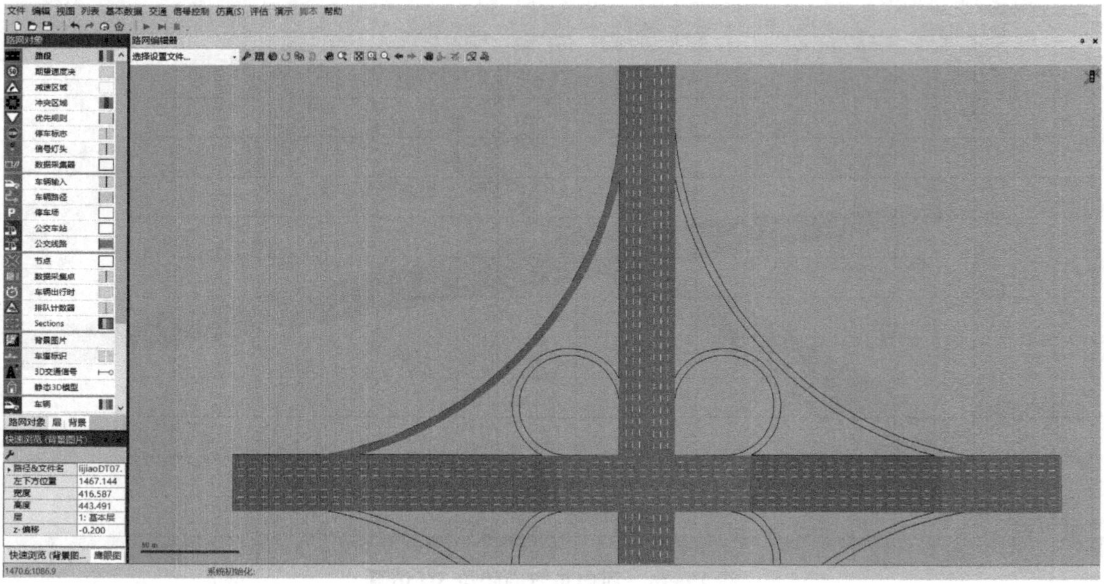

图 10-18　*ab* 路段与主路道路连接

②连接 *cd* 路段与主路道路。使用“连接器”将 *cd* 路段与 *QR* 路段连接，“从路段”选择“车道 1”“到路段”选择“车道 1”；使用“连接器”将 *cd* 路段与 *CD* 路段连接，“从路段”选择“车道 1”“到路段”选择“车道 1”，完成 *cd* 路段与主路道路连接。

(3)由南向东右转匝道设置

①*ef* 路段设置。起、终点 *e*、*f* 位置如图 10-17 所示，在弹出的对话框中，将路段命名为“*ef*”，车道数为 1，点击确定，在 *ef* 路段中点击鼠标右键均匀添加节点，调整各节点位置使其与底图相符，完成 *ef* 路段设置。

②连接 *ef* 路段与主路道路。使用“连接器”将 *ef* 路段与 *EF* 路段连接，“从路段”选择“车道 1”“到路段”选择“车道 1”；使用“连接器”将 *ef* 路段与 *WX* 路段连接，“从路段”选择“车道 1”“到路段”选择“车道 1”，完成 *ef* 路段与主路道路连接。

(4)由东向北右转匝道设置

①*gh* 路段设置。起、终点 *g*、*h* 位置如图 10-17 所示，在弹出的对话框中，将路段命名为“*gh*”，车道数为 1，点击确定，在 *gh* 路段中点击鼠标右键均匀添加节点，调整各节点位置使其与底图相符，完成 *gh* 路段设置。

②连接 *gh* 路段与主路道路。使用“连接器”将 *gh* 路段与 *IJ* 路段连接，“从路段”选择“车道 1”“到路段”选择“车道 1”；使用“连接器”将 *gh* 路段与 *GH* 路段连接，“从路段”选择“车道 1”“到路段”选择“车道 1”，完成 *gh* 路段与主路道路连接。

(5)由北向东左转匝道设置

①*ij* 路段设置。点击左侧工具栏中的“路段”，切换至路段编辑状态，起、终点 *i*、*j* 位置如图 10-19 所示，在弹出的对话框中，将路段命名为“*ij*”，车道数为 1，“Z-偏移量(开始)”为 0，“Z-偏移(结束)”为 6，“厚度(3D)”为 6，点击确定，在 *ij* 路段中点击鼠标右键均匀添加节点，调整各节点位置使其与底图相符，完成 *ij* 路段设置。

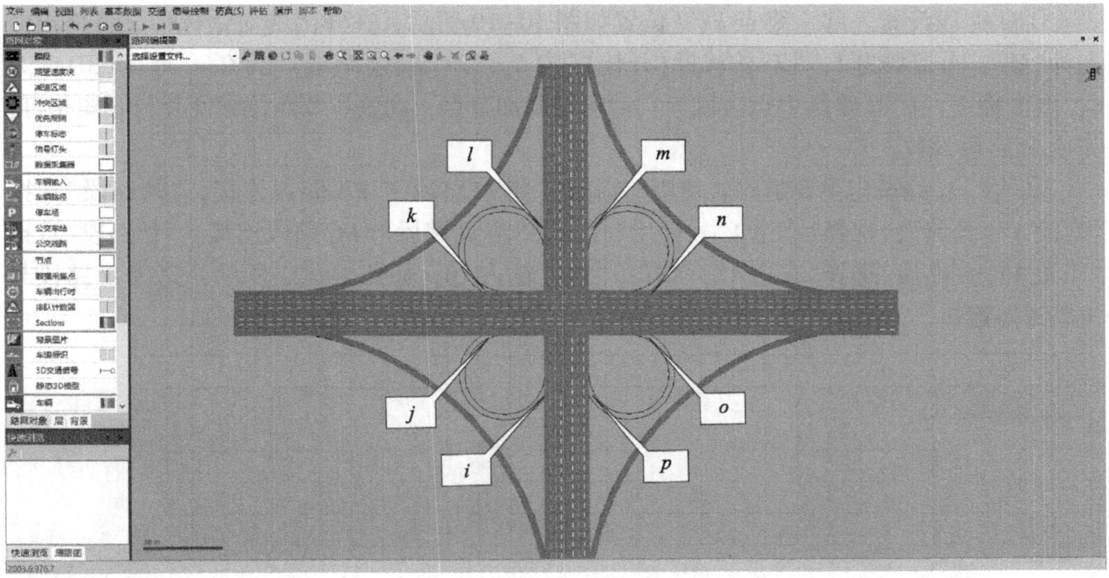

图 10-19　各方向左转匝道控制点

②连接 *ij* 路段与主要道路。使用“连接器”将 *ij* 路段与 *BC* 路段连接，“从路段”选择“车道 1”“到路段”选择“车道 1”；使用“连接器”将 *ij* 路段与 *ST* 路段连接，“从路段”选择“车道 1”“到路段”选择“车道 1”，“样条曲线”输入 10，如图 10-20 所示，完成 *ij* 路段与主路道路连接。

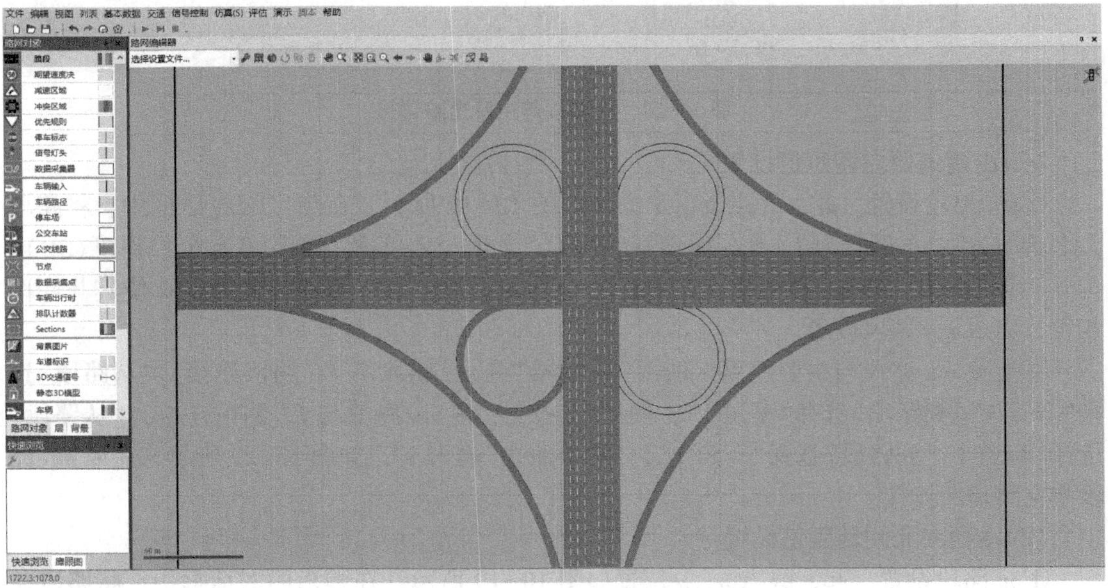

图 10-20　*ij* 路段与主路道路连接

(6)由东向南左转匝道设置

①*kl* 路段设置。起、终点 *k*、*l* 位置如图 10-19 所示，在弹出的对话框中，将路段命名为“*kl*”，车道数为 1，“Z-偏移量(开始)”为 6，“Z-偏移(结束)”为 0，“厚度(3D)”为 6，点击确定，在 *kl* 路段中点击鼠标右键均匀添加节点，调整各节点位置使其与底图相符，完成 *kl* 路段设置。

②连接 *kl* 路段与主要道路。使用“连接器”将 *kl* 路段与 *MN* 路段连接，“从路段”选择“车道 1”“到路段”选择“车道 1”；使用“连接器”将 *kl* 路段与 *BC* 路段连接，“从路段”选择“车道 1”“到路段”选择“车道 1”，“样条曲线”输入 10，如图 10-21 所示，完成 *kl* 路段与主路道路连接。

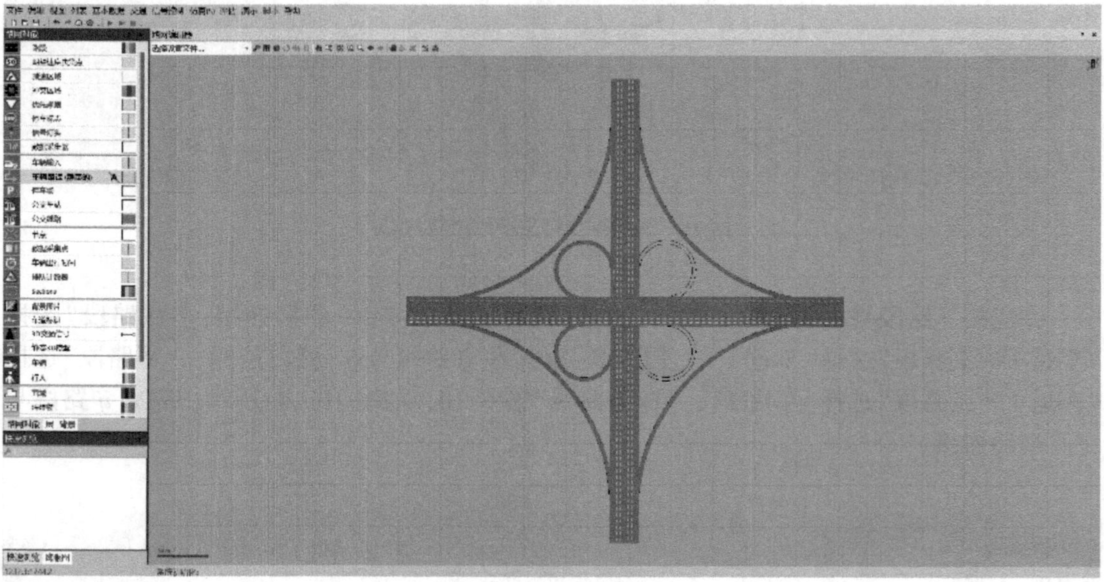

图 10-21　*kl* 路段与主路道路连接

(7)由南向西左转匝道设置

①*mn* 路段设置。起、终点 *m*、*n* 位置如图 10-19 所示，在弹出的对话框中，将路段命名为“*mn*”，车道数为 1，“Z-偏移量(开始)”为 0，“Z-偏移(结束)”为 6，“厚度(3D)”为 6，点击确定，在 *mn* 路段中点击鼠标右键均匀添加节点，调整各节点位置使其与底图相符，完成 *mn* 路段设置。

②连接 *mn* 路段与主要道路。使用“连接器”将 *mn* 路段与 *FG* 路段连接，“从路段”选择“车道 1”“到路段”选择“车道 1”；使用“连接器”将 *mn* 路段与 *KL* 路段连接，“从路段”选择“车道 1”“到路段”选择“车道 1”，“样条曲线”输入 10，如图 10-22 所示，完成 *mn* 路段与主路道路连接。

(8)由西向北左转匝道设置

①*op* 路段设置。起、终点 *o*、*p* 位置如图 10-19 所示，在弹出的对话框中，将路段命名为“*op*”，车道数为 1，“Z-偏移量(开始)”为 6，“Z-偏移(结束)”为 0，“厚度(3D)”为 6，点击确定，在 *op* 路段中点击鼠标右键均匀添加节点，调整各节点位置使其与底图相

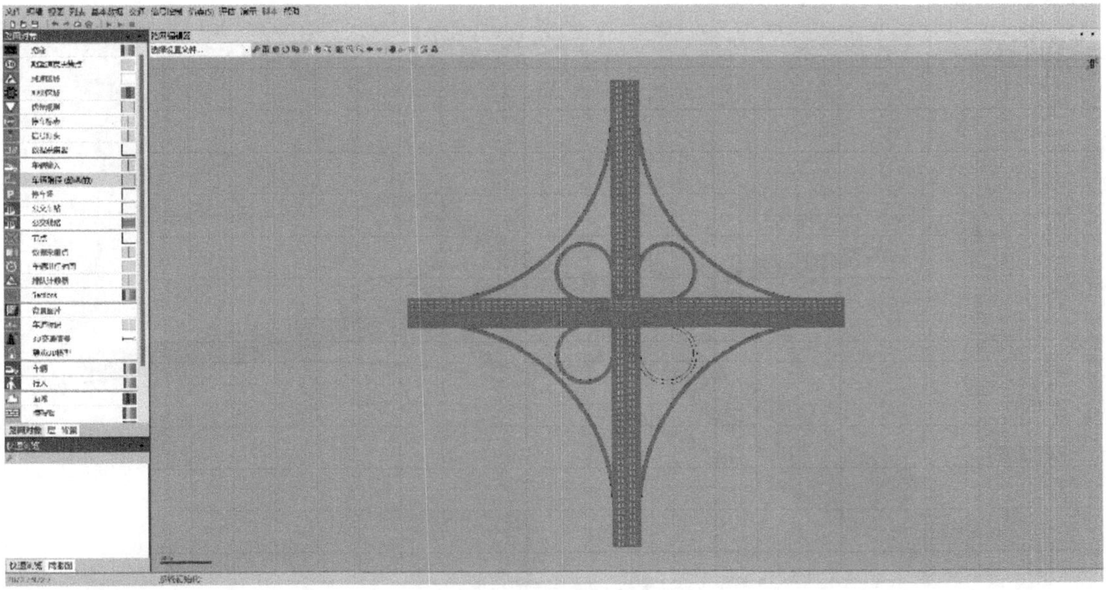

图 10-22　*mn* 路段与主路道路连接

符，完成 *op* 路段设置。

②连接 *op* 路段与主要道路。使用“连接器”将 *op* 路段与 *UV* 路段连接，“从路段”选择“车道 1”“到路段”选择“车道 1”；使用“连接器”将 *op* 路段与 *FG* 路段连接，“从路段”选择“车道 1”“到路段”选择“车道 1”，“样条曲线”输入 10，如图 10-23 所示，完成 *op* 路段与主路道路连接。

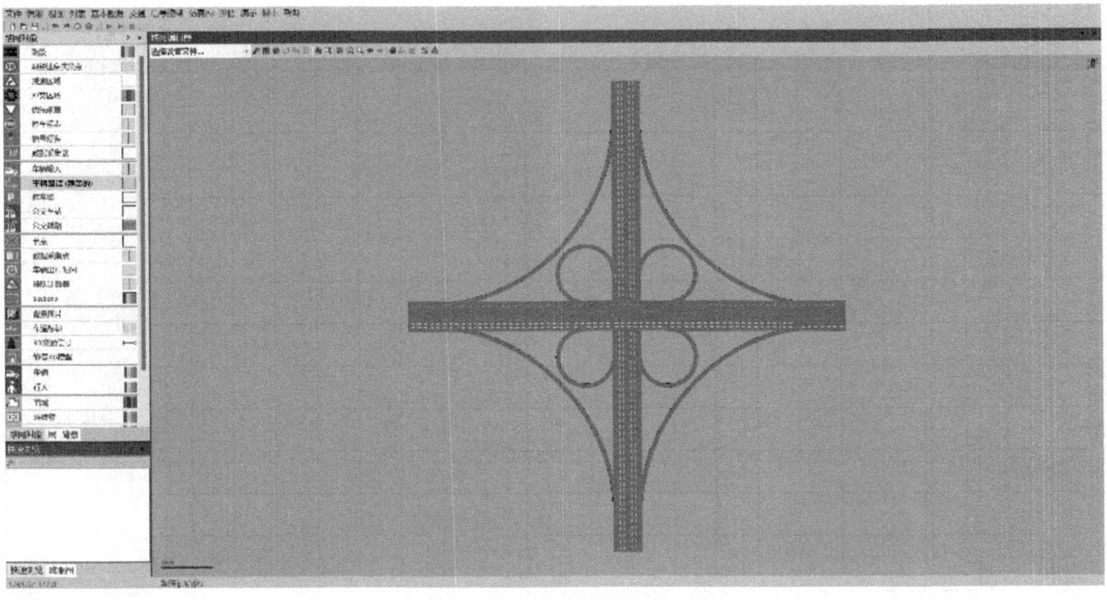

图 10-23　*op* 路段与主路道路连接

(9)立交道路3D仿真效果如图10-24所示。

图10-24　立交道路3D仿真效果

五、流量输入及路径决策

(1)添加流量

①在左侧工具栏中，单击“车辆输入”切换至路段流量编辑状态，右击“车辆输入”，在弹出的列表中点击显示列表，分别在各进口道任意位置单击鼠标右键放置车辆输入，“车辆构成”选择默认，如图10-25所示。

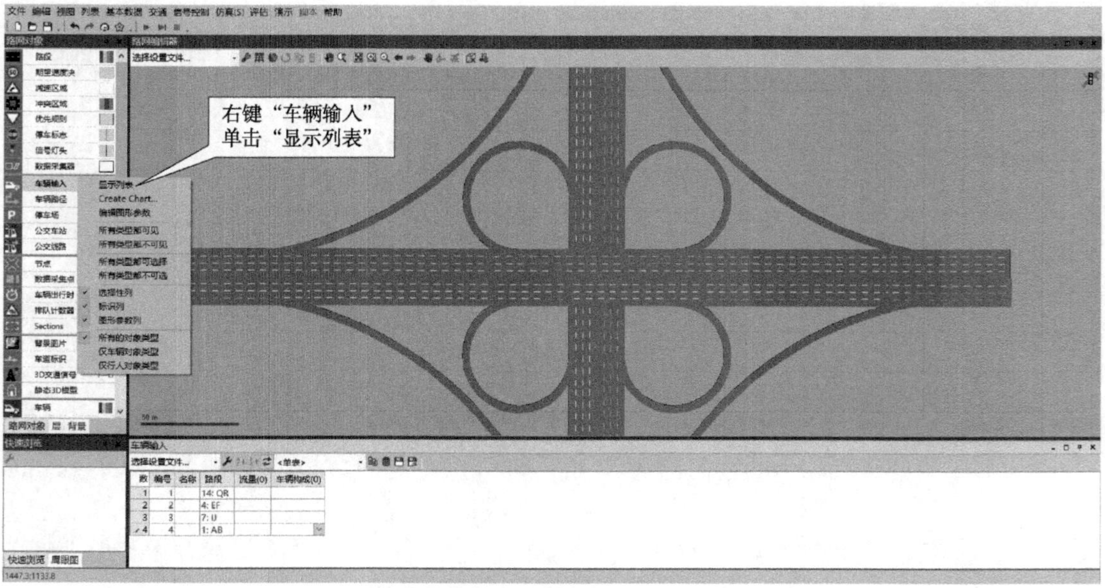

图10-25　路段流量编辑

②根据表 10–3，在各进口道对应的“流量”中添加流量，如图 10–26 所示。

表 10–3　立交交通流量表　　veh/h

进口道方向	流量		进口道方向	流量	
东	左转	300	西	左转	300
	直行	1 500		直行	1 500
	右转	200		右转	200
	合计	2 000		合计	2 000
南	左转	300	北	左转	300
	直行	1 500		直行	1 500
	右转	200		右转	200
	合计	2 000		合计	2 000

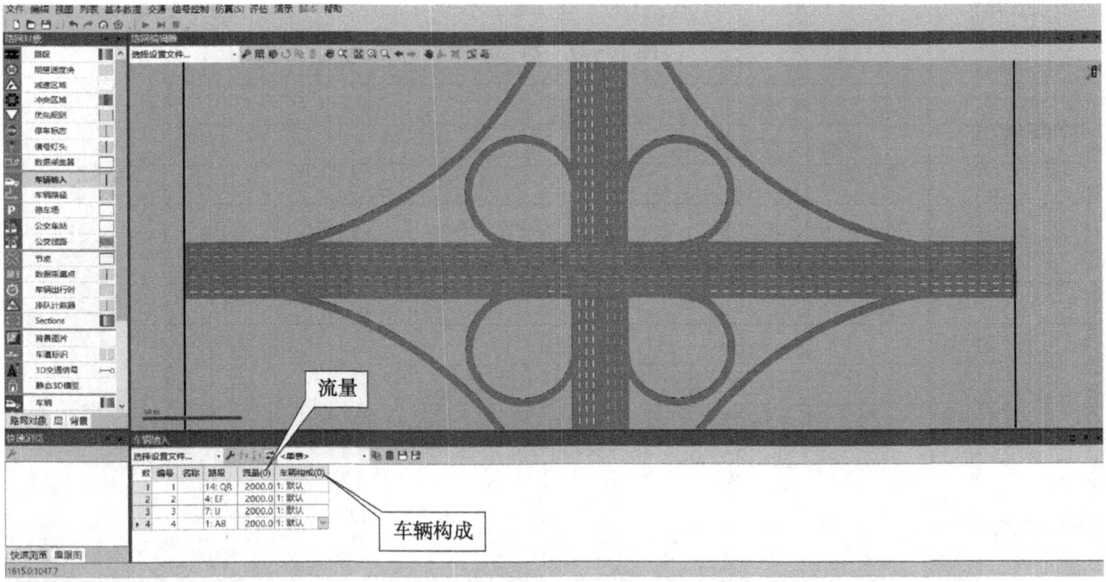

图 10–26　流量及车辆构成设置

(2)路径决策

①在左侧工具栏中，单击“车辆路径”切换至路径决策设置状态，右击“车辆路径”，在弹出的列表中将鼠标放置在“显示列表”上，然后单击“静态的”，如图 10–27 所示。

②在北进口车道上单击鼠标右键，路段上出现紫色线段，此线段为路径决策起点；在西出口车道上单击鼠标左键，路段上出现蓝色线段，此线段为路径决策终点。此时在路径决策起点和终点中间出现黄色路段，即完成了北进口方向右转车流的路径决策。同理，完成北进口方向直行及左转路径决策，如图 10–28 所示。

提示：左转路径决策终点应设置在 o 点右侧，否则车辆可能沿 op 匝道运行，由北进口离开路网。

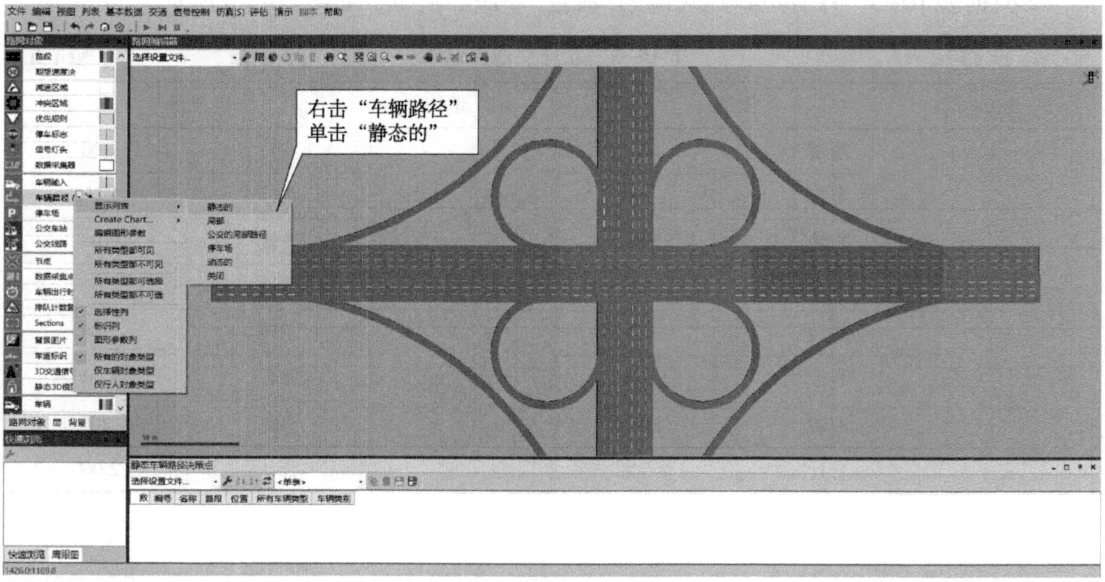

图 10-27　路径决策

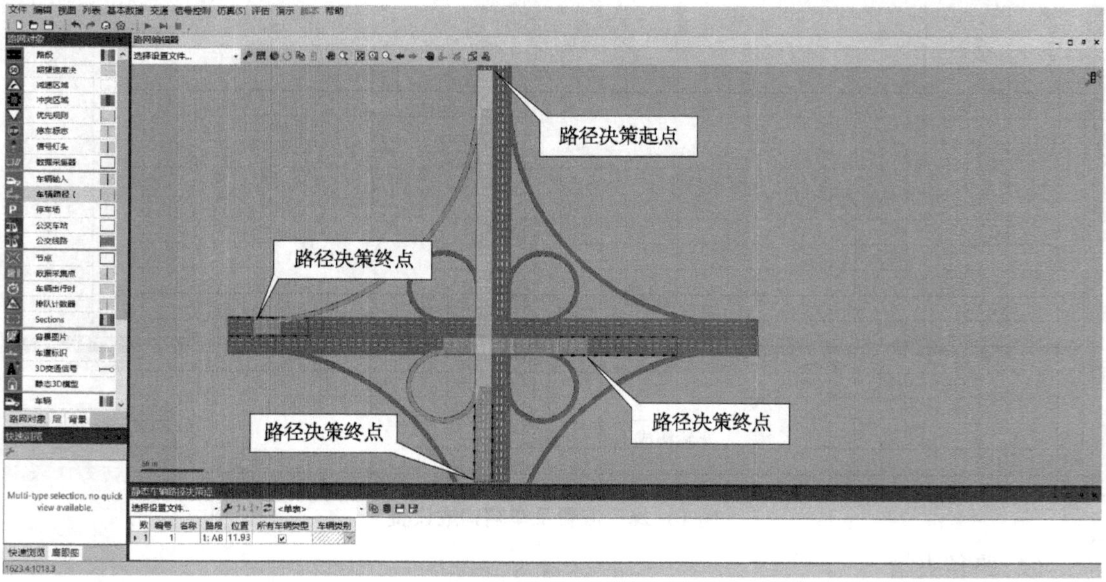

图 10-28　北进口车流路径决策

③依据步骤②，分别完成其他进口方向的路径决策。

六、优先规则设置

①各右转匝道与主路内车流有冲突时，主路车流具有优先通行权。在左侧工具栏中，单击“冲突区域”切换至冲突区域设置状态。鼠标左键单击某一右转匝道与主路路段冲突区域，通过右键单击的方式，将主路路段设置为绿色、右转匝道路段设置为红色。同理完成其他右转匝道与主路路段冲突区域优先规则设置，如图 10-29 所示。

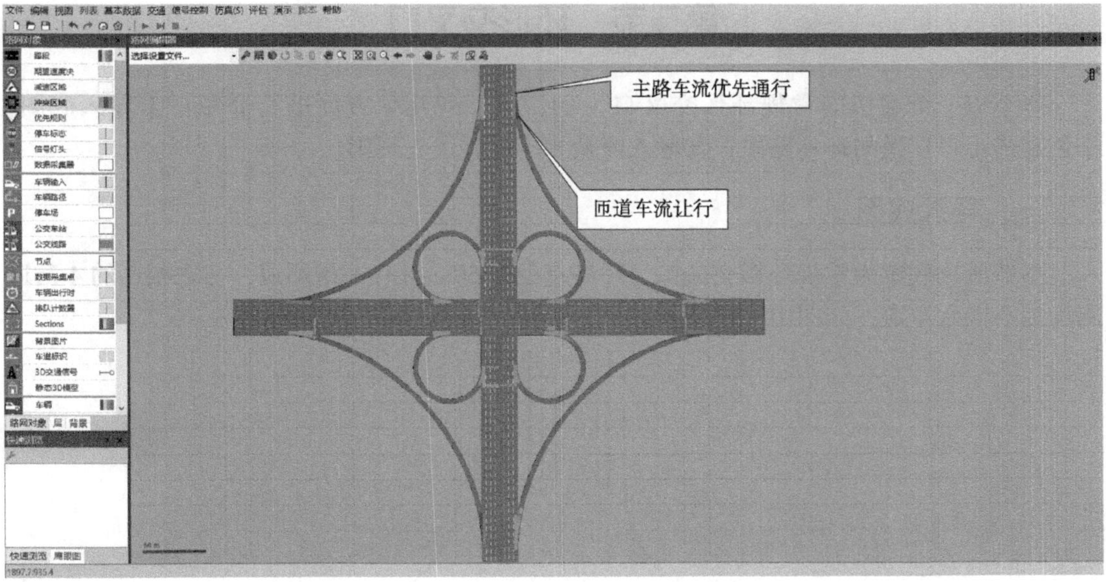

图 10-29　右转匝道与主路路段冲突区域优先规则设置

②各左转匝道与主路内车流有冲突时，主路车流具有优先通行权。在左侧工具栏中，单击“冲突区域”切换至冲突区域设置状态。鼠标左键单击某一左转匝道与主路路段冲突区域，通过右键单击的方式，将主路路段设置为绿色、左转匝道路段设置为红色。同理完成其他左转匝道与主路路段冲突区域优先规则设置，如图 10-30 所示。

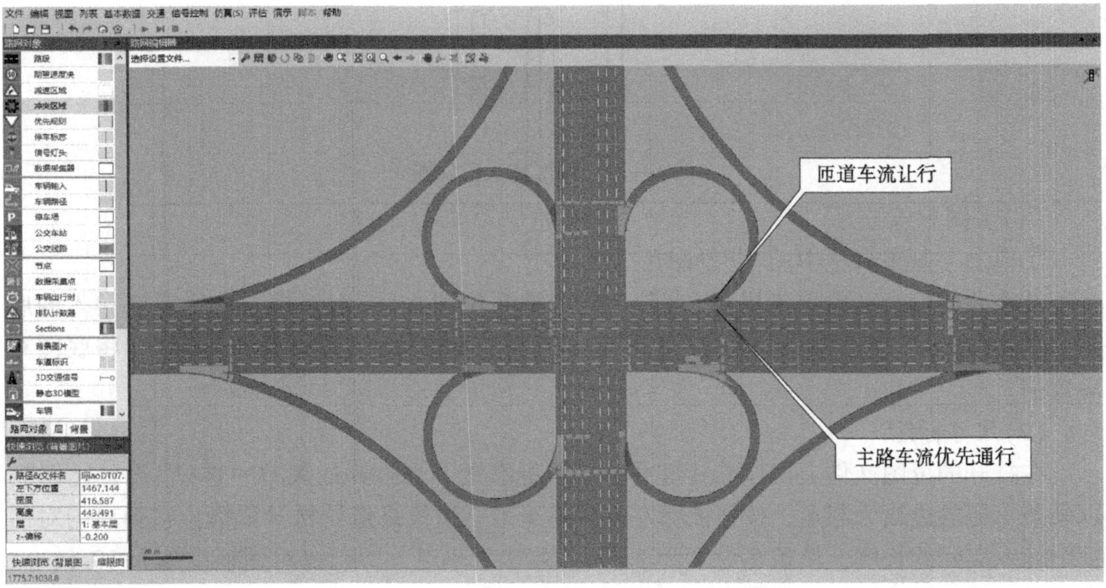

图 10-30　左转匝道与主路路段冲突区域优先规则设置

第二节　环形交叉口

本节以一个虚拟的常规环形交叉口为例，从下列几个方面进行介绍：①导入底图；②创建进出口车道与环岛路段；③输入流量；④设置优先规则。

一、导入底图

本节所用底图为常规环形交叉口，环岛直径为50m且有4条环道，与之相连的4条道路均为双向六车道，如图10-31所示。

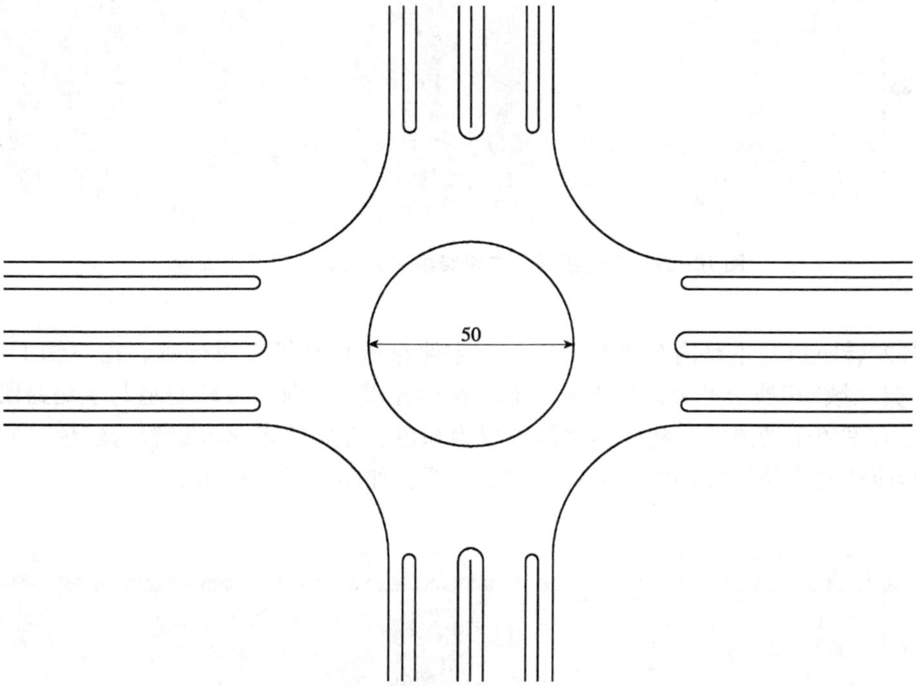

图10-31　环形交叉口底图

(1)底图导入

①单击左侧工具栏中的"背景图片"。

②在路网编辑区内单击鼠标右键，弹出"选择位图文件"对话框，选择需要导入的底图，点击"打开"，完成底图导入。也可点击上侧工具栏中的"显示整个路网"，将底图布满置中。

(2)尺寸标注

在打开的位图文件上按住Ctrl键并单击鼠标右键，在打开的菜单中选择"设置比例"，以某条车道的边线为起点，按住鼠标左键并拖至另一边线终点处松开鼠标，在弹出的对话框中输入实际的长度，单条车道宽为3.5m，共3条车道，所以在对话框中输入10.5，点击确定，完成尺寸标注，如图10-32所示。

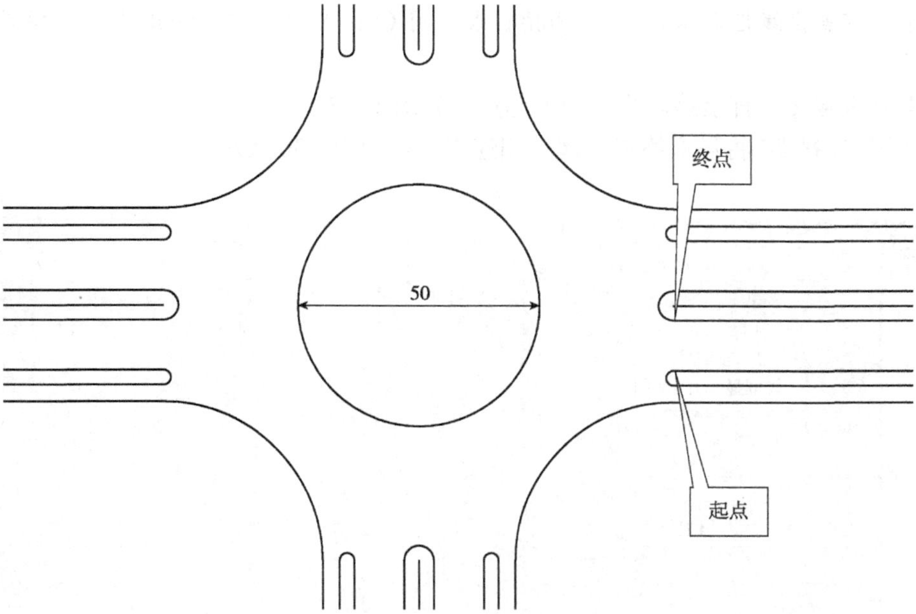

图 10-32　尺寸标注

二、创建环岛路段

①沿环岛按逆时针方向添加路段，命名为环道，车道数为 4，其他设置不变，如图 10-33 所示。

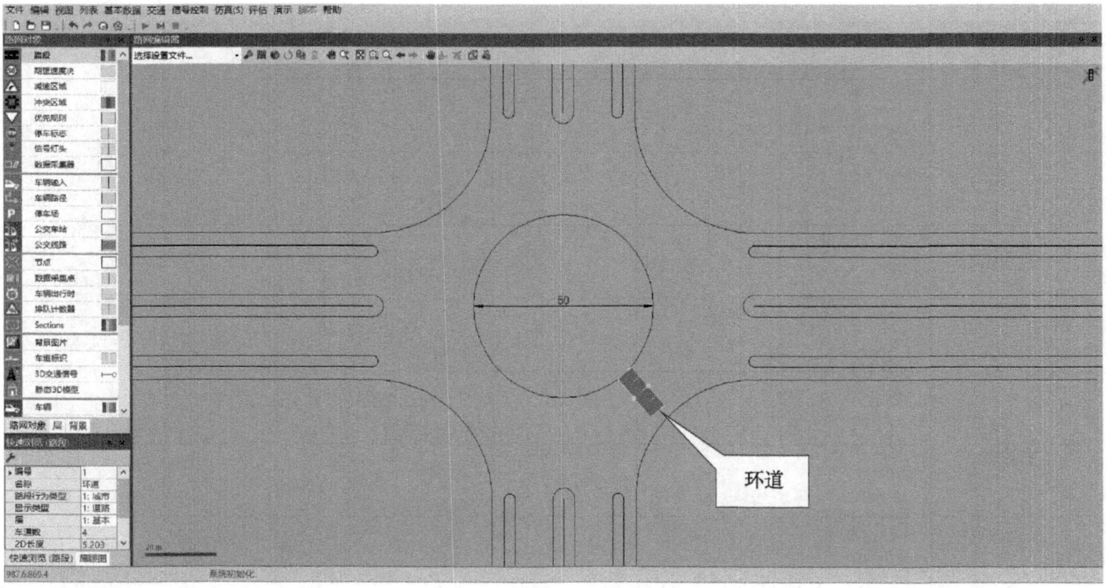

图 10-33　环道设置

②在路段中点击鼠标右键均匀添加节点，调整各节点位置，如图 10-34 所示。

提示：可点击线框显示开启/关闭按钮或使用 Ctrl+A 快捷键，调出中心线模式，更加便于操作。

③重复步骤②，直至路段终点接近起点，如图 10-35 所示。

④使用“连接器”将环道终点、起点相连接，如图 10-36 所示。

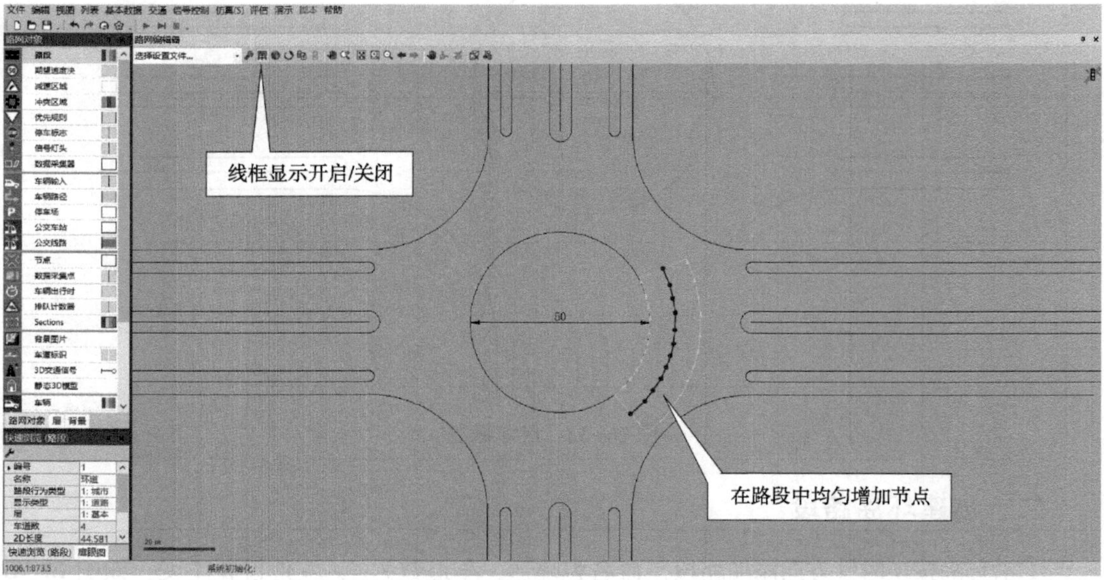

图 10-34　环道绘制

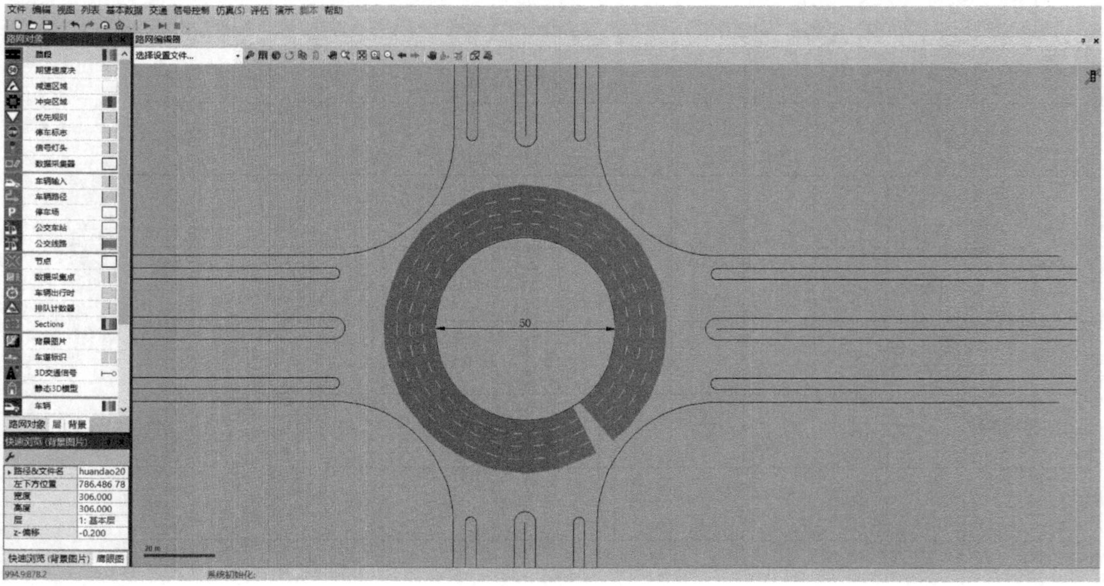

图 10-35　环道路段

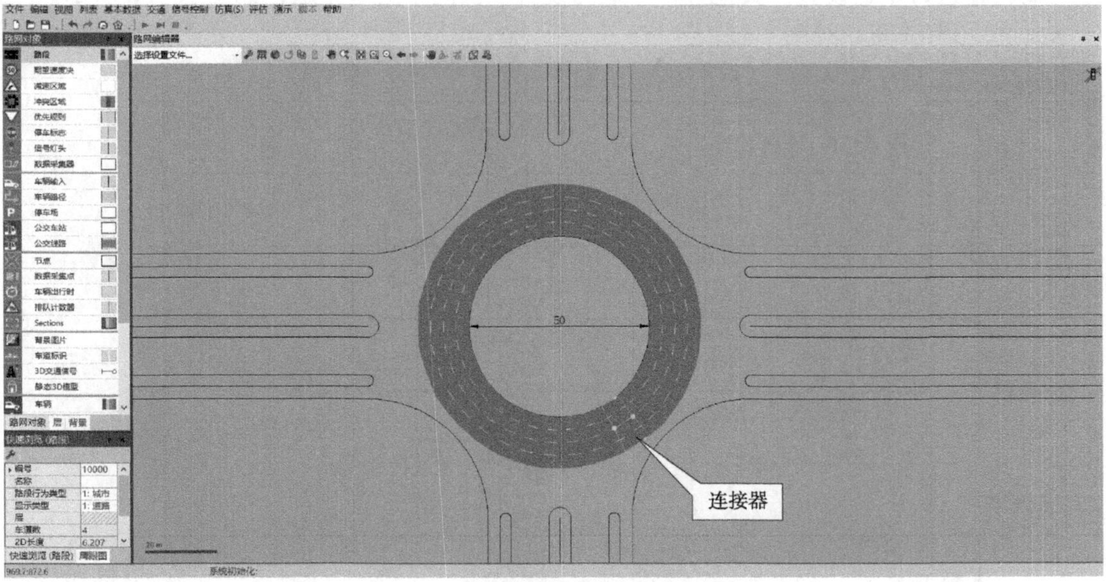

图 10-36 环道路段连接

三、创建进出口车道

(1)进口车道设置

①东进口车道设置。点击左侧工具栏中的“路段”，切换至路段编辑状态。从图 10-37 起点处点击鼠标右键不放，至终点处松开鼠标右键。在弹出的对话框中，将路段命名为“东进口”，车道数为 3，点击确定，完成东进口车道设置。

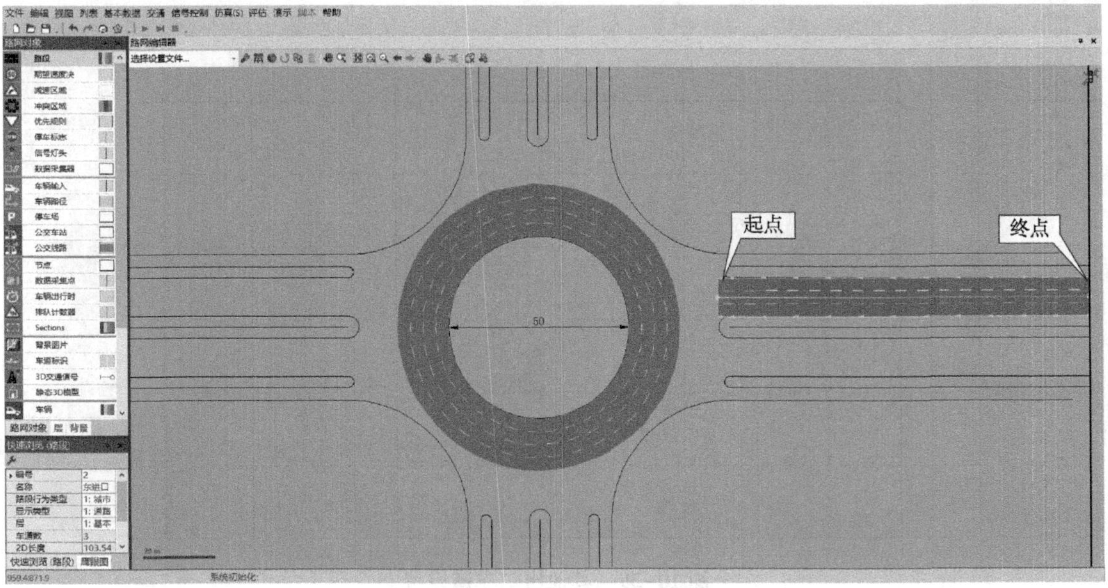

图 10-37 东进口车道设置

②其他进口车道设置。其他进口车道的设置步骤同东进口车道，如图 10-38 所示。

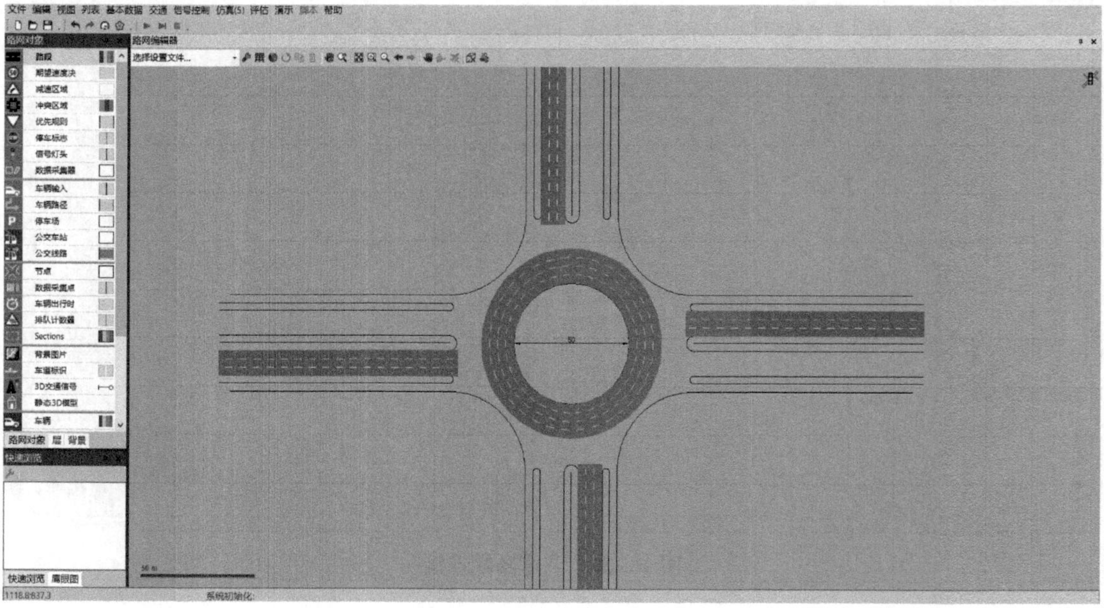

图 10-38　其他进口车道设置

(2)出口车道设置

各出口车道的设置步骤同东进口车道，但车道方向相反，如图 10-39 所示。

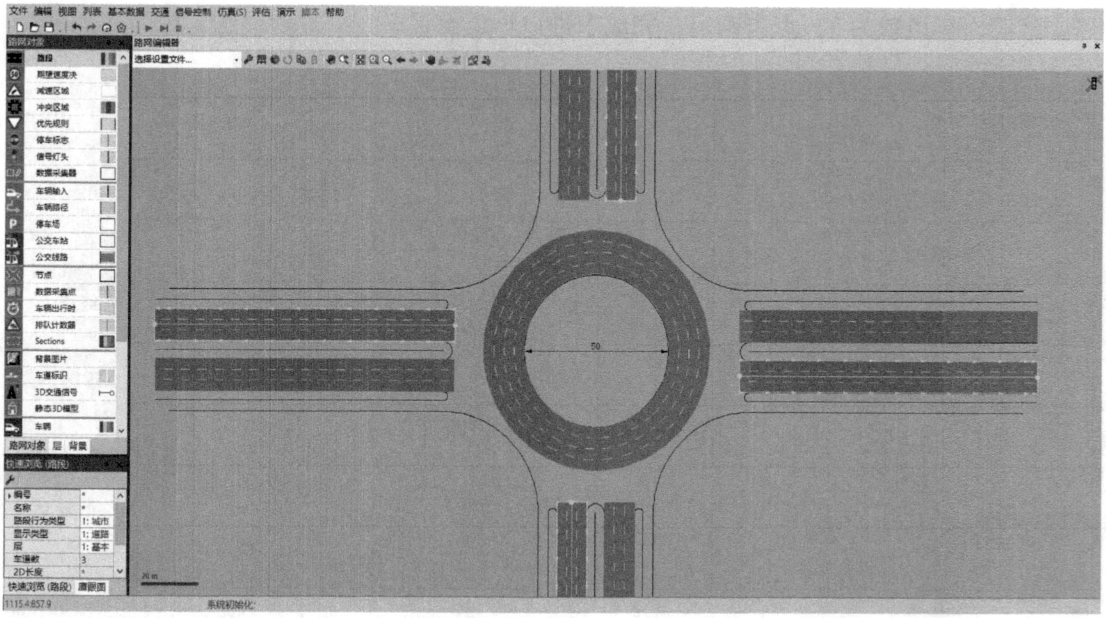

图 10-39　其他出口车道设置

(3)环道与各进口车道连接

①使用“连接器”将东进口车道与环道相连接，在弹出的对话框中，“从路段”选择“车道 1”至“车道 3”“到路段”选择“车道 1”至“车道 3”，样条曲线设置为 10，如图 10-40 所示。

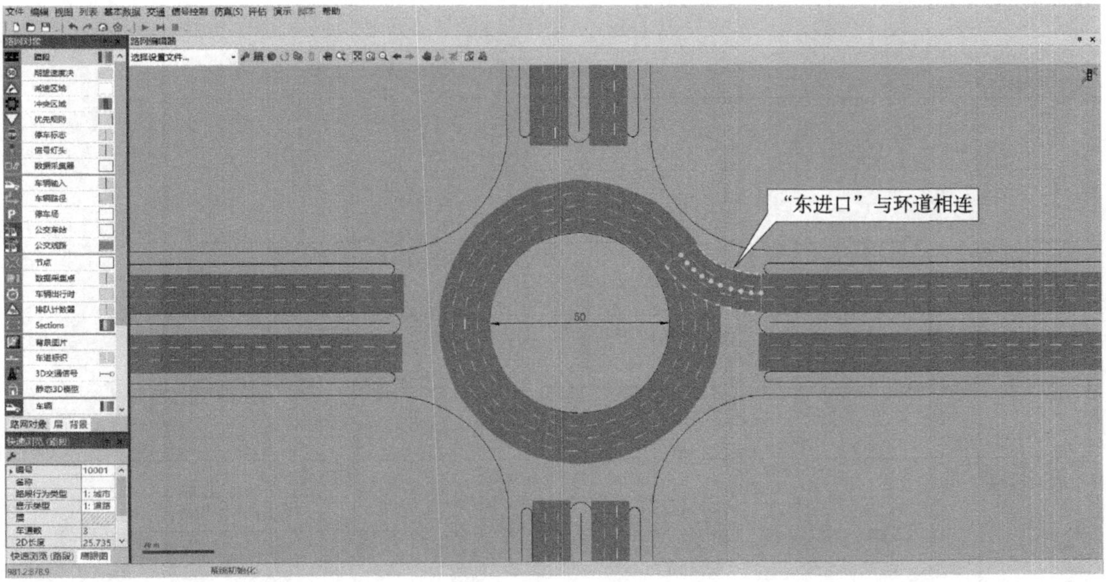

图 10-40　东进口车道与环道相连

②参考步骤①，使用“连接器”将其他进口车道与环道相连接，如图 10-41 所示。

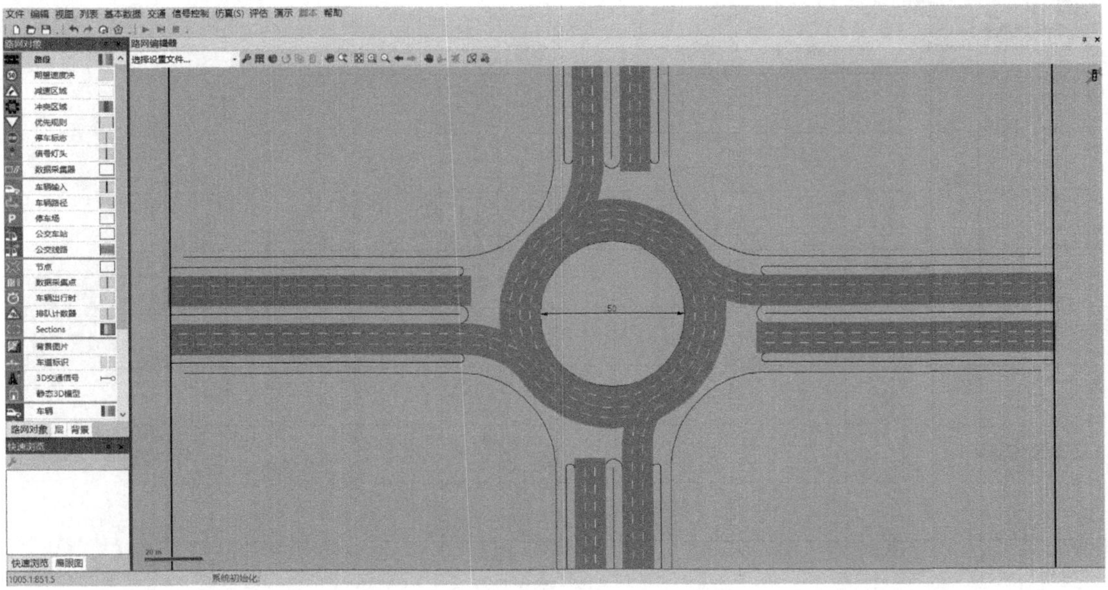

图 10-41　各进口车道与环道相连

③使用“连接器”将环道与东出口车道相连接，在弹出的对话框中，“从路段”选择“车道1”至“车道3”“到路段”选择“车道1”至“车道3”，样条曲线设置为10，如图10-42所示。

④参考步骤③，使用“连接器”将环道与其他出口车道相连接，如图10-43所示。

提示：环道连接器与进出口车道连接器应保持一定距离，不应太近，如图10-44所示。

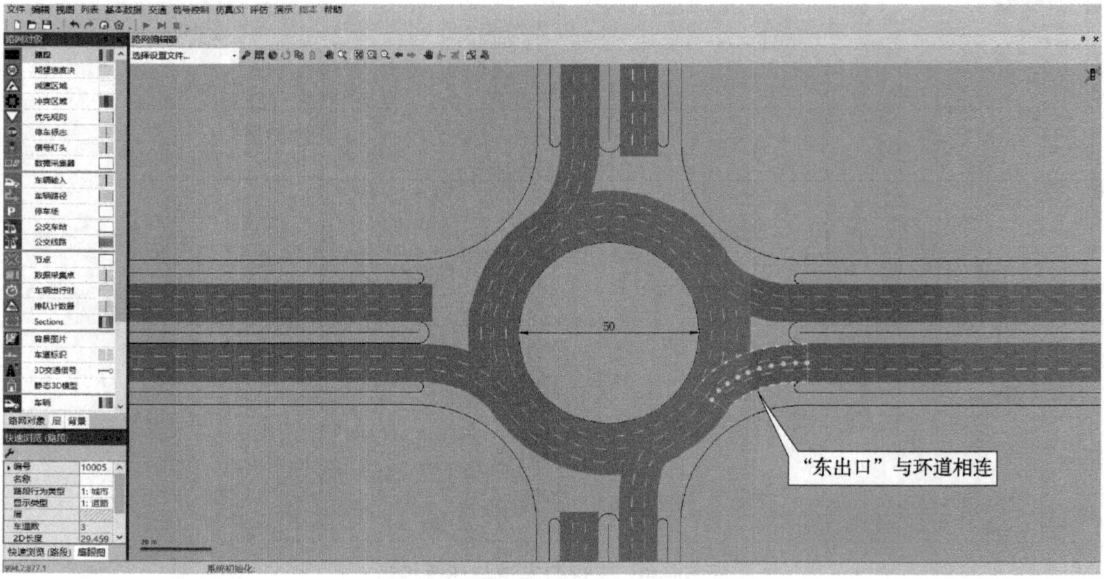

图10-42　东出口车道车与环道相连

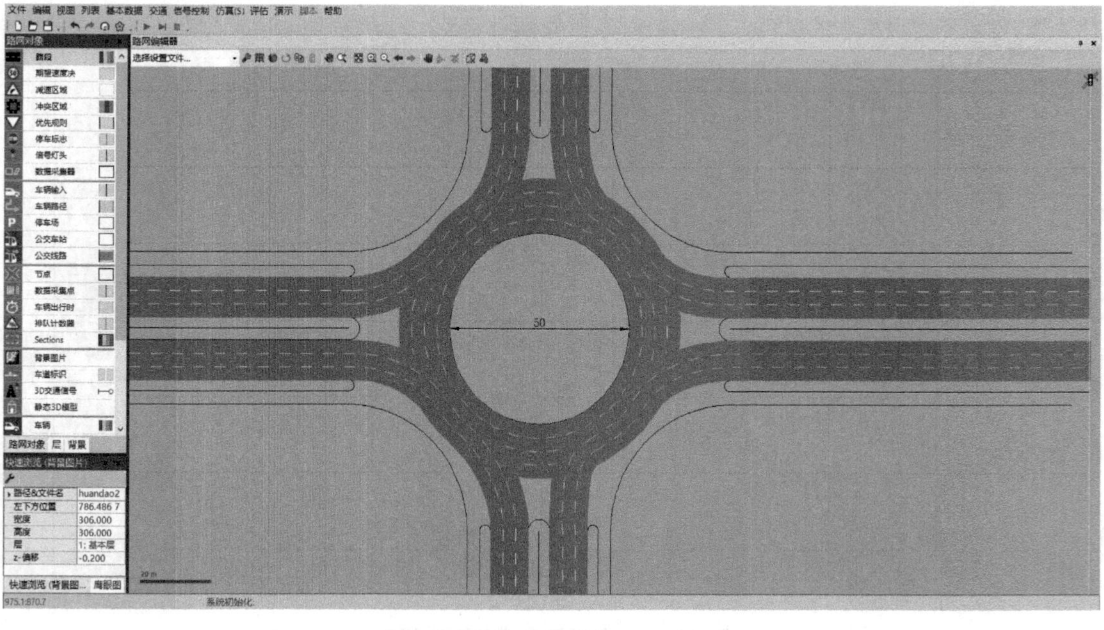

图10-43　其他出口车道与环道相连

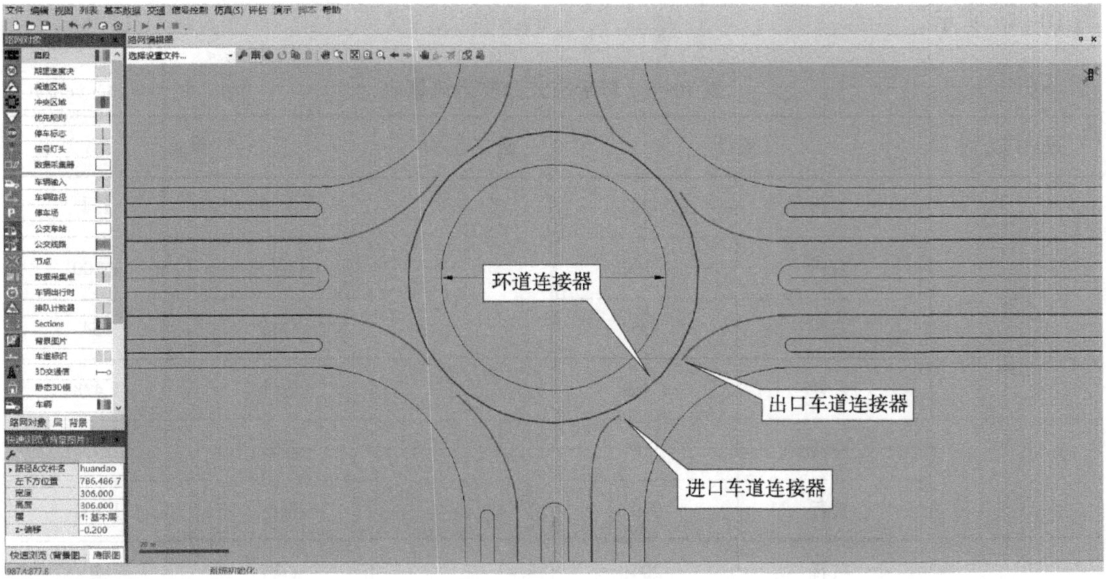

图 10-44 环道连接器示意

四、输入流量

(1)添加流量

①在左侧工具栏中，单击“车辆输入”切换至路段流量编辑状态，右击“车辆输入”，在弹出的列表中点击显示列表，分别在各进口道任意位置单击鼠标右键放置车辆输入，如图 10-45 所示。

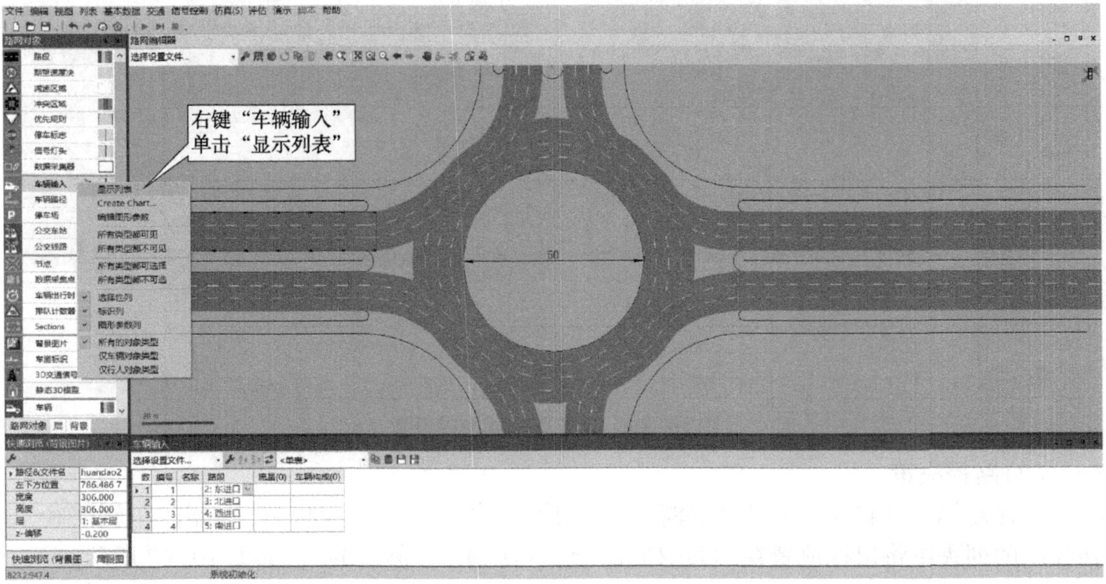

图 10-45 路段流量编辑

②根据表 10-4，在各进口道对应的“流量”中添加流量，“车辆构成”选择默认，如图 10-46 所示。

表 10-4　环形交叉口交通流量表　　veh/h

进口道方向	流量		进口道方向	流量	
东	左转	234	西	左转	134
	直行	1 100		直行	1 200
	右转	125		右转	154
	合计	1 459		合计	1 488
南	左转	110	北	左转	243
	直行	940		直行	1 100
	右转	204		右转	120
	合计	1 254		合计	1 463

图 10-46　流量及车辆构成设置

(2)路径决策

①在左侧工具栏中，单击“车辆路径”切换至路径决策设置状态，右击“车辆路径”，在弹出的列表中将鼠标放置在“显示列表”上，然后单击“静态的”，如图 10-47 所示。

②在东进口车道上单击鼠标右键，路段上出现紫色线段，此线段为路径决策起点；在北出口车道上单击鼠标左键，路段上出现蓝色线段，此线段为路径决策终点。此时在路径

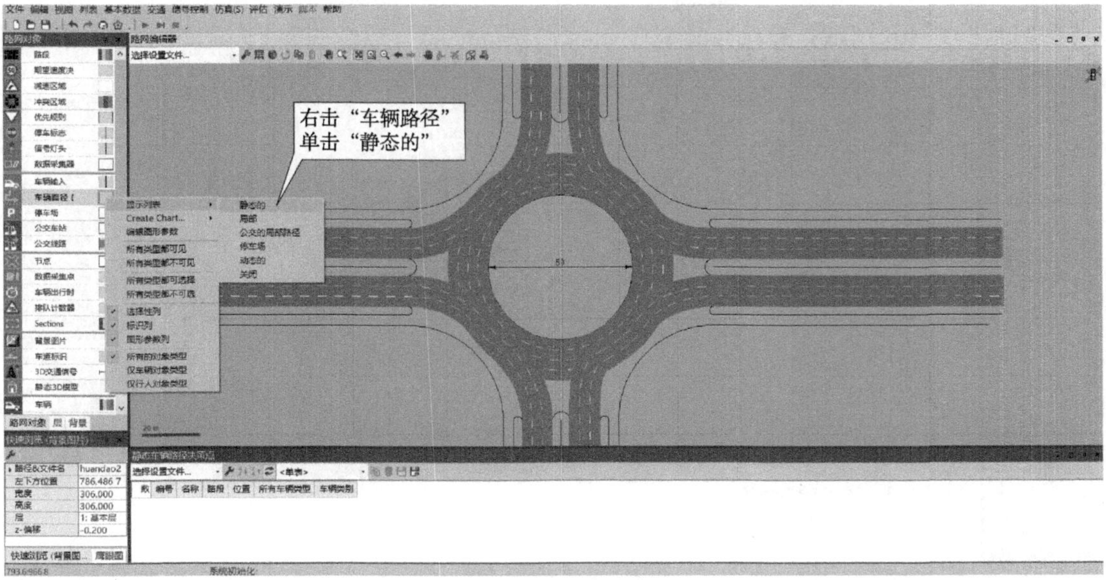

图 10-47　路径决策

决策起点和终点中间出现黄色路段，即完成了东进口方向右转车流的路径决策。同理，完成东进口方向直行及左转路径决策，如图 10-48 所示。

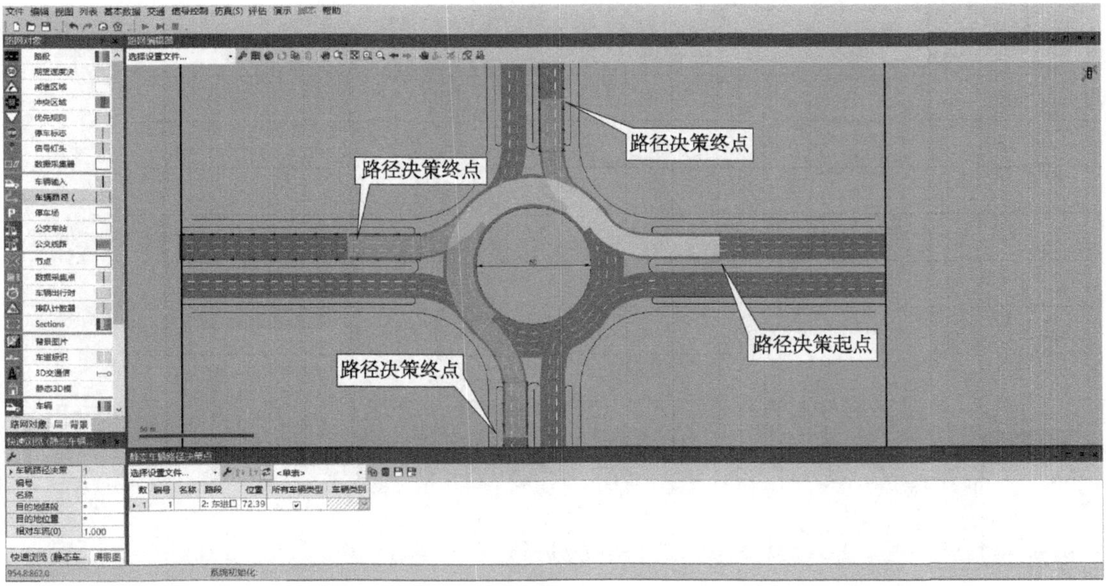

图 10-48　东进口车流路径决策

③依据步骤②，分别完成其他进口方向的路径决策，如图 10-49 所示。

五、设置优先规则

①各进口道车流与环道内车流有冲突时，环道内车流具有优先通行权。在左侧工具栏中，单击"冲突区域"切换至冲突区域设置状态。鼠标左键单击某一进口道与环道冲突区

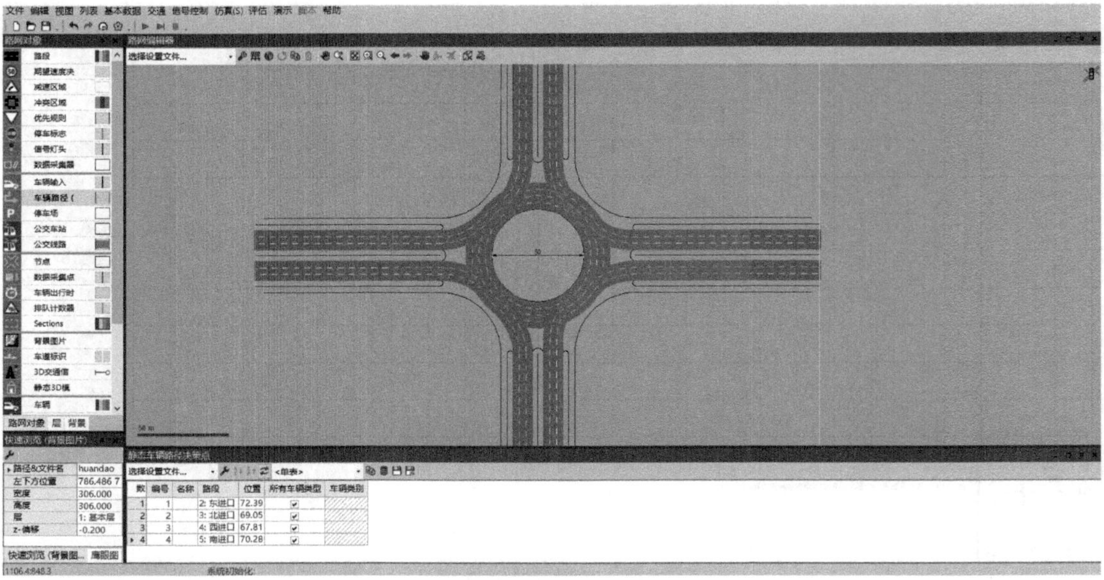

图 10-49　其他进口方向路径决策

域，通过右键单击的方式，将环道路段设置为绿色、进口道路段设置为红色。同理完成其他进口道与环道冲突区域优先规则设置，如图 10-50 所示。

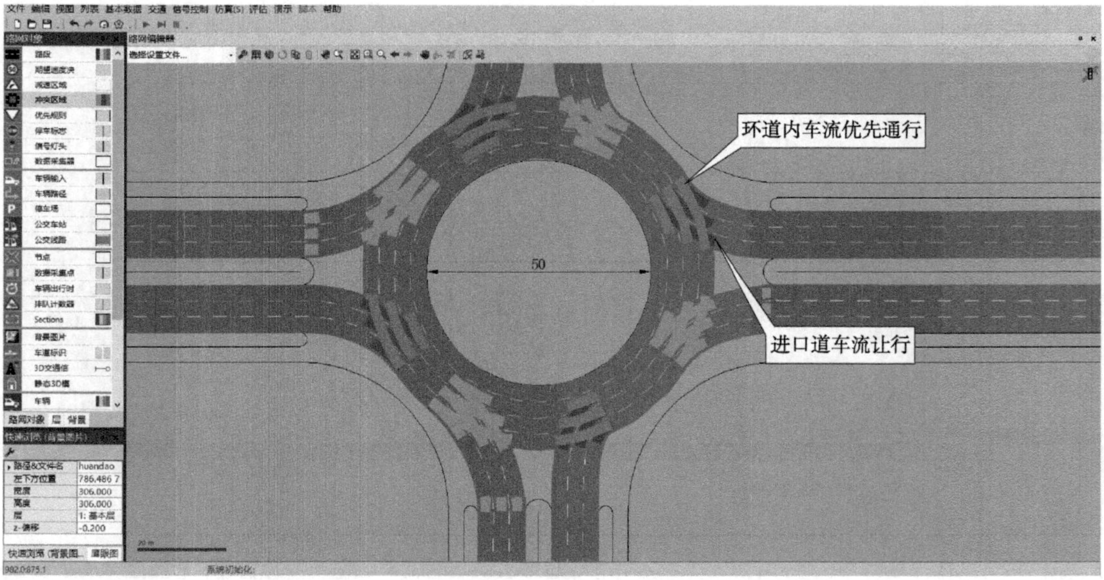

图 10-50　进口道与环道冲突区域优先规则设置

②各出口道车流与环道内车流有冲突时，出口道车流具有优先通行权。在左侧工具栏中，单击“冲突区域”切换至冲突区域设置状态。鼠标左键单击某一出口道与环道冲突区域，通过右键单击的方式，将出口道路段设置为绿色、环道路段设置为红色。同理完成其他出口道与环道冲突区域优先规则设置，如图 10-51 所示。

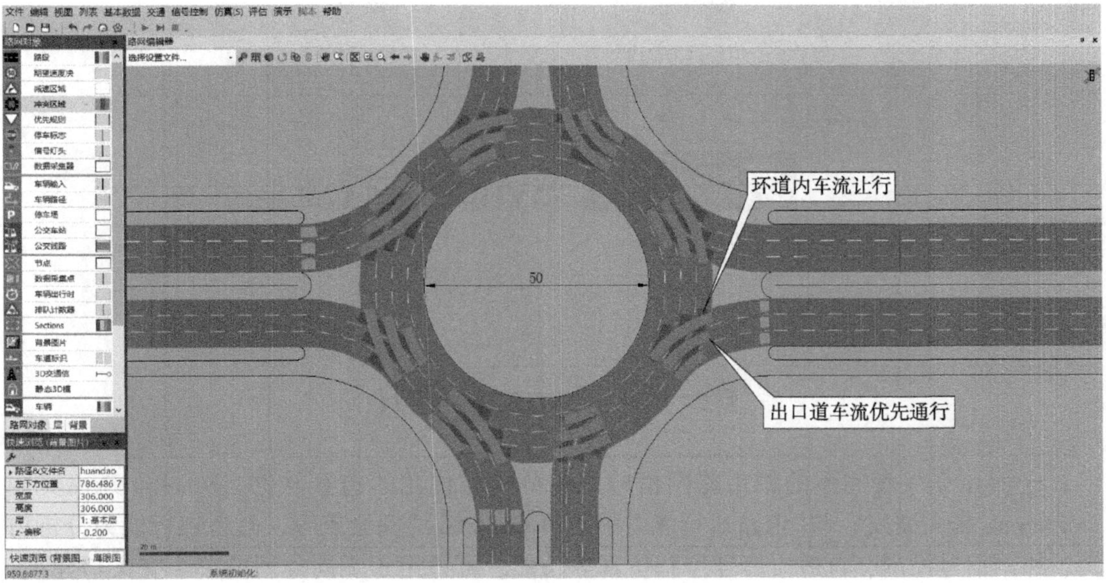

图 10-51　出口道与环道冲突区域优先规则设置

第十一章 Synchro概述

第一节 Synchro 简介

Synchro 是一套完整的城市路网信号配时分析与优化的仿真软件。Synchro 是由美国 Trafficware 公司研发，与“道路通行能力手册(HCM2000)”完全兼容，具备通行能力分析仿真、协调信号控制、自适应信号控制仿真等功能。可适用于不同类型的单个交叉口建模，对信号周期和相位方案进行优化。还可适用与干线及区域信号配时优化方案设计，如干线续进绿波带最大化的信号协调控制方案设计等。

实际操作中，Synchro 不仅可提供方便的窗口编辑人机接口，还可与实时车流仿真软件 SimTraffic 相互结合，模拟路口交通流状况。同时，Synchro 可将所构建完成的路网几何数据转换成可与传统模拟模式 CORSIM、区域路网配时设计模式 TRANSYT、道路通行能力分析模式 HCS 以及微观仿真软件 VISSIM 等常用交通工程分析软件来相互转换使用文档，方便用户针对各种建议方案进行客观性的整合分析与应用。Synchro 既能直观地显示交通流状况，又有较强的计算能力，能够很好地满足配时评价的各项要求，其仿真结果对交通管理者具有极高的参考价值，是一套易学易用且能与交通管理与控制专业知识密切结合的有效分析工具。

Synchro 主要包含：Synchro、SimTraffic、3D Viewer、Warrants 等组件。下面将分别介绍各组件基本功能。

SimTraffic 是功能强大且便于使用的交通仿真模块，SimTraffic 可对高速公路、信号交叉口以及无信号交叉口进行建模。SimTraffic 可在仿真进行时同时运行。

3D viewer 是三维可视化插件，可以根据平面二维模型直接生成三维场景，使视图场景更接近真实场景。

Warrants 可作为一个独立工具或与 Synchro 配合评估交叉口网，Warrants 根据 MUTCD 2009 信号标准与规则评估交叉口。Warrants 8 可方便地与 Synchro 交换交叉口及容量数据，从而快速生成模型。

第二节 Synchro 基本功能介绍

一、Synchro 基本功能

Synchro 同时结合了道路通行能力分析、服务水平评估及信号配时设计等多项功能，且可同时适用于市区独立交叉口（“十”字形、“T”形或“Y”形）、干道与区域交通系统等多种道路几何类型。此外，Synchro 在进行信号配时设计时，其配时优化目标的设定，除可沿用传统独立交叉口配时设计中所常用的最小化平均延误外，还加入了干道续进绿波带宽最大化的信号协调控制目标，同时还兼顾到交叉口相位设计的需要。结合 Synchro 的功能，常用于以下场景来仿真模拟分析：

①单一交叉口或某干道（区域）交通系统的通行能力分析。

②单一交叉口或某干道（区域）交通系统的现状服务水平分析。

③单一交叉口或某干道（区域）交通系统的现状信号运作绩效评估。

④单一交叉口的信号配时设计。

⑤某干道（区域）交通系统的信号协调控制系统设计。

二、Synchro 主界面

打开 Synchro，软件主界面如图 11-1 所示，主界面一般默认为地图视图模式。

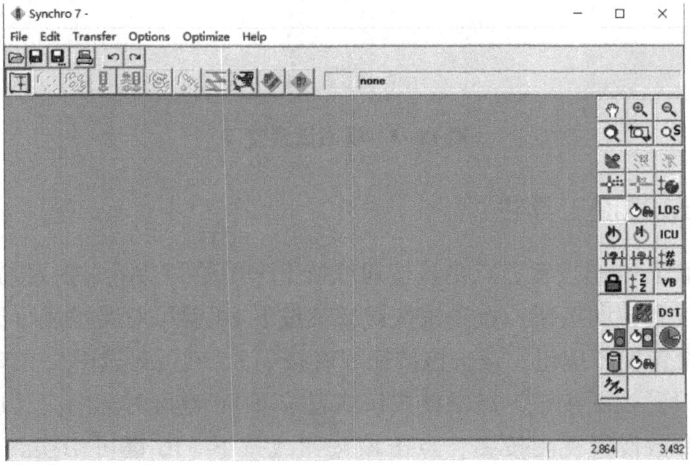

图 11-1　默认主界面

为地图视图按钮，点击该按钮或按下 F2 键，可打开地图视图窗口。在 Synchro 启动时，窗口默认显示地图视图。

创建文件界面如图 11-2 所示，点击 New 或者按下 Ctrl+N 键可以新建一个路段或交叉

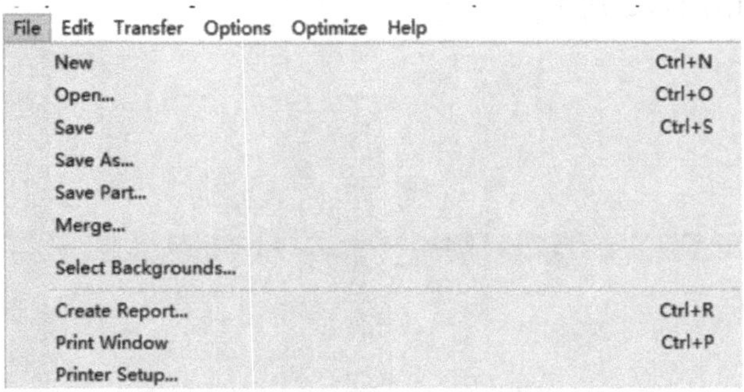

图 11-2　打开或新建一个工程文件操作界面

口，点击 Open 或 Ctrl+O 键可以打开已创建的路网文件。点击 Save 或 Ctrl+S 键即可保存当前路网文件到指定文件夹中。

选中该路段和交叉口，将激活车道、流量等各视图按钮，如图 11-3 所示。图中左上角是切换视图按钮，视图右侧按钮为工具栏。

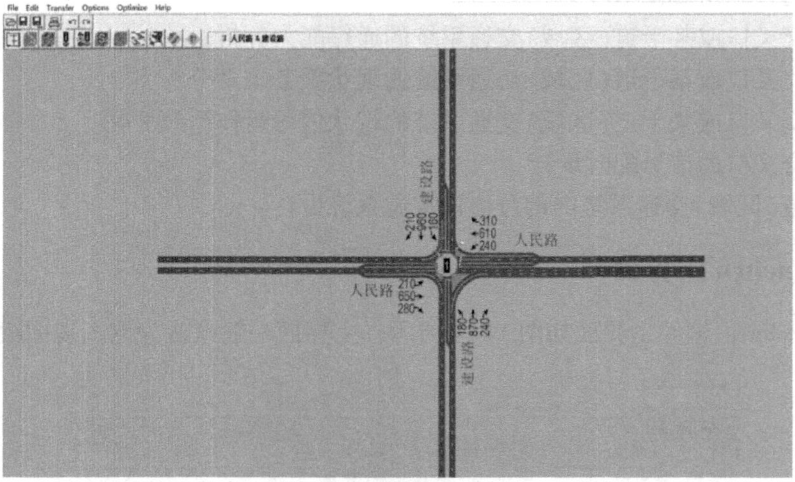

图 11-3 视图设置窗口

三、Synchro 视图工具栏

①为车道设置视图按钮，点击该按钮或按下 F8 键可对路段进行设置。

②为流量设置视图按钮，点击该按钮或者按下 F4 键可对路段进行流量设置。

③为配时设置视图按钮，点击该按钮或者按下 F5 键可对选中交叉口进行配时设置。

④为相位设置视图按钮，点击该按钮或者按下 F6 键可对选中交叉口相位进行设置。

⑤为仿真参数设置视图按钮，点击该按钮或按下 F10 键可切换到仿真参数设置页面，设置仿真参数。

⑥为时空图视图按钮，点击该按钮或按下 F7 键可转换为时空图视图，可查看路口间的交通流动情况。

⑦为仿真界面按钮，点击该图标可进入 simTraffic 仿真页面，点击该按钮将显示交通流仿真模拟界面如图 11-4 所示。

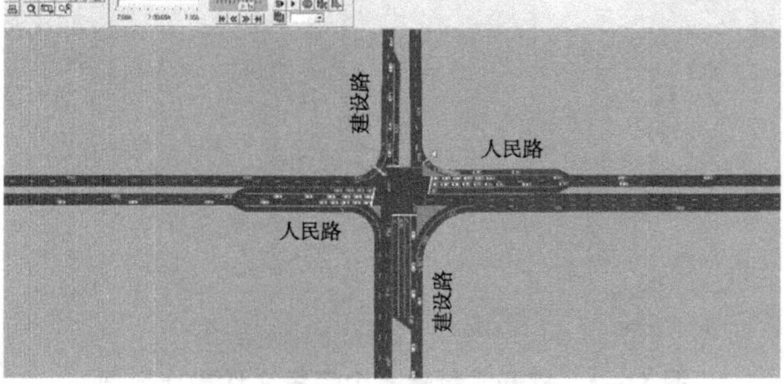

图 11-4 SimTraffic 交通流仿真模拟界面

四、Synchro 工具栏

地图信息按钮位于地图视图右侧，如图 11-5 所示。地图信息按钮中，可大致分为缩放与滚动模块、路口与路段按钮模块、显示信息按钮模块。接下来分别介绍各模块各按钮的功能：

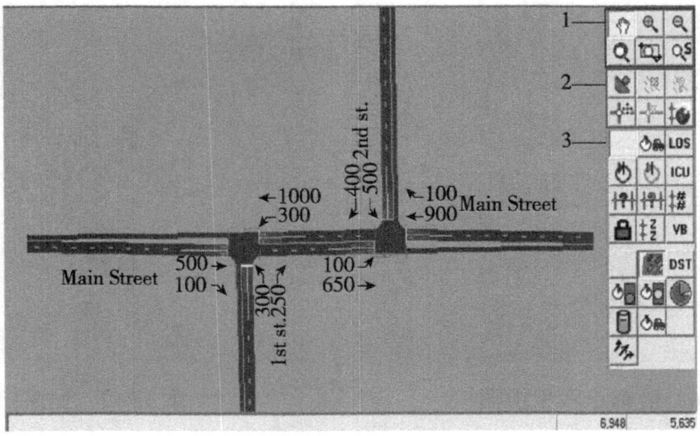

图 11-5 地图信息按钮

1. 缩放与滚动模块

①为平移按钮，点击该按钮或按下 End 键可以滚动地图视图，再次点击该按钮或按下 Esc 键取消操作。此外，按住鼠标滚动轮可拖拽地图。按 Ctrl+C 键，点击地图中某一位置，以其为中心居中显示地图视图。

②为放大按钮，点击该按钮或按下 Page Down 键可以放大地图，通常用来居中显示地图。滚动鼠标滚轮也可以改变地图比例，向上滚动为放大。

③为缩小按钮，点击该按钮或按下 Page UP 键可以查看地图区域，滚动鼠标滚轮也可以改变地图比例。

④为全部缩放按钮，点击该按钮或按下 Home 键可查看整个地图。

⑤为局部缩放按钮，点击该按钮或按下 W 键可查看地图指定区域。依次点击所需查看区域的左上角或和右下角，确定查看区域范围。

⑥为按指定比例查看地图，点击该按钮或按下 Shift+S 可指定比例查看地图，以英尺/英尺为单位输入所需比例，此命令默认的窗口比例为 100：1。

2. 路口与路段按钮模块

①为添加路段按钮，点击该按钮或者按下 A 键可在地图视图中创建路段。

②为删除路段按钮，点击该按钮或者按下 Del 键可在地图视图中删除选中路段。

③为车道设置按钮，点击该按钮或者按下 Enter 键可查看选中路段的设置，在窗边侧边栏显示路段相应数据。

④为移动节点按钮，点击该按钮或按下 M 键可移动节点位置。

⑤为删除节点按钮，点击该按钮或按下 delete 键可删除选中节点。

⑥为坐标变换按钮，点击该按钮选择将匹配的节点或路段，将弹出如图 11-6 所示位置匹配视图。Base Point Old Coordinates X，Y 下方的输入框显示的数值为当前坐标值

(X，Y)，New Coordinates X，Y 为需要更正的坐标值(X1，Y1)。

Scale Factor 为缩放比例，默认以选中的节点为中心按输入的比例进行缩放，Rotate Map 为底图旋转角度，以当前点为中心按照输入的角度进行顺时针旋转。如图 11-7 所示，为旋转后的交叉口视图。

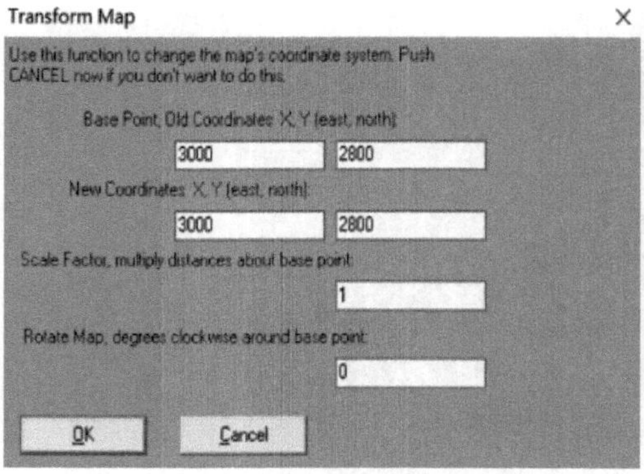

图 11-6　坐标点匹配视图

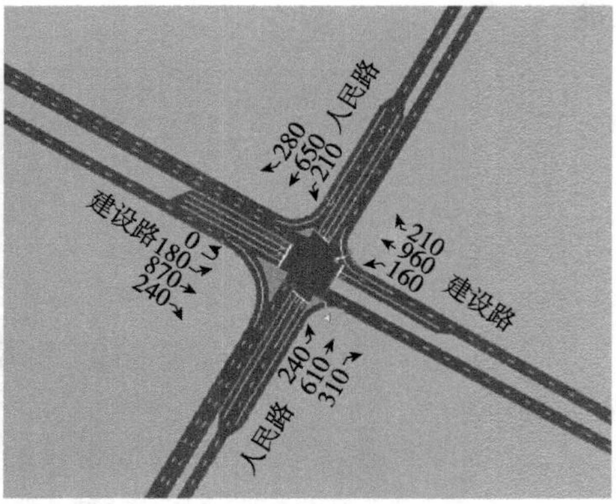

图 11-7　交叉口旋转

3. 显示信息按钮模块

①为显示路口延误按钮，点击该按钮或按下 Delete 键可显示每个路口的延误信息。

如图 11-8 所示，显示交叉口延误时间，默认单位为秒。为显示车流延误按钮，点击该按钮将显示各车道控制延误时间，默认单位为 s。该交叉口北进口道左转和直行车流延误分别为 500s 和 65s。

②为显示服务水平按钮，点击该按钮或按 Shift+D 键可显示每个路口的服务水平。如图 11-9 所示，该交叉口服务水平为 F 级。具体分级标准参照表 12-3。

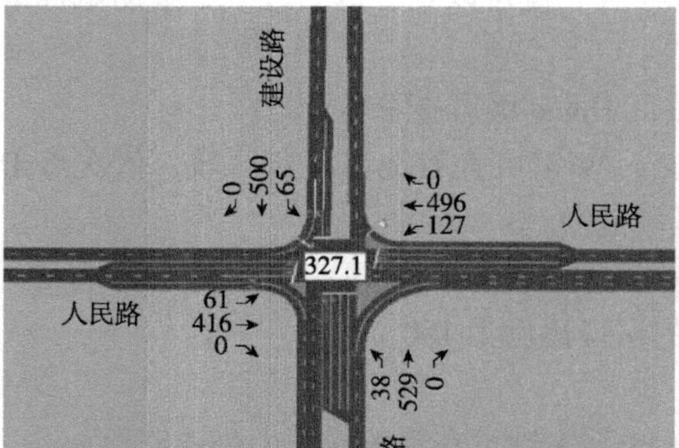

图 11-8　显示交叉口延误

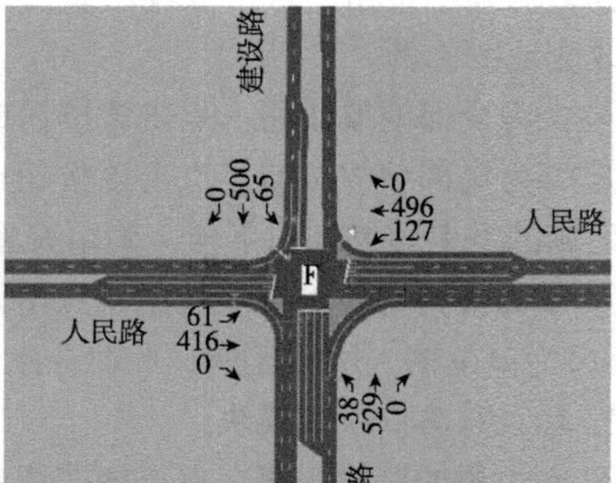

图 11-9　显示交叉口服务水平

③为显示周期时长按钮，点击该按钮或按下 C 键可显示每个路口的周期时长，若交叉口为无信号控制交叉口则显示为“U”。如图 11-10 所示，该交叉口的信号周期时长为 100s。

④为显示固定周期时长按钮，点击该按钮或按下 N 键可显示每个路口固有周期时长。如果交叉口控制类型为固定配时方案，则周期时长等于固定周期时长；如果交叉口控

制类型为联动控制配时，则周期时长不等于固定周期时长。

⑤ICU为显示路口通行能力利用率按钮，点击该按钮可显示每个路口通行能力。如图 11-11 所示，该交叉口通行能力利用率为 131.8%。

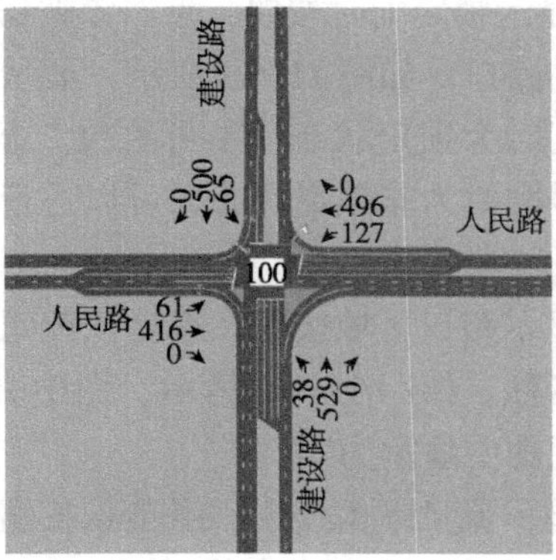

图 11-10 交叉口信号周期

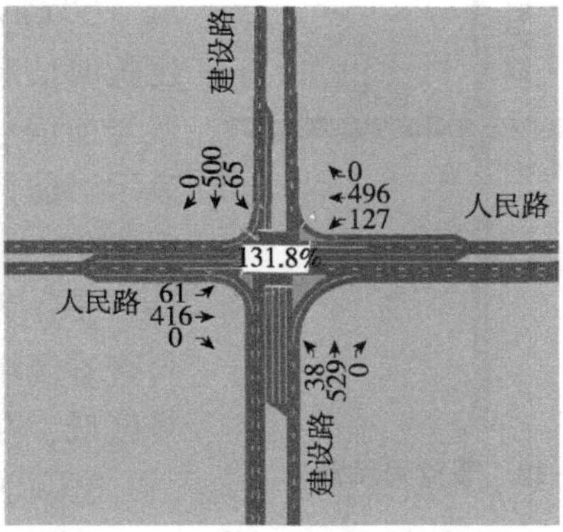

图 11-11 显示交叉口通行能力

⑥为显示坐标参数按钮，点击该按钮可显示每个路段坐标参数。如图 11-12 所示，界面右下方数字为该节点坐标值(5275，5129)。

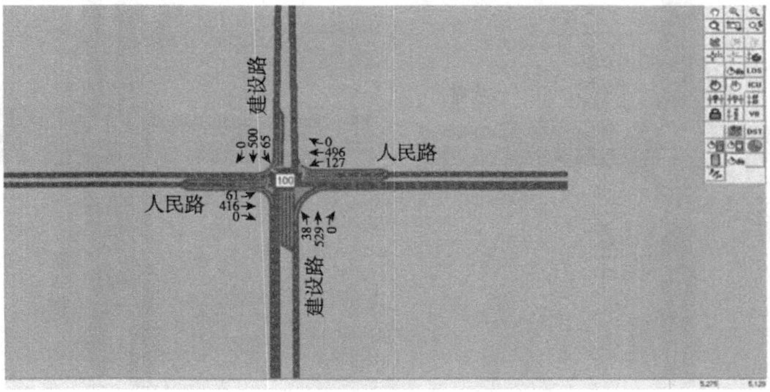

图 11-12 显示选中节点位置坐标

⑦为显示自然坐标参数按钮，点击该按钮可显示鼠标位置自然坐标参数。如图 11-13 所示，右下角数字为当前鼠标所在位置坐标值(5604，4664)。

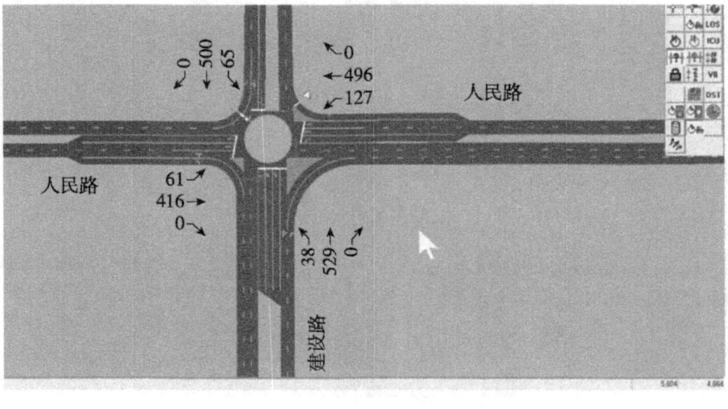

图 11-13 显示当前鼠标位置坐标

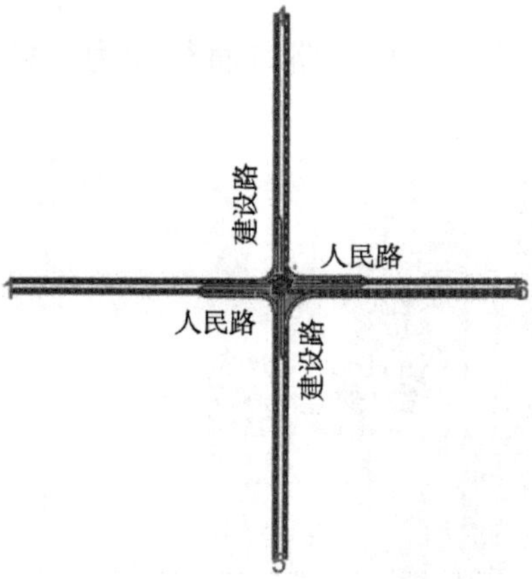

图 11-14　节点号示意

⑧为显示节点号按钮，点击该按钮可查看节点号。如图 11-14 所示，图中有五个节点，交叉口节点编号为 3，相交道路两端节点号分别为 1，6，4，5。

⑨为显示锁定配时按钮，点击该按钮可显示被锁定配时信息的路口。如图 11-15 所示，显示“Lk”，则表示当前信号配时为锁定状态，不可更改。显示“Un”时，表示当前信号配时为非锁定状态，可以进行信号配时方案优化。

⑩为显示路口区域按钮，点击该按钮或按下 Z 键可查看区域名称。如图 11-16 所示，图中交叉口属于 1 号区域，在视图中显示为“1”。

⑪为显示流量平衡按钮，点击该按钮可显示路口间的交通流量不平衡情况。如图 11-17 所示，显示路网流量平衡状况，“+50”代表进入当前路段流量超出驶出流量 50 辆车。

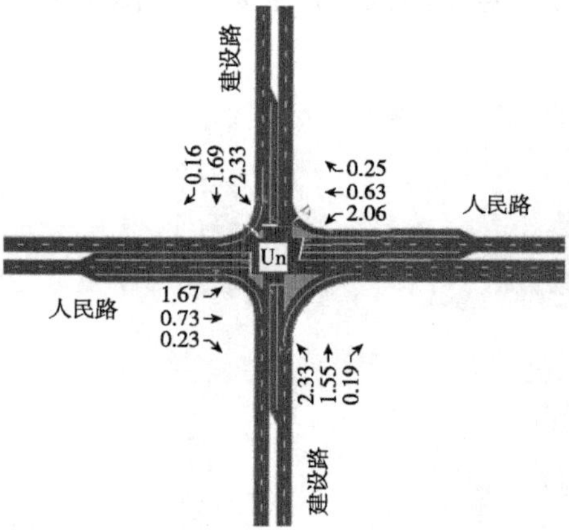

图 11-15　显示锁定配时

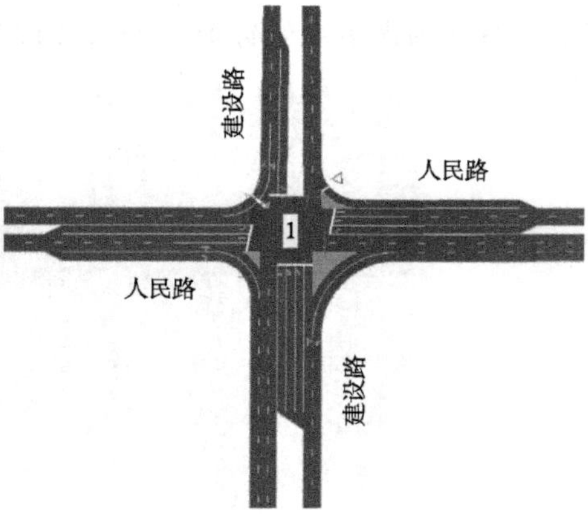

图 11-16　显示区域号

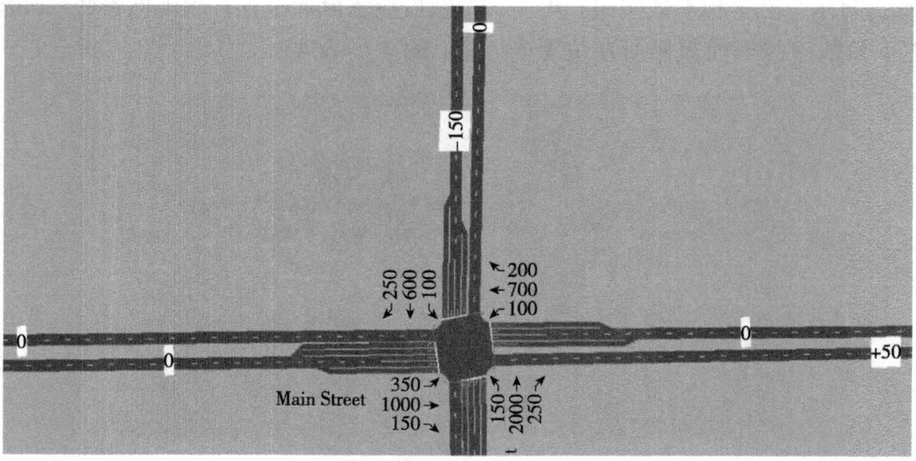

图 11-17　交通流量不平衡

⑫为显示流量按钮，选中交叉口或者某一路段，点击该按钮或按下 V 键可显示各车道交通流量。如图 11-18 所示，该交叉口各进口道交通量如图中数字所示，直观地显示不同交通流量的交通量。

⑬为显示路段长度、车速、旅行时间按钮，点击该按钮或按下 T 键可在地图视图中显示路段长度、车速和旅行时间。如图 11-19 所示，在图表中双击路段或交叉口可显示边栏设置。以北进口道为例，该路段长度为 1 000m，车速为 60km/h，路段行驶时间为 11.4s。其中旅行时间=路段长度/车速，默认单位为秒。

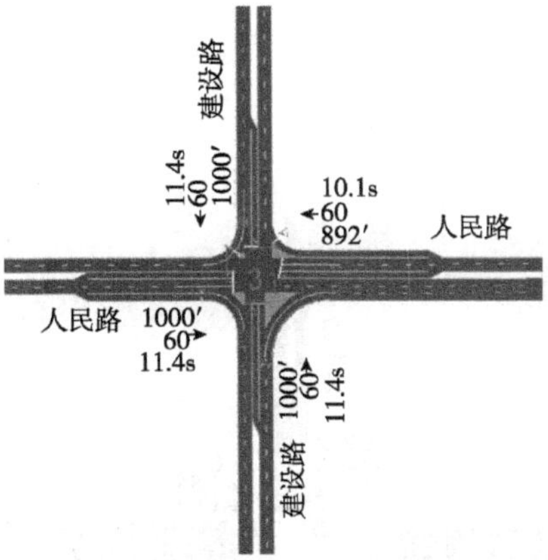

图 11-18 显示各进口道交通流量

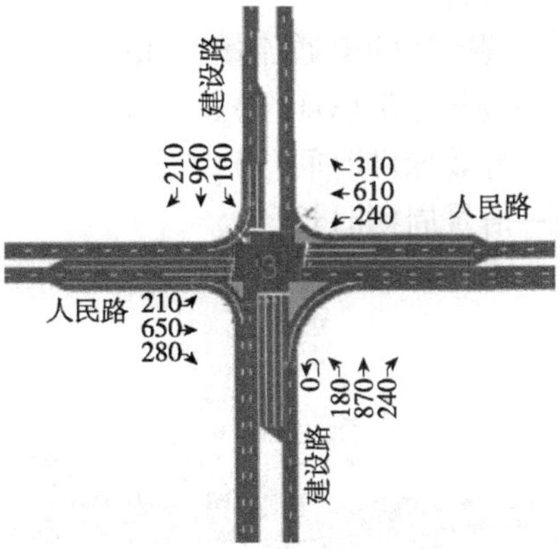

图 11-19 显示路段长度车速旅行时间

⑭为显示绿灯初始时刻按钮，点击该按钮或按下 G 键可查看绿灯初始时刻，此选项可显示每一方向车流绿灯时间起始时刻，也可显示信号周期时长，以数字方式显示进度。对于许可车流和保护车流，显示绿灯起始状态，对于感应信号，基于最大绿灯时长启动。如图 11-20 所示，南进口道直行相位亮起时刻为 0s，相位绿灯时长为 21s，则下一相位(东西向直行)绿灯亮起时刻为 21s。

⑮为显示黄灯时长，点击该按钮可显示每一车流黄灯起始时刻，也显示路口周期时长，以数字显示进度。对于许可车流和保护车流，显示保护绿灯终止状态，对于感应信号，基于最大绿灯时长显示周期时长，如图 11-21 所示。

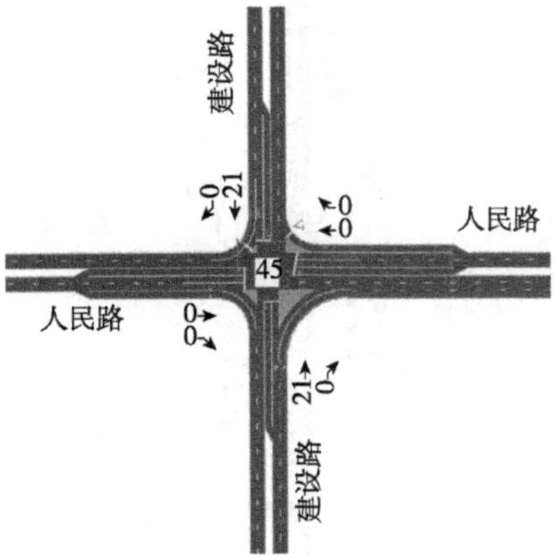

图 11-20 显示相位绿灯起始时刻

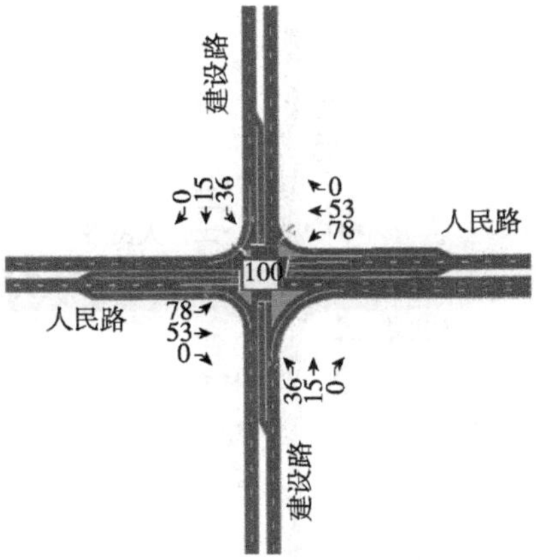

图 11-21 显示黄灯初始时刻按钮

⑯为显示绿灯结束时刻按钮，如图 11-22 所示，点击该按钮可显示每一相位的绿灯结束时刻，也显示路口周期时长，单位为秒。

⑰为显示占有率按钮，如图 11-23 所示，点击该按钮可显示每一车流的占有率，占有率基于平均绿灯时长，占有率通过式(11-1)进行计算。

$$X=\frac{v}{s\times\frac{g}{C}} \tag{11-1}$$

式中：X——占有率；

v——调整后的交通流量(veh/h)；

s——饱和流量(veh/h)；

g——有效绿灯时间(s)；

C——信号周期时长(s)。

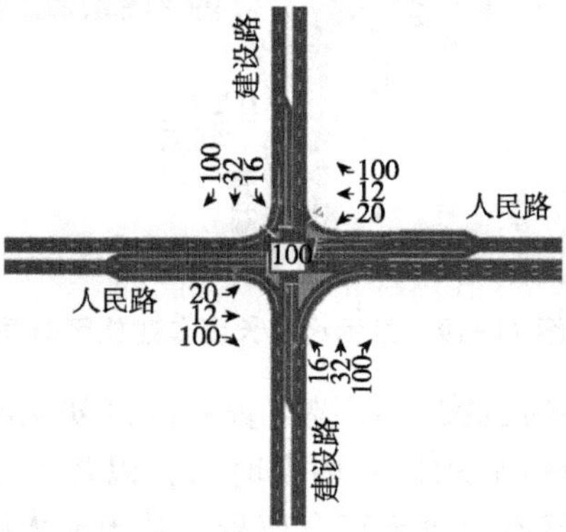

图 11-22　显示绿灯结束时刻按钮

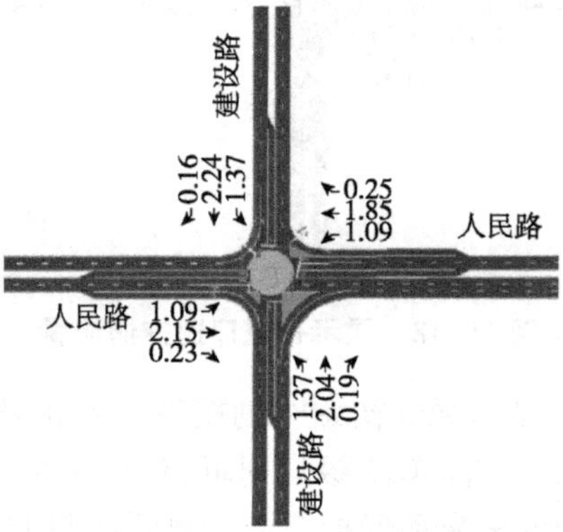

图 11-23　显示车道占有率

⑱为显示各路段流向按钮，点击该按钮可显示各路段车流流向。如图 11-24 所示，以北进口道为例，共有三条车道，分别为左转，直右，右转车道。

⑲为显示相位按钮，点击该按钮或按下 P 键显示各车道所属相位号，如图 11-25 所示，将显示各车道所属相位的相位编号。右转车流不受信号灯控制，显示类型为 Free。

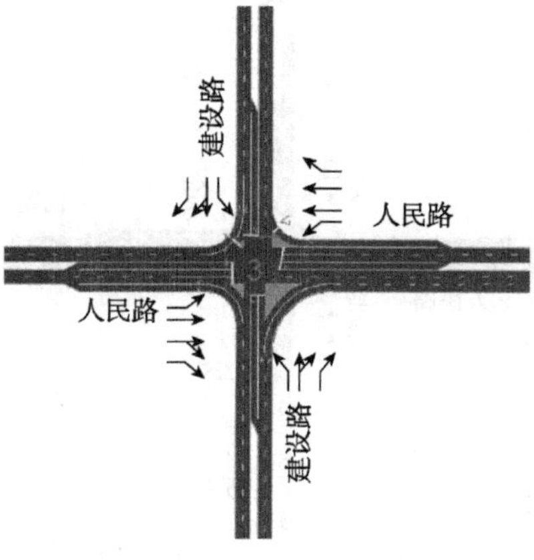

图 11-24　显示各车道交通流向

图 11-25　显示相位号

如果不需要显示上述参数信息，可按 Shift+Space 键清除界面，如图 11-26 所示，默认显示界面。

图 11-26 默认显示界面

五、Synchro 默认设置

Synchro 中默认设置可以更改背景颜色、单位等参数，如图 11-27 所示，默认设置在主页面 Options 选项，点击 Options，将显示下拉菜单栏，可对常规默认参数进行设置。

①场景管理(Scenario Manager)，即当前模型的基本信息，点击场景管理将弹出如图 11-28 所示对话框，场景管理信息包含如信息描述(Description)、创建时间(Date Date)、时刻(Time)、备选方案(Alternative)、定时计划(Timing Plan ID)、分析员(Analyst)信息。

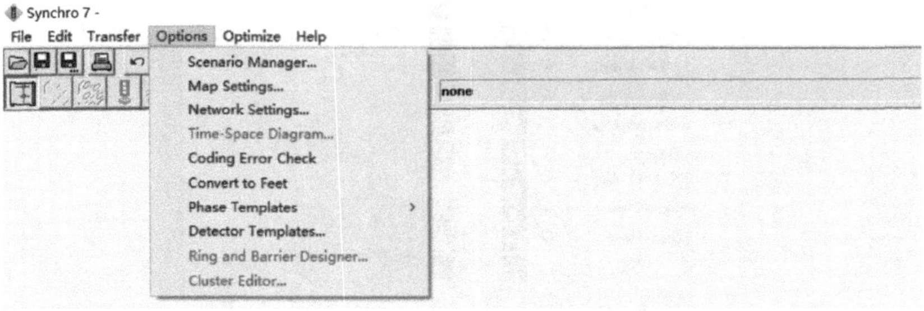

图 11-27 默认显示界面

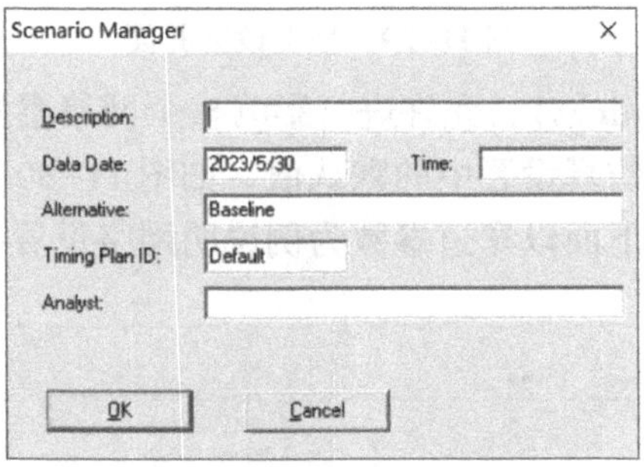

图 11-28 场景管理信息

a. 信息描述(Description)，即用来描述路网的位置或其他信息。例如，对于城市路网，描述信息可能包括城市名称和城市区域。

b. 创建时间(Date Date)时刻(Time)，即采集数据的日期和时间。对于预测的交通数据，它们是交通预测的日期和时间。如上午和下午的峰值研究，则可以将每个场景的时间设置为 7：00AM 和 5：00PM，以指示分析哪个时间。创建日期是收集数据的日期，而不是进行研究的日期。

c. 备选方案(Alternative)，即用于描述正在研究的备选方案。通常研究员会对创建多个场景方案，在此处可以对备选方案进行描述，如“改进前”和“改进后”。

d. 定时计划(Timing Plan ID)，即仿真场景时间为哪个时间段，如早高峰、晚高峰等时间段。方便使用者在仿真分析时，根据时间段设置路网流量等参数。

e. 分析员(Analyst)，即执行 Synchro 仿真分析的个人或公司的名称，方便团队合作。

②地图设置(Map Settings)，如图 11-29 所示，为地图设置界面，可以更改地图元素的颜色和大小，以及控制街道名称的字体大小等。要更改颜色，请单击所需元素的颜色框，然后从显示的选项中选择一种颜色。Printer 为打印报告中显示的颜色，如需更改则单击颜色，弹出颜色框，重新选择一种即可。街道名称、连接宽度和交叉口半径的大小字体大小以英尺(米)为单位。可以输入数字进行更改。单击 Defaults 按钮将返回到默认设置。

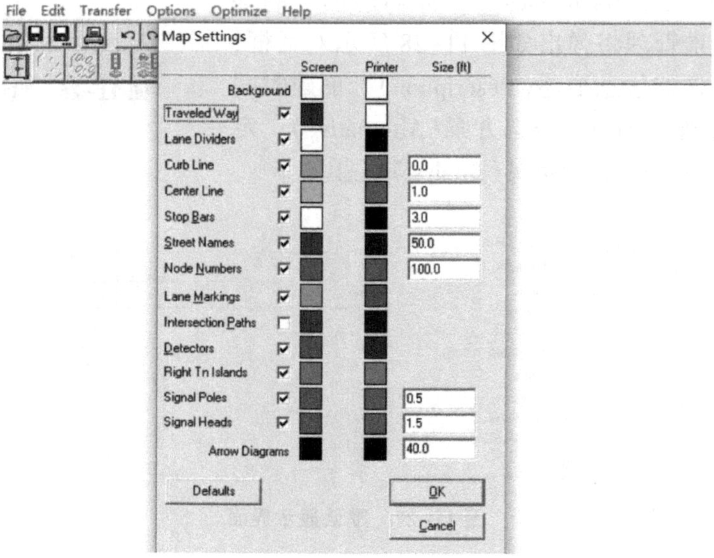

图 11-29　地图设置界面

③网络设置(Network Settings)，允许进行影响整个网络参数的修改。这些设置会影响车道，流量，配时，相位和仿真设置中的默认值。如图 11-30 所示，为网络设置窗口，可通过选项—网络设置打开。下面以车道参数为例说明网络设置参数过程。

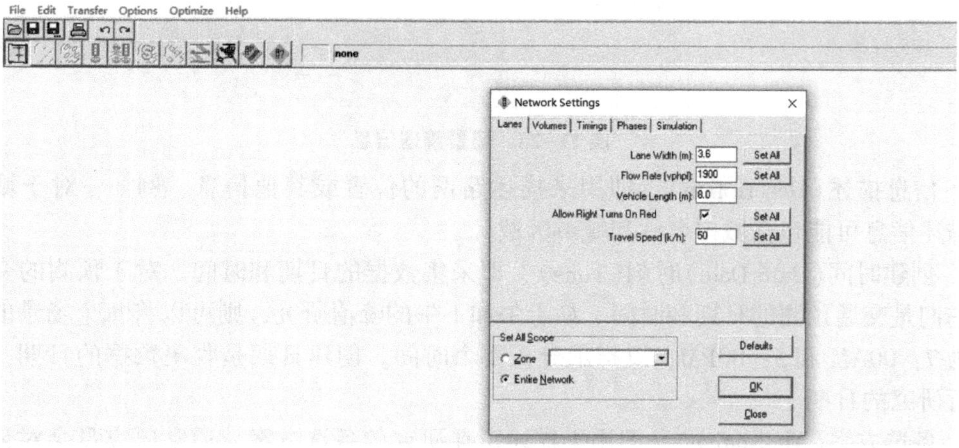

图 11-30　网络设置界面

车道设置参数包括车道宽度(Lane Width)、饱和流率(Flow Rate)、车辆长度(Vehicle Length)、红灯期间允许右转(Right turn on Red)、行驶速度(Travel Speed)。在此处设置参数，将对路网中各个车道的参数进行统一设置。如图 11-31 所示在此处设置车道宽度为 3.5m，点击 Set All 则交叉口各个车道都为 3.5m。由于这些设置将影响新创建的十字路口，因此推荐在建模时，首先输入这些设置。大多数值旁边都有一个标有 Set All 的按钮，按下此按钮将设置网络中的所有十字路口为该值。Set All Scope 可用于将设置应用于整个网络或特定区域。除了车辆长度、最大周期长度、行人步行速度、分析周期和 ICU 参考周期长度之外，其他所有值都是默认值，如需更改可以在交叉口或路段等设置窗口进行更改。

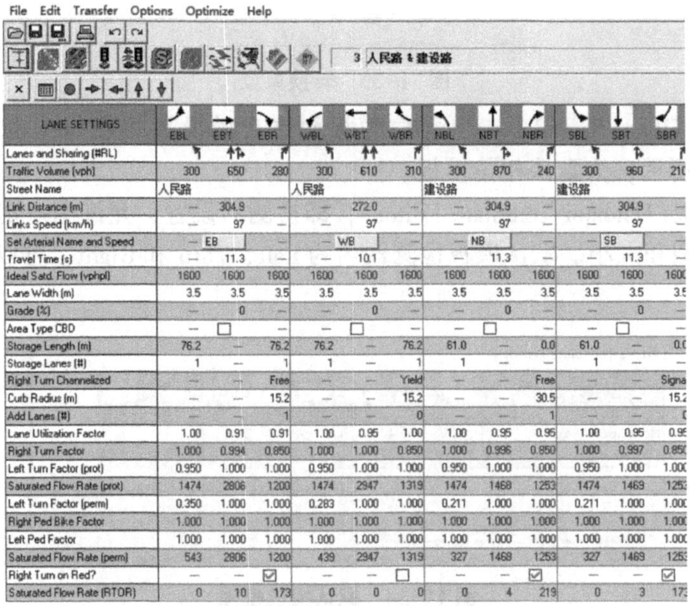

LANE SETTINGS	EBL	EBT	EBR	WBL	WBT	WBR	NBL	NBT	NBR	SBL	SBT	SBR
Lanes and Sharing (#RL)												
Traffic Volume (vph)	300	650	280	300	610	310	300	870	240	300	960	21
Street Name	人民路			人民路			建设路			建设路		
Link Distance (m)	—	304.9	—	—	272.0	—	—	304.9	—	—	304.9	—
Links Speed (km/h)	—	97	—	—	97	—	—	97	—	—	97	—
Set Arterial Name and Speed	—	EB	—	—	WB	—	—	NB	—	—	SB	—
Travel Time (s)	—	11.3	—	—	10.1	—	—	11.3	—	—	11.3	—
Ideal Satd. Flow (vphpl)	1600	1600	1600	1600	1600	1600	1600	1600	1600	1600	1600	160
Lane Width (m)	3.5	3.5	3.5	3.5	3.5	3.5	3.5	3.5	3.5	3.5	3.5	3.
Grade (%)	—	0	—	—	0	—	—	0	—	—	0	—
Area Type CBD	—	☐	—	—	☐	—	—	☐	—	—	☐	—
Storage Length (m)	76.2	—	76.2	76.2	—	76.2	61.0	—	0.0	61.0	—	0.0
Storage Lanes (#)	1	—	1	1	—	1	1	—	—	1	—	—
Right Turn Channelized	—	—	Free	—	—	Yield	—	—	Free	—	—	Signa
Curb Radius (m)	—	—	15.2	—	—	15.2	—	—	30.5	—	—	15.
Add Lanes (#)	—	—	1	—	—	0	—	—	1	—	—	[illegible]
Lane Utilization Factor	1.00	0.91	0.91	1.00	0.95	1.00	1.00	0.95	0.95	1.00	0.95	0.9
Right Turn Factor	1.000	0.994	0.850	1.000	1.000	0.850	1.000	0.996	0.850	1.000	0.997	0.85
Left Turn Factor (prot)	0.950	1.000	1.000	0.950	1.000	1.000	0.950	1.000	1.000	0.950	1.000	1.00
Saturated Flow Rate (prot)	1474	2806	1200	1474	2947	1319	1474	1468	1253	1474	1469	125
Left Turn Factor (perm)	0.350	1.000	1.000	0.283	1.000	1.000	0.211	1.000	1.000	0.211	1.000	1.00
Right Ped Bike Factor	1.000	1.000	1.000	1.000	1.000	1.000	1.000	1.000	1.000	1.000	1.000	1.00
Left Ped Factor	1.000	1.000	1.000	1.000	1.000	1.000	1.000	1.000	1.000	1.000	1.000	1.00
Saturated Flow Rate (perm)	543	2806	1200	439	2947	1319	327	1468	1253	327	1469	125
Right Turn on Red?	—	—	☑	—	—	☐	—	—	☑	—	—	☑
Saturated Flow Rate (RTOR)	0	10	173	0	0	0	0	4	219	0	3	17

图 11-31　统一设置车道宽度

④检查错误(Coding Error Check)，Synchro 和 SimTraffic 包括一个功能，将检查数据文件的编码错误。下面列出了可能出现的错误以及纠正这些错误的建议。警告提示可能出现的问题，但在某些情况下是可以接受的；错误表示需要修复的严重问题，需要重新检查修正。点击检查错误，如有错误，会弹出错误对话框。如图 11-32 所示，为显示错误对话框，其中 Warning 为警告错误，不会影响仿真运行，Error 提示存在未利用相位，则需修改后才可以进行仿真。

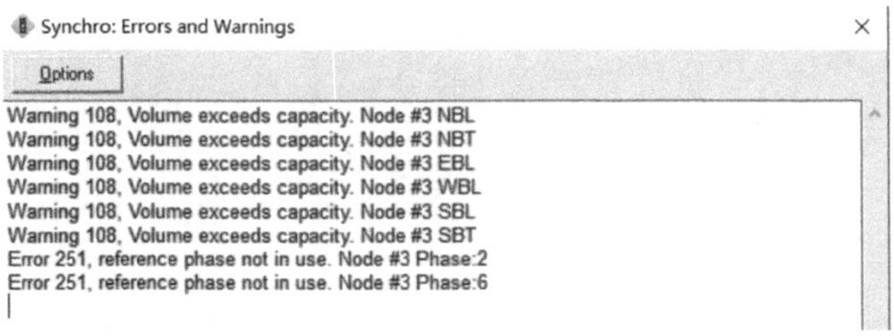

图 11-32　显示错误

⑤转换英尺(Convert to feet)，点击“转换为英制”命令将系统单位转换为使用英尺和英里/小时。如图 11-33 所示，点击转换英尺之后，如果需要将单位转换为米制，则在选项中点击转换米制(Convert to Metric)，即可把文件单位转换为米和公里/小时。

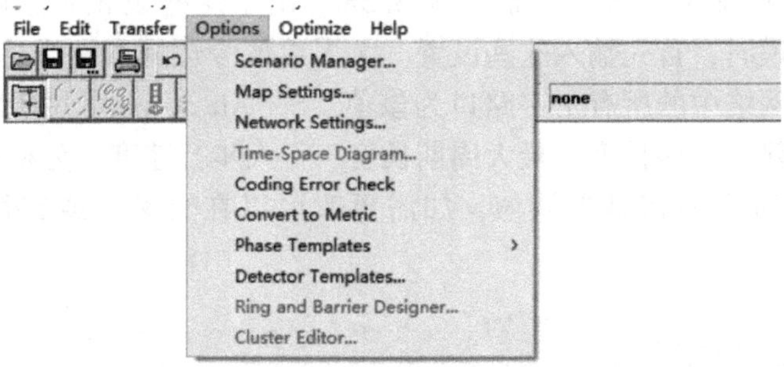

图 11-33　转换单位

⑥相位模板(Phase Templates)，相位模板允许自动设置相位号，也可自行输入相位号。如图 11-34 所示，为默认相位模板。

⑦检测器模板(Detector Template Editor)，即检测器设置，允许用户定义每个检测器的数量，位置，类型和大小。默认模板检测器名为 Left、Thru 和 Right。可以在此处修改这些信息。

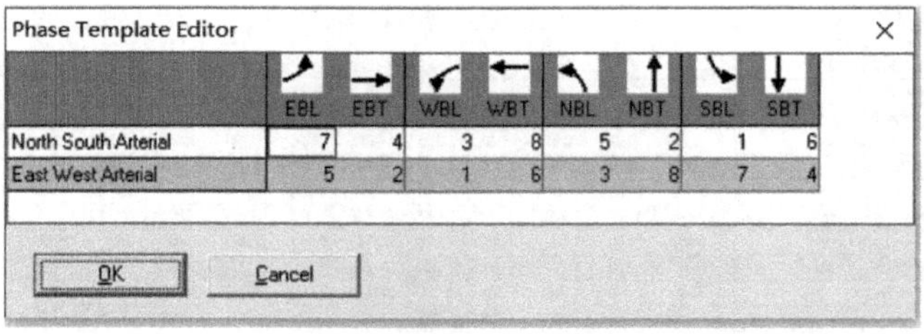

图 11-34　默认相位模板

第十二章 Synchro仿真模型建立

第一节　底图导入

一、新建文件

用鼠标左键单击工具栏的新建图标，或者单击菜单栏“文件→创建”，可以创建一个 Synchro 仿真文件，如图 12-1(a)所示。

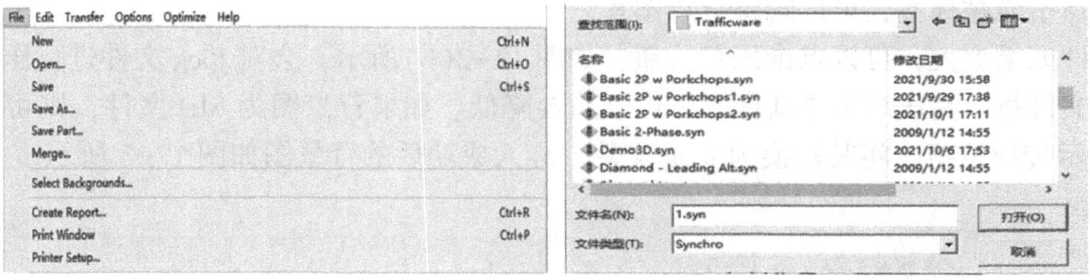

（a）　　　　（b）

图 12-1　新建和保存文件

使用鼠标左键单击工具栏的保存图标，或者单击菜单栏“文件→保存”，可以打开保存对话框，选择相应的文件存放路径并输入文件名称，可以将文件保存到计算机硬盘中，如图 12-1(b)所示。

二、导入底图

Synchro 提供两种构建新路网的方法。

(1)插入 bmp、jpg 等格式的地图文件作为背景

Synchro 可插入格式为 bmp、jpg、dxf 等的电子地图作为背景底图，以便描绘出路网。如图 12-2(a)所示，点击“选择背景”后，在弹出的对话框中，显示图片的文件列表。点击添加文件按钮，选择图片文件。

在背景文件列表中显示的文件列表如图 12-2(b)中 A 栏、B 栏所示，文件列表中所包含的信息如下：

①背景图文件所在路径，如图 Filename 中所示为背景图文件所在路径。

②背景图文件类型：如 bmp、shp、dxf、jpg 格式。如图 12-2(b)中所示，文件类型为 Bitmap(bmp)类型。

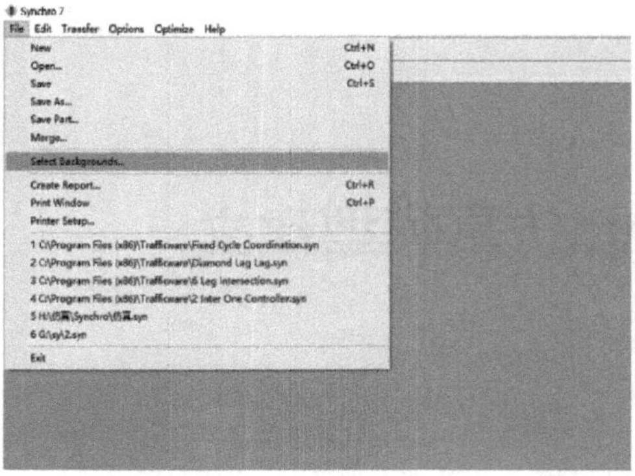

（a）

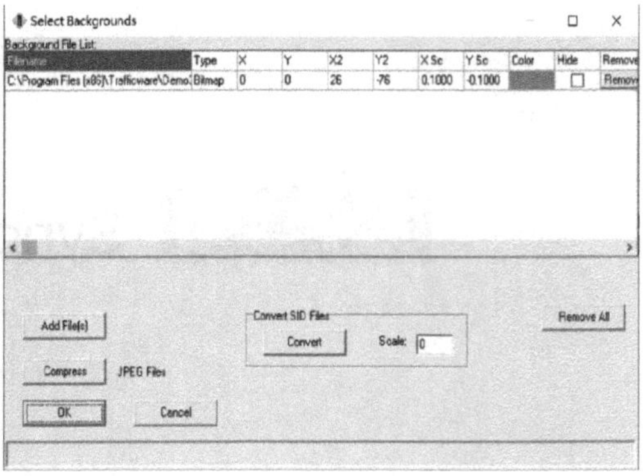

（b）

图 12-2　背景图设置

③X、Y 为该图形左上角的 Synchro 图标，X2、Y2 为该图形右下角的 Synchro 图标。

④X Sc、Y Sc 为图形比例系数，0 为全尺寸，1 为 1/2 尺寸，2 为 1/4 尺寸，3 为 1/8 尺寸。

⑤在颜色栏中可以更改 GIS 形状文件的颜色。

⑥点击隐藏标签，可以隐藏背景图片。

文件如果太大，可以点击压缩按钮，如图 12-2(b)所示，会对 jpeg 文件进行压缩，被压缩的文件将以高压缩率重新保存，但画质会降低。如果背景图为 SID 文件，则可选择图中 E 所示转换按钮，将其转换为 jpeg 文件。导入成功后的背景图如图 12-3 所示。

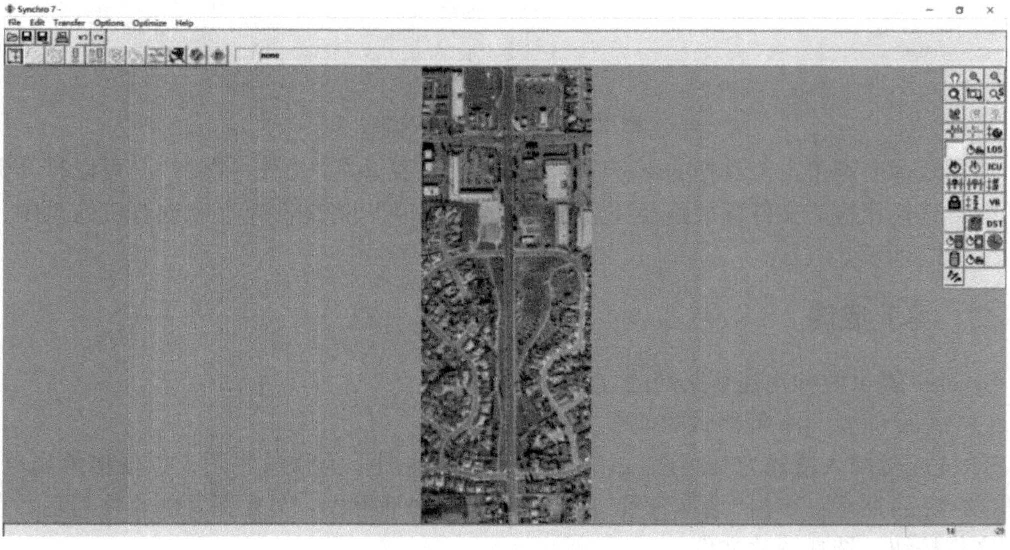

图 12-3　导入背景图

(2)手绘路网图

以描绘路段的方式来建立新路网，路段经连接后，即可成为一处交叉口。Synchro 程序的默认交叉口控制类型为信号控制交叉口，但也可以通过该交叉口的属性窗口，将其控制类型更改为非信号控制交叉口。

第二节　路网绘制

一、直线路段绘制

路段的构建需要在 Synchro 中的添加路段模式下进行，如图 12-4 所示，点击界面右侧添加路段按钮，进行路段的创建、修改与编辑，完成路段和交叉口道路基础仿真模型的构建。

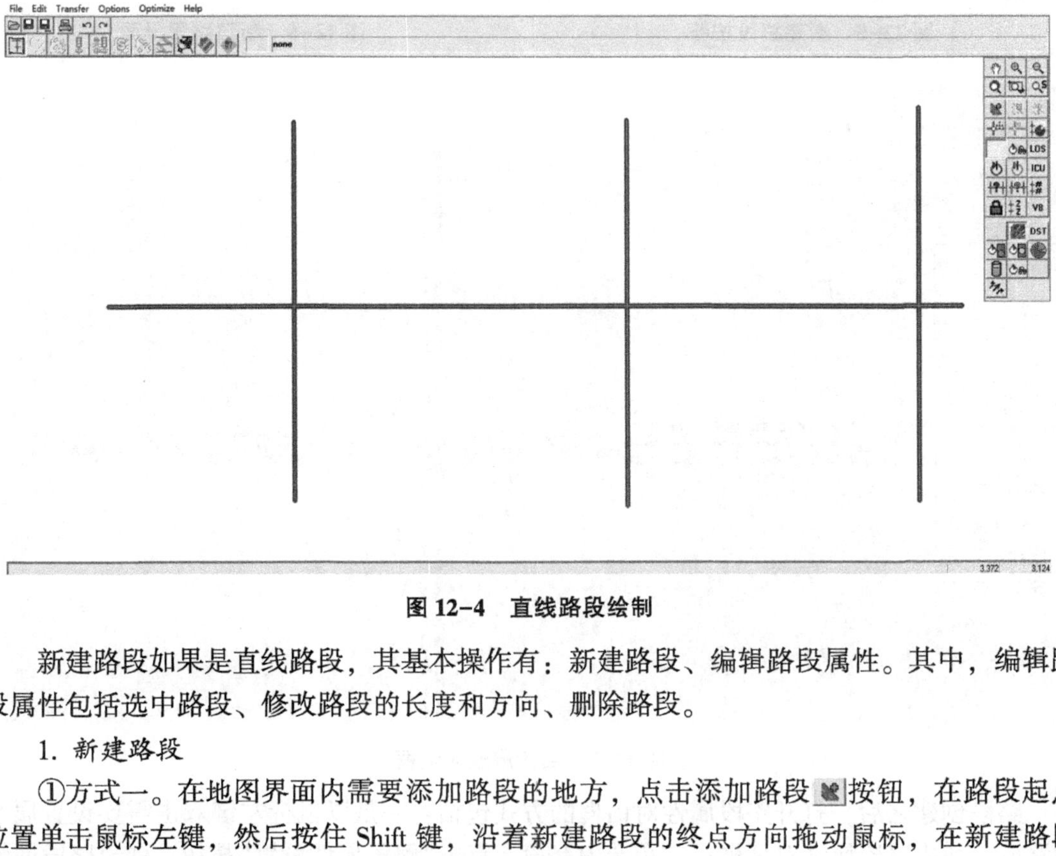

图 12-4　直线路段绘制

新建路段如果是直线路段，其基本操作有：新建路段、编辑路段属性。其中，编辑路段属性包括选中路段、修改路段的长度和方向、删除路段。

1. 新建路段

①方式一。在地图界面内需要添加路段的地方，点击添加路段按钮，在路段起点位置单击鼠标左键，然后按住 Shift 键，沿着新建路段的终点方向拖动鼠标，在新建路段的终点位置单击，完成路段的创建，如图 12-5 所示。

②方式二。将光标放在地图界面内需要添加路段的地方，点击“A”按钮，在路段起点位置单击鼠标左键，然后按住 Shift 键，沿着新建路段的终点方向拖动鼠标，在新建路段的终点位置单击，完成路段的创建，如图 12-6 所示。

路段绘制完成后，双击路段界面左侧会出现道路属性界面，为方便后期添加流量，可为路段添加路段名。

2. 编辑路段属性

在新建路段时，可以在弹出的“路段属性”对话框中设置有关参数；也可以在路段创建之后，按照以下两种方式之一打开“路段属性”对话框，如图 12-7 所示。

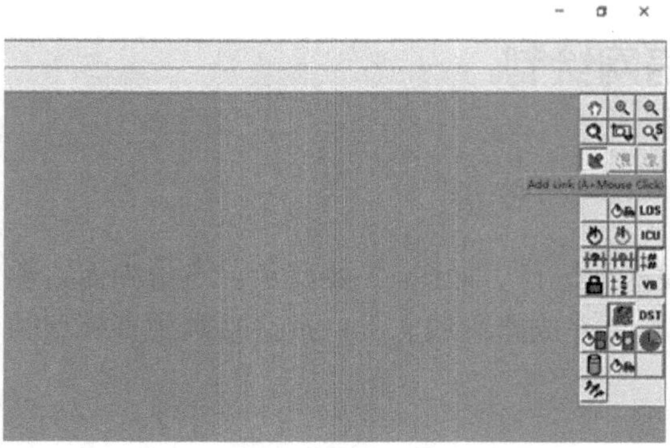

图 12-5　新建路段按钮

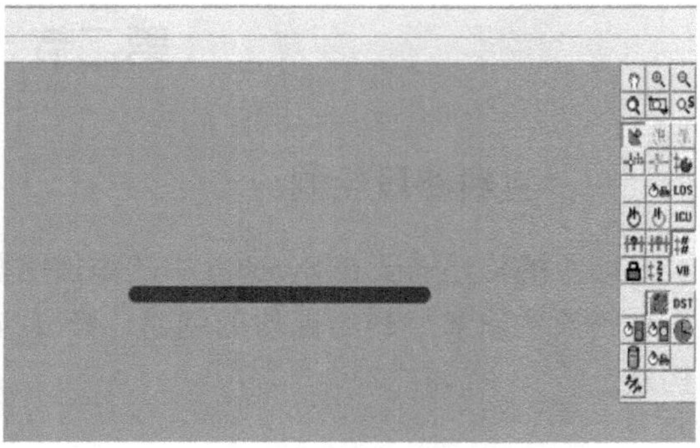

图 12-6　新建路段界面

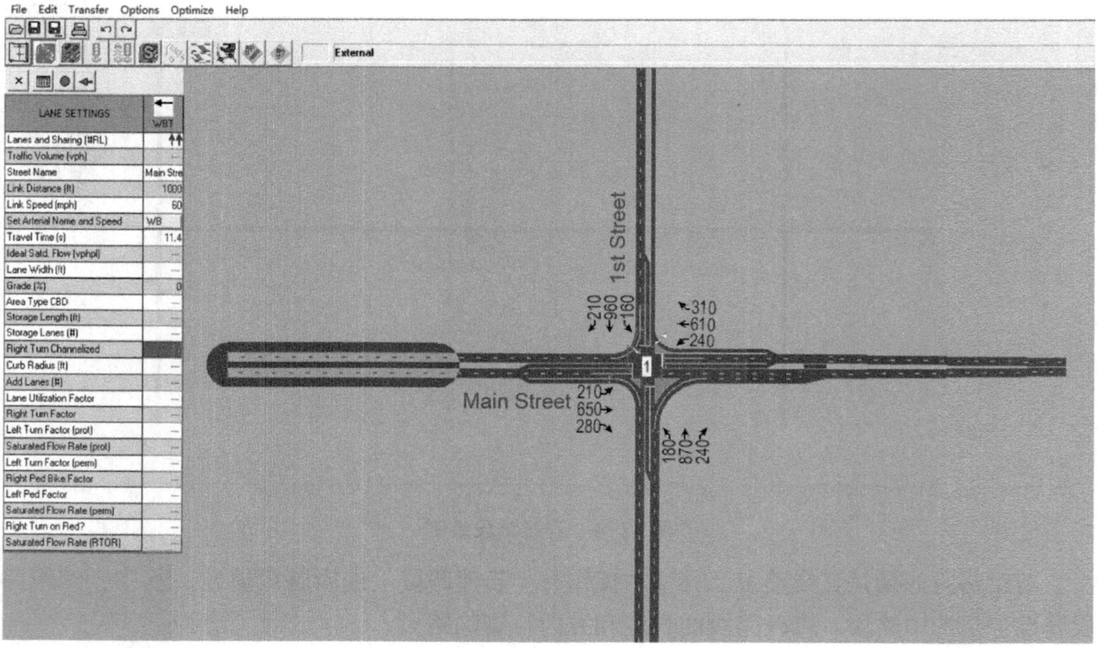

图 12-7　路段属性对话框

路段创建之后，打开路段属性对话框的方式包括：一是以鼠标左键双击需要设置属性的路段，弹出路段属性对话框；二是选中路段，点击“路段属性设置”按钮，弹出路段属性对话框。

①选中路段。以鼠标左键单击路段，如图 12-8 所示，路段的周围出现较粗的紫色轮廓线，表明路段已经被选中。

②修改路段的长度和方向。以鼠标左键单击路段的终点或起点，然后单击鼠标右键，在弹出的对话框中选择“移动”，如图 12-9 所示，拖动鼠标改变所指位置，可以随意改变路段的长度和方向。

③删除路段。选中需要删除的一条路段，然后按下 Delete 键；或者在选中路段之后，单击“删除路段”按钮，即可删除路段。如不慎删除路段，可以利用 Ctrl+Z 键撤销上一步操作。

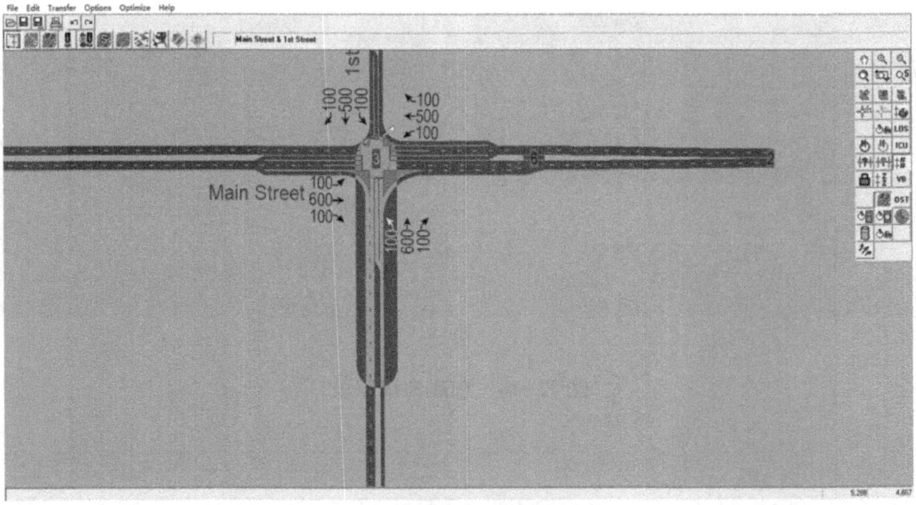

图 12-8 选中路段

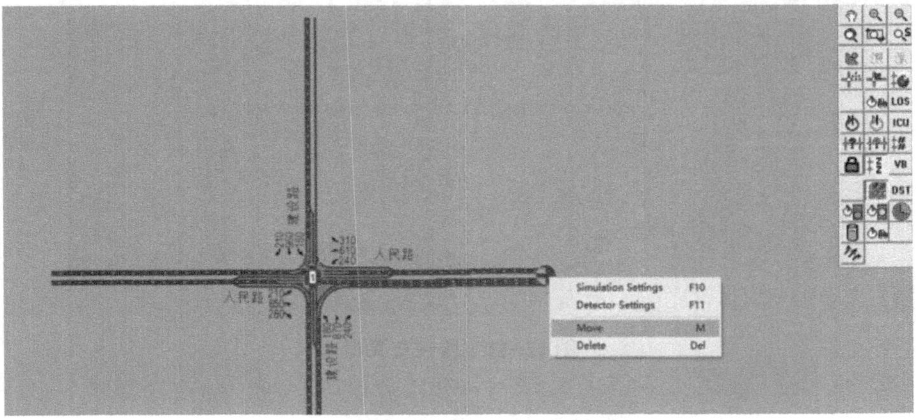

图 12-9 修改路段的长度和方向

二、曲线路段绘制

为了创建曲线路段，首先需要在直线路段中添加点。

①创建点。选中某条路段(以鼠标左键单击该路段)，在路段上单击鼠标右键，在弹出的菜单中选择“Add Curvature”选项，如图 12-10(a)所示。

②移动点。创建点之后，光标放在路段上点的位置，按下鼠标左键并移动光标，点将随着光标的移动而移动。曲线路段创建完成，如图 12-10(b)所示。

③删除点。如需删除路段中的某个点，则选中某条路段，然后移动鼠标，将光标置于某个点之上，点击鼠标右键，在弹出的菜单中选择“删除点”选项。

三、交叉口绘制

若要绘制交叉口，直接绘制两条相交的路段即可，道路相交处便直接形成交叉口，如图 12-11 所示。

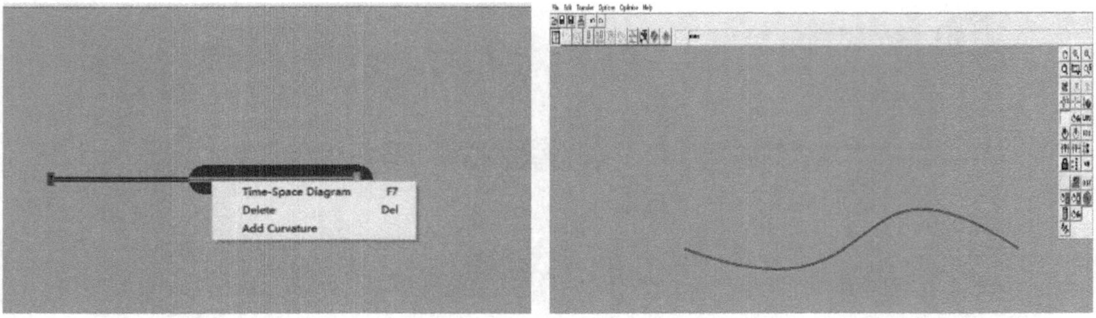

（a）　　　　　　（b）

图 12-10　创建曲线路段

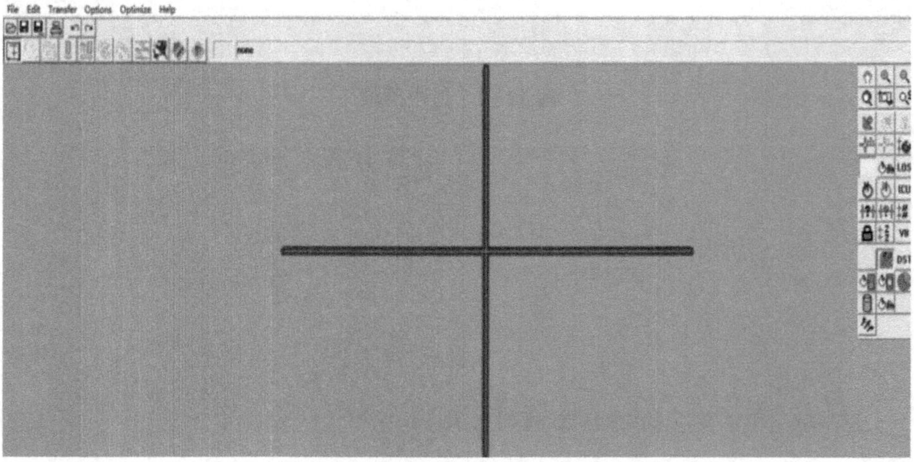

图 12-11　绘制交叉口

第三节　路段属性设置

一、路段基本属性

在路段属性编辑界面中，可对道路属性进行修改和添加，如图 12-12 中框线内所示。界面中，EBL(eastbound left)，表示往东左转；EBT(eastbound through)，表示往东直行；NBR(northbound right)，表示往北右转。

①车道和共用设置(Lanes and Sharing)，在下拉列表中可以选择不同的车流箭头，也可以设定在车道和共享车道的车流组合。

②车流量(Traffic Volume)，单位为 veh/h，输入当前车道交通量即可。

③道路名称(Street Name)，可以直接输入名称以便后期使用。

④路段长度(Link Distance)，可以输入数字来调节路段长度，单位为米(m)。

⑤路段车速(Link Speed)，可以设定某段路段的速度，也可以通过选项→路网设置命令设置全局车速，单位为英里/小时，即 mph。

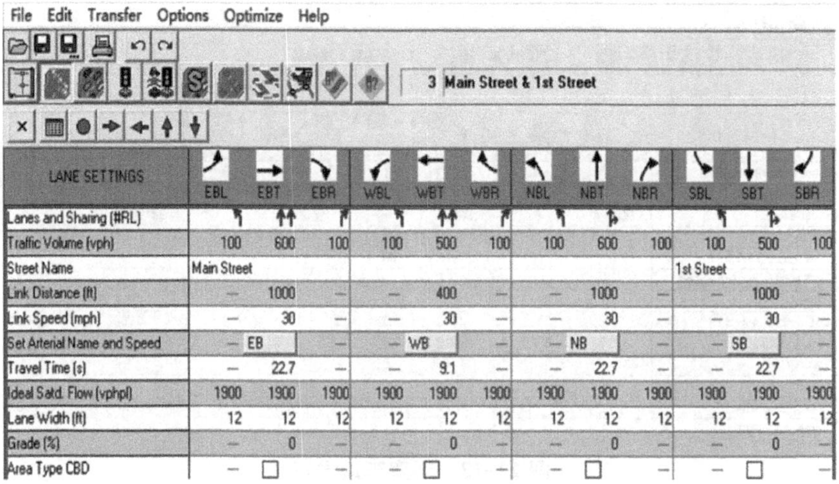

图 12-12 路段属性界面

⑥设置主干道名称和车速(Set Arterial Name and Speed)，选择一个方向键可以确定某个方向为主干线。例如，选择 EB 选项，代表主干线为东西向，若该路段无名称，则默认名称为主干线。

⑦行程时间(Travel Time)，是软件根据速度和路段长度计算得出的结果，如果更改路段长度或者区间速度，则行程时间也会相应发生改变，单位为秒(s)。

⑧理想饱和流率(Ideal Satd. Flow)，可以在此输入每个路段的饱和流率，HCM2000 中默认值为每车道 1 900veh/h。不需为转向车道输入不同的饱和流率，软件会自动根据转向车流系数计算饱和流率。

⑨车道宽度(Lane Width)，即单个车道宽度，系统默认每车道宽 3. 6m(12 英尺)。

⑩坡度(Grade)，是指朝向路口的道路倾斜度(负坡度为下坡)。每个道路的系统默认坡度为 0%，当车流下坡(即坡度为负)时饱和流率会增加。

⑪CBD 区域类型(Area Type CBD)，是指当前路段是否在城市 CBD 区域内。

二、展宽车道设置

如图 12-13 所示，框线内参数是设置展宽车道相关参数，具体如下：

①展宽长度(Storage Length)，是用英尺(米)为单位的转向车道长度。如果一个路口有一个 150 英尺(45m)的左转展宽车道，在此栏输入 150(45)，则在距离交叉口 150 英尺(45m)的位置设置展宽车道。

②展宽车道数量(Storage Lanes)，在此输入数量，对左右展宽车道进行编号。系统默认展宽车道的数量和转向车道相同。必须先输入展宽长度，才可以设置展宽车道数。

三、右转车道渠化设置

如图 12-14 所示，框线内参数是设置右转车道渠化相关参数，具体如下：

①右转渠化(Right Turn Channelized)。选择右转渠化方式，右转渠化方式共有五种，分别介绍如下。

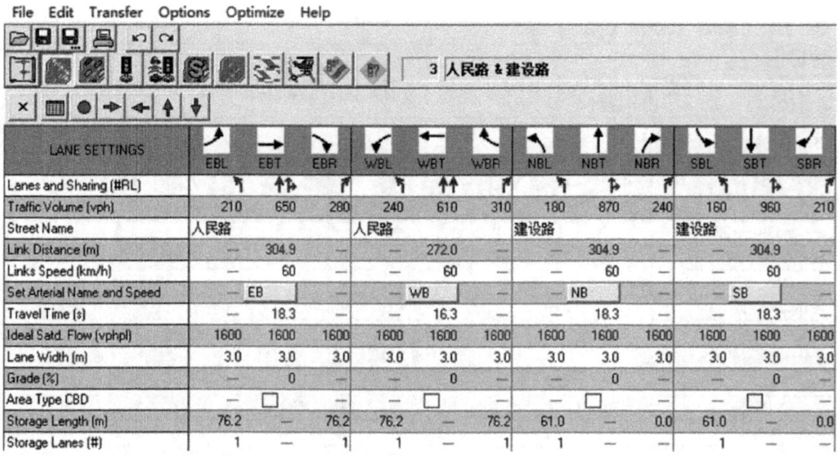

LANE SETTINGS	EBL	EBT	EBR	WBL	WBT	WBR	NBL	NBT	NBR	SBL	SBT	SBR
Lanes and Sharing (#RL)												
Traffic Volume (vph)	210	650	280	240	610	310	180	870	240	160	960	210
Street Name	人民路			人民路			建设路			建设路		
Link Distance (m)	—	304.9	—	—	272.0	—	—	304.9	—	—	304.9	—
Links Speed (km/h)	—	60	—	—	60	—	—	60	—	—	60	—
Set Arterial Name and Speed	—	EB	—	—	WB	—	—	NB	—	—	SB	—
Travel Time (s)	—	18.3	—	—	16.3	—	—	18.3	—	—	18.3	—
Ideal Satd. Flow (vphpl)	1600	1600	1600	1600	1600	1600	1600	1600	1600	1600	1600	1600
Lane Width (m)	3.0	3.0	3.0	3.0	3.0	3.0	3.0	3.0	3.0	3.0	3.0	3.0
Grade (%)	—	0	—	—	0	—	—	0	—	—	0	—
Area Type CBD	—	☐	—	—	☐	—	—	☐	—	—	☐	—
Storage Length (m)	76.2	—	76.2	76.2	—	76.2	61.0	—	0.0	61.0	—	0.0
Storage Lanes (#)	1	—	1	1	—	1	1	—	—	1	—	—

图 12-13 展宽车道设置

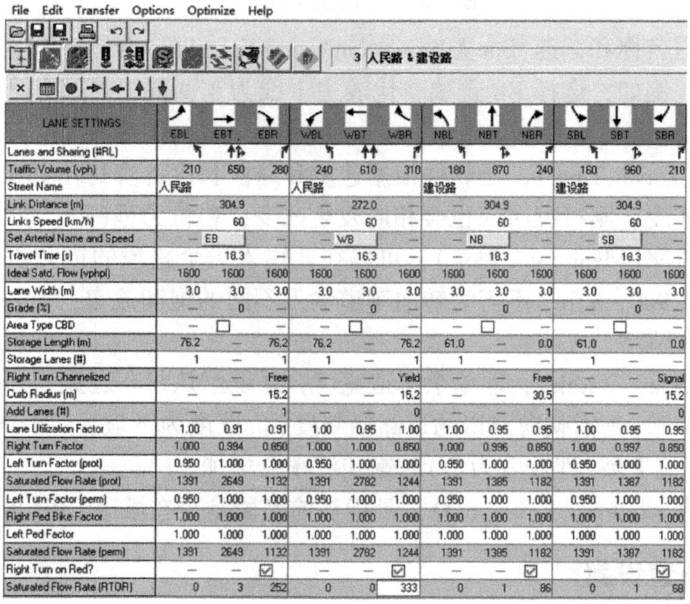

LANE SETTINGS	EBL	EBT	EBR	WBL	WBT	WBR	NBL	NBT	NBR	SBL	SBT	SBR
Lanes and Sharing (#RL)												
Traffic Volume (vph)	210	650	280	240	610	310	180	870	240	160	960	210
Street Name	人民路			人民路			建设路			建设路		
Link Distance (m)	—	304.9	—	—	272.0	—	—	304.9	—	—	304.9	—
Links Speed (km/h)	—	60	—	—	60	—	—	60	—	—	60	—
Set Arterial Name and Speed	—	EB	—	—	WB	—	—	NB	—	—	SB	—
Travel Time (s)	—	18.3	—	—	16.3	—	—	18.3	—	—	18.3	—
Ideal Satd. Flow (vphpl)	1600	1600	1600	1600	1600	1600	1600	1600	1600	1600	1600	1600
Lane Width (m)	3.0	3.0	3.0	3.0	3.0	3.0	3.0	3.0	3.0	3.0	3.0	3.0
Grade (%)	—	0	—	—	0	—	—	0	—	—	0	—
Area Type CBD	—	☐	—	—	☐	—	—	☐	—	—	☐	—
Storage Length (m)	76.2	—	76.2	76.2	—	76.2	61.0	—	0.0	61.0	—	0.0
Storage Lanes (#)	1	—	1	1	—	1	1	—	—	1	—	—
Right Turn Channelized	—	—	Free	—	—	Yield	—	—	Free	—	—	Signal
Curb Radius (m)	—	—	15.2	—	—	15.2	—	—	30.5	—	—	15.2
Add Lanes (#)	—	—	1	—	—	0	—	—	1	—	—	0
Lane Utilization Factor	1.00	0.91	0.91	1.00	0.95	1.00	1.00	0.95	0.95	1.00	0.95	0.95
Right Turn Factor	1.000	0.994	0.850	1.000	1.000	0.850	1.000	0.996	0.850	1.000	0.997	0.850
Left Turn Factor (prot)	0.950	1.000	1.000	0.950	1.000	1.000	0.950	1.000	1.000	0.950	1.000	1.000
Saturated Flow Rate (prot)	1391	2649	1132	1391	2782	1244	1391	1385	1182	1391	1387	1182
Left Turn Factor (perm)	0.950	1.000	1.000	0.950	1.000	1.000	0.950	1.000	1.000	0.950	1.000	1.000
Right Ped Bike Factor	1.000	1.000	1.000	1.000	1.000	1.000	1.000	1.000	1.000	1.000	1.000	1.000
Left Ped Factor	1.000	1.000	1.000	1.000	1.000	1.000	1.000	1.000	1.000	1.000	1.000	1.000
Saturated Flow Rate (perm)	1391	2649	1132	1391	2782	1244	1391	1385	1182	1391	1387	1182
Right Turn on Red?	—	—	☑	—	—	☑	—	—	☑	—	—	☑
Saturated Flow Rate (RTOR)	0	3	252	0	0	333	0	1	86	0	1	68

图 12-14 右转车道渠化设置

a. 无渠化车道(None)。如图 12-15 所示，表示无右转渠化设置。默认右转渠化类型是 None。

b. 渠化-减速让行(Yield)。如图 12-16 所示，Synchro 系统增设右转导流岛，车辆在路段交叉口转弯时，减速或者慢行，观察道路情况后，认为安全时方可通过交叉口。

c. 渠化-自由型(Free)。如图 12-17 所示，经过渠化增设导流岛，分离右转车道，在周期时间内，右转车辆确认安全后可以通行。

d. 渠化-停车让行(Stop)。如图 12-18 所示，Synchro 系统增设右转导流岛，车辆在路段交叉口转弯时，停车等待，观察道路情况后，认为安全时方可通过交叉口。

e. 渠化-信号控制(Signal)。如图 12-19 所示，经过渠化增设导流岛，分离右转车道，右转车辆按照信号灯指令通行。

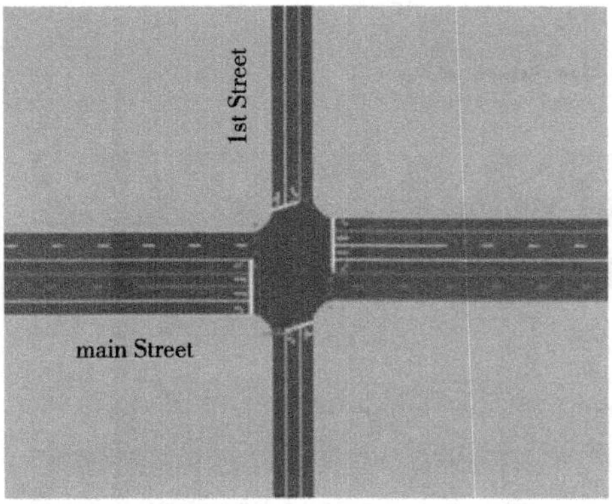

图 12-15 无渠化右转

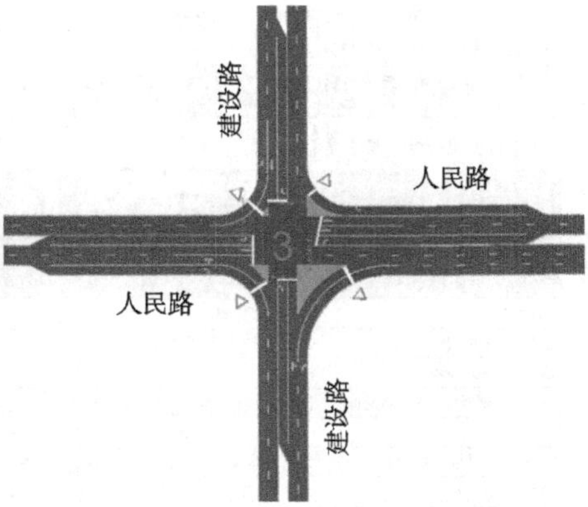

图 12-16 渠化-减速让行型右转

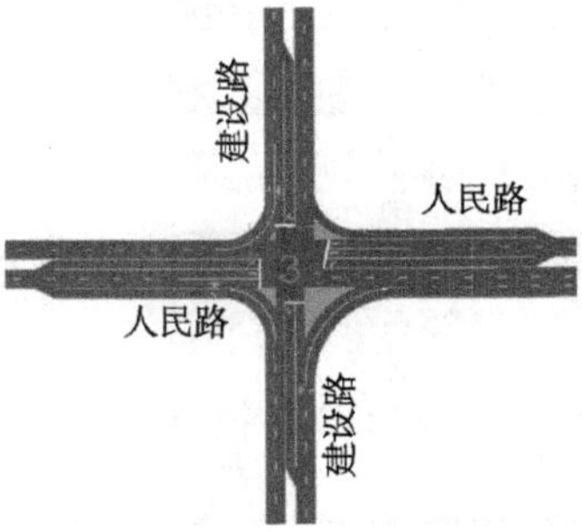

图 12-17 渠化-自由型右转

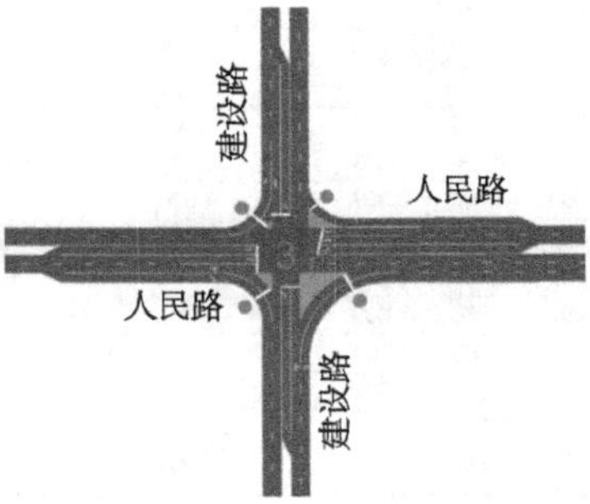

图 12-18 渠化-停车让行型右转

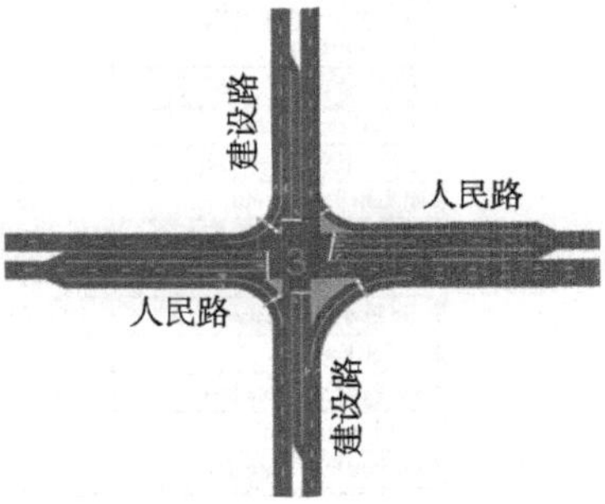

图 12-19 渠化-信号控制型右转

②渠化半径(Curb Radius)，即右转弯渠化转弯车道半径的大小。

③右转车道数量(Add Lanes)，若右转车道设置渠化方案，可选择该参数。其默认为无，代表无右转渠化方案。

④是否允许红灯期间右转车辆通行(Right Turn on Red?)。在红灯期间，右转车辆可否通行。如果允许将本栏勾选。

⑤红灯期间右转饱和流率[Saturated Flow Rate(RTOR)]。Synchro对红灯右转进行完全建模，根据右转车流的控制类型，自动计算红灯期间右转车流饱和流率，并将此饱和流率应用路段上。

四、路段流量系数设置

如图 12-20 所示，框线内参数是设置路段流量系数相关参数，具体如下：

①车道利用率(Lane Utilization Factor)，指单一方向路段交通量在不同车道上的分布情况。见表 12-1 所列，当车道利用率值为 1 时，表示在所有车道上均匀分布，值小于 1 时会降低饱和流速率，默认车道利用率见表 12-1。

②右转因子(Right Turn Factor)，反映右转中与行人的冲突对饱和流率的影响。右转因子默认为 1，表示没有影响。

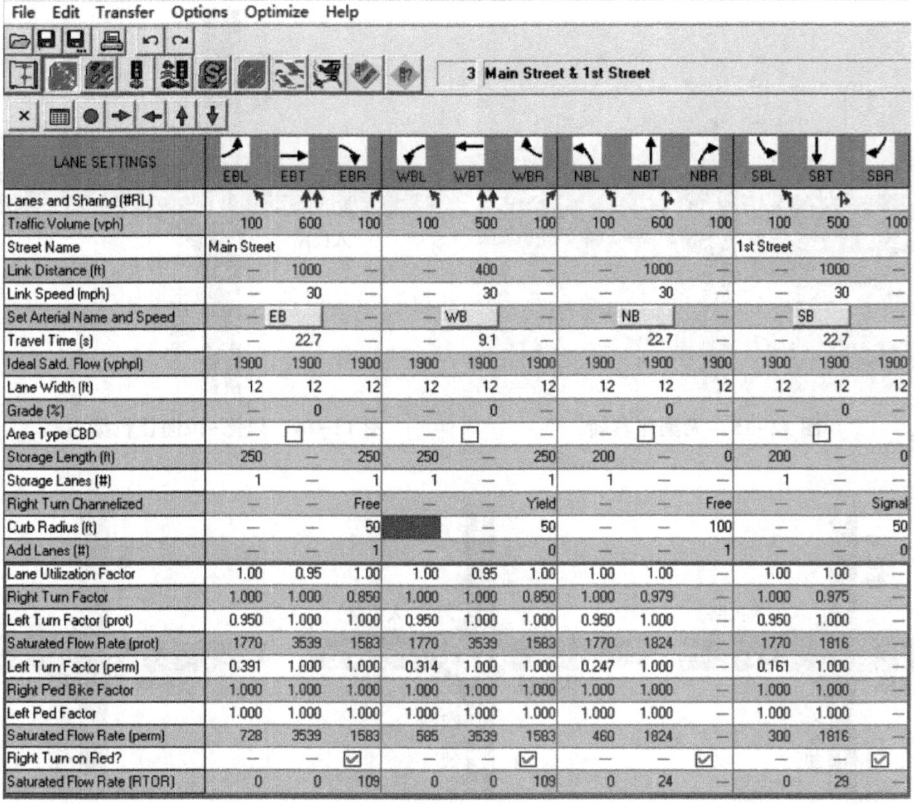

LANE SETTINGS	EBL	EBT	EBR	WBL	WBT	WBR	NBL	NBT	NBR	SBL	SBT	SBR
Lanes and Sharing (#RL)												
Traffic Volume (vph)	100	600	100	100	500	100	100	600	100	100	500	100
Street Name	Main Street									1st Street		
Link Distance (ft)	—	1000	—	—	400	—	—	1000	—	—	1000	—
Link Speed (mph)	—	30	—	—	30	—	—	30	—	—	30	—
Set Arterial Name and Speed	—	EB	—	—	WB	—	—	NB	—	—	SB	—
Travel Time (s)	—	22.7	—	—	9.1	—	—	22.7	—	—	22.7	—
Ideal Satd. Flow (vphpl)	1900	1900	1900	1900	1900	1900	1900	1900	1900	1900	1900	1900
Lane Width (ft)	12	12	12	12	12	12	12	12	12	12	12	12
Grade (%)	—	0	—	—	0	—	—	0	—	—	0	—
Area Type CBD	—	☐	—	—	☐	—	—	☐	—	—	☐	—
Storage Length (ft)	250	—	250	250	—	250	200	—	0	200	—	0
Storage Lanes (#)	1	—	1	1	—	1	1	—	—	1	—	—
Right Turn Channelized	—	—	Free	—	—	Yield	—	—	Free	—	—	Signal
Curb Radius (ft)	—	—	50		—	50	—	—	100	—	—	50
Add Lanes (#)	—	—	1	—	—	0	—	—	1	—	—	0
Lane Utilization Factor	1.00	0.95	1.00	1.00	0.95	1.00	1.00	1.00	—	1.00	1.00	—
Right Turn Factor	1.000	1.000	0.850	1.000	1.000	0.850	1.000	0.979	—	1.000	0.975	—
Left Turn Factor (prot)	0.950	1.000	1.000	0.950	1.000	1.000	0.950	1.000	—	0.950	1.000	—
Saturated Flow Rate (prot)	1770	3539	1583	1770	3539	1583	1770	1824	—	1770	1816	—
Left Turn Factor (perm)	0.391	1.000	1.000	0.314	1.000	1.000	0.247	1.000	—	0.161	1.000	—
Right Ped Bike Factor	1.000	1.000	1.000	1.000	1.000	1.000	1.000	1.000	—	1.000	1.000	—
Left Ped Factor	1.000	1.000	1.000	1.000	1.000	1.000	1.000	1.000	—	1.000	1.000	—
Saturated Flow Rate (perm)	728	3539	1583	585	3539	1583	460	1824	—	300	1816	—
Right Turn on Red?	—	—	☑	—	—	☑	—	—	☑	—	—	☑
Saturated Flow Rate (RTOR)	0	0	109	0	0	109	0	24	—	0	29	—

图 12-20　路段流量系数设置

表 12-1　不同方向车道利用率

车道	直行				左转			右转		
车道数	1	2	3	4	1	2	3	1	2	3
车道利用率(%)	1.00	0.95	0.91	0.86	1.00	0.97	0.94	1.00	0.88	0.76

③保护左转因子[Left Turn Factor(prot)]，即在保护左转相位中，反映左转中的冲突对饱和流率的影响。

④饱和流率[Saturated Flow Rate(prot)]，即在保护相位中，路段饱和流率。

⑤允许左转因子[Left Turn Factor(perm)]，即在允许左转相位中，反映左转中的冲突对饱和流率的影响。

⑥行人、自行车右转因子(Right Ped Bike Factor)，即在绿灯时，行人流量、自行车流量和出口车道数量对饱和流率的影响。

⑦行人左转因子(Left Ped Factor)，即在允许左转相位中，绿灯时间内行人流量、机动车流量和出口车道数量对饱和流率的影响。

⑧饱和流率[Saturated Flow Rate(perm)]，即在允许相位中，路段饱和流率。

第四节 流量设置

一、打开流量设置窗口

通过流量设置窗口来进行交叉口交通流量的调整，流量参数设置如图 12-21 所示，其中的车流量(Traffic Volume)(注：采用折算后的车辆数)、冲突行人流量(Conflicting Peds.)、冲突自行车流量(Conflicting Bicycles)、重型车辆比率(Heavy Vehicles)、公交车靠站阻塞数(Bus Blockages)等项目可依据各路段的交通流量属性进行设定。如图 12-22 所示，可通过以下两种方式打开流量设置窗口：

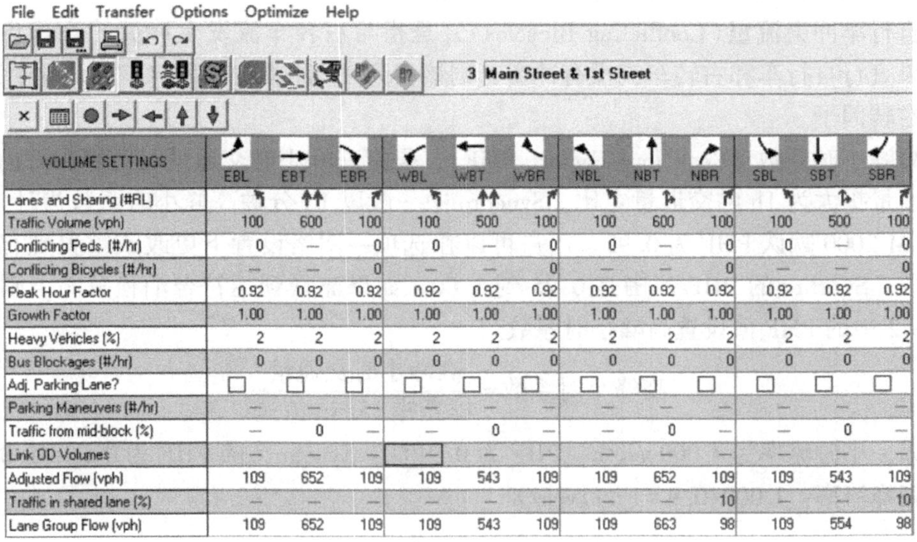

VOLUME SETTINGS	EBL	EBT	EBR	WBL	WBT	WBR	NBL	NBT	NBR	SBL	SBT	SBR
Lanes and Sharing (#RL)												
Traffic Volume (vph)	100	600	100	100	500	100	100	600	100	100	500	100
Conflicting Peds. (#/hr)	0	—	0	0	—	0	0	—	0	0	—	0
Conflicting Bicycles (#/hr)	—	—	0	—	—	0	—	—	0	—	—	0
Peak Hour Factor	0.92	0.92	0.92	0.92	0.92	0.92	0.92	0.92	0.92	0.92	0.92	0.92
Growth Factor	1.00	1.00	1.00	1.00	1.00	1.00	1.00	1.00	1.00	1.00	1.00	1.00
Heavy Vehicles (%)	2	2	2	2	2	2	2	2	2	2	2	2
Bus Blockages (#/hr)	0	0	0	0	0	0	0	0	0	0	0	0
Adj. Parking Lane?	☐	☐	☐	☐	☐	☐	☐	☐	☐	☐	☐	☐
Parking Maneuvers (#/hr)	—	—	—	—	—	—	—	—	—	—	—	—
Traffic from mid-block (%)	—	0	—	—	0	—	—	0	—	—	0	—
Link OD Volumes	—	—	—	—	—	—	—	—	—	—	—	—
Adjusted Flow (vph)	109	652	109	109	543	109	109	652	109	109	543	109
Traffic in shared lane (%)	—	—	—	—	—	—	—	—	10	—	—	10
Lane Group Flow (vph)	109	652	109	109	543	109	109	663	98	109	554	98

图 12-21 流量参数设置

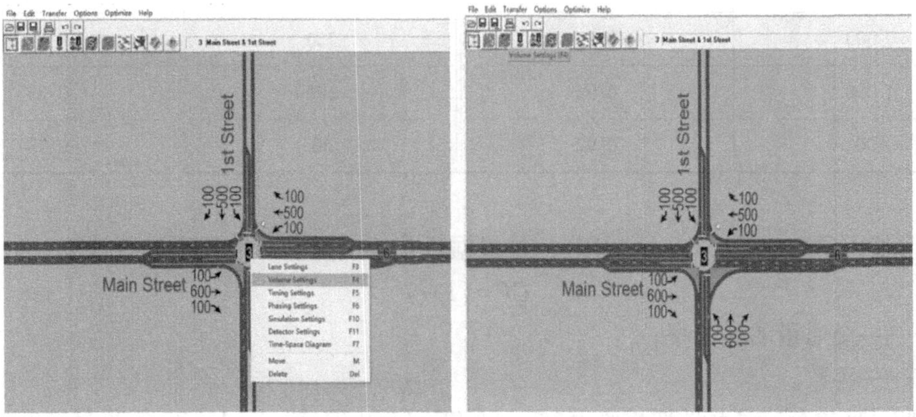

(a) (b)

图 12-22 流量设置窗口

①在交叉口处单击选中交叉口，单击鼠标右键或者按下 F4 键，选择流量设置，弹出流量设置窗口。

②在交叉口处单击选中交叉口，单击流量设置按钮，弹出流量设置窗口。

二、流量参数

流量参数设置显示一系列表格，可以在表格中输入流量信息。具体参数包括：

①车流量(Traffic Volume)，是指每个方向车流的交通流量值，单位为辆/h。

②冲突行人流量(Conflicting Peds.)，是指与右转车流发生冲突的每小时行人数，该参数会对行人、自行车右转因子产生影响。冲突行人流量会影响设置行人-自行车系数，增加冲突行人、自行车流量将会减少右转和左转冲突下的饱和流率。如果设置隔离岛将行人和右转车流隔离，则右转车流和行人没有冲突点，此值设置为 0。

③自行车冲突流量(Conflicting Bicycles)，是指与右转车流发生冲突的直行自行车数量，如果直行自行车和右转车流没有冲突，则该值为 0。此参数会影响车道设置中的行人、自行车右转因子。

④高峰小时系数（PeakHour Factor，PHF），是指高峰小时交通量与高峰小时内高峰时段的交通量扩大为 1h 的交通量之比。Synchro 中一般以 15 分钟高峰小时系数为计算标准。按照 HCM 2000 默认 PHF 为 0.92。用户可以在选项—网络设置下更改或重置现有的高峰小时系数。Synchro 的 PHF 范围是 0.25 到 1.00。如果流量到达符合泊松分布，则可能参照表 12-2 中的 PHF 值设置高峰小时系数。

$$\text{高峰小时系数}=\frac{\text{高峰小时交通量}}{4\times\text{高峰 15min 流量}} \tag{12-1}$$

例如，小时流率为 1 000veh/h，PHF 为 0.9(注：Synchro7 的 PHF 为 0.23~1.00)，则调整的高峰流率：1 000/0.9=1 111veh/h

表 12-2　建议高峰小时系数

所有进口道流量(veh/h)	PHF	所有进口道流量(veh/h)	PHF
2 000	0.95	200	0.87
1 000	0.93	100	0.83
500	0.92	50	0.78

⑤增长因子(Growth Factor，GF)，是根据近几年交通量的增长率进行计算。

$$GF=(1+r)^{Y} \tag{12-2}$$

式中：r——交通量的增长率；

Y——年数。

例如，近 10 年交通量的增长率为 3%，则 $GF=(1+0.03)^{10}=1.34$；GF 值通常在 0.5~3.0。

⑥重型车辆(Heavy Vehicles)，是指每一交通车流中卡车与公交车的比例。当在车道设置中增加重型车辆数值时，饱和流量会降低，系统默认值为 2%。

重型车辆系数计算公式为：

$$Fhv=\frac{100}{[100+hv(Et-1)]} \tag{12-3}$$

式中：hv——重型车辆校正系数；

Et——2.0pc/hv。

⑦公交车靠站阻塞数(Bus Blockages)，是指路段内因为公交车停靠站影响正常交通通行的公交车车辆数。

⑧路边停车管制(Adj Parking Lane)，是指是否允许路边停车，允许则勾选。

⑨停车量(Parking Maneuvers)，是指允许路边停车时的停车量。必须先设置是否允许路边停车之后，才可设置停车量。

⑩路段中途流量(Traffic from mid-block)，即相邻的交叉口之间出现流量不平衡，表明有部分车流通过交叉口之间的无信号交叉口进入或驶离。通常一个上行路口进入下行路口出口道的交通量总和不等于邻接下游路口的进口道交通量总和。路段中途流量反映进入或驶离的流量平衡情况。生长因子和 PHF 值也影响相邻交叉口之间的流量平衡。

⑪连接 OD 矩阵(Link OD Volumes)，是指通过连接 OD 矩阵对两个相邻的交叉口进行详细的控制设置，可以用于减少或消除某些不必要的转弯，一般用来防止在城市干道上出现两次左转。该参数可取默认值。

⑫调整后流量(Adjusted Flow)，是经高峰小时系数和增长因子调整后输入的流量。

⑬共用道流量(Traffic in shared lane)，是指在有共用车道的情况下，共用车道所占的流量比。假设北向设置直行右转混合车道，其中，右转车辆的数量是 400×10%=40，则直行车道的车辆数为 400-40=360 辆。

⑭车道组流量(Lane Group Flow)，即每个进口道中服务于一个或者多个方向的一条车道或多个车道的交通流量之和。

第五节　节点设置

一、节点设置界面

双击一个路口或选择一个路口并按下 Enter 键可显示节点设置。按住 Ctrl 键并用鼠标单击路口，可添加或取消已选择路口。节点设置界面如图 12-23 所示。在节点设置界面可以修改以下属性：节点号、区域、节点坐标、控制类型、锁定配时和优化、周期时长等。

二、节点设置参数

①节点号(Node)-节点编号，是路网中所有节点都将分配的唯一编号，后期的评价文件中，各交叉口通过编号来识别区分。

②区域(Zone)，即为了便于分析路网区段，Synchro 中可以将路口分配在不同的区域。使用区域可保证其他路口发生变化时，区域内的路口配时不变。

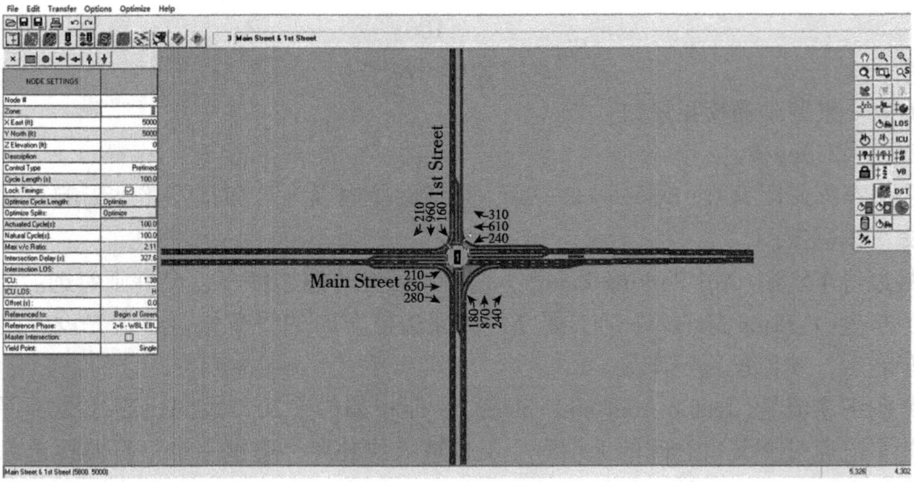

图 12-23　节点设置界面

如图 12-24 所示，可以设置不同区域的交叉口。可以通过“优化—路网—周期—时长”命令以区域范围对整个路网分配周期时长；也可以通过“优化—路网”分区命令在尽可能保存现有区域分配状态的情况下，重新分配区域以优化区域周期时长。

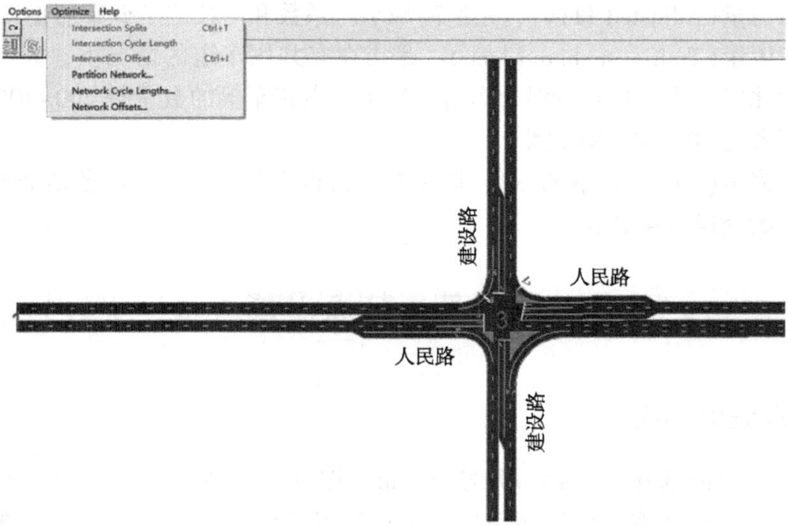

图 12-24　优化路网周期时长

③节点坐标(Node Cooradinates)，如图 12-25 所示，可输入节点 X、Y 坐标的值，以及节点的海拔高度(m)。可以通过设置标高的 Z 坐标值创建一个天桥。

④描述(Description)，在描述区域可输入路口的注释，注释信息会在路口报表底部显示。

⑤控制器类型(Control Type)，按照交叉口控制类型分为六种：

a. 固定配时(Pretimed)。表示该交叉口信号配时方案为固定信号配时方案，方案中各相位信号周期参数已固定。

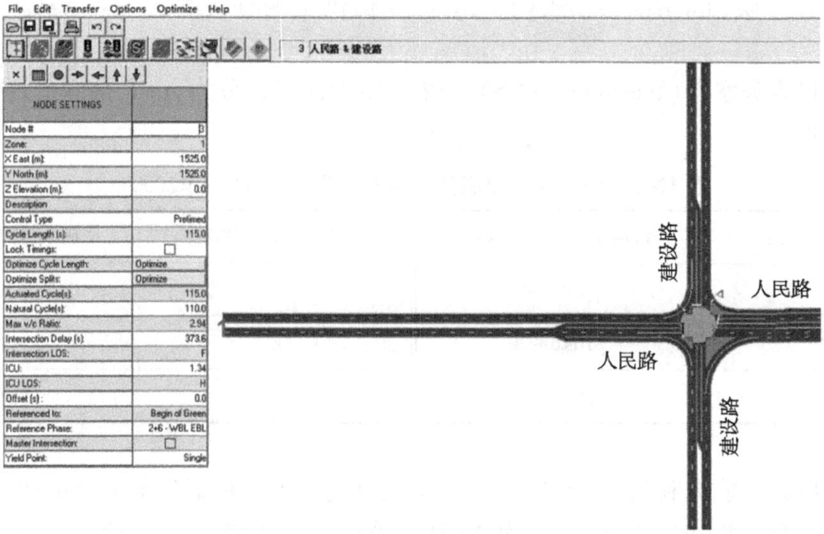

图 12-25　节点设置参数

b. 半感应非协调控制(Semi-actuated-uncoordinated)。根据主干道车流量进行主干道相位时长的调整。

c. 感应非协调控制(Actuated-uncoordinated)。所有相位以完全感应方式控制，在周期时长范围内允许各相位时长发生变化。

d. 感应协调控制(Actuated-coordinated)。在这种情况下，除了已分配的协调相位，其他的所有相位均为感应控制，根据交通流的变化，实时调增信号相位方案。

感应协调控制和半感应协调控制的区别：感应协调控制中，所有次要相位中未使用的配时都将分配给主要道路；半感应协调控制中，所有次要相位中未使用的相位时长将会缩短信号周期时长。

e. 无信号交叉口(Unsignalized)。该交叉口控制方式为停车让行。

f. 环形交叉口(Roundabout)。该交叉口为环形交叉口，车辆需绕中心岛环行驶出交叉口。

⑥现行周期长度(Cycle Length)，是采用 Webster 方法得到的最佳信号周期。

⑦锁定配时(Lock Timings)，即锁定配时方案，防止配时方案发生变化。在进行网络配时优化时，被锁定的交叉口配时不变，而其余交叉口的配时围绕该交叉口进行优化等。

⑧优化信号周期时长(Optimize Cycle Length)，点击该按钮，可对选中交叉口进行信号周期时长优化。

⑨优化信号绿信比(Optimize Splits)，点击该按钮，可对所选交叉口的相位方案进行优化。

⑩感应式控制周期(Actuated Cycles)，即感应信号控制的平均周期长度。

⑪自然周期长度(Natural Cycle)，即该交叉口单独运行时，达到可接受的通行能力时的最小周期。

⑫最大 V/C 比(Max V/C Ratio)，其中，V 为交通量，C 为通行能力。

⑬交叉口延误(Intersetion Delay)，Synchro 提供了两种计算方法：Webster 法和百分比法。

⑭交叉口服务水平(Intersetion LOS)，按照 HCM2000，分为 A~F 共六个评价等级，见表 12-3 所列。

表 12-3　信号交叉口服务水平与延误对照表(HCM2000)

服务水平(LOS)	每辆车的控制延误(s)	服务水平(LOS)	每辆车的控制延误(s)
A	≤10s	D	35<d≤55
B	10<d≤20	E	55<d≤80
C	20<d≤35	F	>80

⑮交叉口通行能力利用率(ICU)，反映交叉口通行能力和服务水平的指标。

⑯ICU 服务水平(ICU LOS)，分为 A~H 共八个评价等级。见表 12-4 所列，不同 ICU 和 ICU LOS 对应的含义不同。

表 12-4　ICU 和 ICU LOS 的含义

ICU	ICU LOS	含　义
≤55%	A	没有任何拥挤，不超过 80s 的信号周期就能确保交通效率，所有车辆在一周期内均可放行通过，还可容纳 40%的交通量
55%<ICU≤64%	B	没有拥挤，几乎所有车辆在一周期内放行，不超过 90s 的信号周期就能确保顺 利通行，还可容纳 30%的交通量
64%<ICU≤73%	C	无明显拥挤，主要交通在一周期内放行，不超过 100s 的信号周期能确保顺利通行，交通扰动可能造成拥挤，还可容纳 20%的交通量
73%<ICU≤82%	D	正常情况下不发生拥挤，大多数车辆在一周期内放行，不超过 110s 的信号周期能确保交通顺利通行，交通扰动可能造成交通拥挤，还有不足 10%的交通量
82%<ICU≤91%	E	处于拥挤发生的临界状态，许多车辆不能再一周期内放行，120s 左右信号周期才能确保交通运行，轻微的交通扰动可能造成明显拥挤，还有不足 10%的交通量
91%<ICU≤100%	F	接近或达到通行能力，交通可能经历 60~120min 的拥堵期，经常出现长排队，120s 以上的信号周期才能确保交通运行
100%<ICU≤109%	G	超过通行能力 9%以内，交通可能经历 60~120min 的拥堵期，经常出现长排队，120s 以上的信号周期才能确保交通通行
109%<ICU	H	超过通行能力 9%以上，交通可能经历 120min 以上的拥堵期，频繁出现长排队，120s 以上的信号周期才能确保交通运行

第六节 配时设置

一、配时设置窗口

配时设置窗口用于设定交叉口配时方案，如图 12-26 所示，通过此窗口也可显示出路网的各项控制绩效指标。在列表中选择想要的路口，然后按下配时设置按钮或 F5 键，打开配时设置窗口。配时设置窗口的左侧部分为交叉口设置窗口，右侧部分用于配时方案相关数据的输入。

图 12-26 下方为典型的 4 相位信号配时图，表示当前信号相位配时情况，可拖动“红”“绿”信号之间的竖线来调整绿信比，调整过程中，窗口的参数将发生变化，如总绿信比、延误、服务水平、每小时的停车次数、耗油使用量等效用指标(measures of effectiveness，MOEs)将随着相位配时的变化而发生变化。

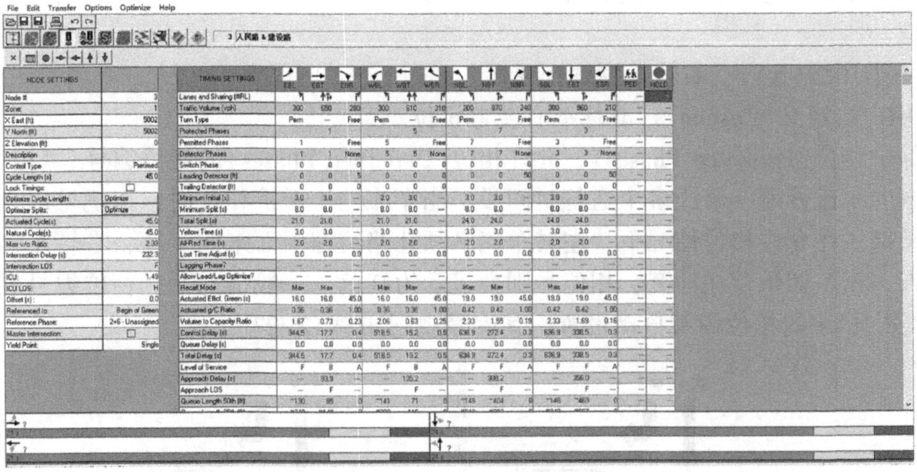

图 12-26 配时设置界面

二、信号控制参数

先在交叉口设置窗口设置交叉口的控制类型等参数，然后再设置各向车流控制方式。

①左转转向类型(Turn Type)，用于设置相位数(如两相位、三相位、四相位等)，共有八种转向类型，下面介绍几种常用的左转转向类型。

a. 保护相位(Protected Phases)。使用专用左转相位保护左转弯车流，左转车辆仅在本信号显示箭头指示期间行使。

b. 允许相位(Permitted Phases)。左转弯车流不受保护，车流必须向对面行驶的车辆和人行横道上的行人让路。

c. 容许型+保护型(Pm+Pt)。左转弯车流在保护相位绿灯亮起期间受到保护，在容许型相位绿灯亮起期间方可行驶。

d. 划分型(Split)。左行交通和直行交通共用一个相位，通常在左行车流和直行车流共用一个车道时，才设置这种相位。划分相位确保了共用的左转弯车流受到保护。

e. 不适用型(NA)。没有选择相位，禁止左转。

f. 用户自定义(Custom)。非标准左转弯相位组合。

②右转转向类型(Right Turn type)，共有八种，下面介绍各相位右转转向类型。

a. 保护相位(Protected Phases)。使用专用相位保护右转弯车流，右转车辆仅在本信号显示箭头指示期间行驶，不受任何冲突影响。

b. 允许相位(Permitted Phases)。右转弯车流不受保护，允许与右转车流冲突的相位存在。

c. 重叠型(Over)。在交叉口存在右转弯车流时，这种转弯类型显示一个右转弯箭头。

d. 容许型+保护型(Pm+Pt)。这种右转弯重叠型显示一个右转弯箭头，允许右转和直行车流通过。

e. 保护型+重叠型(Pt+OV)。这种右转弯重叠型显示一个右转弯箭头，允许右转、直行和左转车流通过。

f. 自由型(Free)。在周期内右转弯车流向行人让路，确保安全后可以通行，并未指定信号相位。

g. 不适用型(NA)。右转车辆禁止通行。

h. 用户自定义(Custom)。非标准右转弯相位。

③保护相位(Protected Phases)、允许相位(Permitted Phases)的相位编号。“相位”用于为每个方向车流分配一个或多个通行时间段。当车流处于保护相位时，车辆可以无冲突地通过交叉口。在允许相位情况下，左转车辆必须让路给迎面而来的车辆，右转车辆必须让路给行人。相位如果存在冲突，相位号则会显示为红色。一般情况下，相位编号根据转向类型由“选项”中的相位模板自动设置，其编号规则如图 12-27 所示。

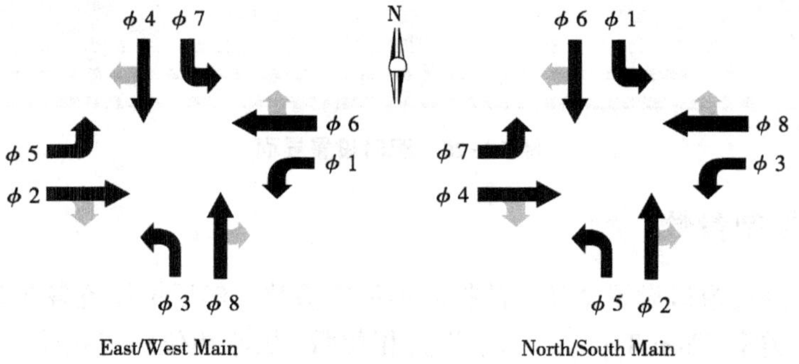

图 12-27　相位设置编号规则

④检测器相位(Detector Phases)，一般情况下，与保护相位和允许相位相同。

⑤转换相位(Switch Phase)，可以通过输入数字“1～8”设置相位，更改绿灯亮起时刻顺序。

⑥最小绿灯时间(Minimum Initial)，即相位的最小绿灯时间，该相位可以显示绿灯的最短时间。通常该值为 4s，Synchro 允许的最小值为 1s、最大值为 840s。

⑦最小绿信比(Minimum Split)，即最小绿灯时间与周期时长之比。最小绿灯时间必须大于或等于该相位红灯、黄灯时间和最小起始值之和。

⑧总相位时长(Total Split)，包括相位分配的绿灯、黄灯和全红间隔时间，为所有分配相位的总和。

⑨黄灯时间(Yellow Time)，即黄灯间隔时间。此值应设为 3s 与 5s，根据进口道速度、十字街道和当地标准而定。Synchro 允许的最小值是 2s、最大值为 10s。

⑩全红时间(All-Red-Time)，即所有红灯间隔时间的总和。全红时间一般用来清空交叉口范围内车辆。

⑪损失时间(Lost Time Adjust)，主要包括以下几种：在绿灯开始初期，车流难以以饱和流率进入，因此损失的通行时间称为绿初损失时间；黄灯结束末期，越过停止线的车流已非饱和流率，因此损失的通行时间称为黄末损失时间；绿初、黄末非饱和损失时间合称为起动损失时间。

⑫延迟相位(Lagging Phase)，是指在该相位内将该方向交通流的放行时间调整为相位后期，在保护相位或者容许型+保护型相位可设置延迟相位。如图 12-28、图 12-29 所示，把左转相位延迟到直行放行之后才开始放行。通常情况下，根据相位编号是 1 和 5 为一组、2 和 6 为一组、3 和 7 为一组、4 和 8 为一组分组按照相位时长放行。相位后置用来交换相位配对的顺序。

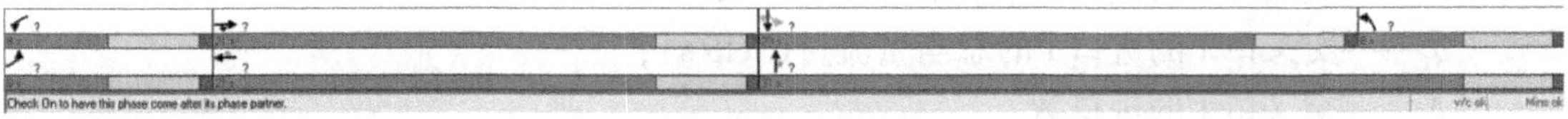

图 12-28 正常相位

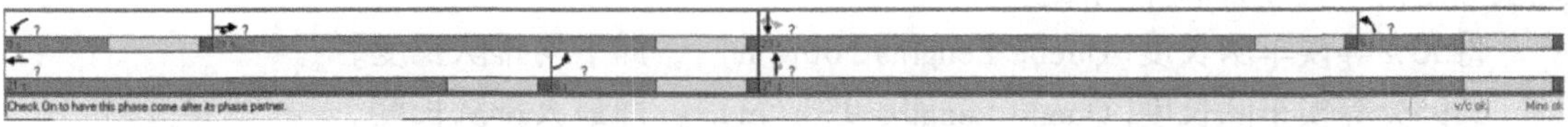

图 12-29 延迟相位示意

⑬优化时允许相位前置/后置(Allow Lead/Lag Optimize)，即允许提前/延滞相位优化，优化相位差时，Synchro 将检查前置/后置相位的所有组合，来改善交通流。优化通过改变配时参数以及相位来实现。

⑭请求模式(Recall Mode)，每个相位可以拥有“无”“最小”“最大”“行人”的请求模式。

a. 无请求。可跳过该相位。

b. 最小请求。该相位总是会以最小绿灯时间运行，不可跳过该相位。

c. 最大请求。该相位总是会以最大绿灯时间运行，不响应检测器。相位无法跳过或断开，也无法延时。

d. 行人过街请求。该相位总是会显示为步行相位。在行走间隔时间和勿行走间隔时间结束前，相位无法跳过或断开。

⑮感应式控制有效绿灯时间(Actuated Effct. Green)，即在感应控制模式下的有效绿灯时间。

⑯感应式控制绿信比(Actuated g/C Ratio)，即在感应控制模式下的有效绿灯时间与周期时长之比。

⑰交通量/通行能力之比(Volume to Capacity Ratio)，即该车道交通量与通行能力之比。

⑱信号控制延误(Control Delay)，即由于红灯引起车辆的阻滞而产生的延误，通常称为相位延误。

⑲排队延误(Queue Delay)，即由于车流的波动等因素而造成的车辆附加延误。

⑳总延误(Total Delay)，即信号控制延误和排队延误的总和。

㉑服务水平(Level of Service)，是以15min内单位车辆的平均停车延误的时间为依据，划分了A、B、C、D、E、F六个等级。Synchro根据计算得出的延误程度确定该方向服务水平。

㉒基于总延误值的车道组加权平均延误(Approach Delay)，是以15min内单位车辆的平均停车延误的时间为依据，并划分了A、B、C、D、E、F六个等级。

$$d_I = \frac{\sum_{i=A}^{N} d_i q_i}{\sum_{i=A}^{N} q_i} \tag{12-4}$$

式中：d_I——交叉口I的车辆平均加权延误；

d_i——交叉口I的进口i车辆平均加权延误；

q_i——交叉口I的进口i的总当量流量(veh/s)；

N——交叉口I的进口数。

㉓基于总延误值的车道组加权平均服务水平(Approach LOS)，即根据车道组加权平均延误确定的车道组加权平均服务水平。

㉔50%等候车队长度[Queue Lengths 50th(m)]，即平均排队长度。

㉕95%等候车队长度[Queue Lengths 95th(m)]，即最大排队长度。

第七节　相位设置

一、相位设置窗口

相位设置窗口用于显示交叉口相位方案的内容，并可查看交叉口的相位设置是否正确。依据Synchro计算的百分比延误，可针对90%、70%、50%、30%、10%五种不同的流量比例获得所对应的周期长度；此外，也可就使用者所输入的现行配时计划的设置正确性进行分析判断。

在地图视图中单击鼠标右键或者按下F8键，点击想要的路口，选择“相位设置”，弹出如图12-30所示的选择相位设置窗口，同时显示相位设置信息。

二、相位设置系数

如图12-31所示，相位设置界面所包含的数据如下：

①相位延长绿灯时间(Vehicle Extension)，即单位绿灯延长时间，感应控制参数。车辆通过检测器时，指保证一辆车从检测器处驶入交叉口的时间。

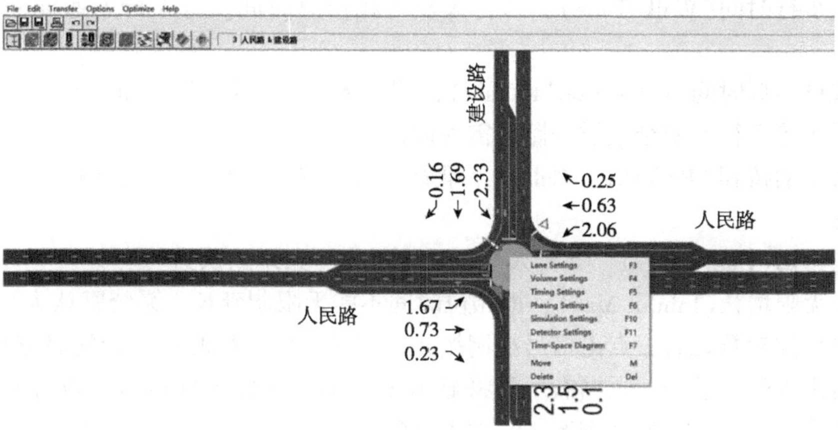

图 12-30 选择相位窗口

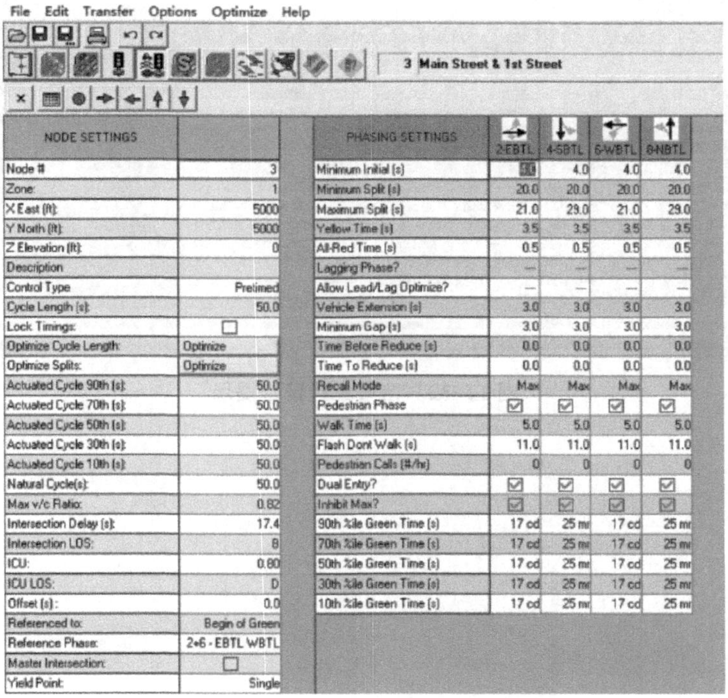

图 12-31 相位设置界面

②最小间距(Minimum Gap)，即信号机在速度密度操作模式下的最小间隙。若不是用速度密度模式运行，将此值设置为相位延长绿灯时间。

③减少时距的前置时间(Time Before Reduce)，即使用速度密度操作模式时，指间隙开始缩短前的时长。

④减少时距的剩余时间(Time To Reduce)，即使用速度密度操作模式时，指车辆延时减至最小间隙所需的时间量。

⑤行人相位(Pedestrian Phase)，若配时方案有行人相位的，将本栏勾选为“✓”；若无行人相位，则不勾选，同时“行人步行时间”“勿行走”“行人过街请求”的输入栏无效。

⑥行人步行时间(Walk Time)，即行人步行相位总时间。行人行走速度一般为 0.9~1.1m/s。

⑦行人灯闪烁时间(Flash Don't Walk)，即行人灯闪烁相位的总时长。行人相位清尾时间要求大于等于行人安全通过马路所需时间。

⑧行人触动按钮(Pedestrian Calls)，即通过行人触动按钮，切换到行人相位的人数，单位为人/h。

⑨双向过街(Dual Entry)，即行人是否双向过街，系统默认为“是”。

⑩禁止无限增长(Inhibit Max)，即相位时间不能无限制延长，系统默认为“是”。

设置好相位参数之后，点击信号控制按钮，将显示信号配时图，如配时方案中存在不满足最小间距时间要求等，页面右下角将显示 Mins Out 信息进行提示，如图 12-32 所示，满足最小间距时间要求，显示 Mins Ok，但 V/C 大于 1。

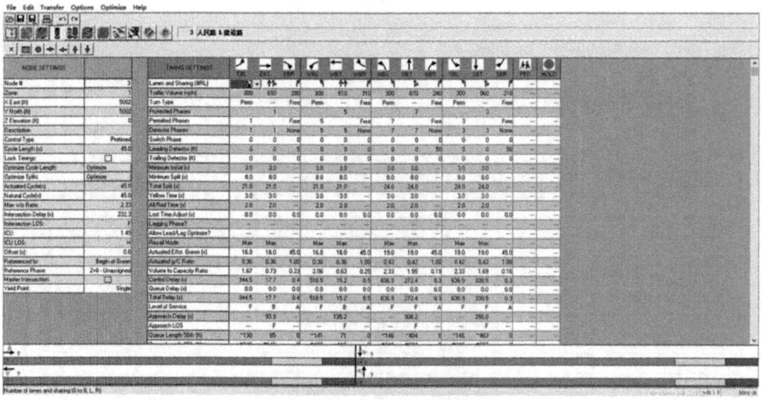

图 12-32　信号配时警告提示

第十三章 信号配时优化仿真案例

第一节 单个交叉口配时优化仿真案例

一、道路基本状况

图 13-1 是一个十字交叉口，由两条道路相交而成。东西向进口道为 4 车道，在交叉口进口道处，道路向左右两侧扩宽，形成左、右转专用车道。为了方便右转车辆通行，设置右转渠化岛。南北向进口道扩宽为 3 车道，出口道为 2 车道，表 13-1 为交叉口各进口道详细参数。

该交叉口属于城市道路系统十字形交叉口，其机动车主要由两种车型组成；小型车和大型客车。在城市拥挤的道路环境中行驶，期望速度偏低。路段限速为 60km/h。交叉口各进口道的机动车交通量数据见表 13-2。

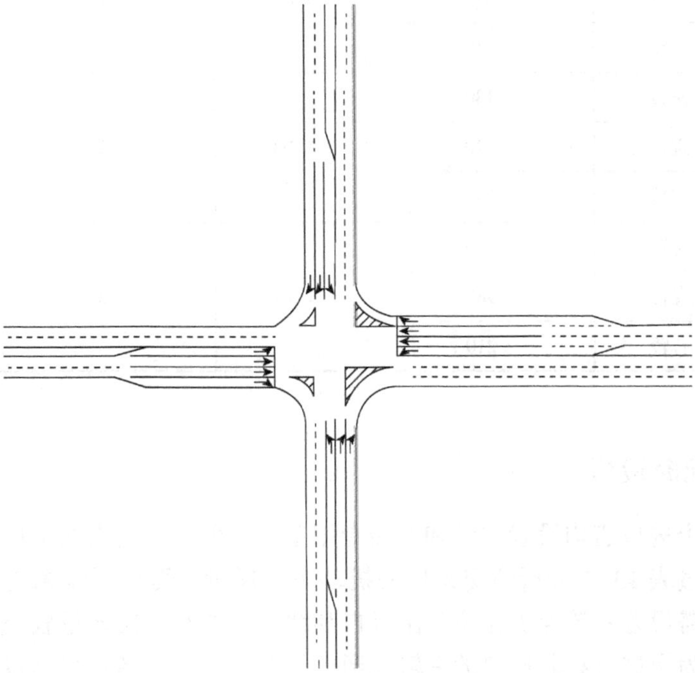

图 13-1 交叉口示意

表 13-1　交叉口主要道路交通设施几何设计参数

道路名称	交通设施	条数	宽度(m)	长度(m)
由东向西	进口道	4	3	550
	进口道上游	2	3	300
由西向东	进口道	4	3	500
	进口道上游	2	3	200
由北向南	进口道	3	3	600
	进口道上游	3	3	200
由南向北	进口道	3	3	575
	进口道上游	3	3	200

表 13-2　交叉口机动车交通量

进口道		交通量(veh/h)	合计(veh/h)	大型客车比例(%)	小型车比例(%)
东进口	左转	210	1 140	5	95
	直行	650			
	右转	280			
西进口	左转	240	1 160	6	94
	直行	610			
	右转	310			
南进口	左转	180	1 290	2	98
	直行	870			
	右转	240			
北进口	左转	160	1 330	3	97
	直行	960			
	右转	210			

二、信号配时设置

该交叉口四个进口道均设置左转和右转专用车道，可以在适当的情形下设置左转和右转保护相位。通过表 13-2 分析该交叉口的机动车交通量，可以看到东进口和西进口的左转交通量较大，需设置左转保护相位。南进口和北进口的左转交通量较小，但直行交通量较大，同样需要为南进口和北进口的左转交通提供保护相位。结合交通量考虑，该交叉口初步设计 4 相位的交通信号控制方案如图 13-2 所示。

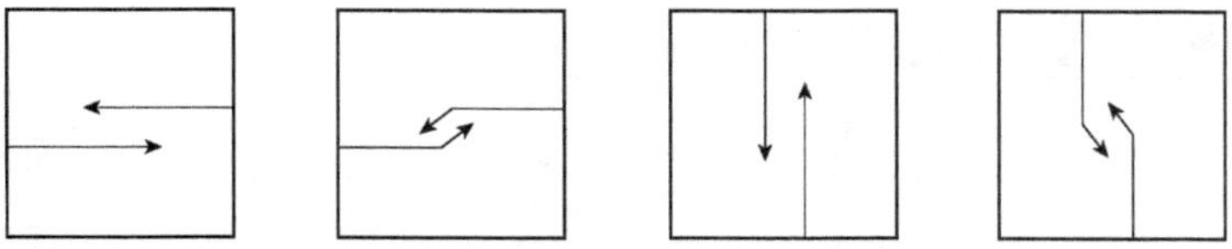

（a）相位1　（b）相位2　（c）相位3　（d）相位4

图 13-2　相位示意

现状交叉口的配时方案：第一相位的相位时长为 30s，第二相位的相位时长为 21s，第三相位的相位时长为 34s，第四相位的相位时长为 30s。根据现有交叉口基础数据，在 Synchro 建立仿真模型。

①绘制交叉口。点击添加路段按钮，在交叉口路段起始位置单击鼠标左键并按 Shift 键，拖动鼠标到路段终点位置。绘制两条路段相交，相交处则为交叉口，建立好的交叉口如图 13-3 所示。

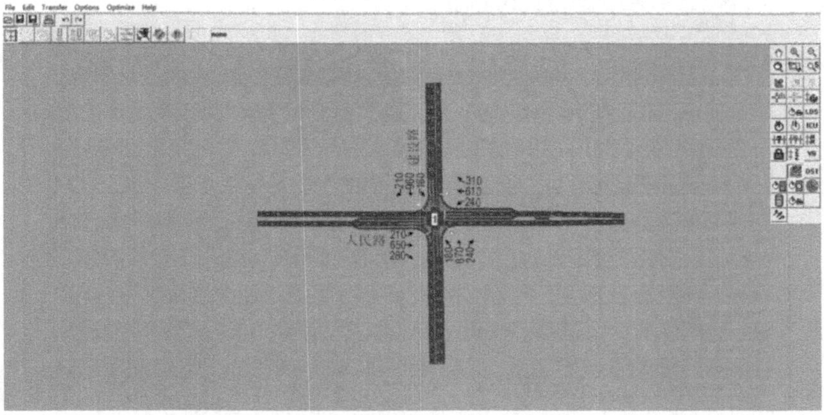

图 13-3　交叉口示意

②设置默认参数。如图 13-4 所示，在 Options 选择 Network Settings 设置全局参数，将弹出如图 13-5 所示对话框，设置如车道宽度、车辆长度、饱和流率、最短绿灯时间等参数。设置车道宽度为 3m，饱和流率为 1 600veh/h，车辆长度为 7. 6m/veh，行驶速度为 60km/h。

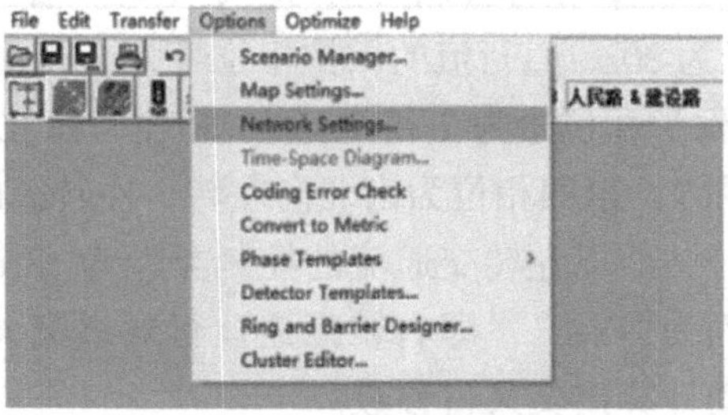

图 13-4　设置默认参数

③设置车道参数。如图 13-6 所示，设置车道共享、路段名称、路段车速等参数。

④设置节点参数和配时参数。设置交叉口的节点编号以及所在区域、交叉口信号控制类型等参数。

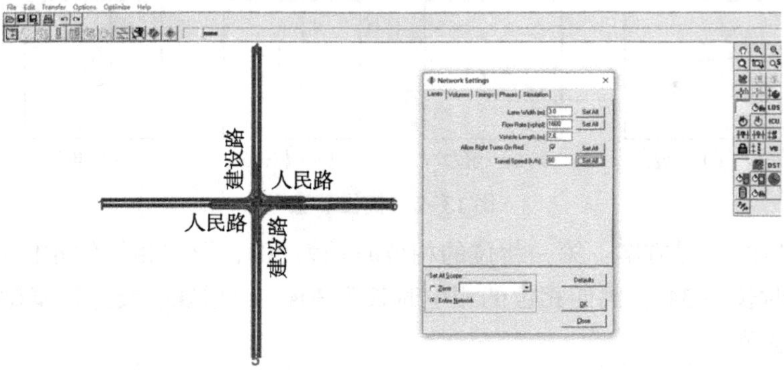

图 13-5 设置车道宽度等参数

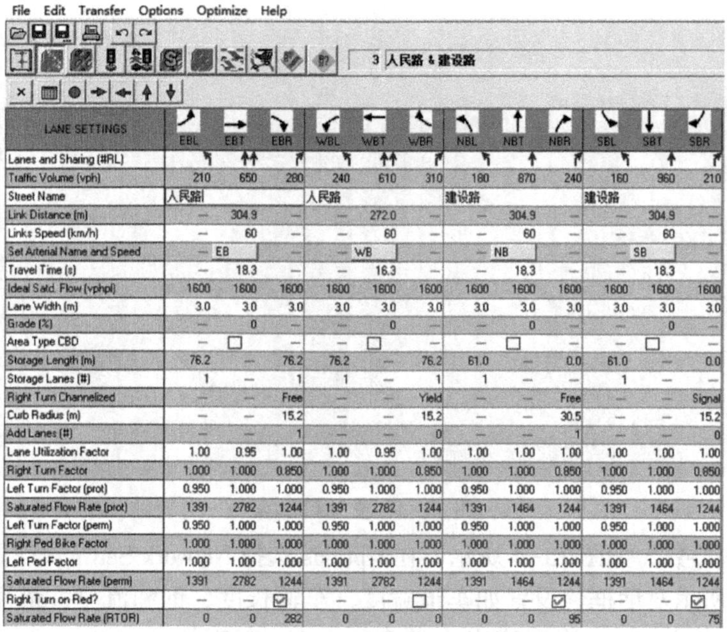

LANE SETTINGS	EBL	EBT	EBR	WBL	WBT	WBR	NBL	NBT	NBR	SBL	SBT	SBR
Lanes and Sharing (#RL)	↰	↑↑	↱	↰	↑↑	↱	↰	↑	↱	↰	↑	↱
Traffic Volume (vph)	210	650	280	240	610	310	180	870	240	160	960	210
Street Name	人民路			人民路			建设路			建设路		
Link Distance (m)	—	304.9	—	—	272.0	—	—	304.9	—	—	304.9	—
Links Speed (km/h)	—	60	—	—	60	—	—	60	—	—	60	—
Set Arterial Name and Speed	—	EB	—	—	WB	—	—	NB	—	—	SB	—
Travel Time (s)	—	18.3	—	—	16.3	—	—	18.3	—	—	18.3	—
Ideal Satd. Flow (vphpl)	1600	1600	1600	1600	1600	1600	1600	1600	1600	1600	1600	1600
Lane Width (m)	3.0	3.0	3.0	3.0	3.0	3.0	3.0	3.0	3.0	3.0	3.0	3.0
Grade (%)	—	0	—	—	0	—	—	0	—	—	0	—
Area Type CBD	—	☐	—	—	☐	—	—	☐	—	—	☐	—
Storage Length (m)	76.2	—	76.2	76.2	—	76.2	61.0	—	0.0	61.0	—	0.0
Storage Lanes (#)	1	—	1	1	—	1	1	—	—	1	—	—
Right Turn Channelized	—	—	Free	—	—	Yield	—	—	Free	—	—	Signal
Curb Radius (m)	—	—	15.2	—	—	15.2	—	—	30.5	—	—	15.2
Add Lanes (#)	—	—	1	—	—	0	—	—	1	—	—	0
Lane Utilization Factor	1.00	0.95	1.00	1.00	0.95	1.00	1.00	1.00	1.00	1.00	1.00	1.00
Right Turn Factor	1.000	1.000	0.850	1.000	1.000	0.850	1.000	1.000	0.850	1.000	1.000	0.850
Left Turn Factor (prot)	0.950	1.000	1.000	0.950	1.000	1.000	0.950	1.000	1.000	0.950	1.000	1.000
Saturated Flow Rate (prot)	1391	2782	1244	1391	2782	1244	1391	1464	1244	1391	1464	1244
Left Turn Factor (perm)	0.950	1.000	1.000	0.950	1.000	1.000	0.950	1.000	1.000	0.950	1.000	1.000
Right Ped Bike Factor	1.000	1.000	1.000	1.000	1.000	1.000	1.000	1.000	1.000	1.000	1.000	1.000
Left Ped Factor	1.000	1.000	1.000	1.000	1.000	1.000	1.000	1.000	1.000	1.000	1.000	1.000
Saturated Flow Rate (perm)	1391	2782	1244	1391	2782	1244	1391	1464	1244	1391	1464	1244
Right Turn on Red?	—	—	☑	—	—	☐	—	—	☑	—	—	☑
Saturated Flow Rate (RTOR)	0	0	282	0	0	0	0	0	95	0	0	75

图 13-6 设置车道参数

因该交叉口为定时信号控制，信号控制类型为固定配时。信号周期时长为 115s，第一相位为东西向直行，相位时长为 30s，直行流的保护相位号为 1 和 5；第二相位为东西向左转，相位时长为 21s，左转流的保护相位号为 2 和 6；第三相位为南北向直行，相位时长为 30s，直行流的保护相位号为 3 和 7；第四相位为南北向左转，左转流的保护相位号为 4 和 8。

左转交通流有左转相位，所以左转交通流的控制类型为“Prot”，即保护相位。左转相位交叉口右转车辆控制类型为“Free”，即右转减速让行通过交叉口。将图 13-6 所示参数设定完成之后，系统会自动计算出交叉口参数。

⑤配时优化。如图 13-7 所示，在配时设置窗口，点击优化信号周期按钮和优化绿信比按钮，配时参数会显示优化后的信号配时方案（图 13-8）。优化后的信号周期为 100s，东西向直行相位时长减少，东西向左转车流相位提前放行，南北向直行流相位时长延长，南北向左转相位提前放行。

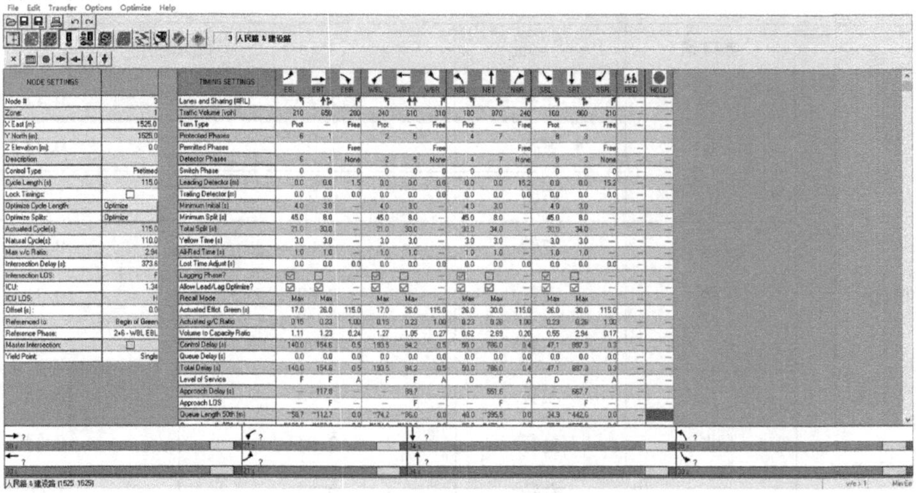

图 13-7 输入信号配时参数

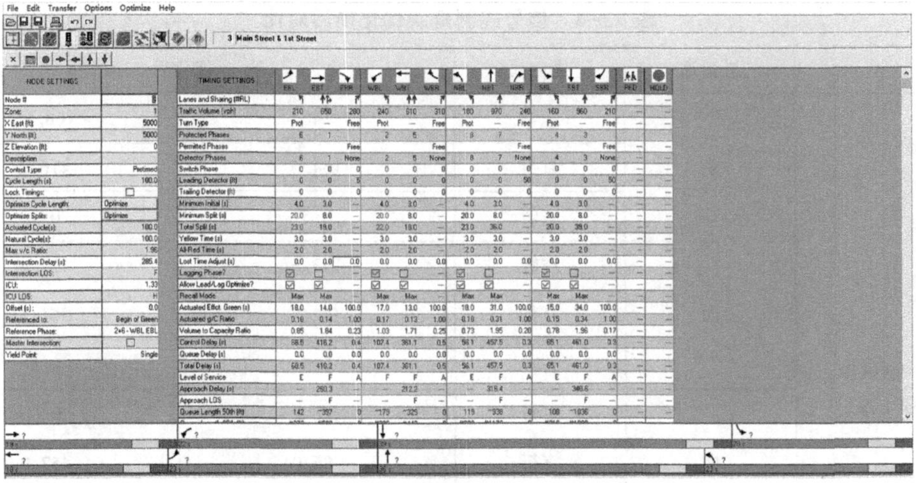

图 13-8 信号配时方案

三、评估参数对比

Synchro 自动计算能够反映车辆运行状况的相关参数，如排队延误、控制延误、平均排队长度、最大排队长度等。见表 13-3~表 13-5，分别反映优化前后的 *V/C* 比、信号控制延误、服务水平指标变化。

表 13-3 *V/C* 比优化前后对比 s

	进口道	优化前	优化后	
V/C 比	东	左转	1.11	0.18
		直行	1.23	0.14
		右转	0.24	1.00

（续）

	进口道	优化前	优化后	
V/C 比	西	左转	1.27	0.17
		直行	1.05	0.13
		右转	0.27	1.00
	南	左转	0.62	0.18
		直行	2.69	0.31
		右转	0.20	1.00
	北	左转	0.55	0.15
		直行	2.94	0.34
		右转	0.20	1.00

表 13-4 信号控制延误优化前后对比 s

	进口道	优化前	优化后	
信号控制延误（Control Delay）	东	左转	140	68.5
		直行	154.6	416.2
		右转	0.5	0.4
	西	左转	193.5	107.4
		直行	94.2	361.3
		右转	0.5	0.5
	南	左转	50.0	56.1
		直行	786.0	457.9
		右转	0.4	0.3
	北	左转	47.1	65.1
		直行	897.3	461.0
		右转	0.3	0.3

表 13-5 服务水平优化前后对比 s

	进口道	优化前	优化后	
服务水平（Level of Service）	东	左转	F	E
		直行	F	F
		右转	A	A

（续）

	进口道	优化前	优化后	
服务水平（Level of Service）	西	左转	F	F
		直行	F	F
		右转	A	A
	南	左转	D	E
		直行	F	F
		右转	A	A
	北	左转	D	E
		直行	F	F
		右转	A	A

四、时空图生成

时空图是用来观测路口交通流动态变化情况的。如图 13-9 所示，时空图设置界面的左侧为工具栏，可以设置显示延误、显示过饱和交通流、排队长度、图例。

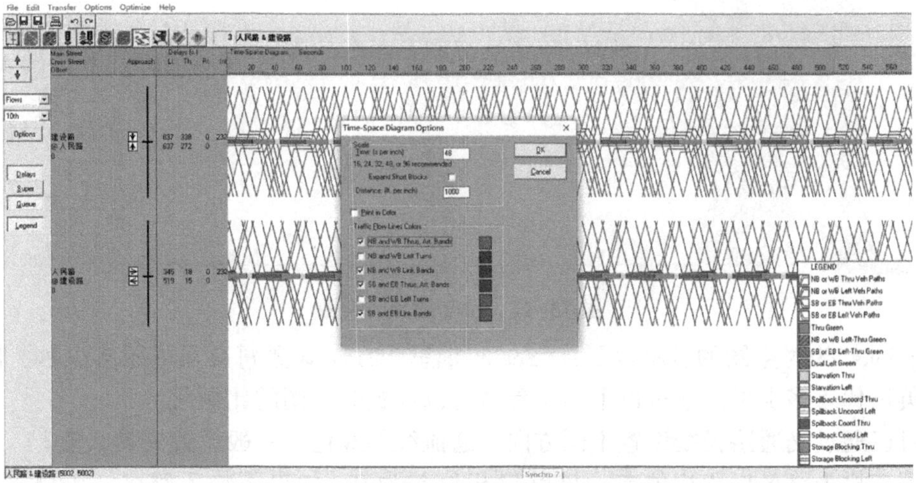

图 13-9　时空图设置界面

①第一栏为显示百分位。

“Flows”表示显示交通流。

“Bands”表示显示绿波带，能够反映信号绿灯时刻的先后顺序。

“Max”表示显示全部，“90th”表示显示 90%的车流，“70th”表示显示 70%的车流，“50th”表示显示 50%的车流，“30th”表示显示 30%的车流，“10th”表示显示 10%的车流。从图 13-10、图 13-11 对比可以看出，时空图的车辆路径线在设置为 90th 时要比设置为 10th 密集很多。车辆路径线的密集程度反映了车辆数的多少。

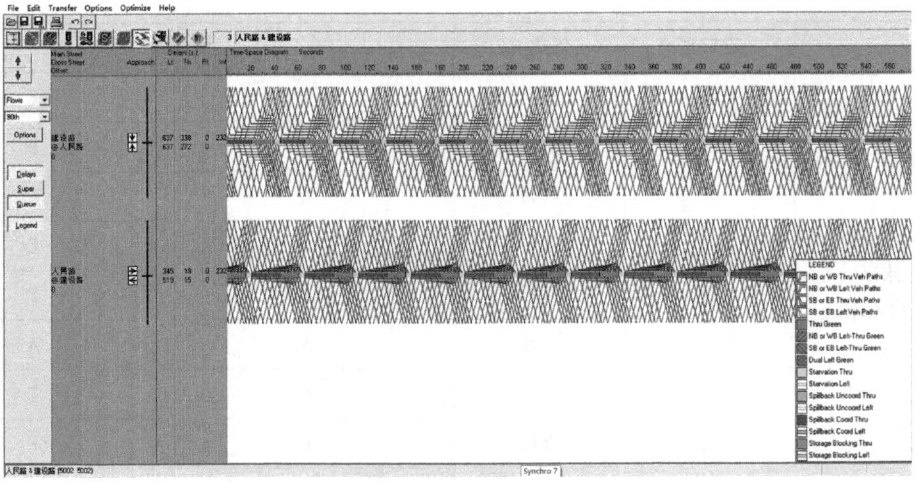

图 13-10　90th 显示时空图

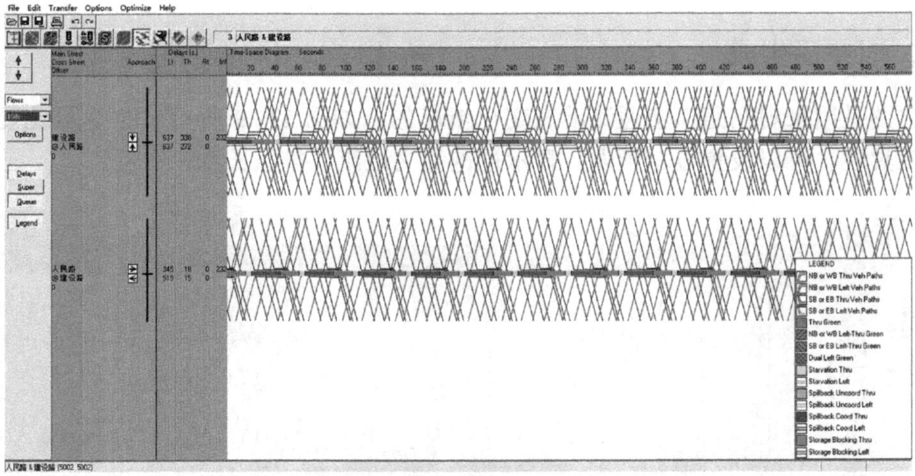

图 13-11　10th 显示时空图

“Options”为时空图的基本设置；“Scale”框里，Time 设置每英尺显示多少秒，Distance 设置每英尺代表多少米。通过以上两个参数可以设置时空图的比例尺。

还可以通过交通路径线设置不同方向交通流线的颜色，一般设置为默认值。

②第二栏为路名栏和相位差。该路口相位差为 0。如果不输入路名，则路名显示为“Main Road”。“Approach”指明所显示街道的方向。

③第三栏。如点击显示延误，则会显示本方向各向交通流的延误。“Lt”为左转车道延误，“Th”为直行车道延误，“Rt”为右转车道延误。如图 13-11 所示，南进口道延误为 338s，左转车道延误为 637s，右转车道延误为 0s。交叉口平均延误为 232s。

④第四栏为时空图主界面。其中，横向的“红黄绿”为信号配时波带。红色以及蓝色的线代表交通流量线，线越密集，表示该时段内车辆越多、延误较大。斜线的斜率代表车辆的行驶速度，斜率越大，表示车辆在路段的行驶速度越快。当斜率为 0 时，代表车辆停止行驶，斜率为 0 的持续时间反映了车辆在路口的等待时间。

五、报告生成

如图 13-12 所示，依次点击 File→Create Reports，弹出 Select Reports 窗口，在该窗口中选择需要报告的内容，同时在 Options 中选择需要包括在其中的数据，然后可以预览或打印。若需要将报告用 pdf 格式文件保存，可在 Print Setup 中将打印机选为“Adobe pdf”，然后按下 Print 并选择适当的保存路径。

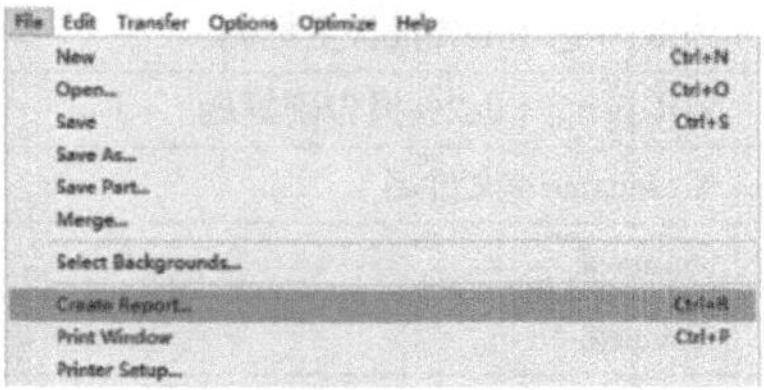

图 13-12　生成报告

①选择报告(Select Reports)。如图 13-13 所示有 21 份报告可选，在这些报告中，很多数据都有更多的选项可选。每份报告都含有简单的信息概括。右侧提供可输出的数据参数如车道数，交通量，延误等，可以自主地选择报告中所概括的信息。

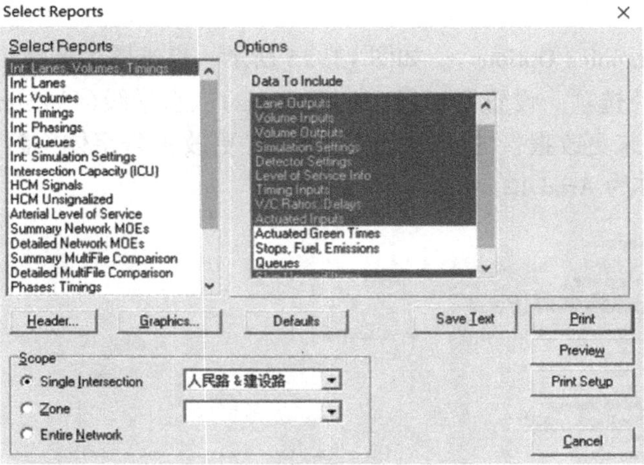

图 13-13　设置报告格式

②页眉页脚选项(Header/Footer)。点击 Header，弹出图 13-14 所示对话框，可设置页眉页脚显示内容。具体含义见表 13-6 所列，有以下选项：

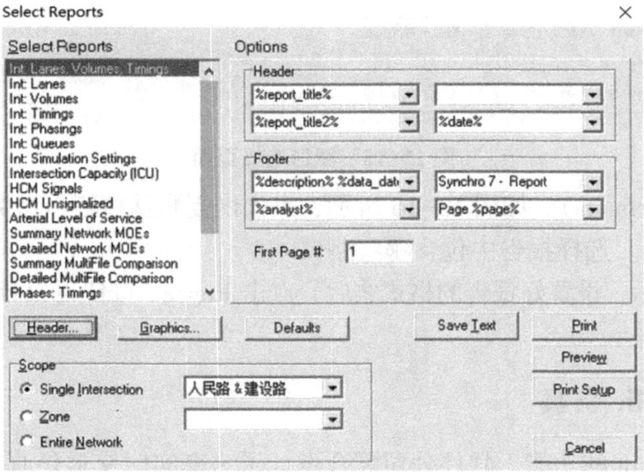

图 13-14　设置页眉页脚

表 13-6　页眉页脚选项

宏指令	备注
%Report_ title%报告主标题	所有打印报告类型名称
%Report_ title2%报告副标题	报告的别名
%filename%文件名	文件名或者文件夹名
%page%	设置起始页码
%date%	当前日期
%description%	分析位置，在“选项—场景管理”中设置
%analyst%	分析员姓名，在“选项—场景管理”中设置
%data_ date%	数据日期
%date_ time%	流量数据统计时间
%planid%	配时计划编号

③图形选择(Graphics Options)。如图 13-15 所示，点击图形选择，选择设置报告的线条颜色、字体和图片选项。设置阴影行(Shade Rows)、水平线(Horizontal Lines)、章节颜色(Section Color)等来更改报告的样式。点击“Font”更改报告字体，默认数据字体是 Arial Narrow10、文本字体为 Arial 12。

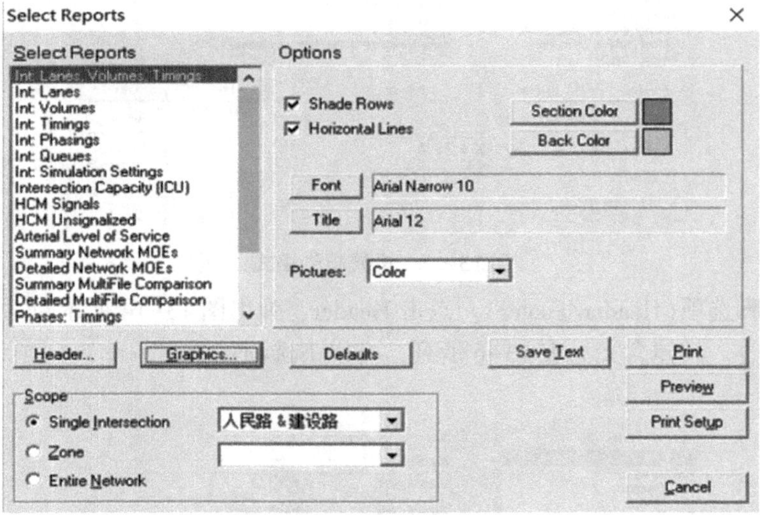

图 13-15　图形选择页面

④恢复默认(Defaults)。如图 13-16 所示，点击恢复默认按钮将参数恢复到默认值。

⑤范围(Scope)。选择报告中包含哪些路口。

如图 13-16 所示，设置好报告的格式之后，点击 Preview 按钮可以预览报告(图 3-17)，也可以直接打印报告。

六、SimTraffic 仿真

为了增强 Synchro 的功能，软件公司配合设计了一套实时交通仿真程序 SimTraffic，此程序以微观方式来展示现实世界的交通运作状况。

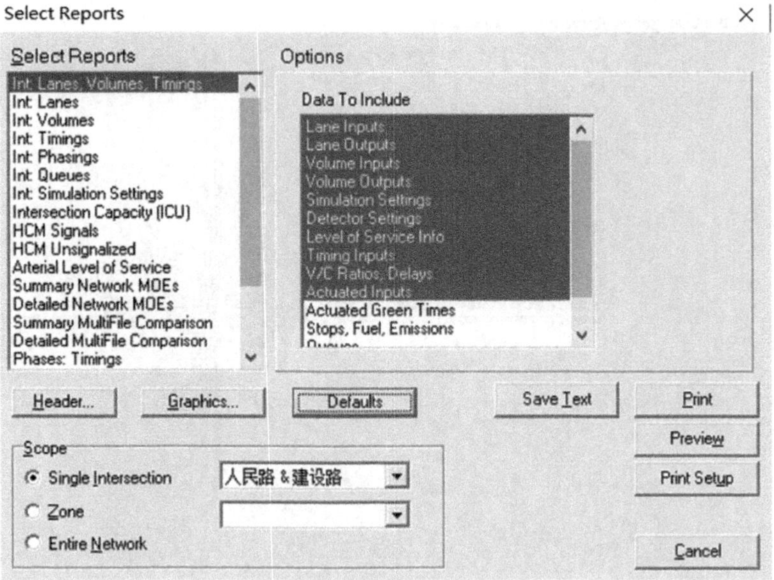

图 13-16　恢复默认页面

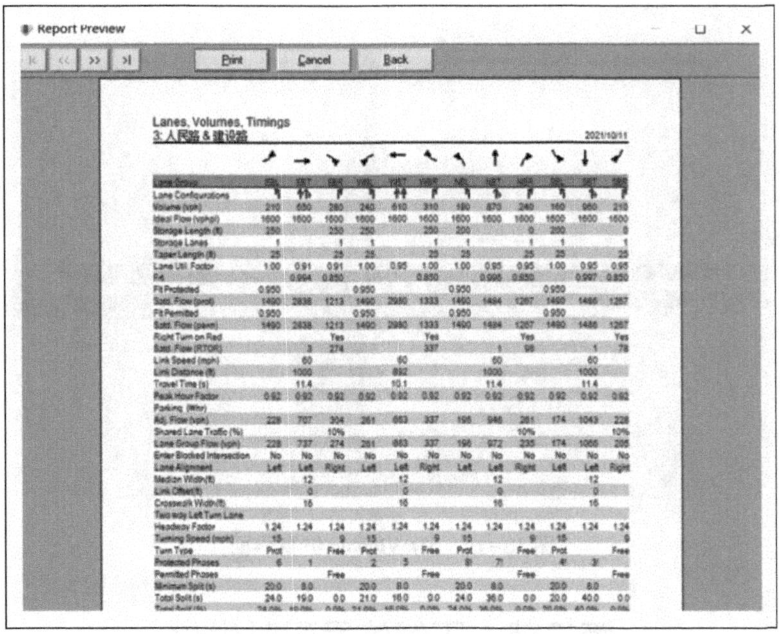

图 13-17　预览报告

利用 Synchro 所提供的上述功能，将相关路网构建并编辑建成后（图 13-18）即可立即执行 SimTraffic，并观察该路网的交通运作状况。当执行交通仿真时，SimTraffic 会开始一段初始化及加载的过程，待完成后，便可依照所选择的仿真速度进行交通仿真展示。可以选择观看单一车辆的模拟运行状况或整个路网的模拟绩效值，也可以如图 13-19 所示点击 3D Viewer 进行观看。

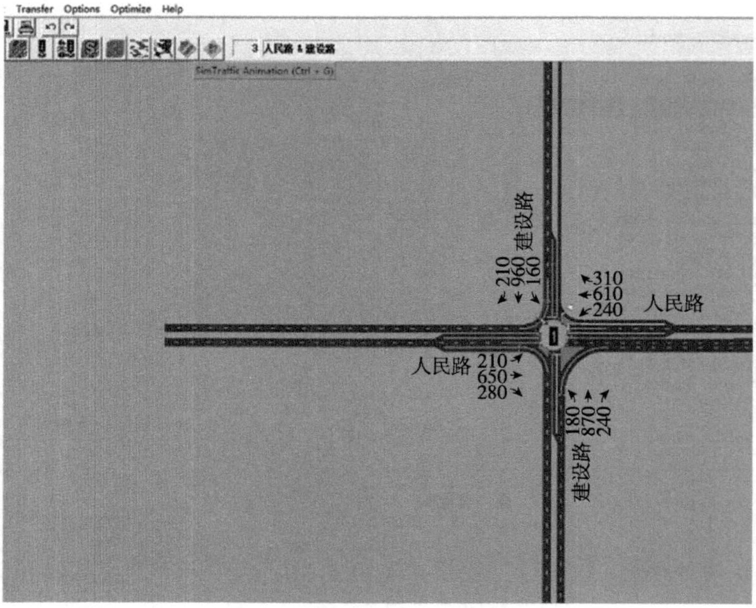

图 13-18　SimTraffic 仿真界面

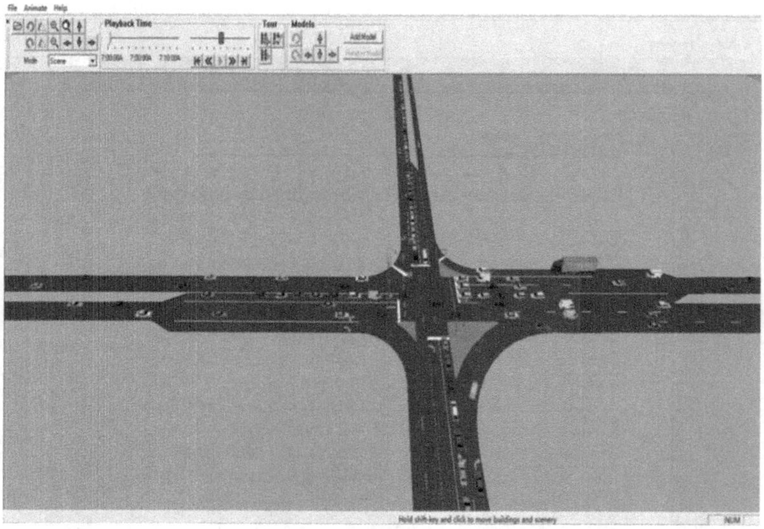

图 13-19　3D Viewer 仿真界面

第二节　干线信号配时优化

一、干线信号配时优化流程

干线及区域信号控制是将一条道路或一个区域内的信号交叉口视为一个整体，通过整体信号配时的协调优化，建立多个交叉口相互关联的信号配时方案组合，以达到提高干线或区域内交通运行效果的目的。

干线协调控制的基础知识可以自行查阅《交通管理与控制》。Synchro 中，干线协调控制的基本原理计算流程如图 13-20 所示，干线协调控制的操作步骤如下。

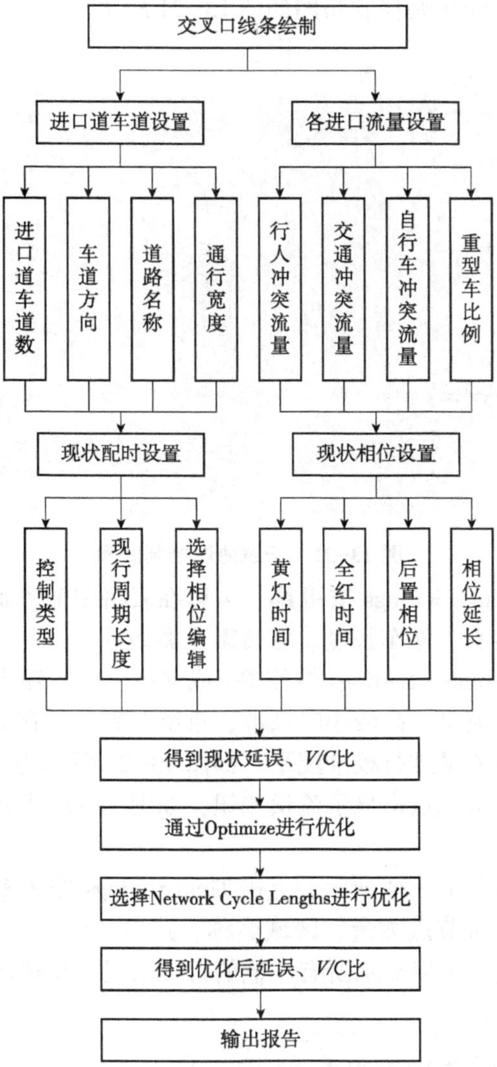

图 13-20　Synchro 干线协调控制流程

二、创建路网

①导入电子底图。将电子地图存为 jpg、jpeg、bmp、dxf、shp 等格式，保存在地图文件夹下，作为背景底图使用。

②路网编辑。点击 Add Link 按钮（或 A+Mouse Link），在底图上构建实际路网。当需要描绘曲线时，可以用鼠标右键点击一个直线路段并选择添加曲率，曲线路段上会出现两个作为控制点的直角尺，点击并拖动一个控制点可调整曲线形状。

编辑路网时，当插入一个与现有路段相交的新路段时，系统会自动创建路口。如该路段是曲线路段时，可以用直线路段创建路口后再进行曲率调整。

需要删除已描绘的路段，可以点击 Delete Link 按钮；需要移动路口或外部节点，可以点击 Move Node 按钮(或 M+Mouse Link)；需要删除交叉口，可以点击 Delete Node 按钮。路网创建完成的干线协调控制路网如图 13-21 所示。

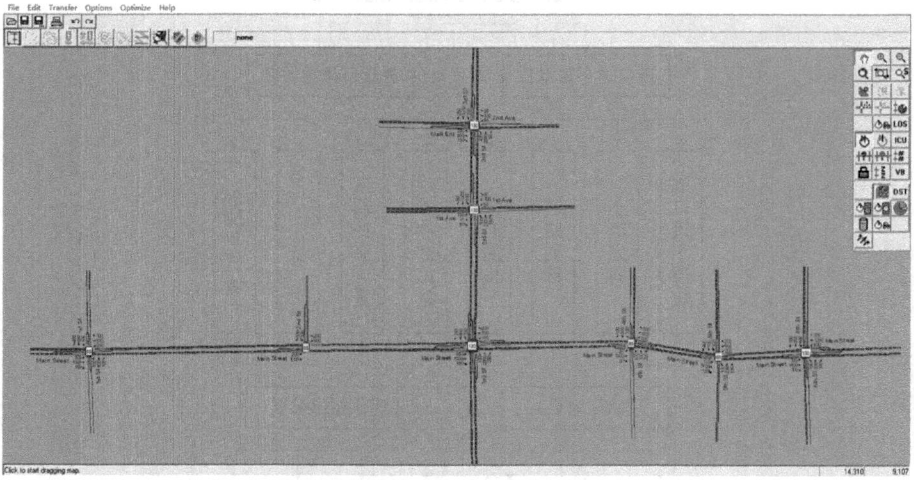

图 13-21 干线协调控制路网

③车道设置。点击 Lane Settings 按钮，可以在表格中输入道路名称、车道以及几何形状等信息，如车道和共有、储车长度、右转渠化类型等。

④流量设置。点击 Volume Settings 按钮(或 F4)，依次输入各路口、各进口道、各流向的流量数据，如交通流量、高峰小时系数、重型车系数。在对干线协调控制路段输入流量时，需注意对交叉口流量进行校准配平。如图 13-22 所示为一个交叉口的流量输入设置，输入各交叉口交通流量，点击显示流量按钮，如图 13-23 所示，将显示各个交叉口各方向交通量。

⑤信号配时设置。如图 13-24 所示，点击 Time Settings 按钮(或 F5)出现对话框，窗口左侧是节点设置，可以对节点数量、区域名称、路口坐标、信号配时数据等进行更新。窗口右侧是信号配时设置，可以显示所有车辆的行驶情况，每辆车的行驶均可以有多个相

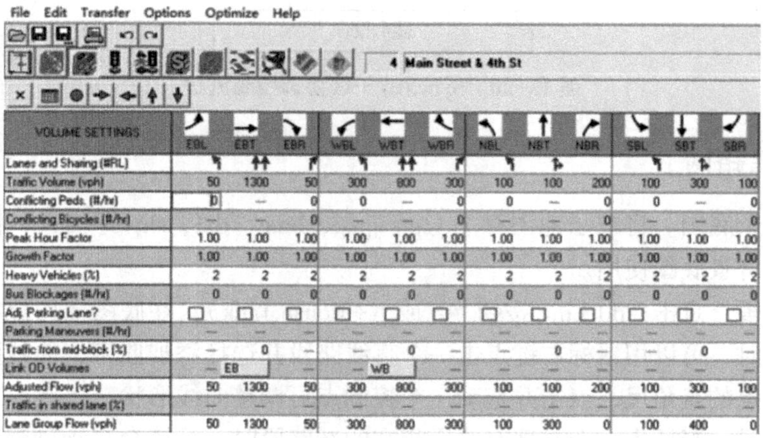

VOLUME SETTINGS	EBL	EBT	EBR	WBL	WBT	WBR	NBL	NBT	NBR	SBL	SBT	SBR
Lanes and Sharing (#RL)												
Traffic Volume (vph)	50	1300	50	300	800	300	100	100	200	100	300	100
Conflicting Peds. (#/hr)	0	—	0	0	—	0	0	—	0	0	—	0
Conflicting Bicycles (#/hr)	—	—	0	—	—	0	—	—	0	—	—	0
Peak Hour Factor	1.00	1.00	1.00	1.00	1.00	1.00	1.00	1.00	1.00	1.00	1.00	1.00
Growth Factor	1.00	1.00	1.00	1.00	1.00	1.00	1.00	1.00	1.00	1.00	1.00	1.00
Heavy Vehicles (%)	2	2	2	2	2	2	2	2	2	2	2	2
Bus Blockages (#/hr)	0	0	0	0	0	0	0	0	0	0	0	0
Adj. Parking Lane?	□	□	□	□	□	□	□	□	□	□	□	□
Parking Maneuvers (#/hr)	—	—	—	—	—	—	—	—	—	—	—	—
Traffic from mid-block (%)	—	0	—	—	0	—	—	0	—	—	0	—
Link OD Volumes	—	EB	—	—	WB	—	—	—	—	—	—	—
Adjusted Flow (vph)	50	1300	50	300	800	300	100	100	200	100	300	100
Traffic in shared lane (%)	—	—	—	—	—	—	—	—	—	—	—	—
Lane Group Flow (vph)	50	1300	50	300	800	300	100	300	0	100	400	0

图 13-22 单个交叉口流量输入

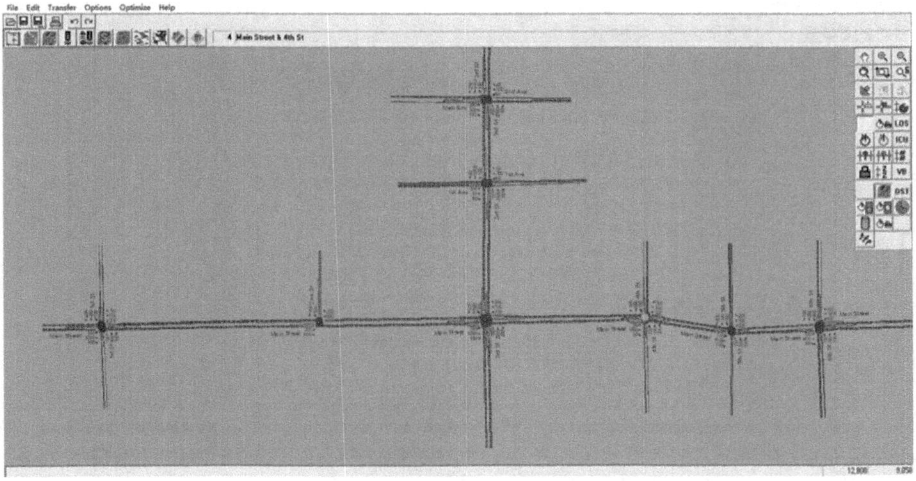

图 13-23　干线协调控制路网流量

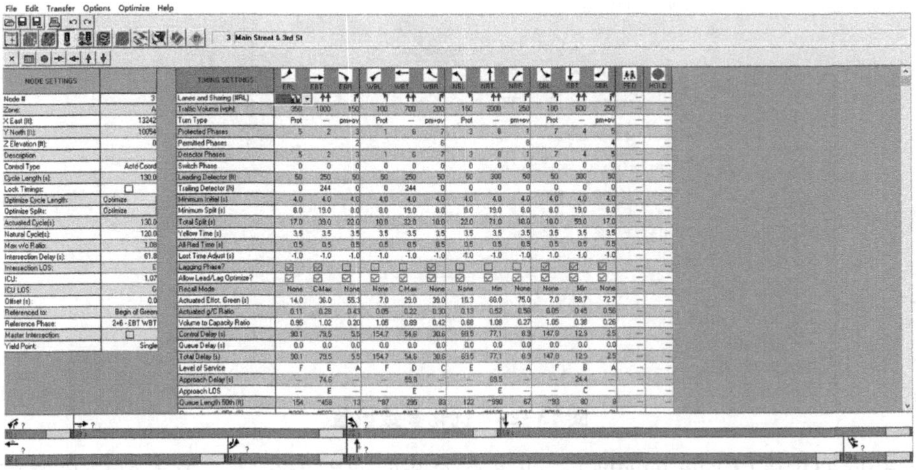

图 13-24　单个交叉口信号配时设置

位。同时，最右侧为行人相位和锁定相位。窗口底部是信号相位配时图，表示当前相位信号配时情况，可拖动红绿信号之间的竖线来调整绿信比，调整过程中，窗口的参数(如总绿信比、交叉口延误、服务水平等)将发生变化。对各个交叉口的配时参数进行设置之后，需要注意由于要进行干线信号配时协调控制，所以在信号配时设置中，不勾选锁定配时选项。

三、协调控制系统信号配时优化

(1)自动优化相位差

选中单个交叉口，在信号配时窗口中，对相位、周期长度进行优化，通过观察可比较优化前后性能指标(V/C 比、延误、LOS 等)的变化。如图 13-25 所示，通过依次选择优化 Network Cycle Lengths，生成干线协调控制配时优化方案。弹出如图 13-26 所示对话框，其中，各优化参数具体如下。

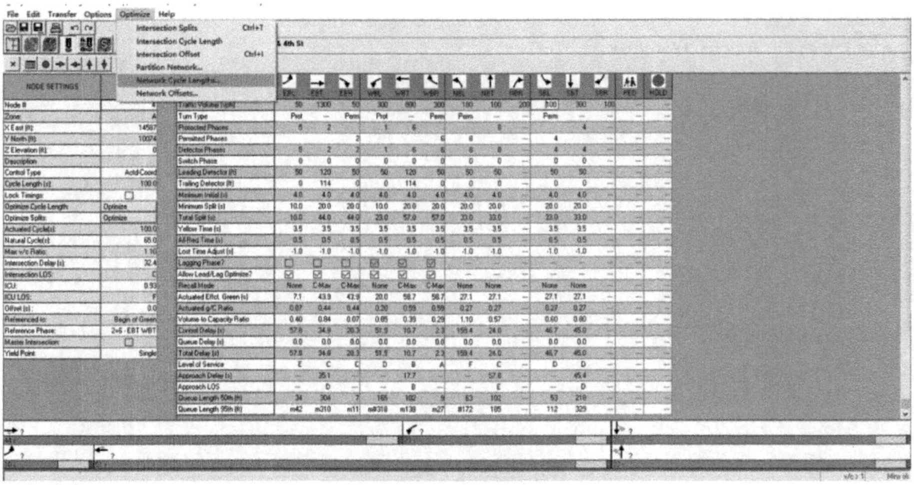

图 13-25　干线协调系统配时优化窗口

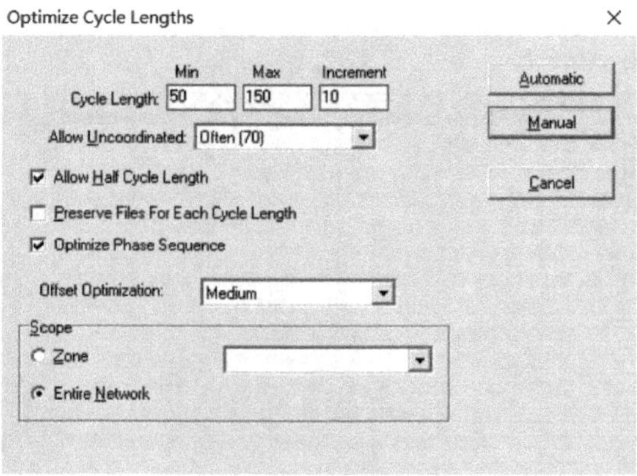

图 13-26　优化参数设置

①公共周期长度(Cycle lengths)，即设置公共周期的最小值、最大值以及增量周期长度。优化过程中以秒为单位，在最小值到最大值区间依次增加，对每个周期时长进行评估。若数值设为 50、100 和 10。则系统评估将公共周期长度为 50s、60s、70s、80s、90s 和 100s 的延误等指标作为选择依据。

②是否允许不协调控制(Allow Uncoordinated)，即是否允许不协调控制的交叉口存在。有四个选项，即从不，少数，一半，经常。“从不”代表路网区域内所有交叉口都进行协调控制，信号周期按照协调控制信号配时方案更改；其余选项表示协调控制比例依次递减。

③是否半周期(Allow Half Cycle Length)，此选项将调整部分交叉口周期长度为公共周期长度的一半，使其达到协调控制效果。如果勾选，表示交通流量较少的十字路口的信号周期长度为公共周期长度的一半，这也就意味着该交叉口能够更快的放行车流并且减小延误时间。

④保存文件(Preserve Files For Each Cycle Length)，选中此项后，可保存所有周期时长的文件。这些文件以“文件名-050. syn”的方式进行命名，其中，文件名是该文件的名称，50 是评估的周期时长。

⑤是否允许优化相位(Optimize Phase Sequence)，是否允许对相位进行优化。

⑥相位差优化(Offset Optimizatiom)，该选项有三种：快速(quick)；适中的(medium)；广泛的(extensive)，具体含义见表 13-7。

⑦规模(Scope)，指干线信号协调优化控制的路网范围，可设置为整个路网或局部区域。

表 13-7 相位差优化

选项	过程
快速的(Quick)	①使用大增量(例如，60~150，增量值为 15，依次计算信号周期长度为 60s，75s，90s，105s，130s，145s，160s 时评价指标)来评估大范围的周期时长，同时优化相位和相位差，确定最佳信号周期大致范围； ②确定哪个范围的周期时长情况最佳后，在此范围内，以更小的增量值逐步计算评价(例如，80~90，增量值为 1，计算信号周期长度为 80s，81s，82s……90s 周期的评价指标)，来确定最佳公共信号周期； ③根据第二步的结果，确定优化相位差
中等的(Medium)	①使用增量周期长度(例如，60~150，增量值为 10)来评估范围内的周期时长，使用相位优化和手动优化； ②确定哪个范围的周期时长情况最佳后，此时，重点关注此范围周期时长的优化，设置较小增量值，逐步进行计算评价； ③根据第二步的结果，确定优化相位差
大量的(Extensive)	①设置增量相位差； ②使用增量相位差(例如，60 至 150，增量值为 10)来评估范围内的周期时长，使用相位优化和手动优化； ③了解到哪个范围的周期时长情况最佳，此时，重点关注此范围周期时长的优化，优化相位差

(2)手动优化相位差

点击 Manual 按钮进行手动相位差优化，手动优化相位差界面如图 13-27(b)所示。

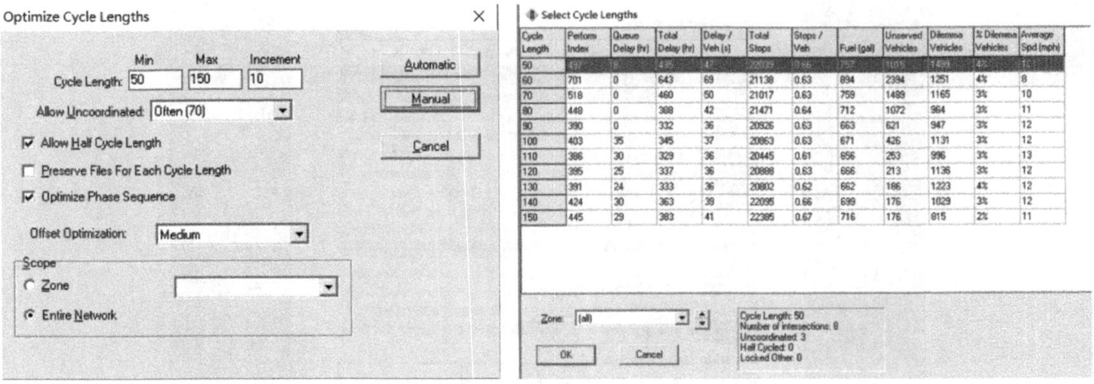

(a)　　　　　　　　(b)

图 13-27 手动优化相位差界面

执行一次手动周期时长优化后，将出现“选择周期时长”设置，每个周期均列出了性能指数、排队延误、总延误、延误/车辆、总停车次数、每车辆停车次数、油耗、未服务车辆、堵塞车辆、堵塞车辆百分位、车速和平均车速的绩效衡量情况。

选中“任一个周期长度”，将该周期时长用于整个道路网或者某个区域，则完成共同信号周期的设置。如图 13-28 所示，整个范围内的交叉口信号周期为 130s，部分交叉口信号周期为半周期时长 65s。在右侧下方的方框内，显示该区域的路口数量，对于选定的区域和周期时长同时列出路口、无协调控制路口、半周期时长路口、锁定路口的数量。

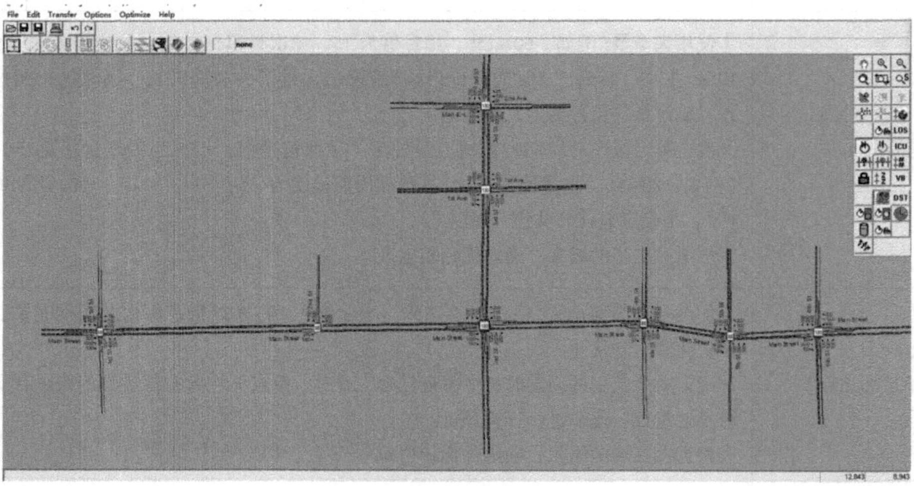

图 13-28 优化后的路网信号周期

四、输出评价文件

借助软件生成报告功能，可以对干线协调控制系统的优化效果进行评价，如图 13-29 所示。对其中的延误、车速、行程耗时、燃油消耗、一氧化碳等废弃物排放等参数生成报告，可以通过优化前后的参数变化对比分析，评价干线协调控制系统方案的适用性。

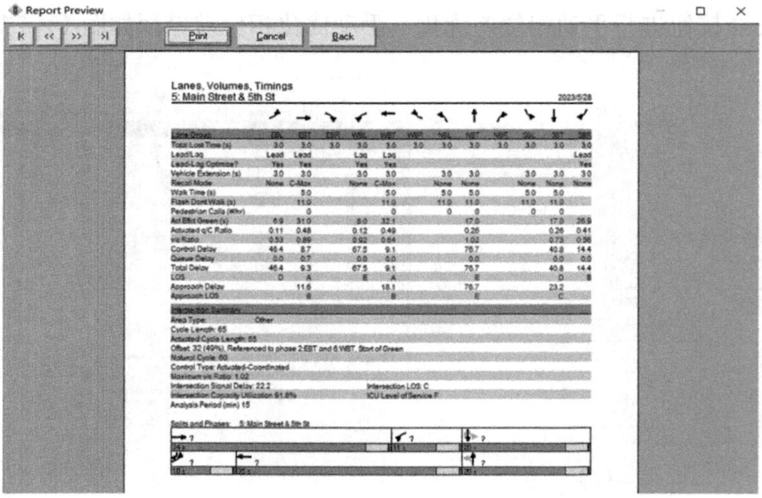

Report Preview

Print Cancel Back

Lanes, Volumes, Timings
5: Main Street & 5th St 2023/5/28

Lane Group	EBL	EBT	EBR	WBL	WBT	WBR	NBL	NBT	NBR	SBL	SBT	SBR
Total Lost Time (s)	3.0	3.0	3.0	3.0	3.0	3.0	3.0	3.0	3.0	3.0	3.0	3.0
Lead/Lag	Lead	Lead		Lag	Lag							Lead
Lead-Lag Optimize?	Yes	Yes		Yes	Yes							Yes
Vehicle Extension (s)	3.0	3.0		3.0	3.0		3.0	3.0		3.0	3.0	3.0
Recall Mode	None	C-Max		None	C-Max		None	None		None	None	None
Walk Time (s)		5.0			5.0		5.0	5.0		5.0	5.0	
Flash Dont Walk (s)		11.0			11.0		11.0	11.0		11.0	11.0	
Pedestrian Calls (#/hr)		0			0		0	0		0	0	
Act Effct Green (s)	6.9	31.0		8.0	32.1			17.0			17.0	26.9
Actuated g/C Ratio	0.11	0.48		0.12	0.49			0.26			0.26	0.41
v/c Ratio	0.53	0.89		0.92	0.64			1.02			0.73	0.56
Control Delay	46.4	8.7		67.5	9.1			76.7			40.8	14.4
Queue Delay	0.0	0.7		0.0	0.0			0.0			0.0	0.0
Total Delay	46.4	9.3		67.5	9.1			76.7			40.8	14.4
LOS	D	A		E	A			E			D	B
Approach Delay		11.6			18.1			76.7			23.2	
Approach LOS		B			B			E			C	

Intersection Summary
Area Type: Other
Cycle Length: 65
Actuated Cycle Length: 65
Offset: 32 (49%), Referenced to phase 2:EBT and 6:WBT, Start of Green
Natural Cycle: 60
Control Type: Actuated-Coordinated
Maximum v/c Ratio: 1.02
Intersection Signal Delay: 22.2 Intersection LOS: C
Intersection Capacity Utilization 91.8% ICU Level of Service F
Analysis Period (min) 15

Splits and Phases: 5: Main Street & 5th St

图 13-29 生成报告

第三节　Synchro 与 VISSIM 混合仿真

交通仿真是设计、分析和评价交通方案的重要技术方法。VISSIM 软件无法对原有交叉口交通信号配时方案进行优化，因此，先利用 Synchro 中的信号配时优化功能对交叉口信号配时进行优化，然后再利用 VISSIM 对交叉口进行交通仿真评价。

一、仿真案例

以上海市某道路交叉口为基础做 Synchro 与 VISSIM 混合仿真的案例，该交叉口早高峰交通流量见表 13-8、现状信号配时方案见表 13-9。

表 13-8　交叉口早高峰交通流量　　veh/h

进口道	左转	直行	右转	小计
北进口	228	327	380	935
南进口	129	469	193	791
西进口	121	634	157	912
东进口	197	796	264	1 257

表 13-9　交叉口现状信号配时　　s

相位编号	绿灯通行方向	绿灯时间	黄灯时间	全红时间
1	南北直行	35	2	2
2	南北左转	25	2	2
3	东西直行	40	2	2
4	东西左转	20	2	2

二、Synchro 信号配时优化

由于 VISSIM 并无对交叉口现状信号配时进行优化的功能，因此先利用 Synchro 对表 13-9 中的信号配时进行优化，然后利用 VISSIM 对优化前后的信号控制方案进行仿真评价、对比分析。在 Synchro 中绘制该交叉口并输入各进口道的车流量，以及设置现状信号配时方案，如图 13-30 所示。在现状信号配时方案的基础上，利用 Synchro 中的优化信号周期和绿信比功能，得到信号配时优化方案，如图 13-31 所示。

三、VISSIM 对比评价

选取最大排队长度、平均排队长度、车均延误时间及平均停车次数作为仿真评价指标，利用 VISSIM 对表 13-9、图 13-31 信号配时方案进行仿真评价、对比分析，得到表 13-10 的比较结果。

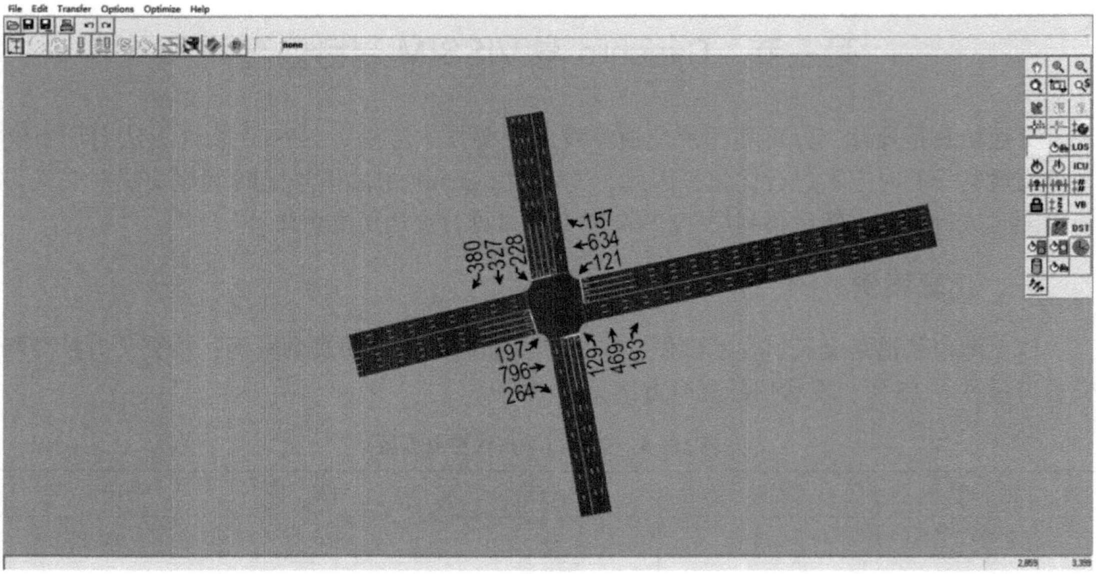

图 13-30 现状交叉口建模

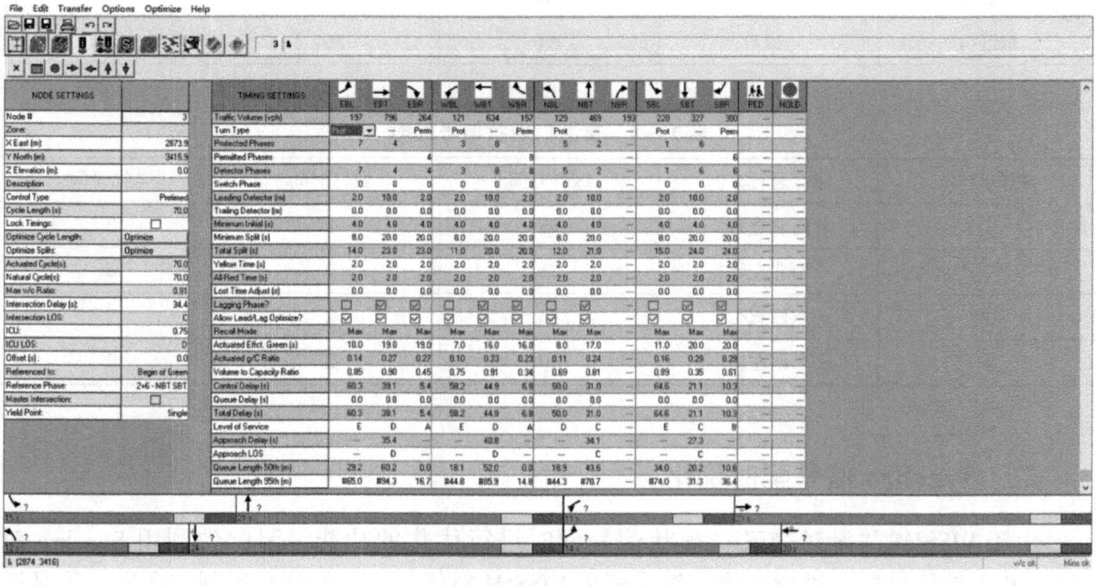

图 13-31 优化后的信号配时方案

利用 VISSIM 仿真，对比分析(图 13-32)，可以看到通过 Synchro 对现状交叉口交通信号配时方案进行优化后，各进口道及整个交叉口的评价指标都得到了较大改善(除个别交叉口外)，交叉口的整体运行效率得到了大幅度提升。

在城市道路交叉口设计中，与交叉口交通条件和道路条件等相匹配的交通信号控制方案是提高交叉口通行能力，提升交叉口服务水平，保障交叉口机动车、非机动车及行人等安全的重要技术手段。仿真结果表明，利用 Synchro 与 VISSIM 混合仿真的方法能较大程度地提升交叉口整体运行效率，可见此方法具有较好的工程实用性，特别是对于未安装区域信号协调控制系统的中小城市而言更具有推广意义。

表 13-10 交叉口信号配时方案仿真比较分析

进口道	最大排队长度(m)			平均排队长度(m)			车均延误时间(s)			平均停车次数(次)		
	现状方案	优化方案	改善情况(%)	现状方案	优化方案	改善情况(%)	现状方案	优化方案	改善情况(%)	现状方案	优化方案	改善情况(%)
北进口	56.03	50.75	+9.42	22.11	15.11	+31.75	32.21	21.21	+34.15	0.57	0.49	+14.03
南进口	71.75	72.24	-0.68	28.91	29.51	-2.07	44.15	40.51	+8.24	1.07	0.88	+17.75
西进口	58.41	52.93	+9.39	23.62	20.51	+13.16	38.91	31.53	+18.96	0.70	0.85	-21.42
东进口	119.92	88.24	+26.4	37.22	31.94	+14.18	34.12	23.62	+30.77	0.73	0.71	+2.39
整个交叉口	119.91	88.21	+26.43	27.92	24.34	+12.82	34.22	30.21	+11.71	0.70	0.64	+8.57

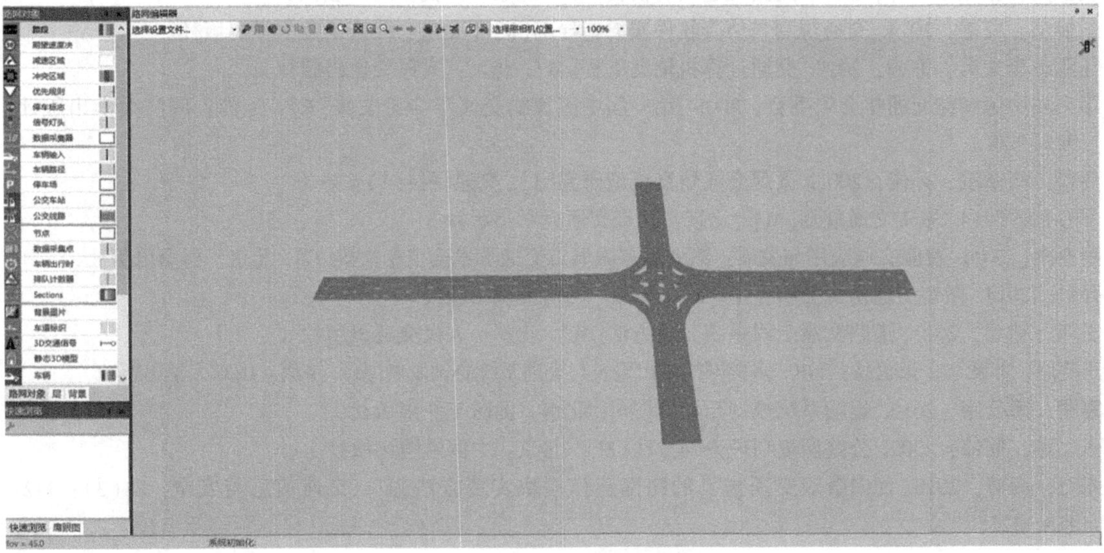

图 13-32 VISSIM 交叉口建模

参 考 文 献

邓建华，2013. 道路交通系统仿真技术与应用[M]. 北京：国防工业出版社.

郭敏，杜怡曼，吴建平，2012. 微观交通仿真基础理论及应用实例[M]. 北京：人民交通出版社.

过秀成，2017. 城市交通规划[M]. 南京：东南大学出版社.

雷鹏，2014. 微观交通仿真中的路网构建与车辆行为建模[D]. 西安：长安大学.

刘博航，安桂江，2015. 交通仿真实验教程[M]. 2 版. 北京：人民交通出版社.

刘运通，石建军，熊辉，2002. 交通系统仿真技术[M]. 北京：人民交通出版社.

裴玉龙，张亚平，等，2004. 道路交通系统仿真[M]. 北京：人民交通出版社.

秦焕美，曹静，2014. 交通规划与仿真软件实验指导书[M]. 北京：北京工业大学出版社.

任刚，李文勇，陈茜，2010. 交通计算机辅助工程[M]. 北京：人民交通出版社.

第一届中国智能交通年会组委会，2005. 第一届中国智能交通年会论文集[C]. 上海：同济大学出版社，925-930.

商蕾，高孝洪，孙俊，2003. 微观交通仿真模型研究[J]. 交通科技(1)：4-7.

邵春福，2014. 城市交通规划[M]. 北京：北京交通大学出版社.

隋亚刚，2006. 智能交通应用与发展：第九届多国城市交通学术会议论文集[C]. 北京：群众出版社.

孙剑，2014. 微观交通仿真分析指南[M]. 上海：同济大学出版社.

王炜，陆建，2011. 道路交通工程系统分析方法[M]. 北京：人民交通出版社.

王晓原，苏跃江，张敬磊，2010. 多核网络城市生长与交通系统协调发展[M]. 济南：山东大学出版社.

宴鹏，潘公宇，2016. 运输系统规划与设计[M]. 北京：国防工业出版社.

张生瑞，周伟，2009. 公路网规划理论与方法[M]. 北京：中国铁道出版社.

张奇，商蕾，2010. 面向微观交通仿真的路网建模模块实现方法[J]. 交通信息与安全，28(3)：112-115，123.